LENZ
ANLAGE-UMWELT-DISKURS

ANLAGE-UMWELT-DISKURS
Historie, Systematik und
erziehungswissenschaftliche Relevanz

von Michael Lenz

VERLAG JULIUS KLINKHARDT
BAD HEILBRUNN 2012

k

Die vorliegende Arbeit wurde von der Fakultät für Erziehungswissenschaft der Universität Bielefeld unter dem Titel »Anlage-Umwelt-Diskurs. Historie, Systematik und erziehungswissenschaftliche Relevanz« als Dissertation angenommen (Tag der Disputation: 14.02.2012).

Dieser Titel wurde in das Programm des Verlages mittels eines Peer-Review-Verfahrens aufgenommen. Für weitere Informationen siehe www.klinkhardt.de.

Bibliografische Information der Deutschen Nationalbibliothek
Die Deutsche Nationalbibliothek verzeichnet diese Publikation
in der Deutschen Nationalbibliografie; detaillierte bibliografische Daten
sind im Internet abrufbar über http://dnb.d-nb.de.

Grafik auf Umschlagseite 1: © Gábor Wallrabenstein, Bielefeld; Michael Lenz, Bad Salzuflen.
Druck und Bindung: AZ Druck und Datentechnik, Kempten.
Printed in Germany 2012.
Gedruckt auf chlorfrei gebleichtem alterungsbeständigem Papier.

ISBN 978-3-7815-1882-7

Inhaltsverzeichnis

Vorwort..IX

Teil I: Einführung

1 Einleitung...15

  1.1 Anlage und Umwelt: Eine erste metatheoretische Annäherung............................. 17

    1.1.1 Anlage und Umwelt: Ein Scheinproblem?.. 18

    1.1.2 Grundbegriffe im Spannungsfeld von Anlage und Umwelt 20

    1.1.3 Anlage versus Umwelt: Unlösbarkeit auf der Theorieebene........................ 24

  1.2 Zur Aktualität der Anlage-Umwelt-Thematik... 26

    1.2.1 Die Anlage-Umwelt-Debatte: Ein angloamerikanisches Phänomen? 27

    1.2.2 Zur Rezeption der Anlage-Umwelt-Debatte in der deutschen
    Erziehungswissenschaft 31

  1.3 Die Anlage-Umwelt-Debatte als Diskurs... 33

    1.3.1 Diskursanalyse als begriffliches Instrumentarium zur Erfassung der
    Anlage-Umwelt-Debatte 34

    1.3.2 Verlaufsphasen des Anlage-Umwelt-Diskurses... 36

    1.3.3 Diskurspositionen in der Anlage-Umwelt-Debatte..................................... 38

  1.4 Fragestellungen und Gang der Argumentation.. 42

Teil II: Historischer Kontext

2 Der historische Hintergrund des Anlage-Umwelt-Diskurses 49

  2.1 Von der Antike bis zur Aufklärung.. 50

    2.1.1 Die Ursprünge der Anlage-Umwelt-Dichotomie in der Antike 50

    2.1.2 Die Konsolidierung der Extrempositionen... 53

  2.2 Vom Prädarwinismus bis zum Zweiten Weltkrieg... 58

    2.2.1 Der Aufstieg des evolutionären Paradigmas... 59

    2.2.2 Die Konsolidierung des Anlage-Umwelt-Diskurses durch Francis Galton 66

    2.2.3 Der Streit um die Vererbung erworbener Eigenschaften 73

2.2.4 Die Ursprünge der interaktionistischen Diskursposition 82

2.2.5 Sozialdarwinismus, Eugenik und Rassenhygiene 85

2.2.6 Instinkt versus Lernen 104

2.3 Extrempositionen und Gesellschaftsutopien 115

Teil III: Positionen des aktuellen Anlage-Umwelt-Diskurses

3 Verhaltensgenetik und Zwillingsforschung **123**

3.1 Historische Entwicklung 124

3.2 Anlage und Umwelt aus verhaltensgenetischer Sicht 131

4 Soziobiologie und Evolutionspsychologie **141**

4.1 Historische Entwicklung 143

4.2 Anlage und Umwelt aus soziobiologischer und evolutionspsychologischer Sicht ... 154

5 Kritischer Interaktionismus **161**

5.1 Historische Entwicklung 163

5.2 Schlüsselexperimente aus kritisch-interaktionistischer Sicht 168

5.3 Klassifikation von Ansätzen des Kritischen Interaktionismus 174

5.4 Hauptmerkmale des Kritischen Interaktionismus 177

6 Zusammenfassende Einordnung **187**

Teil IV: Schlüsseldebatten im Anlage-Umwelt-Diskurs

7 Die Mead-Freeman-Kontroverse **195**

7.1 Historische Rekonstruktion der Mead-Freeman-Kontroverse 196

7.2 Lösungspostulate in der Mead-Freeman-Kontroverse 203

7.3 Diskursive Strategien in der Mead-Freeman-Kontroverse 208

7.4 Die Rezeption der Mead-Freeman-Kontroverse im Anlage-Umwelt-Diskurs 211

8 Die Debatten bezüglich der Erblichkeit der Intelligenz **215**

8.1 Historische Rekonstruktion der Intelligenz-Debatte 216

8.2 Rezeption Jensens im internationalen Diskurs 230

8.3 Diskursive Strategien in der Jensen-Debatte 234

8.4 Rezeption der Jensen-Debatte in der deutschen Erziehungswissenschaft 240

9   Die Burt-Debatte..247

   9.1   Historische Rekonstruktion der Burt-Debatte..................................... 247

   9.2   Diskursanalytische Auswertung der Burt-Debatte.............................. 257

10 Der Fall ›David Reimer‹..263

   10.1 Historischer Rekonstruktion des ›Reimer-Falles‹.............................. 265

   10.2 Der Einfluss der Medien und der Einsatz diskursiver Strategien in
         der Reimer-Debatte.. 267

   10.3 Die Unlösbarkeit und Ambivalenz der Reimer-Debatte.................... 270

   10.4 Rezeption des ›Reimer-Falles‹ in der Geschlechterdebatte................ 273

   10.5 Zur Problematik der Null-Hypothese... 283

11 Zusammenfassende Einordnung...287

Teil V: Erziehungswissenschaftliche Relevanz

12 Positionen und Diskurse: Die Bedeutung der Anlage-Umwelt-Debatte
    für die Erziehungswissenschaft 297

   12.1 Die erziehungswissenschaftliche Relevanz der Verhaltensgenetik...... 298

   12.2 Die erziehungswissenschaftliche Relevanz der Evolutionspsychologie.............. 308

   12.3 Die erziehungswissenschaftliche Relevanz des Kritischen Interaktionismus....... 311

   12.4 Ausblick: Zukunftsperspektiven erziehungswissenschaftlicher
         Diskursbeteiligung.. 315

Zusammenfassung..319

Literaturverzeichnis...327

Abbildungsverzeichnis...369

Tabellenverzeichnis 371

Anhänge..373

   Anhang A: Aufsätze des Dossiers (1950–2002)...................................... 373

   Anhang B: Ergänzung des Dossiers (2003–2008) 381

   Anhang C: Diskurspositionen und sozialpolitische Einstellungen 383

   Anhang D: Belegstellen für Ansätze des Kritischen Interaktionismus 386

   Anhang E: Kurzeinführung in die Grundbegriffe der Genetik 388

Vorwort

Über die Bedeutung von Anlage und Umwelt als zentrale Einflussfaktoren bei der Herausbildung menschlicher Eigenschaften und Verhaltensmerkmale wird seit langer Zeit heftig diskutiert und gestritten. Dass das Thema ›Anlage und Umwelt‹ weit davon entfernt ist, aus dem Alltagsdenken oder aus der wissenschaftlichen Diskussion zu verschwinden, zeigt der ›Boom‹ einschlägiger Publikationen zu dieser Thematik in den letzten fünfzehn Jahren.[1] Mitunter wird dabei die ›Pendel-Metapher‹ bemüht, nach der die Anlage-Umwelt-Debatte als eine wissenschaftshistorische Pendelbewegung zwischen einem Anlage- und einem Umweltpol begriffen werden kann. Nach einer jahrzehntelangen Dominanz der Umweltsicht rücke nach Einschätzung verschiedener Autorinnen und Autoren jetzt die Anlage wieder stärker in das Blickfeld (vgl. bspw. Reyer 2003b, S. 31; Rigos 1998, S. 113). In diesem Kontext sind besonders Publikationen der letzten Jahre zu nennen, die als ›Kampfansagen‹ der Anlagesicht gegenüber der Umweltsicht angesehen werden können und als Werke mit mehr oder weniger stark ausgeprägten populärwissenschaftlichen Tendenzen eine breite Öffentlichkeit erreicht haben (vgl. insbesondere die Monografie von Steven Pinker »Das unbeschriebene Blatt« aus dem Jahr 2003). Dass dabei Themen, die längst als ad acta gelegt betrachtet worden waren, auch im aktuellen gesellschaftlichen Diskurs eine Neuauflage erleben können, zeigten kürzlich die von Thilo Sarrazin aufgestellten Behauptungen zur hohen Erblichkeit der Intelligenz, die große Teile der Wissenschaftswelt unvorbereitet getroffen haben und aufgrund sozialpolitischer Implikationen Zündstoff für gesellschaftliche Debatten und medial inszenierte Streitgespräche lieferten (vgl. Sarrazin 2010; kritisch: bspw. Haller/Niggeschmidt 2012). Eine andere – nicht minder anschauliche – Metapher zur Illustration des aktuellen Diskursstandes benutzt Frans de Waal:

> »Die Beziehung zwischen Natur und Kultur erinnert mich an die Maus, die einträchtig neben einem Elefanten über eine Holzbrücke geht. Über das dumpfe Dröhnen der Schritte hinweg piepst die Maus: ›Wir machen einen ganz schönen Krach, wir beide!‹ Zu Beginn eines unstreitig darwinschen Millenniums gibt es noch immer Stimmen, die behaupten, das menschliche Verhalten sei größtenteils oder ausschließlich kulturell determiniert. Ich sehe in dieser ausschließlichen Perspektive den Größenwahn der Maus an der Seite des Elefanten der menschlichen Natur, die in allem, was wir tun und sind, den Ton angibt« (Waal 2002, S. 16).

Zugleich ist in den letzten Jahren auf der Anlageseite eine gewisse Desillusionierung zu verzeichnen, hatte man sich doch vom Humangenomprojekt weitreichende Einblicke in das Zusammenwirken von Genen und Umweltfaktoren erhofft. Jedoch liegt neueren Schätzungen zufolge die durchschnittliche Genzahl des Menschen nicht – wie noch vor zwei Jahrzehnten angenommen – bei 100 000 bis 120 000 Genen, sondern vielmehr im Bereich um 20 000 Gene

---

1 Zu nennen wären in diesem Zusammenhang beispielsweise (in chronologischer Reihenfolge): Eckensberger/Keller 1998, Paul 1998, Lenz 1999, Plomin u. a. 1999, de Waal 1999, Scheunpflug 2000, Voland 2000b, Wessel u. a. 2001, Wink 2001, Grunwald/Gutmann/Neumann-Held 2002, Pinker 2002, Gander 2003, Ridley 2003, Scheunpflug 2003, Petermann/Niebank/Scheithauer 2004, Pinker 2004, Lenz 2005, Neyer/Spinath 2008 und Keller 2010.

(vgl. z. B. Clamp u. a. 2007; Kegel 2009, S. 52 f). Auf der einen Seite hat sich die Human-genetik seit einigen Jahren verstärkt der Aufklärung der kodierten Proteine, der Genregulation und epigenetischen Faktoren zugewandt.[2] Auf der anderen Seite wachsen in der Bevölkerung zunehmend Bedenken hinsichtlich der Verwendung biologischen und genetischen Wissens; und auch in der Erziehungswissenschaft werden Forderungen nach einer stärkeren Beteiligung an der Debatte über Anlage und Umwelt geäußert (für den bioethischen Diskurs vgl. bspw. Reyer 2003b). Vor diesem Hintergrund ist nicht verwunderlich, dass die Diskussion um Anlage und Umwelt auch in der heutigen Zeit immer wieder Neuauflagen erlebt und als »debate that refuses to die« (Paul 1998, S. 81) angesehen werden kann. Genau diese Art des historischen Wandels steht im Mittelpunkt der vorliegenden Forschungsarbeit.

Die wissenschaftliche Analyse des Anlage-Umwelt-Diskurses krankt jedoch aus meiner Sicht hinsichtlich verschiedener Aspekte: So haben umfangreiche Literatursichtungen im Vorfeld dieser Forschungsarbeit ergeben, dass der Anlage-Umwelt-Diskurs in der Erziehungswissenschaft bisher recht stiefmütterlich behandelt worden ist. Obwohl zu einzelnen Aspekten detaillierte Abhandlungen vorliegen (vgl. bspw. Helbig 1988), fehlt eine aktuelle Gesamtschau, die die Anlage-Umwelt-Thematik in ihren zahlreichen gegenständlichen Bezügen erfasst und im Kontext der interdisziplinären Diskussion verortet. Doch auch für letztere sind ›blinde Flecken‹ zu kons-tatieren. So liegen beispielsweise bezüglich des historischen Verlaufs der Anlage-Umwelt-Debatte verschiedene Arbeiten vor, die sich ausschließlich auf die angloamerikanische Debatte beziehen (vgl. Cravens 1988, Degler 1991), eine historische Verengung auf einzelne Zeitabschnitte aufweisen (bezüglich der ersten Jahrzehnte des 20. Jahrhunderts vgl. bspw. Cravens 1988), größtenteils populärwissenschaftlich ausgerichtet sind (vgl. z. B. Ridley 2003, Wright 1998) oder einen sog. ›bias‹[3] aufweisen (vgl. bspw. die anlageorientierten ›Streitschriften‹ von Freeman 1983a, Pinker 2003). Eine umfassende (und möglichst objektive) historische Darstellung der Debatte – insbesondere in deutscher Sprache – sucht man dagegen in der wissenschaftlichen Diskussion über Anlage und Umwelt vergebens. Zudem ist mir kein Versuch bekannt, die Anlage-Umwelt-Debatte im Allgemeinen sowie das Spektrum der vertretenen Positionen im Besonderen in systematischer Weise und mithilfe eines auf die Debatte zugeschnittenen Vokabulars zu erfassen.

Vor dem Hintergrund ihrer Komplexität und ihres Facettenreichtums ist m. E. die Anlage-Umwelt-Frage per se nicht ›lösbar‹, und ich muss Leserinnen und Leser enttäuschen, die sich eine schnelle und einfache Antwort auf das Anlage-Umwelt-Dilemma erhoffen. Die Frage, welche Position der ›Wahrheit‹, insofern es diese überhaupt gibt, am nächsten kommt, durch die Befundlage am besten unterstützt wird oder aus wissenschaftlicher Sicht vertreten werden sollte, ist ausdrücklich nicht Thema dieser Abhandlung – und der Autor kann niemanden davon

---

2 Die Bewertung geringer Genzahlen beim Menschen wird kontrovers diskutiert: So interpretiert sie bspw. Lipton in extremer Weise als Tiefschlag für die Molekulargenetik, der zu einer Revision molekulargenetischer Auffassungen und Theorien führen müsse (vgl. Lipton 2006, S. 62 ff). Ridley hingegen wertet derartige Interpretationen kritisch als »making of a new myth« (Ridley 2003, S. 2), da sich aus seiner Sicht die Bedeutung der DNA für die Herausbildung menschlicher Eigenschaften und Verhaltensmerkmale nicht an der Gesamtzahl der Gene im menschlichen Genom messen lasse.

3 Der englische Begriff ›bias‹ ist im Deutschen nur unzulänglich als Neigung, Tendenz, Vorliebe, Vorurteil, Befangenheit oder Voreingenommenheit zu übersetzen. Im angloamerikanischen Sprachgebrauch werden die Begriffe ›bias‹ oder ›biased‹ (als Adjektiv) verwendet, um darauf hinzuweisen, dass der Autor aus einer gewissen Perspektive berichtet, die auch ideologisch gefärbt sein kann, und widersprechende Befunde oder Ansichten nicht oder nur unzulänglich berücksichtigt.

befreien, sich selbst eine Meinung über die in dieser Abhandlung diskutierten Positionen zu bilden. Die folgenden Darstellungen ausgewählter Positionen und historischer Höhepunkte des Streits zwischen Vertreterinnen und Vertretern einer Anlage- bzw. Umweltsichtweise sollen vor diesem Hintergrund als Orientierungshilfe verstanden werden, um Interessierten den Zugang zu dieser Thematik zu erleichtern.

Bezüglich der Frage, welcher Position ich mich selbst in der Anlage-Umwelt-Debatte am ehesten zuordnen würde, muss ich vorausschicken, dass mir mein Lehramtsstudium der Fächer Biologie und Pädagogik (als Unterrichtsfach) sowohl naturwissenschaftliche als auch geistes- und sozialwissenschaftliche Einblicke ermöglicht hat, sodass ich einzelne thematische Aspekte aus verschiedenen Blickwinkeln im Sinne inter- oder transdisziplinärem Denkens betrachten konnte. Zugleich war für mich damit das Gefühl verbunden, ›zwischen den Stühlen zu sitzen‹. Ich habe mich daher im Rahmen dieser Abhandlung bemüht, die in der Anlage-Umwelt-Debatte vertretenen Positionen möglichst ausgewogen wiederzugeben. Wäre ich gezwungen, mich im Rahmen der Anlage-Umwelt-Debatte einer einzelnen Position zuzuordnen, so wäre mir wohl die Position, die von mir im Folgenden als ›Kritischer Interaktionismus‹ bezeichnet wird, am sympathischsten.

Abschließend möchte ich die Gelegenheit nutzen, mich bei den Personen zu bedanken, ohne die die vorliegende Abhandlung nicht zustande gekommen wäre: Zunächst möchte ich meinem Doktorvater Prof. Dr. Klaus-Jürgen Tillmann für seine Unterstützung und die jahrelange Zusammenarbeit danken. Des Weiteren gilt mein Dank der Deutschen Forschungsgemeinschaft, mit deren Drittmitteln das Forschungsprojekt »Der Anlage-Umwelt-Diskurs in der bundesdeutschen Erziehungswissenschaft seit 1950« (OZ D#25104144/5, Juni 2003 bis November 2005) ermöglicht worden ist. Meine Mitarbeit an diesem Projekt hat mir detaillierte Einblicke in die Anlage-Umwelt-Thematik gewährt – ganz besonders hinsichtlich der erziehungswissenschaftlichen Rezeption der Debatte. Die vorliegende Forschungsarbeit greift an verschiedenen Stellen auf die in diesem Projekt gesammelten Daten und Ergebnisse zurück. Für hilfreiche Anregungen und Kritik über viele Jahre hinweg bin ich zudem den Mitarbeiterinnen und Mitarbeitern der AG 4 (›Schulentwicklung und Schulforschung‹) der Fakultät für Erziehungswissenschaft an der Universität Bielefeld dankbar, ohne dass sie an dieser Stelle einzeln genannt werden können. Ferner ist anzumerken, dass die in dieser Abhandlung aufgeführten biografischen Daten zu den Protagonistinnen und Protagonisten des Anlage-Umwelt-Diskurses mittels Internetrecherchen ermittelt worden sind. Im Text wurde auf eine Nennung der entsprechenden Quellenangaben aus Gründen der Lesbarkeit verzichtet. In seltenen Fällen lieferten hierzu selbst umfangreiche Recherchen keine Ergebnisse. Ich bin daher in besonderer Weise Roderick M. Cooper, Marion J. Lamb, Susan Oyama und Edward J. Steele für die persönliche Mitteilung ihrer Geburtsjahre verbunden.

Abschließend danke ich ganz besonders herzlich meinen Eltern und Maico für ihren langjährigen emotionalen Beistand und ihre kaum zu überbietende Geduld. Sie haben mich motiviert, unterstützt und immer an mich geglaubt. Ihnen sei diese Arbeit gewidmet.

Bad Salzuflen, im Juni 2012   Michael Lenz

Teil I:
Einführung

Wenn die Anlage-Umwelt-Problematik aus wissenschaftlicher Perspektive thematisiert wird, können ganz verschiedene Fragestellungen im Zentrum der Betrachtung stehen. Um an dieser Stelle nur einige Beispiele zu nennen: Können Anlageeinflüsse ausschließlich im Bereich physiologischer Merkmale nachgewiesen werden oder betreffen sie auch das Verhalten – also den Bereich psychischer Merkmale? Sind dabei Anlagefaktoren für die Herausbildung menschlicher Eigenschaften und Verhaltensweisen von größerer Bedeutung als Umweltfaktoren? Gibt es bezüglich kognitiver Leistungen, Intelligenz, Aggression etc. genetische Unterschiede zwischen Individuen? Lassen sich für besti mmte Verhaltensmerkmale Unterschiede zwischen den Geschlechtern nachweisen? Und auf einer übergeordneten Ebene, auf der die Anlage-Umwelt-Kontroverse selbst thematisiert wird, wäre zu fragen: Wie ist die Debatte über Anlage und Umwelt in der Wissenschaft insgesamt und in verschiedenen wissenschaftlichen Teilgebieten bzw. Subdisziplinen verlaufen? Welche Positionen wurden dabei von den Akteuren im Anlage-Umwelt-Streit eingenommen? Wie unterscheiden sich diese Positionen voneinander und wo sind ihre Wurzeln aus historischer Sicht zu verorten?

Dieses Spektrum verschiedener Fragestellungen verdeutlicht, dass die Anlage-Umwelt-Thematik aus gänzlich unterschiedlichen Blickwinkeln betrachtet werden kann. Eine systematische Einordnung dieser verschiedenen Perspektiven erscheint somit unumgänglich. Wie bereits der Titel dieser Abhandlung andeutet, gibt es nicht *die* Anlage-Umwelt-Debatte an sich, denn ein derartiges Verständnis würde implizieren, dass damit ein thematisch und historisch klar abgrenzbares Phänomen angesprochen würde. Vielmehr wird im Folgenden davon ausgegangen, dass es sich bei den Debatten um Anlage und Umwelt um einen komplexen *Diskurs* handelt, der aus historischer Sicht weiten Teilen der abendländischen Geistesgeschichte zugrunde liegt, unterschiedlichste Themenfelder durchdringt und in Form von Konjunkturzyklen immer wieder an die Oberfläche der gesamtgesellschaftlichen Diskussion dringt. Eine wissenschaftliche Aufarbeitung dieses Anlage-Umwelt-Diskurses erfordert somit zugleich die Berücksichtigung seiner *Systematik* und *Historie*.

Vor diesem Hintergrund soll im ersten Teil dieser Abhandlung eine allgemeine Charakterisierung des Anlage-Umwelt-Diskurses vorgenommen werden, wobei Letzterer als ein historisches und facettenreiches Phänomen aufgefasst wird. In diesem Kontext werden zunächst grundlegende Begrifflichkeiten erläutert, die das Spannungsfeld von Anlage und Umwelt umreißen. Dabei wird diskutiert, inwieweit es sich bei der Anlage-Umwelt-Frage um ein – mitunter längst überwundenes – Scheinproblem handeln könnte. Des Weiteren wird nach der Aktualität des Diskurses über Anlage und Umwelt in der derzeitigen wissenschaftlichen Diskussion gefragt. In diesem Zusammenhang ist außerdem das Feld zu klären, auf dem der Anlage-Umwelt-Streit ausgetragen wird. Mit anderen Worten: Handelt es sich beim Anlage-Umwelt-Diskurs um eine Diskussion, die ausschließlich oder überwiegend im angloamerikanischen Sprachraum geführt wird? Wird die Debatte um Anlage und Umwelt – wie in dieser Abhandlung – als

Diskurs betrachtet, so ist zudem eine begriffliche Konkretisierung dessen hilfreich, das hier als ›Diskurs‹ verstanden wird. Diesbezüglich wird gezeigt, dass mittels einer spezifischen Variante der Diskursanalyse ein begriffliches Instrumentarium abgesteckt werden kann, das eine systematische Erfassung der Anlage-Umwelt-Problematik ermöglicht.

Im Einführungsteil steht somit der systematische Aspekt der Anlage-Umwelt-Diskussion im Vordergrund. Dabei legen die begrifflichen und diskurstheoretischen Vorklärungen zugleich die Grundlagen zum Verständnis der Anlage-Umwelt-Debatte in ihrer Konstituierung als historischem Diskurs. Die Ausführungen münden schließlich in die Vorstellung und Begründung des Ziels dieser Forschungsarbeit sowie die Darlegung des Argumentationsgangs.

Kapitel 1:
Einleitung

Kaum eine wissenschaftlich geführte Debatte ist so oft aufgegriffen, heftig diskutiert und als ›gelöst‹ (im Sinne von ›beigelegt‹) oder auch prinzipiell unlösbar deklariert worden wie die Frage, ob die Fähigkeiten eines Menschen stärker (oder gar ausschließlich) durch die Anlagen (genetische Ausstattung) oder durch Umwelteinflüsse (Milieu, Erziehung) bestimmt werden, oder ob Anlage- und Umwelteinflüsse untrennbar miteinander verbunden sind.[4] Der aus dieser Frage resultierende Anlage-Umwelt-Streit – im angloamerikanischen Sprachraum als ›nature-nurture-debate‹ oder ›heredity-environment-controversy‹ bekannt – kann bis in die Antike zurückverfolgt werden, zieht sich gleich einem ›roten Faden‹ durch weite Teile der abendländischen Geistesgeschichte und hat bis in die heutige Zeit hinein nicht an Brisanz und Bedeutung verloren.

Dabei scheint die Frage nach dem Einfluss von Anlage und Umwelt bei der Herausbildung von Merkmalen auf den ersten Blick nicht besonders problematisch zu sein: Bereits auf Grundlage unseres Alltagsverständnisses schätzen wir bestimmte Merkmale und Verhaltensweisen als eher anlagebedingt (bspw. Augenfarbe, Blutgruppe etc.), andere als eher umweltbedingt ein (bspw. Sprache, Religion etc.). Handelt es sich dabei um kognitive Fertigkeiten oder Verhaltensmerkmale (wie z. B. Intelligenz, geschlechtsspezifisches Verhalten, sexuelle Orientierung u. v. a. m.) werden diese alltagstheoretischen Einschätzungen oft nicht mittels wissenschaftlicher Fakten oder Untersuchungen belegt und können bis in wissenschaftliche Diskussionen hinein in Form unreflektierten Vorverständnisses zurückwirken.

Wer sich demnach aus wissenschaftlicher Perspektive mit der Anlage-Umwelt-Thematik beschäftigt, stößt dabei mitunter – selbst in wissenschaftlichen (nicht zuletzt erziehungswissenschaftlichen) Kreisen – auf Verwunderung, Unverständnis und mancherlei Vorurteil:[5] So sei die Anlage-Umwelt-Thematik doch eher ein historisches Phänomen, das vielleicht noch in den 70er Jahren[6] recht heftig und kontrovers diskutiert worden sei, aber in der Zwischenzeit längst

---

4 Ähnlich formulierte Fragestellungen finden sich in der deutschsprachigen Entwicklungspsychologie und Erziehungswissenschaft seit mehr als 30 Jahren (vgl. z. B. Montada 2002, S. 22; Roth 2007, S. 343; Stone/Church 1978, S. 277; Wolf 1977, S. 15).

5 Die im Folgenden genannten Beispiele für derartige Vorurteile lassen sich nicht in der einschlägigen Literatur nachweisen, sondern basieren auf persönlichen Gesprächen des Autors mit verschiedenen Personen über die Anlage-Umwelt-Thematik.

6 Wenn im Rahmen dieser Abhandlung Jahrzehnte angesprochen werden, so wird zur Vereinfachung in durchgehender Weise für die Jahrzehnte des 20. Jahrhunderts das Jahrhundert weggelassen (Beispiel: ›20er Jahre‹ als Abkürzung für die 1920er Jahre). Beziehen sich die Angaben hingegen auf andere Jahrhunderte, wird stets das entsprechende Jahrhundert mitgenannt (Beispiel: ›1890er Jahre‹). Des Weiteren sind bezüglich der in dieser Abhandlung benutzten Zitierweise einige Anmerkungen angebracht: Insofern für die vorliegende Arbeit ausgewiesene Zitate, die innerhalb anderer Primärquellen zitiert worden sind, genutzt wurden, so wurden derartige ›Sekundärzitate‹ anhand ihrer Originalquellen überprüft, aus denen sie im vorliegenden Text zitiert werden. Da eine Kennzeichnung mittels ›zit. nach‹ nur für ungeprüfte Sekundärzitate üblich ist, wird bei überprüften Zitaten nach Nennung der Original-

durch einen interaktionistischen Konsens abgelöst worden sei. In der heutigen Zeit wisse doch jeder gebildete Mensch, dass bezüglich der allermeisten Merkmale sowohl Anlage- als auch Umwelteinflüsse unabdingbar zusammenspielen würden und nicht trennbar seien. Und selbst wenn es heute noch so etwas wie eine Anlage-Umwelt-Kontroverse gäbe, so würde diese doch eher innerhalb von Spezialdisziplinen (wie bspw. der Zwillingsforschung) verhandelt. Zudem handele es sich bei der Anlage-Umwelt-Debatte in erster Linie um ein angloamerikanisches Phänomen. Wissenschaftliche Beiträge aus dem deutschsprachigen Raum seien hingegen kaum vorhanden.

Entsprechend vermitteln Darstellungen in lexikalischen Artikeln oder Teilkapiteln in Lehrbüchern zwar einen ersten Überblick zur Anlage-Umwelt-Thematik aus wissenschaftlicher Sicht (vgl. bspw. Wolf 1977; Huppertz/Schinzler 1985, S. 44–52; Flammer 1996, S. 23–35; Eckensberger/Keller 1998, S. 34–45; Mietzel 2002, S. 60–71; Montada 2002, S. 22–33; Petermann/Niebank/Scheithauer 2004, S. 237–291). Sie sind jedoch aufgrund unvermeidbarer inhaltlicher Zuspitzungen und Einschränkungen hinsichtlich des Umfangs in der Regel nicht in der Lage, die Komplexität der Debatte angemessen zu erfassen. Denn es gibt nicht ›die‹ Anlage-Umwelt-Debatte an sich, sondern eine Vielzahl von Kontroversen, Debatten, Streiten und Disputen mit engen Bezügen zur Anlage-Umwelt-Thematik, die sich auf so unterschiedliche Gegenstandsfelder wie Intelligenz, Begabung, Aggression, Geschlecht, Sprachentstehung etc. beziehen. Mit anderen Worten: Es handelt sich bei dem, was gemeinhin als Anlage-Umwelt-Debatte verstanden wird, um einen ›*Diskurs*‹, der nur in seiner historischen Entwicklung, seinen inhaltlichen Bezügen und seinen (sozial-)politischen Implikationen angemessen hinsichtlich seiner Komplexität erfasst werden kann.

Zur Einführung in den Themenkomplex von Anlage und Umwelt sollen daher im Folgenden die oben genannten Vorurteile vor dem Hintergrund des aktuellen Forschungsstandes zur Anlage-Umwelt-Debatte einer kritischen Prüfung unterzogen werden. In Abschnitt 1.1 stehen dabei die Fragen im Vordergrund, inwiefern es sich bei der Anlage-Umwelt-Debatte wirklich um ein Scheinproblem handelt und welche Begrifflichkeiten zur Erfassung der Debatte eingesetzt werden. Sodann wird in Abschnitt 1.2 die derzeitige Aktualität der Debatte thematisiert. In diesem Kontext wird zudem geprüft, inwieweit es sich bei der Anlage-Umwelt-Debatte um ein angloamerikanisches Phänomen handelt und welche Rolle der deutschen Erziehungswissenschaft vor diesem Hintergrund zukommt. Anschließend wird in Abschnitt 1.3 ein begriffliches Instrumentarium vorgestellt, mit dessen Hilfe sich die Anlage-Umwelt-Debatte als ›Diskurs‹ erfassen lässt. Dieses Instrumentarium erleichtert die Analyse ihres historischen Verlaufes, die Systematisierung der vertretenen Positionen und Ansichten sowie die Einordnung der beteiligten Akteure. Abschließend werden in Abschnitt 1.4 vor dem Hintergrund dieser ersten Erkenntnisse die zentralen Fragestellungen dieser Forschungsarbeit sowie der weitere Gang der Argumentation erläutert.

---

quelle mittels ›siehe auch‹ die Primärquelle angeführt, durch die der Autor ursprünglich auf das Zitat aufmerksam geworden ist. Zur Verbesserung der Lesbarkeit werden Auslassungen in Zitaten nicht in eckige Klammern gesetzt. In den seltenen Fällen, in denen Auslassungen bereits im Originaltext vorhanden sind, wird im Anschluss an das jeweilige Zitat durch entsprechende Vermerke (wie bspw. ›Auslassung im Original‹) darauf hingewiesen. Eigene Änderungen in Zitaten werden durch eckige Klammern ausgewiesen; falls diese nicht zum Satzbau passen oder eigene Anmerkungen enthalten, werden sie zusätzlich mit ›ML‹ gekennzeichnet. Zum Verweis auf Fehler in der Originalquelle wird der Zusatz ›sic‹ genutzt. Das Kürzel ›sic!‹ wird hingegen verwendet, um die Leserin bzw. den Leser auf eine Stelle im Zitat hinzuweisen, die aus eigener Sicht von ganz besonderer Bedeutung ist.

1.1 Anlage und Umwelt: Eine erste metatheoretische Annäherung

Für eine erste wissenschaftliche Annäherung an einen derart komplexen Gegenstand wie die Anlage-Umwelt-Debatte ist es hilfreich, sich zu vergegenwärtigen, auf welcher Ebene die Diskussion erfolgen soll. Im Falle der Anlage-Umwelt-Debatte sind drei verschiedene Ebenen voneinander zu unterscheiden, die mit verschiedenen Gegenständen der Betrachtung und unterschiedlichen Fragestellungen einhergehen:

Tab. 1: Ebenen der wissenschaftlichen Betrachtung der Anlage-Umwelt-Debatte

Analyseebene	Gegenstand der wissenschaftlichen Betrachtung	Exemplarische Fragestellungen
3. Meta-Ebene	Thematisierung der Anlage-Umwelt-Debatte selbst mit ihren historischen Verlaufsmustern, thematischen Verschränkungen und disziplinären Besonderheiten	Wie ist die Debatte verlaufen? Lassen sich spezifische Phasen erkennen, in denen die Debatte besonders heftig geführt worden ist? Wie wurde die Debatte von erziehungswissenschaftlicher Seite rezipiert?
2. Theorieebene	Theorien, Konzepte und Positionen innerhalb der Anlage-Umwelt-Debatte	Welche Positionen vertreten die Protagonistinnen und Protagonisten der Anlage-Umwelt-Debatte? Welche theoretischen Erklärungsansätze werden herangezogen?
1. Gegenstands-ebene	Menschliches Verhalten in Abhängigkeit von Anlage und Umwelt	Welche Anlage- und Umweltfaktoren lassen sich für ein spezifisches Verhaltensmerkmal identifizieren und wie wirken diese zusammen?

Die unterste Analyseebene wird in Tabelle 1 als Gegenstandsebene bezeichnet und umfasst menschliches Verhalten in Abhängigkeit von Anlage und Umwelt als Phänomen der bio-psychosozialen Realität (vgl. z. B. Hurrelmann 1991, Spangler 1991). Sie kann als Basis von Forschung und Theoriebildung aufgefasst werden. Die Erforschung dieses Gegenstandes liefert auf einer zweiten, übergeordneten Ebene Analysen, Konzepte und Theorien zur Anlage-Umwelt-Problematik und führt dabei zur Produktion von wissenschaftlicher Literatur. Wissenschaftliche Texte auf dieser Theorieebene erweisen sich als höchst heterogen; dazu gehören bspw. Forschungsberichte einzelner Untersuchungen wie auch Theorien und Modelle über das Zusammenspiel von Anlage und Umwelt. Letztere werden wiederum auf der Grundlage von Einzelbefunden konstruiert. Werden der Verlauf oder die Charakteristika der Anlage-Umwelt-Debatte selbst thematisiert und zum Gegenstand wissenschaftlicher Auseinandersetzung gemacht, so handelt es sich um Studien auf der dritten Ebene, die hier als ›Meta-Ebene‹ bezeichnet wird. Bei den dieser Ebene zuzurechnenden Publikationen handelt es sich um zusammenfassende Betrachtungen und Analysen der Beiträge, die zur gesamten Debatte um Anlage und Umwelt gehören. Entsprechend betrachten Analysen auf der Meta-Ebene nicht das spezifische Zusammenspiel von Anlage- und Umweltfaktoren und bemühen sich dort um ›Wahrheitsfindung‹, sondern machen die Debatte über Anlage und Umwelt selbst zum Thema. Sie vergleichen bspw. unterschiedliche Phasen der Debatte aus einem historischen Blickwinkel, wobei der jeweilige Stand der Diskussion in einer Untersuchungsperiode dem Stand in einer anderen Periode gegenübergestellt wird und Verlaufsformen sowie Veränderungen untersucht werden. Daher werden auf einer Meta-Ebene nicht einzelne Positionen in der Anlage-Umwelt-Debatte gegeneinander abgewogen und hinsichtlich ihrer Befundlage beurteilt. Vielmehr werden diese Positionen unter dem Aspekt ihrer historischen Genese (und bspw. ihrer erziehungswissenschaftlichen Rezeption) in den Mittelpunkt der Betrachtung gerückt.

Vor diesem Hintergrund ist das Ziel der vorliegenden Abhandlung eine Analyse der Anlage-Umwelt-Debatte auf der Meta-Ebene. Im Rahmen einer historischen Rekonstruktion der Anlage-Umwelt-Debatte sind zudem die wichtigsten Positionen und theoretischen Ansätze auf der Theorieebene einzubeziehen und im Kontext der gesamten Debatte zu verorten. Damit dies gelingen kann, müssen zunächst grundlegende Begrifflichkeiten geklärt werden, die den meisten oder allen Ansätzen und Positionen auf der Theorieebene gemeinsam sind. Diese besitzen für den Gesamtkontext der Debatte eine besondere Bedeutung, indem sie gleichsam den Rahmen abstecken, in dem die Debatte geführt wird.

1.1.1 Anlage und Umwelt: Ein Scheinproblem?

Die Frage, ob eine wissenschaftliche Auseinandersetzung mit der Anlage-Umwelt-Problematik überhaupt sinnvoll ist und zu verwertbaren Erkenntnissen führen kann, wird spätestens seit den 50er Jahren immer wieder erneut gestellt (vgl. bspw. Anastasi 1958). Zuweilen wird sogar behauptet, es gebe eigentlich gar keine Anlage-Umwelt-Problematik, sondern es handele sich um ein konstruiertes Scheinproblem. In entsprechender Weise finden sich auf der Meta-Ebene zahlreiche abwertende Einschätzungen der Debatte selbst, wie die folgenden Aussagen belegen, die in den letzten Jahren zur Beschreibung der Anlage-Umwelt-Debatte herangezogen worden sind:

> "Therefore, let us not too hastily agree that the nature-nurture debate is a 'pseudoquestion' (Lewontin 1976c: 181; Hirsch 1976: 171), 'an illogical construct' (Daniels/Devlin/Roeder 1997: 64), 'dead' (Ridley 2003: 280) … 'faulty' (Gottlieb 2001b: 402), 'a dead issue' (Anastasi 1958, p. 197) … 'an unnecessary debate' (Khoury/Thornburg 2001), 'a graveyard of rotting doctrines' (Kitcher 1996: 250), 'a false dichotomy' (Ehrlich 2000), 'the false, dichotomous model' (Gould 1995) … 'the foolish question' and 'a fool's errand' (Meaney 2001: 50–51) … 'counterproductive' (Keller 2001a: 299) … 'rubbish' (Jacquard 1985, p. 51), or that it should be 'silently carried to its grave' (de Waal 1999: 99), etc. It is true that, interpreted in some ways, the issue is indeed 'unworthy of further consideration' (Anastasi 1958, p. 197), but the sillier these versions are, the less likely it is that they really connect with the focal scientific debates of the past. It is simply a historical distortion to present the heredity-environment controversy as having been resolved by the 'insight' that *both* genes and environment matter for development. No one ever doubted this obvious and rather unilluminating truth" (Sesardic 2005, S. 13 f, Quellenangaben angepasst, Hervorhebung im Original).

Diese Liste überwiegend kritischer Bezeichnungen der Anlage-Umwelt-Debatte ließe sich beliebig fortführen: Ergänzend finden sich bspw. Bezeichnungen der Debatte als »fruchtlose Kontroverse« (Wuketits 1990, S. 124), »debate of the century« (Voland 2000b, S. 198), »timeless anachronism« (Bixler 1980, S. 153), »red herring« (Conley 2005, S. 23; Oyama 2000, S. 157; Wrangham/Peterson 1996, S. 95)[7], »Galton's Error« (ebd.), »Debate on the Verge of

---

7 Als ›red herring‹ wird in der formalen Logik und Wissenschaftstheorie ein Trugschluss bzw. Fehlschluss bezeichnet, bei dem im Rahmen einer Argumentation eine falsche Fährte gelegt bzw. ein Ablenkungsmanöver eingesetzt wird (vgl. z. B. Damer 2009, S. 208 f; Hughes/Lavery/Doran 2010, S. 305 f). Der Begriff war bereits im 17. Jahrhundert bekannt, wird einer gängigen Theorie zufolge jedoch auf die Tradition der Fuchsjagd zurückgeführt. Dabei wurden

Extinction« (Bors 1994, S. 231), »unnecessary because the concept's proper setting is science's closet of skeletons« (West/King 1987, S. 550), »debate that causes so much trouble, that so stubbornly resists resolution« (Keller 2010, S. 1), »issue periodically disinterred from its well-deserved grave« (Johnston 1987, S. 150), »dead horse that continues to demonstrate impressive vitality and remarkable staying power« (ebd., S. 179), »debate that refuses to die« (Paul 1998, S. 81) oder – aus der Sicht zweier deutscher Erziehungswissenschaftler – als »geradezu zyklisch wiederkehrender Dauerbrenner auf der Tagesordnung« (Hafeneger 1999, S. 161) und als »albernes Hin und Her ... jetzt schlägt das Pendel eben mal wieder in Richtung Vererbung aus« (Hurrelmann in: Rigos 1998, S. 113).[8] Zugleich wird von Vertreterinnen und Vertretern verschiedener wissenschaftlicher Fachdisziplinen der Anspruch erhoben, die Anlage-Umwelt-Fragestellung erfolgreich überwunden – und die Debatte damit gleichsam ›gelöst‹ – zu haben. Beispiele für derlei Postulate werden in der späteren Diskussion aktueller Positionen in der Debatte noch eingehend diskutiert werden (vgl. die Kapitel 3 bis 5).

Allem Anschein nach besteht damit aus wissenschaftlicher Sicht ein dringendes Bedürfnis, die Anlage-Umwelt-Debatte entweder als ›gelöst‹ zu deklarieren, oder ihr andernfalls bereits auf der Gegenstandsebene jegliche Berechtigung abzusprechen, indem auf die Unzulänglichkeit der enthaltenen Fragestellungen verwiesen und deren dichotomisierende Fassung auf das Schärfste kritisiert wird. Unter der Annahme der Richtigkeit derartiger Einschätzungen bleibt jedoch völlig unverständlich, weshalb diese ›Scheindebatte‹ nicht längst aus der wissenschaftlichen Diskussion verschwunden ist – zum Trotze aller kontinuierlichen Bemühungen, sie zu Grabe zu tragen. Entsprechend leitet Evelyn Fox Keller ihre aktuelle Analyse der Anlage-Umwelt-Debatte wie folgt ein:

"One of the most striking features of the nature-nurture debate is the frequency with which it leads to two apparently contradictory results: the claim that the debate has finally been resolved (i. e., we now know that the answer is neither nature nor nurture, but both), and the debate's refusal to die" (Keller 2010, S. 1).

Als immanente Charakteristika der aktuellen Kontroverse um Anlage und Umwelt können damit von verschiedenen Seiten vorgetragene Bemängelungen ihrer Sinnlosigkeit, Unklärbarkeit oder gar Postulierungen ihrer Überwindung bei gleichzeitiger Perpetuierung der Anlage-Umwelt-Frage in der öffentlichen Diskussion gelten.

---

gekochte Heringe dazu benutzt, Spürhunde darauf zu trainieren, dem Heringsgeruch zu folgen oder sich von diesem von der Spur eines Fuchses nicht ablenken zu lassen (vgl. Damer 2009, S. 208).

8 Die Pendel-Analogie ist wohl die am häufigsten in der Literatur benutzte Metapher im Kontext der Anlage-Umwelt-Debatte und wird von zahlreichen Autorinnen und Autoren seit annähernd einhundert Jahren zu ihrer Charakterisierung bemüht (vgl. z. B. Tufts 1916, S. 229; Burt 1936, S. 14; Sauer 1970, S. 188; Fatke 1971, S. 15; Husén 1971, S. 566; Eysenck 1975b, S. 19; Steen 1996a, S. 21; Plomin/Petrill 1997, S. 53 ff, 72; Krist u. a. 1998, S. 181; LeDoux 1998, S. B7; Oyama 2000, S. 23, 131; Colapinto 2002, S. 49; Moore 2002, S. 263; Waal 2002, S. 14; Pinker 2003, S. 124; Reyer 2003b, S. 31; Petermann/Niebank/Scheithauer 2004, S. 240; Riemann/Spinath 2005, S. 540; Sameroff 2010, S. 8). Der historische Ursprung dieser Metapher konnte nicht ermittelt werden. Sie wurde jedoch bereits im Jahr 1916 von Nutting zur Darstellung der Entwicklung evolutionären Denkens zu Beginn des 20. Jahrhunderts eingesetzt (vgl. Nutting 1916). Meines Erachtens ist die Pendel-Metapher zur Beschreibung der Anlage-Umwelt-Debatte nur bedingt geeignet, da diese Analogie zugleich impliziert, dass extreme Positionen mit stetiger Regelmäßigkeit in der Diskussion wiederkehren, was für die Anlage-Umwelt-Debatte in dieser Form nicht behauptet werden kann. Zudem täuscht die Metapher darüber hinweg, dass aus historischer Sicht zur gleichen Zeit Extrempositionen miteinander konkurrieren können, ohne dass eine Beurteilung möglich ist, ob das Pendel dabei eher zur Anlage- oder Umweltseite ausgeschlagen ist.

1.1.2 Grundbegriffe im Spannungsfeld von Anlage und Umwelt

Was im vorherigen Abschnitt auf den ersten Blick als klar abgrenzbare Debatte erscheint, erweist sich auf den zweiten Blick als hochkomplexes Phänomen mit stellenweise paradoxen Zügen. Dies beginnt bereits auf der Ebene der Begriffe, die zur Bezeichnung der Anlage-Umwelt-Debatte eingesetzt werden und damit gleichsam den Rahmen des zu untersuchenden Gegenstandes abstecken. In der umseitigen Tabelle 2 werden einige dieser begrifflichen Dichotomien aufgeführt, ohne dabei auch nur annähernd einen Anspruch auf Vollständigkeit erheben zu wollen. Dabei zeigt sich auf den ersten Blick, dass je nach Analyseebene, Art der Fragestellung und disziplinärer Orientierung verschiedene Dichotomien zur Bezeichnung der Anlage-Umwelt-Thematik herangezogen werden. Einige dieser Dichotomien (wie bspw. ›Anlage versus Umwelt‹ und ›Erbe versus Milieu‹) können durchaus synonym verwendet werden, andere beinhalten bereits spezifische disziplinäre Zuspitzungen, die jedoch historischem Wandel unterworfen sein können (wie im Falle des Instinkt-Begriffs später noch gezeigt werden wird, vgl. Abschnitt 2.2.6). Deckungsgleichheit der begrifflichen Dichotomien ist hingegen eher die Ausnahme als die Regel. Im Rahmen dieser Abhandlung kann nicht weiter auf sämtliche Unterschiede der in Tabelle 2 aufgeführten Begriffe eingegangen werden. Allerdings erweisen sich einige kurze Anmerkungen als unerlässlich: Während der Begriff der Anlage noch relativ leicht definiert werden kann, bspw. als »das in den Chromosomen verankerte Steuerungsprogramm, das in Interaktion mit den jeweiligen Umweltbedingungen den Aufbau physischer und psychischer Prozeßstrukturen innerhalb einer gewissen Variationsbreite reguliert« (Wacker 1987, S. 55), stellt der Umweltbegriff eine viel schwerer greifbare Sammelbezeichnung dar.[9] Wird er weit gefasst, so enthält er beispielsweise sämtliche Strukturen, Einflüsse und Signale außerhalb der Gene (also der DNA) – und damit auch die Umwelt der Gene (oder sogar eines einzelnen Gens) innerhalb des Zellkerns der Zellen selbst:

> "It is obvious to all that the 'environment' is a portmanteau word covering many phenomena and processes. Thus, for any individual gene-sized bit of DNA, all the other genes in the organism's genome are part of its 'environment'; for the DNA as a whole, the nucleus and the metabolic orchestra of intracellular mechanisms; for these, the cell; tissues and organs; for organisms, the external physical environment and the other living forms within it; for social animals, conspecifics; and for humans, our own social, cultural and technological histories" (Rose 2001c, S. s4).

Daher scheint es angebracht, zwischen einem externen Umweltbegriff außerhalb des Organismus (Umwelt als ›Nicht-Organismus‹) und einem internen Umweltbegriff (Umwelt als ›Nicht-DNA‹) zu differenzieren: »Die Umwelt umfasst den physikalischen Raum, in dem sich jeder Mensch befindet und die sozialen Einflüsse, denen er ausgesetzt ist. Die andere Umwelt, die *interne*, reicht bis hinab in die zelluläre Umgebung der Chromosomen« (Petermann/Niebank/Scheithauer 2004, S. 29, Hervorhebung im Original; vgl. bspw. Anastasi 1976, S. 69–73, 89).[10]

---

9   In der aktuellen wissenschaftlichen Diskussion wird mitunter behauptet, der Genbegriff – als grundlegendes Teilkonzept der Anlage – werde zunehmend undefinierbar, unzulänglich und nicht mehr durch einen interdisziplinären Konsens legitimierbar (vgl. z. B. Keller 2001b, Pearson 2006, Stotz/Griffiths/Knight 2004, Turney 2005). Die steigende Akkumulation und Differenzierung des humangenetischen Wissens (insbesondere durch die Fortschritte im Bereich der Epigenetik, die später noch ausführlich diskutiert werden; vgl. Kap. 5) haben damit dazu geführt, dass zentrale Begrifflichkeiten im Spannungsfeld von Anlage und Umwelt (wie ›Gen‹ und der Begriff ›Anlage‹ selbst) immer schwerer inhaltlich gefüllt werden können (vgl. Pearson 2006, S. 399).

10 Pigliucci weist in diesem Kontext auf die große Heterogenität von Umweltkonzeptionen hin, die nach seinen Recherchen aus taxonomischer Sicht zwischen drei und 200 einzelne Dimensionen beinhalten würden (vgl. Pigliucci 2001, S. 40). Das in den Sozialwissenschaften wohl bekannteste und einflussreichste taxonomische Modell wurde

Tab. 2: Dichotomien im Spannungsfeld der Anlage-Umwelt-Thematik

Analyseebene[a]	Dichotomie (deutsch)	Dichotomie (englisch)
Bezeichnung der Debatte	Anlage (Erbe, Genom) vs. Umwelt (Milieu, Erziehung)	nature vs. nurture heredity vs. environment
Extrempositionen	Anlagetheorie (Erbtheorie) vs. Umwelttheorie (Milieutheorie) Nativismus vs. Environmentalismus	nativism vs. environmentalisms
Merkmalsebene, Verursachung (Kausalfaktoren)[b]	angeboren (vererbt) vs. erworben (erlernt) biologisch (genetisch) vs. kulturell (sozial) endogen vs. exogen	innate vs. acquired innate vs. learned
Verursachung (Prozesse)[b]	Reifung vs. Lernen Instinkt vs. Lernen	maturation vs. learning
Population (verhaltens- genetisch)	Heritabilität (Erblichkeit) vs. ›Umweltlichkeit‹[d]	heritability vs. ›environmentability‹[d]
Manipulierbarkeit (pädagogisch)	pädagogischer Pessimismus vs. pädagogischer Optimismus[c]	

Dichotomien mit Überschneidungsbereichen zur Anlage-Umwelt-Thematik:
Determinismus vs. Freiheit, Körper vs. Geist, Leib vs. Seele, Präformation vs. Epigenese, Personalisation vs. Enkulturation, Natur vs. Kultur (engl. nature vs. culture), Genotyp vs. Phänotyp, Physiozentrismus vs. Anthropozentrismus (hinsichtlich der Sonderstellung des Menschen im Tierreich)[e]

[a] In teilweiser Überschneidung unterscheidet Kimble vier Varianten der Anlage-Umwelt-Thematik: »Perception: Nativism Versus Empiricism« (Kimble 1994, S. 9), »Development: Maturation Versus Learning« (ebd., S. 10), »Learning and Cognition: Equipotentiality Versus Preparedness« (ebd., S. 11) und »Individual Differences: Heredity Versus Environment« (ebd., S. 12); vgl. auch Yee 1995, S. 384.

[b] Unterscheidung in Anlehnung an Kronfeldner 2009a, S. 179.

[c] Vgl. März 1993, S. 7; Hobmair 2002, S. 58 f. Nach Stone und Church werden die Begriffe »Optimistisch«, »Neutralistisch«, oder »Pessimistisch« (Stone/Church 1978, S. 278) jedoch eher bezüglich der Frage verwendet, ob ein Kind von Natur aus gut oder böse zur Welt kommt. Entsprechend verorten sie Positionen nach einem zweidimensionalen Modell mit der zusätzlichen Skala »Biologisch« versus »Umwelttheoretisch« (ebd.), sodass die Anlage-Umwelt-Dichotomie nicht mit einer Optimismus-Pessimismus-Einteilung gleichgesetzt werden kann (vgl. ebd.).

[d] Da in der Verhaltensgenetik die Umweltkomponente aus der Restvarianz gebildet wird, gibt es auf der Umweltseite keinen allgemein üblichen Begriff für den Umweltteil an der Gesamtvarianz. Mitunter werden in diesem Kontext die Begriffe »environmentability« (Carey 2003, S. 290, ohne Hervorhebung bzw. »environmentality« (Kaplan 2000, S. 24, ohne Hervorhebung) genutzt, die im Deutschen zuweilen als »Umweltlichkeit« (Euler 2002, S. 277) übersetzt werden.

[e] Macbeth sieht in der konzeptuellen Unterscheidung »the animal in us versus the human in us« (Macbeth 1989, S. 12, ohne Hervorhebung) eine von vier falschen Dichotomien im Rahmen der Anlage-Umwelt-Debatte.

gegen Ende der 70er Jahre von Urie Bronfenbrenner (1917–2005) entwickelt (vgl. Bronfenbrenner 1979, dt. 1981). Bronfenbrenner unterschied in seiner ›Ökologischen Systemtheorie‹ zwischen den vier Umweltdimensionen ›Mikrosystem‹, ›Mesosystem‹, ›Exosystem‹ und ›Makrosystem‹ (vgl. z. B. Flammer 1996, S. 203–215; Hurrelmann 1993, S. 34–38; Petermann/Niebank/Scheithauer 2004, S. 19; Pigliucci 2001, S. 40 ff).

Weit kritischer ist der Begriff ›angeboren‹ hinsichtlich seines Wertes für die Erfassung der Anlage-Umwelt-Thematik zu werten, umschließt er im wörtlichen Sinne doch lediglich Merkmale, die bei der Geburt vorhanden sind, aber keinesfalls erblich sein müssen, sondern auch durch intrauterinäre Umwelteinflüsse zustande gekommen sein können (vgl. bspw. Petermann/Niebank/Scheithauer 2004, S. 263; Wacker 1987, S. 55). Dabei ist die Geburt selbst als ein willkürlich gewählter Zeitpunkt in der Individualentwicklung zu werten, der allerdings mit den gravierendsten Veränderungen der Umwelt einhergeht, die ein Mensch im Laufe seiner Ontogenese erlebt (vgl. Keller 2010, S. 75). Im alltagstheoretischen Denken wird der Begriff des ›Angeborenen‹ jedoch weiter gefasst und weist starke Parallelen zum – wenn auch keine genaue Deckungsgleichheit mit dem – Anlage-Konzept auf. Was dabei genau unter dem Begriff des Angeborenen verstanden wird, ist wissenschaftlich schwer zu greifen: Mameli und Bateson identifizierten für das »concept of innateness … [as] part of folk wisdom« (Mameli/Bateson 2006, S. 155) allein 26 mögliche Merkmale (wie beispielsweise »not acquired«, »present at birth«, »genetically influenced«, »highly heritable«, »not learned«, »species-typical« (ebd., S. 177)), von denen keines in der Lage ist, den Begriff des Angeborenen hinreichend zu definieren und von denen jedes durch entsprechende Gegenbeispiele als unzureichend widerlegt werden kann (vgl. ebd., S. 157–176). Weit brauchbarer fällt in diesem Zusammenhang die Unterscheidung zwischen den Begriffen ›Genotyp‹ und ›Phänotyp‹ aus:

> »Die individuelle genetische Ausstattung eines Lebewesens, die Gesamtheit der Allele in jeder seiner Zellen, wird *Genotyp* genannt. Der Genotyp bleibt das ganze Leben eines Individuums über unverändert. Als *Phänotyp* werden die beobachtbaren Charakteristiken des Lebewesens bezeichnet, zu denen neben dem Erscheinungsbild auch Verhaltensweisen und Persönlichkeitsmerkmale zählen. Der Phänotyp ist lebenslangen Veränderungen unterworfen, die sich aus der Interaktion von Genotyp und Umwelt ergeben und denen durch diese beiden Faktoren unterschiedliche Grenzen gesetzt werden … Der gleiche Genotyp kann unter verschiedenen Umweltbedingungen zu unterschiedlichen Phänotypen führen. Andererseits kann der gleiche Phänotyp durchaus auf verschiedenen Genotypen beruhen, denn ob sich Abweichungen im Genotyp auch tatsächlich im Phänotyp niederschlagen, hängt von der Umwelt ab« (Petermann/Niebank/Scheithauer 2004, S. 241, Hervorhebungen im Original).[11]

Der entscheidende Unterschied zu anderen Dichotomien ist demnach, dass zwar der Begriff des Genotyps (als Summe aller Gene) große Deckungsgleichheit mit dem Anlagebegriff aufweist, der Begriff des Phänotyps aber nicht gleichbedeutend mit dem Umweltbegriff ist. Zudem wird im Rahmen dieser begrifflichen Unterscheidung die Interaktion von Anlage- und Umweltfaktoren bereits mitgedacht. In einigen der folgenden Kapitel werden Sichtweisen über Anlagen und Genotypen unter Zuhilfenahme von human- und molekulargenetischem Wissen weiter ausdifferenziert und eingehender diskutiert werden. Daher sei bereits an dieser Stelle darauf

---

11 Die Begriffe ›Genotyp‹ und ›Phänotyp‹ gehen auf Wilhelm Johannsen (1857–1927) zurück, der diese im Jahr 1909 geprägt hatte (vgl. Johannsen 1909, S. 123, 127; Mayr 2002, S. 624). Zudem führte Johannsen mit derselben Publikation den Begriff ›Gen‹ als Bezeichnung »für die materielle Basis eines erblichen Merkmals« (ebd., S. 589; vgl. Johannsen 1909, S. 124) in die wissenschaftliche Diskussion ein. Mit dem Begriff ›Allel‹ werden die »[a] lternative[n] Ausprägungen eines Gens [bezeichnet], die auf homologen Chromosomen am gleichen Ort lokalisiert sind« (Petermann/Niebank/Scheithauer 2004, S. 520, ohne Hervorhebung). Der Allelbegriff geht auf William Bateson (1861–1926) zurück, der im Jahr 1902 zur Bezeichnung unterschiedlicher Varianten von Erbfaktoren an einem Ort (Locus) den Begriff »allelomorph« (W. Bateson 1909, S. 27) verwendet hatte (vgl. Mayr 2002, S. 589). Bateson gilt zudem als Urheber des Begriffs ›Genetik‹, mit dem er im Jahr 1905 in einem Brief und im Jahr 1906 erstmals öffentlich auf einer Konferenz die sich entwickelnde Wissenschaft von der Vererbung bezeichnet hatte (vgl. P. Bateson 2002, S. 49; Fagot-Largeault/Rahman/Torres 2007, S. XIX; Harper 2005, S. 143).

verwiesen, dass sich in Anhang E eine kurze Einführung in molekulargenetische Grundbegriffe und Wirkungsmechanismen finden lässt, die das Verständnis der Ausführungen in den folgenden Kapiteln erleichtern soll. Erschwerend kommt hinzu, dass die überwiegende Mehrheit menschlicher Eigenschaften und Verhaltensmerkmale durch ein Zusammenwirken mehrerer Gene beeinflusst werden (›Polygenie‹), wobei die Wirkung einzelner Gene von dem Einfluss anderer Gene abhängen kann (›Epistasie‹). Zudem können einzelne Gene mehrere phänotypische Auswirkungen haben (›Pleiotropie‹), sodass nicht von einem linearen Zusammenhang zwischen Genotyp und Phänotyp ausgegangen werden kann (vgl. z. B. Hennig 1998, S. 47, 51, 55). Abschließend ist an dieser Stelle auf eine begriffliche Unterscheidung hinzuweisen, die zwar keinen direkten Bezug zur Anlage-Umwelt-Dichotomie aufweist, aber im Kontext der Diskussion um Anlage und Umwelt – insbesondere in biologischen und psychologischen Bezugsdisziplinen – einen zentralen Stellenwert einnimmt, wenn es um das Verständnis der historischen Dimension von ›Entwicklung‹ geht: die konzeptuelle Trennung von ›Phylogenese‹ und ›Ontogenese‹. Auf den Menschen bezogen wird dabei mit dem Begriff der ›Phylogenese‹ der »Verlauf der stammesgeschichtlichen Entwicklung der Menschheit« (Petermann/Niebank/Scheithauer 2004, S. 544) erfasst, also die ca. sieben Millionen Jahre umfassende Evolution vom letzten gemeinsamen Vorfahren von Menschen und Schimpansen bis hin zum heutigen *Homo sapiens sapiens*. Der Begriff der ›Ontogenese‹ bezeichnet auf den Menschen bezogen die »Individualentwicklung des Menschen von der Zeugung bis zum Tod« (ebd., S. 542). In der Evolutionsbiologie sind beide Begriffe allerdings nicht auf die menschliche Spezies beschränkt, sondern ›Phylogenese‹ umfasst die gesamte Stammesgeschichte der Organismen seit Anbeginn des Lebens auf der Erde und ›Ontogenese‹ die Entwicklungsgeschichte einzelner Organismen. Zudem basiert der Phylogenese-Begriff auf einem Populationskonzept, der Ontogenese-Begriff hingegen auf einem Individualkonzept:

> "Phylogeny deals with populations, and ontogeny deals with individuals. Phylogenetic implies long-term historical, intergenerational changes; ontogenetic implies short-term intraindividual changes. Only taxonomic groups such as species have phylogenies; only individuals have ontogenies. Phylogenies reflect material changes in deoxyribonucleic acid (DNA) and its distribution in populations; ontogenies reflect behavioral and psychological as well as physical changes in individuals" (Charlesworth 1992, S. 10f).

Zusammenfassend ist festzustellen: Von einer Einheitlichkeit der Begriffe kann im Rahmen der Anlage-Umwelt-Thematik nicht die Rede sein, geschweige denn von allgemein anerkannten Begriffsdefinitionen. Allein die Zahl der unterschiedlichen Dichotomien illustriert die Bedeutung der Anlage-Umwelt-Problematik – sowohl für das Alltagswissen als auch den wissenschaftlichen Bereich. Dabei scheint die Unterscheidung zwischen Anlage und Umwelt als eine Manifestation dichotomisierenden Differenzierens derart tief im menschlichen Denken verwurzelt zu sein, dass einige Wissenschaftlerinnen und Wissenschaftler sogar behaupten, dass die Unterscheidung selbst in gewissem Sinne erblich sei (vgl. bspw. van den Berghe 1978, S. 37; Mameli/Bateson 2006, S. 155).[12]

---

12 In jüngster Zeit ist von Sarah Blaffer Hrdy (geb. 1946) sogar ein Instinkt postuliert worden, durch den Menschen zur Dichotomisierung prädestiniert sein könnten (vgl. auch Ridley 2003, S. 246, 278; Waal 2002, S. 14): »Die natürliche Anlage (›nature‹) lässt sich nicht losgelöst von Umwelteinflüssen (›nurture‹) betrachten, und trotzdem neigt die menschliche Fantasie dazu, die Welt sauber in zwei Hälften zu teilen: Natur versus Umwelt, angeboren oder erlernt. Es erstaunt mich immer wieder, wie konsequent man über Jahrzehnte hinweg an dieser völlig unzutreffenden Zweiteilung festhält … Das ›Wesen der Mütterlichkeit‹ … ist wohl nicht angeboren – das offenkundige

1.1.3 Anlage versus Umwelt: Unlösbarkeit auf der Theorieebene

Die Komplexität der Anlage-Umwelt-Debatte, die sich im vorherigen Abschnitt bereits bezüglich der begrifflichen Dimension gezeigt hat, wird auf der Theorieebene potenziert. In kaum einer anderen wissenschaftlich geführten Diskussion werden Befunde auf der Theorieebene – je nach wissenschaftstheoretischer Grundauffassung und dahinterliegendem Menschenbild – in derart unterschiedlicher Weise interpretiert wie in der Diskussion um Anlage und Umwelt. So werden bspw. von Wolf die gleichen Studien zum Labyrinthlernen von Ratten (vgl. dazu Abschnitt 5.1) im Sinne eines exklusiven Anlagemodells, Umweltmodells und Interaktionsmodells gedeutet (vgl. Wolf 1977). Als weiteres Beispiel zur Illustration kann hier die Abhandlung Burrs zur sexuellen Orientierung herangezogen werden, in der Befunde aus demselben Forschungsgebiet (bspw. neurobiologische Unterschiede zwischen den Gehirnen heterosexueller und homosexueller Männer und Frauen, vgl. LeVay 1991) zur Diskussion der Frage herangezogen werden, inwieweit sich eine genetische Basis für Homosexualität finden lasse (vgl. Burr 1997). Burr benennt das zweite Kapitel seiner Abhandlung »Die Debatte: Definitive Beweise dafür, daß Homosexualität biologisch bedingt ist« (ebd., S. 34); das dritte Kapitel trägt hingegen die Überschrift »Die Debatte: Definitive Beweise dafür, daß Homosexualität nicht biologisch bedingt ist« (ebd., S. 53). Den logischen Widerspruch und den verabsolutierenden Sprachgebrauch einmal außer Acht gelassen, kann man die Ambivalenz der Anlage-Umwelt-Debatte kaum treffender zum Ausdruck bringen.

Diese Ambivalenz lässt sich bis hin zur Kontraintuitivität und scheinbaren Paradoxie steigern: So wird bspw. im Rahmen der Verhaltensgenetik die Behauptung aufgestellt, die Erblichkeit eines Merkmals würde gesteigert, wenn die Umweltbedingungen in einer Population homogenisiert werden. Daher würden Verbesserungen der Qualität der Schulausbildung, die die Chancen schwächerer Schülerinnen und Schüler erhöhen, letztlich zu einer zunehmenden Segregation der Schülerinnen und Schüler aufgrund genetischer Unterschiede führen. Der scheinbar kontraintuitive Widerspruch löst sich an dieser Stelle erst auf, wenn das verhaltensgenetische Konzept der Erblichkeit (Heritabilität) auf Populationsebene und dessen zugrunde liegendes additives Verständnis von Anlage und Umwelt genauer unter die Lupe genommen werden (vgl. dazu insbes. Kapitel 3 und 8).

Ein zweites Beispiel betrifft die fälschliche Gleichsetzung von ›erblich‹ und ›unveränderbar‹: So gibt es Krankheiten, die eine eindeutige genetische Verursachung aufweisen (z. B. die in Abschnitt 5.1 eingehender ausgeführte Stoffwechselkrankheit Phenylketonurie), da sie auf einem genetischen ›Defekt‹ eines einzigen Allels beruhen. Auf den ersten Blick liegt damit eine eindeutige genetische Determination vor, denn ob jemand erkrankt, hängt einzig davon ab, ob er Merkmalsträger des ›defekten‹ Allels ist. Durch eine Manipulation der Umwelt kann dennoch in einigen Fällen verhindert werden, dass ein derartiges Allel überhaupt Wirkung zeigen kann, sodass der Ausbruch dieser Krankheiten auf den zweiten Blick allein davon abhängt, in welcher Umwelt sich ein Lebewesen aufhält. Wie kann ein Merkmal zugleich komplett genetisch determiniert und dennoch plastisch bzw. völlig offen für die Wirkung von Umwelteffekten sein (vgl. Pigliucci 2001, S. 258)?[13]

Bedürfnis, Informationen auf hübsche Gegensatzpaare wie ›Natur versus Kultur‹ zu reduzieren, allem Anschein nach dagegen schon« (Hrdy 2000, S. 182f).

13 Weder im Falle einer vermeintlich anlagebedingten noch im Falle einer offensichtlich umweltbedingten Verursachung eines Merkmals sind einfache Rückschlüsse auf Veränderungspotenziale möglich: "Furthermore, there is no simple relationship between the fixedness of a characteristic, on the one hand, and its genetic or environmental origin on

Derartige Beispiele lassen sich nur noch über das Zusammenspiel von Anlage und Umwelt erklären und zeigen die Gefahr einer fälschlichen Gleichsetzung von genetischer Beeinflussung und Unveränderbarkeit (vgl. z. B. Angoff 1988, S. 713 ff; Moore 2002, S. 184–192; Petermann/Niebank/Scheithauer 2004, S. 250). Auch die in Tabelle 2 auf Seite 21 aufgeführte Dichotomie des ›pädagogischen Optimismus‹ und ›pädagogischen Pessimismus‹ wird allzu leicht mit der Anlage-Umwelt-Dichotomie gleichgesetzt. Dabei wird in der alltagstheoretischen Diskussion zuweilen angenommen, dass genetische Faktoren nicht oder nur schwer beeinflussbar seien, wohingegen die Umwelt leicht(er) manipuliert werden könne (vgl. bspw. Anastasi 1976, S. 82; Scheunpflug 2000, S. 49). Dass es sich dabei um einen Trugschluss handelt, wird unmittelbar ersichtlich, wenn die Bandbreite möglicher Umweltbedingungen berücksichtigt wird – wie bspw. pränatale Umwelteinflüsse oder Prägungsphänomene, die auf sensible Phasen in der Entwicklung beschränkt sind (vgl. z. B. Anastasi 1976, S. 82). Zudem zeigt sich, dass mit den Fortschritten auf dem Gebiet der Humangenetik seit einigen Jahren ein neuer genetischer Optimismus verbunden ist, der zu einem Umdenken auf alltagstheoretischer Ebene geführt zu haben scheint:

> "We look for causes that we can handle, i. e., control. Today, we strongly believe that we can handle genes easily, now that we are able to experiment on them, map them, screen them, and select them via abortion and preimplantation genetic diagnosis technology … Indeed, we believe in genes since we can now do things with them that we cannot do as easily with environments. Try to screen your personal environment the way we screen DNA: it is impossible. At least as long as we do not know which environmental aspect to focus on, environmental factors are harder to grasp epistemically and technologically … We might well come closer day by day to the knowledge and technology necessary for the dystopia of eugenics, but we are as far as ever from Skinner's (1948) behaviorist dystopia of 'Walden Two,' i. e., designing society by controlling the environment" (Kronfeldner 2009a, S. 170).

Zusammenfassend lässt sich festhalten: Man kann prinzipiell geteilter Auffassung darüber sein, inwieweit es sich bei der Anlage-Umwelt-Dichotomie um ein ›Scheinphänomen‹, eine ›falsche‹ oder unsinnige konzeptuelle Trennung oder um eine Denkweise handelt, die sogar zu einem gewissen Grad selbst in uns Menschen angelegt ist (im Sinne einer Prädisposition zum Denken in dichotomen Kategorien). Wer die Anlage-Umwelt-Dichotomie jedoch grundsätzlich kritisiert, leugnet oder ihr jegliche Existenzberechtigung abspricht (die Motive dafür können auch strategischer Natur sein, um die eigene Position als besonders wertvoll hervorzuheben), beraubt sich jeglichen Mittels zur historischen Analyse des Diskurses über Anlage und Umwelt. Denn ein geeignetes Instrumentarium zur Erfassung von Positionen in einer Debatte muss zwangsläufig bei Berücksichtigung der historischen Dimension die gesamte Bandbreite möglicher und vertretener Positionen erfassen. Die angeführten Beispiele zur Illustration der Komplexität der Anlage-Umwelt-Debatte haben gezeigt, dass keinesfalls davon ausgegangen werden kann, dass es sich lediglich um einen überwundenen Streit handelt, bei dem extreme Positionen gänzlich einem interaktionistischen Konsens gewichen sind. Gerade in dieser Komplexität liegt auch die Begründung darin, dass das Ziel dieser Abhandlung nicht darin bestehen kann, zu einer ›Lösung‹ der Anlage-Umwelt-Problematik auf der Theorieebene beizutragen.

---

the other. Hair colour, to take a familiar example, is largely determined by genetic factors, but is easily influenced by environmental manipulation (dying), whereas tooth decay is largely determined by environmental factors (diet) but is virtually irreversible once it has occurred" (Colman 1987, S. 74 f; vgl. auch Angoff 1988, S. 715).

1.2 Zur Aktualität der Anlage-Umwelt-Thematik

Zur Jahrtausendwende wurde von der Redaktion der Zeitschrift ›Scientific American‹ ein Sonderheft mit dem Titel »What science will know 2050« (dt. »Forschung im 21. Jahrhundert«) herausgegeben, in dem sich führende Expertinnen und Experten über den zu erwartenden Erkenntnisgewinn ihres Fachgebiets in den kommenden 50 Jahren äußerten. Unter den elf ausgewählten Themengebieten befanden sich so prominente Forschungsfelder wie Genomforschung, Klimaforschung, künstliche Intelligenz und Hirnforschung. Für das Forschungsfeld der Ethologie (also für die vergleichende Verhaltensforschung als biologische Disziplin) wurde von dem niederländischen Primatologen Frans B. M. de Waal ein Aufsatz mit dem Titel »The end of nature versus nurture« (de Waal 1999, dt. »Wer beherrscht den Menschen: Gene oder Umwelt?«, 2000) zum aktuellen Stand der Anlage-Umwelt-Debatte unter Berücksichtigung ihrer historischen Entwicklung und zukünftiger Perspektiven verfasst. In diesem Beitrag charakterisiert de Waal die Anlage-Umwelt-Debatte als einen sich nur langsam auflösenden Widerstreit gegensätzlicher Positionen (insbesondere ethologischer versus behavioristischer Auffassungen):

> »Solange ich mich erinnern kann, sind sich die beiden Lager spinnefeind gewesen: Die Biologen vertraten von jeher die Meinung, das Erbgut habe einen gewissen Einfluß auf das menschliche Verhalten. Dem hielten die Sozialwissenschaftler entgegen, ein Mensch wäre allein seine eigene Schöpfung – von biologischen Fesseln völlig unabhängig … Dabei sind wir nach wie vor weit davon entfernt, das komplizierte und fein abgestimmte Zusammenspiel von Genen und Umwelt zu verstehen. In der Gesellschaft hat sich in den letzten Jahren die Ansicht verbreitet, Gene bewirkten mehr als Umwelteinflüsse – viele Sozialwissenschaftler registrieren das mit Befremdung. Und leider betrachten wir vieles noch immer unter dem Aspekt des Entweder-Oder, statt der Einflußnahme beider Faktoren Rechnung zu tragen« (de Waal 2000, S. 44 f).

Für die Zukunft gibt sich de Waal optimistisch (insbesondere bezüglich des zu erwartenden Erkenntniszuwachses durch die Fortschritte der Genforschung im Verhaltensbereich) und schließt entsprechend mit einem Appell an die Scientific Community hinsichtlich stärkerer Interdisziplinarität mit dem Ziel der Überwindung dichotomisierender Auffassungen:

> »Die gegensätzliche Sichtweise wird allmählich schwinden. Kultur gilt dann nicht mehr als Antithese von Natur. Unser Verhalten werden wir wesentlich besser verstehen, wenn wir die alte Kontroverse ›Gene oder Umwelt‹ endlich zu Grabe tragen« (ebd., S. 49).

Trotz möglicher Zweifel, ob der aktuelle Stand der Anlage-Umwelt-Debatte hier von de Waal in angemessener Weise eingeschätzt wurde, wird deutlich, dass mit der Auswahl dieses Aufsatzes und seiner Einreihung in die wichtigsten Forschungsfragen für das 21. Jahrhundert durch die Redaktion der Zeitschrift ›Scientific American‹ zugleich eine immense Aufwertung der Anlage-Umwelt-Thematik verbunden ist.[14] Eine derartige Einschätzung zur Bedeutung und Aktualität der Diskussion um Anlage und Umwelt entsteht nicht plötzlich aus dem Nichts. Die wachsende Bedeutung und Popularität dieses Themas war in den letzten Jahren durchaus absehbar und hatte zur Jahrtausendwende keinesfalls ihren Höhepunkt erreicht. Zur weiteren

---

14 Eine gegensätzliche Auffassung zu de Waals Einschätzung zum Stand der Anlage-Umwelt-Debatte findet sich bspw. bei Kronfelder: "Almost all researchers in the life sciences would admit that *genes alone* do not determine or cause anything. They are not acting in isolation. In this sense, everybody is an interactionist. Everybody believes that traits of organisms are always caused by genes *and* environment. New findings in epigenetics (or epigenomics) currently boost this interactionist consensus" (Kronfeldner 2009a, S. 168, Hervorhebungen im Original).

Diskussion dieser These werden im Folgenden verschiedene Quellen herangezogen, wobei zunächst in Abschnitt 1.2.1 die weiterführende Fragestellung nach der internationalen Verortung der Anlage-Umwelt-Kontroverse behandelt wird. Anschließend wird in Abschnitt 1.2.2 die Beteiligung der deutschen Erziehungswissenschaft an der internationalen Debatte um Anlage und Umwelt thematisiert.

1.2.1 Die Anlage-Umwelt-Debatte: Ein angloamerikanisches Phänomen?

Verlässliche Daten zur Aktualität und Konjunktur der Anlage-Umwelt-Debatte zu finden ist schwieriger als es auf den ersten Blick erscheinen mag: Einschlägige Untersuchungen zu dieser Fragestellung liegen meines Wissens nach bisher nicht vor. Recherchen mittels verschiedener Internetquellen (bspw. Suchmaschinen, Buchlieferanten etc.) werden durch die geringe Trennschärfe der Begriffe ›Anlage‹, ›Umwelt‹, ›nature‹ und ›environment‹ erschwert. So liefert bspw. der Begriff ›Anlage‹ regelmäßig Treffer in den Bereichen Technik und Maschinenbau, der Umweltbegriff hingegen im Bereich der Ökologie. Zudem weisen etliche Internetquellen nur eine geringe Verlässlichkeit der dargebotenen Informationen auf und sind in der Regel nicht historisch rekonstruierbar (bspw. in Form von jährlichen Trefferlisten für bestimmte Suchbegriffe, anhand derer eine Einschätzung zur Aktualität einer Thematik möglich wäre). Verlässlichere Internetquellen bilden Datenbanken, in denen wissenschaftliche Literatur gesammelt und kategorisiert wird – wie bspw. der ›Science Citation Index‹ (SCI) und der ›Social Sciences Citation Index‹ (SSCI). Zur Analyse der Konjunktur der Anlage-Umwelt-Debatte wurden daher in einem ersten Schritt die im SCI und SSCI erfassten wissenschaftlichen Fachaufsätze hinsichtlich der Schlagwortkombinationen (›Topic-Suche‹) ›heredity‹ und ›environment‹ sowie ›nature‹ und ›nurture‹ für einen Untersuchungszeitraum von 1900 bis 2008 (SCI) bzw. 1956 bis 2008 (SSCI) durchsucht (vgl. die umseitige Abbildung 1).[15]

Für die Schlagwortkombination ›heredity/environment‹ konnten insgesamt 545 Aufsätze im Untersuchungszeitraum ermittelt werden, für ›nature/nurture‹ sogar 1 055 Aufsätze. Mit Beginn der 90er Jahre lässt sich ein regelrechter ›Boom‹ wissenschaftlicher Fachaufsätze zur Anlage-Umwelt-Thematik verzeichnen, dessen Ende noch nicht absehbar ist. Allein innerhalb des letzten Jahrzehnts hat sich die jährliche Zahl der erfassten Aufsätze fast verdoppelt (von 55 Aufsätzen im Jahr 2000 auf 109 Aufsätze im Jahr 2007). Auffällig ist zudem, dass die Anlage-Umwelt-Debatte im angloamerikanischen Sprachraum bis in die 60er Jahre hinein überwiegend mittels der Schlagwörter ›heredity/environment‹ geführt worden ist. Ab den 80er Jahren setzte sich hingegen die Begriffskombination ›nature/nurture‹ immer mehr zur Bezeichnung der Anlage-Umwelt-Thematik durch. Zudem verwundert die geringe Zahl der erfassten Aufsätze in der ersten Hälfte des 20. Jahrhunderts, in der laut einschlägiger Quellen die Anlage-Umwelt-Debatte im angloamerikanischen Sprachraum besonders heftig geführt worden sei (vgl. bspw. Pastore 1984, S. 15f). Der Frage, ob die Ursachen dafür bspw. in der Publikationsweise der an der Debatte beteiligten Expertinnen und Experten oder in der Erfassungsweise der Datenbanken liegen, kann an dieser Stelle nicht weiter nachgegangen werden.

---

15 Wenn in den Abbildungen dieser Abhandlung Linien- und Säulendiagramme miteinander kombiniert werden, so bezieht sich die linke Ordinate immer auf das Liniendiagramm (hier: Zahl der Zeitschriftenaufsätze pro Jahr) und ist für die abgebildeten Säulen bedeutungslos. Auf der rechten Ordinate sind hingegen immer die Werte für die jeweiligen Säulen aufgetragen (hier: Zahl der Zeitschriftenaufsätze pro Jahr*zehnt*), für die die Skala der linken Ordinate nicht relevant ist.

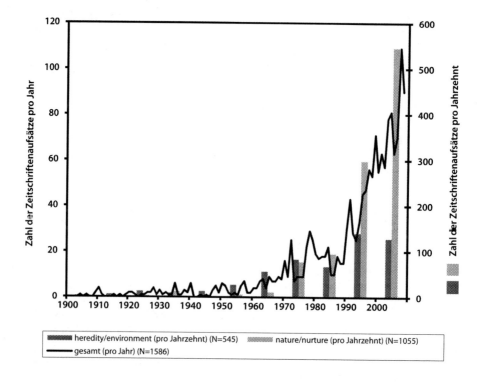

Abb. 1: Konjunktur der Anlage-Umwelt-Thematik in der internationalen Debatte: Wissenschaftliche Fachaufsätze nach Erscheinungsjahr(zehnt) zwischen 1900 und 2008 mit den Schlagwörtern ›heredity‹ und ›environment‹ sowie ›nature‹ und ›nurture‹ laut SCI und SSCI (absolute Häufigkeiten) (Quelle: Science Citation Index Expanded (SCI) und Social Sciences Citation Index (SSCI), Abfrage über das ISI Web of Knowledge (Internet: http://pcs.isiknowledge.com) vom 28.01.2009)[16]

Werden in einem zweiten Schritt verschiedene Monografien, Sammelwerke und Aufsatzsammlungen zur Anlage-Umwelt-Debatte der letzten sechzig Jahre mit einbezogen, die für die Aufarbeitung ihres theoretischen und historischen Kontextes im Rahmen der vorliegenden Abhandlung gesichtet worden sind, wird die These der Aktualität der Anlage-Umwelt-Thematik weiter gestützt. In der umseitigen Tabelle 3 wird eine Auswahl derartiger Publikationen aufgelistet und bezüglich thematischer Schwerpunkte kategorisiert. Ohne im Detail auf einzelne Publikationen eingehen zu können, lassen sich bereits anhand der Auflistung spezifische Charakteristika der Anlage-Umwelt-Debatte nachweisen:

---

16 Für die Gesamtzählung der Aufsätze (N=1 586) wurden Doppelungen zwischen den Trefferlisten der beiden Schlagwortkombinationen eliminiert. Eine Suche nach den deutschen Schlagwörtern ›Anlage‹ und ›Umwelt‹ erbrachte nur einen einzigen Treffer (Gruhle 1946), was darauf zurückzuführen ist, dass es sich beim SCI und SSCI um englischsprachige Datenbanken handelt. Die Zahlen für das Jahr 2008 sind als vorläufig zu bewerten, da die Recherche zu Beginn des Jahres 2009 durchgeführt worden ist und damit künftige Ergänzungen der Datenbanken für das Jahr 2008 nicht berücksichtigt werden. Sie können daher hier nicht als rückläufige Tendenz gewertet werden.

Tab. 3: Ausgewählte Publikationen seit 1949 zu thematischen Bereichen der Anlage-Umwelt-Debatte

Thematische Bereiche	Ausgewählte Publikationen
Verhaltensgenetischer Fokus	Plomin/DeFries/McClearn 1980 (dt. 1999), von Schilcher 1988[a], Wuketits 1990[a], Plomin/MacClearn 1994, Borkenau 1993[a], Wright 1997 (dt. 1998)
Soziobiologischer Fokus	Eibl-Eibesfeldt 1973[a], Dawkins 1976 (dt. 1978a), Brown 1991, Betzig 1997, Heschl 1998[a] (engl. 2001)
Zusammenstellungen von ›Schlüsselexperimenten‹	Greenough 1973, Ceci/Williams 1999
Interdisziplinärer Fokus	Niemitz 1989[a], Wessel u. a. 2001[a], Wink 2001[a], Grunwald/Gutmann/Neumann-Held 2002, García Coll/Bearer/Lerner 2004a, Petermann/Niebank/Scheithauer 2004[a]
Umweltorientierte ›Kampfschriften‹	Kamin 1974 (dt. 1979), Gould 1981 (dt. 1994b), Lewontin/Rose/Kamin 1984 (dt. 1988), Fausto-Sterling 1985 (dt. 1988), Rose 1997 (dt. 2000), Lewontin 1998 (dt. 2002), Kaplan 2000, Rose/Rose 2001, Lipton 2005 (dt. 2006), Richerson/Boyd 2005, Bauer 2008[a]
Anlageorientierte ›Kampfschriften‹	Eysenck 1971 (dt. 1975b), Freeman 1983b[b] (dt. 1983a), Snyderman/Rothman 1990, Rowe 1994 (dt. 1997), Rushton 1994a (dt. 2005), Harris 1998 (dt. 2000), Freeman 1999b[b], Pinker 2002[b] (dt. 2003), Bartholomew 2004, Sesardic 2005, Harris 2006 (dt. 2007), Zimmer 2012
Populärwissenschaftliche Publikationen	Zimmer 1975[a,b], 1979[a], 1989[a,b], Hamer/Copeland 1998b (dt. 1998a), Ridley 1999 (dt. 2000), Burnham/Phelan 2001 (dt. 2002)
Analysen des historischen Kontextes	Pastore 1949[b], Freeman 1983b[b] (dt. 1983a), Cravens 1988[b], Wuketits 1990[a,b], Degler 1991[b], Steen 1996a, Wright 1997 (dt. 1998), Paul 1998[b], Freeman 1999b[b], Moore 2002[b], Gander 2003, Ridley 2003[b], Treml 2005[a], Keller 2010[b]
Erziehungswissenschaftliche Rezeption biologischen Wissens[a]	Roth 1969, 1971a,b, Liedtke 1972a,b, Hagemann-White 1984, Cube/Alshuth 1986, Helbig 1988[b], Adick 1992, Otto 1995, Uher 1995, Hopfner/Leonhard 1996, Neumann/Schöppe/Treml 1999, Lenz 1999, Scheunpflug 2001a, Rittelmeyer 2002, Wißkirchen 2002, Liebau/Peskoller/Wulf 2003, Reyer 2003b, Treml 2004, Müller 2005, Becker 2006, Scheunpflug/Wulf 2006, Neyer/Spinath 2008
	Themenschwerpunkte in erziehungswissenschaftlichen Fachzeitschriften: »Pädobiologie« (Bildung und Erziehung, H. 4/1994), »Natur und Erziehung – Neue Perspektiven« (Bildung und Erziehung, H. 3/2002), »Evolutionäre Pädagogik« (Zeitschrift für Pädagogik, H. 5/2002), »Gehirnforschung und Pädagogik« (Zeitschrift für Pädagogik, H. 4/2004), »Anlage und Umwelt – neue Perspektiven einer alten Debatte« (Zeitschrift für Soziologie der Erziehung und Sozialisation, H. 2/2005)

[a] Deutschsprachige Erstpublikation
[b] Explizite Betrachtung der Anlage-Umwelt-Debatte auf der Meta-Ebene (unter Einbezug des historischen Verlaufs und verschiedener Positionen)

So ist keinesfalls ein Trend zu einer geringeren Thematisierung der Anlage-Umwelt-Debatte in den letzten Jahrzehnten erkennbar. Stattdessen kann für die letzten zwei Jahrzehnte eine Häufung einschlägiger Publikationen konstatiert werden. Dabei kann nicht behauptet werden, dass die Anlage-Umwelt-Debatte in den letzten Jahren weniger heftig geführt worden sei als bspw. in den 70er Jahren, in denen der Streit um die Erblichkeit der Intelligenz einen Höhepunkt erreichte (wie später noch gezeigt werden wird). Denn auch für die letzten Jahre lassen sich Publikationen finden, die in mehr oder weniger vehementer Weise (wenn auch nicht ausschließend) Anlage- oder Umweltpositionen vertreten. Für die Anlage-Seite sind in diesem Zusammenhang insbesondere die ›Kampf- bzw. Streitschriften‹ von Steven Pinker (»The blank slate«, 2002), David Rowe (»The limits of family influence«, 1994) und Judith Rich Harris (»The nurture assumption«, 1998) zu nennen, die zugleich sozial- und erziehungswissenschaftliche Auffassungen und Forschungsmethoden auf der Grundlage biologischen Wissens in massiver Weise kritisieren. Zudem scheint es einen Mangel an Publikationen zu geben, die sich explizit mit dem historischen Kontext der Anlage-Umwelt-Debatte befassen: Von den 14 exemplarisch angeführten Publikationen thematisieren fünf schwerpunktmäßig den Verlauf der Anlage-Umwelt-Kontroverse im angloamerikanischen Sprachraum im ausgehenden 19. Jahrhundert und in der ersten Hälfte des 20. Jahrhunderts (meist unter besonderer Berücksichtigung der Entwicklung der darwinschen Evolutionstheorie; vgl. Pastore 1949, Freeman 1983b, Cravens 1988, Degler 1991, Freeman 1999b). Acht Publikationen konzentrieren sich auf eingeschränkte Gegenstandsbereiche (hinsichtlich der Zwillingsforschung: Wright 1997, bezüglich der Soziobiologie: Wuketits 1990, und für die Evolutionspsychologie: Gander 2003) sowie einzelne Phasen der Debatte (Paul 1998, Keller 2010) oder thematisieren die Historie der Anlage-Umwelt-Debatte eher knapp oder in einem weiter gefassten Kontext (Steen 1996a, Moore 2002, Treml 2005). Die einzige ansatzweise um Vollständigkeit bemühte Beschreibung des Verlaufs der Anlage-Umwelt-Debatte findet sich bei Ridley (2003) und weist einen starken populärwissenschaftlichen Duktus auf. Eine zusammenhängende Darstellung des historischen Kontextes der Anlage-Umwelt-Debatte in deutscher Sprache erscheint vor diesem Hintergrund derzeit als Forschungsdefizit.

Damit ist zugleich ein weiteres Charakteristikum des aktuellen Anlage-Umwelt-Diskurses angesprochen, das mithilfe der in Tabelle 3 gelisteten Publikationen illustriert werden kann: Die überwiegende Mehrheit der Publikationen entstammt dem angloamerikanischen Sprachraum. Dies zeigt sich insbesondere bei den als ›Kampfschriften‹ klassifizierten Publikationen. Einige der aufgeführten Publikationen wurden später in die deutsche Sprache übersetzt.[17] Letzteres betrifft eher die als ›Kampfschriften‹ klassifizierten Werke und kaum Publikationen, die auf der Meta-Ebene die Anlage-Umwelt-Debatte selbst thematisieren, sodass die metatheoretische Aufarbeitung der Debatte eher ein angloamerikanisches Interessengebiet zu sein scheint. Mit anderen Worten: Bei den Protagonistinnen und Protagonisten der Anlage-Umwelt-Debatte handelt es sich überwiegend um Wissenschaftlerinnen und Wissenschaftler aus dem angloamerikanischen Sprachraum, in dem die Kontroverse in der Vergangenheit überwiegend (als ›nature-nurture-debate‹) geführt worden ist und derzeit geführt wird. Daher darf nicht verwundern, dass auf der Gegenstandsebene und Theorieebene in erster Linie Befunde, Theorien und Modelle aus der angloamerikanischen Forschungslandschaft herangezogen werden, zumal in bestimmten Forschungsdisziplinen mit Nähe zur Anlage-Umwelt-Thematik (bspw. in der Biophilosophie)

---

17 Als einzige der in Tabelle 3 aufgeführten Publikationen ist meines Wissens nach Heschl (1998) vom Deutschen nachträglich in die englische Sprache übersetzt worden.

fast ausschließlich in englischer Sprache publiziert wird. Dies bedeutet aber nicht, dass es aus historischer Sicht keine nennenswerten deutschsprachigen Einflüsse auf der Gegenstands- und Theorieebene gegeben hat. Man denke in diesem Zusammenhang bspw. an die Beiträge von Sigmund Freud (1856–1939) in der Entwicklungspsychologie sowie von Konrad Zacharias Lorenz (1903–1989) und Irenäus Eibl-Eibesfeldt (geb. 1928) in der Ethologie.

Zumindest für die aktuelle Debatte muss aber eingeräumt werden, dass sich die deutsche Beteiligung auf den ersten Blick weitgehend auf die Rezeption ihres Verlaufs, der in ihr vertretenen Positionen und die Diskussion von Konsequenzen, die sich aus ihr ergeben, beschränkt. Entsprechende Publikationen zur Rezeption der Anlage-Umwelt-Debatte in der deutschen Erziehungswissenschaft – insbesondere hinsichtlich des Einbezugs biologischen Wissens – sind in Tabelle 3 aufgeführt. Damit wird nicht behauptet, es gäbe im deutschen Sprachraum keine bedeutenden Beiträge zur international und interdisziplinär geführten Anlage-Umwelt-Debatte. Auch eine primär auf Rezeption ausgerichtete Diskussion kann durch den länderspezifischen und disziplinären Kontext der Rezipienten spezifische Merkmale und Besonderheiten entwickeln, die auf die international geführte Debatte zurückwirken können – insofern die regional geführte Debatte auf überregionaler Ebene zur Kenntnis genommen wird. Das Verhältnis zwischen angloamerikanischer und deutscher Anlage-Umwelt-Debatte ist damit ein wichtiges Kriterium bei ihrer wissenschaftlichen Analyse auf der Meta-Ebene. Dabei ist zu fragen, aus welchen (disziplinären wie nationalen) Richtungen die Impulse zu Neuauflagen der Anlage-Umwelt-Debatte gekommen sind, welche Personen als Protagonisten identifiziert werden können und inwieweit vonseiten der deutschen Erziehungswissenschaft Rezeptionsdefizite (als verspätete Rezeption oder Nicht-Rezeption) auszumachen sind.

1.2.2 Zur Rezeption der Anlage-Umwelt-Debatte in der deutschen Erziehungswissenschaft

Die für Erziehungswissenschaftlerinnen und Erziehungswissenschaftler wohl interessanteste Frage bezüglich der Aktualität der Anlage-Umwelt-Debatte ist, ob der für den internationalen Diskurs bereits nachgewiesene Boom der Thematik in den letzten 50 Jahren auch in der eigenen Disziplin nachweisbar ist: also die Frage nach der Resonanz der Anlage-Umwelt-Debatte in der deutschen Erziehungswissenschaft. Da bezüglich dieser Fragestellung nicht auf einschlägige Datenbanken zurückgegriffen werden kann,[18] wird im Folgenden auf die Ergebnisse eigener Literaturrecherchen rekurriert, die im Vorfeld und der ersten Phase des DFG-Projektes »Der Anlage-Umwelt-Diskurs in der bundesdeutschen Erziehungswissenschaft seit 1950« vom Autor durchgeführt worden sind. Dazu wurden von Hand etwa 20 000 Aufsätze in den wichtigsten erziehungswissenschaftlichen Fachzeitschriften (in Anlehnung an Keiner 1999, S. 79) durchgesehen. In einem ersten Schritt wurde anhand der Inhaltsverzeichnisse der Zeitschriften nach Hinweisen auf einen Zusammenhang mit der Anlage-Umwelt-Thematik gesucht (bspw. anhand der in Tabelle 2 auf Seite 21 aufgelisteten Begriffe). Im positiven Fall wurde in einem zweiten Schritt der entsprechende Aufsatz kurz in Augenschein genommen und im Falle seiner Tauglichkeit kopiert, bibliografisch erfasst und thematisch verschlagwortet. Das Ergebnis besteht in einem Fundus aus insgesamt 746 erziehungswissenschaftlichen Fachaufsätzen mit mehr oder weniger

---

18 Die Datenbanken SCI und SSCI beschränken sich größtenteils auf angloamerikanische Fachaufsätze. Dies trifft auch auf die Datenbank ERIC (Education Ressources Information Center) zu. In der deutschen Literaturdatenbank FIS Bildung des Deutschen Institutes für Internationale Pädagogische Forschung (DIPF) werden die Suchbegriffe ›Anlage‹ bzw. ›Erbe‹ leider nicht geführt und eine Freitextsuche erweist sich aufgrund der begrifflichen Unschärfe im deutschen Sprachgebrauch als unergiebig.

engen Bezügen zur Anlage-Umwelt-Thematik, die in den Jahren zwischen 1950 und 2002 veröffentlicht worden sind. In der umseitigen Abbildung 2 ist diese Sammlung von Aufsätzen hinsichtlich der Zahl der erschienenen Aufsätze pro Jahr sowie bezüglich dreier Unterkategorien (explizite Betrachtung der Anlage-Umwelt-Problematik, Intelligenz und Begabung sowie Rezeption biologischen Wissens) pro Jahrzehnt grafisch dargestellt.[19] Dabei zeigt sich, dass auch für die Erziehungswissenschaft ein ansteigender Trend der Berücksichtigung der Anlage-Umwelt-Thematik zu verzeichnen ist, der jedoch im Vergleich zum Boom dieser Thematik in angloamerikanischen Fachzeitschriften (vgl. Abb. 1 auf Seite 28) deutlich schwächer ausfällt. Die thematische Differenzierung ergibt, dass sich in erziehungswissenschaftlichen Fachzeitschriften vor allem die Rezeption biologischen Wissens für diesen steigenden Trend verantwortlich zeichnet. Aufsätze, die sich explizit mit der Anlage-Umwelt-Thematik auseinandersetzen, weisen – insbesondere ab den 80er Jahren – eine steigende Tendenz auf und sind insbesondere in den 90er Jahren viel häufiger zu finden als in den vorherigen Jahrzehnten. Die Berücksichtigung der Intelligenz- und Begabungsthematik zeigt hingegen einen rückläufigen Trend, nachdem sie in der Blütezeit des Streites um die Vererbung der Intelligenz in den 70er Jahren zunächst einen Höhepunkt erreicht hatte. Von einer mangelnden Rezeption biologischen Wissens in der deutschen Erziehungswissenschaft zu sprechen, erscheint vor dem Hintergrund dieser Ergebnisse als voreilig und ungerechtfertigt. Trotz steigender Konjunktur der Anlage-Umwelt-Thematik kann aber keinesfalls von der Anlage-Umwelt-Problematik als neuem oder wiederentdecktem ›Modethema‹ in der deutschen Erziehungswissenschaft die Rede sein, denn dies wäre mit 16 Fachaufsätzen im Bereich ›Anlage-Umwelt (explizit)‹ in den 90er Jahren (vgl. Abb. 2) – also durchschnittlich 1,6 expliziten Aufsätzen zu dieser Thematik pro Jahr – kaum zu rechtfertigen. Ergänzend ist hinsichtlich dieser Sammlung von erziehungswissenschaftlichen Fachaufsätzen, die im Kontext dieser Abhandlung unter Berücksichtigung des im folgenden Abschnitt noch vorzustellenden Vokabulars als *Materialcorpus* bezeichnet wird, anzumerken, dass im Rahmen des DFG-Projektes in einem dritten Schritt eine zusätzliche Selektion vorgenommen worden ist. Der Materialcorpus wurde dabei von 746 Aufsätzen auf 200 Aufsätze reduziert, die im Folgenden als *Dossier* bezeichnet werden. Die Auswahl erfolgte auf der Grundlage der Einschätzung der inhaltlichen Ergiebigkeit der einzelnen Aufsätze, wobei versucht wurde, Aufsätze aus unterschiedlichen Jahrzehnten und zu verschiedenen Themen gleichermaßen und in ausreichendem Verhältnis zu berücksichtigen. Diese Aufsätze wurden anschließend digitalisiert.[20]

---

19 Bei der Verschlagwortung und Zuordnung zu einzelnen Themenbereichen wurden Mehrfachzuweisungen zugelassen. Berücksichtigt wurden die folgenden – im weitesten Sinne – erziehungswissenschaftlichen Fachzeitschriften: Behindertenpädagogik (N=70), betrifft: erziehung (N=13), Bildung und Erziehung (N=78), Der pädagogische Blick (N=2), Die Deutsche Schule (N=44), Die Sammlung (N=5), Erziehungswissenschaft (DGfE, N=1), Heilpädagogische Forschung (N=29), Neue Sammlung (N=39), Pädagogik (N=18), Pädagogische Rundschau (N=57), Sonderpädagogik (N=40), Verhaltenstherapie und psychosoziale Praxis (N=1), Vierteljahrsschrift für wissenschaftliche Pädagogik (N=39), Westermanns Pädagogische Beiträge (N=15), Zeitschrift für Entwicklungspsychologie und Pädagogische Psychologie (N=65), Zeitschrift für Erziehungswissenschaft (N=10), Zeitschrift für Heilpädagogik (N=100), Zeitschrift für Pädagogik (N=90), Zeitschrift für Soziologie der Erziehung und Sozialisation (vormals Zeitschrift für Sozialisationsforschung und Erziehungssoziologie, N=30).

20 Die 200 Aufsätze des Dossiers ließen sich wie folgt in thematische Hauptbereiche differenzieren: Anlage-Umwelt (explizit) (N=53), Aggression (N=20), Geschlechterdebatte (N=28), Intelligenz und Begabung (N=41) sowie Rezeption biologischen Wissens (N=58). Diese Werte für das Dossier weichen an dieser Stelle von den in Abbildung 2 genannten Angaben zum Materialcorpus aufgrund der gezielten Aufsatzauswahl bei der Erstellung des Dossiers ab. So wurden beispielsweise zwei von 51 Aufsätzen, die im Materialcorpus dem Bereich ›Anlage-Umwelt (explizit)‹ zugeordnet worden waren, nicht in das Dossier aufgenommen und vier weitere Aufsätze diesem Bereich neu hin-

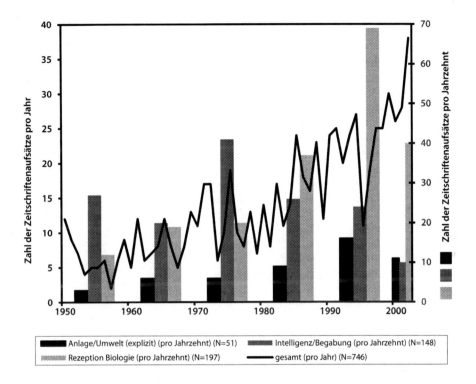

Abb. 2: Konjunktur der Anlage-Umwelt-Thematik in der deutschen erziehungswissenschaftlichen Debatte: Deutschsprachige erziehungswissenschaftliche Fachaufsätze mit Bezügen zur Anlage-Umwelt-Thematik nach Erscheinungsjahr(zehnt) zwischen 1950 und 2002 und thematischem Schwerpunkt (absolute Häufigkeiten)

Wenn im Folgenden die erziehungswissenschaftliche Rezeption einzelner Themen der Anlage-Umwelt-Debatte angesprochen wird, so beziehen sich die Ausführungen auf Recherchen und Analysen auf der Grundlage dieses Dossiers.

1.3 Die Anlage-Umwelt-Debatte als Diskurs

In den bisherigen Ausführungen wurde der wissenschaftliche Disput über Anlage und Umwelt vorwiegend als ›Debatte‹ oder ›Kontroverse‹ bezeichnet. Dies ist nicht zuletzt als Indikator für die Schwierigkeit zu werten, einen derartigen wissenschaftlichen Streit sprachlich differenziert

---

zugefügt, sodass das Dossier insgesamt 53 Aufsätze für diese Kategorie beinhaltet. Im Rahmen des DFG-Projekts wurden die 200 Aufsätze des Dossiers später mithilfe qualitativer inhaltsanalytischer Verfahren aufbereitet, wobei insbesondere auf die typisierende Strukturierung nach Mayring (vgl. bspw. Mayring 2000, S. 90 f) zurückgegriffen wurde. Auf eine detailliertere Ausführung der Konzeption des DFG-Projekts im Allgemeinen sowie der eingesetzten Auswertungsmethoden im Besonderen wird an dieser Stelle verzichtet, da die Aufsätze des Dossiers in dieser Abhandlung nur exemplarisch zur Illustration verschiedener Einzelaspekte der erziehungswissenschaftlichen Rezeption herangezogen werden. Eine Zusammenstellung der 200 Aufsätze des Dossiers findet sich im Anhang dieser Forschungsarbeit (vgl. Anhang A). Ausgewählte Ergebnisse des Projekts finden sich bei Lenz 2005.

zu erfassen, geschweige denn wissenschaftlich zu analysieren. In diesem Abschnitt soll daher ein begriffliches Instrumentarium vorgestellt werden, mit dessen Hilfe eine systematische Betrachtung der Anlage-Umwelt-Debatte, ihrer Haupt- und Nebenschauplätze sowie der Positionen ihrer Protagonistinnen und Protagonisten ermöglicht wird. Dazu wird in einem ersten Schritt kurz die sog. »Kritische Diskursanalyse« nach Siegfried Jäger (vgl. insbes. Jäger 1999) vorgestellt und ihr begriffliches Instrumentarium auf die Anlage-Umwelt-Thematik übertragen (vgl. Abschnitt 1.3.1). Sodann wird diskutiert, inwieweit es möglich ist, den Diskurs über Anlage und Umwelt in abgrenzbare historische Phasen zu unterteilen (vgl. Abschnitt 1.3.2). Abschließend wird gefragt, wie die Positionen, Modelle und theoretischen Ansätze der Protagonistinnen und Protagonisten des Anlage-Umwelt-Diskurses vor diesem Hintergrund erfasst und eingeordnet werden können (vgl. Abschnitt 1.3.3).

1.3.1 Diskursanalyse als begriffliches Instrumentarium zur Erfassung der Anlage-Umwelt-Debatte

Siegfried Jäger entwickelte mit seiner ›Kritischen Diskursanalyse‹ ein begriffliches Instrumentarium zur Erfassung von Diskursen, das für die Aufarbeitung des Anlage-Umwelt-Diskurses gewinnbringend adaptiert werden kann (vgl. Jäger 1999).[21] Nach Jäger stellt ein *Diskurs* – unabhängig davon, ob er auf alltagstheoretischer oder wissenschaftlicher Ebene geführt wird – einen »*Fluß von ›Wissen‹ durch die Zeit*« (ebd., S. 129, Hervorhebung im Original) dar, der durch handelnde Akteure – und damit als sozialer Prozess – ständig reproduziert und zugleich aktualisiert wird. Diskurse lassen sich somit in einer sozialen wie in einer historischen Dimension verstehen. Durch die Konstituierung der Diskurse als soziale Prozesse und ihre ständige Rückkoppelung mit der historisch-gesellschaftlichen Situation sind sie in vielfältige Machtstrukturen einer Gesellschaft eingebunden. Eine der wichtigsten wissenschaftstheoretischen Grundprämissen der Kritischen Diskursanalyse nach Siegfried Jäger lautet daher wie folgt:

> »Was jeweils als ›Wahrheit‹ *gilt*, ist ja nichts anderes als ein diskursiver Effekt. Wahrheit ist demnach nicht irgendwie diskurs-extern vorgegeben, sondern sie wird jeweils erst historisch-diskursiv erzeugt« (ebd., Hervorhebung im Original).

Gerade für die Betrachtung unterschiedlicher Positionen des Anlage-Umwelt-Disputes scheint eine derartige wissenschaftstheoretische Grundprämisse sowohl für die interdisziplinäre als auch für die erziehungswissenschaftliche Diskussion über Anlage und Umwelt unverzichtbar, zumal der Anlage-Umwelt-Streit auch zum derzeitigen Stand der Forschung – wie gezeigt – als ungeklärt und unabgeschlossen gelten kann. An einem Diskurs sind viele Subjekte beteiligt, denen nicht zwangsläufig eine Intentionalität im Rahmen ihrer Diskursteilnahme unterstellt werden kann:

---

21 Jäger entwarf die Kritische Diskursanalyse vor dem Hintergrund einer Auseinandersetzung mit verschiedenen Ansätzen der qualitativen Sozialforschung (bspw. der Objektiven Hermeneutik nach Ulrich Oevermann (geb. 1940), der Diskurstheorie von Michel Foucault (1926–1984) und der Tätigkeitstheorie von Alexei Nikolajewitsch Leontjew (1903–1979)). Die Kritische Diskursanalyse ist damit als eine spezifische Form der Diskursanalyse unter möglichen anderen Varianten anzusehen, die in der einschlägigen Fachliteratur angeführt werden (vgl. bspw. Bublitz u. a. 1999; Keller u. a. 2001, 2003; Keller 2004). Im Rahmen der Kritischen Diskursanalyse wurden bspw. Themen wie Rassismus, Einwanderung und Biomacht in den Medien bearbeitet (vgl. z. B. Jäger 1996a, b; Jäger u. a. 1997). Die methodische Vorgehensweise einer Kritischen Diskursanalyse besteht nach Jäger in der Ermittlung des diskursiven Kontextes, der Sammlung von Diskursfragmenten als Materialcorpus, einer anschließenden Strukturanalyse mit dem Ziel der Reduzierung des Materialcorpus zum Dossier, der Feinanalyse der einzelnen Diskursfragmente des Dossiers und der vergleichenden Analyse Letzterer im Rahmen sog. Schnitte durch die Diskursstränge (vgl. insbes. Jäger 1999, S. 171–195).

»Für die Geschichte der Diskurse und die Geschichte selbst gilt, was für die Gegenwart der Diskurse und die Gegenwart gilt: Alle haben daran mitgestrickt, und keiner wollte das oder plante genau das, was passierte, was dabei herauskam« (Jäger 1999, S. 200).

Ein Diskurs kann aus mehreren Teildiskursen bestehen, die im Folgenden (unter Übernahme der jägerschen Terminologie) als »*Diskursstränge*« (ebd., S. 132, Hervorhebung ML) bezeichnet werden. So lassen sich bezüglich des Diskurses über Anlage und Umwelt unterschiedliche Diskursstränge sowohl hinsichtlich verschiedener Extrempositionen (z. B. ein environmentalistischer Diskursstrang als Manifestation einer mehr oder weniger ausschließenden Umweltposition und ein nativistischer ›Gegenstrang‹ bezüglich der Anlageposition) als auch hinsichtlich verschiedener Gegenstände identifizieren (z. B. als Debatte um Intelligenz und Begabung, Aggressionsdebatte und Geschlechterdebatte), die alle miteinander verschränkt sind. Als Diskursstränge oder Spezial-Diskurse sind sie nach Jäger in einen »*Interdiskurs*« (ebd., Hervorhebung ML) als Gesamtdiskurs auf gesellschaftlicher Ebene eingebunden:

> »Die verschiedenen Diskurse bzw. Diskursstränge sind eng miteinander verflochten und miteinander verschränkt; sie bilden in dieser Verschränktheit das … ›diskursive Gewimmel‹, das zugleich im ›Wuchern der Diskurse‹ resultiert und das Diskursanalyse zu entwirren hat; dabei ist darauf zu achten, wie sich die verschiedenen Diskursstränge beeinflussen, welche Überschneidungen, Überlappungen und Verschränkungen sich dabei ergeben und welche Effekte dadurch hervorgerufen werden« (ebd.).

Im Vergleich zur herkömmlichen Pendel-Analogie bringt ein derartiges Verständnis der Anlage-Umwelt-Debatte als Diskurs entscheidende Perspektiverweiterungen: Erstens können unterschiedliche Diskursstränge als miteinander verflochten aufgefasst werden, sodass Querverbindungen zwischen verschiedenen Gegenstandsbereichen in die Betrachtung einbezogen werden können. Zweitens implizieren mögliche Verästelungen derartiger Stränge die historische Weiterentwicklung einzelner Positionen (bspw. die Entwicklung der Soziobiologie aus der klassischen Ethologie). Und drittens beinhaltet diese Modellvorstellung die Möglichkeit, dass einzelne Stränge historisch ›im Sande verlaufen‹, da sie nicht weiterverfolgt werden (wie am Beispiel des Neo-Lamarckismus noch gezeigt werden wird). Inwieweit dabei auch für den Anlage-Umwelt-Diskurs davon ausgegangen werden kann, dass die Akteure des Diskurses weitgehend unintentional am Diskurs beteiligt sind, bildet eine der zentralen Fragestellungen dieser Abhandlung. Sollten sich Hinweise auf spezifische Strategien finden, die von den Akteuren zur Legitimation ihrer eigenen Position oder der Kritik anderer Positionen eingesetzt werden und die im Folgenden als *Diskursstrategien* bezeichnet werden sollen, kann nicht von fehlender Intentionalität ausgegangen werden.

Ein einzelner Diskursstrang besteht seinerseits aus einer Vielzahl von sog. »*Diskursfragmente[n]*«, worunter jeweils ein »Text oder Textteil, der ein bestimmtes *Thema* behandelt«, verstanden wird (ebd., S. 159, Hervorhebungen im Original). Historisch betrachtet kann ein Diskursstrang damit als mehr oder weniger kontinuierliche Aneinanderreihung von Texten aufgefasst werden. Auf derartige Diskursfragmente wurde in den bisherigen Ausführungen bereits mehrfach verwiesen. Die in Abschnitt 1.2.2 angesprochenen erziehungswissenschaftlichen Fachaufsätze des Materialcorpus und Dossiers stellen in diesem Sinne wichtige Diskursfragmente des Anlage-Umwelt-Diskurses in der deutschen Erziehungswissenschaft dar.

Ein Diskurs wird auf verschiedenen »*diskursiven Ebenen* (Wissenschaft(en), Politik, Medien, Erziehung, Alltag, Geschäftsleben, Verwaltung etc.)« (ebd., S. 163, Hervorhebung im Original) ausgetragen. Nach Jäger kann man »solche *Diskursebenen* auch als die *sozialen Orte* bezeichnen, von denen aus jeweils ›gesprochen‹« (ebd., Hervorhebungen im Original) bzw. geschrieben wird.

Von diesen Orten aus nehmen die Protagonisten der entsprechenden Diskurse – hier zumeist als Autorinnen und Autoren wissenschaftlicher Texte zur Anlage-Umwelt-Problematik – in der Regel spezifische »*Diskurspositionen*« (Jäger 1999, S. 163, Hervorhebung im Original) ein, die im Falle des Anlage-Umwelt-Diskurses über das Spektrum von environmentalistischen über interaktionistische bis hin zu nativistischen Positionen verteilt sind. Analog zur Verschränkung der Diskursstränge untereinander sind auch diskursive Ebenen eng miteinander verflochten. Wie sich derartige Diskurspositionen für die Anlage-Umwelt-Debatte erfassen lassen, wird in Abschnitt 1.3.3 erörtert.

Als letzter zentraler Begriff sollen an dieser Stelle die »*diskursive[n] Ereignisse*« (ebd., S. 132, Hervorhebung im Original) eingeführt werden: Nach Jäger handelt es sich dabei um Ereignisse in der gesellschaftlichen Realität, die den Verlauf eines Diskursstranges stark beeinflussen können, so bspw. der Reaktorunfall von Tschernobyl mit seiner Wirkung auf den Kernkraft-Diskurs (vgl. ebd., S. 162). In einem solchen Begriffsverständnis sind diskursive Ereignisse für die Analyse des Anlage-Umwelt-Diskurses nur von geringer Relevanz, da in einem derartig verwissenschaftlichten Bereich ›reale‹ Ereignisse schwer identifizierbar sind und nur selten auftreten. Ergänzend sollen daher unter diskursiven Ereignissen im Folgenden auch ›Ereignisse‹ verstanden werden, die im wissenschaftlichen Bereich zu entsprechenden Änderungen von Diskursverläufen führen können. Bezüglich des Anlage-Umwelt-Diskurses können das z. B. Veröffentlichungen bestimmter Forschungsergebnisse sein, die in der Folge Schlüsselpositionen im Anlage-Umwelt-Diskurs einnehmen, oder der Import von Erkenntnissen aus dem angloamerikanischen Sprachraum sowie der Einsatz neuer Forschungsmethoden (bspw. die Publikation des Jensen-Artikels im Jahr 1969, vgl. Abschnitt 8.1). Im weiteren Verlauf dieser Abhandlung ist damit bei der Untersuchung des historischen Verlaufs der Anlage-Umwelt-Debatte zu fragen, inwieweit sich diskursive Ereignisse identifizieren lassen, die den Diskurs maßgeblich beeinflusst oder zu entscheidenden Richtungsänderungen in der Diskussion über Anlage und Umwelt geführt haben.

1.3.2 Verlaufsphasen des Anlage-Umwelt-Diskurses

Eine zentrale Fragestellung ist, ob sich für den Anlage-Umwelt-Diskurs spezifische, deutlich voneinander abgrenzbare Diskursphasen finden lassen. Im Idealfall werden diese Phasen von diskursiven Ereignissen klar begrenzt. Der Vergleich einiger der in Tabelle 3 auf Seite 29 genannten (und weiterer) Publikationen zur Analyse des historischen Kontextes der Anlage-Umwelt-Debatte führt diesbezüglich zu einem ernüchternden Ergebnis, denn Autorinnen und Autoren vermeiden in der Regel eine Einteilung der Debatte in Phasen und/oder scheuen vor einer konkreten Kennzeichnung von Phasengrenzen zurück. Eine Ausnahme bildet – für den angloamerikanischen Sprachraum – die Untersuchung von Cravens, der eine erste Phase als »The discovery of nature 1890–1920« (Cravens 1988, S. 13) benennt. Seine zweite Phase, als »The discovery of culture 1900–1920« (ebd., S. 87) bezeichnet, überschneidet sich allerdings weitgehend mit der ersten Phase. Als dritte Phase deklariert Cravens »The heredity-environment controversy 1915–1941« (ebd., S. 155). Cravens Untersuchung endet mit dieser dritten Phase und beschränkt die eigentliche Anlage-Umwelt-Kontroverse weitgehend auf die 20er bis 40er Jahre. Pastore verortet die Anlage-Umwelt-Debatte in seiner klassischen Analyse des Zusammenhangs von Positionen im Anlage-Umwelt-Streit und sozialpolitischen Einstellungen der Kontrahenten (vgl. Anhang C) allerdings auf den Zeitraum von 1900 bis 1940 (vgl. Pastore 1984, S. 15f), was zugleich einen Höhepunkt des Diskurses impliziert. Während sich bei Cravens Aussagen finden, dass die Debatte zumindest in der Psychologie in den 30er Jahren weitgehend beigelegt worden sei (vgl. Cravens 1988, S. 220 f), verlegt Diane Paul diesen Einschnitt auf die 20er Jahre vor:

> "Indeed, by the 1920s it had become conventional to deny the opposition of nature and nurture, assert that science and common sense had converged on a reasonable middle position, and declare the issue dead" (Paul 1998, S. 82).

Im weiteren Verlauf ihrer Argumentation führt sie jedoch aus, dass diese Erklärung des ›Endes‹ der Anlage-Umwelt-Kontroverse als verfrüht zu gelten habe und die Debatte spätestens ab den 70er Jahren eine Wandlung erfahren habe, in deren Kontext Positionen, die vormals der Umweltsicht zugerechnet worden seien, jetzt als Anlagepositionen gegolten hätten (vgl. ebd., S. 83 ff): »By the 1970s, the academic landscape had changed. Views that in the prior decade had been considered ›environmentalist‹ now marked one as the opposite« (ebd., S. 84 f). Paul führt damit zugleich die historische Analyse der Anlage-Umwelt-Debatte ad absurdum, denn unter konsequenter Berücksichtigung dieser Hypothese wären historische Positionen verschiedener Zeitabschnitte überhaupt nicht mehr miteinander vergleichbar. Als würden diese Widersprüchlichkeiten noch nicht genügen, seien laut Plomin und Petrill sogar sechs historische Pendelausschläge im Rahmen der Anlage-Umwelt-Kontroverse zu verzeichnen, wobei in den 1890er, 50er und 70er Jahren die Anlageposition, und in den 20er, 60er und 80er Jahren die Umweltposition im gesamtgesellschaftlichen Diskurs dominiert habe (vgl. Plomin/Petrill 1997, 53 f):

Tab. 4: Beispiele für die Zuordnung dominanter Sichtweisen in der Anlage-Umwelt-Debatte zu bestimmten Jahrzehnten nach verschiedenen Autoren

	1880–1889	1890–1899	1900–1909	1910–1919	1920–1929	1930–1939	1940–1949	1950–1959	1960–1969	1970–1979	1980–1989	1990–1999	ab 2000
Dodge 2004								E	E		N	N	
Plomin/Petrill 1997		N			E			N	E	N	E		
Sameroff 2010	N	N	N	N	A	A	A		N	N	E	E	N

N = Dominanz der Anlage-Sichtweise (Nativismus)
E = Dominanz der Umwelt-Sichtweise (Environmentalismus)
A = Ambivalenz (simultane Nennung von Nativismus und Environmentalismus)

Während für Plomin und Petrill die Historie der Verhaltensgenetik die Grundlage ihrer Phaseneinteilung bildet, bezieht sich Sameroff explizit auf den Anlage-Umwelt-Diskurs und konstatiert sich abwechselnde Phasen nativistischer und environmentalistischer Diskursdominanz. Nativistische Konzepte hätten demnach von 1880 bis zu den 40er Jahren sowie in den 60er, 70er und 2000er Jahre den Diskurs maßgeblich geprägt. Environmentalistische Positionen hätten hingegen von 1920 bis zu den 50er Jahren sowie in den 80er und 90er Jahren im Diskurs vorgeherrscht (vgl. Sameroff 2010, S. 8). Nach Dodge seien die 50er und 60er Jahre in den Human- und Verhaltenswissenschaften durch eine explizite Ablehnung genetischer Wirkungsfaktoren (also environmentalistisch) geprägt gewesen, wohingegen die 80er und 90er Jahre in nativistischer Weise durch die Ergebnisse der Verhaltensgenetik beeinflusst worden seien (vgl. Dodge 2004, S. 418 f). Bei der Gegenüberstellung der drei zuletzt genannten Klassifikations-versuche von Dodge, Plomin/Petrill und Sameroff in Tabelle 4 zeigen sich hinsichtlich der Zuweisung einer Dominanz der Anlage- oder Umweltsichtweise zu bestimmten Jahrzehnten für die 50er, 60er, 80er und 90er Jahre deutliche Widersprüche zwischen den Autoren. Wird der Fokus auf die historische Entwicklung der Verhaltensgenetik gelegt, ergeben sich selbst zwischen Plomin/Petrill und Dodge inkongruente Einschätzungen der 50er und 80er Jahre. Diese Beispiele verdeutlichen, dass sich eine Zuordnung von Diskurspositionen zu Jahrzehnten in Form klar abgrenzbarer zeitlicher Perioden als kaum möglich erweist, da Pendelausschläge im Anlage-Umwelt-Diskurs höchst unterschiedlich wahrgenommen werden können. Vor diesem Hintergrund ist erklärbar, dass Einteilungen des Diskurses über Anlage und Umwelt in dezidierte Verlaufsphasen in der einschlägigen Fachliteratur selten zu finden sind.

Zusammenfassend lässt sich somit konstatieren: Auf Grundlage des derzeitigen Forschungs-standes kann von einer Einheitlichkeit bei der historischen Einordnung der Anlage-Umwelt-Debatte nicht gesprochen werden. Vielmehr stehen sich Sichtweisen diametral gegenüber, die Diskurspositionen in grober und mitunter willkürlicher Weise verschiedenen Phasen des An-lage-Umwelt-Diskurses zuordnen. Dabei besteht noch nicht einmal Einigkeit darüber, wann der Beginn des Anlage-Umwelt-Diskurses angesetzt wird, geschweige denn hinsichtlich beson-ders heftig geführter Diskursphasen im Sinne ›heißer‹ Debatten. Vor diesem Hintergrund soll in der eigenen Untersuchung der Versuch unternommen werden, anhand der Identifikation diskursiver Ereignisse zumindest Eckpunkte für historische Verlaufsphasen zu ermitteln. Da-bei wird in den meisten Fällen eine Beschränkung auf klar abgrenzbare Gegenstandsbereiche und Fragestellungen notwendig sein, die in Form von ›Schlüsseldebatten‹ diskutiert worden sind. Letztere sollten einer historischen Verortung und Analyse zugänglicher sein als ganze wis-senschaftliche Teildisziplinen oder der Gesamtdiskurs über Anlage und Umwelt. Dass sich in einschlägigen Untersuchungen bezüglich einer Phaseneinteilung der Anlage-Umwelt-Debatte kein Konsens finden lässt, untermauert zugleich die Charakterisierung der Diskussion über Anlage und Umwelt als Diskurs, in dem gegensätzliche Diskurspositionen im diskursiven Ge-wimmel zeitgleich vertreten werden und Diskursstränge eng untereinander verschränkt sind.

1.3.3 Diskurspositionen in der Anlage-Umwelt-Debatte

Diskurspositionen stellen im Rahmen dieser Untersuchung jegliche Art von Stellungnahmen hinsichtlich der Bedeutung von Anlage und Umwelt dar, die von den Protagonistinnen und Pro-tagonisten im Diskurs abgegeben worden sind, wobei unerheblich ist, ob diese Stellungnahmen durch Theorien und Modelle auf der Theorieebene gestützt werden oder nicht. Die einfachsten Fälle derartiger Diskurspositionen bilden eine (weitgehend) exklusive Anlageposition (im Fol-genden aufgrund des historischen und erkenntnistheoretischen Hintergrunds als ›Nativismus‹ bezeichnet) sowie eine (mehr oder weniger) exklusive Umweltposition (in der Folge ›Environmen-talismus‹ genannt). In der umseitigen Tabelle 5 wird zur Illustration eine Tabelle von Wuketits wiedergegeben, in der in dieser eine »Vererbungstheorie« (Wuketits 1990, S. 20) (als nativistische Extremposition) einer »Umwelttheorie« (ebd.) (als environmentalistischer Extremposition) gegenübergestellt. Nach Wuketits lassen sich beide Extrempositionen inhaltlich und bezüglich des ihnen zugrunde liegenden Menschenbilds sowie ideologischer Implikationen klar voneinander unterscheiden. Dabei handelt es sich allerdings um eine idealtypische Schematisierung, denn selbst historische ›Extrempositionen‹ wurden selten in derartiger Ausschließlichkeit vertreten, wie die Analyse des historischen Kontextes im Rahmen dieser Abhandlung noch zeigen wird.

Tab. 5: Extrempositionen des Anlage-Umwelt-Diskurses nach Wuketits (1990, 1995)[22]

Vererbungstheorie	Umwelttheorie
Genetischer Determinismus: Der Mensch ist in erster Linie oder ausschließlich Resultat seiner Erbanlagen.	*Umweltdeterminismus, Kulturdeterminismus:* Der Mensch ist in erster Linie oder ausschließlich Resultat seiner soziokulturellen Umwelt.
Biologismus: Soziokulturelle Phänomene sind (ausschließlich) durch biologische Theorien/Modelle erklärbar.	*Kulturismus:* Soziokulturelle Phänomene haben mit Biologie nichts zu tun und sind ohne Berücksichtigung biologischer Faktoren erklärbar.
Inhaltliche Kernthesen: Der Mensch ist genetisch programmiert und bereits bei Geburt mit unveränderlichen Verhaltensprogrammen ausgestattet.	*Inhaltliche Kernthesen:* Der Mensch wird von der Umwelt (durch Erziehung) programmiert, ist bei seiner Geburt eine »unbeschriebene Tafel« (eine tabula rasa) und durch Erziehung beliebig formbar.
Lebewesen sind genetische Maschinen bzw. Vehikel ihrer Gene (Soziobiologie).	Lebewesen sind Reflexmaschinen, ihr Verhalten wird durch Umweltreize bestimmt (Behaviorismus).
Ideologische Implikationen: Geistige Eigenschaften und bestimmte Neigungen sind genetisch festgelegt.	*Ideologische Implikationen:* Geistige Eigenschaften sind Resultate der Erziehung, sie können »an-« und »aberzogen« werden.
Auf Individualebene: Alle Menschen sind aufgrund ihrer Anlagen voneinander verschieden.	Auf Individualebene: Alle Menschen sind gleich oder werden gleich, wenn die sozialen Umstände entsprechend geschaffen werden.
Rassismus: Es gibt »höher-« und »minderwertige« Rassen.	Egalitarismus: Es gibt keine Unterschiede zwischen den Menschen.
Sozialdarwinismus: Durch »künstliche« Zuchtwahl können bestimmte Merkmale gefördert, andere eliminiert werden.	Historischer Materialismus: Durch Veränderungen des »Bewusstseins« können die sozialen Verhältnisse verändert (revolutioniert) werden.

(Quellen: Wuketits 1990, S. 20, Tab. 1; Wuketits 1995, S. 90f, Tab. 3; gekürzte Auswahl, Integration beider Tabellen und geringfügige begriffliche Abänderungen durch ML)

In diesem einfachsten Kategorisierungsmodell mit zwei gegensätzlichen Extrempolen tritt die Anlage-Umwelt-Dichotomie unmittelbar hervor. In der einschlägigen Fachliteratur auf der Meta-

---

22 Die Klassifizierung des Historischen Materialismus durch Wuketits scheint hier dem berühmten Postulat von Karl Heinrich Marx (1818–1883) zu widersprechen: »Es ist nicht das Bewußtsein der Menschen, das ihr Sein, sondern umgekehrt ihr gesellschaftliches Sein, das ihr Bewußtsein bestimmt« (Marx 1971, S. 9; vgl. z. B. auch Geulen 2005, S. 33). Diesem Widerspruch kann an dieser Stelle nicht weiter nachgegangen werden. Meines Erachtens versucht Wuketits an dieser Stelle auszudrücken, dass aus nativistischer Sicht der Angriffspunkt einer Änderung des menschlichen ›Wesens‹ im Bereich der Anlage liege (via künstlicher Zuchtwahl aus historischer bzw. via Gentechnik aus heutiger Perspektive), wohingegen aus environmentalistischer Sicht an den gesellschaftlichen Verhältnissen (als Änderung von Umweltfaktoren) anzusetzen sei.

Ebene nimmt es jedoch eine Außenseiterrolle ein (weitere Beispiele dichotomer bzw. dualistischer Einordnungen finden sich in Allport 1949, S. 103; Stone/Church 1978, S. 277 f; Berk 2005, S. 7, 35 f). Häufiger werden Einordnungsschemata herangezogen, die neben Nativismus und Environmentalismus den Interaktionismus als vermittelnde Position zwischen beiden Extremen anführen, sodass die Anlage-Umwelt-Dichotomie zur ›Trichotomie‹ erweitert wird (vgl. bspw. Remplein 1954, S. 16ff; Wolf 1977; Huppertz/Schinzler 1985, S. 47–50; Hempelmann/Klaeren/Zimmermann 1988, S. 58f; Hobmair 2002, S. 58–61). Weitere Unterteilungen dieser Trichotomie finden sich in verschiedenen Variationen: So unterscheiden bspw. Thomas und Feldmann bezüglich der nativistischen Position zwischen »Präformationisten« als Vertreter einer extremen »Vererbungslehre« und »Prädeterministen« (Thomas/Feldmann 2002, S. 37) als Befürworter einer gemäßigteren Sichtweise. In anderen Modellen wird die interaktionistische Position noch einmal unterteilt, sodass letztlich auch in diesem Fall ein Modell mit vier Positionen resultiert. In diesem Sinne unterscheidet Wacker als Interaktionstheorien »Proportions- bzw. Additionsmodelle« von »Dynamische[n] Interaktionsmodelle[n]« (Wacker 1987, S. 52). Diese Einteilung wird auch heute noch in aktuelle Darstellungen zur Anlage-Umwelt-Thematik übernommen (vgl. bspw. Petermann/Niebank/Scheithauer 2004, S. 239). Neben diesen Kategorisierungsmodellen, die sich noch als lineare Verortungssystematiken verstehen lassen mit Positionen zwischen einem Anlage-Extrem und einem Umwelt-Extrem, wurden auch komplexere Modelle vorgeschlagen, die Diskurspositionen mithilfe anderer Kriterien klassifizieren (vgl. auch Rosemann/Bielski 2001, S. 74–92): So unterscheidet bspw. Kasten anhand der Bedeutung, die den Interaktionseffekten in den Positionen zugebilligt wird, zwischen schwachen, mäßigen und starken Wechselwirkungstheorien (vgl. Kasten 2005, S. 18–49). Eckensberger und Keller hingegen ordnen Positionen in der Anlage-Umwelt-Debatte vor einem wissenschafts- bzw. erkenntnistheoretischen Hintergrund einem mechanistischen, organismischen oder potenziell selbstreflexiven Entwicklungsverständnis zu (vgl. Eckensberger/Keller 1998, S. 34–45). Eines der komplexesten Modelle entwickelt Flammer, indem er neben den Extrempositionen und verschiedenen Interaktionspositionen zusätzlich bestimmte inhaltliche Modelle – wie bspw. ein »Modell der sensiblen Phasen«, »Obergrenzenmodelle« und »Schwellenmodelle« (Flammer 1996, S. 23) – berücksichtigt, sodass Positionen bezüglich mehrerer Dimensionen eingeordnet werden können (vgl. ebd., S. 23–35). Da im Rahmen der Aufarbeitung des historischen Kontextes in dieser Abhandlung auch nach historischen Extrempositionen gefragt wird und spätere Positionen als deren Weiterentwicklungen aufgefasst werden können, scheinen zu komplexe Einordnungsschemata zu diesem Zweck kaum brauchbar zu sein. Aus diesem Grund wird im Folgenden von der Modellvorstellung eines Spektrums von Diskurspositionen ausgegangen, wobei eine ausschließende Anlageposition den einen Extrempol bildet, eine ausschließende Umweltpositionen den anderen. Dabei wird angenommen, dass zwischen diesen Extrempolen die unterschiedlichsten Differenzierungen mehr oder weniger stark ausgeprägter Varianten von interaktionistischen Positionen existieren, sodass im Ergebnis eine *lineare Anlage-Umwelt-Skala* entsteht (vgl. Lenz 2005, S. 350–352).[23] In vergleichbarer Weise geht auch Chasiotis von einem

---

23 Würden in diesem Modell die Extrempositionen (anstelle der interaktionistischen Positionen) weiter ausdifferenziert, so könnte an jedem Pol die Anlage-Umwelt-Differenz erneut zur weiteren Ausdifferenzierung eingeführt werden. Im Ergebnis entstünden dadurch eher anlage- oder umweltorientierte Anlagepositionen bzw. Umweltpositionen. Diese Vorgehensweise würde in diesem Fall einem sog. ›re-entry‹ ähneln – definiert als »Wiedereintritt der Unterscheidung in die eine Seite der Unterscheidung … Es bedarf nur einer einzigen Unterscheidung, um eine beliebig hohe Komplexität zu erzeugen« (Treml 2005, S. 62).

Kontinuum zwischen extremen Vererbungs- und Umwelttheorien aus und wendet sich zugleich gegen kritische Wertungen der Anlage-Umwelt-Dichotomie:

> "But if one claims that the nature–nurture dualism is not useful because there are no pure genetic or environmental effects, does it mean that we cannot say anything about the interaction of genes and environment? Of course not, quite to the contrary: if we abandon the traditional dichotomy of nature versus nurture, we only discard the extremes of the continuum lying between what we call 'genes' and 'environment'" (Chasiotis 2010, S. 150).[24]

Abschließend soll an dieser Stelle kurz begründet werden, weshalb im Rahmen dieser Abhandlung auf eine Berücksichtigung bestimmter Diskurspositionen und historischer Verlaufslinien der Anlage-Umwelt-Debatte verzichtet werden muss: Erstens lassen sich bestimmte entwicklungspsychologische Theorieofferten nur schwer hinsichtlich ihrer Grundannahmen zur Anlage-Umwelt-Problematik beurteilen oder führen in der einschlägigen Fachliteratur zu widersprüchlichen Einschätzungen. Die Problematik einer Verortung derartiger Positionen soll exemplarisch an einem Beispiel verdeutlicht werden: Im Gegensatz zur Reifungstheorie von Arnold Lucius Gesell (1880–1961), eine der wenigen entwicklungspsychologischen Theorien, die als Diskursposition eindeutig klassifiziert werden kann (in diesem Falle als nativistisch, vgl. bspw. Berk 2005, S. 17f; Mietzel 2002, S. 13f), ist bei der psychoanalytischen Theorie von Sigmund Freud (1856–1936) nicht klar, ob diese als nativistische oder environmentalistische Diskursposition gelten kann. Diesbezügliche Einschätzungen in der einschlägigen Fachliteratur fallen ambivalent oder widersprüchlich aus (vgl. z. B. ebd., S. 17–20): So ordnen bspw. Plomin und Petrill Freud dem environmentalistischen Lager zu, was aufgrund der Bedeutung, die Freud den Eltern eines Kindes als primäre und entscheidende Bezugspersonen im Rahmen der frühkindlichen Entwicklung zugesteht, durchaus begründet werden kann (vgl. auch Harris 2000, S. 24):

> "During the 1940s and 1950s behaviorism and learning theory dominated American psychology. This was fertile ground for Freud's brand of environmentalism that blamed mental illness on parental treatment during the first few years of life" (Plomin/Petrill 1997, S. 54).

Huppertz und Schinzler hingegen sehen in Freud einen Anlagetheoretiker (vgl. Huppertz/ Schinzler 1985, S. 47) – eine Verortung, die mit einem gleichwertigen Plausibilitätsanspruch aufwarten kann, wenn zur Einordnung primär die Triebtheorie Freuds und sein Libido-Konzept herangezogen werden.[25] Und laut Miller sei Freud »aber in Wahrheit ein Interaktionist« (Miller 1993, S. 142).

Zweitens konnten bei der Aufarbeitung des historischen Kontextes sowie der Diskussion der erziehungswissenschaftlichen Relevanz bestimmte Bereiche biologischen Wissens nicht berücksichtigt werden. Dies betrifft insbesondere die Entwicklungsbiologie und die Neuro-

---

24 Eine Aufgabe bzw. Dekonstruktion der Anlage-Umwelt-Dichotomie ließe hingegen sämtliche Zuordnungen obsolet werden, da sich spezifische Diskurspositionen – und insbesondere die Extrempositionen – erst durch ihren gegenseitigen Kontrast konstituieren: "A concept of either nature or nurture is dependent on our awareness of the opposite term, whether we opt for an 'either-or' or a 'both-and' solution (for there is no intermediate concept without destroying the polarity entirely). All nurture, including all education, therefore, must be nature related in some sense (and *vice versa*), but there is clearly a variety of ways in which this relation can be understood and articulated" (Stables 2009, S. 12, Hervorhebung im Original). Für eine historische Analyse des Anlage-Umwelt-Diskurses erweist sich somit die Berücksichtigung der Extrempositionen als unverzichtbar.

25 Als weiteres – besonders kontrovers diskutiertes – Beispiel aus dem Bereich der Pädagogik kann hier die Einordnung von Jean-Jacques Rousseau (1712–1778) gelten (für eine nativistische Verortung vgl. z. B. Berk 2005, S. 16 sowie Stern 1919, S. 98; eine environmentalistische Zuordnung findet sich bspw. bei Huppertz/Schinzler 1985, S. 48f).

biologie. Obwohl es sich bei letzterem Forschungsfeld um ein Gebiet mit großer Aktualität und erziehungswissenschaftlicher Relevanz handelt, erfordert die erziehungswissenschaftliche Auseinandersetzung mit neurowissenschaftlichen Erkenntnissen eigenständige Untersuchungen, die teilweise bereits vorliegen (vgl. insbes. Becker 2006, Müller 2005, Scheunpflug 2001a). Der Einbezug neurobiologischer Erkenntnisse wird zudem dadurch erschwert, dass derzeit im Diskurs keinerlei Konsens bezüglich der Fragen erkennbar ist, welches Wissen als hinreichend abgesichert gelten kann und welche erziehungswissenschaftlichen Konsequenzen sich daraus ergeben. Entsprechend vielfältig und ambivalent fallen die Rezeptionsmuster neurobiologischer Erkenntnisse auf erziehungswissenschaftlicher Seite aus (vgl. bspw. Müller 2005, S. 71–111; Schirp 2003, S. 304). Treml spricht der Neurobiologie vor diesem Hintergrund sogar jeglichen pädagogisch-praktischen Wert ab und sieht in der Rezeption neurobiologischen Wissens vielmehr eine Chance zur nachträglichen Legitimation erziehungswissenschaftlicher Modellannahmen:

> »Aus der experimentellen Hirnforschung, so unser Zwischenergebnis, lassen sich keine didaktischen Optimierungsstrategien und Rezepte für pädagogische Normalsituationen ableiten ... Die Hoffnungen auf eine ›Neurodidaktik‹ sind also m. E. nicht berechtigt. Solche Hoffnungen auf eine Applikation neurowissenschaftlicher Forschungsergebnisse in den Bereich der praktischen Pädagogik hinein sind illusionär; hier ist wohl der bloße Wunsch der Vater des Gedankens – und das ist möglicherweise für viele die ›schlechte Nachricht‹. Nun aber zur ›guten Nachricht‹. Die Bedeutung der Hirnforschung sehe ich weniger in einer wie auch immer gearteten ›Neurodidaktik‹, als vielmehr in ihrer stimulierenden Wirkung auf das professionelle Selbstverständnis des Pädagogen« (Treml 2006, S. 396 ff, Fußnotenverweise entfernt).

Drittens musste aus Gründen des Umfangs und der Vereinfachung bei der Darstellung des historischen Kontextes des Anlage-Umwelt-Diskurses darauf verzichtet werden, Bereiche wie die Pädagogische Anthropologie, den Historischen Materialismus, die Reformpädagogik oder die historische Debatte um die Grenzen der Erziehung (vgl. bspw. Dudek 1999) einzubeziehen, denn für jeden dieser Bereiche wären eigene Kapitel erforderlich gewesen.[26] Stattdessen wird versucht, die groben Entwicklungslinien des internationalen Diskurses sowie aktuelle Positionen, Debatten und deren erziehungswissenschaftliche Implikationen exemplarisch nachzuzeichnen.

1.4 Fragestellungen und Gang der Argumentation

Auf der Grundlage der bisherigen Überlegungen und der Zusammenfassung des Forschungsstandes zur Anlage-Umwelt-Kontroverse lässt sich als Ziel der vorliegenden Forschungsarbeit die Aufarbeitung des Anlage-Umwelt-Diskurses inklusive seiner historischen Wurzeln, der wichtigs-

---

26 Bezüglich der Pädagogischen Anthropologie – inklusive ihrer historischen Ursprünge im Bereich der Philosophischen Anthropologie sowie den Positionen von Adolf Portmann (1897–1982), Arnold Karl Franz Gehlen (1904–1976), Helmuth Plessner (1892–1985) etc. – sei an dieser Stelle auf die einschlägige Fachliteratur verwiesen (vgl. z. B. Hamann 1998; März 1978, 1980; kritisch bspw.: Huisken 1991, S. 22–29; Promp 1990, S. 13–22). Zudem scheint m. E. seit dem epochalen Grundlagenwerk von Heinrich Roth (Roth 1971a, b) in der Pädagogischen Anthropologie ein zunehmender Trend weg von der anthropologischen Legitimation erziehungswissenschaftlicher Grundwissens hin zu anthropologischen Spezialthemen mit immer stärkerer Ausdifferenzierung der Gegenstandsbereiche erkennbar zu sein (vgl. bspw. Wulf/Zirfas 1994, S. 10 f; Wulf 1997). Des Weiteren wurde in dieser Abhandlung auf den Einbezug klassischer pädagogischer Diskurspositionen – bspw. die eher philosophischen Ansätze bei Friedrich Daniel Ernst Schleiermacher (1768–1834), Johann Friedrich Herbart (1776–1841), Wilhelm Dilthey (1833–1911) oder Gustav Philipp Otto Willmann (1839–1920) – weitgehend verzichtet (vgl. dazu z. B. Hopfner 1999, S. 269 f; Reyer 2003b, 2004a).

ten vertretenen Positionen und seiner erziehungswissenschaftlichen Implikationen definieren. Wie sich aus dem diskursanalytischen Vokabular, mit dessen Hilfe die Anlage-Umwelt-Debatte erfasst werden soll, ergibt, steht dabei nicht die Suche nach der am besten belegbaren Diskursposition im Zentrum der Betrachtung (im Sinne einer ›Lösung‹ der Kontroverse), sondern die Rekonstruktion historischer Verlaufslinien auf der Meta-Ebene. Die zentralen Fragestellungen, die sich vor diesem Hintergrund ergeben, lassen sich fünf Bereichen zuordnen:

1) *Historische Rekonstruktion:* Wo liegen die historischen Wurzeln der verschiedenen Positionen, die im Anlage-Umwelt-Diskurs vertreten werden? Welche Abhängigkeiten lassen sich zwischen den Positionen ermitteln?

2) *Aktuelle Bestandsaufnahme:* Welche Positionen konkurrieren im derzeitigen Anlage-Umwelt-Diskurs miteinander? Wie sind diese zu charakterisieren und voneinander abzugrenzen?

3) *Systematisierung:* Lassen sich anhand von diskursiven Ereignissen Phasen im Anlage-Umwelt-Diskurs identifizieren, in denen die Debatte besonders heftig geführt worden ist? Welche Gründe zeichnen sich für die Entstehung derartiger Schlüsseldebatten verantwortlich?

4) *Aufklärung:* Werden von den Protagonistinnen und Protagonisten spezifische Diskursstrategien zur Absicherung ihrer eigenen Position oder Kritik gegensätzlicher Positionen eingesetzt? Wie ist deren Einfluss auf den Diskursverlauf zu werten? Wirken in diesem Kontext bestimmte Diskursebenen (bspw. die Massenmedien) als Multiplikatoren?

5) *Erziehungswissenschaftliche Bedeutung:* Welche Implikationen ergeben sich aus dem aktuellen Anlage-Umwelt-Diskurs für erziehungswissenschaftliche Forschung und Theoriebildung? Wie soll eine aufgeklärte Erziehungswissenschaft künftig rezipierend mit dieser Thematik umgehen, um nicht ihre diskursive Anschlussfähigkeit zu verlieren?

Die bisherigen Ausführungen zur Systematik des Anlage-Umwelt-Diskurses haben verdeutlicht, dass diese Fragestellungen nicht losgelöst vom historischen Kontext des Diskurses beantwortet werden können. Da hinsichtlich der deutschsprachigen Aufbereitung des historischen Kontextes erhebliche Forschungsdefizite zu konstatieren sind, wird in einem ersten Schritt in Teil II (»Historischer Kontext«) zunächst der Versuch einer historischen Rekonstruktion des Diskurses von seinen Anfängen bis zur Mitte des 20. Jahrhunderts unternommen (vgl. Kapitel 2). Dabei kommt dem Erkenntnisgewinn in den Biowissenschaften (insbesondere bezüglich der darwinschen Evolutionstheorie) ein besonderer Stellenwert zu, da mit ihm ein entscheidender Wandel im Weltbild und wissenschaftlichen Selbstverständnis bezüglich der Rolle des Menschen in der Natur verbunden war. In diesem Zusammenhang wird u. a. auf den Streit zwischen Neo-Lamarckisten und Darwinisten eingegangen, zumal die Position der Neo-Lamarckisten aufgrund ihrer optimistischen Grundhaltung (Vererbung erworbener Fähigkeiten) für Pädagoginnen und Pädagogen attraktiver erschienen sein dürfte als eine ›harte‹ Vererbungstheorie mit der natürlichen Selektion als treibender Kraft in der Evolution. Zudem werden mögliche gesellschaftspolitische Implikationen der Extrempositionen anhand von Gesellschaftsutopien einer kritischen Betrachtung unterzogen. Neben historischen Beispielen für nativistische und environmentalistische Extrempositionen werden in diesem Teil auch die historischen Ursprünge der interaktionistischen Denkweise behandelt.

Sodann werden im dritten Teil dieser Abhandlung (»Positionen des aktuellen Anlage-Umwelt-Diskurses«) aktuelle Konzepte und Theorien als Diskurspositionen in den Blick genommen. Die Sichtung der einschlägigen Literatur zur Anlage-Umwelt-Thematik der letzten Jahre zeigt, dass derzeit vor allem drei Positionen im Diskurs miteinander konkurrieren: Zum Ersten ist hier die Verhaltensgenetik zu nennen, die in der Regel im Bereich der Differentiellen Psychologie als Zwillingsforschung verhandelt wird und auf eine mehr als einhundertjährige Forschungstradition zurückblicken kann (vgl. Kapitel 3). Zum Zweiten wird die evolutionspsychologische Position als Weiterentwicklung der Soziobiologie der 70er Jahre untersucht, die insbesondere seit Beginn der 90er Jahre zunehmend die Theorienlandschaft in den Sozial- und Verhaltenswissenschaften beeinflusst hat (vgl. Kapitel 4). Die dritte Position, die in Kapitel 5 im Mittelpunkt der Erörterung steht, ist eigentlich keine einzelne Position, sondern ein Konglomerat verschiedener Einzelansätze mit stärkerer Heterogenität der einzelnen Positionen als in der Verhaltensgenetik oder Evolutionspsychologie. Sie wird im Kontext dieser Abhandlung unter der Sammelbezeichnung ›Kritischer Interaktionismus‹ geführt, was zugleich impliziert, dass sich diese Positionen vom historisch bekannten Interaktionismus unterscheiden. Der bedeutendste Unterschied liegt dabei in der Ablehnung der Anlage-Umwelt-Dichotomie selbst und der Leugnung der Sinnhaftigkeit der Anlage-Umwelt-Frage (vgl. dazu auch die in Abschnitt 1.1.1 zusammengestellten abwertenden Einschätzungen). Allen drei Positionen ist gemein, dass sie bezüglich der Anlage-Umwelt-Thematik auf den aktuellen Forschungsstand in den Biowissenschaften und der Psychologie rekurrieren, diesen aber in unterschiedlicher Weise interpretieren, indem sie sich auf bestimmte Befunde konzentrieren, andere hingegen ausblenden. Die Auswahl der in diesem Teil analysierten Positionen legitimiert sich somit über ihre Aktualität im Diskurs selbst. Insofern der historische Kontext dieser drei Positionen noch nicht im zweiten Teil aufgearbeitet worden ist (mit dem Ziel der Vermeidung unnötiger Redundanzen), werden in den jeweiligen Kapiteln Ergänzungen zur historischen Entwicklung nachgeliefert. Damit wird zugleich die historische Rekonstruktion des Diskurses seit den 50er Jahren fortgeführt und zu einem Gesamtbild ergänzt. Aus diskursiver Perspektive stehen in jedem Kapitel die Fragen nach den historischen Ursprüngen der Positionen, ihren Querverbindungen zu oder Wurzeln in historischen Positionen vor den 50er Jahren sowie ihre spezifische Haltung zur Anlage-Umwelt-Problematik im Mittelpunkt. In Kapitel 6 folgen ein Vergleich der drei Diskurspositionen und eine Zusammenfassung der wichtigsten Ergebnisse dieses Teils.

Anschließend werden in Teil IV dieser Abhandlung (»Schlüsseldebatten im Anlage-Umwelt-Diskurs«) vier Teildebatten exemplarisch einer genaueren Analyse unterzogen, die im Folgenden als ›Schlüsseldebatten‹ bezeichnet werden sollen, da sie – ausgelöst durch diskursive Ereignisse – einen besonderen Stellenwert in ihren jeweiligen Diskurssträngen innehaben. Als erstes Beispiel für den Diskursstrang der Geschlechterdebatte (also der Kontroverse um die Verursachung von Unterschieden zwischen den Geschlechtern) wurde die sog. Mead-Freeman-Kontroverse ausgewählt (vgl. Kapitel 7). Diese knüpft nicht an die im vorherigen Teil dargestellten aktuellen Positionen an, sondern ist im Kontext der ›heißen‹ Phase des Diskurses in den 20er Jahren zu sehen, in der environmentalistische Positionen vorrangig in Form des Behaviorismus und der Kulturanthropologie dominierten. Die Mead-Freeman-Kontroverse kann hier als Beispiel für eine Debatte gelten, in der der eigentliche Streit sich erst Jahrzehnte nach Konsolidierung der ursprünglichen Position manifestierte (in diesem Fall ab Mitte der 80er Jahre). Für den Diskursstrang um Intelligenz und Begabung wird in den folgenden zwei Kapiteln der Streit um die Erblichkeit der Intelligenz verhandelt. Bei den beiden hierzu betrachteten Schlüsseldebatten handelt es sich nicht um exemplarische Darstellungen, sondern um die Rekonstruktion der zentralen Hochphase des Diskursstrangs um Intelligenz und Begabung selbst. Die nativistischen Positionen, die als Auslöser dieser Debatten fungierten, sind zugleich als Vorläufer der aktuellen verhaltensgenetischen Diskursposition zu werten. Als erste Schlüsseldebatte wird in Kapitel 8 zunächst auf die Publikation von Arthur Jensen (Jensen 1969c) eingegangen, die zu Beginn der 70er Jahre den wohl heftigsten Streit des gesamten Anlage-Umwelt-Diskurses ausgelöst hat und auf ein mediales Interesse auf der Ebene des Gesamtdiskurses gestoßen ist, das seinesgleichen sucht – mit teilweise gravierenden Auswirkungen auf andere Disziplinen wie bspw. die Erziehungswissenschaft. Hat letztlich diese Schlüsseldebatte zu einer Popularisierung der Verhaltensgenetik und der These von der Erblichkeit der Intelligenz beigetragen, so zeugt die in Kapitel 9 zu verhandelnde Schlüsseldebatte vom Niedergang dieser nativistischen Position. Ausgelöst durch die Datenfälschungsvorwürfe gegen Cyril Burt geriet die Erblichkeitstheorie der Intelligenz ab Mitte der 70er Jahre in der Öffentlichkeit in Verruf. Zugleich ist für den Diskursstrang um Intelligenz und Begabung eine Blüte environmentalistischer Positionen zu verzeichnen, die weit bis in die 80er Jahre hineinreichte. Im Gegensatz zu Kapitel 8, in dem zusätzlich aktuelle Folgepositionen zur Erblichkeit der Intelligenz thematisiert werden, beschränkt sich Kapitel 9 weitestgehend auf den sog. Burt-Skandal. Die letzte Schlüsseldebatte gehört wiederum zum Diskursstrang der Geschlechterdebatte und behandelt den Skandal um die misslungene Geschlechtsneuzuweisung eines Jungen, der bis zur Pubertät als Mädchen aufgezogen worden war. Dieser Fall gilt seit einigen Jahren als Paradebeispiel für die Mitwirkung biologischer Faktoren an der Herausbildung der Geschlechtsidentität (vgl. Kapitel 10) und wurde hier zur Illustration der Folgen ausgewählt, die die Propagierung einer Diskursposition mit ideologisch-dogmatisch anmutenden Zügen haben kann, wenn sie über Jahrzehnte unkritisch vertreten und nicht hinterfragt wird. Den vier in diesem Teil untersuchten Schlüsseldebatten ist gemein, dass sie sich als besonders geeignet zur Analyse der von den Protagonistinnen und Protagonisten eingesetzten Diskursstrategien sowie zur Betrachtung verschiedener Diskursebenen (insbesondere der Massenmedien) erweisen. Zudem lässt sich anhand der Mead-Freeman-Kontroverse und des Burt-Skandals zeigen, dass Schlüsseldebatten mitunter trotz intensivster Bemühungen hinsichtlich der historischen Rekonstruktion nicht zufriedenstellend ›gelöst‹ werden können, da entscheidende Informationen zu einer abschließenden Beurteilung dieser ›Nahtstellen‹ des Anlage-Umwelt-Diskurses fehlen. In Kapitel 11 werden die vier diskutierten Schlüsseldebatten hinsichtlich verschiedener Kriterien miteinander verglichen und die zentralen Ergebnisse dieses vierten Teils zusammengefasst.

Im fünften Teil (»Erziehungswissenschaftliche Relevanz«) werden die Ergebnisse bezüglich der aktuellen Positionen und Schlüsseldebatten zusammengeführt und deren erziehungswissenschaftliche Implikationen erörtert (vgl. Kapitel 12). Dabei wird nach der Bedeutung der drei aktuellen Diskurspositionen, die in Teil III vorgestellt worden sind, für erziehungswissenschaftliche Forschung und Theoriebildung sowie nach möglichen Anknüpfungspunkten gefragt, wobei die fünfte zentrale Fragestellung im Mittelpunkt der Betrachtung steht. In diesem Kontext stellen bspw. die Postulate der Verhaltensgenetik nicht nur eine historische Altlast für die Erziehungswissenschaft dar, sondern treten ihr in Form neuer Herausforderungen und Provokationen entgegen (vgl. bspw. Rowe 1997, Harris 2000). Bezüglich der Rezeption biologischen Wissens sind Rezeptionsmuster und -strategien in etablierten wie auch neuen erziehungswissenschaftlichen Forschungsfeldern (wie bspw. der Sozialisationsforschung, Genderforschung oder Evolutionären Pädagogik) kritisch zu hinterfragen. Zudem werden in einem Ausblick vor dem Hintergrund der Ergebnisse dieser Abhandlung Überlegungen hinsichtlich der zukünftigen Diskursbeteiligung der deutschen Erziehungswissenschaft angestellt. Abschließend werden die zentralen Ergebnisse dieser Forschungsarbeit kurz zusammengefasst.

Kapitel 2:
Der historische Hintergrund des Anlage-Umwelt-Diskurses

Die Anlage-Umwelt-Debatte wurde insbesondere in den letzten 100 Jahren in verschiedenen Zyklen mit besonderer Vehemenz geführt. Ein tieferes Verständnis aktueller Diskurspositionen setzt aus diskursanalytischer Perspektive die historische Aufdeckung ihrer Ursprünge voraus und erfordert zugleich eine Darstellung der historischen Entwicklung des Anlage-Umwelt-Diskurses. Diesbezüglich wurde bereits im Einleitungskapitel darauf hingewiesen, dass sich für die Anlage-Umwelt-Kontroverse in der einschlägigen Fachliteratur keine fest abgrenzbare Phaseneinteilung finden lässt, die auf allgemeine Akzeptanz stößt. Vielmehr führen historisch angelegte Abhandlungen dieser Thematik zu unterschiedlichen Einteilungen des Diskurses mit vielfältigen Überschneidungen einzelner Phasen. Aus diskursanalytischer Sicht ist dies nicht verwunderlich, da der Anlage-Umwelt-Diskurs aus verschiedenen Diskurssträngen besteht, die untereinander mehr oder weniger stark verflochten sind. Vor diesem Hintergrund ist in der vorliegenden Abhandlung bezüglich der Unterteilung des Diskurses in Diskursphasen besondere Vorsicht geboten. Daher wird der Anlage-Umwelt-Diskurs im Folgenden nur anhand des Konkretisierungsgrads der ihm zugrunde liegenden Fragestellung sowie weniger diskursiver Ereignisse in drei grobe Abschnitte unterteilt.

In der ersten Diskursphase wurde die Anlage-Umwelt-Problematik vorwiegend mithilfe philosophischer Spekulationen erörtert, sodass von der Antike bis zur Aufklärung von einem geringen Grad an Konkretisierung ausgegangen werden kann. Diese Periode wird insbesondere durch extreme Diskurspositionen geprägt und soll in Abschnitt 2.1 grob nachgezeichnet werden. Die zweite Diskursphase, die in Abschnitt 2.2 rekonstruiert wird, wurde durch den Aufstieg des evolutionären Paradigmas Ende der 1850er Jahre eingeläutet. Wichtige Stationen dieser Periode sind die erstmalige Nutzung der Dichotomie von ›nature‹ und ›nurture‹ im wissenschaftlichen Bereich durch Francis Galton sowie die Einführung des sog. ›Interaktionismus‹ als dritter, vermittelnder Diskursposition. Charakteristisch für diese Phase ist, dass sie durch teils vehemente wissenschaftliche Dispute geprägt war (bspw. Darwinisten versus Neo-Lamarckisten, Instinkttheoretiker versus Behavioristen und Kulturanthropologen, Ethologen versus Lerntheoretiker), die entweder direkt dem Anlage-Umwelt-Diskurs zuzurechnen sind oder zumindest deutliche Überschneidungen zur Anlage-Umwelt-Thematik aufweisen. Als Abschluss dieser Phase wird im Rahmen der vorliegenden Abhandlung das Ende des Zweiten Weltkriegs gesetzt. Wie in der Einleitung dieses zweiten Teils bereits angesprochen, hatte dieser in weiten Teilen der Sozialwissenschaften zu einem Umdenken bezüglich nativistischer Diskurspositionen geführt. Die Periode vom Ende des Zweiten Weltkriegs bis heute kann als dritte Phase des Anlage-Umwelt-Diskurses angesehen werden. Sie wird in diesem Kapitel nur ansatzweise berücksichtigt, da sie in späteren Kapiteln des dritten und vierten Teils dieser Abhandlung eingehender betrachtet werden soll. Dies ist nicht zuletzt aufgrund der immer stärkeren inhaltlichen Ausdifferenzierung des Anlage-Umwelt-Diskurses im Allgemeinen sowie der zunehmenden Spezialisierung einzelner Diskursstränge in den letzten 60 Jahren im Besonderen erforderlich.

Abschließend werden in Abschnitt 2.3 verschiedene Gesellschaftsutopien diskutiert, die von nativistischer oder environmentalistischer Seite zur Illustration eigener oder Kritik gegensätzlicher Positionen eingesetzt worden sind. Die diesbezüglichen Ausführungen verdeutlichen noch einmal die Unterschiede zwischen den Extrempositionen untereinander, deren sozialpolitische Implikationen sowie die Unannehmbarkeit der gesellschaftlichen Umsetzung extremer Diskurspositionen.

2.1 Von der Antike bis zur Aufklärung

Im Folgenden wird zunächst auf die historisch nachweisbaren Wurzeln der Diskussion über Anlage und Umwelt in der Antike eingegangen. Sodann wird dargestellt, welche unterschiedlichen Diskurspositionen zu Beginn des Anlage-Umwelt-Diskurses eingenommen worden sind. Dabei handelt es sich in dieser ersten Phase zunächst um die Extrempositionen des ›Nativismus‹ und ›Environmentalismus‹, die in ihrer Gegensätzlichkeit das Spektrum möglicher Positionen abstecken. Diese erste Phase wird hier als ›philosophische Phase‹ bezeichnet, da die Extrempositionen in dieser Zeit vorwiegend mithilfe der Prinzipien der Logik bzw. durch Nachdenken konstruiert worden sind und noch nicht mittels empirischer Befunde legitimiert werden konnten. Zudem kann bis zur Aufklärung noch nicht von einer disziplinären Ausdifferenzierung der Humanwissenschaften ausgegangen werden, sodass zu dieser Zeit Gegenstandsbereiche, die heute als Domänen der Psychologie oder Biologie betrachtet werden, in das Gebiet der philosophischen Reflexion gefallen sind.

2.1.1 Die Ursprünge der Anlage-Umwelt-Dichotomie in der Antike

Aus wissenschaftshistorischer Perspektive sind die Ursprünge der Anlage-Umwelt-Thematik anhand der heutigen Quellenlage nur grob datierbar. Menschen haben wohl schon seit langer Zeit darüber nachgedacht, inwieweit Eigenschaften – ob auf Menschen allein oder das gesamte Tierreich bezogen – von den Eltern an deren Nachkommen weitergegeben werden und welche Einflussfaktoren in diesem Zusammenhang von Bedeutung sind. Als entscheidender Anhaltspunkt kann die Zähmung von Wildtieren zu Nutz- und Haustieren dienen, die auch als ›Domestikation‹ oder ›Domestizierung‹ bezeichnet wird und in deren Kontext sich bereits früh ein Alltagskonzept von ›Vererbung‹ entwickelt haben dürfte (vgl. z. B. Siegler/DeLoache/ Eisenberg 2008, S. 117):

> »Die Domestikation unserer wichtigsten Haustiere liegt sechs [sic] bis zehntausend Jahre zurück. Es ist anzunehmen, daß sich die ersten Tierzüchter zumindest vage darüber im klaren waren, daß die Nachkommen von leicht zähmbaren Wölfen, Auerochsen und wilden Ziegen, Schafen und Pferden wiederum leichter zu zähmen sind als die Nachkommen von sehr wilden, scheuen Individuen. Selbstverständlich muß dies jedoch eine Annahme bleiben, da wir keine Aufzeichnungen aus dieser Zeit besitzen« (von Schilcher 1988, S. 14).[27]

Treml weist darauf hin, dass sich eine gedankliche Trennung von ›Anlage und Umwelt‹ respektive ›Natur und Kultur‹ bereits in den Schriften und der darin enthaltenen Metaphorik der

---

27 Genetischen Befunde verweisen sogar darauf, dass die Domestikation der ersten Wildtiere historisch noch viel weiter zurückreicht, sodass sie fast so alt wie die menschliche Spezies selbst sein könnte: So habe die Domestizierung des Wolfes zum Hund bereits vor über 100 000 Jahren stattgefunden (vgl. Vilà u. a. 1997, S. 1687). Zuweilen wird auch eine ›Selbstdomestikation‹ des Wolfes hin zum Haushund postuliert: "[O]ne must suppose that in its early days this was more an evolution of a subgroup of wolves to fit a niche around human habitation than a process deliberately undertaken by man (Morey, 1994)" (Loehlin 2009, S. 3).

alten Ägypter finden lässt (vgl. Treml 2005, S. 35, 39). Den Ursprung der Anlage-Umwelt-Dichotomie als begrifflich-logische Kategorie verortet er hingegen anhand der Antithese von *physis* und *nomos* im Denken der griechischen Sophisten auf das frühe fünfte Jahrhundert vor Christus (vgl. ebd., S. 46f; vgl. auch Gander 2003, S. 2).[28] Auch Freeman führte die Wurzeln der Anlage-Umwelt-Unterscheidung auf die Antike zurück und nennt Protagoras (487–420 v. Chr.) als Begründer der Dichotomie:

> »Diese Dichotomie zwischen Natur und Kultur ist uralt. Sie datiert wohl aus dem 5. Jahrhundert vor Christus, als der Sophist Protagoras die Kategorien der *physis* (der Natur) und des *nomos* (der traditionsbedingten Konvention) in das griechische Denken einführte« (Freeman 1983a, S. 50, Hervorhebungen im Original).

Zuweilen wird berichtet, dass sich eine dichotomisierende Auffassung von Anlage und Umwelt auch bei Demokrit (460–371 v. Chr.) finden lasse, wenn dieser dem Einfluss der Übung von Fertigkeiten gegenüber Anlagefaktoren den Vorzug gebe (vgl. Buselmaier/Tariverdian 2006, S. 2). Weitere Hinweise auf das hohe Alter der Anlage-Umwelt-Dichotomie und ihrer Verwurzelung im ägyptischen Denken lassen sich aus den Überlieferungen früher Experimente zur Aufklärung der Ursprünge der menschlichen Sprache, zur Ermittlung des ältesten Volkes oder der ältesten Religion der Welt entnehmen (vgl. insbes. Köller 2006, S. 121–141; Sułek 1989): Herodot von Halikarnassos (490/480–ca. 424 v. Chr.) berichtete bspw. von den Versuchen des ägyptischen Herrschers Psammetichos (594–588 v. Chr.), das älteste Volk der damals bekannten Welt zu ermitteln, indem er zwei Säuglinge von Hirten zwei Jahre lang aufziehen ließ, ohne dass mit den Kindern ein Wort gesprochen werden durfte. Als die Kinder nach zwei Jahren Laute vernehmen ließen, die dem phrygischen Wort für ›Brot‹ ähnelten, schloss er daraus, dass die Phryger als Volk noch älter als die Ägypter seien (vgl. bspw. Blumenthal 2005, S. 92; Wacker 1987, S. 50f; Zimmer 1989, S. 259). Von ähnlichen ›Experimenten‹ wird von mindestens drei weiteren Herrschern im Laufe der folgenden Jahrhunderte berichtet. Diese Versuche werden aus biologischer Perspektive heute mitunter als Vorläufer von Isolationsexperimenten bzw. Kaspar-Hauser-Experimenten, also von Versuchen mit mehr oder weniger starkem Erfahrungsentzug, angesehen:

> »Die ältesten bekannten Kaspar-Hauser-Versuche werden bereits im siebten Jahrhundert vor unserer Zeitrechnung von dem ägyptischen Herrscher Psametichos [sic] berichtet, der Säuglinge von Ziegen ernähren ließ und ohne sozialen Kontakt aufzog. Ähnliche Versuche unternahmen Jakob II. im fünfzehnten Jahrhundert und der Mogulfürst Akbar im sechzehnten Jahrhundert. Bekannt geworden sind auch die Experimente Friedrichs II., eines an naturwissenschaftlichen Fragen interessierten Herrschers des dreizehnten Jahrhunderts« (Schurig 1989, S. 42; vgl. auch Kimble 1994, S. 3f).

Aus diskursiver Sicht werden derartige Experimente zuweilen als Versuche gewertet, den Einfluss früher Umwelterfahrungen auf die kindliche Entwicklung zu erforschen.[29] Während

---

28 Eine ausführliche Diskussion der Vergleichbarkeit der Antithesen von ›Anlage und Umwelt‹ sowie ›physis und nomos‹ kann an dieser Stelle nicht geführt werden (zur Entwicklung von physis und nomos im griechischen Denken vgl. auch Heinimann 1965). Zumindest der Umwelt-Begriff scheint nach heutigem Verständnis weit über das von den griechischen Sophisten als nomos bezeichnete Konzept hinauszureichen, das schwerpunktmäßig den gesellschaftlich vermittelten Teil der Umwelt in das Zentrum der Betrachtung stellte. In ähnlicher Weise würde eine detaillierte Analyse der Vergleichbarkeit der Begriffspaare ›Anlage und Umwelt‹ sowie ›Natur und Kultur‹ den Rahmen dieser Abhandlung weit überschreiten.

29 Insbesondere das von Schurig letztgenannte Experiment findet häufig im Rahmen der Anlage-Umwelt-Debatte Erwähnung und erlangte traurige Berühmtheit, da die Kinder, die Friedrich II. (1194–1250) zur Ermittlung

hier zwar methodisch in die Entwicklung eingegriffen wird, indem die Realisierung von Umwelterfahrungen drastisch eingeschränkt wird, wird zugleich davon ausgegangen, dass sich bestimmte prädeterminierte Merkmale auch ohne unterstützende Umwelterfahrungen entwickeln. Falls sie wirklich stattgefunden haben sollten, bewegten sich diese Experimente damit in einem Untersuchungsrahmen, der zugleich in nativistischer Weise geprägt war (vgl. Wachs 1992, S. 4). Diese Überlieferungen zeigen, dass die Wurzeln des Diskurses über Anlage und Umwelt in der Antike anzusiedeln sind. Die Debatte kann damit anhand historischer Quellen aus dem alten Ägypten sowie dem antiken Griechenland bis etwa zum Jahr 500 vor Christus zurückverfolgt werden und ist demnach mindestens 2 500 Jahre alt.[30]

Dabei wurden bereits von den Griechen extreme Standpunkte in der Diskussion eingenommen, sodass sich in der Antike zwei gegensätzliche Positionen zur Anlage-Umwelt-Problematik finden lassen. Diese manifestierten sich bspw. anhand gegensätzlicher Antworten auf die Frage, inwieweit es ›angeborene‹ Ideen bzw. ›angeborenes‹ Wissen gibt:[31] Eine heute als ›Essentialismus‹ bezeichnete Position, die für angeborenes Wissen plädiert, findet sich bereits in Platons Ideenlehre (bspw. in seinem Höhlengleichnis). Vollmer zufolge seien für Platon (427–347 v. Chr.)

> »alle konkreten, sinnlich erfahrbaren Gegenstände nur Abbilder, nur unvollkommene Kopien, eigentlich nur Schatten einer höheren Wirklichkeit, nämlich der *Ideen*. Ein konkreter Stuhl ist nur Abbild der *Idee* des Stuhles, ein gezeichnetes Dreieck nur Stellvertreter für die *Idee* des Dreiecks, auch eine gute Tat ist nur gut, insoweit sie teilhat an der *Idee* des Guten. Die Ideen haben eine höhere Form der Existenz; sie sind das eigentlich Wirkliche, ewig und unveränderlich« (Vollmer 2003, S. 5, Hervorhebungen im Original).

Platon konstatierte, dass Menschen Wissen in Form von Ideen besäßen, das seiner Meinung nach die sinnlichen Erfahrungen jedes Einzelnen übersteige und damit *a priori*, also vor jeder Erfahrung, bereits von Geburt an vorhanden sein müsse. Als Erinnerung an ein Leben der – für Platon unsterblichen – Seele vor der Geburt könne der Mensch sich dieses Wissens wieder bewusst werden (vgl. z. B. Krüger 1989, S. 12f; Vollmer 2003, S. 5f). Eine implizite Diskussion der Extrempositionen findet sich zudem in Platons Werk »Der Staat« (ca. 370 v. Chr./2006):

---

der ersten Sprache der Welt in Isolation aufziehen ließ, das Experiment nicht überlebten. Bis heute ist in diesem Zusammenhang unklar, ob diese Experimente von Friedrich II. wirklich durchgeführt worden sind, oder ob es sich hier um eine falsche Zuschreibung des mittelalterlichen Chronisten Salimbene von Parma (1221–ca. 1287/8) mit fragwürdigen Motiven handelt (vgl. z. B. Flitner 1999, S. 16; Zimmer 1989, S. 259f). Ergänzend ist an dieser Stelle auch auf die Experimente des schottischen Königs James IV. aus dem 15. Jahrhundert hinzuweisen (vgl. Ridley 2003, S. 169).

30 Die Thematisierung von Anlage und Umwelt findet sich bspw. bereits in Platons Dialog ›Menon‹: »[70a] *Menon.* Sokrates, kannst du mir sagen, ob man Gutsein lehren kann? Oder kann man es nicht lehren, sondern einüben? Oder kann man weder durch Übung noch durch Lernen gut werden, sondern ist man es von Natur aus oder auf sonst irgendeine Weise?« (Platon ca. 390 v. Chr./2008, S. 5, Hervorhebung und Anmerkung im Original, Fußnotenverweis entfernt; siehe auch Plotkin 1998, S. 36).

31 An dieser Stelle ist anzumerken, dass in der Antike noch keine begriffliche Trennung zwischen ›angeboren‹ und ›vererbt‹ vorgenommen wurde, sodass sich der Begriff des ›Angeborenen‹ als unscharf erweist. Die Einsicht, dass Merkmale zwar von Geburt an vorhanden sein können, aber dennoch auf Erfahrungen (in diesem Falle intrauterinären Erfahrung im Mutterleib während der Schwangerschaft) beruhen können, wurde in der Antike noch nicht entwickelt (vgl. z. B. Vollmer 2003, S. 6f). Zudem ist kritisch darauf hinzuweisen, dass die erkenntnistheoretische Frage nach angeborenen Ideen aus philosophischer Sicht nicht völlig deckungsgleich mit der Frage nach angeborenen Dispositionen ist (vgl. Keller 2010, S. 18). Eine eingehende Behandlung dieser konzeptionellen Unterscheidung ist im Rahmen dieser Abhandlung nicht möglich und m. E. vor dem Hintergrund, dass es hier vorrangig um eine überblicksartige Illustration konträrer Sichtweisen und deren historischer Genese geht, auch nicht zwingend erforderlich.

»In fact, the underlying concepts in the ›nature-nurture‹ controversy are quite recognizable in Plato's *Republic*« (Conley 1984, S. 185, Hervorhebung im Original).

Eine gegensätzliche Position zur Frage nach angeborenen Ideen nahm hingegen Platons Schüler Aristoteles (384–322 v. Chr.) ein:

> »Aristoteles, Schüler und Kritiker Platons, beurteilt die Rolle der Sinne wesentlich positiver als sein Lehrer. Den platonischen Ideenhimmel lehnt er ab. Nur Einzeldinge kommen in der Welt vor; Gesamtheiten, Klassen, Mengen, ›Typen‹ existieren dagegen nur in unserem Denken und verschwinden mit ihm« (Vollmer 2003, S. 9).

Obwohl es auch für Aristoteles Prinzipien (wie bspw. die ›Logik‹) gab, die bereits a priori vorhanden sein müssen, um Erkenntnis zu ermöglichen (vgl. ebd., S. 10), wurde von ihm der Stellenwert der Erfahrung und der Sinne deutlich hervorgehoben. Zudem wird Aristoteles üblicherweise die später von John Locke aufgegriffene Metapher des menschlichen Verstandes als ›Tabula rasa‹ – als leere Wachstafel – zugeschrieben, die erst nach der Geburt durch Erfahrung beschrieben werde (vgl. Helbig 1988, S. 54; März 1980, S. 229).[32]

2.1.2 Die Konsolidierung der Extrempositionen

Im Mittelalter wurden die Positionen von Platon und Aristoteles im Wesentlichen nicht weiterentwickelt. Dies änderte sich in der europäischen Philosophie zu Beginn der Neuzeit, indem von verschiedenen Seiten die Konzepte der antiken Denker wiederbelebt wurden. Die kontinentaleuropäischen Rationalisten (nach Vollmer: »Descartes, Spinoza, Leibniz, Wolff und … Kant« (Vollmer 2003, S. 4)) rezipierten insbesondere die Ideenlehre Platons in positiver Weise. Die englischen Empiristen (nach Vollmer: »Francis Bacon, Berkeley, Locke, Hume, Mill« (ebd.)) orientierten sich hingegen an den Auffassungen von Aristoteles und lehnten angeborene Ideen ab.[33]

Das Konzept der angeborenen Ideen wurde 1641 von René Descartes (1596–1650) in seinem Werk »Meditationen über die erste Philosophie« aufgegriffen. Descartes verwarf im Gegensatz zu Platon die Vorstellung, dass die Seele bereits vor der Geburt existiere, akzeptierte aber sowohl erworbene als auch angeborene Ideen (als letztere wurde insbesondere die Idee Gottes konzeptualisiert, die Menschen nur a priori erworben haben könnten, vgl. z. B. Vollmer 2003, S. 12). Durch das heute nach ihm benannte Prinzip des ›kartesischen Dualismus‹ wurde zudem eine Trennung von Körper und Geist begründet, da Descartes »die Seele als eine vom Körper unabhängige Substanz, als ein selbständig zur Existenz fähiges Ding« (Krüger 1989, S. 14)

---

32 Tatsächlich findet sich das Bild, dass der menschliche Geist bei Geburt einer leeren bzw. abgeschabten Wachstafel gleiche, die durch Erfahrung im Laufe des Lebens beschrieben bzw. mit Inhalt angefüllt werde, bereits bei Platon (vgl. z. B. Vollmer 1998, S. 6). Plutarch (45–125 n. Chr.) hingegen »soll [später] das Bild der ›unbeschriebenen Tafel‹ durch das eines ›unbeschriebenen Blattes‹ ersetzt haben« (Blech-Straub 2004, S. 16). Die lateinische Bezeichnung dieser Metapher als ›Tabula rasa‹ geht hingegen auf Albertus Magnus (1193/1206–1280) zurück (vgl. ebd., S. 11).

33 An anderer Stelle führt Vollmer eine vollständigere Liste von Philosophen und Wissenschaftlern an, die in ihren Werken zumindest partiell auf angeborenes Wissen bzw. angeborene Strukturen rekurriert haben und rechnet zu diesen Platon (428/7 v. Chr.–348/7 v. Chr.), Aristoteles (384–322 v. Chr.), Francis Bacon (1561–1626), David Hume (1711–1776), René Descartes (1596–1650), Gottfried Wilhelm Leibniz (1646–1716), Immanuel Kant (1724–1804), Hermann Ludwig Ferdinand von Helmholtz (1821–1894), Konrad Zacharias Lorenz (1903–1989), Jean Piaget (1896–1980), Carl Gustav Jung (1875–1961), Claude Lévi-Strauss (1908–2009) und Noam Chomsky (geb. 1928) (vgl. Vollmer 1998, S. 91). Diese Liste zeigt, dass die Akzeptanz angeborenen Wissens zwar häufig mit nativistischen Positionen einhergeht – diese Koppelung jedoch nicht zwangsläufig vorhanden sein muss.

ansah.[34] Anhand der Akzeptanz angeborener Ideen lässt sich Descartes hier als einer der ersten neuzeitlichen Vertreter einer rationalistischen – und in bestimmtem Sinne zugleich nativistischen – Position im Anlage-Umwelt-Diskurs verorten.

Als neuzeitlicher Begründer des Empirismus – und zugleich einer ersten systematischen Umwelttheorie (vgl. Wachs 1992, S. 3) – gilt hingegen John Locke (1632–1704). Dieser hatte im Jahr 1690 in seinem Hauptwerk »An essay concerning human understanding« (dt.: »Versuch über den menschlichen Verstand«) das Konzept des menschlichen Geistes als ›Tabula rasa‹ bei Aristoteles aufgegriffen und damit die einflussreiche Metapher des ›unbeschriebenen Blattes‹ (›blank slate‹) begründete, die sich bis in die heutige Zeit hinein im Anlage-Umwelt-Diskurs erhalten hat (vgl. dazu auch Fußnote 32 auf Seite 53):

> »Wir wollen also annehmen, die Seele sei, wie man sagt, ein weisses, unbeschriebenes Blatt Papier, ohne irgend welche Vorstellungen; wie wird sie nun damit versorgt? Woher kommt sie zu dem grossen Vorrath, welche die geschäftige und ungebundene Phantasie des Menschen darauf in beinah endloser Mannichfaltigkeit verzeichnet hat? Woher hat sie all den Stoff für die Vernunft und das Wissen? Ich antworte darauf mit einem Worte: *Von der Erfahrung*« (Locke 1690/1872, S. 101 (Buch II, Kap. 1, § 2), Hervorhebung im Original).

Helbig, März und Musgrove wiesen darauf hin, dass von Locke an anderen Stellen die natürlichen Anlagen des Menschen und deren biologische Verschiedenheit durchaus anerkannt worden seien (vgl. Helbig 1988, S. 66; März 1980, S. 235; Musgrove 1962, S. 84). Und Dobzhansky betonte, dass Locke nicht eine natürliche Gleichheit der Menschen von Geburt an, die einem typologischen Denken entspreche, postuliert habe:

> "John Locke made the classical statement of the *tabula rasa* theory, but he did not claim anything so rash as that all infants are born alike. What he did claim, rather, is that there are no inborn 'ideas'" (Dobzhansky 1968, S. 551, Hervorhebung im Original; vgl. auch Loehlin 2009, S. 4).

Zudem habe Locke als Anlage durchaus die Erziehungsfähigkeit des Menschen anerkannt:

> "Now the paramount adaptive characteristic of man is his educability – his capacity to adjust his behavior to circumstances in the light of experience – and that educability is a universal property of all non-pathological individuals … Locke went no further than that in his original *tabula rasa* theory, although it is easy to see how it could be exaggerated into the illusion that man at birth is a complete *tabula rasa* as far as his prospective behavioral development is concerned" (Dobzhansky 1968, S. 553, Hervorhebungen im Original).

Vielmehr habe die spätere Rezeption durch Claude Adrien Helvétius (1715–1771) dazu beigetragen, dass Locke bis heute zumeist als extremer Environmentalist dargestellt würde (vgl. Musgrove 1962, S. 85). Dennoch scheint die erkenntnistheoretische Sichtweise Lockes eng mit einer environmentalistischen Diskursposition verbunden zu sein. Dies wird beispielsweise im ersten Absatz seines späteren Werkes »Some thoughts concerning education« (Locke 1693, dt.

---

34 Der historische Ursprung der konzeptionellen Trennung von Körper und Seele geht laut Schönpflug auf das sechste Jahrhundert vor Christus zurück und wurde von den griechischen Orphikern entwickelt (vgl. Schönpflug 2000, S. 43f). »Grundlegend war für die Orphiker ein dualistisches … Weltbild; sie behaupteten eine Trennung von Diesseits und Jenseits und eine entsprechende Trennung von Körper und Seele … Dieser dualistischen Auffassung schloß sich Platon an. Aristoteles dagegen widersprach ihr in seiner Seelenlehre. Der dualistischen Auffassung von Körper und Seele setzte er seine (weitgehend) monistische Theorie … entgegen: Leib und Seele seien nicht zu trennen« (ebd., S. 69). Bei Descartes spiegelt sich dieses dualistische Verständnis in seiner Trennung von ›res cogitans‹ als geistiger Welt und ›res extensa‹ als körperlicher Welt wider (vgl. ebd., S. 121).

1983) deutlich, in dem Locke erzieherischen Einflüssen eine ungleich größere Bedeutung als Anlageeinflüssen zugestand:

> »Zugegeben, es gibt Menschen mit von Natur aus wohlausgestatteter kräftiger Körper- und Geistes-
> verfassung, die keiner großen Hilfe durch andere Menschen bedürfen; die Stärke ihrer natürlichen
> Anlagen führt sie von der Wiege an zur Vollkommenheit, und der Vorzug ihrer glücklichen Körper-
> beschaffenheit läßt sie Wunder vollbringen. Beispiele dieser Art sind jedoch selten; und ich darf wohl
> sagen, daß von zehn Menschen, denen wir begegnen, neun das, was sie sind, gut oder böse, nützlich
> oder unnütz, durch ihre *Erziehung* sind. *Sie ist es, welche die großen Unterschiede unter den Menschen
> schafft*« (Locke 1693/1983, S. 7, Hervorhebungen ML; siehe auch Loehlin 2009, S. 4).

Ungeachtet dieses Streites zur Einordnung Lockes kann an dieser Stelle festgestellt werden, dass die Tabula-rasa-Theorie als empiristische Konzeption den environmentalistischen Extrempol des Anlage-Umwelt-Diskurses entscheidend geprägt hat.[35] In ähnlicher Weise wurde 1748 von David Hume (1711–1776) in seinem Hauptwerk »Eine Untersuchung über den menschlichen Verstand« der höhere Stellenwert der Erfahrung gegenüber der Anlage betont, wobei Hume im Gegensatz zu Locke bereit war, angeborene Ideen in Form von Instinkten bzw. Tendenzen zu akzeptieren (vgl. Vollmer 2003, S. 20).

Weitaus kritischer wurde die Position Lockes von Gottfried Wilhelm Leibniz (1646–1716) im Jahr 1704 in seinem Werk »Neue Abhandlungen über den menschlichen Verstand« thematisiert. Leibniz setzte in diesem Zusammenhang die Konzeptionen von ›angeboren‹ und ›a priori‹ gleich und wies darauf hin, dass eine leere Tafel bzw. ein leeres Blatt nicht gänzlich leer sein könne, sondern bereits über eine gewisse Strukturierung verfügen müsse, damit darauf überhaupt etwas durch Erfahrungen eingeschrieben werden könne: »Wenn Locke die Maxime vertritt, es gebe nichts im Verstande, was nicht vorher in den Sinnen gewesen wäre, so fügt Leibniz dem hinzu: ›nisi intellectus ipse‹ (außer dem Verstand selbst)« (ebd., S. 18).[36] Daher betrachtete Leibniz »den Menschen als *Monade*, die keine Fenster nach außen hat und sich von innen heraus nach inneren Gesetzlichkeiten zu ihrer einmaligen, vorgegebenen Individualität entwickelt« (Roth 1971b, S. 49, Hervorhebung im Original).

Als vorläufiger Höhepunkt kann für die philosophische Phase des Anlage-Umwelt-Diskurses die Position von Immanuel Kant (1724–1804) angesehen werden. Kant verwarf einerseits die Vorstellungen seiner philosophischen Vorgänger über angeborene Ideen, betonte andererseits jedoch, dass der Verstand a priori bereits über bestimmte Erkenntnisstrukturen und Vorstellungen verfügen müsse, um Erfahrungen überhaupt erst zu ermöglichen – bspw. die Vorstellungen über Ursache und Wirkung, die zeitliche und die räumliche Dimension menschlicher Existenz (vgl. Krüger 1989, S. 20; Vollmer 2003, S. 25). Zugleich finden sich bei Kant als Verweise auf die Erziehungsbedürftigkeit des Menschen deutliche Komponenten einer environmentalistisch geprägten Auffassung (vgl. z. B. Treml 2005, S. 284). Aufgrund dieser ambivalenten Haltung ist aus heutiger Sicht nicht klar entscheidbar, ob Kant dem rationalistischen oder dem empiristischen Lager zugerechnet werden kann: Vollmer ordnet Kant als Rationalisten ein (vgl.

---

35 Nach Helbig lassen sich relativierende Textstellen auch für andere – dem environmentalistischen Lager zuzurech-
nende – Autoren (wie insbes. John B. Watson) finden (vgl. Helbig 1988, S. 67 f). Derartige Belege mindern m. E.
jedoch nicht die Bedeutung der genannten Autoren hinsichtlich der Konstituierung der Extrempositionen im
Anlage-Umwelt-Diskurs. Zur Verdeutlichung der Unterschiedlichkeit der Positionen ist hier ein Mindestmaß an
Kontrastverschärfung unumgänglich.

36 Vollmer rekurriert an dieser Stelle auf die von Locke aufgegriffene und (mitunter fälschlich) Aristoteles zugeschriebene
empiristische Grundmaxime: »Nihil est in intellectu, quod non prius fuerit in sensu« (Vollmer 2003, S. 15; vgl.
auch Brentano 1986, S. 117, 549).

Vollmer 2003, S. 4); nach Treml hingegen sei Kant keiner der beiden Positionen klar zuzuordnen (vgl. Treml 2005, S. 274).

Kennzeichnend für diese philosophische Phase der Konsolidierung der Extrempositionen ist – wie in der Antike zuvor – das Fehlen experimenteller Befunde zur Legitimation der Diskurspositionen. Wurde in der Antike und im Mittelalter nur von wenigen vereinzelten Fällen misslungener Versuche am Menschen berichtet, so rückten ab Mitte des 18. Jahrhunderts verstärkt Fälle quasi-natürlicher Experimente in das Zentrum des wissenschaftlichen wie auch öffentlichen Interesses. Gemeint sind an dieser Stelle Berichte über verwilderte oder von Tieren aufgezogene Menschen, die später den Namen ›Wolfskinder‹ erhalten haben. Sie wurden 1758 von Carl von Linné (1707–1778) in seiner »Systema Naturae« unter der Klassifikation ›Homo ferus‹ aufgenommen (vgl. von Linné 1767, S. 28; Blumenthal 2005, S. 29). Die derzeit umfangreichste Dokumentation derartiger Fälle wurde kürzlich von Blumenthal vorgelegt, der insgesamt 108 Berichte über wilde bzw. verwilderte oder vernachlässigte Kinder zusammengetragen hat (vgl. Blumenthal 2005). Die frühesten von Blumenthal geschilderten Überlieferungen reichen bis in das Jahr 539 n. Chr. zurück; die jüngsten stammen aus dem Jahr 2002 (vgl. ebd.).[37] In diesem Kontext ist allerdings auf zwei kritische Aspekte in der Bewertung derartiger Fälle hinzuweisen: Erstens kann eine wissenschaftliche Untersuchung eines Falles von *Homo ferus* erst nach dessen Bekanntwerden erfolgen, sodass sich Probleme bezüglich seiner historischen Überprüfbarkeit ergeben:

> »Das Manko aller dieser Isolationsgeschichten liegt darin, daß die Isolierzeit selber und auch die Zeit, die ihr vorausging, nie beobachtet worden sind, daß also die Zeugnisse immer erst von der Entdeckung und Aufhebung dieses Zustandes der Einsamkeit handeln. Die Vorgeschichte also muß jeweils rekonstruiert werden – und das macht alle diese Berichte unsicher und spekulativ« (Flitner 1999, S. 17f).

Zweitens ermöglichen derartige Fälle verschiedene anthropologische Interpretationsmuster: Wird als ›Mensch‹ nur ein Wesen zugelassen, das der Sprache fähig und mit den Regeln und Normen der Gesellschaft vertraut ist, scheint der Mensch zwingend auf Erziehung angewiesen zu sein. Die belegten Fälle von *Homo ferus* zeigen hingegen, dass die wilden Kinder durchaus ohne menschliche soziale Einflüsse überlebensfähig gewesen sein sollen. Ihre sozialen Kontakte waren im Tierreich angesiedelt und sie erfuhren eine Art tierlicher ›Sozialisation‹, sodass vor diesem Hintergrund Erziehung nicht als unabdingbare Voraussetzung für jegliches menschliche Heranwachsen gewertet werden kann (vgl. z. B. Huisken 1991, S. 14f). Vor dem Hintergrund der Anlage-Umwelt-Diskussion sind damit Berichte über wilde Kinder als ambivalent zu bewerten, da sie sowohl nativistische Positionen (insbes. sensible Phasen beim Spracherwerb) als auch environmentalistische Positionen (Bedeutung der sozialen Umwelt) stützen können (vgl. z. B. Blumenthal 2005, S. 68f, 405ff; Maturana/Varela 1987, S. 141–144; Zimmer 1989, S. 41–47). Durch die Popularisierung derartiger Berichte über wilde Kinder erhielt die Diskussion über Anlage und Umwelt bereits im 18. Jahrhundert eine neue inhaltliche Dimension: Einerseits war mit dem Studium des *Homo ferus* die Hoffnung verbunden, den Menschen in seinem Naturzustand zu erkennen und den Zusammenhang zwischen Anlage und Umwelt zu erhellen. Andererseits wurde von Kritikern versucht, die wilden Kinder als Schwachsinnige zu klassifizieren und die Aussagekraft derartiger Fälle grundlegend in Zweifel zu ziehen (vgl. bspw. Blumenthal

---

37 Die bekanntesten Fälle von ›*Homo ferus*‹ sind der Wilde Peter von Hameln (1724), Victor von Aveyron (1799), Kaspar Hauser (1828), Amala und Kamala (1920) sowie Genie (1970) (vgl. Blumenthal 2005, S. 124–132, 162–180, 192–212, 268–291, 363–374).

2005, S. 33 f, 92). Dieser Streit manifestierte sich insbesondere in der Debatte zwischen Lord James Burnett Monboddo (1714–1799) und Johann Friedrich Blumenbach (1752–1840):

> »Die Differenz zwischen Monboddo und Blumenbach durchzieht die Literatur über die Wilden Kinder bis heute. Fast alle diese Kinder hatten schwerste Handikaps bis an ihr Lebensende, vor allem lernte kaum eines von ihnen jemals richtig sprechen. Das aber, meinte die Blumenbach-Partei, beweise gar nichts. Denn in allen Fällen habe es sich um Kretins gehandelt, die Sprache und normales menschliches Verhalten sowieso nie gelernt hätten – eben darum seien sie von ihren Eltern verstoßen und im Wald oder in der Wildnis ausgesetzt worden. Aber nicht doch, sagt die Gegenseite: Es mögen schon einzelne ausgesetzte Schwachsinnige darunter gewesen sein, aber gewiß waren es doch nicht alle. Schon allein die Tatsache, daß sie viele Jahre lang ganz auf sich allein angewiesen in der Wildnis überleben konnten, spricht doch für eine nicht unerhebliche Intelligenz. Die Frage ist letztlich nicht entscheidbar« (Zimmer 1989, S. 28 f).

Zusammenfassend lässt sich feststellen: Berichte über Wolfskinder und andere quasi-natürliche Isolationsexperimente sind schwer interpretierbar und können von unterschiedlichen Diskurspositionen aus zur Stützung der eigenen Position oder zur Kritik einer gegenteiligen Auffassung herangezogen werden.[38] In Abschnitt 1.3.3 wurde bereits eine inhaltliche Gegenüberstellung der nativistischen und environmentalistischen Extremposition vorgestellt (vgl. Tab. 5 auf S. 39). Die Ausführungen dieses Abschnittes verdeutlichen, dass in der philosophischen Phase des Anlage-Umwelt-Diskurses Ansichten vertreten worden sind, die dem nativistischen oder environmentalistischen Pol einer Anlage-Umwelt-Skala zugeordnet werden können. Obgleich die hier genannten Philosophen konträre Sichtweisen nicht gänzlich ausgeschlossen haben, haben sie entweder der Anlage oder der Umwelt einen Vorrang für die Erklärung menschlichen Erkenntnisgewinns oder Verhaltens eingeräumt. Die in Tabelle 5 auf Seite 39 genannten Kriterien für die Extrempositionen finden sich allerdings nur bedingt wieder – und selten in ihrer Gesamtheit für einen der beiden Pole. Wenn in ›Kampfschriften‹ des aktuellen Anlage-Umwelt-Diskurses auf Extrempositionen rekurriert wird, so handelt es sich dabei aus diskursiver Sicht um idealtypische Konstruktionen. Dabei werden in einem ersten Schritt Einzelkonzepte auf Kernkriterien einer Extremposition reduziert und in einem zweiten Schritt mehrere Einzelpositionen zu einer Extremposition verallgemeinert, wobei im Prozess der Abstraktion abschwächende Einwände und Würdigungen gegenteiliger Sichtweisen unberücksichtigt bleiben. So leitet bspw. Pinker die Ursprünge environmentalistischer Positionen aus den philosophischen Ideen der Aufklärung ab (insbes. der Tabula-rasa-Theorie Lockes, des kulturkritischen Menschenbildes inklusive der Idealisierung des menschlichen Naturzustandes bei Jean-Jacques Rousseau (1712–1778) und der gedanklichen Trennung von Körper und Geist bei Descartes), die seiner Meinung nach bis in die heutige Zeit die Diskussion um Anlage und Umwelt in maßgeblicher, aber unrechtmäßiger Weise beeinflusst hätten (vgl. Pinker 2003, S. 21–51):

> »Die Doktrinen vom Unbeschriebenen Blatt, dem Edlen Wilden und dem Gespenst in der Maschine – oder, wie die Philosophen sagen, Empirismus, Romantik und Dualismus – sind logisch voneinander unabhängig, werden in der Praxis aber häufig zusammen angetroffen … Dabei müssen die Ideen der Philosophen durchaus nicht müßig oder luftig sein, sondern können ganze Jahrhunderte beeinflussen. Das Unbeschriebene Blatt und seine Begleitdoktrinen haben unsere Kultur unterwandert und sind immer

---

38 Trotz ihrer Ambivalenz werden Befunde über den *Homo ferus* seit Jahrzehnten – mitunter bis in die heutige Zeit hinein – in der Erziehungswissenschaft (insbes. im Rahmen der Pädagogischen Anthropologie) genutzt, um die Erziehungsbedürftigkeit des Menschen zu legitimieren (vgl. z. B. Dietrich 1998, S. 46; Fischer 1993, S. 16 ff; Hobmair 2002, S. 33; März 1978, S. 171 f, 215 f; Roth 1971a, S. 117; kritisch: Huisken 1991, S. 14 f).

wieder an unerwarteten Stellen zu Tage getreten … In den folgenden Kapiteln werden wir sehen, wie sich die scheinbar abstrusen Ideen der Philosophie der Aufklärung im modernen Bewusstsein eingenistet haben und welche Zweifel neuere Entdeckungen an diesen Ideen aufwerfen« (Pinker 2003, S. 28 f, 31).

Obwohl sich derartige Grundmotive historisch nachweisen lassen, ist hier vor allem festzuhalten, dass die Konsolidierung der Extrempositionen weitgehend auf philosophischen Spekulationen – und nicht auf empirischen Fakten – beruht. Zudem schließt sich aus diskursanalytischer Sicht die Frage an, mit welchen Motiven derartige historische Rekonstruktionen des Anlage-Umwelt-Diskurses vorgenommen werden. Daher sollen in der vorliegenden Abhandlung bei der späteren Betrachtung von Schlüsseldebatten des Anlage-Umwelt-Diskurses explizit diskursive Strategien thematisiert werden.

2.2 Vom Prädarwinismus bis zum Zweiten Weltkrieg

Im vorherigen Teilkapitel wurden zunächst die Anfänge des Anlage-Umwelt-Diskurses in der Antike nachgezeichnet sowie die Ursprünge der nativistischen und environmentalistischen Extremposition aufgezeigt. Dabei stand die erkenntnistheoretische Frage nach der Möglichkeit angeborener Ideen im Zentrum der Betrachtung, um vor diesem Hintergrund die unterschiedlichen Auffassungen der Extrempositionen herauszuarbeiten. Einschränkend ist dazu anzumerken, dass diese erkenntnistheoretischen Positionen nicht vollkommen deckungsgleich mit der Frage nach der Bedeutung von Anlage und Umwelt für die Herausbildung menschlicher Eigenschaften und Verhaltensmerkmale sind (vgl. März 1980, S. 235).[39] An dieser Stelle zeigt sich jedoch eine grundlegende Problematik der historischen Rekonstruktion derartiger Extrempositionen: Denn letztlich gibt es nur wenige Protagonisten dieser philosophischen Phase, bei denen nicht mittels immer tiefergehender Recherchen Anhaltspunkte dafür gefunden werden können, dass sie auch gegenüber Aspekten der entsprechenden Gegenposition offen gewesen sein könnten und sich damit als nicht so extrem erweisen könnten, wie dies auf den ersten Blick erschienen sein mag.[40] Zugleich werden damit aber Unterschiede zwischen den Positionen verwischt und schließlich Nativisten und Environmentalisten gleichsam zu Interaktionisten erklärt (vgl. dazu auch die Diskussion der Position von John Broadus Watson in Abschnitt 2.2.6). Die Ursache dieser Klassifikationsproblematik liegt nicht zuletzt in der thematischen Vielfältigkeit und ambivalenten Interpretierbarkeit der genannten Diskurspositionen begründet, weshalb diese Periode des Anlage-Umwelt-Diskurses auch als ›philosophische‹ Phase bezeichnet worden ist. Im Folgenden wird der weitere Verlauf des Anlage-Umwelt-Diskurses von der Mitte des 19. Jahrhunderts bis zur Mitte des 20. Jahrhunderts nachgezeichnet. Dabei wird auf die Fortführung einer übergreifenden chronologischen Rekonstruktionsweise zur Vermeidung thematischer

---

39 Beispielsweise konstatiert Keller im Rahmen einer Relativierung der Extremposition Lockes: "John Locke did not explicitly juxtapose the terms nature and nurture, but he did write extensively about the relation between education and innate dispositions. And since he has so often been represented as a champion of sensationalism, an enemy of the doctrine of innate ideas, and the bête noire of the 'blank slate,' it is worth noting, first, that innate ideas are not the same as innate dispositions and, second, how very dialectical his views on the latter actually were" (Keller 2010, S. 18).

40 So untersuchte bspw. März in einer umfangreichen historischen Analyse im Kontext der Pädagogischen Anthropologie verschiedene Protagonisten des Anlage-Umwelt-Diskurses von der Antike bis zur Neuzeit mit der Intention, die Bedeutung der Erziehung hervorzuheben und damit die Erziehungsfähigkeit und Erziehungsbedürftigkeit des Menschen zu legitimieren (vgl. März 1980).

Sprünge weitgehend verzichtet und stattdessen einer themenzentrierten Rekonstruktion der Vorzug eingeräumt. Als Bezugsdisziplinen treten jetzt die Biologie (Evolutionsbiologie, Genetik), die Psychologie (Instinktpsychologie, Behaviorismus, Lernpsychologie) sowie die Anthropologie (Kulturanthropologie) in das Zentrum der Betrachtung, denn die Erkenntnisfortschritte auf diesen Gebieten haben den Verlauf des Anlage-Umwelt-Diskurses in entscheidender Weise geprägt. Zudem werden die historischen Ursprünge des wissenschaftlich geführten Anlage-Umwelt-Diskurses sowie des Interaktionismus als vermittelnder Position zwischen Nativismus und Environmentalismus thematisiert.

2.2.1 Der Aufstieg des evolutionären Paradigmas

Aus wissenschaftshistorischer Perspektive erhielt die Diskussion über Anlage und Umwelt nach der beschriebenen Phase philosophischer Spekulationen und der Konsolidierung der Extrempositionen neuen Auftrieb durch die Konjunktur phylogenetischer Erklärungsansätze. Mit Beginn des 19. Jahrhunderts wurde verstärkt über Evolution und die ihr zugrunde liegenden Mechanismen nachgedacht.[41] In diesem Kontext ist insbesondere der Ansatz von Jean-Baptiste Pierre Antoine de Monet de Lamarck (1744–1829) zu nennen, den er in seinem Hauptwerk »Philosophie zoologique« aus dem Jahre 1809 darlegte. Lamarcks Theorie wird heute oft auf den von ihm postulierten Evolutionsmechanismus über den Gebrauch bzw. Nichtgebrauch von Organen reduziert, war jedoch sehr viel umfassender angelegt:

> »Die biologische Philosophie Lamarcks lässt sich in vier Prinzipien zusammenfassen: (1) Alle Organismen und ihre Teile streben danach, ihr Volumen zu vergrößern, (2) neue Organe werden produziert, wenn neue Anforderungen in der Umwelt auftreten, (3) der Entwicklungsgrad und die Fähigkeiten von Organen stehen in einer engen Beziehung zum Gebrauch des entsprechenden Organs, und (4) alles, was durch Gebrauch verändert wurde, wird an die nächste Generation weitergegeben … Arten verschwinden nicht durch Ausrottung, sondern durch Wandel. Konsequenz dieses Mechanismus ist, dass man alle Organismen in mehreren Stufenfolgen stets höherer Komplexität oder Vollkommenheit anordnen kann, dass diese Stufenfolge der geschichtlichen Entwicklung des Lebens entspricht und dass eine natürliche Klassifikation diese Stufenfolge widerspiegeln muss« (Weber 2005, S. 85 f.).

Neben dem Konzept vom Gebrauch und Nichtgebrauch enthält Lamarcks Ansatz demnach Annahmen über eine Stufenleiter des Lebens sowie teleologische Elemente. Ziel in teleologischem Sinne ist demnach nicht mehr die Umsetzung eines postulierten Schöpfungswillens in der Natur, sondern die Entwicklung des Lebens selbst zu immer höheren Formen der Komplexität. Zur Illustration von Lamarcks Konzept der Vererbung erworbener Eigenschaften wurde immer wieder das Bild der Verlängerung von Giraffenhälsen herangezogen:

> "Foolishly (somehow, Lamarck is always made to seem foolish), Lamarck believed that giraffes have long necks because their ancestors were constantly striving to reach the leaves on tall trees, stretching their necks as they did so. They passed on these stretched necks to their young, so that over many generations necks became longer and longer" (Jablonka/Lamb 2006, S. 13; vgl. auch Kutschera 2006, S. 27).

---

41 Vorläufer einer evolutionären Denkweise, nach der sich im Gegensatz zum Schöpfungsglauben spätere Formen im Tierreich aus einfachen Vorformen entwickelt hätten, lassen sich bereits in der Antike bei Empedokles (495–435 v. Chr.) oder in den Schriften von Kant finden, enthielten aber keine Annahmen über einen Mechanismus für diesen Wandel der Arten (vgl. Kutschera 2006, S. 26). Der Begriff »Evolution« wurde vor den späten 1860er Jahren in der Regel im ontogenetischen Sinne (hinsichtlich der Embryonalentwicklung von Organismen) verwendet und von Darwin in seinem Hauptwerk »On the origin of species« aus dem Jahr 1859 noch nicht benutzt (vgl. Bowler 1975, S. 95, 102 f, 110).

In diesem Zusammenhang ist darauf hinzuweisen, dass Lamarck dieses Prinzip der Vererbung erworbener Eigenschaften nicht erfunden hat. Vielmehr handelt es sich dabei um eine seit der Antike bis in das 19. Jahrhundert hinein weitverbreitete Auffassung (vgl. z. B. Jablonka/Lamb 2006, S. 13; Junker/Hoßfeld 2001, S. 56; Mayr 2002, S. 283). Zudem ging Lamarck nicht davon aus, dass derartige Organveränderungen in irgendeiner Weise willentlich beeinflusst bzw. gesteuert werden können, und folglich wird er von Mayr nicht als Befürworter des kartesischen Dualismus eingeschätzt (vgl. ebd., S. 284). Die Frage, ob Merkmale und Eigenschaften, die im Laufe des Lebens durch Gebrauch oder Nichtgebrauch verändert werden, an folgende Generationen weitergegeben werden können, ist für die Fundierung von Diskurspositionen in der Anlage-Umwelt-Debatte essenziell, da sie die Argumentationsrichtung in der Debatte in entscheidender Weise vorgegeben hat. Aus diesem Grund wird die historische Entwicklung dieser Thematik später in einem gesonderten Teilkapitel wieder aufgegriffen (vgl. Abschnitt 2.2.3). Charles Robert Darwin (1809–1882) entwickelte 50 Jahre nach der Veröffentlichung von Lamarcks Hauptwerk seine Fassung einer Evolutionstheorie[42] auf der Grundlage seiner natur-historischen Studien (insbesondere während und nach seiner Reise auf der englischen Brigg ›HMS Beagle‹ von 1831 bis 1836) und den Arbeiten des Wirtschaftswissenschaftlers Thomas Robert Malthus (1766–1834) sowie des Geologen Charles Lyell (1797–1875). Darwin veröffentlichte seine Evolutionstheorie im Jahr 1859 unter dem Titel »Über die Entstehung der Arten durch natürliche Zuchtwahl oder die Erhaltung der begünstigten Rassen im Kampfe um's Dasein«.[43] Da Alfred Russel Wallace (1823–1913) zeitgleich mit Darwin eine auf ähnlichen Prinzipien basierende Selektionstheorie entwickelt hatte, publizierten Darwin und Wallace ein Jahr vor der Veröffentlichung von »Über die Entstehung der Arten …« einen gemeinsamen Aufsatz, in dem sie das Prinzip der *natürlichen Selektion* einer breiten Öffentlichkeit vorstellten (vgl. Darwin/Wallace 1858).[44] In kurzer Zusammenfassung lässt sich die Logik der Evolutionstheorie Darwins wie folgt darstellen:

> »(1) Kleine Abänderungen sind erblich … (2) Lebewesen produzieren mehr Nachwuchs, als die Umwelt tragen kann. (3) Daraus folgt ein unvermeidlicher Kampf ums Überleben. (4) In diesem Kampf werden die gut angepassten Varianten erhalten, die schlecht angepassten sterben, ohne Nachwuchs zu hinterlassen. (5) Die Folge der Auslese ist, dass Lebewesen sich an wandelnde Umstände anpassen« (Weber 2005, S. 156 f.).

Die Evolutionstheorie Darwins beruht damit auf den drei zentralen Prinzipien der *Variation*, *Selektion* und *Vererbung*. Für das Evolutionsverständnis ergab sich daraus, dass sich Lebewesen auf der Erde in sehr langen Zeiträumen entwickelt haben. Durch das Wirken der natürlichen

---

42 Dabei nutzte Darwin zunächst allerdings nicht den Begriff ›Evolution‹: »Auch Darwin spricht zunächst gar nicht von Evolution, sondern von *descent with modification*. Erst der Philosoph Herbert Spencer spricht von Evolution im heutigen Sinne, und Darwin übernimmt dieses Wort 1872 in der sechsten Auflage seines Hauptwerkes« (Vollmer 2011, S. 51, Hervorhebung im Original).

43 Eine detaillierte Beschreibung der Entstehungsgeschichte der darwinschen Evolutionstheorie würde den Rahmen dieser Abhandlung bei weitem übersteigen und ist zum Verständnis des Stellenwertes des darwinschen Paradigmas im Anlage-Umwelt-Diskurs nicht zwingend erforderlich. Umfangreiche historische Darstellungen finden sich bspw. bei Desmond/Moore 1992, Junker/Hoßfeld 2001, Mayr 1995, 2002, Riedl 2003 oder Weber 2005. Der für die darwinsche Evolutionstheorie gebräuchliche Begriff des ›Darwinismus‹ stammte nicht von Darwin selbst, sondern wurde von Thomas Henry Huxley im Jahr 1860 geprägt (vgl. Huxley 1860, S. 569; Desmond/Moore 1992, S. 556).

44 Das Prinzip der ›natürlichen Selektion‹ wurde bereits vor Darwin im Jahr 1818 von William Charles Wells (1757–1817) im Kontext mit der Beschreibung menschlicher Variabilität formuliert (vgl. Wells 1818). Wells' geistige Urheberschaft wurde später von Darwin anerkannt (vgl. Carroll 2008, S. 178–181).

Selektion werden die tauglichsten Individuen auf der Grundlage ihrer erblichen Unterschiede ausgelesen. Dieser Ausleseprozess erfolgt allmählich und nicht sprunghaft. Die Arten gehen dabei auf gemeinsame »Urformen« zurück; und »Vorläuferformen spalten sich während der Jahrmillionen andauernden Phylogeneseprozesse in zahlreiche Tochterspezies auf« (Kutschera 2006, S. 34). In diesem Zusammenhang ist auf zwei Missverständnisse hinzuweisen, die in der populärwissenschaftlichen Rezeption der Werke Darwins gelegentlich auftreten: Zum einen geht die Metapher des ›survival of the fittest‹ nicht direkt auf Charles Darwin zurück, sondern auf Herbert Spencer (1820–1903):[45]

> »Darwin übernahm in späteren Auflagen seines Hauptwerks von H. Spencer die Kurzformel ›survival of the fittest‹, wobei *fitness* nicht ›Stärke‹, sondern ›Anpassungsgrad‹ bzw. ›Lebenszeit-Fortpflanzungserfolg‹ bedeutet« (ebd., S. 59, Hervorhebung im Original; vgl. auch Fischer 2009, S. 84; Gander 2003, S. 103f).

Zum anderen zeigt bereits dieses Zitat den Einfluss der modernen Auslegung der darwinschen Theorie im Rahmen der sog. ›Synthetischen Theorie der Evolution‹ bzw. der modernen Denklogik der Populationsgenetik. Darwins Verständnis von Fitness ist durchaus ambivalent zu werten und kann auf verschiedene Weise interpretiert werden (vgl. bspw. Ariew/Lewontin 2004). Neben dem oben angeklungenen Verständnis eines evolutionsbiologischen bzw. soziobiologischen Mainstreams wird auch – bspw. im Kontext des Radikalen Konstruktivismus oder der Wissenschaftstheorie – die Auffassung vertreten, Darwin selbst sei zunächst eher von einem dichotomen Verständnis von Fitness bzw. Anpassung ausgegangen, wobei Lebewesen entweder an ihre Umwelt angepasst sind und überleben, oder nicht angepasst sind und nicht überleben (›survival of the fittest‹ wird in diesem Verständnis durch die Formeln »non-survival of the unfit« (Lenz 2002), »nonsurvival of the nonfit« (Vollmer 2011, S. 54, ohne Hervorhebung) bzw. »non-survival of the non-fit« (den Boer 1999, S. 83) ersetzt).[46] Darwin

> »erkannte in Fragen der Anpassung nur zwei Kategorien an: Entweder war eine Art angepasst und überlebte oder sie war nicht angepasst und daher zum Aussterben verurteilt. Abstufungen der Anpassung gab es noch nicht in seinem Denken« (Weber 2005, S. 155; vgl. dazu auch von Glasersfeld 2001a, S. 21; 2001b, S. 49f; Maturana/Varela 1987, S. 125; kritisch: Small 2003, S. 497f).

---

45 Spencer hatte die Formel ›survival of the fittest‹ erst im Jahr 1864 in seinem Werk »Principles of Biology« geprägt (vgl. Spencer 1864, S. 444f), und nicht bereits im Jahr 1852, wie seit den 50er Jahren mehrfach behauptet worden ist (vgl. Paul 1988, S. 412ff; Small 2003, S. 486). Darwin nutzte diese Phrase synonym mit dem Begriff der natürlichen Selektion ab der fünften Auflage seines Hauptwerkes »Über die Entstehung der Arten …« auf Drängen von Wallace hin und trotz seiner Abneigung gegenüber Spencer (vgl. Paul 1988, S. 411, 416f; Small 2003, S. 485f).

46 Den Boer argumentiert aus einer ökologischen Perspektive gegen eine Verabsolutierung des darwinschen Konzeptes eines ›Kampfes um's Dasein‹ (›struggle for existence‹), das aus seiner Sicht eher als »gambling for existence« (den Boer 1999, S. 89) anzusehen sei (vgl. dazu auch das Konzept des ›survival of the luckiest‹ in der Neutralitätstheorie der Evolution nach Motoo Kimura (1924–1994); Cavalli-Sforza/Cavalli-Sforza 1996, S. 169; Steen 1996b, S. 23). Vor diesem Hintergrund sei ein absolutes Fitness-Konzept adäquater: "I want to add: the grounds on which natural selection is scrutinizing variations from moment to moment and from place to place, are the variable conditions, both physico-chemical and biological, to which every individual is exposed at each moment; some individuals will not be able to survive one of these conditions, though they might have been able to survive many others; they were unlucky. This is not 'survival of the fittest', but elimination (non-survival) of the inadequate (non-fit) individuals or elimination by chance (of the unlucky individuals) under special sets of conditions … Survivors may have many different properties, depending on the conditions they have to pass through their reproductive life. Therefore, even properties that at first sight are unfavourable can be retained in populations for thousands of generations, though in the course of time favourable properties have a better chance to increase in populations than unfavourable ones" (den Boer 1999, S. 89).

Derartige Auffassungen von der zentralen Bedeutung der Eliminierung ungeeigneter Varianten lassen sich bereits auf Aristoteles und andere frühgriechische Philosophen zurückführen (vgl. Rose 2001b, S. 79 f). Bei Darwin sei diesbezüglich allerdings ein Denkwandel zwischen 1837 und der Veröffentlichung seines Hauptwerkes im Jahr 1859 zu verzeichnen, wobei das ältere Konzept einer absoluten Anpassung zugunsten einer relativierten Sichtweise abgewandelt worden sei (vgl. Weber 2005, S. 158), die sich allerdings auf lange Zeiträume bezog und nicht auf einzelne oder einige wenige Generationen (vgl. den Boer 1999, S. 84).[47] In ähnlicher Weise scheint auch Wallace die Vorstellung nicht fremd gewesen zu sein, dass die natürliche Selektion eher in negativer Weise als Extinktion der Nicht-Angepassten analog zu einem ›Sieb‹ oder einem ›natürlichen Besen‹ funktioniere (vgl. Paul 1988, S. 416 ff). Ein relatives Verständnis einer Fitness, die an der Nachkommenzahl gemessen werden kann (vgl. Small 2003, S. 490), sowie eine logische Abstufung in unterschiedliche Fitness-Grade, ist aus historischer Sicht eine spezielle Deutungsperspektive, die sich in der Evolutionsbiologie erst seit den 20er Jahren durch den Einfluss der Populationsgenetik durchgesetzt hat:

> "The development of population genetics in the 1920s and 1930s ultimately eroded the colloquial view of fitness. The mathematization of genetics by J. B. S. Haldane, R. A. Fisher, and Sewall Wright involved identification of the gene as the target of selection and a consequent redefinition of selection as a change in gene frequencies. Success in leaving offspring – whatever its causes – became the measure of fitness, and eventually defined its essence" (Paul 1988, S. 420).[48]

In seinem Werk »Die Abstammung des Menschen« bezog Darwin 1871 den Menschen explizit in die evolutionäre Betrachtung ein und ergänzte das Prinzip der natürlichen Selektion um das Prinzip der *sexuellen Selektion*. Darwins Evolutionstheorie besaß von Anfang an eindeutige lamarckistische Züge. Dies zeigt sich besonders deutlich in dem von ihm postulierten Mechanismus einer indirekten Vererbung im Rahmen seiner ›Pangenesis-Theorie‹, wonach im Laufe der Entwicklung Informationen durch verschiedene kleine Partikel, sog. ›Gemmulae‹, von den Körperzellen an die Keimzellen weitergegeben werden sollen. Diese Idee weist seit Hippokrates von Kos (ca. 460–370 v. Chr.) eine ganze Reihe von historischen Vorläufern auf (vgl. Mayr 2002, S. 555 f; Zirkle 1946, S. 120–145) und wurde von Darwin im Jahr 1868 in dessen theoretisches Gedankengebäude integriert (vgl. Darwin 1868, Bd. II, S. 357–404; Freeman 1974, S. 214). In diesem Sinne sei Darwin »sogar lamarckistischer als Lamarck« (Riedl 2003, S. 64, ohne Hervorhebung) selbst gewesen, da er eine Vererbung von Verstümmelungen

---

47 Ein absolutes bzw. dichotomes Fitness-Verständnis ist ein wichtiger Punkt, den Kritiker gegen die Soziobiologie und Evolutionspsychologie vorbringen, da deren Fitness-Konzept suggeriert, man könne den Menschen anhand einer Fitness-Skala bzw. anhand seines Lebenszeit-Fortpflanzungserfolges beurteilen (vgl. dazu auch Lenz 2002). Dass physische und psychische Merkmale nicht in jedem Fall Anpassungen sein müssen, sondern einen neutralen Anpassungswert haben könnten oder sich als Nebenprodukt einer Anpassung entwickelt haben könnten, findet seit einem klassischen Aufsatz von Gould und Lewontin aus dem Jahr 1979 Beachtung im evolutionsbiologischen Diskurs und relativiert adaptationistische Konzepte (vgl. Gould/Lewontin 1979). Zittlau liefert in diesem Kontext zahlreiche aktuelle Beispiele für suboptimale Anpassungen (vgl. Zittlau 2007, passim).

48 Depew weist hingegen darauf hin, dass die Weiterentwicklung eines absoluten Fitness-Begriffs zum relativen Fitness-Verständnis zugleich mit der Überwindung negativer Konnotationen des Begriffs »unfit« verbunden gewesen sei: "Moreover, contrary to the assumption of Fisher and his eugenics-minded colleagues, the relevant forms of variation are spread out across a population, not bunched up at identifiably good and bad ends of a distribution curve. The ubiquity of variation made it possible for Dobzhansky to amplify the insight that natural selection is a creative force rather than a merciless executioner of the unfit by making it impossible to identify the fit and the unfit in the first place. This undermined the very idea of eugenics and, as inheritors of Dobzhansky's legacy were soon urging, the very idea of human races, at least as biological concepts" (Depew 2010, S. 352).

nicht ausschloss und einen Vererbungsmechanismus zur Weitergabe erworbener Eigenschaften wie folgt postulierte:

> »Den Mechanismus der Übertragung neuer, aktiv erworbener Eigenschaften stellte er sich, in aller Kürze wiedergegeben, folgendermaßen vor: Alle Zellen enthalten winzige Körperchen mit den Eigenschaften dieser Zellen und werden stetig, etwa über den Blutstrom, im ganzen Körper herumgeführt. Wächst ein Organ durch Beanspruchung, zum Beispiel ein Muskel durch stete Anstrengung, so vermehren sich dessen Zellen und mit diesen auch jene Körperchen. Und da diese nun in vermehrter Anzahl durch den Körper geführt werden, teilt sich das auch den Keimzellen mit. Die nächste Generation verfügt dann entsprechend über eine verstärkte Anlage« (Riedl 2003, S. 64).

Darwins Beitrag ist vor dem Hintergrund des Anlage-Umwelt-Diskurses somit als Ausdifferenzierung nativistischer Theorietraditionen zu werten:

> "During roughly the same period as [John Stuart] Mill, Charles Darwin gave the nature side of the controversy its modern form by placing behavior, including human behavior, solidly in the framework of biological evolution" (Loehlin 2009, S. 4).

Darwins Evolutionstheorie wurde von Beginn an ambivalent aufgenommen (vgl. z. B. Bratchell 1986, S. 70–102; Oldroyd 1980, S. 193–203), wobei kritische Stimmen insbesondere vonseiten der Kirche geäußert wurden, wie sich beispielsweise dem berühmten Streitgespräch zwischen dem Oxforder Bischof Samuel Wilberforce und Darwins Hauptverteidiger in England, Thomas Henry Huxley (1825–1895), der mitunter aufgrund seiner aggressiven Verfechtung der darwinschen Sicht als ›Darwins Bulldogge‹ bezeichnet wurde, entnehmen lässt (vgl. z. B. Morris 2002, S. 55–58; Riedl 2003, S. 69 f.).[49] Wilberforce kommentierte auf einer Sektionssitzung im Rahmen eines Kongresses der ›British Association for the Advancement of Science‹ in Oxford im Jahr 1860, die von mehr als 700 Zuhörerinnen und Zuhörern besucht wurde, einen sozialdarwinistisch orientierten Vortrag von John William Draper (1811–1882) mit scharfer Kritik in Richtung Huxley und Darwin, der selbst nicht anwesend war. Wilberforce soll in diesem Zusammenhang eine spöttische Bemerkung, die zugleich gegen die Etikette bezüglich des viktorianischen Frauenbildes verstoßen habe, über Huxleys Vorfahren geäußert und ihn gefragt haben, »ob er auf seiten seines Großvaters oder seiner Großmutter von einem Affen abstammte« (Desmond/Moore 1992, S. 559). Nach Schilderung Huxleys habe dieser daraufhin den Bischof mittels der folgenden Antwort bloßgestellt:

> »Wenn mir also die Frage gestellt würde, sagte ich, ob ich lieber einen erbärmlichen Affen zum Großvater hätte oder einen von der Natur reich begabten Mann mit großen Mitteln und Einfluß, der aber diese Gaben und diesen Einfluß in der bloßen Absicht gebrauchet, eine ernsthafte wissenschaftliche Diskussion ins Lächerliche zu ziehen, dann zögerte ich nicht zu erklären, daß ich den Affen bevorzugte« (ebd., S. 561).[50]

---

49 In einer anonym verfassten Rezension zu Darwins Hauptwerk »On the origin of species …« (vgl. Darwin 1859) bemerkte Huxley in polemischer Weise: "[O]ld ladies, of both sexes, consider it a decidedly dangerous book, and even savants, who have no better mud to throw, quote antiquated writers to show that its author is no better than an ape himself" (Huxley 1860, S. 541; siehe auch Bratchell 1986, S. 84).

50 Dieses ›Streitgespräch‹ zwischen Huxley und Wilberforce gehört nach Hellman zwar zu den zehn bedeutendsten Wissenschaftsdisputen (vgl. Hellman 2000, S. 81–89), ist jedoch aufgrund widersprüchlicher Augenzeugenberichte heute kaum rekonstruierbar (vgl. Caudill 1997, S. 27–45; Gould 1994a, S. 445–464; Switek 2008). Da diese Berichte mitunter erst Jahre oder Jahrzehnte nach der Debatte selbst in Form biografischer Erinnerungen veröffentlicht worden waren, ist der genaue Verlauf dieses Streitgesprächs strittig, zumal dieses diskursive Ereignis nachweislich durch nachträgliche Berichte von Sir Francis Darwin (1848–1925) und Leonard Huxley (1860–1933), den Söhnen Darwins und Huxleys, ausgeschmückt und mythologisiert worden ist (vgl. Caudill 1997, S. 44f; Gould 1994a, S. 446, 462).

Als weiteres Beispiel einer pauschalen Abwehrhaltung gegenüber darwinistischen Ansätzen wird bis heute auf die Reaktion einer britischen Aristokratin (mitunter als Lady Ashley bezeichnet) verwiesen, die, als sie von Darwins Theorie hörte, gesagt haben soll: »Let's hope that it's not true; but if it is true, let's hope that it doesn't become widely known« (Buss u. a. 1999, S. 444; vgl. auch Buss 1999, S. 8 f).[51] Aus heutiger Sicht ist bezüglich derartiger Reaktionen darauf hinzuweisen, dass in der Evolutionstheorie nicht behauptet wird, der Mensch stamme als Spezies vom Affen ab. Vielmehr wird davon ausgegangen, dass Menschen und Affen als Spezies einen gemeinsamen Vorfahren hatten, der vor etwa sieben Millionen Jahren gelebt hat und von dem aus sich die Vorfahren heute lebender Menschen und Affen in unterschiedliche Richtungen weiterentwickelt haben (vgl. bspw. Diamond 1994, S. 32). Neuere genetische Untersuchungen weisen bezüglich des Speziesvergleichs darauf hin, dass die DNA zwischen Menschen und Schimpansen zu 98,4 % übereinstimmt (vgl. z. B. ebd., S. 32, 34).[52] Zum Vergleich ist hervorzuheben, dass die DNA zwischen zwei beliebig ausgewählten Menschen im Durchschnitt 99,9 % Übereinstimmung zeigt (vgl. z. B. Petermann/Niebank/Scheithauer 2004, S. 65). In Deutschland wurde Darwins Evolutionstheorie insbesondere von Ernst Heinrich Philipp August Haeckel (1834–1919) verbreitet, der durch seine Theorie der Rekapitulation der Phylogenese im Laufe der Ontogenese (auch als ›biogenetisches Grundgesetz‹ bezeichnet) bekannt geworden ist (vgl. z. B. Kutschera 2006, S. 45).[53] Haeckel hatte seine Rekapitulationstheorie im Jahr 1866 in seinem Werk »Generelle Morphologie der Organismen« veröffentlicht. Dieser Theorie zufolge soll ein Embryo in seiner frühen Entwicklung Stadien durchlaufen, die aus stammesgeschichtlicher Sicht die Evolution des Lebens auf der Erde widerspiegeln:

---

51 Eine historisch verlässliche Quelle für diesen Ausspruch konnte nach Kenntnisstand des Autors bisher nicht ermittelt werden (vgl. auch O'Toole 2011, Switek 2009), denn er wird völlig verschiedenen Personen – mitunter in leicht abgewandelter sprachlicher Form – zugeschrieben: der Frau des Bischofs von Worcester (vgl. Montagu 1941, S. 243), der Frau des Bischofs von Exeter (vgl. Switek 2009), einem unbenannten viktorianischen Ehemann und seiner Frau (vgl. ebd.), dem Ausspruch einer unbekannten alten Jungfer (vgl. Horton 1893, S. 132) bzw. einer zaghaften Lady zu ihrer Tochter nach einem Vortrag zu Darwins Theorie (vgl. Horton 1897, S. 597), einer unbekannten Frau, die nicht an der Debatte zwischen Huxley und Wilberforce teilnehmen durfte (vgl. Diamandopoulos/Goudas 2007, S. 93), der Frau des Bischofs von Dorcester (vgl. Corwin/Wachowiak 1989, S. 351) und mitunter sogar der Frau des Oxforder Bischofs Samuel Wilberforce selbst (vgl. Hoßfeld 2005, S. 115). Die Argumentationshaltung der ominösen Dame erinnert in jedem Fall an das sog. ›Palmström-Argument‹, das nach dem Gedicht »Palmström« des deutschen Dichters Christian Otto Josef Wolfgang Morgenstern (1871–1914) aus dem Jahr 1909 benannt worden ist: »Weil, so schließt er messerscharf, nicht sein *kann*, was nicht sein *darf*« (Morgenstern 1951, S. 67 (Vers: »Die unmögliche Tatsache«), Hervorhebungen im Original). Aus Sicht der formalen Logik handelt es sich dabei um ein »argumentum ad consequentiam« (Dawkins 2010b, S. 449, ohne Hervorhebung) bzw. sog. »wishful thinking« (Damer 2009, S. 146) – einen Trugschluss, bei dem ein Argument aufgrund gewünschter oder unerwünschter Folgen für ›wahr‹ oder ›falsch‹ gehalten wird (vgl. bspw. ebd., S. 146 ff).

52 Derartige Vergleiche zwischen den Genomen des Menschen und des Schimpansen können – je nach zugrunde gelegtem Maßstab – sehr unterschiedlich ausfallen: Wird beispielsweise die Zahl der Mutationsereignisse betrachtet, wobei weggefallene Sequenzabschnitte jeweils als eine einzelne Änderung gezählt werden, erhält man einen Unterschied von 1,2 %. Werden hingegen die Änderungen in den DNA-Bausteinen selbst gezählt, ergibt sich ein Unterschied von etwa 5 %. Die Unterschiede in den Exonen werden auf 0,8 % geschätzt und die Unterschiede in der mitochondrialen DNA auf mehr als 10 % (vgl. Beyer 2007, S. 140 f). Aus diesen Zahlen ergeben sich – je nach gewähltem Blickwinkel – die unterschiedlichsten diskursiven Interpretationsmöglichkeiten naher oder ferner Verwandtschaft zwischen Menschen und Schimpansen.

53 Laut Patterson habe Haeckel damit Mitte der 1860er Jahre den Begriff der ›Phylogenie‹ geprägt (vgl. Haeckel 1866, Bd. II, S. 418; Patterson 1983, S. 1). Nach Charlesworths Interpretation Pattersons seien die Begriffe ›Phylogenese‹ und ›Ontogenese‹ bis zu den 1840er Jahren in synonymer Weise für biologischen Wandel verwendet worden (vgl. Charlesworth 1992, S. 10).

»Als Hinweis auf dieses Gesetz kann zum Beispiel gelten, dass menschliche Embryonen in einem frühen Stadium Kiemenschlitze entwickeln und dass zeitweilig auch eine Schwanzanlage vorhanden ist. Im Laufe der weiteren Entwicklung verschwinden diese urtümlichen Merkmale wieder. Haeckel verstand sein biogenetisches Gesetz als eine wichtige Unterstützung der Evolutionstheorie. Er schickte deshalb sein Manuskript auch an Charles Darwin, der ihm allerdings zur Vorsicht riet« (Zankl 2003, S. 60).

Bereits mit Beginn des 20. Jahrhunderts sah sich Haeckel scharfer Kritik bezüglich seiner Forscherpersönlichkeit und seiner Forschungsergebnisse ausgesetzt (bspw. durch Eberhard Dennert (1861–1942), dem späteren Gründer des Keplerbundes, vgl. Wuketits 1998, S. 87). Im Jahr 1908 wurden Haeckels Befunde und insbesondere die von ihm angefertigten Zeichnungen zur Illustration des Vergleichs von Embryonen verschiedener Spezies durch Arnold Brass (1854–1915) auf das Schärfste angegriffen und als ›Fälschungen‹ bzw. Konstruktionen entlarvt. Die Folge war ein wissenschaftlicher Disput, der bis heute zu einer ambivalenten Einschätzung von Haeckels Theorie geführt hat (vgl. z. B. Erben 1990, S. 84; Kutschera 2006, S. 45–48, 238–241; Zankl 2003, S. 59–63).[54] Haeckels biogenetisches Grundgesetz begründete damit aus wissenschaftshistorischer Sicht eine ganze Reihe von ›Betrugsfällen‹, die mit der Anlage-Umwelt-Thematik in mehr oder weniger engem Zusammenhang stehen. Der Beweisnotstand, der in der philosophischen Phase des Anlage-Umwelt-Diskurses noch aufgrund von Reflexionen und logischen Ableitungen als alleinigen Mitteln des Erkenntnisgewinns eingetreten war, konnte damit zwar in den folgenden Phasen durch den Einsatz vergleichender und experimenteller Methoden zunehmend aufgelöst werden. Auf der anderen Seite erweisen sich derartige Befunde hingegen nicht nur als grundlegend falsifizierbar, sondern enthalten zugleich immer Möglichkeiten von Fehlinterpretationen sowie die potenzielle Gefahr ihrer Fälschung oder Erfindung durch übereifrige Diskursteilnehmer, falls sich keine unterstützenden Belege für die von ihnen angestrebten Argumentationen finden lassen. Die darwinsche Evolutionstheorie wurde mitunter als derart einschneidend bezüglich des menschlichen Selbstverständnisses aufgefasst, dass sie als eine der »drei großen Kränkungen der naiven Eigenliebe der Menschheit« (Junker/Hoßfeld 2001, S. 11; vgl. auch Benesch/Krech/Crutchfield 1992, Bd. 6, S. 35; Riedl 2003, S. 86) bezeichnet wurde – eine Einschätzung, die letztlich auf Sigmund Freud zurückgeht (vgl. Freud 1917, S. 3 f; Vollmer 1994, S. 82). In diesem Zusammenhang wurde die Kopernikanische Wende, die die Vorstellung von der Erde als Zentrum des Universums widerlegte, als erste Kränkung angesehen, gefolgt von der zweiten großen Kränkung durch Darwins Evolutionstheorie, die den Menschen in das Tierreich einordnete, und der Psychoanalyse als dritter großer Kränkung (Entdeckung des Unbewussten).[55] Obwohl sich die darwinsche Evolutionstheorie nicht schwerpunktmäßig mit der Anlage-Umwelt-Thematik auseinandersetzt, sondern insbesondere die Konstanz und den Wandel der Arten sowie die Quelle der Merkmalsvariationen zwischen und innerhalb von Arten thematisiert, hat diese Theorie zu einem grundlegenden Umdenken in den Natur- und Humanwissenschaften geführt – also zu einem Paradigmenwechsel im kuhnschen Sinne. Für den Anlage-Umwelt-Diskurs ist die Evolutionstheorie von besonderer Bedeutung, da sie Krüger zufolge zu einer radikalen Umkehrung in den Ansichten pro oder kontra angeborenen Wissens – insbesondere hinsichtlich einer vermeintlichen Sonderstellung des Menschen im Tierreich – geführt haben soll:

---

54 Zur aktuellen Diskussion des biogenetischen Grundgesetzes in der Erziehungswissenschaft vgl. auch Ewert 1994 sowie Müller/Müller 2001.

55 Verschiedene Autoren haben diese drei Kränkungen um eine vierte Kränkung erweitert, die je nach Autor unterschiedlich ausfällt, wie bspw. eine ethologische, epistemologische oder ökologische Kränkung. Die in Kapitel 4 noch zu diskutierende Soziobiologie wird z. B. von Barash als eine derartige vierte Kränkung – in diesem Fall als die ›soziobiologische‹ – angesehen (vgl. Barash 1981, S. 19 f; Vollmer 1994, S. 89).

»In einer Schlußbemerkung komme ich auf die eigentümliche Umkehrung der Fronten zurück, die mit der Evolutionstheorie eingetreten ist. Wir hatten gesehen, daß von Platon bis Kant diejenigen für angeborenes Wissen eingetreten sind, die den Menschen als einzigartig unter allen Lebewesen hervorheben wollten, meist wohl aus religiösen Gründen … Nach Darwin und bis heute treten umgekehrt gerade diejenigen für angeborenes Wissen oder angeborene kognitive Fähigkeiten ein, die den Menschen in die übrige Natur einordnen, die ihn in einem Kontinuum mit den Tieren verbunden sehen wollen. Der Grund für den Umschwung ist klar: Solange die Arten konstant und unverbunden nebeneinander stehen, greift die Begründung einer Sonderstellung des Menschen dann am tiefsten, wenn sie die den Menschen auszeichnenden Phänomene – also Sprache, Vernunft und Wissen – in sein Wesen oder seine Natur verlegt. Sobald jedoch die Naturen dank der Evolution zu verfließen und ineinander überzugehen beginnen, muß umdisponiert werden: alle Auszeichnungen muß man jetzt in das verlegen, was der Mensch nicht von Natur aus schon hat, sondern vielmehr aus seiner Natur bewußt und gewollt allererst macht« (Krüger 1989, S. 27 f.).

Der zweite Grund für die herausragende Bedeutung der darwinschen Revolution für den Verlauf des Anlage-Umwelt-Diskurses liegt darin, dass mit der Evolutionstheorie der Weg für die nachfolgenden Weiterentwicklungen der Diskurspositionen bereitet wurde, wie am Beispiel des wissenschaftlichen Disputs zwischen den Instinktivsten und Behavioristen noch gezeigt werden wird (vgl. Abschnitt 2.2.6). Hinsichtlich der Evolutionstheorie wird mitunter hervorgehoben, dass ihr Fokus aufgrund der Betonung des Anpassungskonzeptes auf der Umwelt läge (vgl. Schönpflug 2000, S. 234). Dieses Anpassungskonzept ist jedoch nicht zuletzt vor dem Hintergrund der phylogenetischen Perspektive im Rahmen des evolutionären Paradigmas zu sehen, sodass sich Anpassungen in der Regel auf die historische Dimension einer bereits vergangenen Umwelt beziehen. Wie bereits erörtert wurde, setzt das darwinistische Evolutionsparadigma voraus, dass Eigenschaften und Merkmale nicht nur in einer Population variieren, sondern auch *erblich* sind, da sie ansonsten der natürlichen Selektion keinen Angriffspunkt bieten können. Aus dieser Sicht kann mit ebenso großer Berechtigung behauptet werden, dass das evolutionäre Paradigma den Fokus stärker auf die Anlage als auf die Umwelt lege. Eine pauschale Zuordnung des evolutionären Paradigmas zum nativistischen bzw. environmentalistischen Extrempol des Anlage-Umwelt-Diskurses ist aus diesem Grund nicht sinnvoll. Werden hingegen Ansätze in den Blick genommen, die später auf der Grundlage des evolutionären Paradigmas entwickelt worden sind oder stark auf dieses rekurrieren (wie bspw. die Ethologie, Soziobiologie oder Evolutionspsychologie), so ist damit eine Verortung auf einer konstruktartigen Anlage-Umwelt-Skala (im obigen Falle auf der Anlage-Seite) nicht ausgeschlossen.

2.2.2 Die Konsolidierung des Anlage-Umwelt-Diskurses durch Francis Galton

Obwohl sich die historischen Wurzeln der Diskussion über Anlage und Umwelt bis in die Antike zurückverfolgen lassen, wird in der psychologischen Fachliteratur (insbesondere im anglo-amerikanischen Sprachraum) der Ursprung des Anlage-Umwelt-Diskurses mit der Einführung der Begriffe ›nature‹ und ›nurture‹ gleichgesetzt und als Begründer dieser Dichotomie Sir Francis Galton (1822–1911), ein Halbcousin von Charles Darwin, genannt (vgl. z. B. Maltby/Day/Macaskill 2007, S. 314; Paul 1998, S. 81; Reyer 2004b, S. 344).[56] Relativ unstrittig ist, dass sich Galton diesen Begrifflichkeiten als Erster aus einer *wissenschaftlichen, systematischen* Perspektive

---

56 Charles Darwin und Francis Galton stammen beide von Erasmus Darwin (1731–1802) ab, ihrem gemeinsamen Großvater (vgl. Colman 1987, S. 17). Letzterer hatte bereits Mitte der 1790er Jahre – und damit kurz vor Lamarck – Vermutungen über Artenwandel und Evolution angestellt (vgl. E. Darwin 1794; Junker/Hoßfeld 2001, S. 47 f; Riedl 2003, S. 33).

unter Heranziehung empirischer – insbes. statistischer – Methoden genähert hat (vgl. Galton 1869, S. VI; Kempthorne 1978, S. 3; Wachs 1992, S. 5). Zugleich hat er damit entscheidend zur Popularisierung der ›nature-nurture-controversy‹ sowie zur Verfestigung der konzeptuellen Trennung von Anlage und Umwelt (im Sinne separater Einflussfaktorenkomplexe) beigetragen (vgl. z. B. Fancher 1984, S. 186; Groff/McRae 1998; Logan/Johnston 2007, S. 758). Galtons Position blieb aber in den 1870er Jahren nicht unwidersprochen (vgl. Logan/Johnston 2007, S. 758), wie im Folgenden noch gezeigt wird. Für eine Beurteilung, inwieweit Galton selbst als Begründer der Dichotomie von ›nature‹ und ›nurture‹ angesehen werden kann, und inwieweit er zur Konsolidierung des Anlage-Umwelt-Diskurses beigetragen hat, ist zunächst ein kurzer historischer Rückblick unumgänglich.

Der Stand des Anlage-Umwelt-Diskurses ist mit Beginn des 19. Jahrhunderts bestenfalls als diffus zu charakterisieren: Auf der einen Seite lässt sich im öffentlichen Diskurs zunehmend eine naive Theorie der Erblichkeit und Determination nachweisen (insbes. in Bereichen der Tierzüchtung und Medizin). Die Auffassung, dass Krankheiten, die während der Schwangerschaft durchlitten werden oder zum Zeitpunkt der Empfängnis vorliegen, an die Nachkommen vererbt werden könnten, war unter Ärzten in dieser Zeit weit verbreitet. Zudem führten Beobachtungen, dass bestimmte körperliche und geistige Eigenschaften gehäuft in bestimmten Familien auftreten können, in breiten Teilen der englischen Bevölkerung zu der Ansicht, man müsse vor der Eheschließung besondere Vorsicht hinsichtlich des Auftretens auffälliger Eigenschaften walten lassen (vgl. bspw. Waller 2001, S. 460, 464). Da auf der Grundlage der lamarckistischen Theorie zugleich angenommen wurde, dass erworbene Eigenschaften an die Nachkommen weitergegeben werden können, wurde im öffentlichen Diskurs vor Francis Galton nur selten eine strikte konzeptuelle Trennung von Anlage- und Umwelteinflüssen vorgenommen:

> "In fact, the majority of physicians were inclined to impute some degree of heritability in cases of insanity whenever a member of the patient's close family also suffered, or where the individual was the offspring of a consanguineous union. Partly because physicians accepted axiomatically that acquired afflictions could become hereditary, clear distinctions were rarely drawn between environmental factors and heritability, and the two were generally conflated" (ebd., S. 460).

Auf der anderen Seite zeigte sich vor (und sogar noch nach) Galtons dichotomisierender Gegenüberstellung von ›nature‹ versus ›nurture‹ über weite Strecken des 19. Jahrhunderts eine Vormachtstellung environmentalistischen Denkens im öffentlichen Diskurs:

> "For most of the nineteenth century a more moderate environmentalist position dominated; it differed from the extreme position in maintaining that *acquired* mental faculties could be passed from one generation to the next. This was often referred to as 'hereditarianism' in order that it might be distinguished from the complete environmentalism of the Lockeans. Some of the moderate environmentalists, Gall and Spurzheim for example, believed that the brain is composed of several innate faculties, anatomically localized and derived by inheritance from the previous generation … Other moderate environmentalists denied the phrenologist's notion of localized faculties, but still maintained that the mind has certain innate abilities. Herbert Spencer, for example, believed that these abilities were actually the accumulated experiences of past generations" (Cowan 1977, S. 137, Hervorhebung im Original, Fußnotenverweise entfernt).[57]

---

57 Franz Joseph Gall (1758–1828) hatte aufbauend auf der Lehre der Physiognomik (also der Ableitung menschlicher Charaktereigenschaften aus körperlichen Merkmalen) die sog. ›Phrenologie‹ begründet, nach der menschliche Charaktereigenschaften in abgrenzbaren Hirnbereichen angesiedelt seien und aus den Schädelformen erschlossen werden könnten. Brace sieht in Galls Beitrag den Beginn der wissenschaftlich geführten Debatte über Anlage und Umwelt (vgl. Brace 2005, S. 67). Eine derartige Sichtweise wird durch andere Beiträge zum Anlage-Umwelt-Diskurs jedoch nicht bestätigt.

Die Diskussion der Frage nach der Vererbung erworbener Eigenschaften, die im obigen Zitat angesprochen wird, soll im folgenden Abschnitt noch ausgiebig diskutiert werden. Zum obigen Zitat ist ferner anzumerken, dass die lockesche Tradition einer environmentalistischen Extremposition auch im 19. Jahrhundert weitergeführt worden ist. Dabei kommt John Stuart Mill (1806–1873) in diesem Zusammenhang eine herausragende Bedeutung zu, obwohl er in neueren populärwissenschaftlichen Darstellungen des Anlage-Umwelt-Diskurses zumeist nur marginal berücksichtigt wird (vgl. Pinker 2003, S. 37 f; Wright 1998, S. 21). Mill wurde eine strenge (aber erfolgreiche) akademische Erziehung durch seinen Vater, James Mill (1773–1836), zuteil, die seine Wertschätzung der Bedeutung von Umweltfaktoren in der Entwicklung in besonderer Weise geprägt hatte (vgl. Fancher 1987, S. 6–10). Daher sprach sich John Stuart Mill später vehement gegen eine ursächliche Rückführung menschlicher Unterschiede auf erbliche Ursachen aus:

> "Of all vulgar modes of escaping from the consideration of the effect of social and moral influences on the human mind, the most vulgar is that of attributing the diversities of conduct and character to inherent natural differences" (Mill 1909, S. 324; siehe auch Cowan 1977, S. 156; Paul/Day 2008, S. 223; Fancher 1987, S. 3).

Obgleich Mill die Bedeutung angeborener Instinkte nicht gänzlich ausschloss (vgl. Paul/Day 2008, S. 223), betonte er, dass derartige Anlagefaktoren durch vielfältige Umwelteinflüsse (insbes. Lernen) überformt und überlagert würden. Letztlich könne die Anlage nur als (geringe und zumeist überschätzte) Restkategorie gelten – gerade in Fällen, in denen Umweltfaktoren keine zufriedenstellenden Erklärungen liefern könnten (vgl. Fancher 1987, S. 14–17). Auf der Umweltseite betonte Mill den Einfluss sozialer Vereinbarungen, kultureller Setzungen und Institutionen. Er räumte insbesondere der Erziehung eine deutliche Vorrangstellung gegenüber der Anlage ein (vgl. Paul/Day 2008, S. 222 f): »The power of education is almost boundless: there is not one natural inclination which is not strong enough to coerce, and, if needful, to destroy by disuse« (Mill 1874, S. 82; siehe auch Paul/Day 2008, S. 223).[58] Mills Beiträge zur Anlage-Umwelt-Thematik lassen sich bis in das Jahr 1823 zurückverfolgen und zeugen von der Fortführung der bis dato vorwiegend philosophisch geführten Diskussion über Anlage und Umwelt – lange vor deren thematischer Neuauflage durch Galton und den späteren Ausdifferenzierungen des Kulturbegriffs im Rahmen kulturanthropologischer Strömungen (vgl. ebd.). Für den deutschsprachigen Raum ist besonders Theodor Waitz (1821–1864) als Theoretiker zu nennen, der sich in der Umbruchphase vom philosophischen zum wissenschaftlich geführten Diskurs noch vor Galton mit der Anlage-Umwelt-Thematik beschäftigt hatte (vgl. Reyer 2003b, S. 107 ff). Freeman sieht in dessen Werk »Über die Einheit des Menschengeschlechts und den Naturzustand des Menschen« (Waitz 1859) gar ein Pendant zu Darwins »Über die Entstehung der Arten …« und ordnet Waitz zugleich dem environmentalistischen Extrempol zu (vgl. dazu

---

58 Nach Auffassung von Mills Kritikern sei dessen Position nichts anderes als eine »reassertion of a naïve *tabula rasa* doctrine« (Pastore 1984, S. 7, Hervorhebung im Original). Paul und Day relativieren hingegen diese Zuordnung Mills zum environmentalistischen Extrempol: "In *The blank slate*, psychologist Steven Pinker (2002) asserts that there is a taboo against human nature rooted in the ideas of Locke, Rousseau, Descartes, and Mill. But Mill never subscribed to the doctrine of the 'blank slate' in the sense that the term is employed by Pinker. While it is true that Mill rejected the view that we are born with 'clear and distinct ideas', so did Locke … Mill assumed that there were innate capacities, dispositions, and tendencies; that is, that there was, for both better and worse, a human nature. And as with physical nature, we have a duty to combat some of its features – a struggle that would obviously be pointless either if there were no natural passions and instincts or if they were fixed" (Paul/Day 2008, S. 223, Hervorhebung im Original).

auch Fußnote 205 auf Seite 197). Waitz betonte jedoch zugleich die Bedeutung angeborener Dispositionen und sah darin unhintergehbare Grenzen des erzieherischen Einflusses:

>»Es wird nicht als eine ungehörige Einschaltung erscheinen, daß wir in der allgemeinen Pädagogik die Wechselwirkung des Physischen und Psychischen im Menschen ausführlicher zur Sprache gebracht haben, da nur darin das Mittel gegeben war, zu entscheiden, was wir als das Angeborene zu betrachten haben und wie es die Macht der Erziehung beschränkt. Lägen die Verschiedenheiten des Angeborenen auf der psychischen Seite, so dürfte der Erzieher vielleicht hoffen, es mit psychologischem Scharfblick wenigstens soweit zu durchdringen, daß er es dem Erziehungszwecke gemäß leiten und lenken könnte; in Rücksicht der organischen Anlagen und Dispositionen dagegen kann er nur aus sehr einzelnen äußeren Erscheinungen oder aus längeren Beobachtungsreihen einige Vermutungen von größerer oder geringerer Wahrscheinlichkeit wagen, die Natur des Zöglings nach ihrer organischen Seite bleibt ihm, selbst abgesehen von den häufigen und oft sehr erheblichen Veränderungen, die sie erleidet, ihrem wesentlichsten Teile nach vollkommen undurchsichtig, und es gilt dies ganz hauptsächlich von den ersten Lebensjahren« (Waitz 1910, S. 52 f).[59]

Die bisherigen Ausführen zeigen somit, dass Galton mit seiner Gegenüberstellung von ›nature‹ versus ›nurture‹ den Anlage-Umwelt-Diskurs nicht konstituiert hat, sondern eine bis dato größtenteils alltagstheoretisch oder philosophisch geführte Debatte, die sich im 19. Jahrhundert an der Wende zu einem wissenschaftlichen Diskurs befand, mithilfe empirischer Methoden in neue Bahnen gelenkt hat:

> "But Galton is perhaps best viewed not as initiating a debate but as intervening in one that, in the terminology of the time, counterpoised 'innate character' to 'institutional arrangements' in explaining human mental and moral differences. At the center of that preexisting debate was the philosopher and economist John Stuart Mill, a zealous advocate for the view that human capacities and dispositions are primarily shaped by institutions" (Paul/Day 2008, S. 222).

Auch der historische Ursprung der Begriffe ›nature‹ und ›nurture‹ wird kontrovers diskutiert, und Galtons Urheberschaft ist aus historischer Sicht anzuzweifeln: Die Behauptung, dass die Begriffe ›nature‹ und ›nurture‹ erstmals von William Shakespeare (1564–1616) in seiner Romanze »Der Sturm« (Shakespeare 1611/1961) verwendet worden seien (vgl. z. B. Conley 1984, S. 184; Weiner 2000, S. 30), wurde zuweilen mit Verweis auf die drei Jahrzehnte früher entstandenen Werke »Positions Concerning the Training Up of Children« (Mulcaster 1581/1994) oder »Elementarie« (Mulcaster 1582/1925) des englischen Schulleiters Richard Mulcaster (1530/1–1611) revidiert, in denen ›nature‹ und ›nurture‹ als komplementäre Einflüsse ohne Gegensätzlichkeit dargestellt worden waren (vgl. z. B. Pinker 2004, S. 5; Ridley 2003, S. 71 f; Teigen 1984, S. 363). Weniger bekannt ist in diesem Zusammenhang, dass die Begriffe bereits im 13. Jahrhundert in der französischen Romanze »Silence« von Heldris(s) of Cornwall (vgl. Roche-Mahdi 1992) benutzt worden waren, um die Ambivalenz der menschlichen Natur zu illustrieren. Der Roman Silence beschreibt das Schicksal eines Mädchens (namens Silence bzw. Silentia), das als Junge (namens Silentius) verkleidet aufgezogen wird (vgl. dazu das umgekehrte Fallbeispiel eines als Mädchen aufgezogenen Jungen in Kapitel 10 dieser Abhandlung):

> "The plot, reduced to a minimum, is that Silence, daughter of Cador and Eufemie of Cornwall, is raised as a boy because Eban [auch als Evan übersetzt, ML], king of England, will not allow women

---

[59] Als Milieutheoretiker bestritt Waitz vor allem die Existenz psychologischer Unterschiede zwischen den Rassen, lehnte Annahmen bezüglich deren Wertigkeit ab und wandte sich gegen die Sklaverei (vgl. Grosse 2000, S. 107 f; Haller 1970, S. 1325). Er nahm damit eine Diskursposition ein, auf die sich später auch Franz Boas (1858–1942) als Begründer der Kulturanthropologie berufen sollte (vgl. Abschnitt 2.2.6).

to inherit. When she reaches adolescence, Nature and Nurture appear as vituperative allegorical figures who torment her. Reason tells her to continue her life as a male. She runs away to learn the art of minstrelsy and then becomes a famous knight. Having repeatedly rejected the advances of Eban's highly sexed wife, Eufeme (who fakes a bloody rape attempt), Silence is sent on a supposedly hopeless quest: the capture of Merlin, who has prophesied that he can be taken only by a woman's trick. She succeeds, but is unmasked by Merlin, as is the queen and the queen's latest lover, disguised as a nun. Justice is done, woman's right to inherit is restored, and Silence becomes queen of England through marriage with Eban" (Roche-Mahdi 1992, S. XIf).[60]

An einer Schlüsselstelle des Romans erscheinen der zwölfjährigen Silence ›Nature‹ und ›Nurture‹ als personifizierte Entitäten. ›Nature‹ beklagt sich darüber, dass sie Silence mit den wertvollsten ihrer Gaben (insbes. Schönheit) ausgestattet habe und Silence dennoch die ihr von Natur aus zugedachte Geschlechterrolle abgelehnt habe. Nach Drohungen von ›Nurture‹ entscheidet sich Silence aus Vernunftgründen jedoch dafür, weiterhin in der männlichen Rolle zu leben, um auch künftig die damit verbundenen Privilegien (insbes. ihre gesellschaftliche Stellung) genießen zu können (vgl. ebd., S. 117–125). Zumindest für den literarischen Bereich kann damit festgestellt werden, dass bereits Jahrhunderte vor Galton ›nature‹ und ›nurture‹ als antagonistische Pole zur Beschreibung menschlicher Entwicklung benutzt worden sind.

Eine konsequente *wissenschaftliche* Auseinandersetzung mit der Anlage-Umwelt-Thematik scheint jedoch trotz dieser frühen – und zumindest im Falle von Heldris of Cornwall oppositionellen – Nutzung der Begrifflichkeiten von ›nature‹ und ›nurture‹ erst durch Galton initiiert worden zu sein.[61] Galton hatte bereits im Jahr 1864 die Überzeugung entwickelt, dass Anlageeinflüsse bei der Herausbildung von Eigenschaften als viel bedeutender anzusehen seien als Umwelteinflüsse. Im Folgejahr veröffentlichte er eine erste empirische Untersuchung zur Erblichkeit beim Menschen (vgl. Galton 1865; Cowan 1977, S. 133). Im bekanntesten seiner Werke mit dem Titel »Hereditary Genius« aus dem Jahr 1869 identifizierte Galton

> »etwa 1 000 ›eminente‹ Männer und fand, daß sie aus nur 300 Familien stammten, was auf eine Tendenz zur familiären Häufung von Eminenz hindeutete. In einem nächsten Schritt bezog sich Galton auf den eminentesten Mann in 100 Familien als Referenzperson und unterschied die übrigen eminenten Personen gemäß ihrem Verwandtschaftsgrad ... [Dabei] trat Eminenz bei nahen Verwandten häufiger auf, und die Wahrscheinlichkeit von Eminenz sank mit zunehmender Ferne der Verwandtschaft« (Plomin u. a. 1999, S. 120).

---

60 Da dieses Manuskript erst im Jahr 1911 in einer verschlossenen Box mit vermeintlich wertlosen Papieren (u. a. Briefen von Heinrich VIII.) im Besitz von Lord Middleton wiederentdeckt worden ist und über Jahrhunderte als verloren galt, ist es nicht verwunderlich, dass Francis Galton über diese Ursprünge der nature-nurture-Begrifflichkeiten keine Kenntnis hatte (vgl. Groff/McRae 1998; Roche-Mahdi 1992, S. XI, XXIII; Stables 2009, S. 4f). Leider ist heute nicht mehr ermittelbar, wann das Manuskript ursprünglich erstellt worden ist. Eine Rekonstruktion der historischen Periode, auf die sich die Handlung bezieht, ist ebenso wenig möglich (vgl. Roche-Mahdi 1992, S. XII).

61 An dieser Stelle ist darauf hinzuweisen, dass Keller bezüglich der historischen Ursprünge der Begrifflichkeiten unter Heranziehung derselben Quellen zu ähnlichen Ergebnissen gelangte (vgl. Keller 2010, S. 16ff), die dem Autor im Rahmen der Literatursichtung und Erstfassung dieses Kapitels noch nicht bekannt waren. Auf den Roman »Silence« wird von Keller allerdings nur in einer Endnote verwiesen (vgl. ebd., S. 86). Im Gegensatz zu den eigenen Ausführungen relativiert Keller den Einfluss früherer Vorläufer extremer Sichtweisen (wie John Locke und John Stuart Mill) und gesteht erst Galton zu, Anlage und Umwelt als trennendes, oppositionelles Begriffspaar konstituiert zu haben: "What was it that made the formulation of nature and nurture as separable causal domains – the formulation of a disjunction that, to my knowledge, had not before (either in the scientific or the philosophical literature) been so sharply posed, and was certainly not posed by Mulcaster, Locke, or Mill – not only possible, but suddenly so clear to Galton?" (ebd., S. 24; vgl. auch ebd., S. 11, 19).

Die stärkere Gewichtung des Anlageeinflusses gegenüber dem Umwelteinfluss in diesem Werk wurde bereits vier Jahre später von dem Schweizer Biologen Alphonse de Candolle (1806–1893) kritisch hinterfragt, der in einer ähnlichen Untersuchung die Bedeutung von Umwelteinflüssen (von klimatischen Bedingungen bis hin zu einem nicht-dogmatischen und nicht-autoritären religiösen Umfeld) für die Entwicklung von Genies herausstellte (vgl. de Candolle 1873; Fancher 1979, S. 321; 1983, S. 342–346). Die im Vergleich zum späteren Anlage-Umwelt-Streit in dieser Zeit höflich ausgefallene Korrespondenz zwischen Galton und Candolle (vgl. z. B. ebd., S. 346 ff) kann damit als erste wissenschaftliche Diskursphase der Anlage-Umwelt-Debatte angesehen werden und erstreckte sich von 1869 bis 1885. Sie führte letztlich dazu, dass sowohl Candolle als auch Galton ihre Extrempositionen merklich abschwächten, obwohl Galton weiterhin auf der stärkeren Bedeutung des Anlageeinflusses insistierte (vgl. bspw. ebd., S. 349).[62] Der Disput mit Candolle trug dazu bei, dass Galton in seinen Werken im Jahr 1873 zur Beschreibung der Einflüsse von Anlage und Umwelt die Phrasen ›race‹ und ›nurture‹ (vgl. Galton 1873) und ab dem Jahr 1874 die Begriffe ›nature‹ und ›nurture‹ als Begriffspaare verwendete (vgl. Galton 1874a, b), deren Einzelbegriffe er zuvor nur separat genutzt hatte (vgl. z. B. Fancher 1979, S. 321 f; 1983, S. 349). In der Folge benutzte Galton diese begriffliche Dichotomie, um den seiner Meinung nach deutlich stärkeren Einfluss der Anlage über die Umwelt hervorzuheben, so bspw. im Rahmen seiner ›Zwillingsstudie‹ an 35 Zwillingspaaren mit großer Ähnlichkeit und 20 Paaren von großer Unähnlichkeit, die er auf schriftlichem Wege befragte (vgl. Rende/Plomin/Vandenberg 1990, S. 278 f; Galton 1875, S. 575). Laut Rende u. a. habe Galton dabei – entgegen missverständlicher Einschätzungen aus heutiger Sicht – noch keine Unterscheidung zwischen eineiigen und zweieiigen Zwillingen getroffen, sondern sei von der Eineiigkeit aller untersuchten Zwillingspaare ausgegangen. Nicht zuletzt aus diesem Grund könne seine Studie auch nicht als erste ›Zwillingsstudie‹ gewertet werden, da die Zwillingsmethode ausdrücklich den Vergleich ein- und zweieiiger Zwillinge voraussetze (vgl. Rende/Plomin/Vandenberg 1990, S. 279 f). Aufgrund seiner Beobachtung, dass keine der von ihm untersuchten unähnlichen Zwillinge im Verlauf ihrer Entwicklung durch Umwelteinflüsse einander ähnlicher wurden, gelangte Galton zu dem oft zitierten Fazit:

> "There is no escape from the conclusion that *nature prevails enormously over nurture* when the differences of nurture do not exceed what is commonly to be found among persons of the same rank of society and in the same country. My only fear is that my evidence seems to prove too much and may be discredited on that account, as it seems contrary to all experience that nurture should go for so little" (Galton 1875, S. 576; vgl. auch Galton 1907, S. 172; Hervorhebung ML).

---

62 Zuweilen lassen sich sogar bei Galton erste Ansätze einer interaktionistischen Sichtweise erkennen. Obwohl eine Trennung von Anlage und Umwelt nicht möglich sei, da beide eng miteinander interagieren würden, sei es dennoch sinnvoll, ihre Effektstärken gegeneinander abzuwägen: "The interaction of nature and circumstance is very close, and it is impossible to separate them with precision. Nurture acts before birth, during every stage of embryonic and pre-embryonic existence, causing the potential faculties at the time of birth to be in some degree the effect of nurture. We need not, however, be hypercritical about distinctions; we know that the bulk of the respective provinces of nature and nurture are totally different, although the frontier between them may be uncertain, and we are perfectly justified in attempting to appraise their relative importance" (Galton 1907, S. 131; siehe auch Fancher 1983, S. 350). Sowohl Fancher (1987, S. 26) als auch Sesardic weisen darauf hin, dass Galton keine ausschließende Anlageposition eingenommen habe: "[T]he title of one of Galton's main works was 'English Men of Science: Their Nature *and* Nurture'" (Sesardic 2005, S. 230, Buchtitel im Original kursiv, Hervorhebung im Original im Fettdruck; vgl. Galton 1874a).

Da zwischen diesen ersten Zwillingsuntersuchungen Galtons und der Entwicklung der Zwillingsmethode im Jahr 1924 (als Vergleich eineiiger und zweieiiger Zwillinge und mit dem Ziel der empirischen Ermittlung genetischer Einflüsse) fast ein halbes Jahrhundert liegt, ist die Bedeutung von Galtons Statement als wegweisend anzusehen (vgl. z. B. Rende/Plomin/Vandenberg 1990, S. 284). Seine These von der ungleich höheren Bedeutung des Erbgutes scheint im ausgehenden 19. Jahrhundert und im beginnenden 20. Jahrhundert weite Akzeptanz in der Scientific Community gefunden zu haben. Später prägte Galton zudem den Begriff der *Eugenik* und illustrierte diesen anhand der von ihm geschätzten bzw. konstruierten Zusammensetzung der Londoner Bevölkerung:

> »Den Begriff der Eugenik (griech. *eugenes*, wohlgeboren) hat Galton in einem Vortrag im Jahre 1901 geprägt. Er verstand unter Eugenik eine Theorie und eine Praxis, welche die geistige und körperliche Gesundheit der Bevölkerung über Generationen hinweg verbessert. Dies sei zu erreichen, wenn die Weitergabe gesunden Erbguts gefördert werde (positive Eugenik) oder indem die Weitergabe ungesunden Erbguts gehemmt werde [negative Eugenik, ML]. Galton bezog sich auf eine Londoner Bevölkerungsstatistik und deutete die darin gewählte Klasseneinteilung als Ausdruck der Qualität des Erbguts (engl. *genetic worth*). Gesundheit und Wohlstand der Bevölkerung würden steigen, wenn die arbeitende Mittelklasse, die Handwerker und Unternehmer mehr Nachwuchs hervorbringen würden als die Unterschicht von kriminellen und Trinkern« (Schönpflug 2000, S. 259, Hervorhebungen im Original).[63]

Bezüglich dieser Darstellung Schönpflugs ist allerdings anzumerken, dass die erste Nutzung des Begriffs ›Eugenik‹ durch Galton bereits im Jahr 1883 erfolgt war:

> "Galton coined the word ›eugenics‹ in his 1883 book, *Inquiries into Human Faculty and Its Development*, which appeared nearly two decades after he began trying to make a science out of human breeding" (Larson 2004, S. 179, Hervorhebung im Original; vgl. auch Galton 1907, S. 30; Paul 2003, S. 229).

Zusammenfassend lässt sich feststellen: Obwohl aus retrospektiver Sicht Galton nicht der Erste war, der die Begriffe ›nature‹ und ›nurture‹ verwendet hat, und er auch nicht als Erfinder der ›Zwillingsmethode‹ gelten kann, hat er die Diskussion über Anlage und Umwelt aus einem Zustand überwiegend philosophischer Spekulationen auf ein wissenschaftliches Fundament gestellt und den Anlage-Umwelt-Diskurs, wie er heute geführt wird, begründet. Die Anlage-Umwelt-Thematik wurde durch Galton zu einem mit empirischen Mitteln erforschbaren Gegenstand wissenschaftlicher Auseinandersetzung. Die historischen Positionen des Nativismus und Environmentalismus spiegeln sich in der von Galton popularisierten Dichotomie von ›nature versus nurture‹, wobei am Beginn des wissenschaftlich geführten Anlage-Umwelt-Diskurses der nativistischen Sicht durch Galton eine deutliche Vorrangstellung eingeräumt wurde. Vor diesem Hintergrund wird im Rahmen dieser Abhandlung von der ›Konsolidierung‹ des Anlage-Umwelt-Diskurses durch Francis Galton gesprochen. Zugleich wurde die Diskussion über Anlage und Umwelt durch die von Galton eingeführte Eugenik und den Einsatz empirischer Methoden eng mit der Frage nach sozialpolitischen Implikationen verknüpft. Die spätere Verbrüderung von Eugenik und Sozialdarwinismus trug dazu bei, dass der Anlage-Umwelt-Diskurs bis heute kaum losgelöst von der Diskursebene gesellschaftspolitischer Konsequenzen betrachtet werden kann (vgl. auch Abschnitt 2.2.5).

---

63 Francis Galton kann jedoch nicht als ›Erfinder‹ eugenischer Ideen gelten, denn diese lassen sich bis zurück in die Antike verfolgen (vgl. bspw. D. Galton 1998). Zudem führte die zunehmende Begeisterung für das Phänomen der Vererbung im 19. Jahrhundert dazu, dass bereits vor Galton eugenische Ideen eine immer stärkere Verbreitung fanden (vgl. Waller 2001, S. 484).

2.2.3 Der Streit um die Vererbung erworbener Eigenschaften

Einfache Vorläufer evolutionärer Denkmuster lassen sich im Prinzip zwar bereits in der Antike identifizieren; wissenschaftliche Konkretisierungen finden sich jedoch – wie bereits ausgeführt – erst im 19. Jahrhundert mit den Ansätzen von Lamarck und Darwin.[64] Ab Mitte des 19. Jahrhunderts standen sich damit mehrere – teils alternative, teils ergänzende – Hypothesen zur Erklärung des Artenwandels gegenüber und postulierten unterschiedliche Mechanismen der ›Evolution‹ (vgl. bspw. Cook 1999, S. 423; Hirschmüller 1991, S. 27). Zu letzteren zählen insbesondere die natürliche Selektion und die These von der Erblichkeit erworbener Eigenschaften, auf die auch Darwin nicht gänzlich zur Erklärung des Artenwandels verzichten konnte (vgl. bspw. Weismann 1892b, S. 508 sowie Abschnitt 2.2.1).

Im ausgehenden 19. und frühen 20. Jahrhundert entbrannte auf dieser Grundlage ein heftiger Streit zwischen den Anhängern Lamarcks und Darwins (also zwischen sog. ›Neo-Lamarckisten‹ und ›Neo-Darwinisten‹), in dessen Zentrum die Frage nach der Vererbung erworbener Eigenschaften stand. Zweifel an der Existenz der Vererbung erworbener Eigenschaften wurden insbesondere von einem deutschen Biologen geäußert:[65] (Friedrich Leopold) August Weismann (1834–1914) – zunächst ein Befürworter lamarckistischer Erklärungen (vgl. z. B. Hirschmüller 1991, S. 27) – bestritt ab dem Jahr 1883 aus theoretischer Sicht die Vererbung erworbener Eigenschaften (vgl. bspw. Cook 1999, S. 418; Weismann 1892c) und formulierte im Jahr 1885 seine ›Theorie der Kontinuität des Keimplasmas‹ (vgl. Weismann 1892a).[66] Nach dieser müsse (bei sich sexuell fortpflanzenden mehrzelligen Lebewesen) zwischen Körperzellen (Soma) und Keimzellen (Keimbahn), deren Trennung bereits früh in der Ontogenese erfolge, unterschieden werden. Veränderungen in den Körperzellen, die im Laufe eines Lebens durch Lernen, Gebrauch von Körperfunktionen, Verletzungen oder andere Lebensereignisse auftreten, könnten demnach (aufgrund der unüberwindbaren Trennung zwischen Keimbahn und Soma, der sog. ›weismannschen Barriere‹) nicht an die folgende Generation weitergegeben werden. Vererbt würden lediglich Veränderungen in den Keimzellen der Lebewesen (vgl. bspw. Cook 1999,

---

64 Die These von der Vererbung erworbener Merkmale wird von Mayr auch als »*indirekte* Vererbung« (Mayr 2002, S. 551, Hervorhebung ML, engl. ›*soft* inheritance‹) bezeichnet. Als historischer Vorläufer dieser Sichtweise wird zumeist Hippokrates angesehen (vgl. z. B. Koestler 1972, S. 29; Mayr 2002, S. 242). Wie Zirkle nachweisen konnte, war diese Vorstellung bereits in der Antike weit verbreitet und dominierte bis Mitte der 1880er Jahre das wissenschaftliche Denken in entscheidender Weise (vgl. Freeman 1974, S. 217; Zirkle 1935, 1946, S. 93–119). Hingegen sei die »*direkte* Vererbung« (Mayr 2002, S. 551, Hervorhebung ML, engl. ›*hard* inheritance‹), die dem Neo-Darwinismus Weismanns zugrunde liegt, bereits ansatzweise bei Lukrez (Titus Lucretius Carus, ca. 97–55 v. Chr.) vorhanden gewesen (vgl. Darlington 1953, S. 219, 1959, S. 119f, 197; Koestler 1972, S. 40; im Vergleich zu Mayr bei Koestler umgekehrte Nutzung der Attribute ›direkt‹ und ›indirekt‹). Als Vorläufer der These der natürlichen Selektion bzw. des Anpassungskonzepts kann hingegen Demokrit (460–371 v. Chr.) gelten: »Demokrit war somit der erste, der die Frage nach Zufallsmechanismen oder immanenten zielgerichteten Tendenzen stellte« (Mayr 2002, S. 241).

65 Eine Vererbung erworbener Eigenschaften wurde bereits von Galton kritisiert und abgelehnt (vgl. Cowan 1977, S. 141 ff): "For several years, however, Galton had categorically (and not always rationally, given the evidence then available) ruled out the possibility of inheritance of any sort of acquired characteristic" (Fancher 1983, S. 346). Zudem hatte Galton zu Beginn der 70er Jahre erfolglos versucht, Darwins Pangenesis-Theorie (als vorgeschlagenem Mechanismus einer Vererbung erworbener Eigenschaften) auf experimentellem Wege nachzuweisen, was zu einer merklichen Abkühlung der Kommunikation zwischen Darwin und Galton geführt hatte (vgl. Cowan 1977, S. 169–172).

66 Tatsächlich hatte bereits Galton Mitte der 1870er Jahre eine Theorie der Erblichkeit aufgestellt, die Weismanns Keimplasma-Theorie vorweggenommen hatte. Obwohl Weismann Galtons Vorarbeiten gewürdigt hatte, erhob Letzterer keinerlei Ansprüche auf Urheberschaft bezüglich dieser Idee (vgl. Cowan 1977, S. 178; Fancher 1987, S. 39).

S. 418).[67] Mae-Wan Ho zufolge habe damit in der Biologie eine konzeptuelle Trennung des Organismus von seiner Umwelt eingesetzt, die später in die sog. ›Moderne Synthese‹ (siehe unten) gemündet habe (vgl. Ho 1988, S. 87). Berichte über Fälle, in denen eine vermeintliche Vererbung erworbener Eigenschaften beobachtet werden konnte, waren in dieser Zeit keine Seltenheit (bspw. das Auftreten schwanzloser Katzenjunge bei einer Katze, die bei einem Unfall ihren Schwanz verloren hatte). Sie wurden von Weismann aber in das Reich der Anekdoten verbannt (vgl. Weismann 1892b, S. 511–522).

Ab dem Jahr 1887 versuchte Weismann, die Vererbung erworbener Eigenschaften auf experimentel-lem Wege zu widerlegen: Dazu schnitt er zwölf Mäusen die Schwänze ab, um zu prüfen, ob unter deren Nachwuchs schwanzlose Mäusejunge auftreten würden. Einigen der Nachkommen wurde vor erneuter Verpaarung wiederum der Schwanz abgeschnitten. In seinem ersten Report aus dem Jahr 1888 berichtete Weismann, dass »bisher von fünf Generationen künstlich entschwänzter Eltern 849 Junge geboren [wurden], von denen keins einen Stummelschwanz oder sonst eine Abnormität des Schwanzes aufwies« (ebd., S. 523f).[68] Als Vergleiche bezüglich der Spezies Mensch verwies Weismann darauf, dass ›Verstümmelungen‹ infolge ritueller Praktiken (wie bspw. der Beschneidung) nicht vererbt werden könnten und in jeder Generation erneut vorgenommen werden müssten (vgl. ebd., S. 526f). Heschl konstatiert in polemischer Weise, dass aus heutiger Sicht derartig skurrile und abstruse Experimente implizit einer falschen Forschungslogik (in Folge der Verwechselung von erblichen und nicht-erblichen Merkmalen) aufgesessen seien:

> »Im Prinzip haben also jene Leute erwartet, daß das Versuchstier ungefähr in einem vergleichbaren Lebensalter wie sein verstümmelter Vorfahre hergeht und sich nun aber – in weiser Voraussicht der Dinge, die da kommen mögen – selbst das antut, was der bösartige Experimentator im Sinne gehabt hat. Man sieht schon auf den ersten Blick, was hier – zum Leidwesen der vielen Versuchstiere – auf geradezu tragische Weise nicht richtig erkannt wurde. Man hielt bestimmte ungünstige Umweltbedingungen (z. B. Verstümmelung des Schwanzes) für den Erwerb eines neuen Merkmals und sah dafür gerade nicht das eigentliche biologische Merkmal (z. B. nach Verletzung abheilender Schwanzstummel), um das es letzten Endes allein gehen kann« (Heschl 1998, S. 147)

Dieses Zitat zeigt, mit welchen diskursiven Strategien selbst in der heutigen Zeit versucht wird, lamarckistische Thesen, die den vom Mainstream vertretenen Ansichten in der Evolutions-biologie widersprechen, nachträglich der Lächerlichkeit preiszugeben. Denn genau diese Interpretation von Verstümmelungen lag weder den Versuchen Weismanns noch den Thesen der Neo-Lamarckisten zugrunde. Im Kern ging es um die Frage, inwieweit ein künstlich her-vorgerufener Selektionsdruck (in diesem Beispiel der Verlust des Schwanzes durch kontinuier-liche Verstümmelung) ausreicht, um zum Verlust eines Merkmals zu führen.[69] Im Falle von

---

67 Während sich Weismanns Barriere heute im zentralen Dogma der Molekularbiologie wiederfindet (vgl. z. B. Smith 2000, S. 78f sowie Abschnitt 5.4; kritisch: Bauer 2008, S. 26; zur genaueren Unterscheidung zwischen dem Dogma der Kontinuität des Keimplasmas und dem zentralen Dogma der Molekularbiologie vgl. bspw. Kronfeldner 2007, S. 496), gelten seine Vorstellungen bezüglich Keimbahn und Soma als teilweise widerlegt, denn nach Weismann würden bestimmte Körperzellen nur einen Bruchteil des genetischen Materials enthalten, wohingegen heute erwiesen ist, dass auch Körperzellen den kompletten Satz des genetischen Materials enthalten (vgl. z. B. Jablonka/Lamb 2006, S. 18).

68 Weismann setzte dieses Experiment über viele Generationen hin erfolglos fort: »Ich habe selbst derartige Versuche angestellt und zwar während 22 aufeinander folgenden Generationen und ohne jeden positiven Erfolg. Unter den 1592 Jungen, die von entschwänzten Eltern erzeugt wurden, war nicht ein einziges mit einem irgendwie defekten Schwanz« (Weismann 1904, Bd. 2, S. 56; siehe auch Heschl 1998, S. 146).

69 Nach Einschätzung Waddingtons, der selbst eine Vererbung erworbener Merkmale abgelehnt habe (vgl. bspw. Koest-ler 1972, S. 32) und zur Erklärung zweifelhafter Fälle sein Prinzip der sog. ›genetischen Assimilation‹ entwickelte

Weismanns Experiment war dies aus retrospektiver Sicht auch gar nicht zu erwarten, da ein Mäuseschwanz kein primär überlebenswichtiges oder fitnessrelevantes Merkmal darstellen dürfte (vgl. bspw. Koestler 1972, S. 37; Lipton 2006, S. 43):

>»Aber wie ein Kritiker – selbst Lamarckist – bemerkte, hätte er [Weismann, ML] ebenso gut die Erblichkeit eines Holzbeines studieren können; denn nach Lamarcks Theorie werden nur jene Merkmale vererbt, die ein Lebewesen als Folge seiner natürlichen Anpassung erwirbt – und das Amputieren des Schwanzes kann man doch wohl nicht als natürliche Anpassung der Maus bezeichnen« (Koestler 1972, S. 37).

Dass mit den Arbeiten Weismanns die Frage nach der Vererbung erworbener Merkmale abschließend geklärt werden konnte und fortan Lamarcks Theorie nur noch von einer Minderheit von Biologen vertreten wurde, ist ein Trugschluss, denn der sog. ›Siegeszug‹ des Darwinismus (bezüglich des Prinzips der natürlichen Selektion) erwies sich keineswegs als schneller und gradliniger Paradigmenwechsel.[70] Denn trotz Weismanns postulierter Widerlegung erfreuten sich Lamarcks Thesen, in Form des sog. ›Neo-Lamarckismus‹, insbesondere in den ersten Dekaden des 20. Jahrhunderts, unter Naturalisten großer Beliebtheit (vgl. bspw. Gould 1972, S. 624). Und von Letzteren wurden größte Bemühungen angestellt, die Vererbung erworbener Eigenschaften experimentell nachzuweisen, obwohl von Lamarck selbst und auch von späteren Neo-Lamarckisten völlig offen gelassen wurde, wie ein Mechanismus beschaffen sein könnte, mit dessen Hilfe eine Vererbung erworbener Eigenschaften erfolgen könnte (vgl. Mayr 1972, S. 79f.). Wie ein – im Gegensatz zu den Versuchen Weismanns geeignetes – Schlüsselexperiment zum Nachweis einer Vererbung erworbener Eigenschaften aussehen könnte, legte Henry Fairfield Osborne (1857–1935) im Jahr 1895 dar:

>"The conditions of a crucial experiment may be stated as follows: An organisms A, with an environment or habit A, is transferred to environment or habit B, and after one or more generations exhibits variations B; this organisms is then retransferred to environment or habit A, and if it still exhibits, even for single generation, or transitorily, any of the variations B, the experiment is a demonstration of the inheritance of ontogenic variations" (Osborne 1895, S. 436; siehe auch Cook 1999, S. 423 f.).

(vgl. Abschnitt 5.4 sowie Fußnote 83 auf Seite 83), sei kein Biologe in der Wissenschaftsgeschichte derart stark verunglimpft worden wie Lamarck: "Lamarck is the only major figure in the history of biology whose name has become, to all intents and purposes, a term of abuse. Most scientists' contributions are fated to be outgrown, but very few authors have written works which, two centuries later, are still rejected with an indignation so intense that the sceptic may suspect something akin to an uneasy conscience. In point of fact, Lamarck has, I think, been somewhat unfairly judged" (Waddington 1975, S. 38).

70 So hat bspw. Wagner die frühe Rezeptionsgeschichte des Darwinismus nach Dekaden gegliedert und konstatiert, dass der Darwinismus zu Beginn des 20. Jahrhunderts in einer Krise gesteckt habe: »Man kann die Phasen des eigentlichen Darwinismus geradezu nach Jahrzehnten einteilen: In den sechziger Jahren des vorigen Jahrhunderts [gemeint ist das 19. Jahrhundert, ML] hatte der Darwinismus hauptsächlich als Entwicklungstheorie überhaupt mit dem Widerstande älterer Anschauungen zu kämpfen; in den siebziger Jahren begann er sich durchzuringen und die Sympathien der Forscher zu gewinnen, um in den achtziger Jahren auf der Höhe seines Ansehens und seiner Ausbildung zu stehen, auf einer Höhe, angesichts deren es ein wissenschaftliches Verbrechen war, an der Richtigkeit der DARWINschen Prinzipien zu zweifeln; in den neunziger Jahren erhob sich die bisher fast gänzlich unterdrückte Opposition, die gegnerischen Stimmen wurden zahlreicher und lauter, die kritischen Untersuchungen der Tatsachen vom Standpunkte des Selektionismus immer eingehender, bis endlich im ersten Jahrzehnt des laufenden Jahrhunderts der allgemeine Niedergang, die Überwindung der DARWINschen Hypothese unter verstärkter Aufrechterhaltung des Entwicklungsgedankens zum Ausbruche gelangt« (Wagner 1908, S. 63, Hervorhebungen im Original; siehe auch Hirschmüller 1991, S. 26).

Zu den berühmtesten – und aufgrund von späteren Fälschungsvorwürfen berüchtigtsten – Versuchen zum Beweis einer Vererbung erworbener Eigenschaften zählen bis heute die Experimente des Wiener Biologen Paul Peter Rudolf Kammerer (1880–1926). Im Anlage-Umwelt-Diskurs nimmt der ›Kammerer-Fall‹ als Streit zwischen Neo-Lamarckismus und Neo-Darwinismus eine besondere Stellung ein und hat die weitere diskursive Entwicklung entscheidend geprägt, zumal Kammerer teleologische Annahmen mit einem impliziten environmentalistischen Optimismus verkoppelte:

> "He [Kammerer, ML] also delivered a political message about the value of the individual for the progress of the species or nation. Environment and education shaped people, societies, and culture. After the war [First World War, ML], these themes dominated Kammerer's lectures, which presented a vision for healing and renewed progress by means of a new eugenics that would improve the unfit rather than select the fit" (Gliboff 2006, S. 526).

Aus diesen Gründen soll dieser Fall im Folgenden detaillierter untersucht werden. Kammerer hatte zwischen 1906 und 1919 (vgl. Koestler 1972, S. 27) an der ›Biologischen Versuchsanstalt‹ in Wien, dem sog. »Vivarium« (Gliboff 2006, S. 526), zahlreiche Versuche an verschiedenen Tierarten durchgeführt, die in der Folge als mögliche Nachweise einer Vererbung erworbener Eigenschaften diskutiert wurden: Beispielsweise berichtete Kammerer von erblichen Farbveränderungen der Hautpigmentierung und des Laich- und Brutpflegeverhaltens verschiedener Salamander (*Salamander maculosa*, *Salamander atra*) als Anpassungen an Umweltveränderungen, von der Wiederherstellung der Sehfähigkeit des blinden Grottenolms (*Proteus anguinus*) unter Rotlichtexposition sowie von der Verlängerung abgeschnittener Siphone bei der Seescheide (*Ciona intestialis*) (vgl. bspw. Hirschmüller 1991, S. 35, 41, 44 f).[71] Seine berühmtesten Experimente führte Kammerer an Exemplaren der Geburtshelferkröte (*Alytes obstetricans*) durch. Deren mitunter tagelang andauernde Verpaarung erfolgt unter natürlichen Bedingungen an Land, wobei die Männchen mittels Umarmung die Eier aus den Weibchen herauspressen, mit ihrem Samen befruchten und über Wochen an ihren Hinterextremitäten mit sich herumtragen (vgl. bspw. ebd., S. 39 f). Kammerer führte sein Experiment wie folgt durch:

> »Wie bei den früheren Experimenten mit den Alpen- und den Feuersalamandern bestand der erste Schritt zunächst darin, den Fortpflanzungsmodus der Geburtshelferkröte zu ändern. Dies geschah, indem die Kröten bei ungewöhnlich hohen Temperaturen (+25 bis +30° C) gehalten wurden, ihnen jedoch ein Bassin mit kühlem Wasser bereitgestellt wurde. Dies veranlaßte die Tiere, sich immer länger in dem Bassin aufzuhalten, bis sie sich schließlich auch im Wasser paarten. Aber die Eier, die das Weibchen ins Wasser ausstieß, quollen sofort auf und blieben nicht an den Beinen des Männchens haften. Sie sanken auf den Boden des Bassins, wo die meisten von ihnen zugrunde gingen« (Koestler 1972, S. 49; vgl. auch Gliboff 2006, S. 526; Hirschmüller 1991, S. 40).

Unter dem überlebenden Nachwuchs dieser Kröten zeigten sich ab der dritten Generation Exemplare mit sog. ›Brunftschwielen‹, »rauhe[n], dunkel verfärbte[n] Schwielen auf Daumen und Daumenballen, wie sie von anderen Anurenarten, etwa der Unke *Bombinator*, bekannt waren, und die offensichtlich dazu dienten, dem Männchen während des oft tagelang andauernden Kopulationsvorganges im Wasser einen sicheren Halt auf dem Rücken des Weibchens zu geben« (ebd., Hervorhebung ML; vgl. auch Aronson 1975, S. 117). Diese Brunftschwielen waren jedoch ausschließlich während der Fortpflanzungsperioden der Kröten sichtbar (vgl. Gliboff 2006,

---

71 Im Gegensatz zu seinen anderen Experimenten wurde die Wiederherstellung der Sehfähigkeit des Grottenolms von Kammerer selbst nicht als Nachweis einer Vererbung erworbener Eigenschaften interpretiert (vgl. Koestler 1972, S. 52).

S. 547). Obwohl Kammerer selbst diese Ergebnisse seiner Experimente nicht als schlagende Beweise für eine Vererbung erworbener Eigenschaften ansah (vgl. Hirschmüller 1991, S. 53 f; Koestler 1972, S. 48; kritisch: Gliboff 2006, S. 547), lösten seine Publikationen eine heftige wissenschaftliche Kontroverse aus, in der als Hauptgegner Kammerers der Genetiker William Bateson (1861–1926)[72] auftrat (vgl. Hirschmüller 1991, S. 53), und die sich nicht zuletzt an seiner eigenen Rolle als Forscherpersönlichkeit entzündete.[73] Die Ursachen dafür liegen zum einen darin, dass Kammerer bereits im Jahr 1914 von einem Forschungskollegen der Unexaktheit und Fälschung von Versuchsergebnissen bezichtigt worden war (vgl. ebd., S. 42).[74] Zum anderen scheiterten trotz größter Bemühungen mehrere Versuche, Kammerers Ergebnisse zu replizieren (vgl. bspw. ebd., S. 45), wobei im Falle der Geburtshelferkröten anderen Forschern – unter ihnen William Bateson – noch nicht einmal die Zucht der Tiere gelungen war (vgl. Koestler 1972, S. 25, 49, 187, 193). Kammerer selbst gab der Weiterzucht seiner wertvollen Exemplare den Vorzug gegenüber einer Konservierung, sodass nur wenige Präparate seiner Versuchstiere erhalten blieben, die als Nachweis seiner Forschungsergebnisse dienen konnten (vgl. bspw. Aronson 1975, S. 117). Angefertigte Fotografien von *Alytes*-Exemplaren und Schnittpräparaten der Brunftschwielen waren zudem in derart mangelhafter Qualität erstellt worden, dass ihr Beweiswert kontrovers diskutiert wurde (vgl. z. B. Gliboff 2006, S. 527). Und im Zuge des Ersten Weltkrieges ging Kammerers gesamte Zucht von *Alytes* mangels Pflege zugrunde, sodass Kammerer nach dem Krieg nur noch ein einziges konserviertes *Alytes*-Exemplar vorweisen konnte (vgl. bspw. ebd.; Hirschmüller 1991, S. 54; Koestler 1972, S. 84). Kammerer gab im Jahr 1921 seine Anstellung im Vivarium aus freien Stücken auf und widmete sich ganz der Verbreitung seiner Thesen und Versuchsergebnisse im Rahmen von öffentlichen Vorträgen und Auslandsreisen, zu denen auch Reisen in die Vereinigten Staaten und die Sowjetunion zählten (vgl. z. B. Hirschmüller 1991, S. 56 ff). Schließlich kam im Jahr 1926 im Rahmen einer Inspektion des letzten verbliebenen Exemplars von *Alytes* durch Gladwyn Kingsley Noble (1894–1940) der Verdacht der Fälschung auf, da die Brunftschwielen dieses Exemplars eindeutig als Tuscheflecken identifiziert wurden (vgl. Noble 1926, kritisch: Przibram 1926; vgl. dazu auch Hirschmüller 1991, S. 61). Sechs Wochen nach dieser Enthüllung und wenige Tage vor seiner Übersiedlung in die Sowjetunion,

---

72 William Bateson hatte zunächst selbst erfolglos versucht, auf einer Forschungsreise nach Asien Belege für die Vererbung erworbener Merkmale zu finden und entwickelte sich daraufhin zu einem Kritiker des Neo-Lamarckismus (vgl. bspw. Hirschmüller 1991, S. 53). Sein Sohn Gregory Bateson (1904–1980) war von 1936 bis 1947 mit Margaret Mead verheiratet.

73 Als weitere Gegner Kammerers können der Genetiker Thomas Hunt Morgan (1866–1945) in Amerika und August Weismann in Deutschland gelten. Unterstützung erhielt Kammerer hingegen von Hans Przibram (1874–1944), Ernest William MacBride (1866–1940) und John Broadus Watson (1878–1958) (vgl. bspw. Aronson 1975, S. 121; Gliboff 2006, S. 546; Koestler 1972, S. 108 f, 119). Kammerers Ergebnisse wurden im wissenschaftlichen Diskurs nicht nur durch seine zahlreichen und detaillierten Aufsätze bekannt, sondern auch durch einschlägige Buchpublikationen (insbes. Kammerer 1924; vgl. bspw. Koestler 1972, S. 109, 217–220).

74 Dieser Kollege Kammerers namens Franz Megušar, der laut eigener Aussage über Jahre detaillierte Einblicke in die Forschungstätigkeiten Kammerers gehabt hätte, wurde von Hans Przibram, dem Leiter der Wiener Biologischen Versuchsanstalt, an der auch Kammerer beschäftigt war, als psychisch nicht normal und später erkrankt charakterisiert. Megušar starb zwei Jahre später als Soldat im Ersten Weltkrieg und kann daher nicht an den späteren Fälschungsvorwürfen gegen Kammerer beteiligt gewesen sein (vgl. Hirschmüller 1991, S. 42 f). Hinzu kamen jedoch Gerüchte über die jüdische Abstammung Kammerers (vgl. Gliboff 2006, S. 527), seine sozialpolitische Einstellung als »erklärter Pazifist und Sozialist« (Hirschmüller 1991, S. 52), seine Mitgliedschaft bei den Freimaurern, seine populärwissenschaftlichen Publikationen (insbes. Kammerer 1919) sowie seine pressewirksamen Auftritte im öffentlichen Diskurs (vgl. Hirschmüller 1991, S. 49–55; Koestler 1972, S. 104–107).

wo er im gleichen Jahr eine Berufung auf eine Professur, die ihm in Wien bis dato verwehrt worden war, verbunden mit dem Auftrag zum Aufbau eines biologischen Forschungsinstituts erhalten hatte (vgl. bspw. Hirschmüller 1991, S. 59), nahm sich Kammerer am Schneeberg in Niederösterreich am 23. September 1926 das Leben, was allgemein als Schuldeingeständnis interpretiert wurde (vgl. bspw. Koestler 1972, S. 11, 124).[75]

Der Fälschungsvorwurf gegen Kammerer hält sich bis heute, obwohl begründete Zweifel bestehen: Erstens wurde das letzte *Alytes*-Exemplar von Kammerer im Jahr 1923 auf eine Vortragsreise nach London mitgenommen und bei dieser Gelegenheit von zahlreichen Forschern (unter ihnen Koryphäen wie John Burdon Sanderson Haldane (1892–1964) und William Bateson) in Augenschein genommen, ohne dass ein Fälschungsvorwurf erhoben worden war (vgl. z. B. ebd., S. 89–97, 127 f.).[76] Zweitens erscheint es unwahrscheinlich, dass ein Wissenschaftler seine ›Fälschung‹ in derart offener Weise zu Forschungsreisen mitführt, öffentlich zur Schau stellt und sogar von Experten in Augenschein nehmen lässt (vgl. z. B. ebd., S. 129). In diesem Sinne argumentiert auch Gliboff:

> "The charges are serious, and Kammerer's guilt continues to be asserted, but the recklessness of the fraud – if fraud it was – makes it difficult to comprehend. Kammerer's friend Hugo Iltis, the plant geneticist, Mendel biographer, and early promoter of Mendelism, could not imagine him being so foolish. Iltis recalls discussing the impending scandal with him, and says Kammerer convinced him of his innocence with a rhetorical question: '"Do you think I'm a *Dummkopf* or an idiot? Because that's what I would have to be if I left a forgery with ink standing around openly in the laboratory, where so many of my enemies have entry, or if I even sent it to a scientific congress." I could not escape the logic of this argument.' I agree with Iltis that the pad was not fabricated" (Gliboff 2006, S. 527 f, Hervorhebung im Original, Fußnotenverweis entfernt).

Drittens hatte Kammerer seine Einwilligung zur Untersuchung des letzten *Alytes*-Exemplars gegeben, und es erscheint unwahrscheinlich, dass er diese Zustimmung gegeben hätte, wenn das Exemplar von ihm gefälscht oder manipuliert worden wäre. Nach Enthüllung der Fälschung durch Noble in besagtem Artikel nahm Kammerer das betroffene Exemplar selbst erneut

---

75 Die Gründe für Kammerers Selbstmord gelten jedoch bis heute als ungeklärt. Neben den Fälschungsvorwürfen werden persönliche Gründe (insbesondere Enttäuschungen in einer Liebesbeziehung) diskutiert (vgl. bspw. Hirschmüller 1991, S. 33 f). Da die Untersuchung Nobles bereits ein halbes Jahr vor der Veröffentlichung seiner Ergebnisse durchgeführt worden war, dürfte laut Koestler der Fälschungsvorwurf bereits vor dessen Veröffentlichung fachintern weite Bekanntheit erlangt haben (Koestler 1972, S. 141).

76 Durch Herbert Graham Cannon (1897–1963), der bei der Inspektion des besagten *Alytes*-Exemplars im Rahmen des Besuches von Kammerer in London im Jahr 1923 anwesend gewesen war, ist jedoch eine Bemerkung Batesons überliefert, die Zweifel an der Echtheit des *Alytes*-Exemplars bei dessen Exposition aufkommen lässt (vgl. auch Aronson 1975, S. 120): "I was present in MacBride's room at the old Royal College of Science – T. H. Huxley's old department – when he [Kammerer, ML] arrived. The only other person present was Bateson. Kammerer produced the specimen in a glass tube, and McBride glanced at it, literally for about a couple of seconds, and then handed it to me. I took it across to Bateson, who inspected it with a hand lens and then said under his breath to me, 'It looks to me like a spot of black ink!' He was, of course, referring to the supposed black horny pad which was said to have been produced experimentally" (Cannon 1959, S. 46; siehe auch Freeman 1972a, S. 509). Bemerkenswert ist, dass der Hinweis auf diese anekdotenhafte Begebenheit und dessen Unterschlagung durch Koestler von keinem anderen als Derek Freeman erfolgte (vgl. ebd.) – derselbe Freeman, der später in der Debatte um die Samoa-Forschungen von Margaret Mead noch eine tragende Rolle als Vertreter der nativistischen Diskursposition spielen sollte (vgl. Kapitel 7). Und nicht minder bemerkenswert ist, dass Koestlers environmentalistischer Rehabilitationsversuch Kammerers (Koestler 1971, dt. 1972; kritisch: Aronson 1975, S. 116; Gliboff 2006, S. 528 f) zu Beginn der 70er Jahre erfolgte – in einer Diskursphase, in der der Streit um die Erblichkeit der Intelligenz kurz vor seinem Höhepunkt stand (vgl. auch die Abschnitte 8 und 9).

in Augenschein, erkannte die Fälschung sofort an und zeigte sich mit Folgeuntersuchungen einverstanden (vgl. bspw. Hirschmüller 1991, S. 62; Koestler 1972, S. 120f).[77]
Bereits zu Kammerers Lebzeiten (und auch aus heutiger Sicht) konnten die von Kammerer beschriebenen Phänomene ohne die Annahme einer Vererbung erworbener Eigenschaften erklärt werden, beispielsweise als Fälle von genetischer Assimilation (vgl. auch Abschnitt 5.1) oder Fixierung von Atavismen, was auch Kammerer selbst eingeräumt hatte (vgl. bspw. Aronson 1975, S. 117; Gliboff 2006, S. 543f; Koestler 1972, S. 48). Im Falle von Atavismen existierten die urtümlichen Merkmale – bei *Alytes* demnach Brunftschwielen – als genetisches Potenzial bereits in der Spezies, waren bei phylogenetischen Vorfahren verloren gegangen und kamen durch extreme Umwelteinwirkungen wieder zum Vorschein (vgl. bspw. Gould 1972, S. 625). Nach Gould sei ein Nachweis einer Vererbung erworbener Eigenschaften im Falle von *Alytes* sogar durch Kammerers eigene Versuchsbedingungen verhindert worden:

> "Kammerer performed a good Darwinian experiment and unconsciously selected for them [*Alytes*, ML] in the following way: He took hundreds of eggs from females and tried to raise them in an unnatural aqueous environment. Only a few percent survived … He then repeated this procedure over several generations. In other words, in each generation he imposed a powerful selection for whatever genetic factors allow an egg to develop successfully in water. His final population differed markedly from natural ones in its progressive accumulation of genes conferring success in aqueous habitats. Is it then surprising that the nuptial pads – an aqueous adaptation – gained expression where they had before remained latent? … If *all* eggs survived in water and all offspring contributed an equal number of eggs to the next generation, and if the nuptial pads still appeared and attained hereditary fixation, then that would be a different, and indeed a Lamarckian, matter" (ebd., Hervorhebung im Original; vgl. auch Gould 1989, S. 85f sowie (für einen epigenetischen Erklärungsversuch der Ergebnisse Kammerers) Vargas 2009; kritisch gegenüber Vargas: Gliboff 2010).

Neben Kammerer kann von anderen namhaften Forschern – besonders aus dem Bereich der Psychologie – berichtet werden, die sich noch bis zum Ende der 40er Jahre um einen experimentellen Nachweis der Vererbung erworbener Eigenschaften bemüht hatten. Entsprechende Versuche sind beispielsweise aus den Laboratorien von Iwan Petrowitsch Pawlow (1849–1936) überliefert, dessen Mitarbeiter nachzuweisen geglaubt hatten, dass die Konditionierung von Mäusen (bezüglich eines Glockentons mit anschließender Futtergabe) mit jeder Generation leichter erlernt worden wäre (vgl. bspw. Pawlow 1923, S. 360f; Darlington 1959, S. 201; Koestler 1972, S. 37f; Windholz/Lamal 1991, S. 100f). Da Pawlow später Unstimmigkeiten in der Versuchsdurchführung erkannte und die Versuchsergebnisse nicht repliziert werden konnten, widerrief er diese (vgl. bspw. McDougall 1927, S. 270f; Windholz/Lamal 1991, S. 101f), blieb aber auch später ein Anhänger der Theorie einer Vererbung erworbener Eigenschaften (vgl. ebd., S. 97f, 103f). Auch der später als Entwicklungspsychologe bekannt gewordene Jean Piaget (1896–1980) bemühte sich in jungen Jahren um einen Nachweis der Vererbung erworbener Eigenschaften. Er führte ab dem Jahr 1928 Experimente mit Teichschnecken (*Limnaea stagnalis*) durch und konnte zeigen, dass Exemplare mit einem verkürzten Gehäuse, das als Anpassung an Lebensräume mit bewegtem Wasser bzw. Wellen infolge von Muskelkontraktionen beim Festhalten am Untergrund entstanden war, auch im Aquarium ohne den

---

77 Spekulationen über mögliche Erklärungen des Kammerer-Falles reichen von beabsichtigter Fälschung Kammerers über Retuschierversuche von Mitarbeitern Kammerers zur besseren Hervorhebung der Brunftschwielen bis hin zu diversen Verschwörungstheorien (vgl. bspw. Hirschmüller 1991, S. 66; Koestler 1972, S. 140ff). Eine abschließende Klärung des Kammerer-Falles erscheint vor dem Hintergrund dieser Datenlage und der seither verstrichenen Zeit heute nicht mehr möglich zu sein (vgl. z. B. Hirschmüller 1991, S. 65).

auslösenden Umwelteffekt über Generationen ihre verkürzten Gehäuse beibehielten (vgl. bspw. Thomas 1977, S. 283). Piaget interpretierte diesen Fall zunächst im lamarckistischen Sinne und später als Beispiel genetischer Assimilation (vgl. bspw. Piaget 1975, passim; 1992, S. 307–311; kritisch: Waddington 1975, S. 92–95). Als letztes Beispiel soll in diesem Zusammenhang der Instinkttheoretiker und Psychologe William McDougall (1871–1938) genannt werden, der zwischen 1920 und 1938 verschiedene Experimente an Ratten vornahm (vgl. z. B. McDougall 1927, 1938a, b). In einem Experiment konnten die Tiere zwischen zwei Fluchtwegen aus einem Versuchslabyrinth wählen. Am Ende jedes Fluchtwegs befand sich ein Gitter, das den Ausgang aus der Versuchsbox darstellte. Eines dieser Gitter wurde in jedem Versuch unter Strom gesetzt, und zur Diskrimination diente ein optischer Lichtreiz (vgl. bspw. McDougall 1927, S. 277 ff.). »Wie Pawlows Mäuse brauchten auch die Ratten jeder nachfolgenden Generation zum Lernen des Fluchtwegs immer weniger Zeit« (Koestler 1972, S. 38; vgl. auch Drew 1939, S. 189 f.).[78] Spätere Versuche, diese Ergebnisse McDougalls zu replizieren, lieferten jedoch keinen Nachweis für eine Vererbung erworbener Eigenschaften (vgl. ebd., S. 190):

> »Dabei bestätigte sich zwar McDougalls Behauptung, daß die Nachkommen abgerichteter Tiere rascher lernen als ihre Eltern – aber leider traf dies auf die Kontrolltiere nicht abgerichteter Linien gleichermaßen zu. Offensichtlich werden unter Laboratoriumsbedingungen gezüchtete Rattenstämme von Generation zu Generation intelligenter. Einmal mehr konnte es nur heißen: nichts erwiesen« (Koestler 1972, S. 39, Anmerkungsverweis entfernt; vgl. auch Agar u. a. 1954, S. 311, 314, 320 f.).

Für den Niedergang neo-lamarckistischer Vorstellungen scheint jedoch die experimentelle Beweislage nicht den alleinigen Ausschlag gegeben zu haben:

> "Rather, even as knowledge of genes and gene transmission grew between 1910 and 1930, many scientists attempted to integrate nature and nurture and to relate their synthesis to evolution. Recast in many forms, the inheritance of acquired characteristics remained part of the debate. Peter Bowler states that the concept of the inheritance of acquired characteristics was abandoned 'not because it lacked proof, but because Mendelian genetics was so much easier to elaborate into a conceptual foundation for the study of heredity' (1983, p. 60)" (Logan/Johnston 2007, S. 760).

In der Biologie wurden die These von der Vererbung erworbener Eigenschaften und die Theorie des Neo-Lamarckismus mit Ende der 30er Jahre durch das Aufkommen der sog. »Synthetischen Evolutionstheorie« (Kutschera 2006, S. 62, ohne Hervorhebung), ›Neuen Synthese‹ bzw. ›Modernen Synthese‹ ad acta gelegt (vgl. bspw. Junker/Hoßfeld 2001, S. 172–217; Kutschera 2006, S. 59–83).[79] Vereinfachend dargestellt wurde im Rahmen dieses Paradigmenwechsels der Neo-Darwinismus mit verschiedenen neuen Erkenntnissen und Theorien aus der Genetik (insbesondere der mendelschen Erblehre, der Mutationstheorie und der Populationsgenetik) und Paläontologie vereinigt, wobei unter den in den Jahrzehnten zuvor postulierten Evolutionsmechanismen dem Prinzip der natürlichen Selektion (nach Darwin und Wallace) die zentrale

---

78 Laut McDougall habe eine selektive Züchtung der Ratten auf niedrige Fehlerzahlen in der Wahl des ›richtigen‹ Fluchtweges kaum nennenswerte Verbesserungen gebracht (vgl. McDougall 1938a, S. 332). Dabei wurden von ihm jedoch die erfolgreichen Versuche Tryons, Ratten auf ihre Lernfähigkeiten in Labyrinthen hin selektiv zu züchten (vgl. Abschnitt 5.1), nicht berücksichtigt.

79 Nach Kutschera sind als Protagonisten der Synthetischen Evolutionstheorie Theodosius Grygorovych Dobzhansky (1900–1975), Ernst Walter Mayr (1904–2005), Julian Sorell Huxley (1887–1975), George Gaylord Simpson (1902–1984), Bernhard Rensch (1900–1990) und George Ledyard Stebbins (1906–2000) zu nennen (vgl. Kutschera 2006, S. 62 f.). Als deren Hauptwerke im Rahmen der Synthetischen Evolutionstheorie gelten demnach: Dobzhansky 1937, J. Huxley 1942, Mayr 1942, Rensch 1947, Simpson 1944 und Stebbins 1950.

Stellung zuerkannt wurde (vgl. bspw. Junker/Hoßfeld 2001, S. 175). Seit den 50er Jahren wurde dieser Ansatz einer Synthetischen Evolutionstheorie durch die Integration neuer Forschungsergebnisse und Erklärungsansätze der unterschiedlichsten Gebiete (bspw. der Ethologie, Soziobiologie, Molekularbiologie etc.) ständig weiter ausgebaut, weshalb Kutschera in diesem Zusammenhang auch von der »Erweiterten Synthetischen Theorie« (Kutschera 2006, S. 81) spricht. Dabei kann die Aufdeckung der DNA-Struktur im Jahr 1953 durch James Dewey Watson (geb. 1928) und Francis Harry Compton Crick (1916–2004) (vgl. Watson/Crick 1953) als eines der wichtigsten diskursiven Ereignisse der letzten und aktuellen Phase des Anlage-Umwelt-Diskurses gelten.[80] Logan und Johnston sehen in der Entwicklung der synthetischen Evolutionstheorie zudem einen Grund für die Separation von Anlage und Umwelt, da sie die konzeptuelle Trennung von Instinkt und Lernen, die in Abschnitt 2.2.6 noch eingehender betrachtet wird, weiter verfestigt habe:

> "The neo-Darwinian synthesis fostered a separation between instinct and learning in a way that traditional Darwinism did not. The major accomplishment of the synthesis was to provide a compelling explanation of Darwinian natural selection in terms of Mendelian genetics. Instead of selection being among alternate phenotypes, the modern synthesis defined selection to occur among alternate genetic variants (alleles). Thus the neo-Darwinian synthesis strongly encouraged a distinction between generically determined aspects of the phenotype (which could evolve by natural selection) and nongenetically acquired aspects (which could not)" (Logan/Johnston 2007, S. 765).

Während mit den 30er Jahren die These von der Vererbung erworbener Eigenschaften heftiger Kritik ausgesetzt war (vgl. z. B. Haldane 1932) und der Neo-Lamarckismus ab den 40er Jahren in den westlichen Industrienationen kaum noch in ernsthafter Weise vertreten wurde, erfolgte sein Niedergang in der Sowjetunion mit 20-jähriger Verspätung erst zu Beginn der 60er Jahre, was auf den Einfluss von Trofim Denissowitsch Lyssenko (1898–1976) zurückzuführen ist. Lyssenko hatte auf der Grundlage der These von der Vererbung erworbener Eigenschaften im Jahr 1928 die Methode der sog. ›Vernalisierung‹ entwickelt, eine »Methode zur Zucht von Wintergetreide, bei der die Samen aus dem Anbau im Sommer bei niedrigen Temperaturen in Wasser eingeweicht wurden« (Carroll 2008, S. 236). Laut Darlington habe Lyssenko sogar behauptet, verschiedene Spezies von Getreide (mit unterschiedlichen Chromosomenzahlen) ineinander umgewandelt zu haben (vgl. Darlington 1959, S. 211). Anstelle gesteigerter Ernteerträge hatten Lyssenkos landwirtschaftliche Programme jedoch Missernten und Hungersnöte zur Folge (vgl. z. B. Carroll 2008, S. 238).[81] Lyssenko leugnete trotz schlagkräftiger Beweise auch nach 1953 vehement die Rolle der DNA als Träger der Erbsubstanz (vgl. ebd., S. 241–244), da sie der lamarckistischen Auffassung zu widersprechen schien, zumal sich letztere besser mit der politischen Ideologie der Sowjetunion und einer extremen environmentalistischen Position vereinbaren ließ:

---

80 Der Anlage-Umwelt-Diskurs weist damit eine enge Verschränkung mit Fortschritten auf den Gebieten der Molekular- und Humangenetik auf, zumal derartige Erkenntnisse mit einer fortschreitenden Ausdifferenzierung des Verständnisses von ›Anlagen‹ und damit zugleich nativistischer Diskurspositionen einhergehen. Im historischen Kontext ist von besonderer Bedeutung, dass ein Verständnis der Struktur und Wirkungsweise von Genen erst nach 1953 möglich gewesen ist, obwohl der Genbegriff zu dieser Zeit bereits ein halbes Jahrhundert lang im Diskurs benutzt worden war. Für eine Darstellung des Erkenntnisfortschritts im Bereich der Genetik seit den 50er Jahren sei an dieser Stelle auf die einschlägige Fachliteratur verwiesen (vgl. z. B. Bartens 2003; Graw 2010, S. 2–7 sowie den chronologischen Überblick in Fuchs 2003, S. 301–335).

81 Die Adaptation derartiger landwirtschaftlicher Methoden durch Mao Tse-tung (1893–1976) führte schließlich dazu, »dass zwischen 1958 und 1961 während der Hungernot in China 30 bis 40 Millionen Menschen ums Leben kamen« (Carroll 2008, S. 243).

»Solche [lamarckistischen] Vorstellungen hatten im politischen Klima der Sowjetunion großen philoso-
phischen Reiz, legten sie doch die Vermutung nahe, dass man Natur und Menschen in jeder gewünschten
Weise formen kann, ohne dass man dabei durch Vergangenheit oder Vererbung eingeschränkt wäre.
Aber Lyssenkos Ideen standen in krassem Gegensatz zu den wachsenden Erkenntnissen der Genetik«
(Carroll 2008, S. 237; vgl. auch Goldschmidt 1949, S. 222–226).[82]

Eine Verkoppelung lamarckistischer Auffassungen mit einem extremen Environmentalismus –
wie sie im obigen Zitat anklingt – ist jedoch nicht exklusiv. Beispielsweise waren die Ansichten
früher amerikanischer Neo-Lamarckisten deutlich nativistisch geprägt und räumten der Anlage den entscheidenden Vorrang vor der Umwelt ein, der nur eine passive und untergeordnete
Rolle in der Evolution zukomme:

"According to the American school, all environment could do was exert pressure for adaptation. The
evolutionary process itself was biological. The vehicle of evolutionary change was physical inheritance.
By definition, environment was of transient importance, merely the catalyst of evolutionary adaptation;
the change caused by environment had no role in either ontogeny or phylogeny unless it became a
part of original endowment and was transmitted to succeeding generations" (Cravens 1988, S. 36).

Auf der Basis neuer wissenschaftlicher Befunde und nicht zuletzt durch die zunehmende Popularisierung von Ansätzen, die einer konstruktivistisch orientierten Biologie zuzurechnen sind
und später unter der Sammelbezeichnung ›Kritischer Interaktionismus‹ noch erörtert werden
(vgl. dazu Kapitel 5), wurde in den letzten Jahren die Möglichkeit einer Vererbung erworbener
Eigenschaften erneut diskutiert (für die populärwissenschaftliche Thematisierung vgl. bspw.
Albrecht 2003, Schwägerl 2007, Watters 2007). Dabei steht die Frage im Vordergrund, ob
eine Vererbung erworbener Eigenschaften, die über mehr als ein halbes Jahrhundert lang in der
Wissenschaft vehement abgelehnt worden war, nichtsdestotrotz in speziellen und begrenzten
Fällen stattfinden könnte und somit Lamarck vielleicht doch nicht völlig falsch gelegen haben
könnte (vgl. bspw. Balter 2000).

2.2.4 Die Ursprünge der interaktionistischen Diskursposition
Im Gegensatz zu den nativistischen und environmentalistischen Extrempositionen weisen
interaktionistische Positionen, die Anlage und Umwelt in gleichgewichtiger Weise berücksichtigen, eine viel kürzere Geschichte auf. Sie sind heute zumeist verbunden mit einer mehr oder
weniger expliziten Ablehnung der Anlage-Umwelt-Dichotomie selbst oder zumindest einer
ausweichenden bis ablehnenden Haltung gegenüber der Frage nach Anlage und Umwelt. Die
historischen Ursprünge interaktionistischer Positionen sind – abgesehen von philosophischen
Vorläufern wie insbesondere Friedrich Daniel Ernst Schleiermacher (1768–1834) (vgl. bspw.
Hopfner 1999, S. 269) – bis zum ausgehenden 19. Jahrhundert zurückverfolgbar. So zeigen
sich Ansätze interaktionistischen Denkens bereits 16 Jahre nach Gründung der Psychologie als
wissenschaftlicher Disziplin durch Wilhelm Maximilian Wundt (1832–1920) im Jahr 1879

---

82 Als Beispiel für Lyssenkos Ignoranz, mangelnde Bildung und ideologische Position bezüglich der Genetik wird
    mitunter die folgende anekdotenhafte Begebenheit genannt: »Als ihm Wladimir Engelhardt ein Desoxyribo-
    nukleinsäure(DNS)-Präparat zeigte, lachte ihm der sowjetische Genetiker nur ins Gesicht. ›Ha! Sie reden Unsinn.
    DNS ist eine Säure. Säuren sind flüssig. Und das ist ein Pulver. Das kann keine DNS sein!‹« (Simmons 1997, S. 555;
    vgl. auch Carroll 2008, S. 241 f). Befürworter genetischer Auffassungen oder Gegner Lyssenkos wurden in der
    Sowjetunion entlassen, verfolgt, inhaftiert und mitunter hingerichtet (vgl. ebd., S. 239 ff). Auf wissenschaftlichem
    Gebiet wird Lyssenko bis heute Ignoranz und Datenfälschung vorgeworfen (vgl. ebd., S. 237). Dennoch beeinflusste
    er noch zu Beginn der 70er Jahre die Wissenschaft und Politik in der Sowjetunion (vgl. z. B. Simmons 1997,
    S. 555).

(vgl. bspw. Myers 2005, S. 6) bei dem Psychologen und Wundt-Schüler James Mark Baldwin (1861–1934):[83]

> »Ungeachtet dessen vertrat bereits James Mark Baldwin (1895), im Unterschied zu den meisten seiner Zeitgenossen, die Ansicht, dass die Frage nach Anlage und Umwelt von Grund auf falsch gestellt sei. Vielmehr drücken menschliche Fähigkeiten das Zusammenwirken beider Aspekte aus« (Fuhrer 2005, S. 66 f).

Im Jahr 1908 begründete der deutsche Psychologe William Lewis Stern (1871–1938) als erste – explizit ausformulierte – interaktionistische Theorie das sog. ›Konvergenzprinzip‹ bzw. den »›Konvergismus‹, den wir als höhere Synthese den Einseitigkeiten des Nativismus und des Empirismus überordnen« (Stern 1919, S. 99). Zur Illustration der beiden Extrempositionen nutzte Stern zwei Metaphern: So werde in der nativistischen Theorie »der Mensch zum Diamanten, der seine einmal gegebene Natur in starrer Widerspenstigkeit gegen den von außen kommenden Druck und Stoß zu bewahren sucht« (ebd., S. 98). Im empiristischen Ansatz hingegen werde der Mensch »zu einem Stück Wachs, das fast alles, was es an Form hat, von außen empfängt und jedem Druck nachgibt« (ebd.). Das bisherige ›entweder – oder‹ im Anlage-Umwelt-Diskurs ersetzte Stern durch ein ›sowohl – als auch‹ (vgl. ebd., S. 100); und die Metaphern des Diamanten zur Charakterisierung der nativistischen Extremposition sowie des Wachses zur Beschreibung der environmentalistischen Extremposition wurden durch die Metapher des sich entwickelnden Samenkorns ersetzt: Die Kindespsychologie

> »aber lehrt mit einer unwiderleglichen Deutlichkeit, daſs nicht nur die psychische Entwicklung im ganzen, sondern auch jede psychische Erscheinung und Leistung im einzelnen stets als Produkt der *Konvergenz* des Auſsen- und des Innenfaktors zu verstehen sei. Irreführend ist also das empirische Bild von der seelischen tabula rasa, auf die von auſsen aller Inhalt geschrieben werden könne und müsse … Irreführend aber ist auch die nativistische Übertreibung, als ob es von Geburt an starre und feste psychische Verhaltensweisen oder Bewuſstseinsinhalte geben könne, die der Auslösung und Determinierung von auſsen her gar nicht erst bedürfen und jeder Beeinfluſsbarkeit durch äuſsere Einwirkung spotten. Seelisches Leben ist eben kein bloſses Bekommen, aber auch kein fertiges Haben, sondern ein stetes Tun und Erarbeiten. Alles Tun aber bedarf eines inneren und eines äuſseren Anteils … Um ein Bild zu brauchen: Das Psychische ist nicht ein Stück Wachs, das sich beliebig kneten läſst, aber auch nicht ein Diamant, an dessen Härte sich jeder Einfluſs bricht; es ist ein Same, in dem zwar ›angelegt‹ ist, was daraus werden soll, bei dem aber das Wie, Wann und Wiesehr dieses Werdens von Sonne und

---

83 Auf Baldwin geht auch »der sogenannte ›Baldwin-Effekt‹ [zurück], den (wie Mendels Artikel) C. H. Waddington und Sir Alister Hardy unabhängig voneinander wiederentdeckt haben. Waddington ließ ihn in seiner Theorie von der ›genetischen Assimilation‹ wieder aufleben und Hardy im ›Verhalten als Selektivkraft‹« (Koestler 1972, S. 158 f). Bei diesem – zuweilen auch als »organic selection« (Johnston 1995, S. 122) bezeichneten – Prozess wird postuliert, dass sich Organismen zunächst durch Lernen neuen Umweltbedingungen anpassen. Bestehen diese neuen Umweltbedingungen als Selektionsdruck weiter, kann eine Population durch individuelles Lernen so lange weiter bestehen, bis schließlich erbliche Veränderungen an die Stelle des Lernens treten können. Auf diese Weise soll eine ursprünglich erlernte Fähigkeit genetisch fixiert werden, was für die nachfolgenden Generationen mit evolutionären Vorteilen in Form von Zeitgewinn verbunden sei, da eine erneute Anpassung in jeder Generation überflüssig werde (vgl. bspw. Baldwin 1896a, b; Jablonka/Lamb 2006, S. 289; Johnston 1995, S. 121 f). Baldwin wird vor diesem Hintergrund von Mae-Wan Ho als früher Vorläufer der Epigenetik angesehen (vgl. Ho 2010, S. 70) und von Lawrence Harper als überzeugendster Verfechter der These von der Vererbung erworbener Merkmale in der Psychologie (vgl. Harper 2010, S. 434). Ähnliche Thesen finden sich – noch vor Wiederentdeckung der Arbeiten Mendels – bei Henry Fairfield Osborn (1857–1935) und Conwy Lloyd Morgan (1852–1936) (vgl. Jablonka/Lamb 2006, S. 289; Simpson 1953, S. 110). Der Begriff des ›Baldwin-Effekts‹ wurde im Jahr 1953 von Simpson geprägt (vgl. Jablonka/Lamb 2006, S. 408).

Wasser, Luft und Erde, von der Behandlung des Gärtners und der Nachbarschaft hemmender und fördernder Gewächse usw. abhängt« (Stern 1908, S. 29, Hervorhebung im Original).

Unter Verwendung moderner Bezeichnungen lässt sich festhalten, dass Stern bezüglich der Umweltkomponente bereits zwischen ökologischen, sozialen und kulturellen Umwelteinflüssen differenzierte (vgl. Stern 1919, S. 115). Er unterschied aber auch hinsichtlich der Anlage verschiedene Faktoren, die mit unterschiedlicher Stärke vererbt werden würden und deren Änderbarkeit durch Umwelteinflüsse unterschiedlich groß sei. So ›modern‹ und vermittelnd diese Position Sterns auf den ersten Blick auch erscheinen mag, so war sie doch deutlich vom damaligen Zeitgeist der ersten Jahrzehnte des 20. Jahrhunderts geprägt. Daher verwundert es nicht, dass Stern eine Vererbung erworbener Eigenschaften explizit bejahte, Weismanns Keimplasma-Theorie als unerwiesene Spekulation ablehnte und sogar die Forschungsergebnisse Mendels sowie die mendelschen Gesetze nicht in vollem Maße anerkannte (vgl. ebd., S. 106f, 112): Für Stern existierten sog. »Erb-Eigenschaften« (ebd., S. 107, ohne Hervorhebung) mit einer geringeren Beeinflussbarkeit und sog. »Erb-Anlagen« (ebd., S. 106, ohne Hervorhebung) mit einer höheren Beeinflussbarkeit. Letztere waren an das lamarckistische Prinzip der Vererbung erworbener Eigenschaften angelehnt. Eine derartige Ausdifferenzierung des Anlage-Konzepts widerspricht in offensichtlicher Weise dem Begriffsverständnis von ›Anlagen‹ in der modernen Genetik.

Einige Jahre später lehnte Leonhard Carmichael (1898–1973) sogar die Anlage-Umwelt-Frage selbst als unsinnig ab (vgl. Carmichael 1925, S. 258) und betonte, dass Anlage und Umwelt keine Gegensätze seien und Reifung und Lernen nicht unabhängig voneinander verstanden werden könnten:[84]

> "The fact as it appears to the present writer is that no distinction can be expediently made at any given moment in the behavior of the individual, after the fertilized egg has once begun to develop, between that which is native and that which is acquired. The so-called hereditary factors can only be acquired in response to an environment and likewise the so-called acquired factors can only be secured by a modification of already existing structure, which in the last analysis is hereditary structure" (ebd., S. 257, ohne Hervorhebung im Original). "Heredity and environment are not antithetical, nor can they expediently be separated; for in all maturation there is learning: in all learning there is hereditary maturation" (ebd., S. 260).[85]

---

[84] Carmichael wird in historischen Abhandlungen zumeist nicht nur als früher Verfechter einer interaktionistischen Sichtweise dargestellt, sondern auch als Kritiker nativistischer Instinkttheorien. Dabei werde laut Diamond zumeist unterschlagen, dass Carmichael auf der Grundlage seiner Arbeiten im Bereich der experimentellen Embryologie – insbesondere in späteren Jahren – environmentalistische Positionen strikt abgelehnt und die Bedeutung von frühen Reifungsprozessen in der Ontogenese betont habe (vgl. Diamond 1974, S. 248; Pfaffmann 1980, S. 26f): "When I wrote my first papers in this field … I was so under the domination of a universal conditioned reflex theory of the development of adaptive responses that I denied categorically the truth of the statement just made. But every experiment that I have done in the field of the early growth of behavior has forced me to retreat from this environmentalist hypothesis. Now, literally almost nothing seems to me to be left of this hypothesis so far as the *very early* development of behavior is concerned" (Carmichael 1941, S. 17, Hervorhebung im Original).

[85] Diese Spielart interaktionistischen Denkens wurde Mitte der 60er Jahre in der Erziehungswissenschaft von Heinrich Roth (1906–1983) in seiner Pädagogischen Anthropologie mit dem Hinweis auf Carmichael (vgl. Roth 1971a, S. 154) übernommen: »Eine Anlage gibt es nur im Hinblick auf eine Umwelt und eine Umwelt nur im Hinblick auf eine Anlage. Wofür keine Anlage vorhanden ist, dafür wird auch keine Umwelt wirksam, wofür keine Umwelt vorhanden ist, dafür wird auch keine Anlage wirksam« (ebd., S. 166f). Diese Passage Roths wird in der Erziehungswissenschaft mitunter zur Illustration der Anlage-Umwelt-Thematik herangezogen (vgl. z. B. Helbig 1988, S. 94; für die Schul- und Lehrbuchliteratur vgl. bspw. Fischer/Bubolz 1994, S. 50; Hobmair 1992, S. 62). Damit wird zugleich der Eindruck erweckt, in der Erziehungswissenschaft gäbe es seit Jahrzehnten einen interaktionistischen

Laut Cravens habe sich seit Beginn oder spätestens Mitte der 20er Jahre ein interaktionistischer Konsens in der Psychologie und Soziologie abgezeichnet, in dessen Mittelpunkt die Integration von Natur und Kultur stand, und der zu neuen Ansätzen in der Persönlichkeitsforschung geführt habe (vgl. Cravens 1988, S. 210, 219 ff; Paul 1998, S. 82). Cravens schwächt in diesem Kontext sogar historische Beispiele von extremen Positionen in der Anlage-Umwelt-Debatte ab, indem er darlegt, dass selbst John Broadus Watson in seinem behavioristischen Ansatz sowohl Anlage- als auch Umweltfaktoren berücksichtigt habe und die Existenz angeborener Verhaltensmuster keineswegs geleugnet habe (vgl. Cravens 1988, S. 209 f). In ähnlicher Weise sei auch der Reifungstheoretiker Arnold Lucius Gesell (1880–1961) von einer wechselseitigen Abhängigkeit von Anlage und Umwelt ausgegangen (vgl. ebd., S. 261). Und auch in der klassischen Zwillingsstudie von Newman, Freeman und Holzinger aus dem Jahr 1937 sei die Unsinnigkeit der Anlage-Umwelt-Dichotomie von den Autoren hervorgehoben worden (vgl. ebd., S. 263; Newman/Freeman/Holzinger 1937, S. 350). Im Ergebnis hätten die Erfahrungen der vergangenen Dekaden gezeigt, dass eine Lösung der Anlage-Umwelt-Frage zu schwierig und unergiebig sei, sodass sich mit den ausgehenden 30er Jahren eine interaktionistische Diskursposition mehrheitlich in der Psychologie etabliert habe:

> "And, indeed, by the late 1930s there was much evidence that most psychologists were weary of the nature versus nurture dichotomy and regarded it as artificial, unproductive, and perhaps unscientific as well. There were, of course, always some who dissented, some who believed in heredity over environment, and other who affirmed the power of environment over heredity. But in the main there seemed little doubt that most psychologists wanted to take up other questions" (Cravens 1988, S. 264).

Später stellten sich diese Versuche, die Anlage-Umwelt-Debatte als abgeschlossen zu erklären, als verfrüht heraus (vgl. Paul 1998, S. 83), denn nativistische und environmentalistische Positionen prägten weiterhin in vielgestaltigen Formen und Ausprägungen den Diskurs, wie insbesondere die Ausführungen der folgenden Kapitel noch zeigen werden. Hätte sich in den 20er bis 40er Jahren tatsächlich ein nachhaltiger interaktionistischer Konsens mit entsprechender Breitenwirkung etabliert, wären viele spätere Debatten und Positionen heute rätselhaft, wie bspw. die erneute Einschwörung auf eine interaktionistische Position und die Forderung nach Aufgabe des additiven Modells von Anlage und Umwelt durch Anne Anastasi (1908–2001) (vgl. Anastasi 1958). Ebenso unverständlich würde in diesem Fall der in den 70er Jahren heftig geführte Streit um die Erblichkeit der Intelligenz (vgl. Kapitel 8) oder die Ablehnung eines vermeintlichen genetischen Determinismus bei gleichzeitiger Forderung nach einer interaktionistischen Sichtweise bei Lewontin, Rose und Kamin in den 80er Jahren (vgl. Lewontin/Rose/Kamin 1988, S. 220) erscheinen.

2.2.5 Sozialdarwinismus, Eugenik und Rassenhygiene

In der ersten Hälfte des 20. Jahrhunderts wurden verschiedene Konzepte, die sich bereits im 19. Jahrhundert und zuvor herauskristallisiert hatten – wie eine nativistische Vererbungstheorie, Sozialdarwinismus, Eugenik, Rassenkonzeptionen und ein »in Deutschland ohnehin bereits tief im Mittelalter verwurzelte[r] Antisemitismus« (Vogel 2000a, S. 187) – und die hier nur ansatzweise skizziert werden können, miteinander verknüpft. Diese Entwicklung, die sich auch in anderen europäischen Ländern sowie den Vereinigten Staaten von Amerika abzeichnete,

---

Konsens. In den Aufsätzen des Dossiers wird dieses interaktionistische Grundpostulat Roths – trotz der ansonsten intensiven Rezeption seiner Beiträge und Werke – nur in einem einzigen Aufsatz erwähnt (vgl. Heid 1985, S. 107).

gipfelte in Deutschland schließlich in den Gräueltaten des Nationalsozialismus. Zur historischen Rekonstruktion dieses dunkelsten (und nicht selten in einschlägigen Darstellungen ausgeblendeten) Kapitels des Anlage-Umwelt-Diskurses sollen im Folgenden zentrale Aspekte des Sozialdarwinismus und der Eugenik, die in Deutschland unter der Bezeichnung ›Rassenhygiene‹ rezipiert und praktiziert worden war, dargestellt werden. Da der Verlauf des Anlage-Umwelt-Diskurses eng mit den Erkenntnisfortschritten in der Biologie seit der Jahrhundertwende vom 19. zum 20. Jahrhundert verkoppelt ist, werden in diesem Kontext diskursive Ereignisse im Bereich der Genetik explizit in die Betrachtung einbezogen und – insbesondere bezüglich der Nutzung von Rassenkonzeptionen – aus heutiger Sicht kritisch hinterfragt.

Der Begriff ›*Sozialdarwinismus*‹ wurde zwar bereits im Jahr 1877 zum Ende der darwinschen Ära hin benutzt (vgl. Fischer 1877, S. 250), setzte sich jedoch erst in den 40er Jahren im wissenschaftlichen Diskurs flächendeckend durch – als negativ konnotierte Sammelbezeichnung biologistisch-deterministischer Positionen, die eine Übertragung der darwinschen Evolutionstheorie auf soziale und politische Sphären propagierten:

> "That reading of Darwinism – as a biologistic justification for laissez-faire and colonialism – is what is generally implied by the term 'social Darwinism'. It was a term that would have baffled Darwin. In Victorian England, scientists took for granted that biological facts mattered for social theory and policy … Coined around the turn of the century, the phrase 'social Darwinism' was popularised in the mid–1940s by the American historian Richard Hofstadter. It has ever since been a term of abuse, applied to people, policies and ideas of which the writer disapproved. (People do not identify themselves as 'social Darwinists'.)" (Paul 2003, S. 224; vgl. auch Hofstadter 1944; Leonard 2009, S. 38).

Sozialdarwinistische Diskurspositionen sind damit als nachträglich konstruierte Ergebnisse retrospektiver historischer Analysen der Rezeptionsgeschichte des darwinschen Paradigmas zu werten. Auf verschiedene Vertreter derartiger ›sozialdarwinistischer‹ Positionen – wie insbes. Herbert Spencer in England und Ernst Haeckel in Deutschland – wurde bereits verwiesen (vgl. Abschnitt 2.2.1). Vogel zufolge sind diese Diskurspositionen durch drei Problematiken behaftet, die sie grundlegend von der darwinschen Evolutionstheorie unterscheiden und als Ideologien entlarven: eine Verlagerung der Wirkungsebene der Konkurrenz vom Individuum hin zu Populationen (wie z. B. Völker und Rassen), eine Rückbesinnung auf ein – im Darwinismus längst überwundenes – teleologisches Denken[86], nach dem der Evolutionsprozess auf ein bestimmtes Ziel (insbes. der Höherentwicklung von Zivilisationen) hin ausgerichtet sei, sowie einen naturalistischen Fehlschluss, indem vermeintliche evolutionäre Ziele moralisch gewertet werden, womit zugleich der »legitimierende Schluss vom ›Sein‹ zum ›Sollen‹« (Vogel 2000a, S. 184) gezogen werde (vgl. ebd., S. 183f).[87] Spencers Formel vom ›survival of the fittest‹,

---

86 Im Gegensatz zur teleologischen Sichtweise lag in Darwins Evolutionsverständnis der Fokus auf zufälligen, nicht-zielgerichteten Veränderungen durch die Wirkung der natürlichen Selektion. Treml erläutert den begrifflichen Unterschied zwischen Teleologie und Teleonomie wie folgt: »Es hat sich seit einigen Jahren – in Anlehnung an einen Vorschlag von Pittendright [sic] (1958) – eingebürgert, diese alternative Sichtweise, die von der Erhaltung (Vererbung) zufällig entstandener und sich als nützlich erwiesener Modifikationen ausgeht, im Unterschied zur Teleologie als ›Teleonomie‹ zu bezeichnen und dementsprechend zwischen ›zweckvoll‹ bzw. ›absichtsvoll‹ (im teleologischen Sinne) einerseits und ›zweckhaft‹ bzw. ›zweckdienlich‹ (im teleonomen Sinne) andererseits zu unterscheiden« (Treml 2004, S. 92, Fußnotenverweis entfernt).

87 Derartige Schlussfolgerungen sind aus wissenschaftstheoretischer Sicht ohne den expliziten Einbezug und die Benennung der zugrunde liegenden moralischen bzw. ethischen Prämissen nicht gestattet (vgl. z. B. Frankena 1939, S. 466f; Wilson/Dietrich/Clark 2003, S. 670f; zur Heterogenität des Begriffs ›naturalistischer Fehlschluss‹ vgl. Curry 2006). Legitim (im Sinne der Vermeidung eines naturalistischen Fehlschlusses) wäre bspw. der folgende

die selbst in der abgeschwächten deutschen Übersetzung als ›Überleben des Tauglichsten‹ (anstelle eines ›Überleben des Besten‹) noch wertende Implikationen enthält, wurde somit von Sozialdarwinisten auf menschliche Gesellschaften angewandt und lieferte damit zugleich eine Legitimation für nationalistisches Denken und gesellschaftliche Ungleichheit – mit einer Natur als Vorbild, in der die ›Starken‹ überleben und die ›Schwachen‹ aussterben (vgl. z. B. Fischer 2009, S. 84).

In der Folge wurde der Sozialdarwinismus eng mit eugenischen Diskurspositionen sowie einer nativistischen Grundhaltung bezüglich der Erblichkeit psychischer und sozialer Eigenschaften verknüpft.[88] Hinsichtlich der Zielsetzungen der von Galton in den 1880er Jahren begründeten Bewegung der *Eugenik* (vgl. auch Abschnitt 2.2.2) ist zunächst zwischen ›positiver‹ und ›negativer‹ Eugenik zu unterscheiden:

> »Eugenik wollte die Verbesserung der menschlichen Natur auf dem Wege der Steuerung der Vererbungsprozesse durch Kontrolle der Fortpflanzungsprozesse … Und sie wollte den Prozess der Entartung umkehren in Richtung ›Aufartung‹. ›*Positive Eugenik*‹ zielte auf die verstärkte Fortpflanzung der Träger wertvoller Erbanlagen und läuft im Extrempunkt auf *Züchtung* hinaus; ›*negative Eugenik*‹ zielte auf die Verminderung oder Verhinderung der Fortpflanzung von Trägern minderwertiger Erbanlagen und läuft im Extrempunkt auf *Ausmerze* hinaus« (Reyer 2003b, S. 53, Hervorhebungen ML).

Zur Umsetzung derartiger Programme wurden in der Folge von Eugenikern unterschiedlichster ideologischer und politischer Überzeugungen vielfältige Maßnahmen vorgeschlagen – im Falle der negativen Eugenik insbesondere »erbbiologische Eheberatung, Ehegesundheitszeugnisse, freiwillige[r] Reproduktionsverzicht, Heiratsverbot, freiwillige oder zwangsweise Sterilisation oder Asylierung« (Vogel 2000a, S. 185). Vorschläge einer positiven Eugenik reichten »über ein Spektrum von Maßnahmen, wie Steuererleichterungen, Belohnungen bis hin zur zugelassenen Polygynie und zu abenteuerlichen Utopien von ›Zuchtanstalten‹ (geweihte ›Orden‹ et cetera) als Mittel der genetischen ›Aufartung‹« (ebd.). Eugenische Programme waren im ausgehenden 19. Jahrhundert sowohl in Europa als auch in den USA weit verbreitet, wobei die Umsetzung eugenischer Maßnahmen insbesondere unter dem Dritten Reich ihren historischen Höhepunkt erreichte:

> "There was an idealistic component to the eugenics movement, which flourished in Germany long before Hitler. German scientists were not that different from their American and English counterparts in promoting their programs of 'racial hygiene.' Eugenicists everywhere saw themselves as visionaries, idealists working for a better world through the human gene. They were to create a [sic] Utopia, a world free of poverty, illness, and all other physical and mental handicaps. The Germans, however, carried racial science further than did theorists of other nations, and their eugenics movement was above all else distinguished by its extreme anti-Semitic component" (Lagnado/Dekel 1992, S. 43).

In Deutschland erfolgte bereits kurz nach Beginn des 20. Jahrhunderts eine Institutionalisierung sozialdarwinistischer und eugenischer Diskurspositionen gepaart mit rassistischen Ideologien

---

Syllogismus, wenn die ethische Prämisse explizit benannt wird: "Torturing people for fun causes great suffering (factual premise). It is wrong to cause great suffering (ethical premise). Torturing people for fun is wrong (ethical conclusion)" (Wilson/Dietrich/Clark 2003, S. 671).

88 So konstatierten Lagnado und Dekel: "[T]he social Darwinists … in Victorian England, had argued that 'biology is destiny.' The social Darwinists had believed that nearly all personal and social problems were inherited. Alcoholism, insanity, even poverty and left-handedness, were the result of bad genes. The social Darwinists espoused a program of active intervention to ensure that only the 'best' people survived. They wanted to encourage the genetically fit to have more children, while those of questionable stock would remain childless" (Lagnado/Dekel 1992, S. 42).

über die Gründung der sog. ›Gesellschaft für Rassenhygiene‹ durch Alfred Ploetz (1860–1940), Anastasius Nordenholz (1862–1953) und Ernst Rüdin (1874–1952) im Jahre 1905 (vgl. z. B. Joseph 2004, S. 19; Weingart/Kroll/Bayertz 1992, S. 201). Ploetz selbst gilt neben Wilhelm Schallmayer (1857–1919) als Gründer der deutschen Eugenik (vgl. Vogel 2000a, 185).[89] Ähnliche Organisationen wurden in anderen Nationen gegründet:

> »Zu den Eugenikern in England, wo sich 1908 unter dem Vorsitz Galtons die ›Eugenics Education Society‹ bildete, sowie Holland, Norwegen und den USA, wo die Gründung rassenhygienischer Vereinigungen bevorstand, wurden [von den deutschen Rassenhygienikern, ML] feste Bindungen geschaffen« (Weingart/Kroll/Bayertz 1992, S. 201).

Bevor an dieser Stelle detaillierter auf die eugenische Bewegung der Rassenhygiene in Deutschland eingegangen werden kann, sind einige ergänzende Ausführungen zu den *Fortschritten auf dem Gebiet der Genetik* seit Beginn des 20. Jahrhunderts unerlässlich: Der Augustinermönch Gregor (Johann) Mendel (1822–1884) hatte bereits im Jahr 1866 im Klostergarten zu Brünn bahnbrechende, aber über 34 Jahre verkannte Experimente an der Erbse (*Pisum sativum*) durchgeführt (vgl. Mendel 1866):

> »Er hatte sieben Merkmalspaare ausgesucht, bei denen immer ein Merkmal deutlich dominant war. In allen seinen Experimenten war daher die erste Bastardpopulation (F_1) uniform und stimmte mit dem Merkmal eines der Eltern überein. Dominant waren beispielsweise runde Samen, gelbe Samenfärbung, graue Samenhülsen, grüne Färbung der unreifen Hülse, lange Axen und so weiter … Mendel führte … für dieses Vorherrschen eines Merkmals in der ersten Hybridengeneration den Ausdruck *dominierend* und entsprechend für das alternative Merkmal den Ausdruck *rezessiv* ein. Wenn die F_1-Hybriden untereinander befruchtet wurden und eine F_2-Generation hervorbrachten, so traten die rezessiven Merkmale wieder hervor. Im Falle der Samenform waren unter 7.324 Samen, die von 253 selbstbefruchteten Hybridenpflanzen gesammelt wurden, 5.474 rund und 1.850 runzlig, ergaben also ein Verhältnis von 2,96 : 1. Bei der Samenfarbe ergaben 8.023 Samen, die von 258 Hybridpflanzen gesammelt worden waren, 6.022 gelbe und 2.001 grüne Samen, was einem Verhältnis von 3,01 : 1 entspricht« (Mayr 2002, S. 572, Hervorhebungen im Original).

Vereinfacht dargestellt behauptete Mendel, dass Merkmale in zwei alternativen Ausprägungen, die heute als ›Allele‹ bezeichnet werden, aufträten, von denen eines dominant, das andere rezessiv sei. Diese alternativen Ausprägungen würden unabhängig voneinander an die Nachkommen vererbt und träten im Zahlenverhältnis 3 : 1 in den Folgegenerationen wieder auf (zu den mendelschen Regeln vgl. z. B. Hennig 1998, S. 26–37).[90] Zu Zeiten von Mendels Forschungen

---

89 Ploetz hatte bereits im Jahr 1895 den Begriff ›Rassenhygiene‹ in den wissenschaftlichen Diskurs eingebracht (vgl. Pander 1994, S. 76; Weingart/Kroll/Bayertz 1992, S. 33): »Daraus folgt die Nothwendigkeit, den Begriff der Hygiene im gewöhnlichen Sinne, der Individual-Hygiene, einen anderen Begriff gegenüber zu stellen, den der Hygiene einer Gesammtheit von Menschen. So könnte man von der Hygiene einer Nation, einer Rasse im engeren Sinne oder der gesammten menschlichen Rasse reden. Im weiteren Verlaufe des Buches werde ich stets, wenn nicht ausdrücklich anders bemerkt, das Wort Rassenhygiene im allgemeinen Sinne anwenden, entsprechend meinem Gebrauch des Wortes Rasse. Dies schien mir um so eher gestattet, als, wie ich glaube, die Hygiene der gesammten menschlichen Gattung zusammenfällt mit derjenigen der arischen Rasse, die abgesehen von einigen kleineren, wie der jüdischen, die höchstwahrscheinlich ohnehin ihrer Mehrheit nach arisch ist, die Culturrasse par exellence darstellt, die zu fördern gleichbedeutend mit der Förderung der allgemeinen Menschheit ist« (Ploetz 1895, S. 5).

90 Erste Zweifel an der Glaubwürdigkeit von Mendels Ergebnissen wurden bereits im Jahr 1911 von Sir Ronald Aylmer Fisher (1890–1962) geäußert (vgl. Edwards 1986, S. 295), da die von Mendel berichteten Zahlenverhältnisse zu genau gewesen seien und aus statistischer Sicht als unwahrscheinlich zu gelten hätten (vgl. Fisher 1936; Mayr 2002, S. 575). Zudem ist heute bekannt, dass bei der Erbse nur die Gene für die Samenfarbe und die Samenform

wurde von einer Vermischung der Erbinformationen in Folgegenerationen ausgegangen; und genetische Grundkonzepte waren noch unbekannt oder wurden unter verschiedenen Bezeichnungen geführt, sodass Mendel seine These der unabhängigen Weitergabe der von ihm untersuchten Merkmale nicht weiter belegen konnte. So sei bspw. laut Mayr das Konzept des Chromatins erst im Jahr 1879 von Walther Flemming (1843–1905) eingeführt worden (vgl. Mayr 2002, S. 540); und Heinrich Wilhelm Waldeyer (1836–1921) habe im Jahr 1888 erstmalig die bereits bekannten Segmente im Zellkern als ›Chromosomen‹ bezeichnet (vgl. ebd.; Waldeyer 1888, S. 27; Zacharias 2001).[91] Bezüglich dieser frühen Anfänge der Genetik kann als Kuriosum der Wissenschaftsgeschichte gelten, dass Darwin und Mendel nicht die Gemeinsamkeiten und die Bedeutung ihrer jeweiligen Arbeiten bemerkt hatten: Einerseits hatte Darwin selbst Versuche an Löwenmaul-Pflanzen und Erbsen durchgeführt und dabei der Spaltungsregel von Mendel entsprechende Kreuzungsergebnisse erhalten, deren Bedeutung für ein mögliches Vererbungsmodell aber nicht erkannt (vgl. Dawkins 2010b, S. 41; Kegel 2009, S. 32 f). Mendel wiederum, der ein Exemplar von Darwins »Über die Entstehung der Arten ...« nachweislich mit Randbemerkungen kommentiert hatte (vgl. Dawkins 2010b, S. 42), hätte Darwins Ergebnisse interpretieren können, las aber dessen Publikationen zur Domestikation von Pflanzen (vgl. Darwin 1868) nur teilweise (vgl. Gustafsson 1979, S. 254).[92] Insgesamt betrachtet stellten Mendels Experimente den erstmaligen Beleg dar, dass sich Erbanlagen im Zuge ihrer Weitergabe von Eltern an deren Kinder nicht vermischen, sondern diskrete Einheiten (in Form von Allelen) darstellen, die in nachfolgenden Generationen in Reinform erneut auftreten können.

Im Jahr 1900 wurde Mendels Arbeit über Pflanzenhybriden von Hugo de Vries (1848–1935), Carl Erich Correns (1864–1933) und Erich von Tschermak-Seysenegg (1871–1962) unabhängig voneinander wiederentdeckt (vgl. z. B. Cravens 1988, S. 39; Hennig 1998, S. 27; Mayr 2002, S. 582–585), wobei die Bedeutung von Tschermaks zu relativieren ist (vgl. ebd., S. 584 f). In der Folge wurden mit Beginn des 20. Jahrhunderts zahlreiche Phänomene der Tier- und Pflanzenwelt unter Zuhilfenahme der mendelschen Regeln erklärt. Auf den Menschen bezogen erfolgte die erste Umsetzung dieser Erkenntnisse im Jahr 1902 durch Sir Archibald Edward

---

auf verschiedenen Chromosomen lokalisiert sind, sodass Mendels Behauptung der unabhängigen Vererbung seiner sieben untersuchten Merkmale nicht aufrechterhalten werden kann (vgl. bspw. Di Trocchio 2003, S. 137; Zankl 2003, S. 57). Di Trocchio zufolge erscheint es aus heutiger Sicht wahrscheinlicher, dass Mendel zunächst Kreuzungsversuche bezüglich einer Vielzahl von Merkmalen durchgeführt hatte und erst in einem zweiten Schritt diejenigen Merkmale und Kreuzungsergebnisse auswählte, die seinem Vererbungskonzept am ehesten entsprachen (vgl. Di Trocchio 2003, S. 138–141).

91 Der Begriff ›Chromatin‹ findet sich allerdings in der Publikation Flemmings aus dem Jahr 1879, auf die in diesem Kontext zumeist verwiesen wird, an keiner einzigen Stelle (vgl. Flemming 1879), sondern erst in einem gleichnamigen Folgeteil dieses Aufsatzes aus dem Jahr 1880 (vgl. Flemming 1880, S. 158).

92 Mitunter wird behauptet, Darwin hätte ein Exemplar von Mendels Aufsatz besessen: "Ironically, although Darwin recognized the difficulties about variation and inheritance, and though he struggled to overcome them, an important part of the answer was available to him. In 1866 Gregor Mendel published his results about heredity. His article appeared in a relative obscure journal (the *Proceedings of the Natural History Society of Brünn*), but Mendel sent Darwin a copy. As Darwin laboured with questions of heredity in later editions of the *Origin*, Mendel's paper lay on his shelves, apparently unread" (Kitcher 1998, S. 9, Hervorhebungen im Original). Sclater zufolge befand sich allerdings kein Exemplar von Mendels Aufsatz in Darwins Nachlass, sondern lediglich zwei Werke mit Querverweisen auf Mendels Arbeiten. Zudem sei Mendel in Darwins Werken und Briefen nicht erwähnt worden (vgl. Sclater 2006, S. 191 f). Vor dem Hintergrund dieser Beweislage bewertet Dawkins die obige Behauptung Kitchers als »falsche[s] Gerücht« (Dawkins 2010b, S. 41).

Garrod (1857–1936) im Rahmen der Erklärung der sog. ›Alkaptonurie‹, einer seltenen, rezessiv vererbten Stoffwechselkrankheit, bei der der Harn der betroffenen Personen eine schwarze Färbung aufweist, und die – wie heute bekannt ist – auf einen Defekt auf dem dritten Chromosom zurückzuführen ist (vgl. Garrod 1902; Fernández-Cañón u. a. 1996, S. 19; Ridley 2000, S. 50–53). Derartige Forschungsergebnisse führten in der Zeit nach der Wiederentdeckung der mendelschen Forschungen dazu, dass vielfältige – und aus heutiger Sicht hochkomplexe und polygen beeinflusste – Merkmale als *monogenetisch* angesehen wurden, wodurch zugleich eugenische Auffassungen gestützt wurden.[93] Denn wenn einzelne Gene dafür verantwortlich wären, dass ein Mensch ein bestimmtes Merkmal entwickelt, so würden diese Gene den entscheidenden Angriffspunkt für eugenische Maßnahmen liefern. Als Beispiel für die Popularisierung derartiger Thesen ist in diesem Kontext insbesondere der amerikanische Eugeniker Charles Benedict Davenport (1866–1944) zu nennen, der als einer der vehementesten amerikanischen Vertreter der Auffassung einer starken Erblichkeit psychischer Merkmale gilt (vgl. bspw. Cooke 1998, S. 275 f; Cravens 1988, S. 49 f; Joseph 2010, S. 559; kritisch: Paul/Spencer 2001, S. 105).[94] Davenport hatte bereits im ersten Jahrzehnt des 20. Jahrhunderts die Erblichkeit der menschlichen Haarform, Haar- und Augenfarbe (sowie ansatzweise der Hautfarbe) nach den mendelschen Regeln postuliert (vgl. Davenport/Davenport 1907, 1908, 1909, 1910; Fischer 1961, S. 142–149). Im Jahr 1911 glaubte er zudem, die Vererbung der Kriminalität nach den mendelschen Regeln belegen zu können (vgl. Davenport 1911, S. 83–92; Weingart/Kroll/Bayertz 1992, S. 495). Und sogar der Populationsgenetiker J. B. S. Haldane hatte noch im Jahr 1924 behauptet,

> »die Vererbung geistiger Defekte erfolge mittels rezessiver Allele und sei deshalb mit einer hohen Dunkelziffer belastet. H. J. Muller würzte sein 1925 abgeschlossenes und erst zehn Jahre später veröffentlichtes genetisches Zukunftsmanifest ›Out of the Night‹ mit der Behauptung, wenn es in den USA aktuell 300 000 geistig Behinderte gebe, dann bedeute dies, daß der dafür verantwortliche rezessive Mutantenkomplex in den Erbinformationen von über zehn Millionen Amerikanern vorhanden sei« (Roth 1999, S. 364 f, Fußnotenverweise entfernt; vgl. auch Muller 1935).

---

93   Dass die These einer monogenetischen Vererbung komplexer Merkmale bis heute nicht gänzlich aus dem Anlage-Umwelt-Diskurs verschwunden ist, zeigen insbesondere die Arbeiten des Genetikers Volkmar Weiss (geb. 1944). Weiss postulierte in den 90er Jahren, dass die Vererbung der Intelligenz weitgehend auf die Wirkung eines einzelnen Genlocus zurückzuführen sei (vgl. z. B. Weiss 1993, S. 175; 2000, S. 77–89; kritisch: Grupe 1993, Lukesch 1993). Die Diskursposition von Weiss weist zudem deutliche Parallelen zu den von Herrnstein und Murray im Rahmen der ›Bell-Curve-Debatte‹ geäußerten Thesen zum Zusammenhang von Intelligenzverteilung und Sozialstruktur auf, die in Abschnitt 8.1 noch eingehend betrachtet werden.

94   Während Davenports Rolle als strenger Verfechter eugenischer Ideen nicht strittig ist, finden sich in der Sekundärliteratur widersprüchliche Einschätzungen seiner Diskursposition im Anlage-Umwelt-Streit: So wird er bspw. von Pastore als extremer Nativist verortet, der Umweltfaktoren jeglichen Einfluss abgesprochen habe (vgl. Pastore 1984, S. 56). Physische wie psychische Phänomene (z. B. Diabetes, Epilepsie und ›Schwachsinn‹) seien von ihm in einfachster Weise auf Wirkungen rezessiver mendelscher Erbfaktoren reduziert worden (vgl. Cravens 1988, S. 50, 186 f; Pastore 1984, S. 57). Laut Marks sei Davenport von einer monogenetischen Verursachung des Phänomens des ›Schwachsinns‹ ausgegangen (vgl. Marks 1995, S. 83). Kevles zufolge habe Davenport hingegen komplexe psychische Merkmale als polygen verursacht – aber dennoch erblich – angesehen, zu vereinfachende Erklärungsmodelle herangezogen und Umweltfaktoren ignoriert (vgl. Kevles 1986, S. 46, 48). Auch Weingart u. a. sehen in Davenport einen Vertreter von »Konzepte[n] der multiplen genetischen Wirkung« (Weingart/Kroll/Bayertz 1992, S. 633). Paul hingegen wertet Davenport sogar als Kritiker der Anlage-Umwelt-Dichotomie und als frühen Vertreter einer interaktionistischen Diskursposition (vgl. Paul 1998, S. 82, 120 mit Bezug auf Davenport 1911, S. 252).

Diese Logik eugenischer Denkansätze war jedoch bereits im Jahr 1917 durch den Eugeniker Reginald Crundall Punnett (1875–1967) mithilfe einer populationsgenetischen Modellrechnung zur monogenetischen Vererbung der Debilität ad absurdum geführt worden (vgl. Punnett 1917). Punnett zog dazu das im Jahr 1908 von Godfrey Harold Hardy (1877–1947) und Wilhelm Weinberg (1862–1937) unabhängig voneinander entdeckte und heute als sog. ›Hardy-Weinberg-Gesetz‹ benannte Prinzip heran, nach dem sich die Verteilungen von Allelen in idealisierten Populationen in einem Gleichgewichtszustand befänden (vgl. Crow 1999). Punnett

»begann mit der Grundannahme, daß es unter jeweils 1 000 Personen drei Fälle von erblicher Debilität gibt, eine damals weithin akzeptierte Schätzung. Nimmt man nun an, daß alle diese Individuen das Debilitäts-Gen in zwei Exemplaren besitzen, dann müßte das Gen bei etwa 10 Prozent der Bevölkerung in nur einem Exemplar vorliegen. Würde man das ›negative‹ eugenische Verfahren praktizieren und sämtliche debilen Individuen töten oder sterilisieren – wie lange würde es dann dauern, ehe die Häufigkeit von Debilität in der gesamten Bevölkerung zurückginge? Wie sich herausstellte, ist die Antwort auf diese Frage ziemlich ernüchternd: Ungefähr 8 000 Jahre würde es dauern, um die Häufigkeit der Debilität auf 1:100 000 herabzumindern, und weitere 20 000 Jahre, ehe man bei einem Fall je einer Million Individuen angelangt wäre« (Rose 2001b, S. 211; vgl. auch Paul/Spencer 2001, S. 104; Weingart/Kroll/Bayertz 1992, S. 182, 340).

Die grundlegende Problematik, die sich aus den mendelschen Erkenntnissen für die Thesen der Eugeniker ergibt, besteht demnach darin, dass unter der Annahme einer monogenetischen Vererbung psychischer Merkmale mittels rezessiver Allele neben den rezessiven Phänotypen zugleich eine Vielzahl von Personen vorhanden ist, die bezüglich eines Merkmals unterschiedliche Allele besitzen. Diese sog. ›Heterozygoten‹ sind nicht anhand ihres Phänotyps als Merkmalsträger identifizierbar, können ein rezessives Allel aber dennoch an ihre Nachkommen weitergeben. Nach Fisher hätten Modellrechnungen dennoch gezeigt, dass eine Unterbindung der Fortpflanzung von Merkmalsträgern innerhalb einer Generation das Auftreten neuer Fälle um ca. 17–36 % reduzieren könnte, auch wenn die Eliminierung rezessiver Allele Jahrtausende dauern würde (vgl. Fisher 1924; Paul/Spencer 2001, S. 108; Weingart/Kroll/Bayertz 1992, S. 340). Insgesamt betrachtet resultierten die Ergebnisse Punnetts nicht in Revisionen der Grundauffassungen von zeitgenössischen Eugenikern oder Abänderungen eugenischer Programme (vgl. Paul/Spencer 2001, S. 111).[95]

Nach der Wiederentdeckung der mendelschen Forschungsarbeiten führten zudem zu Beginn des 20. Jahrhunderts weitere Fortschritte auf dem Gebiet der Genetik zu einer Blüte nativistischer Positionen im Anlage-Umwelt-Diskurs (vgl. Cravens 1988, S. 45, 159). So berichtete bspw. Hugo Marie de Vries (1848–1935) im Jahr 1901 von ›Mutationen‹ von Erbanlagen, noch bevor der Genbegriff durch Johannsen eingeführt worden war (vgl. de Fries 1901, 1903; Fuchs 2003,

---

95 Im Jahr 1939 wurde auf einem Kongress der Genetiker in Edinburgh unter der Initiative von Hermann Joseph Muller (1890–1967) – einem Vertreter eugenischer Ideen, der mitunter aber als vehementer Kritiker der eugenischen Bewegung in den Vereinigten Staaten angesehen wird – das sog. »Genetiker-Manifest« (Reyer 2003b, S. 169) verabschiedet (vgl. Crew u. a. 1939; Carlson 2009, S. 15; Gruenberg 1939, S. 371 ff; dt. Weß 1989, S. 157 ff). In diesem setzte sich die Weltelite der Genetikerinnen und Genetiker zwar deutlich von rassistischen Prämissen ab, forderte jedoch zugleich positive und negative eugenische Maßnahmen (bspw. freiwillige Sterilisation, Geburtenkontrolle etc.) ein, die an »wissenschaftlicher Modernität und sozialer Radikalität bei weitem alles übertrafen, was unter den Nationalsozialisten realisiert wurde« (Weingart/Kroll/Bayertz 1992, S. 543; vgl. auch Pastore 1984, S. 153; Reyer 2003b, S. 93, 169–173; Roth 1999, S. 346–351). Aus kritischer Sicht kann das Manifest »als taktischer Versuch, die Eugenik vor ihrer Identifizierung mit der Rassenhygiene des Nationalsozialismus zu retten« (Weß 1989, S. 156) angesehen werden.

S. 302).[96] Neun Jahre später konnte Thomas Hunt Morgan (1866–1945) nachweisen, »dass Gene wie Perlen einer Kette auf den Chromosomen angeordnet sind« (Fuchs 2003, S. 303; vgl. Sturtevant 1959, S. 293 f). Dessen Schüler Alfred Henry Sturtevant (1891–1970) erstellte mittels der Berechnung und experimentellen Überprüfung von Wahrscheinlichkeiten beim sog. ›Crossing over‹, dem Stückaustausch homologer Chromosomen im Rahmen der Keimzell-bildung (Meiose), im Jahr 1913 die erste Genkarte für die Taufliege *Drosophila melanogaster* (vgl. Sturtevant 1913; Lewis 1998, S. 7). Zwei Jahre später weitete Morgan die Chromosomentheorie der Vererbung auf die gesamte Genetik aus und wies zugleich die Gültigkeit der mendelschen Gesetze nach (vgl. Morgan u. a. 1915; Fuchs 2003, S. 303; Sturtevant 1959, S. 295 f). Und im Jahr 1926 belegte Hermann Joseph Muller (1890–1967) mittels Experimenten an der Taufliege, dass Mutationen durch Röntgenstrahlen ausgelöst werden können (vgl. Muller 1927; Carlson 2009, S. 12 f; Fuchs 2003, S. 304).

Vor dem Hintergrund dieser bahnbrechenden Erkenntnisgewinne in der Genetik als der neuen biologischen Wissenschaft von der Vererbung ist die Blüte nativistischer Diskurspositionen in den ersten Jahrzehnten des 20. Jahrhunderts nicht verwunderlich. Im Rahmen der Eugenik wurde dieses biologische Wissen positiv rezipiert und auf die Vererbung menschlicher Merkmale – im physischen wie psychischen Bereich – übertragen. Entsprechendes gilt für die Rassenhygiene als dem deutschen Zweig der Eugenik. War in den USA eine Vererbung psychischer Fähigkeiten nach den mendelschen Gesetzen insbesondere von Davenport postuliert worden, so wurde diese Hypothese in Deutschland insbesondere von dem Eugeniker und Rassenhygieniker Eugen Fischer (1874–1967) in den Diskurs eingebracht:

»Gründungsdokument dieser Schule [Fischers Schule der sog. ›Rassenmorphogenetik‹, ML] war Eugen Fischers Studie über die ›Rehobother Bastards‹ … Diese Studie galt als erster gelungener Nachweis für die Geltung der Mendelschen Gesetze beim Menschen. Danach waren Rasseeigenschaften Erbeigenschaften, die sich gemäß den Mendelschen Gesetzen frei miteinander kombinieren lassen. Durch Kreuzungen konnten keine neuen Rassen, sondern nur Hybride entstehen« (Kröner 2007, S. 201, Fußnotenverweise entfernt; vgl. auch das Vorwort Biedermanns zu Fischer 1961, S. III sowie ebd., S. 171).

Eugen Fischer hatte im Jahr 1908 anthropometrische und genealogische Untersuchungen an einer Gruppe von Nachkommen weißer Siedler mit farbigen Einheimischen in Deutsch-Südwestafrika durchgeführt, um die vermeintlich schädlichen Folgen der Rassenmischung zu demonstrieren

---

96 Im Bereich der Evolutionsbiologie entstand in der Folge ein Streit über die Wirkungsweise der natürlichen Selektion zwischen der durch Galton gegründeten Schule der ›Biometriker‹ und den sog. ›Mendelianern‹, als dessen prominentester Vertreter William Bateson angesehen werden kann: »Die Biometriker sahen sich als Anhänger des Darwinschen Evolutionismus: Sie vertraten den Gedanken der kontinuierlichen Entwicklung, die durch natürliche Auslese von kleinen Variationen bestimmt sei. Die Mendelianer hingegen, durch die Arbeiten de Vries' in ihren Ansichten bestätigt, vertraten die Theorie der diskontinuierlichen Evolution« (Weingart/Kroll/Bayertz 1992, S. 343; vgl. z. B. auch Mayr 2002, S. 621). Nach letzterer (mitunter auch als ›Saltationismus‹ bezeichneter) Theorie seien für die Entstehung neuer Arten im Rahmen der Evolution vor allem durch Makromutationen hervorgerufene, »sprunghafte Veränderungen« (Junker/Hoßfeld 2001, S. 162) verantwortlich. Seitdem waren das Verhältnis von Mikro- zu Makroevolution sowie die Geschwindigkeit bei der Entwicklung neuer aus bereits bestehenden Arten besonders strittige Aspekte in der Evolutionsbiologie. Eine gewisse Berühmtheit erlangte in den 70er Jahren bspw. die Theorie vom ›durchbrochenen Gleichgewicht‹ (›punctuated equilibrium‹) von Stephen Jay Gould (1941–2002) und Niles Eldredge (geb. 1943), nach der sich in der Evolution lange Phasen der Stasis mit kurzen Phasen von evolutionären Sprüngen abwechseln würden (vgl. Gould/Eldredge 1972, 1977; kritisch: Dawkins 2010a, S. 108–114).

(vgl. Campt/Grosse 1994, S. 52; Vogel 2000a, S. 190).[97] Neben Fischers Rehobother-Studie werden von Weingart u. a. die Publikationen von Alfred Ploetz und Wilhelm Schallmayer sowie das zweibändige Lehrbuch »Grundriß der menschlichen Erblichkeitslehre und Rassenhygiene« von Erwin Baur (1875–1933), Eugen Fischer und Fritz Lenz (1887–1976) als wichtigste Grundlegungen der Rassenhygiene in Deutschland angesehen (vgl. Baur/Fischer/Lenz 1921a, b; Ploetz 1895; Schallmayer 1895; Weingart/Kroll/Bayertz 1992, S. 37 f, 40). Letzteres galt als »Standardwerk der Weimarer Republik und des Dritten Reiches« (Fangerau/Müller 2002, S. 1041, Fußnotenverweis entfernt) sowie als »›wissenschaftliche‹ Grundlage der von den Nationalsozialisten verfolgten rassenhygienischen Politik« (Fangerau/Müller 2002, S. 1039).[98] Obwohl die Rezeption eugenischer Ideen in Deutschland – im Vergleich zum angloamerikanischen Sprachraum – mit Verspätung erfolgte, wurde im Rahmen rassenhygienischer Diskurspositionen rassenanthropologisches Denken zumeist explizit mit Forderungen einer negativen Eugenik verknüpft (vgl. auch Weingart/Kroll/Bayertz 1992, S. 37):

> »War es Galton vor allem um eine Verbesserung der nachfolgenden Generationen zu tun [sic], d. h. um eine positive Eugenik durch die Vermehrung der Nachkommenschaft von Personen mit (angeblich) hohen Erbqualitäten, so ging es Schallmayer in erster Linie um eine Bekämpfung der Degeneration, d. h. um eine negative Eugenik durch die Verringerung der Nachkommenschaft von Personen mit (angeblich) unterdurchschnittlichen Erbqualitäten« (ebd., S. 39 f).

Diese Darstellung von Weingart u. a. illustriert zugleich, dass die Rassenhygiene in Deutschland von Beginn an mit zwei weiteren Konzeptionen in enger Weise verkoppelt gewesen ist: den Konzepten der ›Degeneration‹ und der ›Rasse‹, die im Folgenden eingehender betrachtet werden sollen.

Unter dem *Degenerationsbegriff* wurden seit dem ausgehenden 19. Jahrhundert vielfältige Phänomene zusammengefasst und in der Eugenik als Symptome einer Ablösung des Menschen von der Wirkung der natürlichen Selektion interpretiert, so bspw. von Schallmayer in seinem Werk »Die drohende physische Entartung der Culturvölker« (1895). Die rassenhygienische These einer Degeneration, die letztlich zur Entartung führe, wurde anhand eines Spektrums von Symptomen festgestellt:

> »Als induktiver Beweis für diese Degeneration wurden zahlreiche Beispiele angeführt: die Verschlechterung der Zähne (von Gruber 1909, von Gruber/Rüdin 1911, Schallmayer 1903, Žižek 1912), die Abnahme der Stillfähigkeit und der ›leichten Gebärfähigkeit‹ (Bluhm 1912, von Gruber/Rüdin 1911, Schallmayer 1903), das Überhandnehmen der Kurzsichtigkeit (von Gruber 1909, von Gruber/Rüdin 1911, Lenz 1932, Schallmayer 1903, Žižek 1912), vor allem aber eine zunehmende Zahl von als geisteskrank oder minderbegabt bezeichneten Personen (Galton 1874a, Galton 1892, Muckermann 1928, Schallmayer 1903, Siemens 1923)« (Pander 1994, S. 77, Quellenangaben angepasst und Quellen teilweise korrigiert).

---

97 Die Rehobother-Studie Fischers ist jedoch aus retrospektiver Sicht hinsichtlich ihrer Schlussfolgerungen und der eingesetzten Methoden kritisch zu beurteilen (vgl. Campt/Grosse 1994, S. 53): »Tatsächlich hatte Fischers ›Bastardstudie‹ keinerlei Hinweis auf eine schädliche Wirkung der Rassenmischung ergeben, sondern im Gegenteil das ›Mischlingsvölkchen‹ als blühend und vital beschrieben« (Kröner 2007, S. 207).

98 Das Lehrbuch von Baur, Fischer und Lenz war zudem im Ausland – bspw. durch den amerikanischen Genetiker Hermann Joseph Muller (1890–1967) – und von Vertretern der deutschen Psychiatrie positiv rezipiert worden (vgl. Fangerau/Müller 2002, S. 1039, 1043; Weingart/Kroll/Bayertz 1992, S. 317). »Der BFL [›Baur-Fischer-Lenz‹, ML] soll das Buch gewesen sein, welches Hitler im Jahre 1923 während seiner neunmonatigen Festungshaft auf der Festung Landsberg zu den rassenhygienischen Artikeln in seinem Werk ›Mein Kampf‹ inspirierte und ihm für diese als Vorlage diente« (Fangerau 2000, S. 38; vgl. auch Harten/Neirich/Schwerendt 2006, S. 89; Vom Brocke 1998, S. 214).

Der Degenerationsbegriff selbst besitzt weitreichende historische Wurzeln; er findet sich bspw. bereits bei Jean-Jacques Rousseau (1712–1778), für den der Mensch im Naturzustand ›gut‹ sei und erst durch die Auswirkungen der Zivilisation seine edelsten Wesenszüge eingebüßt habe (vgl. z. B. Pinker 2003, S. 23):

> »In seinem 1755 erstmals erschienenen *Discours sur l'inégalité* grenzte sich Jean-Jacques Rousseau von dieser prinzipiell geschichtsoptimistischen Position ab und führte eine Verwendungsweise des Degenerationsbegriffs ein, die Elemente seiner späteren eugenischen Verwendung vorwegnahm. Zwar spielte der Ausdruck ›dégénération‹ bei Rousseau keine zentrale Rolle, doch kam er gelegentlich vor, öfter noch unter dem Begriff ›dépravation‹ … Degeneration ist daher die zwangsläufige Folge der Zivilisation. Die in freier Wildbahn lebenden Tiere haben nach Rousseau einen höheren Wuchs, eine robustere Verfassung, mehr Kraft, Stärke und Mut als ihre domestizierten Verwandten; indem sie domestiziert werden, büßen sie die Hälfte dieser Vorzüge ein, und unsere Sorge, diese Tiere gut zu behandeln und zu ernähren, führt nur zu ihrer Entartung« (Weingart/Kroll/Bayertz 1992, S. 43, Hervorhebung im Original; vgl. auch Vogel 2000a, S. 180).

Degeneration beim Menschen wurde somit mit den Auswirkungen der Domestikation von Haus- und Nutztieren verglichen – ein thematisches Motiv, das später auch im Rahmen der Ethologie aufgegriffen werden sollte (vgl. Abschnitt 2.2.6). Auf den Menschen übertragen bestand damit für die Rassenhygieniker die drohende Gefahr insbesondere darin, dass Menschen mit vermeintlich ›minderwertigen‹ Erbanlagen durch staatliche Wohlfahrtshilfe der Wirkung der natürlichen Selektion entzogen würden (vgl. z. B. Vogel 2000a, S. 180). Zudem wurde die Ansicht vertreten, dass sich ›Minderwertige‹ stärker vermehren würden als Menschen mit hochwertigen Erbanlagen – eine These, die sich im Topos der sog. ›dysgenischen Tendenzen‹ spiegelt und insbesondere in der Intelligenzdebatte der 70er Jahre von nativistischer Seite erneut aufgegriffen werden sollte (vgl. Abschnitt 8.1).

Bezüglich der *Rassenkonzeptionen* wird aus historischer Sicht zumeist Joseph Arthur Comte de Gobineau (1816–1882) als Begründer bzw. wichtigster Vorläufer rassentypologischen Denkens genannt. Gobineau hatte Mitte des 19. Jahrhunderts den Begriff der ›arischen Rasse‹ geprägt, war von der Erblichkeit von Charakterzügen ausgegangen und hatte aus diesen Hypothesen die biologische Überlegenheit ausgewählter Zivilisationen der weißen Rasse abgeleitet (vgl. Brace 2005, S. 119f; Rushton 2005, S. 143; Vogel 2000a, S. 187; Weingart/Kroll/Bayertz 1992, S. 94). In Amerika wurden derartige Thesen später von dem Eugeniker Madison Grant (1865–1937) aufgegriffen, der daraus zugleich die generelle Höherwertigkeit der weißen Rasse als ›Herrenrasse‹ (verbunden mit der Abwertung von Juden und Schwarzen) ableitete. Eine ähnliche Rolle nahm Houston Stewart Chamberlain (1855–1927) in England ein (vgl. Brace 2005, S. 172–175; Rushton 2005, S. 144; Vogel 2000a, S. 188). In Deutschland wurde rassenideologisches Gedankengut nicht zuletzt durch Hans Friedrich Karl Günther (1891–1968) verbreitet, »den später als ›Rassen-Günther‹ bekannt gewordenen Autor des seit 1922 in zunehmend größeren Auflagen erschienenen Buches ›Rassenkunde des deutschen Volkes‹, der populären Rassenbibel des NS-Staates« (ebd.). Derartige Rassenkonzeptionen in Verbindung mit nativistischen Extrempositionen finden sich in besonderem Maße in der rassenhygienischen Legitimation der ideologischen Grundannahmen der Nationalsozialisten im Dritten Reich:

> »Wenn *Adolf Hitler* in ›Mein Kampf‹ von ›den restlos ausgeprägten Charakteren‹ und von ›angeborene(r) Begabung‹ spricht und die Angehörigen der ›Intelligenzrassen‹ von den ›geborenen Halbaffen‹ unterscheidet (*Hitler* 1932, S. 460, S. 477 und S. 479) … oder wenn *Hans F. K. Günther* über ›Führeradel durch Sippenpflege‹ reflektiert und zu der Einsicht gelangt: ›Wo immer das Gewicht der *Vererbung* ver-

glichen wurde mit dem Gewicht der *Umwelt*, der verschiedenen Einflüsse, die den Menschen von außen treffen, da hat sich das bedeutende Übergewicht der Vererbung ergeben‹ (*Günther* 1936, S. 104) … so zeigt der Zusammenhang, in dem diese Aussagen stehen, dass sich keiner von ihnen für die *wissenschaftlich abgesicherte* Lösung eines höchst komplexen anthropologischen Sachverhaltes interessierte, sondern die Fragen der Bildsamkeit eben *so* interpretierte, daß die Antworten der Rechtfertigung und Durchsetzung der eigenen politischen Absichten dienlich sein konnten« (März 1980, S. 298, Hervorhebungen im Original).

Aus retrospektiver Sicht sind derartige Rassenkonzeptionen als ideologisch und pseudowissenschaftlich zu werten. Allerdings wird die Frage, inwieweit in der menschlichen Spezies überhaupt unterschiedliche ›Rassen‹ trennscharf voneinander unterschieden werden können, bis heute – selbst unter Biologen – kontrovers diskutiert.[99] Berichte über beobachtete Unterschiede zwischen Menschen, die auf Grundlage äußerlicher Merkmale als Angehörige verschiedener ›Rassen‹ eingestuft werden könnten, reichen bis in die Antike zurück und finden sich bspw. bei Herodot (vgl. Diamond 1994, S. 145; Rushton 2005, S. 20, 142). Zuweilen wird hinsichtlich des historischen Ursprungs des Rassenbegriffs auch auf Bezüge zum Mittelalter verwiesen (vgl. Mandera 2004, S. 2) oder behauptet, der Rassenbegriff selbst sei erst später von Johann Friedrich Blumenbach (1752–1840) in den wissenschaftlichen Diskurs eingeführt worden (vgl. Blech 2004, S. 187).[100] Brace konstatiert, dass das Konzept der ›Rasse‹ als kategoriale Unterscheidung weder in der Antike, noch im Mittelalter verbreitet gewesen sei, sondern in der Renaissance des 15. und 16. Jahrhunderts aufgekommen sei und sich erst in den letzten 200 Jahren durchgesetzt habe (vgl. Brace 2005, S. 19; kritisch: Rushton 2005, S. 20). Zuvor habe eine gradualistische Auffassung menschlicher Unterschiede vorgeherrscht: Da Reisende in der Antike und im Mittelalter täglich nur begrenzte Wegstrecken zurücklegen konnten, wären sie nur mit geringen Unterschieden auf einem Kontinuum menschlicher Merkmale (insbes. der Hautfarbe) konfrontiert worden. Technische Neuerungen im Transportwesen hätten erst in der Renaissance dazu geführt, dass von Reisenden die menschlichen Unterschiede an zwei entfernten Orten der Welt zeitlich nahe und ohne graduelle Abstufungen zwischen Start- und Zielort ihrer Reise wahrgenommen worden wären (vgl. Brace 2005, S. 19, 21). Vermeintliche Nachweise der Nutzung des Rassenbegriffs in der Antike führt Brace darauf zurück, dass antike Begriffe, die ein Volk beschreiben sollten, in der neuzeitlichen Rezeption antiker Quellen von Autoren mit einem kategorischen Rasseverständnis als ›Rasse‹ übersetzt worden seien (vgl. ebd.,

---

99 Dabei wird in einigen Publikationen davon ausgegangen, dass in der menschlichen Spezies ›Rassen‹ – zumindest in einer Grobklassifikation – voneinander unterschieden werden können (vgl. z. B. Diamond 1994, S. 144; Rushton 2005, passim). Andere Wissenschaftlerinnen und Wissenschaftler widersprechen dieser Auffassung vehement und werten Rassenklassifikationen als soziale Konstruktionen (vgl. bspw. Kattmann 1999; kritisch: Rushton 2005, S. 299 ff). Aktuelle Bezüge finden sich bspw. in der Humangenetik hinsichtlich der Aufdeckung von Abstammungsverhältnissen und frühen Wanderungsbewegungen der Spezies *Homo sapiens sapiens* sowie in der Medizin bezüglich unterschiedlicher Wirkungen von Medikamenten in verschiedenen ethnischen Gruppierungen (vgl. z. B. Bamshad/Olson 2005, S. 95, 97; Blech 2004; Cavalli-Sforza 1999). Dass in Einzelfällen bis heute längst überkommen geglaubtes Rassendenken nicht gänzlich aus dem Diskurs verschwunden ist, zeigt die Neuauflage des Lehrbuchs »Vergleichende Biologie des Menschen« von Rainer Knußmann aus dem Jahr 1996 mit einem gesonderten Kapitel zur ›Rassenkunde‹ (vgl. Knußmann 1996, S. 405–448; kritisch: Massin 1999, S. 45 f; Schuller 1999, S. 132).

100 Blumenbach ist jedoch als »Erfinder des Begriffs ›kaukasisch‹ zur Klassifikation der weißen ›Rasse‹« (Finzsch 1999, S. 88) anzusehen (vgl. Vogel 2000a, S. 190). Im Unterschied zum Rassenbegriff scheint sich der Rassismus-Begriff als Kritik des rassenideologischen Denkens erst in den 20er und 30er Jahren des 20. Jahrhunderts durchgesetzt zu haben (vgl. Mandera 2004, S. 7).

S. 19). Der historische Ursprung des Rassenbegriffs ist damit im aktuellen Diskurs als strittig und ungeklärt anzusehen. Aus diskursanalytischer Sicht ist ferner zwischen einem biologischen und einem sozialen Rassenbegriff zu unterschieden: Aus biologischer Sicht werden ›Arten‹ bzw. ›Spezies‹ als Fortpflanzungsgemeinschaften definiert, deren Mitglieder sich hinsichtlich ihrer biologischen Voraussetzungen (z. B. Chromosomenzahlen) erfolgreich miteinander fortpflanzen können. Zwischen Angehörigen verschiedener Arten ist jedoch – selbst bei enger Verwandtschaft der Arten – keine Verpaarung mehr möglich: »*Arten* werden als voneinander reproduktiv isolierte Populationen angesehen, die, selbst wenn die Möglichkeit besteht, keine Hybriden bilden« (von Schilcher 1988, S. 192 f, Hervorhebung ML). ›*Rassen*‹ stellen« demgegenüber Subklassifikationen innerhalb einer biologischen Art dar. Wird ferner berücksichtigt, dass in wissenschaftlichen Typologien »zwischen drei und dreihundert Menschenrassen mit ganz unterschiedlicher Einteilung und Zuordnung unterschieden« (Kattmann 1999, S. 69) werden, dass Rassen sogar im Tierreich zumeist nur in Fällen trennscharf unterschieden werden können, in denen eine künstliche Selektion auf bestimmte Merkmale hin erfolgt ist (wie bspw. im Falle der Haustierzucht als ›Domestikation‹ durch den Menschen, vgl. z. B. Grupe u. a. 2005, S. 170 f), und dass eine Engzüchtung beim Menschen in dieser Form nicht nachgewiesen werden kann (vgl. Kattmann 1999, S. 78), so entbehrt ein biologisch orientiertes Rassenkonzept jeglicher Grundlage. Brace weist zudem darauf hin, dass zwar Analysen der geografischen Verteilung menschlicher Merkmale (wie der Hautfarbe, Zahngröße, des Hämoglobin-Typs und diverser Blutgruppenfaktoren) möglich seien, jedes Merkmal für sich betrachtet aber unabhängig von den anderen Merkmalen eine eigene Häufigkeitsverteilung in verschiedenen geografischen Regionen und menschlichen Populationen aufweise, sodass sich in der Zusammenschau mehrerer Merkmale kein einheitliches Muster ergebe (vgl. Brace 2005, S. 5–14). Vor diesem Hintergrund verlieren typologische Rassenkonzepte jegliche Legitimation als wissenschaftliche Kategorisierungsmöglichkeiten. Aus kritischer Sicht sind Rassenklassifikationen vielmehr als alltagstheoretische Konzepte zu betrachten, die auf sozial konstruierten Zuordnungen basieren und Unterscheidungen im Rahmen gesellschaftlicher Gruppenbildungen erleichtern sollen (vgl. bspw. Finzsch 1999, S. 87; Grupe u. a. 2005, S. 171; Kattmann 1999, S. 70, 77).[101] Aus biologischer Sicht erscheinen damit insbesondere Rassenklassifikationen auf Grundlage äußerlicher Merkmale – wie bspw. der Hautfarbe – vor dem aktuellen Kenntnisstand mehr als fragwürdig (vgl. Bamshad/Olson 2005, S. 94).

Nach diesem Exkurs zum Rassenbegriff ist im Folgenden nach der *praktischen Umsetzung eugenischer Maßnahmen* und deren Folgen im Kontext des Anlage-Umwelt-Diskurses zu fragen. Im ausgehenden 19. Jahrhundert und den ersten Jahrzehnten des 20. Jahrhunderts führten Rassendenken, nationalistische Einstellungen und Fremdenfurcht aufgrund verstärkter Zuwanderung – gepaart mit ideologischen, eugenischen und nativistischen Grundüberzeugungen (wie nicht zuletzt der vermeintliche Nachweis der erblichen Unterlegenheit ost- und südeuropäischer Immigranten bezüglich des Merkmals ›Intelligenz‹ im Rahmen der sog. ›Army Mental Tests‹ in den USA; vgl. Abschnitt 8.1) – zur Einführung von Einwanderungsbeschränkungen in verschiedenen Ländern. So wurde in den Vereinigten Staaten im Jahr »1902 … auf Dauer ein

---

101 Kattmann verweist darauf, dass derartige Klassifikationsschemata sowie grundlegende Vorstellungen über Anlage und Umwelt bereits früh in der menschlichen Ontogenese angeeignet werden: »Bereits dreijährige Kinder entwickeln Vorstellungen darüber, welche Eigenschaften im Laufe der Individualentwicklung unverändert bleiben und welche von den Eltern vererbt werden. Die Annahmen dienen auch dazu, die Zugehörigkeit zu einer Gruppe anzuzeigen und für das Kind zu sichern« (Kattmann 1999, S. 70, Fußnotenverweis entfernt; vgl. auch Hirschfeld 1995).

Einwanderungsstop für Chinesen durchgesetzt, das erste Gesetz dieser Art, dem weitere bis zur [sic] *Immigration Restriction Act* im Jahre 1924 folgten« (Finzsch 1999, S. 98, Hervorhebung im Original; vgl. auch Weingart/Kroll/Bayertz 1992, S. 346). Zugleich wurden in den USA und zahlreichen anderen Nationen verschiedene Maßnahmen einer negativen Eugenik gesetzlich umgesetzt:

> »Angefangen mit Connecticut wurden bis 1913 in 24 US-Bundesstaaten Ehegesetze eingeführt, die eine Heirat z. B. zwischen Schwachsinnigen, Alkoholikern und Epileptikern untersagten (Reilly 1991). Ebenso wurden Eheschließungen zwischen Weißen und Schwarzen mit der Begründung verboten, daß sonst die ›weiße‹ Rasse durch ›schwarze‹ Gene verdorben werde (Reilly 1991). Darüber hinaus schränkte die in den USA 1924 erlassene Immigrationsgesetzgebung aus rassenideologischen Gründen die Einwanderung bestimmter Gruppen von Europäern ein (Reilly 1991)« (Pander 1994, S. 89).

Neben derartigen Reglementierungen der Eheschließungen wurden seit dem ersten Jahrzehnt des 20. Jahrhunderts zudem Zwangssterilisationen gesetzlich ermöglicht, wobei aus historischer Sicht erneut den Vereinigten Staaten eine Vorreiterrolle zuzuschreiben ist:

> »Die USA waren das erste Land, in dem Sterilisierungsgesetze erlassen wurden. Die Gesetzgebung war Angelegenheit der einzelnen Bundesstaaten … Von 1905–1922 wurden in 18 Staaten Sterilisierungs-Gesetze erlassen, davon sechzehn vor dem Ersten Weltkrieg. Das erste Land war 1907 Indiana, das letzte 1937 Georgia (Larson 1991). Insgesamt hatten 31 Staaten Sterilisierungsgesetze; einige hielten Sterilisierungsprogramme bis in die 50er Jahre aufrecht (Reilly 1991: 110)« (Reyer 2003b, S. 97; vgl. auch Pander 1994, S. 79).

Garver und Garver zufolge fanden sich Gesetze, die eine unfreiwillige Sterilisation sog. ›retardierter‹ Personen in Institutionen erlaubten, sogar noch im Jahre 1987 in 19 US-Bundesstaaten, obgleich derartige Gesetze nicht häufig angewandt würden (vgl. Garver/Garver 1991, S. 1111; Pander 1994, S. 79). Und bezüglich eines Nationenvergleichs verweist Paul auf eine weltweite Verbreitung von Sterilisationsgesetzen in den 40er Jahren:

> »But by 1940 sterilisation laws had been passed by thirty American states, three Canadian provinces, a Swiss canton, Germany, Estonia, all of the Scandinavian and most of the Eastern European countries, Cuba, Turkey and Japan« (Paul 2003, S. 230).

Diese Ausführungen zeigen, dass die Realisierung eugenischer Maßnahmen in den Vereinigten Staaten und anderen europäischen Ländern bereits vor dem Dritten Reich vorangetrieben worden war. In Deutschland wurden negative eugenische Maßnahmen schließlich unter den Nationalsozialisten gesetzlich umgesetzt. In diesem Kontext wurde im Jahr 1933 das »Gesetz zur Verhütung erbkranken Nachwuchses« (Weingart/Kroll/Bayertz 1992, S. 306, 464) erlassen, das Zwangssterilisationen »für ›angeborenen Schwachsinn‹, ›Schizophrenie‹, ›manisch-depressives Irresein‹ (zirkuläres Irresein), ›erbliche Fallsucht‹ (Epilepsie), ›erblichen Veitstanz‹ (Chorea), ›erbliche Blindheit‹, ›erbliche Taubheit‹ und ›schwere erbliche körperliche Mißbildung‹ sowie für ›schweren Alkoholismus‹« (ebd., S. 465; vgl. auch Vogel 2000a, S. 193; Weingart/Kroll/Bayertz 1992, S. 306) vorsah. Handelte es sich dabei weitgehend um die Umsetzung eugenischer Maßnahmen, so fanden zwei Jahre später zudem rassenanthropologische Ideologien Einzug in die Gesetzgebung des Dritten Reiches; denn im Jahr 1935 folgte das

> »›Gesetz zum Schutze des deutschen Blutes und der Deutschen Ehre‹ …, das nun mit dem staatlichen Verbot der Rassenmischung ernst machte. Fortan waren die Eheschließung und sogar der außereheliche Geschlechtsverkehr zwischen ›Juden und Staatsangehörigen deutschen oder artverwandten Blutes‹ verboten« (ebd., S. 500; vgl. auch Vogel 2000a, S. 193).

Diese offiziellen Umsetzungen eugenischer und rassenhygienischer Maßnahmen gipfelten im Dritten Reich schließlich in der heimlichen Ermordung ganzer Bevölkerungsgruppen im Rahmen von Euthanasie und Holocaust, die hier nicht im Detail ausgeführt werden können. Abschließend soll jedoch exemplarisch eines der unfassbarsten Ereignisse dieser dunkelsten historischen Periode des Anlage-Umwelt-Diskurses diskutiert werden, da es besonders eng mit nativistischen Extrempositionen in der Anlage-Umwelt-Kontroverse verwoben ist: die Experimente des Anthropologen, Mediziners und SS-Hauptsturmführers Josef Mengele (1911–1979) im Konzentrationslager Auschwitz-Birkenau in den Jahren 1943 bis 1945. Im Rahmen seiner täglichen Selektionen der zur Vernichtung nach Auschwitz-Birkenau deportierten Opfer des nationalsozialistischen Regimes sortierte Mengele insbesondere Zwillinge und kleinwüchsige Menschen aus – mit dem Ziel ihrer Verwendung für illegale und unethische Menschenversuche. Neuesten Schätzungen zufolge waren von Mengele in Auschwitz ca. 3 000 Zwillinge untersucht worden, von denen nur etwa 200 diese Prozeduren überlebt haben (vgl. Joseph 2004, S. 43). Die Zwillinge wurden nach ihrer Deportation und Ankunft im Konzentrationslager Auschwitz-Birkenau zunächst routinemäßig anthropologischen und medizinischen Untersuchungen ausgesetzt (phänotypische Beschreibung, Anfertigung von Fotografien, Dokumentation der individuellen Krankengeschichte, Blut- und Urinuntersuchungen etc.; vgl. Völklein 2000, S. 147). Später wurden die Zwillinge ohne ihre Zustimmung für verschiedene *in vivo* Experimente missbraucht: Versuche am lebenden Menschen – teilweise mit tödlichem Ausgang (vgl. Nyiszli 2005, S. 42 f). Da nur wenige Zwillinge ihre Zeit im Konzentrationslager überlebt haben und sie zumeist selbst nicht wussten, welche Versuche an ihnen durchgeführt worden waren, ist eine historische Rekonstruktion der Arbeiten Mengeles nur ansatzweise möglich (vgl. Lagnado/ Dekel 1992, S. 66; Massin 2003, S. 239 f).[102] Völklein fasst diese pseudowissenschaftlichen Experimente wie folgt zusammen:

> »Daneben hatte sich Mengele bei den Zwillingen eine Reihe von Einzeluntersuchungen vorgenommen, die ihm Aufschluß über Detailfragen geben sollten. Das begann harmlos mit Intelligenztests, neurologischen und anderen fachärztlichen Erhebungen, die von entsprechend vorgebildeten Häftlingsärzten durchgeführt wurden. Es folgten Bluttransfusionen sowie Injektionen von Fremdstoffen oder Krankheitserregern, um die Reaktionen der Zwillinge miteinander vergleichen zu können. Es ging weiter zu chirurgischen Eingriffen unterschiedlichen Umfanges, die ohne Narkose vorgenommen wurden, um die Schmerzreaktionen von Zwillingen zu beobachten. Und es endete mit der vergleichenden Obduktion beider Zwillinge nach dem natürlichen Tod eines Geschwisterkindes etwa in Folge einer Erkrankung – was die Ermordung des gesunden Zwillings zur Voraussetzung hatte. Mitunter wollte Mengele sich aber nicht so lange gedulden, bis ihm der Tod einen Leichnam auf den Seziertisch brachte. Dann ordnete er die sofortige Tötung von Zwillingen an oder brachte sie auch eigenhändig um, wenn ihm dies aus irgendwelchen Gründen vergleichender Untersuchung geboten erschien« (Völklein 2000, S. 147 f; vgl. auch Lagnado/Dekel 1992, S. 70; Nyiszli 2005, S. 42 f).

---

[102] Aus historischer und ethischer Sicht besteht die besondere Perversion der Zwillingsforschung und KZ-Tätigkeit Mengeles nicht zuletzt darin, dass viele Versuchspersonen nur deshalb überlebt haben, weil sie als Zwillinge geboren und von Mengele für Versuche selektiert worden waren. So berichten bspw. Lagnado und Dekel über die Befreiung von Auschwitz: "On January 27, 1945, at three o'clock in the afternoon, Russian soldiers marched into Auschwitz. They found the twins huddled inside one of the barracks. They were cold and hungry. Many were suffering from typhoid fever and dysentery. Their frail, emaciated bodies still bore needle marks from the blood tests and injections that had been administered up to the end. But they were alive! Mengele's twins were among the only children to have survived Auschwitz" (Lagnado/Dekel 1992, S. 92 f).

Diese Vorgehensweise Mengeles wurde bereits kurz nach Kriegsende durch die biografischen Darstellungen des jüdischen Mediziners Miklós Nyiszli (1901–1956) bestätigt, der gezwungen worden war, im Konzentrationslager Auschwitz-Birkenau unter Mengele als Pathologe zu arbeiten, und überlebt hatte. Nyiszli konnte bspw. bezeugen, dass einige der ihm zur Obduktion überstellten Zwillinge durch Chloroform-Injektionen ins Herz getötet worden waren (vgl. Nyiszli 2005, S. 46; Lagnado und Dekel berichten in diesem Kontext über Phenol-Injektionen, vgl. Lagnado/Dekel 1992, S. 71). Da zur gleichen Zeit verstorbene Zwillinge ein unter natürlichen Umständen kaum vorzufindendes Phänomen darstellen würden, habe Mengele aus medizinischer Sicht in der Ermordung von Zwillingspaaren eine besondere Chance für die Forschung gesehen:

> »Die kleinen Zwillinge starben zur gleichen Zeit. Nebeneinander liegen sie auf dem Sektionstisch. Mit ihrem Tod, mit der Öffnung ihrer kleinen, für die Forschung bestimmten Körper sollen sie dazu beitragen, das Geheimnis der Rassenvermehrung zu entschlüsseln! Das Vorantreiben der Vermehrung der ›zur Herrschaft berufenen höheren Rasse‹ ist das ›große Ziel‹. Genauer: In der Zukunft soll nach Möglichkeit jede deutsche Mutter Zwillinge gebären. Dieser Plan ist Wahnsinn, die irrsinnigen Rassen-theoretiker des Dritten Reiches haben sich so etwas ausgedacht. Die Durchführung der Versuche aber übernahm Dr. Mengele, der Erste Arzt des KZ Auschwitz, der gut ausgebildete und talentierte ›Verbrecher-Arzt‹ … Millionen schickt er in den Tod, weil sie nach der deutschen Rassentheorie ›Untermenschen‹ sind, minderwertige Geschöpfe, schädlich für die Menschheit wie Ungeziefer« (Nyiszli 2005, S. 44, Fußnotenverweis entfernt).

Nach den Obduktionen der ermordeten Zwillinge und anderer Personen wurden zahlreiche Präparate (von Embryonen, Blutproben, Organen, Augäpfeln mit unterschiedlicher Irisfärbung bis hin zu kompletten Skeletten zwergwüchsiger Menschen) an das ›Kaiser-Wilhelm-Institut für Anthropologie, menschliche Erblehre und Eugenik‹ in Berlin-Dahlem geschickt (vgl. Lagnado/ Dekel 1992, S. 71, 120; Nyiszli 2005, S. 47, 125–130, 155; Völklein 2000, S. 150, 168 ff). Letzteres wurde zunächst von Eugen Fischer und ab 1942 von Otmar Freiherr von Verschuer (1896–1969) geleitet, der zuvor Direktor des 1935 eingerichteten »Frankfurter Institut[s] für Erbbiologie und Rassenhygiene« (ebd., S. 75) gewesen war (vgl. Massin 2003, S. 206). Verschuer selbst galt seit den 30er Jahren als einer der bekanntesten Zwillingsforscher weltweit (vgl. Joseph 2004, S. 42; Sachse 2003, S. 13) und hatte »bis 1935 eine Datenbank [aufgebaut], die Name und Anschrift von über 4.000 Zwillingen aus der Region Berlin erfasste« (Massin 2003, S. 204).[103] Verschuers Rolle als »akademischer Mentor« (Völklein 2000, S. 91) Mengeles ist bis heute umstritten, da ihm keine direkte Mittäterschaft an Mengeles Gräueltaten nachgewiesen werden konnte und er selbst keinerlei Versuche am Menschen durchgeführt zu haben scheint (vgl. bspw. Lagnado/Dekel 1992, S. 46; Weingart/Kroll/Bayertz 1992, S. 422). Sowohl gegenüber

---

103 Die Zwillingsforschung erlebte in den 30er Jahren eine Blütezeit. Laut Nyiszli sei das besondere Interesse an Zwillingsgeburten im öffentlichen Diskurs dieser Zeit nicht zuletzt auf die Popularisierung der sog. ›Dionne Quintuplets‹ in Kanada zurückzuführen (vgl. Nyiszli 2005, S. 21). Dies war der erste (und mindestens bis Mitte der 90er Jahre einzige) Fall von *eineiigen* Fünflingen, die ihre Säuglingszeit überlebt hatten (vgl. Wright 1994–95, S. 9). Die Fünflinge Annette, Cécile, Emilie, Marie und Yvonne Dionne kamen kurz nach ihrer Geburt im Jahr 1934 unter staatliche Fürsorge und wurden bis zum Alter von neun Jahren von Expertinnen in einer eigens zu diesem Zweck eingerichteten Tagesstätte, in der sie von Touristen beim Spielen mehrmals täglich durch eine Galerie unbemerkt beobachtet werden konnten, unter ständiger wissenschaftlicher Observation aufgezogen (vgl. Dehli 1994–95; Wright 1994–95, S. 6, 10). Im Kontext der Anlage-Umwelt-Thematik wurde dabei von environmentalistischer Seite auf die individuellen Persönlichkeitsunterschiede zwischen den Fünflingen trotz ihrer identischen genetischen Ausstattung hingewiesen. Aus nativistischer Sicht wurde hingegen betont, dass die Dionne Quintuplets trotz optimaler Förderung und Konstruktion ihrer Umwelt nur unterdurchschnittliche Intelligenzleistungen erzielt hätten (vgl. Dehli 1994–95, S. 97 ff).

der Öffentlichkeit als auch seiner Familie bestritt Verschuer nach dem Kriegsende, von den Verbrechen Mengeles gewusst zu haben (vgl. Lagnado/Dekel 1992, S. 118; Völklein 2000, S. 77 f; Weingart/Kroll/Bayertz 1992, S. 574 f). Obwohl er im Anlage-Umwelt-Streit eher eine gemäßigte Position bezogen habe und sich »[w]ährend der ganzen Zeit des ›Dritten Reichs‹ ... nur sehr zurückhaltend zum Wert der nordischen Rasse geäußert« (Kröner 2007, S. 209; vgl. auch Lagnado/Dekel 1992, S. 161) habe, kann jedoch kein Zweifel daran bestehen, dass Verschuer ein strikter Vertreter rassenhygienischer Auffassungen – für einige Historiker sogar ein »Rassist reinsten Wassers« (Völklein 2000, S. 76) sowie ein »politischer Opportunist par excellence« (Weingart/Kroll/Bayertz 1992, S. 420) – gewesen ist. Für Lagnado und Dekel leitet sich Verschuers versteckte, aber prinzipiell unterstützende Grundhaltung gegenüber rassistischen Ideologien nicht zuletzt aus seiner Editorentätigkeit ab:

> "But Verschuer wasn't entirely discreet. He served for many years on the international editorial board of the *Mankind Quarterly*, a racist and anti-Semitic publication based in Washington, D.C., founded in 1960 by anthropologists who admired the fundamental precepts of Nazi racial science" (Lagnado/Dekel 1992, S. 161, Hervorhebung im Original).

Verschuers Diskursposition im damaligen Anlage-Umwelt-Streit ist somit als ambivalent zu werten.[104] Als Doktorvater Mengeles hatte Verschuer dessen wissenschaftliche Auffassungen in besonderer Weise geprägt (vgl. z. B. ebd., S. 69, 273). Mengele hatte im Jahr 1938 im Fach Medizin bei Verschuer promoviert und stand sowohl in seiner Zeit in Auschwitz-Birkenau als auch noch nach dem Krieg in Kontakt zu Verschuer (vgl. Weingart/Kroll/Bayertz 1992, S. 421). Während Mengele nach Kriegsende flüchten musste, wurde Verschuer trotz belastender Aussagen ehemaliger Kollegen im Jahr »1951 ... auf den Lehrstuhl für Humangenetik in Münster berufen« (ebd., S. 579), den er bis zu seiner Emeritierung im Jahr 1965 innehatte (vgl. Kröner 1998, S. 145, 148 f; Lagnado/Dekel 1992, S. 160, 212; Weingart/Kroll/Bayertz 1992, S. 573 f).[105] Lagnado und Dekel lassen bezüglich der Frage nach der Mitverantwortung Verschuers an den Gräueltaten Mengeles keine Zweifel gelten:

> "The two scientists, who had worked with Verschuer for many years, exposed the fact that he had corresponded with Mengele and knew exactly what was going on at Auschwitz. They charged that he had known about the layout, functions, and activities of the death camp, and was well aware of the source of the 'specimens' he regularly received from Auschwitz: Jews put to death by Mengele. As an intimate of the Nazi hierarchy in Berlin, Verschuer knew about the Final Solution, had advocated killing Jews as a eugenic measure, and, the doctors claimed, also knew precisely how the experimentations were being carried out, since they believed he himself had visited Auschwitz" (Lagnado/Dekel 1992, S. 119 f).

---

104 So dokumentiert Kröner, dass Verschuer in seinen Publikationen je nach Adressat eine unterschiedliche Diskurs-position bezüglich des Gewichtes von Anlage und Umwelt in der menschlichen Entwicklung favorisierte (vgl. Kröner 2007, S. 204). Insgesamt betrachtet habe er aber eine vermittelnde Position angestrebt: »Von Verschuer versuchte den Konflikt zwischen Materialismus und Idealismus zu lösen, indem er eine gewisse Umweltplastizität der Erbanlagen in Bezug auf die Ausbildung des Phänotyps postulierte, die es erlaube, eine Hierarchie der Milieu-beeinflussbarkeit aufzustellen, rangierend von ›garnicht [sic] beeinflussbar‹ (z. B. morphologische Eigenschaften wie Haar- oder Augenfarbe) bis ›stark beeinflussbar‹, was vor allem für die geistigen Eigenschaften gelte. Zwischen Erbanlage und Geistesinhalt, zwischen Rasse und Volkstum bestehe kein direktes Ursache-Wirkungsverhältnis, da sich die Umwelteinflüsse dazwischen schieben würden. Andererseits sei der Mensch bei der Geburt keine Tabula rasa und deshalb nicht nur ein Produkt seines Milieus« (ebd., S. 203).

105 Für eine detaillierte Rekonstruktion der Nachkriegsdebatten um die Wiedereinstellung Verschuers in den Wissen-schaftsbetrieb vgl. Kröner 1998, S. 78–149. Im Gegensatz zu Verschuer erfolgte die erneute Berufung anderer ehemaliger Rassenhygieniker nach dem Kriegsende schneller und problemloser, wie bspw. im Falle von Fritz Lenz (1887–1976), der bereits im Jahr 1946 einen Lehrstuhl in Göttingen erhielt (vgl. ebd., S. 67; Pander 1994, S. 85).

Der Einfluss Verschuers auf die Verhaltensgenetik reichte bis in die 60er Jahre hinein und weit über die Zeit des Nationalsozialismus hinaus. Die genauen Absichten hinter Mengeles Experimenten in Auschwitz-Birkenau bleiben trotz der vereinzelten Augenzeugenberichte kaum rekonstruierbar, zumal seine Forschungsberichte und Notizen entweder nach Kriegsende vernichtet worden waren oder von Mengele im Rahmen seiner Flucht nach Argentinien, Paraguay und Brasilien außer Landes geschafft worden waren (vgl. Völklein 2000, S. 231, 236).[106] Aus der Zeit seiner Tätigkeit in Auschwitz-Birkenau liegen keine persönlichen Aufzeichnungen vor; und Mengele hat diese Periode seines Lebens in seiner Autobiografie ausgelassen (vgl. Lagnado/Dekel 1992, S. 241; Völklein 2000, S. 31 f). Gegenüber Freunden und seiner Familie hat Mengele seine Beteiligung an Verbrechen zeitlebens geleugnet und keinerlei Reue gezeigt (vgl. Lagnado/Dekel 1992, S. 230; Völklein 2000, S. 199, 201, 214f, 245, 270, 299). Es wird jedoch allgemein davon ausgegangen, dass Mengeles Forschungsergebnisse aus wissenschaftlicher Sicht völlig wertlos gewesen seien (vgl. Lagnado/Dekel 1992, S. 65; Nyiszli 2005, S. 79, 128, 130; Völklein 2000, S. 147). Bezüglich der Motive Mengeles wird angenommen, er habe die rassenhygienische Sicht von der Höherwertigkeit der ›arischen Rasse‹ sowie die besondere Bedeutung der Vererbung belegen wollen:

> »In dem bis heute andauernden Streit zwischen Erbforschern und Soziologen, was an der Ausstattung des Menschen anlagebedingt, also vererbt, und was erworben sei, also der Umwelt und den Lebensbedingungen zuzuschreiben ist, kam der Zwillingsforschung ein umso höherer Rang zu, je geringer die genetischen Kenntnisse waren. In endlosen Tabellen und Testreihen konnten Übereinstimmungen und Abweichungen in der körperlichen und geistigen Entwicklung von eineiigen Zwillingen erhoben werden, die gemeinsam oder getrennt lebten. Die dabei festgestellten Übereinstimmungen nahmen die nationalsozialistisch orientierten Eugeniker dann als Bestätigung des eigenen Ansatzes in Anspruch, der Mensch sei, was er sei, als Summe aus Vererbung und rassegerechter Aufzucht. Die so nicht deutbaren Abweichungen zu erklären, ließen sie offen« (ebd., S. 146).

Dabei sollen Mengele und andere Ärzte zudem der aus heutiger Sicht abstrusen Frage nachgegangen sein, inwieweit durch Verabreichung von Medikamenten oder Injektionen von Chemikalien die Augen- und Haarfarbe von Menschen veränderbar sei – mit dem Ziel, den Idealtyp des blonden, blauäugigen Ariers zu vermehren (vgl. z. B. Lagnado/Dekel 1992, S. 65). Dass derartige Manipulationen wohl kaum an die Nachkommen weitergegeben werden können, sollte eigentlich seit Weismanns Versuchen offensichtlich gewesen sein. Dennoch war die »Vererbung menschlicher Augenfarbe … den Forschern seit Beginn der mendelschen Genetik problematisch und auch 1940 noch immer nicht sehr klar« (Massin 2003, S. 247). Aufgrund der Opferzahlen des Zweiten Weltkrieges war zudem eine gesteigerte Geburtenziffer im Dritten Reich erwünscht. Vor diesem Hintergrund habe Mengele mittels gezielter Verpaarung seiner Zwillinge herausfinden wollen, inwieweit Zwillingsgeburten bei Zwillingen selbst vermehrt auftreten könnten (vgl. Lagnado/Dekel 1992, S. 71):

> "Mengele's overall aim – and that of Verschuer – was to test various genetic theories in support of Hitler's racial dogmas. Like other Nazi scientists, Mengele hoped to prove that most human characteristics,

---

106 Mengele ertrank im Jahr 1979 nach einem Schlaganfall beim Schwimmen in Brasilien und wurde unter dem Namen seines Freundes ›Wolfgang Gerhard‹ bestattet (vgl. Völklein 2000, S. 301). Sein Tod wurde in Deutschland erst sechs Jahre später bekannt. Nach der Exhumierung seiner Leiche im Jahr 1985 wurde Mengeles Identität im Rahmen gerichtsmedizinischer Analysen von internationalen Experten festgestellt. Aufgrund verbliebener Zweifel wurde im Jahr 1992 eine Genanalyse durchgeführt, die die vorherigen Ergebnisse bestätigte (vgl. ebd., S. 310f, 329).

from the shape of the nose to the color of the eye to obesity and left-handedness, were inherited. In addition, it is believed Mengele was searching for ways to induce multiple births, so as to repopulate the deleted German Army. The ultimate goal was to produce an ideal race of Aryan men and woman endowed with only the finest genetic traits, who would rapidly multiply and rule the world" (Lagnado/Dekel 1992, S. 60f).[107]

Derartige Pläne konnten jedoch von Mengele aufgrund des herannahenden Kriegsendes nicht mehr in die Tat umgesetzt werden (vgl. Völklein 2000, S. 29, 156, 169). In anderen Fällen habe Mengele versucht, das Geschlecht von Zwillingen zu verändern: Mengele

"also attempted to change the sex of some twins. Female twins were sterilized; males were castrated. What was the point of these ghoulish experiments? No one, neither the child-victims nor the adult witnesses, ever really knew" (Lagnado/Dekel 1992, S. 70).

Inwieweit vom Nazi-Regime anderweitige Methoden einer ›gezielten Zucht‹ von ›Ariern‹ eingesetzt worden sind, ist bis heute strittig. Historische Rekonstruktionen zeigen, dass das ›Projekt Lebensborn‹, auf das im Kontext des Anlage-Umwelt-Diskurses mitunter verwiesen wird (vgl. Paul 1998, S. 100; 2003, S. 231), mitnichten eine ›Zuchtanstalt‹ oder ein Freudenhaus der SS gewesen ist, in dem eine »›gelenkte Fortpflanzung‹ betrieben worden sei« (Lilienthal 1985, S. 2; vgl. auch Koop 2007, S. 1; Lilienthal 1985, S. 147–165, 238). Dieses Gerücht war seit Kriegsende bis in die heutige Zeit hinein mehrfach im öffentlichen Diskurs und in den Medien verbreitet worden (vgl. Koop 2007, S. 3f, 231–234). Historischen Rekonstruktionen zufolge war der ›Lebensborn e. V.‹ vielmehr eine – vom Reichsführer-SS Heinrich Luitpold Himmler (1900–1945) im Jahr 1935 gegründete – Organisation mit dem Ziel der Förderung unehelicher Geburten (vgl. ebd., S. IX, 21; Lilienthal 1985, S. 26):

»In Deutschland und dem angeschlossenen Österreich verfügte der Lebensborn über acht Mütter- und zwei Kinderheime, ausgerichtet auf hundert Geburten monatlich. Genaue Zahlen liegen nicht vor, doch etwa 11 000 Kinder erblickten dort das Licht der Welt. Der Verein übernahm die Vormundschaft für etwa 5 500 uneheliche Kinder« (Koop 2007, S. IX, Hervorhebung im Original).

In den Lebensborn-Heimen konnten deutsche Frauen (und nicht zuletzt die heimlichen Geliebten von SS-Offizieren) unter dem Deckmantel der Verschwiegenheit und verborgen vor den Behörden ihre unehelichen Kinder zur Welt bringen (vgl. ebd., S. 6, 212).

»Wohlfahrtseinrichtung oder Zuchtanstalt: Das ist das jeweilige Bild, das man sich vom Lebensborn macht. Die historische Wahrheit jedoch besteht nicht aus einer summarischen Verknüpfung der beiden Extreme, sondern hat ihr eigenes Gesicht. Die Vorliebe, die Himmler für Kinder als rassischen Nachwuchs hegte, spiegelte sich in den verschiedenen Aufgaben des Lebensborn wider: Unterstützung für kinderreiche SS-Familien, seit Kriegsbeginn Beistand für die Waisen und Halbwaisen gefallener SS-Angehöriger und Eindeutschung ›germanischer‹ sowie ›fremdvölkischer‹ Kinder. Der Schwerpunkt seiner Tätigkeit lag jedoch auf der Fürsorge für ledige Mütter und ihre Kinder. Grundprinzip seiner Arbeit war die Auslese ›wertvollen Blutes‹, wobei die Vereinsführung die Ausmerzung ›lebensunwerten Lebens‹ als eine – wenn auch nicht im Lebensborn – zu praktizierende Maßnahme akzeptierte und vereinzelt Kinder mit schweren Geburtsfehlern in ›Euthanasie‹-Anstalten überwies« (Lilienthal 1985, S. 237, Hervorhebungen im Original).

---

107 Laut Augenzeugenberichten habe Mengele in einem Fall sogar versucht, auf künstlichem Wege siamesische Zwillinge zu erschaffen, indem er zwei Zwillinge am Rücken und den Händen zusammengenäht habe. Um den Kindern weiteres Leid zu ersparen, wurden sie kurze Zeit später von ihrer Mutter getötet (vgl. z. B. Keller 2003, S. 40; Lagnado/Dekel 1992, S. 249).

Für Frauen, die unehelich schwanger geworden waren, stellte dies eine attraktive Alternative dar – zumal Abtreibungen seit dem Jahr 1933 unter Androhung der Todesstrafe verboten worden waren (vgl. Lilienthal 1985, S. 23, 147). Zudem war der Lebensborn an der illegalen Verschleppung und Zwangseinbürgerung zahlreicher Kinder aus den vom Dritten Reich im Rahmen des Zweiten Weltkrieges besetzten Gebieten beteiligt (vgl. Koop 2007, S. 1; Lilienthal 1985, S. 15, 30).

Die schreckliche Bilanz der Umsetzung von Maßnahmen einer negativen Eugenik im Dritten Reich wird von Weingart u. a. wie folgt zusammengefasst:

> »Etwa 300 000 bis 400 000 Menschen waren aufgrund des Gesetzes von 1933 zwangssterilisiert worden … Etwa 100 000 Patienten aus den psychiatrischen Kliniken waren im Rahmen der sogenannten T4-Aktion, dem ›Euthanasie-Programm‹, vergast oder erschossen worden, darunter mehrere tausend Kinder. Nach dem ›offiziellen‹ Ende der Aktion 1942 waren bis Kriegsende (in einigen Fällen sogar darüber hinaus) noch einmal ungefähr 120 000 Patienten verhungert, weil ihnen aufgrund ihrer Einstufung als ›lebensunwert‹ die Nahrung vorenthalten worden war. Ungefähr sechs Millionen Juden und Zigeuner waren in den Vernichtungslagern vergast, erschlagen, erschossen oder durch Schwerarbeit ›verschrottet‹ worden« (Weingart/Kroll/Bayertz 1992, S. 562; vgl. auch Joseph 2004, S. 31 f, 33; Paul 2003, S. 231; Weingart/Kroll/Bayertz 1992, S. 470).

Insgesamt betrachtet lieferten damit in der ersten Hälfte des 20. Jahrhunderts sowohl Darwins Evolutionstheorie als auch Galtons eugenische Programmatik einen ideologischen Unterbau für sozial- und bevölkerungspolitische Maßnahmen, die in zahlreichen Nationen weltweit umgesetzt worden sind – allerdings in keinem Land mit derartig weitreichenden Konsequenzen wie unter dem nationalsozialistischen Regime des Dritten Reiches:

> »Was die Eugenik im Nationalsozialismus von der z. B. britischen oder amerikanischen unterscheidet, ist, daß die politische Situation im Nationalsozialismus die Voraussetzungen schuf, daß Wissenschaftler, Ärzte und Juristen eugenische Vorstellungen in politische Handlungsoptionen umsetzen konnten, die anderswo aufgrund der gesellschaftlichen Situation nicht möglich waren« (Pander 1994, S. 89).

Aus historischer Sicht wäre es jedoch zu einfach, evolutionären Vordenkern die Verantwortung für diese Entwicklungen zuzuschieben, da evolutionäre Ideen über ein weites Spektrum politischer Positionen rezipiert worden waren:

> "Thus, as many historians have stressed, the path from Darwin to Hitler was hardly a straight one. In Germany, as elsewhere, evolutionary theory provided a resource for groups with disparate agendas, including socialists and other radicals, free-market and collectivist-oriented liberals, Fascists, eugenicists who opposed racism and racial purists … The continuing association of evolutionism with progressive causes, especially anti-militarism, explains why in 1935 the Nazis ordered that the works of nearly all the popular Darwinists, including Haeckel, be purged from libraries … But only in Germany would Darwin come to be widely read as vindicating an active programme of extermination of the physically and racially 'unfit' – demonstrating how crucial is context" (Paul 2003, S. 234 f, Fußnotenverweise entfernt).

Die Ausführungen dieses Abschnittes illustrieren zugleich die Gefahren, die mit der politischen Vereinnahmung wissenschaftlichen Wissens verbunden sein können – insbesondere in ihrer Verbindung mit ideologischen Motiven und pseudowissenschaftlichen Elementen (wie Rassentheorien, Degenerationspostulaten und Annahmen von der Höherwertigkeit einer ›arischen Herrenrasse‹). Dabei wurde im Nationalsozialismus die Kontroverse über Anlage und Umwelt weitgehend auf nativistische Extrempositionen reduziert, wie am Beispiel von Mengeles Experimenten ersichtlich ist. Letztendlich führten der Missbrauch derartiger Positionen und die Umsetzung menschenverachtender und -vernichtender Konsequenzen dazu, dass nativistische

Positionen in der Anlage-Umwelt-Diskussion noch lange nach dem Ende des Zweiten Weltkrieges – insbesondere innerhalb der Sozial- und Verhaltenswissenschaften – mit besonderem Argwohn betrachtet wurden. Dies ging zugleich mit einer Blütezeit environmentalistischer Positionen einher. Die unerlässliche Aufarbeitung der Verkoppelung der Debatte um Anlage und Umwelt mit sozialdarwinistischen, eugenischen und rassenhygienischen Strömungen in der ersten Hälfte des 20. Jahrhunderts umreißt damit die dunkelste Phase des Anlage-Umwelt-Diskurses.

2.2.6 Instinkt versus Lernen

Etwa ab Mitte der 20er Jahre wurde der Anlage-Umwelt-Diskurs hauptsächlich anhand des Begriffspaares ›angeboren‹ (bzw. ›ererbt‹) versus ›erlernt‹ geführt – unter Verwendung der Dichotomie von ›Instinkt‹ (bzw. ›Reifung‹) versus ›Lernen‹. Diese Diskursphase ist besonders durch den Wettstreit zwischen psychologischen Disziplinen auf der einen Seite (Behaviorismus und später Komparatistische Psychologie) und der sog. ›Vergleichenden Verhaltensbiologie‹ auf der anderen Seite geprägt. Letztere entwickelte sich ab Mitte der 20er Jahre in der Biologie als sog. ›Ethologie‹[108] oder ›Vergleichende Verhaltensforschung‹. Damit erweist sich das Verhältnis zwischen Ethologie (›Instinkt‹) und Behaviorismus (›Lernen‹) für diese Diskursphase als charakteristisch.

Zum Verständnis des Disputes dieser beiden Disziplinen muss an dieser Stelle kurz auf die historischen Wurzeln des Instinktkonzepts und die spätere ›Instinktpsychologie‹ eingegangen werden: Die Ursprünge des Instinktbegriffs reichen zurück bis in die Antike. Laut Diamond wurde er bspw. von Publius Cornelius Tacitus (ca. 58–120 n. Chr.), Marcus Tullius Cicero (106–43 v. Chr.) und Titus Lucretius Carus (ca. 97–55 v. Chr.) verwendet, im Zusammenhang mit tierlichem Verhalten allerdings erst im 13. Jahrhundert genutzt (vgl. Diamond 1971, S. 324, 326). Auch wenn sich für den Anlage-Umwelt-Diskurs ein modernes Instinktkonzept erst im ausgehenden 19. Jahrhundert als konstitutiv erweisen sollte, ist die Debatte um das Instinktverständnis viel älter und umfasst in den letzten 400 Jahren verschiedene Phasen kontroverser Diskussionen (vgl. Diamond 1974; Johnston 1987, S. 166):

> "These examples remind us that the anti-instinct movement did not originate in the twentieth century. It was especially vigorous in the eighteenth, but it was already explicit in the sixteenth. Periodically new adherents reassert it with the enthusiasm of innovators, so one might suppose that by this time they would be beating a horse which, if not dead, at least had all the instinct knocked out of it. But the instinct concept has never given up the ghost and today the experimental work of the ethologists has made it more vigorous than ever" (Diamond 1971, S. 323).

Als einer der prominentesten Vertreter der Schule der sog. ›*Instinktpsychologie*‹ behauptete zu Beginn der 1890er Jahre der Psychologe William James (1842–1910) in seinem Werk »The Principles of Psychology« (1890) auf der Grundlage evolutionsbiologischer Überlegungen, dass der Mensch im Vergleich zum Tier mit einer ähnlichen oder sogar noch viel größeren Zahl von Instinkten als adaptiven Verhaltensanpassungen ausgestattet sei (vgl. Cravens 1988, S. 72f):

---

108 Der Begriff ›Ethologie‹ lässt sich bis in das 17. Jahrhundert zurückverfolgen und hat im Laufe der Geschichte verschiedene Bedeutungsverschiebungen durchlaufen. »Als enger gefassten Begriff, der die Untersuchung instinktiven, angeborenen Verhaltens von Tieren bezeichnet, verwendete ihn wohl erstmals 1911 der deutsche Ornithologe … Oskar Heinroth (1871–1945). In die internationale Wissenschaftsliteratur geriet der Begriff erst 1950 durch den niederländischen Verhaltensforscher Niko[laas] Tinbergen (1907–1988)« (Celli 2001, S. 8). Die historischen Wurzeln der Ethologie werden mitunter bis zu Darwin (vgl. Darwin 1872a) oder noch weiter in die Vergangenheit zurückverfolgt (für einen detaillierten historischen Überblick vgl. z. B. Wuketits 1995).

"Instinct, James contended, drawing on Darwin, was common to both animals and human beings. He defined instinct simply 'as the faculty of acting in such a way as to produce certain ends, without foresight of the end, or without previous education in the performance.' [(James 1890, Bd. II, S. 383), ML] In James's view instincts manifested themselves early in human life, in such things as holding a head erect, standing, and walking" (Degler 1991, S. 33).

Laut Cravens sei James von mehr als drei Dutzend menschlichen Instinkten ausgegangen, ohne dabei irgendeinen experimentellen Beweis für deren Existenz anführen zu können (vgl. Cravens 1988, S. 73). Eine noch exponiertere Stellung nahm der Instinktbegriff im Werk »An Introduction to Social Psychology« (1908) des Sozialpsychologen William McDougall (1871–1938) ein (vgl. Degler 1991, S. 34). McDougall ging im Gegensatz zu James von nur sieben angeborenen Instinkten mit elementarer Bedeutung aus: »Flucht, Abwehr, Kampf, Neugier, Brutpflege, Selbsterhaltung, Selbsterniedrigung« (Schönpflug 2000, S. 248). Cravens merkt diesbezüglich an, dass auch von McDougall – analog zu James – keine experimentellen Beweise für die postulierten Instinkte angeführt worden wären (vgl. Cravens 1988, S. 76). Dennoch erreichte die Instinkttheorie in den ersten zwei Jahrzehnten des 20. Jahrhunderts im angloamerikanischen Sprachraum eine große Popularität (vgl. ebd., S. 77), wobei die Zahl der postulierten Instinkte in den Konzepten verschiedener Autoren immer weiter ausuferte, sodass letztlich Listen mit bis zu 850 größeren Instinktklassen aufgestellt wurden (vgl. Johnston 2001, S. 16). Letztere Zahl geht auf den Soziologen Luther Lee Bernard (1881–1951) zurück, der im Jahr 1924 eine »Liste von 5759 verschiedenen menschlichen Instinkten« (Barash 1981, S. 20) mittels einer Untersuchung von »500 Bücher[n] von Sozialwissenschaftlern« (ebd.) erstellt hatte (vgl. Bernard 1924, S. 220):

"On the basis of little more than speculation, James described more than 20 human instincts in his *Principles of Psychology* (James, 1890). Subsequent writers added enthusiastically to that list until Bernard (1924) was able to catalog over 850 major classes of instincts proposed by psychologists" (Logan/Johnston 2007, S. 763, Hervorhebung im Original).

Aus retrospektiver Sicht ist es nicht verwunderlich, dass eine derartige Dominanz nativistischer Diskurspositionen in Form der Instinktpsychologie zu einer entsprechenden Gegenreaktion von environmentalistischer Seite führte, die laut Pastore sogar als »›anti-instinct‹ movement« (Pastore 1984, S. 49) bezeichnet werden kann.[109] Bereits im Jahr 1917 hatte der Psychologe John Broadus Watson (1878–1958) die Instinkttheorien von James und McDougall aufgrund ihrer unabgesicherten empirischen Basis kritisiert (vgl. Watson 1917; Cravens 1988, S. 209 f):

---

109 Massive Kritik an psychologischen Instinktkonzepten kam insbesondere am Ende der 10er Jahre auf und lässt sich für den Zeitraum von 1919 bis 1924 in verschiedenen Publikationen nachweisen (vgl. Carmichael 1925, S. 247 f; Pastore 1984, S. 49 f). Stellvertretend sollen an dieser Stelle die Aufsätze von Dunlap (1919) und Kuo (1924) genannt werden (vgl. Cravens 1988, S. 215 f), wobei Letzterer als Vorläufer einer interaktionistischen Denkweise angesehen werden kann: "Kuo's was the first empirically supported statement of the necessity of transcending the separation between nature and nurture in order to understand behavior. Although he is generally remembered as having rejected the concept of instinct, what he was really rejecting was any attempt to partition behavior into separate classes (learned and instinctive) and give different accounts of each. He did not reject instinct in order to embrace learning, as did many American psychologists of the 1930s and 1940s. He rejected both instinct *and* learning in order to embrace a developmental synthesis that would lead to an understanding of all behavior" (Logan/Johnston 2007, S. 763, Hervorhebung im Original). Als weiterer bedeutender Kritiker ist in diesem Kontext auch John Dewey (1859–1952) zu nennen, der neben der Instinktlehre zugleich die Annahmen des Behaviorismus ablehnte (vgl. Dewey 1917, 1922; Cravens 1988, S. 217).

"To his amazement Watson concluded that the James-McDougall human instinct theory had no demonstable [sic] experimental basis. He found the instinct theorists had greatly overestimated the number of original emotional reactions in infants. For all practical purposes, he realized that there were no human instincts determining the behavior of adults or even of children ... Watson argued that there were only three general innate human emotions: fear, rage, and joy or love. Virtually all adult human behavior patterns were the result of environment and training rather than biopsychological inheritance ... Watson did not deny the existence of innate behavior patterns in man, but he insisted that those patterns were quickly and significantly modified by environmental conditioning. Heredity provided little more than the ability or the potential to learn, at least in man" (Cravens 1988, S. 210).

Der mit dem ›anti-instinct movement‹ verbundene Paradigmenwechsel innerhalb der Psychologie kann laut Cravens kaum überschätzt werden:

"Before 1917 it was difficult to find any psychologist who questioned the instinct theory. By 1922 it was almost impossible to identify more than a handful of psychologists who still accepted the human instinct theory as a legitimate category of scientific explanation" (ebd., S. 191).

John Broadus Watson gilt zugleich als ›Begründer‹ der psychologischen Schule des *Behaviorismus*. Aus theoretischer Sicht baute Watson auf den Experimenten des russischen Physiologen Iwan Petrowitsch Pawlow (1849–1936) zur klassischen Konditionierung des Speichelflusses bei Hunden aus den Jahren 1903/1905 und den Versuchen des Psychologen Edward Lee Thorndike (1874–1949) zum assoziativen Lernen (›Lernen durch Versuch und Irrtum‹) bei Katzen aus dem Jahr 1898 auf (vgl. Pawlow 1906; Thorndike 1898 sowie Cravens 1988, S. 203; Myers 2005, S. 344, Zeitleiste im Bucheinband; Schönpflug 2000, S. 332; Zeier 1977, S. 14 f.). Watson hatte in den Jahren 1919 und 1920 zusammen mit seiner späteren Ehefrau Rosalie Rayner (1900–1935) ein klassisches Experiment zur Konditionierung emotionaler Reaktionen beim Menschen durchgeführt, das zu den berühmtesten und meistzitierten in der Geschichte der Psychologie gehört (vgl. Harris 1979, S. 151; Paul 1998, S. 47). Watson und Rayner behaupteten, einen Säugling im Alter von neun Monaten namens Albert B. (oft einfach ›Little Albert‹ genannt), der zunächst keine Furcht vor verschiedenen Tieren gezeigt hätte, eine Furchtreaktion vor einer weißen Ratte durch gleichzeitige Präsentation der Ratte mit einem lauten Hammerschlag auf eine Stahlstange ankonditioniert zu haben. Diese Konditionierung hätte sich über mindestens einen Monat lang gehalten und wäre erfolgreich auf verschiedene ähnliche Reize (wie ein Kaninchen, einen Hund, eine Weihnachtsmann-Maske etc.) übertragen worden (vgl. Watson/Rayner 1920, S. 1 f; Harris 1979, S. 151 f.). Aus heutiger wissenschaftlicher Sicht ist diese Studie lediglich von historischem Wert, da sie auf der Untersuchung eines einzelnen Probanden beruhte, methodische Schwächen aufwies (bspw. die häufige Blockierung der Furchtreaktion durch Alberts Daumenlutschen) und ihre Ergebnisse trotz umfassender Bemühungen nicht repliziert werden konnten (vgl. z. B. ebd., S. 155; Paul/Blumenthal 1989, S. 548; Samelson 1980, S. 621).[110]

---

[110] Die Studie von Watson und Rayner wurde wie kaum ein anderes Schlüsselexperiment in der Psychologiegeschichte in einführenden Lehrbüchern verkürzt oder durch falsche Fakten ergänzt wiedergegeben (vgl. z. B. Harris 1979, S. 153 f; Paul 1998, S. 49; Paul/Blumenthal 1989, S. 548 ff). So ist zuweilen die Rede davon, dass Albert zunächst auf ein Kaninchen konditioniert worden sei oder die Konditionierung am Ende des Experiments durch Watson erfolgreich gelöscht worden sei (vgl. Harris 1979, S. 153). Vor diesem Hintergrund ist diese Studie auch aus forschungsethischen Gründen in die Kritik geraten, da Watson und Rayner die Konditionierung von Albert nicht rückgängig gemacht hätten, obwohl sie bereits einen Monat vor dem vorzeitigen Abbruch des Experiments über die Abreise von Albert und seiner Mutter informiert gewesen wären (vgl. ebd., S. 154). Umfangreiche Bemühungen, die Identität von Albert herauszufinden, um auf diese Weise sein weiteres Lebensschicksal und

Auf Watson geht zudem das wohl berühmteste und im Anlage-Umwelt-Diskurs bis heute immer wieder herangezogene Grundpostulat eines extremen Environmentalismus zurück. Es entstammt dem Werk »Behaviorism« aus dem Jahr 1924/25:

> »Ich möchte jetzt einen Schritt weiter gehen und sagen: ›Gebt mir ein Dutzend gesunder, wohlgebildeter Kinder und meine eigene Umwelt, in der ich sie erziehe, und ich garantiere, daß ich jedes nach dem Zufall auswähle und es zu einem Spezialisten in irgendeinem Beruf erziehe, zum Arzt, Richter, Künstler, Kaufmann oder zum Bettler und Dieb, ohne Rücksicht auf seine Begabungen, Neigungen, Fähigkeiten, Anlagen und die Herkunft seiner Vorfahren.‹ Ich gehe damit über die Tatsachen hinaus und gebe das auch zu, aber das tun die Vertreter des Gegenteils auch und haben es viele tausend Jahre lang getan. Man beachte bitte, daß man mir bei der Durchführung dieses Experimentes zugestehen muß, die Weise, in der die Kinder erzogen werden sollen, und die Umwelt, in der sie zu leben haben, selbst zu bestimmen« (Watson 1968, S. 123).[111]

Zunächst ist darauf hinzuweisen, dass dieses Zitat neben dem augenscheinlichen pädagogischen Optimismus zugleich einen argumentativen Trugschluss enthält, der sich zuweilen auch in aktuellen Diskurspositionen finden lässt, wenn bspw. eigene Erklärungslücken damit gerechtfertigt werden, dass ähnliche ›blinde Flecken‹ auch in anderen Erklärungsversuchen auffindbar seien. In der Wissenschaftstheorie wird dieser Fehl- bzw. Trugschluss unter der Bezeichnung ›Tu quoque fallacy‹ bzw. »Two-Wrongs Fallacy« (Damer 2009, S. 201; vgl. auch Hughes/Lavery/Doran 2010, S. 160f) geführt. Watson nimmt hier das zu erwartende, kritische Gegenargument, man könne ihm Übertreibung bzw. Überinterpretation der eigenen Position vorwerfen, vorweg, indem er sich darauf beruft, dass dieselbe Strategie auch von nativistischer Seite genutzt worden sei. Ein Argument wird aber nicht dadurch legitimiert, dass sein Urheber darauf verweist, dass andere Wissenschaftler dieselben Fehler begangen haben. Des Weiteren könnte an dieser Stelle der Einwand vorgebracht werden, dass es sich bei diesem Zitat lediglich um ein möglichst plastisches – und zugegebenermaßen überzeichnetes – Beispiel Watsons zur Illustration seiner eigenen Diskursposition handeln könne und Watson an anderen Stellen seiner Publikationen durchaus die Bedeutung erblicher Einflussfaktoren anerkannt habe (vgl. z. B. Helbig 1988, S. 67). Tatsächlich befasste sich Watson im gleichen Werk in mehreren Kapiteln eingehend mit dem physischen Grundmaterial des Menschen und rezipierte den Forschungsstand in der Genetik, der Neurophysiologie und (ansatzweise) der Zwillingsforschung (vgl. Watson 1968, S. 76–113, 125–128). Die Diskussion dieses biologischen Wissens erfolgte jedoch in rein deskriptiver Form und relativierte sein Urteil bezüglich der ontogenetischen Entstehung psychischer Merkmale in keiner Weise. Watson ging davon aus, dass alle Menschen bei Geburt »mit der *gleichen* Ausstattung« (ebd., S. 266, Hervorhebung im Original) auf die Welt kämen

---

die späteren Folgen seiner Konditionierung zu evaluieren, sind bisher gescheitert (vgl. Beck/Levinson/Irons 2009, S. 605f). Nach dem derzeitigen Forschungsstand ist es am wahrscheinlichsten, dass es sich bei Albert B. um Douglas Merritte (1919–1925) gehandelt haben könnte (vgl. ebd., S. 612).

111 Eine ›Erwiderung‹ aus nativistischer Sicht findet sich bspw. bei Dobzhansky: "Although the genetically guaranteed educability of our species makes most individuals trainable for most occupations, it is highly probable that individuals have more genetic adaptability to some occupations than to others. Although almost everybody could become, if brought up and properly trained, a fairly competent farmer, or a craftsman of some sort, or a soldier, sailor, tradesman, teacher, or priest, certain ones would be more easily trainable to be soldiers and others to be teachers, for instance. And it is even more probable that only a relatively few individuals would have the genetic wherewithal for certain highly specialized professions, such as musician or singer or poet, or for high achievement in sports or wisdom or leadership. To argue that only environmental circumstances and training determine a person's behavior makes a travesty of democratic notions of individual choice, responsibility, and freedom" (Dobzhansky 1968, S. 554).

und Umwelteinflüsse nach der Geburt für die Ausdifferenzierung menschlicher Lebenswege verantwortlich seien. Eine noch radikalere Konkretisierung seiner environmentalistischen Grundauffassung lieferte Watson gegen Ende der 20er Jahre in seinem berühmten – und teils berüchtigten – Ratgeber zur Kleinkindererziehung:

>»Die Behavioristen glauben, daß nichts gegeben ist, das von innen her entwickelt werden müßte. Wenn ein gesunder Körper die richtige Anzahl Finger, Zehen und Augen, und die wenigen ursprünglichen Bewegungen, die gleich bei der Geburt vorhanden sind, aufweist, bedarf es weiter keines Rohmaterials, um einen Menschen zu formen, sei er ein Genie, ein feingebildeter Herr, ein Radaubruder oder ein Lump« (Watson 1929, S. 14 f; siehe auch Pastore 1984, S. 172).

Die Geschichte des Behaviorismus kann an dieser Stelle nicht in Einzelheiten wiedergegeben werden. Hinzuweisen ist allerdings auf einen entscheidenden Wandel behavioristischer Auffassungen, wobei die

>»in den zwanziger Jahren gegründete Schule des Behaviorismus anfangs eine vereinheitlichte Theorie anstrebte, in der menschliches und tierisches Verhalten denselben Prinzipien unterworfen sein sollten. Alles Verhalten wurde durch die Konditionierung erklärt … Die frühen Behavioristen hielten Emotionen für illusorisch, und mentale Zustände existierten für sie unzugänglich in einer *black box*« (Waal 2002, S. 52 f, Hervorhebung im Original).

Später stellte sich heraus, dass sich diese radikale Auffassung für Menschen nicht halten ließ, was zur Folge hatte, dass die Behavioristen menschliches und tierisches Verhalten in unterschiedlicher Art und Weise erklärten: »Während sie der menschlichen Spezies ein mentales Leben zugestanden …, wurden Tiere auf das Niveau von Reiz-Reaktions-Automaten reduziert« (ebd., S. 53). Im Gegensatz zur Ethologie, die das Verhaltensspektrum sämtlicher Spezies untersucht, beschränkten sich behavioristische Forscherinnen und Forscher in der Regel auf wenige ausgesuchte und domestizierte Spezies (bspw. Ratten, Tauben), deren Lernverhalten auf menschliches Lernen übertragen wurde (vgl. ebd., S. 54). Die Weiterentwicklung der behavioristischen Tradition erfolgte insbesondere durch die Versuche von Burrhus Frederic Skinner (1904–1990) zum ›operanten Konditionieren‹ ab Beginn der 30er Jahre und später durch die soziale Lerntheorie (›Lernen am Modell‹) von Albert Bandura (geb. 1925) zu Beginn der 60er Jahre (vgl. Skinner 1938; Bandura 1962; Myers 2005, Zeitleiste im Bucheinband; Zeier 1977, S. 18). Bei Skinner, der insbesondere durch seine experimentellen Versuchskäfige (sog. ›Skinner-Boxen‹) in Abwandlung der Versuchsanordnungen Thorndikes bekannt geworden ist, findet sich im Vergleich zu den Ansätzen von Pawlow und Thorndike ein entscheidender Perspektivenwechsel:

>»Während sich also Pawlow auf das Tierverhalten in Reaktion auf einen *vorhergehenden Stimulus* – die Klingel – konzentrierte, ging es Skinner um die Reaktion des Tieres auf die Konsequenz seiner Aktion – das Futter. Es war eine geringe und nicht sonderlich aufregende Variation von Pawlows früherer Arbeit und eine schlichte Fortführung von Thorndikes Forschungen, der bereits nachgewiesen hatte, dass in Jalousiekästen gehaltene Katzen, die für ein zufälliges Treten auf ein Pedal belohnt wurden, lernen konnten, absichtlich auf das Pedal zu treten. Doch Skinner ging über die Arbeiten dieser beiden Wissenschaftler hinaus. Nachdem er gezeigt hatte, dass seine Ratten, die zufällig auf einen Hebelmechanismus traten und damit ein Futterkügelchen freisetzten, diesen Zufall aufgrund der Belohnung in Absicht umwandeln konnten, änderte er die Häufigkeit, mit der die Belohnungen kamen, oder setzte sie ganz aus, und damit entdeckte Skinner immer gleiche und universelle Verhaltensgesetze, die bis heute ihre Gültigkeit haben« (Slater 2005, S. 20, Hervorhebung im Original).

Damit ist in groben Zügen die Entwicklung des Behaviorismus in der ersten Hälfte des 20. Jahrhunderts nachgezeichnet. Behavioristische Erklärungsansätze stellten mit Beginn des 20. Jahrhunderts environmentalistische Gegenpositionen zu älteren instinktpsychologischen Traditionen dar und verdrängten letztere in den 20er Jahren zunehmend aus dem Diskurs um Anlage und Umwelt.

In ihrer Kritik nativistischer Auffassungen erhielten behavioristische Positionen in den 20er Jahren zusätzliche Unterstützung von der amerikanischen *Kulturanthropologie* um Franz Boas (1858–1942). Boas hatte in den 1880er Jahren ethnologische Studien an den Inuit durchgeführt und in Absetzung von den zur damaligen Zeit weitverbreiteten nativistischen Ideen des Sozialdarwinismus, der Eugenik und verschiedenen Rassentheorien eine Theorie der ›Kultur‹ entwickelt. Zur Jahrhundertwende mündete diese Entwicklung in die Etablierung der sog. ›Kulturanthropologie‹ als eigenständiger sozialwissenschaftlicher Disziplin – mit einem eigenen Lehrstuhl für Boas an der Columbia University (vgl. bspw. Cravens 1988, S. 92; Degler 1991, S. 61). Im ersten Jahrzehnt des 20. Jahrhunderts ist Boas zudem für seine Untersuchungen der Plastizität menschlicher Schädelformen bekannt geworden (vgl. z. B. Cravens 1988, S. 113 sowie Fußnote 215 auf Seite 204). Seine Ablehnung von Rassenkonzepten ist eng mit seinem Engagement im Anlage-Umwelt-Diskurs verknüpft:

> "His basic ideas on race questions and on growth, which formed his chief contact with the nature-nurture controversy, were formulated as early as 1894. In 1911, he developed these ideas into his well-known book, *The Mind of Primitive Man*, the so-called 'Magna Carta [sic] of self-respect for the "lower races" [sic]' [(Swanton 1931, p. 148)]" (Pastore 1984, S. 136, Hervorhebung im Original, Zitationsweise angepasst und Quellenangabe korrigiert; vgl. auch Boas 1894, 1911).

Zu den bekanntesten Schülerinnen und Schülern von Boas und zugleich prominentesten Vertreterinnen und Vertretern der amerikanischen Schule der Kulturanthropologie zählen Alfred Louis Kroeber (1876–1960), Robert Harry Lowie (1883–1957), Ruth Fulton Benedict (1887–1948) und Margaret Mead (1901–1978). Auf Boas selbst und Mead, die insbesondere durch ihre in den 20er Jahren auf Samoa durchgeführten Studien Berühmtheit erlangt hat, wird an dieser Stelle nicht weiter eingegangen; diese Thematik wird in Kapitel 7 im Rahmen der Diskussion der sog. ›Mead-Freeman-Kontroverse‹ ausführlich behandelt werden. Durch Kroeber und Lowie erfolgte eine ›Radikalisierung‹ des Kulturkonzepts: So bezeichnete bspw. Alfred Kroeber – nebenbei bemerkt ein Cousin des Genetikers Hermann Muller – in Analogie zu Herbert Spencers »super-organic evolution« (Spencer 1899, S. 3) im Jahr 1917 Kultur als »The Superorganic« (Kroeber 1917, S. 163) und forderte eine strikte Trennung von Biologie und Sozialwissenschaften (bzw. biologischer und kultureller Evolution) ein (vgl. Carlson 2009, S. 5; Degler 1991, S. 83, 90, 96). Lowie prägte im selben Jahr die Formel »Omnis cultura ex cultura« (Lowie 1917, S. 66, ohne Hervorhebung)[112] und propagierte damit die Auffassung, dass menschliches Verhalten als kulturelle Lebensäußerung ausschließlich unter Nutzung eines kulturellen Vokabulars beschrieben werden könne (vgl. bspw. Cravens 1988, S. 89; Degler 1991, S. 101): »Culture is a thing *sui generis*, which can be explained only in terms of itself« (Lowie 1917, S. 66, Hervorhebung im Original; siehe auch Degler 1991, S. 101). Bezüglich der Veror-

---

112 Lowie wählte diese Phrase in Anlehnung an das im Jahr 1858 von Rudolf Ludwig Karl Virchow (1821–1902) popularisierte Epigramm »omnis cellula e cellula« (Virchow 1859, S. 25), nach dem Zellen nur durch Zellteilung auseinander hervorgehen können. Als Urheber dieses Epigramms wird zumeist François-Vincent Raspail (1794–1878) genannt, der damit auf einen seiner Aufsätze aus dem Jahr 1825 anspielte (vgl. Raspail 1825; Pearse 1989, S. 300).

tung kulturanthropologischer Positionen im Anlage-Umwelt-Diskurs scheint in der einschlägigen Fachliteratur kein Konsens vorzuherrschen: So werden Boas, Kroeber und Lowie bspw. von Freeman als Vertreter einer Strömung angesehen, die von ihm als »Kulturdeterminismus« (Freeman 1983a, S. 54) bezeichnet wird, und deren erklärtes Ziel es gewesen sei, in Absetzung von eugenischen Ansichten das sog. »Boas-Paradigma« (ebd., S. 68, ohne Hervorhebung) zu beweisen, nach dem »menschliches Verhalten in rein kulturellen Begriffen zu erklären« (ebd.) sei. Degler konstatiert hingegen:

> "To believe that the individual is 'the result of his moulding by the society that encompasses him,' Kroeber warned, is an assumption, and an extreme one at that, and quite at variance with observation. After all, individual human beings, like animals, are organic and to that extent are beyond cultural influence. Kroeber, it is clear, was no environmental determinist. Modern conception [sic] of socialization, which perceive individuals as products of culture alone would not have been any more acceptable to Kroeber than to Boas" (Degler 1991, S. 100).[113]

Auch wenn sich die Ansichten verschiedener Historiker dahin gehend unterscheiden, inwieweit diese frühen Vertreterinnen und Vertreter der kulturanthropologischen Schule eine Extremposition in der Anlage-Umwelt-Kontroverse eingenommen haben, so scheint vor dem Hintergrund der bisherigen Ausführungen eine Zuordnung der Kulturanthropologie zum environmentalistischen Lager im Anlage-Umwelt-Diskurs unumgänglich, wobei aber nicht zwangsläufig eine deterministische Sichtweise verbunden sein muss. Diese Verortung lässt sich insbesondere in Hinblick auf die ambivalente Haltung kulturanthropologischer Diskurspositionen zur Rezeption biologischen Wissens begründen, die zumindest bei Lowie die Form einer generellen Ablehnung angenommen zu haben scheint. Dies wird verdeutlicht, wenn behavioristische und kulturanthropologische Sichtweisen mit Positionen der biologischen Verhaltensforschung kontrastiert werden, deren Grundkonzepte im Folgenden kurz dargestellt werden sollen.

Als Begründer und Hauptvertreter der klassischen *Ethologie* gilt bis heute Konrad Zacharias Lorenz (1903–1989), der seine grundlegenden Forschungen von 1927 bis 1940 durchgeführt hatte (vgl. bspw. Celli 2001, S. 32). Bekannt geworden ist Lorenz vor allem durch seine Beschreibung des Phänomens der Prägung an Graugänsen, wonach es im Leben von Tieren bestimmte kritische Phasen[114] als kurzfristig offene Zeitfenster gibt, in denen irreversible Lernprozesse stattfinden (vgl. bspw. Lorenz 1935; Celli 2001, S. 47–50).[115] Als bedeutender Mitbegründer

---

113 Im Vergleich zu den extremeren Sichtweisen von Kroeber und Lowie wird die Diskursposition von Boas mitunter sogar als interaktionistisch bezeichnet (vgl. Pastore 1984, S. 140). Kronfeldner kritisiert eine Verortung von Kroeber als Kulturdeterminist mit dem Verweis auf dessen Ablehnung einer Vererbung erworbener Eigenschaften und dessen positiver Rezeption der weismannschen Keimplasma-Theorie (vgl. Kronfeldner 2009b, S. 108f, 116).

114 An dieser Stelle ist auf den begrifflichen Unterschied zwischen ›kritischer Periode‹ (oder ›kritischer Phase‹) und ›sensibler Phase‹ hinzuweisen: »Manchmal wird die ›sensible Phase‹ auch als ›kritische Phase‹ bezeichnet; beide Begriffe werden of synonym verwendet. Es gibt aber subtile Unterschiede. Bei der ›kritischen Phase‹ wird unterstellt, dass die Chance verloren ist, wenn der Zeitrahmen für einen biologischen Meilenstein verpasst wurde. Bei der ›sensiblen Phase‹ hingegen ist der Zeitrahmen für einen bestimmten biologischen Marker wichtig, für den Erwerb der spezifischen Fähigkeit aber nicht notwendig« (OECD 2005, S. 104; vgl. auch Wachs 1992, S. 60f). Der Prägungsbegriff der klassischen Ethologie ist vor diesem Hintergrund als ›kritische Phase‹ zu verstehen.

115 Als weitere von Lorenz entwickelte Konzepte sind das sog. ›Kindchenschema‹ als Auslöser von Fürsorgeverhalten, seine – insbesondere hinsichtlich der Anwendung auf den Menschen (auch in der Erziehungswissenschaft) kontrovers diskutierte – Triebtheorie der Aggression (vgl. Lorenz 1963, 1965, Cube/Alshuth 1986; kritisch: Eyferth 1972, Hojer 1976, Posern 1966, Röhm 1973) sowie sein philosophischer Ansatz einer Evolutionären Erkenntnistheorie (vgl. Lorenz 1973) anzuführen. Zudem stellte Lorenz sein sog. ›psychohydraulisches Instinktmodell‹ (bzw. ›Modell der doppelten Quantifizierung‹) auf, nach dem die Stärke einer Endhandlung sowohl

der klassischen Ethologie ist zudem Nikolaas Tinbergen (1907–1988) zu nennen, der unter anderem aufgrund seiner Beschreibungen des Verhaltens von Stichlingen (vgl. Tinbergen/ ter Pelkwijk 1937), der Mitentwicklung der ethologischen Instinkttheorie (vgl. Tinbergen 1951) sowie seiner Unterscheidung zwischen proximaten und ultimaten Verhaltensursachen Berühmtheit erlangt hat.[116] Ausgangspunkt der Ethologen – wie auch der Behavioristen – war zwar das tierliche Verhalten; im Gegensatz zum Behaviorismus und dessen Black-box-Konzept wurden mentale Prozesse von Ethologen aber nicht ausgeklammert, sondern in Form von Instinkten postuliert, die als vererbte Verhaltensprogramme und Prädispositionen im Laufe der Evolution in Anpassung an die Umwelt entstanden sein sollen (vgl. bspw. Celli 2001, S. 25 f, 45; McFarland 1989, S. 331). Im Gegensatz zu den älteren Konzeptionen der Instinktivisten (wie James und McDougall) beruhte dieses Instinktkonzept der Ethologen nicht vorwiegend auf philosophischen Spekulationen, sondern basierte auf einem dezidierten theoretischen Konzept, das zwischen ›angeborenem‹ (im Sinne von ererbtem) und ›erworbenem‹ (im Sinne von nicht-ererbtem, erlerntem) Verhalten strikt unterscheidet (vgl. bspw. Lehrman 1953, S. 341, 347). Und entgegen den Behavioristen, die sich in der Regel auf die Beeinflussung einzelner Verhaltensweisen konzentrierten, nahmen die Ethologen das gesamte Verhaltensspektrum eines Tieres in den Blick. Ihr methodisches Repertoire umfasste Freilandbeobachtungen von Tieren in ihrem natürlichen Habitat, Beobachtungen von domestizierten Tieren außerhalb des Labors in einer quasi-natürlichen Umgebung sowie Laborexperimente.

> »Das Tier der Behavioristen war daher stets nur ein virtuelles Lebewesen, eine Art künstlich erzeugtes Laborgeschöpf oder, besser gesagt, ein lebender Automat, der zwar auf Reize seiner äußeren Umgebung zu reagieren vermag, jedoch ohne jene innere [sic] Antriebe auskommt, die nach Ansicht der Ethologen ja überhaupt erst ein Tier dazu befähigen, beispielsweise eine Skinnerbox zu erkunden … Doch Ratten, die in ein Labyrinth oder in eine Skinnerbox gesetzt werden, sind eigentlich gar keine Ratten. Solche Laborversuchen [sic] verraten fast nichts über die tatsächliche Biologie dieses Tieres« (Celli 2001, S. 28).

Während aus behavioristischer Perspektive Tiere lediglich passiv auf vorhandene Umweltreize reagieren, postulierten Ethologen aktive Organismen, die sich aus eigenem Antrieb auf die Suche nach adäquaten Reizen begeben (vgl. ebd., S. 45). Tierliches Verhalten wird aus ethologischer Sicht mittels eines eigenen Vokabulars beschrieben, wobei ein Instinkt lediglich das resultierende Verhalten (als sog. ›Erbkoordination‹) widerspiegelt. Dieser konstanten und unveränderbaren Bewegung gehen verschiedene Schritte voraus: Eine Instinkthandlung erfordert bspw. zunächst eine bestimmte ›Handlungsbereitschaft‹ in Form einer »aktionsspezifischen Energie« (Roth 2007, S. 344), die aus psychologischer Sicht auch als Motivation bezeichnet werden könnte. Diese veranlasst das Individuum, im Rahmen des sog. ›Appetenzverhaltens‹ aktiv nach ›Schlüsselreizen‹

---

von der Stärke der Handlungsbereitschaft als auch von der Stärke des auslösenden Schlüsselreizes abhängen soll (vgl. bspw. Lorenz 1937; Celli 2001, S. 45 f). Gegen Lorenz wurde seit den 70er Jahren der Vorwurf erhoben, er habe mit seiner Instinktlehre, seiner pessimistischen Sicht auf die ›Selbstdomestikation‹ der menschlichen Spezies und der Nutzung eines rassenideologischen Vokabulars in mehreren Aufsätzen zu Beginn der 40er Jahre die nationalsozialistische Doktrin und eugenische Maßnahmen im Dritten Reich legitimiert (vgl. z. B. Barlow 1991, S. 289; Celli 2001, S. 57; Föger/Taschwer 2001, S. 110 f, 119, 195 f; Roth 1999, S. 397–403; kritisch: Celli 2001, S. 57–62).

116 Aus proximater Sicht wird in der Verhaltensbiologie nach dem ›Wie?‹ – nach den Wirkursachen – einer Verhaltensweise gefragt, insbesondere bezüglich der beteiligten kausalen Mechanismen und der ontogenetischen Entwicklung. Aus ultimater Sicht wird die Frage nach dem ›Warum?‹ – nach den Zweckursachen – gestellt. Letztere Frage bezieht sich auf den Anpassungswert und die phylogenetische Entwicklung einer Verhaltensweise (vgl. Tinbergen 1963; Alcock 1996, S. 1–4; Krebs/Davies 1996, S. 5 f).

zu suchen. Wird ein derartiger Schlüsselreiz sensorisch identifiziert, steuert ein sog. ›angeborener Auslösemechanismus‹ die Ausführung der jeweiligen Erbkoordination: »Der angeborene Auslösemechanismus (AAM) vermittelt nach Lorenz dem Tier das angeborene Erkennen einer biologisch relevanten Umweltsituation. Jede Instinkthandlung hat ihren eigenen AAM« (Roth 2007, S. 344). Nach dem psychohydraulischen Modell von Lorenz können Erbkoordinationen als Endhandlungen auch ohne einen auslösenden Schlüsselreiz allein über die Aufstauung der Handlungsbereitschaft spontan ausgelöst werden – als sog. »Leerlaufreaktion[en]« (ebd., ohne Hervorhebung). Zudem können sog. »Übersprungshandlungen« (Celli 2001, S. 46) auftreten, falls die Abfuhr der Triebenergie durch eine physiologische Blockade in einer konkreten Situation verhindert wird. Daher könne bspw. mitten in einem Revierkampf von einem Tier spontanes Putzverhalten gezeigt werden. Derartige ›angeborenen‹ (oder präziser: ›ererbten‹) Verhaltensweisen wurden in der klassischen Ethologie als anlagedeterminiert und universell betrachtet und verweisen somit auf die nativistische Orientierung der klassischen Ethologie im Anlage-Umwelt-Diskurs:

> "It is thus apparent that Lorenz and Tinbergen, by 'innate' behavior, mean behavior which is hereditarily determined, which is part of the original constitution of the animal, which arises quite independently of the animal's experience and environment, and which is distinct from acquired or learned behavior. It is also apparent, explicitly or implicitly, that Lorenz and Tinbergen regard as the major *criteria* of innateness that: (1) the behavior be stereotyped and constant in form; (2) it be characteristic of the species; (3) it appear in animals which have been raised in isolation from others; and (4) it develop fully formed in animals which have been prevented from practicing it" (Lehrman 1953, S. 341, Hervorhebung im Original).

Die ethologische Unterscheidung zwischen ›instinktiven‹ und ›gelernten‹ Verhaltensweisen, die insbesondere der Diskursposition von Lorenz zugrunde liegt, ist vor diesem Hintergrund als spezielle Manifestation der Dichotomie von Anlage und Umwelt anzusehen. Anders formuliert lassen sich die frühen Konzeptionen von ›Instinkt‹ versus ›Lernen‹ bei Lorenz wie folgt gegenüberstellen:

> "This theory, which became the mainstay of the emerging science of ethology, included as one of its components a strict distinction between two kinds of behavior: *instinctive behavior*, which was stereotyped, species-specific, independent of experience, and determined by the genes; and *learned behavior*, which was variable and depended on the experience of the individual … An important task for the ethologist was to determine which of the many behavior patterns exhibited by an animal were learned and which were instinctive, and for Lorenz the methodology of choice was the *deprivation experiment*" (Johnston 1987, S. 151 f, Hervorhebungen im Original).

Obgleich sich Lorenz in seinen Publikationen nicht explizit auf Weismann bezieht, sieht Johnston in der ethologischen Unterscheidung zwischen Instinkt und Lernen eine direkte Fortführung der Tradition Weismanns, der mittels der Separierung von Keimzellen und Körperzellen erst die Basis für eine dichotomisierende Trennung von ererbten und gelernten Elementen geschaffen habe – eine konzeptuelle Annahme, die bis heute zum Grundgerüst der neo-darwinistischen Modernen Synthese gehöre (vgl. Johnston 1995, S. 116ff, 119, 122):

> "Lorenz's account of the role of the environment in the development of innate behavior, especially his insistence that the environment serves only to trigger the unfolding of patterns that are already specified in the genes, is strinkingly [sic] similar to Weismann's. As noted above, Weismann, like Lorenz, stressed the 'fundamental distinction' between acquired characters, due only to the environment, and inherited characters, due to the activity of the germ plasm" (ebd., S. 124).

Obwohl der ethologische Ansatz seit Ende der 20er Jahre in der Scientific Community Kontinentaleuropas eine gewisse Bekanntheit erlangt hatte, wurde er erst zu Beginn der 50er Jahre im angloamerikanischen Sprachraum zur Kenntnis genommen und kurze Zeit später in heftiger Weise kritisiert (vgl. Johnston 2001, S. 17). Als Hauptkritiker von Lorenz erwiesen sich in den 50er Jahren der Behaviorist Daniel Sanford Lehrman (1919–1972) und der Tierpsychologe Theodore Christian Schneirla (1902–1968), die die ethologische Differenzierung zwischen ›angeborenen‹ und ›erlernten‹ Verhaltensweisen als simplizistisch zurückwiesen (vgl. insbes. Lehrman 1953; Schneirla 1956; Stamm 1978, S. 15). Auf die Kritik Lehrmans wird später im Rahmen der Diskussion kritisch-interaktionistischer Konzepte noch genauer eingegangen (vgl. Abschnitt 5.1). Bezüglich des historischen Kontextes des Anlage-Umwelt-Diskurses ist somit zu konstatieren, dass nach der behavioristischen Kritik der instinktpsychologischen Tradition in den 20er Jahren auch das Instinktkonzept der Ethologen in den 50er Jahren von behavioristischer Seite stark attackiert worden war, sodass sich Mitte des 20. Jahrhunderts ein zunächst weitgehend zwischen verschiedenen psychologischen Subdisziplinen geführter Streit durch die Diskursbeteiligung der Verhaltensbiologie zu einer interdisziplinär ausgetragenen Kontroverse entwickelte.

Obgleich in der Folge verschiedene Autoren Lorenz' Standpunkt verteidigten oder sich Lehrmans Kritik anschlossen, ist die ›Lorenz-Lehrman-Debatte‹ aus diskursanalytischer Sicht nur als kurzes und disziplinär beschränktes Intermezzo zu werten, das nach Einschätzung von Johnston auf einen kleinen fachwissenschaftlichen Spezialistenkreis beschränkt blieb (vgl. Johnston 2001, S. 20).[117] Allerdings zeugt der Schlagabtausch zwischen Lorenz und Lehrman von einer zeitweiligen Verfestigung der Fronten im Streit zwischen Ethologen und Behavioristen im Besonderen sowie zwischen den Natur- und Geisteswissenschaften im Allgemeinen, die mitunter bis in die heutige Zeit hineinwirkt (vgl. bspw. van den Berghe 1978, Wilson 1998). Dieser Disput wirkte daher weit über diese Diskursphase und die 50er Jahre hinaus und hat letztlich dazu geführt, dass sich Ethologie und Behaviorismus in verschiedenen Richtungen weiterentwickelt haben:

»Behavioristen und Ethologen waren einander spinnefeind, seit Daniel Lehrman 1953 seinen scharfen Angriff auf Lorenz' Instinkttheorie veröffentlichte. Die Antipathie beruhte auf Gegenseitigkeit, und alles schien auf eine katastrophale Spaltung zuzusteuern. Daß es dazu nicht kam, lag daran, daß beide Seiten rechtzeitig entdeckten, wie viel Tiere für jeden von ihnen bedeuteten … Seitdem haben sich die Ethologie wie der Behaviorismus von innen heraus verändert und laufen heute weitgehend unter anderen Namen … Zwar gibt es den Behaviorismus noch immer, doch in seiner alten, ›radikalen‹ Form gehört er inzwischen der Geschichte an. Die Nachfahren der Behavioristen bezeichnen sich heute als komparatistische Psychologen … Inzwischen hat die Ethologie mit ihrer Methode der sorgfältigen Beschreibung und Beobachtung in so unterschiedliche Forschungsbereiche wie das Verhalten von Kindern oder die Soziobiologie Eingang gefunden« (Waal 2002, S. 83 f, Fußnotenverweis entfernt).

---

117 Gerhard Roth geht in seiner retrospektiven Analyse mit der klassischen Ethologie unvergleichbar härter ins Gericht, wenn er feststellt, dass es für die lorenzschen Postulate des Triebstaus und der Leerlaufhandlung (mit Ausnahme einer Einzelbeobachtung) keine empirischen Belege gebe und selbst Tinbergen »[k]rasse methodische Unzulänglichkeiten und Ungereimtheiten« (Roth 2007, S. 345) vorzuwerfen seien. Roths Kritik kulminiert in einer Anekdote, nach der es im Rahmen einer BBC-Dokumentation zum Nachweis der Wirkung eines Schlüsselreizes bei Stichlingen notwendig gewesen sei, die Tiere zuerst mittels Dressur – also operanter Konditionierung – an ihr natürliches Instinktverhalten zu erinnern (vgl. ebd., S. 346). Vor diesem Hintergrund fällt das abschließende Urteil Roths vernichtend aus: »Die Lorenzschule war in ihrem Eifer, möglichst vieles als angeboren zu beweisen, ebenso blind, wie es die Behavioristen in ihrem Bestreben waren, alles als erlernt herauszustellen … – nur dass Letztere der Ersteren methodisch weit überlegen waren. So haben Lorenz, Tinbergen und ihre Schüler in ihren Experimenten oft nicht gewissenhaft genug die Möglichkeit von Tieren zum Lernen im Ei oder im Uterus oder kurz nach der Geburt methodisch überprüft, obwohl es seinerzeit bereits genügend Beweise hierfür gab« (ebd.).

Abschließend ist zu ergänzen, dass die biologische Verhaltensforschung nicht auf tierliches Verhalten beschränkt blieb, sondern in ihrem als ›Humanethologie‹ bezeichneten Zweig zusätzlich das menschliche Sozialverhalten in den Blick nahm. Als prominentester Vertreter dieser humanethologischen Ausrichtung der Verhaltensbiologie gilt der Verhaltensforscher Irenäus Eibl-Eibesfeldt (geb. 1928), der insbesondere durch seine Studien an ursprünglichen Stammesgesellschaften bekannt geworden ist. Eibl-Eibesfeldt untersuchte seit den 50er Jahren beispielsweise die afrikanischen Buschleute, die Eipo in West-Neuguinea, die Yanomami in Venezuela und Brasilien, die Himba in Namibia und die Trobriander im Südpazifik (vgl. Schiefenhövel/Uher/Krell 1993, S. 14–67). In seinen zahlreichen Publikationen betonte er immer wieder die Bedeutung stammesgeschichtlicher Anpassungen in Form verschiedener biologischer ›Vorprogrammierungen‹ und ›Präadaptationen‹ an eine vergangene, steinzeitliche Umwelt. Sogenannte ›Verhaltensuniversalien‹ würden bis in die heutige Zeit hinein Phänomene wie Aggression, Fremdenfeindlichkeit, Liebe etc. im Leben aller Menschen mitprägen (vgl. bspw. Eibl-Eibesfeldt 1967, 1973, 1984). Zur Ermittlung angeborener Verhaltensweisen setzte Eibl-Eibesfeldt unter methodischen Aspekten neben der Erforschung von ursprünglichen Jäger- und Sammler-Gesellschaften zudem auf Tier-Mensch-Vergleiche sowie die Untersuchung taubblind geborener Kinder.[118]

Zusammenfassend ist hervorzuheben, dass sich der Anlage-Umwelt-Diskurs in der Form einer Gegenüberstellung der theoretischen Konzeptionen ›Instinkt versus Lernen‹ über weite Teile des 20. Jahrhunderts erstreckte. Das von Vertretern der Instinktpsychologie (wie James und McDougall) propagierte Instinktverständnis wurde aufgrund seiner mangelnden empirischen Basis in den 20er Jahren heftig kritisiert und von behavioristischen Lernkonzepten weitgehend aus dem Diskurs verdrängt. Zugleich erfuhr durch die Etablierung der Kulturanthropologie der Kulturbegriff eine Aufwertung in den Human- und Verhaltenswissenschaften, die auf diese Weise eine environmentalistische Prägung erfahren haben, die bis in die heutige Zeit hinein nachwirkt. Parallel zu dieser Entwicklung wurde in den 30er Jahren in der Biologie die Ethologie als neue Subdisziplin gegründet, die den Instinktbegriff der frühen Instinktpsychologen nicht nur aufgriff, sondern in ein weites theoretisches Rahmenkonzept einband und neue experimentelle Methoden zur empirischen Untersuchung von Instinkten entwickelte. Vor dem Hintergrund einer linearen Anlage-Umwelt-Skala können der Behaviorismus als psychologische Subdisziplin der environmentalistischen Tradition und die Ethologie als biologische Subdisziplin der nativistischen Tradition zugerechnet werden. Damit standen sich zwei Diskurspositionen mit derart gegensätzlichen Grundpositionen gegenüber, sodass sich der Anlage-Umwelt-Diskurs fortan über das Begriffspaar ›Instinkt versus Lernen‹ konstituierte. Zu Beginn der 50er Jahre kulminierten diese gegensätzlichen Grundauffassungen im Streit zwischen Lorenz und Lehrman, der zugleich einen historischen Bezugspunkt für die Entwicklung kritisch-interaktionistischer Konzepte darstellt (vgl. Abschnitt 5.1). Bevor in den folgenden Kapiteln die Entwicklung aktueller Diskurspositionen vor dem Hintergrund des hier rekonstruierten Kontextes aufgearbeitet wird, soll im nächsten Abschnitt zunächst kurz auf mögliche sozialpolitische Folgen historischer Diskurspositionen eingegangen werden, indem gefragt wird, welche gesellschaftlichen Utopien sich aus den nativistischen und environmentalistischen Extrempositionen ableiten lassen.

---

118 Als in besonderem Maße innovativ gilt im Kontext der Erforschung ursprünglicher Stammesgesellschaften die durch Eibl-Eibesfeldt und Hans Heinrich Romulus Hass (geb. 1919) eingeführte Technik von Filmaufnahmen mit Spiegelobjektiven, bei der Personen unbemerkt in einem Winkel von 90 Grad gefilmt werden können (vgl. Eibl-Eibesfeldt 1973, S. 30ff).

2.3 Extrempositionen und Gesellschaftsutopien

Der Zoologe und Soziobiologe Matt (Matthew) White Ridley (geb. 1958) weist darauf hin, dass im Anlage-Umwelt-Diskurs von verschiedenen Autoren gesellschaftliche Utopien zur Illustration ihrer Theorien genutzt worden sind. Diese Utopien dienen zugleich der Verdeutlichung der gesellschaftlichen und sozial-politischen Implikationen der jeweiligen theoretischen Ansätze. Die Ursprünge derartiger Utopien liegen bereits in der philosophischen Phase des Anlage-Umwelt-Diskurses begründet; sie finden sich aber auch in späteren Phasen. Im Folgenden werden einige kurze Beispiele derartiger Utopien – oder sog. ›Dystopien‹ als Gegenentwürfe zu Utopien mit mahnendem und warnendem Charakter (›Anti-Utopien‹) – vorgestellt.

Die erste derartige Utopie wurde von Platon in seinem Werk »Der Staat« (»Politeia«) erschaffen (vgl. bspw. Ridley 2003, S. 67 f). Platons aristokratische Idealvorstellung basierte auf einem totalitären System, in dem die Menschen gemäß ihren anlagebedingten Fähigkeiten in drei verschiedene Kasten (Herrscher, Wächter und Arbeiter) eingeteilt werden sollten. Reese-Schäfer beschreibt Platons Vorstellung von einem idealen Staat wie folgt:

> »Es ist eine Klassengesellschaft, in der es entsprechend den drei Seelenteilen des Menschen drei Klassen oder, wie meist übersetzt wird, Stände, gibt. Der erste Seelenteil, der vernünftige, entspricht dem Stand der herrschenden Philosophen. Der zweite Seelenteil ist der Selbstbehauptungswille. Ihm entspricht der Krieger- bzw. Wächterstand. Der dritte Stand schließlich ist der Erwerbsstand, der dem niedrigsten Seelenteil, dem Begehrungsvermögen oder auch dem Triebhaften entspricht. Wer zu welchem Stand gehören soll, richtet sich nach der Anlage, die im Prozess der Erziehung zum Ausdruck kommt. Ein Kind aus dem Erwerbsstand kann also, wenn es schon früh die entsprechende Begabung zeigt, aufsteigen und die Erziehung der Wächter bekommen. Doch auch der Abstieg ist möglich und soll mitleidlos durchgesetzt werden … Für die höheren Stände gelten höhere Anforderungen. Unter den Wächtern herrscht Frauen- und Kindergemeinschaft. Frauen sind gleichgestellt. Eine exklusive Ehebeziehung soll es nicht geben, weil dadurch die Gemeinschaftlichkeit gestört würde. Besitz gibt es nur für den unteren Stand. Für die Oberen ist das Privateigentum abgeschafft« (Reese-Schäfer 2007, S. 14).

In diesem Beispiel einer nativistischen Utopie sollen laut Platon alle Kinder nach ihrer Geburt zunächst die gleiche Erziehung erhalten. Die Selektion erfolgt in diesem Modell allein auf der Grundlage der ›Intelligenz‹, die als erbliche Fähigkeit verstanden wird. Diese Vorstellung entspricht damit einem in der Intelligenzforschung populären Argument, dass für den Fall, dass alle Individuen dieselbe Erziehung erhalten und ihre Umwelten damit sehr ähnlich sind, in erster Linie genetische Unterschiede zwischen den Individuen zu deren Verschiedenheit beitragen (vgl. bspw. Ridley 2003, S. 68). Platons Vorstellungen enthalten keine lang andauernden monogamen Beziehungen, sondern gesellschaftlich arrangierte Festivitäten zur Suche nach geeigneten Fortpflanzungspaaren, wobei im Rahmen einer Art von Lotteriesystem besonders geeigneten jungen Männern der Vorrang bei der Suche nach einer Partnerin eingeräumt werden soll (vgl. bspw. Galton 1998, S. 264). Diese Ausführungen zu Platons Vorstellungen zeigen zugleich, dass bereits in der Antike – und damit lange vor Francis Galton – eugenische Ideen entwickelt worden waren (vgl. ebd., S. 263).

Beispiele für weitere Utopien und Dystopien, die eng mit der Anlage-Umwelt-Thematik verknüpft sind, finden sich insbesondere im 19. und 20. Jahrhundert. Bezüglich Francis Galton ist überliefert, dass er im Jahr 1910 versucht habe, eine nativistische Utopie in einem Buch namens »Kantsaywhere« zu veröffentlichen. Dieses sei vom Verlag jedoch abgelehnt worden; und eine spätere Verbreitung dieses Werkes sei von Galtons Großnichte weitgehend verhindert worden (vgl. Ridley 2003, S. 97). In dem heute nur noch fragmentarisch erhaltenen Werk (zu finden in Pearson 1930, S. 414–424) erfand Galton eine Kolonie mit Namen ›Kantsaywhere‹, die von einem ›Mr. Neverwas‹ streng nach eugenischen Richtlinien gestaltet worden war – mit dem Ziel, die genetische Qualität der Fortpflanzungsgemeinschaft zu erhalten, zu verbessern und eine Art überlegener Menschenrasse zu schaffen (vgl. ebd., S. 414 ff). Die Mitglieder dieser Kolonie wurden mittels verschiedener eugenischer Testverfahren (anthropometrisch, ästhetisch-literarisch, medizinisch und hinsichtlich ihrer Abstammung und Ahnenreihe) anhand ihres genetischen Wertes bzw. der Qualität ihrer Erbanlagen auf physischem und psychischem Gebiet beurteilt (vgl. ebd., S. 416). Die Ergebnisse wurden in Form von Punktwerten veröffentlicht. Sich fortzupflanzen war nur Mitgliedern erlaubt, die bei diesen eugenischen Tests ausreichend abgeschnitten hatten, wobei Paaren mit besonders hohen Punktwerten in den eugenischen Tests Vergünstigungen durch die Administration gewährt wurden. Verheiratete Paare konnten sich alternativ dazu entscheiden, die Kolonie zu verlassen. Die Gruppe der Mitglieder mit den höchsten Punktwerten stellte zudem den Senat und wählte aus ihren Reihen die administrativen Ämter (vgl. ebd., S. 419). Die Fortpflanzung der genetisch Ungeeigneten bzw. Untauglichen wurde hingegen als Verbrechen gegen die Gemeinschaft angesehen und mittels verschiedener Strafen (wie bspw. Geldstrafe, Ausschluss aus der Gemeinschaft, Deportation) sanktioniert (vgl. ebd., S. 420). Aufgrund der menschenverachtenden Logik von Galtons gesellschaftlichen Wunschvorstellungen in »Kantsaywhere«, das aus seiner Sicht als Utopie und nicht als Dystopie angelegt war, sowie dem erschreckenden Vokabular, das er zur Beschreibung einsetzte und das größtenteils aus der Tierzucht zu stammen scheint, ist die Ablehnung der Publikation dieses Manuskripts trotz der weiten Verbreitung eugenischer Ansichten in der damaligen Zeit nicht verwunderlich.

Die wohl bekannteste Dystopie, die in engem Zusammenhang mit dem Anlage-Umwelt-Diskurs steht, ist das Werk »Brave new world« (1932) von Aldous Leonard Huxley (1894–1963), einem Enkel von Thomas Henry Huxley sowie Bruder des Genetikers Julian Sorell Huxley (1887–1975). In dieser Novelle beschrieb Aldous Huxley eine futuristische Gesellschaft des 26. Jahrhunderts, die in Form einer Diktatur von einem Weltkontrollrat mit zehn Aufsichtsräten, die einzeln als »Seine Fordschaft« (Huxley 2008, S. 48) angeredet werden, regiert wird (vgl. ebd., S. 45, 48).[119] Der Gesellschaftsordnung liegt ein Kastensystem zugrunde, wobei die sog. ›Alphas‹ an der Spitze der Gesellschaft stehen und die Elite bilden, gefolgt von ›Betas‹, ›Gammas‹, ›Deltas‹ und schließlich ›Epsilons‹ am unteren Ende der Hierarchie (vgl. ebd., S. 43). Gesellschaftliche Mobilität (in Form von Kastenaufstieg oder -abstieg) ist jedoch – im Gegensatz zu Platons Utopie – nicht möglich. In ›Brave new world‹ sind Väter und Mütter als Eltern unbekannt und der Gebrauch dieser Begriffe löst Befremdlichkeit, Scham und Spott aus. Kinder werden nicht über den natürlichen Geschlechtsakt gezeugt, sondern in einer sog. »Brut- und Normzentrale« (ebd., S. 20, ohne Hervorhebung) mithilfe von künstlicher Befruchtung, späterer Aufzucht der Embryonen in künstlichen Nährmedien und anschließender ›Entkorkung‹ (entspricht der Geburt; vgl. ebd., S. 39) erzeugt. In den drei unteren Kasten werden diese Embryonen geklont und auf diese Weise sog. ›Dutzendlinge‹ gezüchtet. Durch Drosselung der Sauerstoffzufuhr im Embryonenstatus wird die Intelligenz der Mitglieder der unteren Kasten reduziert (vgl. ebd., S. 30 f). Zudem werden sie für ihre späteren Einsatzgebiete mittels vielfältiger vorgeburtlicher

---

119 In Huxleys Roman wird eine neue Zeitrechnung eingeführt, in der als Jahr Null das Produktionsjahr der ersten ›Tin Lizzy‹ durch Henry Ford (1863–1947) im Jahr 1908 definiert wird. Der Roman spielt im Jahr 632 ›nach Ford‹, was nach realer Zeitrechnung dem Jahr 2540 entspräche (vgl. Hermes 2010, S. 34).

Maßnahmen (wie bspw. Hitze- oder Kältetraining) vorbereitet (vgl. Huxley 2008, S. 33). In der Kindheit werden die Mitglieder der Kasten durch kontrollierte Erziehungsmaßnahmen (klassische Konditionierung unter Einsatz von Elektroschocks, Traumsuggestion bzw. -hypnose) im Prozess der sog. ›Normung‹ in ihrem Verhalten und ihren Denkmustern derart manipuliert, dass sie sich nur in ihrer eigenen Kaste wohlfühlen, das gesellschaftliche System akzeptieren und glücklich sind (vgl. ebd., S. 35f, 40, 217, 232). Für die Aufrechterhaltung der individuellen Zufriedenheit und in besonderen Fällen (wie Enttäuschungen, negativen emotionalen Zuständen etc.) werden den Menschen Drogen (sog. ›Soma‹) geboten (vgl. ebd., S. 218, 234). Das Lesen historischer Literatur wird untersagt, denn die Gesellschaft soll ganz im Hier und Jetzt orientiert sein und unterdrückt aus diesem Grund auch Ehe und lang anhaltende Paarbindungen; gefördert wird hingegen offene Sexualität (vgl. ebd., S. 233f). Individuen, die die Regierung oder das Gesellschaftssystem infrage stellen, werden aus der Gesellschaft ausgeschlossen und in Reservate oder auf Inseln verbannt (vgl. ebd., S. 224). Ridley weist darauf hin, dass es sich bei »Brave new world« seiner Einschätzung nach und entgegen einschlägiger Interpretationen nicht per se um eine nativistische Dystopie handele, sondern vielmehr um eine environmentalistische:

> »Rarely has a book been more misrepresented than *Brave New World*. It is today almost automatically assumed to be a satire on extreme hereditarian science: an attack on nature. In fact it is all about nurture. In Huxley's imagined future, human embryos, having been artificially inseminated and in some cases cloned …, are then developed into members of the various castes by a careful regime of nutrients, drugs and rationed oxygen. This is followed, during childhood, by incessant hypnopaedia (brainwashing during sleep) and neo-Pavlovian conditioning until each person emerges certain to enjoy the life to which he or she has been assigned … Although there are drugs to keep people happy, and hints of heredity, the details of *Brave New World*, and the features that make it such a horrific place to live, are the environmental influences exercised upon the development of the bodies and brains of the inhabitants. It is a nurture hell, not a nature hell« (Ridley 2003, S. 149f, Hervorhebung im Original).

Als unstrittig environmentalistische Utopie ist abschließend in diesem Kontext auf das Werk »Walden Two« (1948) des Behavioristen Burrhus Frederic Skinner (1904–1990) zu verweisen.[120] Skinner entwarf in »Walden Two« eine Gesellschaft, die streng nach den Regeln der operanten Konditionierung und der wissenschaftlichen Kontrolle menschlichen Verhaltens aufgebaut ist. In dieser utopischen Idylle leben die Menschen in einer kleinen Kommune mit etwa 1 000 Personen weitgehend in wirtschaftlicher und sozialer Unabhängigkeit (vgl. Skinner 2002, S. 29). Anstelle von Geld gibt es in ›Walden Two‹ Arbeitspunkte, die als Gegenleistung für alle kostenfreien Waren und Dienstleistungen von den einzelnen Mitgliedern zu erbringen sind (vgl. ebd., S. 54, 69). Die Arbeitstätigkeiten werden je nach Qualifikation, Beliebtheit und Nachfrage in einer Währung ›Arbeitspunkte pro Stunde‹ unterschiedlich gewertet (unbeliebte Arbeiten werden bspw. mit mehr Arbeitspunkten und mehr Freizeit entlohnt), sodass letztlich sämtliche Arbeiten von den Mitgliedern der Kommune abgedeckt werden. Selbst Wissenschaftler, Ärzte sowie Manager und Planer – Letztere leiten die Kommune und werden nicht demokratisch gewählt – müssen einen gewissen Teil ihrer täglichen Arbeitszeit durch körperliche Tätigkeiten abdecken (vgl. ebd., S. 54–61). Die tägliche Arbeitszeit für den Einzelnen umfasst zwischen vier und acht Stunden;

---

120 Skinners Utopie ist die einzige der in diesem Abschnitt vorgestellten, deren Realisierung ernsthaft versucht worden ist. Zwischen 1955 und 1998 wurden in den Vereinigten Staaten, Kanada und Mexiko zahlreiche Kommunen nach dem Vorbild von ›Walden Two‹ gegründet. In der Praxis zeigen diese Versuche aber nicht nur Umsetzungsmöglichkeiten, sondern auch spezifische Probleme, die bspw. in der Leugnung der menschlichen Natur oder der antidemokratischen Steuerung und Verwaltung der Kommunen begründet liegen (vgl. bspw. Kuhlmann 2004; Rakos 2006, S. 155).

der Rest kann als Freizeit im künstlerischen Bereich genossen werden (vgl. Skinner 2002, S. 40f, 45, 89). Persönlicher Besitz wird auf ein Minimum reduziert (vgl. ebd., S. 67). Monogamie ist die Norm; und Kindererziehung erfolgt kollektiv in speziell dafür vorgesehenen Institutionen (vgl. ebd., S. 143f). Letztere basiert auf den Grundlagen der operanten Konditionierung, wobei in ›Walden Two‹ ausschließlich positive Verstärkung und Reizgewöhnung eingesetzt werden, Bestrafung hingegen strikt vermieden wird (vgl. ebd., S. 98–109, 114, 256f). Durch einen Verhaltenskodex wird zudem sichergestellt, dass der Einzelne in der Gemeinschaft nicht auf Kosten anderer hervorgehoben oder gelobt wird, jegliche Form von Dominanz und Wettbewerb unter den Mitgliedern unterbunden wird und auf Klatsch und Tratsch allgemein verzichtet wird (vgl. ebd., S. 113, 141, 162–173). Dass Skinners Utopie eine extreme environmentalistische Diskursposition zugrunde liegt, zeigt sich an den Äußerungen des Psychologen namens Frazier, der im Roman die Kommune ›Walden Two‹ gegründet hat und eine Besuchergruppe in die Kommune und deren theoretische Grundlagen einführt:

> »Ist das ein Wortspiel? Oder glauben Sie im Ernst, Genies kämen aus Genen? Nun, vielleicht ist das so. Aber wie weit sind wir bisher damit gekommen, das Beste aus unseren Erbanlagen zu machen? … Bis heute hat es keine Möglichkeit gegeben, die Frage zu beantworten, weil es nie möglich war, die Umwelteinflüsse in der erforderlichen Weise zu gestalten.‹ ›Was ist mit besonders musikalischen Familien?‹ fragte ich. ›Beweisen sie nicht die Bedeutung der Erbanlagen?‹ ›Aber das waren doch die Umwelteinflüsse!‹ rief Frazier aus … Die richtigen Umweltbedingungen. Das ist alles, was man braucht« (ebd., S. 93f).

> »Aber der Triumph der Demokratie bedeutet nicht, dass sie die beste Regierungsform ist. Sie ist lediglich besser im Vergleich zu einer eindeutig schlechten … Sie berücksichtigt nicht die Tatsache, dass auf die Dauer *der Mensch von seiner Umwelt geprägt wird*. Eine Laissez-faire-Philosophie, die auf die angeborene Güte und Weisheit des Menschen vertraut, ist unvereinbar mit der beweisbaren Tatsache, dass die Menschen gut oder böse, klug oder dumm werden durch die Umwelt, in der sie aufwachsen« (ebd., S. 270, Hervorhebung im Original).

Obwohl in Skinners Roman bereits nach kurzer Verweildauer zwei der Besucher der Kommune beitreten und schließlich auch der Erzähler (ein Psychologie-Professor namens Burris) nach Walden Two zurückkehrt und sich ihr anschließt, illustriert Skinner zugleich die Position des Antagonisten und Skeptikers. Dazu dient in seinem Roman ein Philosoph, der ebenfalls zur Besuchergruppe gehört, Fraziers Kommune und Ideen komplett ablehnt und als ›faschistische‹ Gleichmacherei verunglimpft (vgl. bspw. ebd., S. 229–237, 276, 292–295). Eine ähnliche Position vertritt Ridley, wenn er behauptet, dass sich eine derartige environmentalistische Utopie nicht wesentlich von nativistischen Dystopien unterscheide:

> "A world of pure empiricism untempered by genetics would be as terrible as a world of pure eugenics untempered by environment. The book was called *Walden Two* and it is about a commune that is a suffocating cliché of fascism. Young men and woman stroll through the corridors and gardens of the commune smiling and helping each other like something from a Nazi or Soviet propaganda film … [Skinner] sees human nature as entirely caused by outside influences, in a sort of Newtonian world of linear environmental determinism. If behaviourists were right, then the world would be like that: a person's nature would simply be the sum of external influences upon them. A technology of behaviour control would be possible" (Ridley 2003, S. 199f, Hervorhebung im Original).

Zusammenfassend zeigt sich, dass Utopien als Manifestationen von Positionen im Anlage-Umwelt-Diskurs bereits in der Antike kreiert worden waren und für beide Extrempositionen gleichermaßen charakteristisch sind (vgl. ebd., S. 67). Derartige Utopien – oder Dystopien (im Falle Huxleys) – illustrieren die gesellschaftlichen, politischen und sozialen Konsequenzen, die sich aus einer Umsetzung nativistischer oder environmentalistischer *Extrem*positionen ergeben könnten. Sie liegen zwar (mit Ausnahme von Skinners Walden Two) allesamt jenseits jeglicher Verwirklichungswahrscheinlichkeit, dürften aber für die Ablehnung verschiedener – insbesondere nativistischer – Diskurspositionen in der öffentlichen Diskussion mitverantwortlich sein. Sie veranschaulichen zudem, dass auch die Konsequenzen aus environmentalistischen Positionen nicht zwangsläufig wünschenswerter sein müssen als die gesellschaftlichen Umsetzungen, die aus nativistischen Diskurspositionen abgeleitet werden können.

Teil III:
Positionen des aktuellen Anlage-Umwelt-Diskurses

Nach der Darstellung der historischen Hintergründe des Anlage-Umwelt-Diskurses sollen in den folgenden drei Kapiteln diejenigen Sichtweisen dargestellt werden, die an der Konstituierung des derzeitigen Diskurses maßgeblich beteiligt sind. Für das beginnende Jahrtausend sind in diesem Zusammenhang vor allem drei Ansätze zu nennen, die im Anlage-Umwelt-Diskurs miteinander konkurrieren und sich hinsichtlich ihres Verständnisses des Zusammenhangs von Anlage und Umwelt größtenteils diametral gegenüberstehen: Verhaltensgenetik, Evolutionspsychologie und Kritischer Interaktionismus.

Im Folgenden wird zunächst die Verhaltensgenetik vorgestellt, die in Bezug auf den Menschen insbesondere im Rahmen der Zwillingsforschung dezidierte Annahmen über das Zusammenspiel von Anlage und Umwelt äußert (vgl. Kapitel 3). Diesen Annahmen liegt in der Regel das Postulat zugrunde, Anlage- und Umweltfaktoren seien anhand von mathematischen Modellen (zumindest auf der Populationsebene) voneinander trennbar. Mit anderen Worten: Es handelt sich hier um ein additives Verhältnis des Zusammenwirkens von Anlage und Umwelt. Oberflächlich betrachtet werden in verhaltensgenetischen Ansätzen die Merkmals- und Verhaltens*unterschiede* zwischen den Menschen betont; dabei wird auf die unterschiedliche genetische Ausstattung der Menschen verwiesen, wohingegen Gemeinsamkeiten eher auf kulturelle Einflüsse zurückgeführt werden (vgl. z. B. Horgan 1996a, S. 152).

Sodann werden die historische Entwicklung und die Grundpostulate der Evolutionspsychologie sowie ihre Diskursposition hinsichtlich der Anlage-Umwelt-Thematik dargestellt (vgl. Kapitel 4). Kurz charakterisiert handelt es sich bei der Evolutionspsychologie um eine Weiterentwicklung verhaltensbiologischer und soziobiologischer Theorietraditionen in Koppelung mit einem aus der kognitiven Psychologie stammenden Modulkonzept des menschlichen Geistes. Als Evolutionspsychologinnen und -psychologen bezeichnen sich Forscherinnen und Forscher unterschiedlichster Fachtraditionen, sodass die Evolutionspsychologie durchaus als ein interdisziplinär orientiertes Forschungsgebiet angesehen werden kann. Im Gegensatz zu verhaltensgenetischen Vorstellungen werden in soziobiologischen und evolutionspsychologischen Ansätzen Gemeinsamkeiten zwischen Menschen eher auf genetische Einflüsse zurückgeführt, die alle Menschen als stammesgeschichtliche *Universalien* bzw. in Form einer universellen menschlichen Natur teilen. Unterschiede werden hingegen als kulturbedingt angesehen (vgl. bspw. Horgan 1996a, S. 152).

In Kapitel 5 werden Konzepte vorgestellt, die den gesamten Diskurs über Anlage und Umwelt *kritisch* hinterfragen. Da es sich hier im Vergleich zu den zuvor beschriebenen Ansätzen um ein sehr heterogenes Feld theoretischer Ansätze und Modellbildungen handelt, die zudem von verschiedenen Autorinnen und Autoren unterschiedlich klassifiziert und benannt werden (vgl. Abschnitt 5.3), werden diese Konzepte im Folgenden unter der Bezeichnung ›Kritischer Interaktionismus‹ zusammengefasst. Im Gegensatz zu den meisten verhaltensgenetischen, soziobiologischen und evolutionspsychologischen Modellen wird in Ansätzen des Kritischen Interaktionismus der Sinn der Anlage-Umwelt-Dichotomie per se in Zweifel gezogen. Damit setzen sich kritisch-interaktionistische Ansätze zugleich von dem im zweiten Teil dieser Abhandlung beschriebenen Interaktionismus (vgl. Abschnitt 2.2.4) ab; denn dieser habe sich allzu oft als naive Vorstellung oder »reines Lippenbekenntnis [erwiesen], welches nicht geeignet ist, die Gen-Umwelt-Unterscheidung zu hinterfragen« (Stotz 2005b, S. 126; vgl. bspw. auch Oyama 2002, S. 6). Als Alternative rekurrieren Ansätze des Kritischen Interaktionismus auf komplexe Modellvorstellungen, die von einem *aktiven* Organismus ausgehen, der in seiner Ontogenese das Zusammenwirken von genetischen Einflüssen und Umwelteinflüssen selbst mitgestaltet bzw. konstruiert. Zudem beinhalten diese Ansätze zuweilen ein stark erweitertes, epigenetisches Vererbungskonzept.

Abschließend werden die drei zuvor vorgestellten Ansätze hinsichtlich ihres Anlage-Umwelt-Verständnisses kurz miteinander verglichen und die zentralen Ergebnisse dieses dritten Teils zusammengefasst (vgl. Kapitel 6).

Kapitel 3:
Verhaltensgenetik und Zwillingsforschung

Im wissenschaftlich sowie populärwissenschaftlich geführten Diskurs um Anlage und Umwelt hat in den letzten Jahrzehnten kaum eine Disziplin derart strittige Befunde hervorgebracht wie die sog. ›Verhaltensgenetik‹. Letztere ist eng mit dem derzeitigen Anlage-Umwelt-Diskurs verknüpft und wird im Rahmen verschiedener Diskurspositionen rezipiert, auch wenn dies auf den ersten Blick für den verhaltensgenetischen Laien nicht in jedem Fall erkennbar sein mag. Verhaltensgenetik wird aus heutiger Sicht – insbesondere in ihrer Engführung auf die Analyse menschlichen Verhaltens und auf den Heritabilitätsbegriff – wie folgt definiert:

> »Die Verhaltensgenetik widmet sich der Frage, warum sich Menschen bezüglich ihres Verhaltens unterscheiden – z. B. weshalb sie psychisch gestört oder geistig behindert sind. Aus diesem Grund konzentriert sie sich auf Unterschiede in den Genen und in der Umwelt von Personen, die diese beobachteten Unterschiede erklären könnten« (Plomin u. a. 1999, S. 46). »Die fundamentale Aufgabe der Verhaltensgenetik ist es, das Ausmaß zu bestimmen, in dem Unterschiede im Genotyp verantwortlich sind für Unterschiede im Phänotyp, d. h. in den beobachteten Unterschieden zwischen Individuen« (ebd., S. 12).

Neben dem Studium menschlichen Verhaltens kann die Verhaltensgenetik jedoch auch auf eine lange Tradition der Erforschung der Ursachen tierlichen Verhaltens zurückblicken. Sie weist zudem zahlreiche Überschneidungen mit Nachbardisziplinen hinsichtlich ihrer Forschungsgegenstände und zentralen Fragestellungen auf. Im Vergleich zu den anderen in diesem Teil vorgestellten Theorieansätzen ist die disziplinäre Verortung der Verhaltensgenetik daher besonders schwierig. Schilcher nennt als Subdisziplinen, die das »Territorium der Verhaltensgenetik« (von Schilcher 1988, S. 1) abstecken, bspw. die Genetik, Verhaltensphysiologie, Ethologie, Verhaltensökologie, Psychologie, Anthropologie und Soziologie. Auf der einen Seite lässt sich daraus ein starker biologischer Einfluss – mit der Genetik als Leit- bzw. Grundlagendisziplin – ableiten. Auf der anderen Seite wird heute die verhaltensgenetische Forschung am Menschen – auf methodischer Ebene insbesondere als ›Zwillingsforschung‹ – in der Regel von Psychologinnen und Psychologen durchgeführt und die Zwillingsforschung somit eher der Differentiellen Psychologie und der Persönlichkeitspsychologie zugerechnet (vgl. bspw. Amelang/Bartussek 1997, Asendorpf 2004b, Riemann/Spinath 2005). Da die Verhaltensgenetik auf eine lange Forschungstradition zurückblicken kann und sich auf die Erforschung sowohl tierlicher als auch menschlicher Verhaltensmerkmale bezieht, soll sie in dieser Abhandlung bezüglich ihrer disziplinären Verortung primär als biologische Subdisziplin verstanden werden. Die Zwillingsforschung soll hingegen als psychologische Teildisziplin verortet werden.

Im Folgenden wird zunächst die historische Entwicklung der Verhaltensgenetik grob skizziert (vgl. Abschnitt 3.1). Im Anschluss wird ein kurzer Überblick über die wichtigsten verhaltensgenetischen Befunde gegeben. Dabei soll die Fragestellung der diskursiven Bedeutung dieser Befunde im Rahmen der Anlage-Umwelt-Diskussion im Zentrum der Betrachtung stehen (vgl. Abschnitt 3.2).

3.1 Historische Entwicklung

Bezüglich der historischen Entwicklung des Anlage-Umwelt-Diskurses wurde bereits ausgeführt, dass davon ausgegangen werden kann, dass Menschen bereits seit langer Zeit ein alltags-
theoretisches Verständnis des Phänomens der Vererbung besessen haben dürften, nicht zuletzt
aufgrund ihrer Erfahrungen im Rahmen von Tierzucht und Domestikation (vgl. Abschnitt
2.1.1). Entsprechend sieht Schilcher aus wissenschaftshistorischer Sicht die Wurzeln verhaltensgenetischen Denkens in archaischen Traditionen der Tierzucht sowie in frühen eugenischen
Vorstellungen des antiken Griechenlands:

> »Fest steht, daß PLATON in seiner ›Republik‹ vor annähernd 2 500 Jahren zum ersten Mal so etwas
> wie eugenische Maßnahmen zur ›Verbesserung‹ der physischen und psychischen Gesundheit der
> Menschen vorschlug. Wie in anderen Wissensgebieten ebenfalls wird es dann 2 000 Jahre lang still
> um die Verhaltensgenetik, und erst in der Renaissance haben wir zumindest anekdotische Hinweise
> auf ein Bewußtsein der Menschen um verhaltensgenetische Zusammenhänge« (von Schilcher 1988,
> S. 14, Hervorhebung im Original; vgl. auch Borkenau 1993, S. 6 f).[121]

An dieser Stelle zeigt sich, dass verhaltensgenetisches Denken und die Diskussion der Anlage-
Umwelt-Thematik historisch eng miteinander verkoppelt sind und weite Teile des wissenschaftshistorischen Entwicklungsweges gemeinsam beschritten haben. Als Begründer einer modernen
Verhaltensgenetik wird zumeist Francis Galton genannt (vgl. bspw. Kempthorne 1997, S. 109;
Plomin u. a. 1999, S. 121; von Schilcher 1988, S. 15; vgl. auch Abschnitt 2.2.2). Seit Beginn des
20. Jahrhunderts wurden in der Verhaltensgenetik zunehmend Versuche an Tieren durchgeführt,
wobei zunächst die Frage im Vordergrund stand, inwieweit es überhaupt genetische Einflüsse
auf das Verhalten von Organismen gibt. Als Versuchstiere wurden vor allem die Fruchtfliege
Drosophila melanogaster, der Fadenwurm *Caenorhabditis elegans* – der aufgrund der festen
Zahl von »959 Zellen, darunter 302 Nervenzellen« (Plomin u. a. 1999, S. 84) besonders zur
Erforschung der ontogenetischen Entwicklung geeignet ist –, sowie verschiedene Stämme
von Labormäusen eingesetzt (vgl. bspw. von Schilcher 1988, S. 70–137). So entdeckte bspw.
Sturtevant im Jahr 1915 bei einer seiner durch Mutationen veränderten Fliegen, dass eine
Mutation auch das Verhalten beeinflusste (vgl. Plomin u. a. 1999, S. 83). Systematische Versuche
zu den Auswirkungen einzelner Gene auf das Verhalten von Versuchstieren wurden jedoch erst
ab Mitte der 60er Jahre möglich, nachdem durch Fortschritte in der Genetik der genetische
Code entschlüsselt worden war und geklärt werden konnte, wie Gene in Proteine übersetzt
werden (vgl. bspw. die programmatische Schrift von Benzer 1967 sowie Weiner 2000, S. 144).
Bevor an dieser Stelle der historische Überblick über die Verhaltensgenetik fortgesetzt wird,
soll zunächst kurz auf deren Forschungslogik und Methodik eingegangen werden: Da sich aus
ethischen Gründen die Anwendung experimenteller Methoden der tierlichen Verhaltensgenetik
auf den Menschen verbietet, kann die Erforschung der genetischen Ursachen des menschlichen
Verhaltens nur auf indirektem Wege – bspw. unter Ausnutzung bereits vorhandener genetischer
Variation – erfolgen:

---

121 In einer dieser Anekdoten, auf die Schilcher in diesem Zitat anspielt, wird berichtet, dass ein Stiefbruder Leonardo
da Vincis sich eine Frau gesucht haben soll, die Leonardos Mutter so ähnlich wie möglich gewesen sein soll, »um
einen zweiten Leonardo zu schaffen« (von Schilcher 1988, S. 14; vgl. auch Wachs 1992, S. 4). Der Sohn dieses
Stiefbruders soll Leonardo tatsächlich sehr ähnlich gewesen sein.

»Da beim Menschen aber gezielte Züchtungen, randomisierte Zuweisungen zu bestimmten Umwelten, induzierte Mutationen und gentechnische Methoden aus ethischen Gründen als Mittel der Forschung prinzipiell ausscheiden, ist man auf Feldstudien angewiesen. Dabei wird zumeist die Merkmalsähnlichkeit von Individuen in Beziehung gesetzt zu: (a) ihrer genetischen Ähnlichkeit und (b) der Ähnlichkeit der Umwelten, in denen sie aufgewachsen sind« (Borkenau 1993, S. 73).

Der Vergleich von Menschen, die in unterschiedlichen Verwandtschaftsverhältnissen zueinander stehen, liefert der Verhaltensgenetik demnach die Möglichkeit, den Einfluss von Anlage und Umwelt auf menschliches Verhalten genauer zu untersuchen. Dabei werden in der Regel Paare von Verwandten (ein- und zweieiige Zwillinge, die zusammen oder getrennt aufgewachsen sind, leibliche Geschwister und Adoptivgeschwister sowie deren leibliche Eltern und Adoptiveltern) derart variiert, dass entweder der Anlage- *oder* der Umwelteinfluss konstant gehalten wird oder als konstant angenommen werden kann. Die populationsgenetischen Grundlagen zur Beurteilung verschiedener Verwandtschaftsverhältnisse wurden bereits früh im 20. Jahrhundert durch die Arbeiten von Sir Ronald Fisher (1890–1962) gelegt (vgl. Fisher 1918; Asendorpf 2004a, S. 41; Plomin u. a. 1999, S. 35), der zugleich den Varianzbegriff in die Statistik einführte. Der Grad der genetischen Übereinstimmung beträgt bei eineiigen Zwillingen 100 %, da sie sich aus derselben befruchteten Eizelle entwickeln. Zweieiige Zwillinge teilen ca. 50 % ihrer Gene, da sie sich aus zwei unabhängig voneinander befruchteten Eizellen entwickeln. Auch unterschiedlich alte Geschwister sowie Eltern und deren Kinder zeigen im Schnitt eine genetische Ähnlichkeit von 50 %. Adoptivgeschwister sowie Adoptiveltern und deren nicht-leibliche Kinder hingegen haben in der Regel keine gemeinsamen Gene (vgl. z. B. Asendorpf 2004b, S. 328; Plomin u. a. 1999, S. 35).[122]

In der Verhaltensgenetik wird vor diesem Hintergrund ein *additives* Verhältnis von Anlage und Umwelt postuliert, sodass Anlage- und Umwelteinflüsse aufaddiert werden können und gemeinsam die Varianz in einem Merkmal erklären. Aus verhaltensgenetischer Sicht setzt sich die »phänotypische Varianz« eines Merkmals aus der »genetische[n] Varianz«, »Umweltvarianz« und »Messfehlern« (Riemann/Spinath 2005, S. 550) zusammen. Die genetische Varianz ist dabei noch unterteilbar in die »additive genetische Varianz«, die »Varianz aufgrund von Dominanzabweichung«, die »Varianz aufgrund von Epistase« und die »Varianz aufgrund selektiver Partnerwahl« (ebd.). Die Umweltvarianz setzt sich zusammen aus den »eigentlichen Effekten der Umwelt« (die noch einmal in ›geteilte‹ und ›nicht-geteilte‹ Effekte aufgeschlüsselt werden können), die »Kovariation zwischen Anlage und Umwelt« und die »Interaktion zwischen Anlage und Umwelt« (ebd.). Bezüglich der ›Anlage-Umwelt-Kovarianz‹, die auch als »Genotyp-Umwelt-Korrelation« (Plomin u. a. 1999, S. 222) bezeichnet wird, wird in der Regel noch einmal zwischen drei verschiedenen Typen unterschieden:

»Es gibt drei Arten der Genotyp-Umwelt-Korrelation: passive, evozierte und aktive (Plomin et al., 1977). Der passive Typ tritt auf, wenn Kinder in passiver Weise von ihren Eltern Familienumwelten erben, die mit ihren genetischen Anlagen korreliert sind. Der evozierte oder reaktive Typ tritt auf, wenn Individuen

---

122 Wenn in diesem Zusammenhang von ›gemeinsamen Genen‹ gesprochen wird, handelt es sich um eine sprachliche Vereinfachung, da in diesem Zusammenhang eigentlich von ›Allelen‹ gesprochen werden müsste (vgl. z. B. Asendorpf 2004b, S. 100). Zwei beliebige Menschen haben in der Regel 99,9 % ihrer Gene gemeinsam, die nicht von Mensch zu Mensch variieren (vgl. z. B. Riemann/Spinath 2005, S. 574). In den restlichen 0,1 % des Genoms können Gene jedoch von Mensch zu Mensch in unterschiedlichen Varianten (sog. Allelen) auftreten (vgl. z. B. Zimmer 1989, S. 64). So besitzen bspw. alle Menschen ein Gen auf dem Chromosom 9, das ihre Blutgruppe festlegt. An diesem Genlocus können aber verschiedene Allele zwischen den Menschen variieren (A, B oder Null; vgl. z. B. Ridley 2000, S. 170 f.).

auf der Grundlage ihrer genetischen Anlagen Reaktionen anderer Personen hervorrufen. Der aktive Typ liegt vor, wenn Individuen Umwelten auswählen, verändern, konstruieren oder rekonstruieren, die mit ihren genetischen Anlagen korreliert sind« (Plomin u. a. 1999, S. 223).

Auf dieser Grundlage lassen sich Anlage und Umwelt durch die Untersuchung von Personen mit unterschiedlichen Verwandtschaftsgraden derart variieren, dass die Anteile einzelner Varianz-komponenten berechnet werden können.[123] Dazu werden verschiedene Methoden benutzt:

> »Die drei in der verhaltensgenetischen Forschung am häufigsten verwendeten Forschungsdesigns … sind Untersuchungen an getrennt aufgewachsenen eineiigen Zwillingen, Untersuchungen mit Adoptivkindern (Adoptionsstudien) und Studien an gemeinsam aufgewachsenen eineiigen und zweieiigen Zwillingen. Die Untersuchung getrennt aufgewachsener eineiiger Zwillinge (EZ) hatte lange das Image, der Königsweg der verhaltensgenetischen Forschung zu sein … Werden eineiige Zwillinge bei der Geburt getrennt und wachsen danach in unkorrelierten Umwelten auf, dann kann die Korrelation zwischen diesen Zwillingen als Schätzung der Erblichkeit herangezogen werden« (Riemann/Spinath 2005, S. 564).[124]

Der Begriff der Erblichkeit im obigen Zitat – in verhaltensgenetischen Studien als *Heritabilität* bezeichnet – »ist definiert als der Anteil der phänotypischen (beobachteten) Varianz, der auf gene-tische Unterschiede zwischen Individuen zurückgeht« (Plomin u. a. 1999, S. 75).[125] Dabei ist zu berücksichtigen, dass hinter dem Heritabilitätsbegriff ein statistisches Konzept steht: Erblichkeit zeigt *nicht*, wie stark ein Merkmal im Laufe der Generationen vererbt wird und entspricht damit *nicht* alltagstheoretischen Auffassungen von der Vererbbarkeit von Merkmalen – also ob und wie stark ein Merkmal überhaupt vererbt wird. Ein Heritabilitätswert (zwischen Null und Eins) gibt lediglich an, inwieweit die in einer *Population* beobachteten bzw. gemessenen Unterschiede bezüglich eines Merkmals auf genetische Unterschiede zwischen den Populationsmitgliedern zurückgeführt werden können. Daher können Heritabilitätswerte in verhaltensgenetischen Studien auch für auf den ersten Blick völlig abstruse Merkmale (wie bspw. politische Orientie-rungen oder Religiosität) angegeben werden, insofern diese in Befragungen miterfasst werden. Die Verwechslung des verhaltensgenetischen Konzeptes der ›Erblichkeit‹ (Heritabilität, engl. ›heritability‹) mit der alltagstheoretischen Auffassung der Vererbbarkeit (engl. ›heredity‹ bzw.

---

123 Eine weitere Erläuterung dieser einzelnen Varianzkomponenten würde den Rahmen dieser Abhandlung bei weitem übersteigen. Weiterführende Informationen zur Verhaltensgenetik, deren Methoden und Ergebnisse finden sich bspw. bei Asendorpf 2004a, b; Plomin u. a. 1999; Riemann/Spinath 2005. In heutiger Zeit werden in der Zwillingsforschung komplexe Pfadanalysen, multivariate Analysen und Modellanpassungsanalysen durchgeführt. Ziel ist bspw. die Aufstellung von optimalen Modellen zur Beschreibung der Daten unter Einbezug möglichst weniger der oben genannten Varianzanteile (vgl. z. B. Borkenau 1993, S. 99–111; Plomin u. a. 1999, S. 261–271; Riemann/Spinath 2005, S. 594).

124 Von Kritikern der Verhaltensgenetik wird zuweilen behauptet, dass anhand von getrennt aufgewachsenen Zwillingen nur der Varianzanteil der Umwelt bestimmt werden könne. Aussagen über den genetischen Varianzanteil seien dagegen nicht möglich, da sich getrennt aufgewachsene eineiige Zwillinge sowohl durch gleiche Gene als auch ähnliche Umwelten gleichen können (vgl. z. B. Petermann/Niebank/Scheithauer 2004, S. 246). Das obige Zitat zeigt jedoch, dass der Vergleich getrennt aufgewachsener eineiiger Zwillinge auch eine Schätzung des genetischen Varianzanteils liefern kann, wenn explizit davon ausgegangen wird, dass die Umwelten der Zwillinge unkorreliert sind.

125 Genau genommen wird in der Verhaltensgenetik »*Erblichkeit im weiten Sinne*« (Borkenau 1993, S. 85, Hervor-hebung im Original; engl. ›broad(-sense) heritability‹, Abk. ›H^2‹) als Anteil der genetischen Varianz an der Gesamtvarianz von der »*Erblichkeit im engen Sinne*« (ebd., S. 86, Hervorhebung im Original; engl. ›narrow(-sense) heritability‹, Abk. ›h^2‹) als Anteil der additiven genetischen Varianz an der Gesamtvarianz unterschieden (vgl. auch Joseph 2004, S. 142). Diese konzeptuellen Feinheiten werden im Kontext dieser Abhandlung nicht weiter berücksichtigt.

›inheritance‹) hat in der Vergangenheit immer wieder zu Missverständnissen bei der Diskussion verhaltensgenetischer Studien geführt (vgl. Hirsch 1997, S. 220; Stoltenberg 1997, S. 92).[126] Ähnliches trifft auf das Verständnis von ›Interaktion‹ zu, dem in der Verhaltensgenetik und der Entwicklungspsychologie unterschiedliche Fragestellungen und Konzepte zugrunde liegen:

> "The idea that an interactionist approach to development means studying gene-environment interactions has been given strong but spurious support by an unfortunate terminological coincidence. The term 'interaction' is also used in population genetics, but with a very different meaning. Population geneticists are concerned with the analysis of phenotypic variation in populations, not phenotypic development in individuals … But accounting for *variation* in a trait among individuals in a population is quite a different matter from accounting for its *development* in the individuals that make up that population. The analysis of variation in population genetics answers the question 'Why do the phenotypes of individuals in this population differ from one another?' … The analysis of development answers the question 'How does the phenotype of an individual in this population come to be the way that it is?'" (Johnston 1987, S. 177 f, Hervorhebungen im Original).

Bell zufolge lässt sich der Heritabilitätsbegriff aus historischer Sicht mindestens bis in das Jahr 1832 zurückverfolgen und hat zunächst der volkstümlichen Vererbarkeitsauffassung entsprochen. Als Erblichkeit im weiten Sinne sei er etwa ab den 20er Jahren von Tier- und Pflanzenzüchtern benutzt worden. Das enge Begriffsverständnis gehe laut Bell hingegen auf die seit 1936 publizierten Arbeiten von Jay Laurence Lush (1896–1982) zurück (vgl. Lush 1936; Bell 1977, S. 298 ff; Hirsch 1997, S. 210; Joseph 2004, S. 141).

Aufgrund der großen Seltenheit eineiiger Zwillinge, die getrennt aufgewachsen sind, und methodischer Einwände (eineiige Zwillinge teilen bereits eine intrauterinäre Umwelt und wachsen nicht selten bei Verwandten auf) gibt es nur wenige Studien an getrennt aufgewachsenen eineiigen Zwillingen, sodass die Verhaltensgenetik in der Regel auf die *Zwillingsmethode* und/ oder die *Adoptionsmethode* zurückgreift, die beide in der Lage sind, eine Schätzung des genetischen Varianzanteils zu liefern:

> »Die Zwillingsmethode geht von der Annahme aus, dass die Umweltvarianz von ein- und zweieiigen Zwillingen gleich groß ist. Die größere Ähnlichkeit eineiiger Zwillinge beruht dann nur noch auf ihrer größeren genetischen Ähnlichkeit … Die Adoptionsmethode geht von der Annahme aus, dass die Umweltvarianz von Adoptivgeschwistern so groß ist wie die Umweltvarianz leiblicher Geschwister. Die größere Ähnlichkeit von leiblichen Geschwistern beruht dann nur noch auf ihrer größeren genetischen Ähnlichkeit« (Asendorpf 2004b, S. 329).[127]

---

126 Keller verdeutlicht die Doppelwertigkeit des Heritabilitätsbegriffs folgendermaßen: "I locate at least part of the problem in language – this time around, in the polysemy of the word *heritability*. In the technical literature of population genetics, heritability was defined as referring to a statistical measure that has meaning only in relation to populations. Unfortunately, however, the word was already in use, but with another, simpler meaning – namely, transmissibility from parents to offspring" (Keller 2010, S. 12, Hervorhebung im Original). Damit besteht die Gefahr der Fehlinterpretation eines Zusammenhangs aufgrund der Doppelwertigkeit von Begriffen, die in der formalen Logik auch als ›equivocation‹ bezeichnet wird (vgl. Damer 2009, S. 121 ff; Hughes/Lavery/ Doran 2010, S. 144 f; Keller 2010, S. 94). Keller wertet die Doppeldeutigkeit einschlägiger Begriffe und deren Fehlinterpretation – insbesondere die Verwechselung der Bezugsebenen zwischen Erblichkeit als Populations- und Individualkonzept – als eine der bedeutendsten Ursachen für Missverständnisse im Anlage-Umwelt-Diskurs (vgl. ebd., S. 59, 63 f, 71).

127 Die Annahme, dass die Verschiedenheiten der Umwelten von (zusammen aufgewachsenen) eineiigen und zweieiigen Zwillingen gleich groß sind bzw. ihre Varianz vergleichbar ist, wird in der englischsprachigen Fachliteratur auch als »equal environment assumption (or ›EEA‹)« (Joseph 2010, S. 564, ohne Hervorhebung) bezeichnet. Diese darf nicht mit der gleichen Abkürzung verwechselt werden, die in der Evolutionspsychologie zur Beschreibung

Mit anderen Worten: Eineiige Zwillinge sind sich in den Ausprägungen eines gemessenen Merkmals ähnlicher als zweieiige Zwillinge, und leibliche Geschwister sind sich ähnlicher als Adoptivgeschwister. Die einzigen Unterschiede zwischen diesen Vergleichsgruppen bestehen in ihrem Anteil geteilter Gene (100 % bei eineiigen Zwillingen gegenüber 50 % bei zweieiigen Zwillingen; und 50 % bei leiblichen Geschwistern gegenüber 0 % bei Adoptivgeschwistern). Da die Vergleichsgruppen aus verhaltensgenetischer Sicht ähnlichen Umweltbedingungen ausgesetzt sind, bleiben nur noch genetische Effekte übrig, die eineiige Zwillinge ähnlicher machen können als zweieiige, und leibliche Geschwister ähnlicher als Adoptivgeschwister. Ist der genetische Varianzanteil durch eine Schätzung bekannt und liegen Daten zur Größe des Messfehlers vor (bspw. durch eine Testwiederholung der Probanden), kann in diesem additiven Modell der Umweltanteil als *Restgröße* bestimmt werden. Zwillings- und Adoptionsmethode ermöglichen jedoch auch differenziertere Schätzungen geteilter und nicht-geteilter Umwelteinflüsse:[128] Adoptivgeschwister haben keine gemeinsamen Gene. Weisen sie in einem Merkmal dennoch Ähnlichkeiten auf, können diese nur auf der von ihnen geteilten Umwelt beruhen, sodass die Korrelation von Adoptivgeschwistern als direkte Schätzung des Anteils der geteilten Umwelt fungieren kann. Und eineiige Zwillinge können nur durch nicht-geteilte Umwelteinflüsse einander unähnlich werden, deren Wert somit anhand der Differenz zwischen der Korrelation der Zwillinge und dem Testwiederholungswert der einzelnen Zwillinge geschätzt werden kann (vgl. Asendorpf 2004b, S. 335). Sowohl Zwillings- als auch Adoptionsmethode führen zu systematischen Über- und Unterschätzungen der Erblichkeit, die sich teilweise gegenseitig ausgleichen oder durch eine Kombination beider Designs gemildert werden können (vgl. z. B. ebd., S. 332 f.). Zudem liegen heute sowohl für Zwillings- als auch für Adoptionsstudien Meta-analysen aus einer Vielzahl einzelner Studien vor (vgl. Asendorpf 2004a, S. 42 f.).[129]
Als früher Vorläufer von Zwillingsstudien wird neben den bereits dargestellten Arbeiten Galtons auf eine Untersuchung von Heinrich Wilhelm Poll (1877–1939) aus dem Jahr 1914 verwiesen (vgl. Poll 1914; Braund/Sutton 2008, S. 18; Massin 2003, S. 202). Nach Plomin und Mit-arbeitern lässt sich der historische Ursprung der methodischen Designs der Zwillings- und

---

der phylogenetischen Ur-Umwelt (›environment of evolutionary adaptedness‹, kurz: ›EEA‹) verwendet wird (vgl. Abschnitt 4.1). Jay Joseph, einer der vehementesten Kritiker verhaltensgenetischer Forschung und Modellbildung, sieht die verhaltensgenetische EEA als unbestätigt und fehlerhaft an, da empirische Daten dafür sprächen, dass eineiige Zwillinge eine viel ähnlichere Umwelt erfahren als zweieiige (vgl. Joseph 2010, S. 566–580). Ein Überblick über Josephs grundlegende Kritik der wichtigsten verhaltensgenetischen Methoden und Grundannahmen findet sich in Joseph 2010; eine ausführliche Kritik der Zwillingsforschung und anderer Bereiche der Verhaltensgenetik und Psychopathologie liefert Joseph 2004.

128 Als ›geteilte‹ Umwelteinflüsse werden diejenigen Umwelteinflüsse bezeichnet, die auf beide Zwillinge oder Geschwister gleich wirken, sodass sie einander ähnlicher werden (bspw. die soziale Schicht, Wohnumgebung, das Familienklima oder der elterliche Erziehungsstil). Als ›nicht-geteilte‹ Umwelteinflüsse gelten hingegen Umwelteinflüsse, die sich auf jeden Zwilling oder jedes Geschwister unterschiedlich auswirken und sie damit unähnlicher werden lassen (bspw. unterschiedliche Peers, Bezugspersonen, Sozialkontakte und eine unterschiedliche Behandlung durch die Eltern, aber auch individuelle Lebensereignisse wie Krankheiten und Unfälle; vgl. bspw. Asendorpf 2004b, S. 337).

129 So basiert bspw. die Metaanalyse von Bouchard und McGue (1981) zur Vererbung der Intelligenz auf mehr als 100 000 Personenpaaren unterschiedlichen Verwandtschaftsgrades aus über 100 Studien, sodass in der Retrospektive Riemann und Spinath zu der Einschätzung gelangen: »Wie diese Studie [gemeint ist Galtons Untersuchung eminenter Männer in Galton 1869, ML] den Beginn der verhaltensgenetischen Untersuchung von Intelligenz markiert, beendet die heute als klassisch anzusehende Metaanalyse von Bouchard und McGue (1981) die empirische Suche nach der Antwort auf die Frage, ob allgemeine Intelligenz erblich ist, mit einem eindeutigen ›ja‹« (Riemann/Spinath 2005, S. 617).

Adoptionsstudien auf das Jahr 1924 zurückdatieren, in dem von Sophie van Senden Theis (1885–1957) die »erste Adoptionsstudie zum IQ« (Plomin u. a. 1999, S. 70) und von Curtis Merriman (1875–1975) die »erste echte Zwillingsstudie« (ebd., S. 72) durchgeführt worden seien.[130] Den aktuellsten historischen Studien zufolge sei die erste ›klassische‹ Zwillingsstudie jedoch bereits im Jahr 1922 von Walter Jablonski durchgeführt worden (vgl. Jablonski 1922; Braund/Sutton 2008, S. 20 f; Liew u. a. 2005). Dies zeigt, dass aus historischer Sicht bereits Mitte der 20er Jahre von einer engen Verschränkung von Verhaltensgenetik und Intelligenzforschung gesprochen werden kann. Berichte über eineiige Zwillinge, die nach der Geburt getrennt aufgewachsen sein sollen, finden sich ebenfalls früh in der Historie der Verhaltensgenetik. So soll Francis Galton über einen derartigen Fall informiert gewesen sein, ihn aber niemals veröffentlicht haben (vgl. Burbridge 2001, S. 327 f; Joseph 2004, S. 26). Die erste Veröffentlichung eines Berichts über getrennt aufgewachsene eineiige Zwillinge sei hingegen durch Paul Bowman Popenoe (1888–1979) im Jahr 1922 erfolgt, gefolgt von einer ähnlichen Untersuchung von Hermann Muller drei Jahre später (vgl. Popenoe 1922; Muller 1925; Carlson 2009, S. 14; Joseph 2004, S. 27). Eine systematische Untersuchung von mehreren eineiigen Zwillingen, die getrennt aufgewachsen waren, wurde hingegen erst im Jahr 1937 von Horatio Hackett Newman (1875–1957), Frank Nugent Freeman (1880–1961) und Karl John Holzinger (1892–1954) vorgelegt (vgl. Newman/Freeman/Holzinger 1937; Joseph 2004, S. 27).[131] Später wurde die Zwillingsforschung – wie bereits in Abschnitt 2.2.5 angesprochen – in Deutschland zur Zeit des Nationalsozialismus insbesondere von Otmar Freiherr von Verschuer (1896–1969) vorangetrieben und von dessen Assistent Josef Mengele (1911–1979) im Konzentrationslager Auschwitz in unmenschlicher Weise umgesetzt (vgl. z. B. Asendorpf 1994, S. 108; Helbig 1988, S. 160; Wright 1998, S. 24).

Nach dem Zweiten Weltkrieg entzündete sich der Streit um die Anlage-Umwelt-Problematik mehrfach an der Vererbungsthematik bezüglich der Intelligenz. Zu den bekanntesten Studien der Zwillingsforschung der letzten 60 Jahre, die zur Intelligenz-Debatte zu rechnen sind, gehören die Untersuchungen von Sir Cyril Burt, die in Kapitel 9 noch eingehend betrachtet werden, sowie die sog. ›Minnesota-Studie‹ des Forschungsteams um Thomas J. Bouchard, Jr. (geb. 1937) und David Thoreson Lykken (1928–2006). Letztere war von Bouchard im Jahre 1979 initiiert worden (vgl. ebd., S. 50–69):

> »Die Unmenge von Daten, die das Minnesota-Team und daneben vergleichbare Forschungsprojekte in Boulder, Stockholm und Helsinki zusammengetragen haben, gaben der Natur-Kontra-Umwelt-Debatte eine überraschende Wendung … Hinsichtlich der Intelligenz fand das Minnesota-Team für getrennte

130 Nach Joseph sei hingegen Hermann Werner Siemens (1891–1969) als eigentlicher Begründer der Zwillingsmethode anzusehen (vgl. Siemens 1924; Joseph 2004, S. 17 ff). Merriman sei als Urheber erst durch die Publikation des Aufsatzes von Rende und Mitarbeitern (vgl. Rende/Plomin/Vandenberg 1990) in Betracht gezogen worden. In neueren Darstellungen der Historie der Verhaltensgenetik werde mitunter sogar Merriman die alleinige Urheberschaft zugesprochen (vgl. Plomin u. a. 1999, S. 72). Joseph sieht darin einen Versuch zur Verschleierung der eigenen historischen Disziplintradition durch Verhaltensgenetiker selbst, da Siemens eng mit der Tradition der Rassenhygiene im Dritten Reich verbunden gewesen sei (vgl. Joseph 2004, S. 19 ff). In ähnlicher Weise seien von Verhaltensgenetikerinnen und Verhaltensgenetikern andere ›dunkle‹ Kapitel ihrer Geschichte ausgeblendet oder nur in selektiver Weise rekonstruiert worden (vgl. ebd., S. 11–66).

131 Newman, Freeman und Holzinger untersuchten insgesamt 19 eineiige Zwillingspaare, die getrennt aufgewachsen waren; später konnte James Shields (1918–1978) zu Beginn der 60er Jahre bereits 37 derartige Zwillingspaare identifizieren (vgl. Newman/Freeman/Holzinger 1937; Shields 1962; Kamin 1979, S. 61, 67). Diese frühen Studien und die ihnen zugrunde liegenden Stichprobengrößen zeugen von der außerordentlichen Seltenheit getrennt aufgewachsener eineiiger Zwillinge und den massiven Problemen ihrer Entdeckung und Rekrutierung.

eineiige Zwillinge eine höhere Korrelation heraus als die meisten vorangegangenen Zwillingsstudien: 0,76, nahezu genau die Zahl, die Cyril Burt, wie man ihm vorwarf, gefälscht haben sollte. Zusammen großgewordene eineiige Zwillinge bringen es sogar auf 0,86, und dieser Wert gleicht fast demjenigen, den man erhält, wenn man dieselbe Person zweimal testet [0,87]. Bei der Persönlichkeit schrieb das Minnesota-Team rund die Hälfte aller meßbaren Variationen genetischen Ursachen zu« (Wright 1998, S. 67f, Anmerkung im Original).[132]

Die Minnesota-Studie ist damit als eine der umfangreichsten und längsten Studien in der Geschichte der Verhaltensgenetik anzusehen, die zugleich einen wesentlichen Bestandteil heutiger Metaanalysen ausmacht, und auf der zahlreiche der im folgenden Abschnitt dargestellten Ergebnisse beruhen. Auf den Kontext der Minnesota-Studie gehen zudem etliche anekdotenhafte Fallberichte von eineiigen Zwillingen zurück, die nach der Geburt getrennt worden seien und sich erst später im Laufe des Forschungsprojekts wiederbegegnet seien. Derartige Berichte wurden im Rahmen populärwissenschaftlicher Publikationen und von der Presse mit Begeisterung rezipiert, da sie von scheinbar verblüffenden Gemeinsamkeiten dieser eineiigen Zwillinge zeugen. Als Paradebeispiel gilt hier die Geschichte von den eineiigen Zwillingen James Lewis und James Springer, die kurz nach ihrer Geburt getrennt worden seien und sich erst im Alter von 39 Jahren wiedergetroffen hätten:

> »Es war schon merkwürdig, daß beide Zwillinge Jim genannt wurden, doch äußerst seltsam war, daß beide Männer eine Frau namens Linda geheiratet hatten, sich von ihr scheiden ließen und dann eine Frau namens Betty heirateten. Ihre ältesten Kinder hießen James Alan Lewis und James Allen Springer; beide hatten einen Hund, den sie Toy nannten … Beide waren 1,83 Meter groß und wogen 81 Kilo. Den einzigen sichtbaren Unterschied boten ihre Frisuren … Vielleicht war das nur eine Reihe merkwürdiger Zufälle, die nichts weiter besagen; doch möglicherweise offenbarte sich in den beiden freundlichen, ziemlich verblüfften neununddreißigjährigen eineiigen Zwillingen, die beim Bier Miller Lite bevorzugten und Kettenraucher der Marke Salem waren, auch das Rätsel der Existenz an sich, das Geheimnis, warum wir zu denen werden, die wir sind« (ebd., S. 51).

Ähnlich verblüffend erscheint der Fall von Oskar Stöhr und Jack Yufe. Diese eineiigen Zwillinge wurden im Jahr 1933 geboren (vgl. z. B. ebd., S. 59–62). Nach der Scheidung der Eltern wurde Oskar als Katholik und »Nationalsozialist in der Tschechoslowakei erzogen« (Horgan 1996b, S. 83); Jack hingegen wuchs als Jude in Trinidad auf und arbeitete als Jugendlicher in einem israelischen Kibbuz (vgl. Joseph 2004, S. 99; Wright 1998, S. 60).

> »Beide trugen, als sie von dem Wissenschaftler-Team 1979 wiedervereint wurden, Hemden mit Schulterklappen; beide pflegten schon vor Benutzung der Toilette einmal die Wasserspülung zu betätigen, und beide machten sich einen Spaß daraus, Leute in Aufzügen durch absichtliches lautes Niesen zu erschrecken« (Horgan 1996b, S. 83).

Derartige Fallgeschichten werden von Joseph als Folklore bzw. Mythen gewertet (vgl. Joseph 2004, S. 98, 111). Ihre wissenschaftliche Beweiskraft sei grundsätzlich anzuzweifeln, da ihnen eine Überbetonung von Gemeinsamkeiten eineiiger Zwillinge bei gleichzeitiger Ausblendung von Unterschieden zugrunde liege (vgl. ebd., S. 100f). Die Ähnlichkeiten der getrennt aufgewachsenen eineiigen Zwillinge könnten laut Joseph genauso gut auf Kohorteneffekte zurückzuführen

---

132 Im Rahmen der Minnesota-Studie (›MISTRA‹, »Minnesota Study of Twins Reared Apart« (Johnson u. a. 2004, S. 97)) wurden zwischen den Jahren 1979 und 2000 insgesamt 128 Paare von Zwillingen und sechs Drillinge rekrutiert, darunter 74 eineiige und 52 zweieiige Zwillingspaare sowie eine große Zahl weiterer Familienangehöriger der Zwillinge (vgl. ebd.; Johnson u. a. 2007, S. 545; zu den Ergebnissen des Minnesota-Projekts vgl. bspw. Bouchard, JR. u. a. 1990; Tellegen u. a. 1988; kritisch: Joseph 2004, S. 118–136).

sein, die darauf basieren, dass beide Zwillinge in der gleichen Alterskohorte aufgewachsen sind und damit sehr ähnlichen kulturellen Einflüssen ausgesetzt gewesen seien (vgl. Joseph 2004, S. 104–107). Des Weiteren zeigen sich in älteren Studien getrennt aufgewachsener eineiiger Zwillinge sehr große Unterschiede hinsichtlich des Zeitpunktes der Trennung sowie des Ausmaßes an gegenseitigem Kontakt während der vermeintlichen Trennungsphase. Zudem werden eineiige Zwillinge, die nach der Geburt getrennt aufwachsen, nicht selten von nahen Verwandten aufgezogen (vgl. ebd., S. 111–115).[133] Inwieweit diese Kritik auch auf das Minnesota-Projekt zutrifft, ist schwer zu beurteilen, da laut Joseph interessierten (und insbesondere kritischen) Außenstehenden zumeist eine Einsicht in die Rohdaten durch die Minnesota-Forschergruppe mit Hinweis auf datenschutzrechtliche Gründe verwehrt würde (vgl. ebd., S. 119 f).

3.2 Anlage und Umwelt aus verhaltensgenetischer Sicht

Nach der Diskussion der historischen Entwicklung und der methodischen Grundlagen der Verhaltensgenetik im vorherigen Abschnitt sollen im Folgenden die Ergebnisse der Verhaltensgenetik, ihre Position bezüglich der Anlage-Umwelt-Thematik sowie ihr heutiger Stellenwert im Anlage-Umwelt-Diskurs thematisiert werden.

Es wurde bereits mehrfach darauf verwiesen, dass zur Beschreibung der im Anlage-Umwelt-Diskurs vorherrschenden Trendbewegungen mitunter die Metapher vom Pendel herangezogen wird, das je nach Zeitgeist in die eine oder andere Richtung ausschlage. Laut Plomin bilde diese Metapher jedoch den im Rahmen der Verhaltensgenetik zu verzeichnenden »kumulativen Erkenntnisgewinn« (Plomin u. a. 1999, S. 3; vgl. auch Riemann/Spinath 2005, S. 540) nur unzureichend ab. Zudem wird die Anlage-Umwelt-Dichotomie im Rahmen der Rezeption verhaltensgenetischer Befunde gelegentlich als »überwunden« (Asendorpf 2004a, S. 35) deklariert, obwohl der Frage nach dem relativen Anteil von Anlage und Umwelt in der verhaltensgenetischen Forschung ein zentraler Stellenwert zukommt. Der oberflächliche Widerspruch zwischen angeblicher Überwindung der Anlage-Umwelt-Dichotomie und dem additiven Verständnis der Wechselwirkung von Anlage und Umwelt in der Verhaltensgenetik lässt sich auflösen, wenn genauer betrachtet wird, welches Verständnis der Anlage-Umwelt-Dichotomie dieser vermeintlichen Überwindung zugrunde liegt. So äußerte sich bspw. Hans Jürgen Eysenck (1916–1997) als einer der vehementeren Vertreter der These von der Erblichkeit der Intelligenz wie folgt zur Anlage-Umwelt-Thematik:

>»Man kann schwerlich behaupten, daß wir heute Zeugen eines Lagerkampfs zwischen ›Nativisten‹ und ›Milieutheoretikern‹ (zwischen ›Anlage‹ und ›Umwelt‹) wären; zumindest in fachwissenschaftlichen Kreisen gibt es einen solchen Lagerkampf nicht und hat es ihn nie gegeben. Es gibt keine Psychologen, die den Standpunkt vertreten, der IQ sei *vollständig* erbbedingt (Nativisten), und ich kenne keinen ernstzunehmenden Vertreter meines Faches, der behaupten würde, *einzig und allein* die Umwelt sei verantwortlich. Von Anfang an war anerkannt, daß *beide* Faktoren jedwedes phänotypische Verhalten in wesentlicher Funktion mitbestimmen, und die Frage war nur: in welchem *quantitativen* Verhältnis?« (Eysenck 2004, S. 347, Hervorhebungen im Original).

---

133 Als konkrete Indizien bezüglich der hier geschilderten Fälle ist bspw. anzumerken, dass sich Oskar Stöhr und Jack Yufe vor ihrem Besuch in Minnesota bereits persönlich begegnet seien und über 25 Jahre lang in brieflichem Kontakt gestanden hätten. James Lewis und James Springer sollen sogar einen eigenen Agenten beauftragt haben, was auf die Vermarktung derartiger Fälle und finanzielle Motive schließen lässt (vgl. Joseph 2004, S. 100).

Abgelehnt werden somit die Sichtweisen der Extrempositionen, also ein extremer Nativismus und ein extremer Environmentalismus. Unstrittig ist aus historischer Sicht, dass radikale Positionen im Anlage-Umwelt-Diskurs selbst von Vertretern des Nativismus und Environmentalismus zumeist nicht mit absoluter Ausschließlichkeit vertreten worden sind. Sie wurden höchstens von der jeweiligen Gegenseite im Diskurs konstruiert, um sich von anderen Positionen abzusetzen oder eine Art ›Feindbild‹ aufzubauen, das leicht kritisiert werden kann und somit die eigene Position scheinbar legitimiert.[134] Die Ausführungen aus Kapitel 2 zeigen jedoch, dass keineswegs von Anfang an interaktionistische Positionen im Diskurs vertreten worden sind oder dass es keinerlei *wissenschaftlichen* Streit zwischen den Vertretern der Extrempositionen gegeben habe, wie Eysenck im obigen Zitat behauptet (vgl. dazu auch Anastasi 1958). Im Zentrum verhaltensgenetischer Forschung steht nach Eysenck somit auch heute die Frage nach dem *relativen Anteil* von Anlage und Umwelt (also nach Anastasi die aus ihrer Sicht zu überwindende Fragestellung nach dem »how much« (ebd., S. 197, ohne Hervorhebung)) und damit ein strikt additives Wechselwirkungsverständnis. Vor diesem Hintergrund und mit Bezug auf den Gegenstand ›Intelligenz‹ lässt sich die Position Eysencks wie folgt konkretisieren:

> »[Eysenck bezieht hier Stellung zu populären Behauptungen in den Medien als Missverständnisse, ML] *Die Ansicht, daß IQ-Unterschiede weitgehend erbbedingt sind, ist widerlegt:* Genau das Gegenteil trifft zu. Seit langer Zeit ist bekannt, daß IQ-Unterschiede in weit höherem Maß durch die Erbanlage als durch Umweltfaktoren bedingt sind, und gerade die letzten Jahre haben eine wahre Flut von Datenmaterial gebracht, das den anfänglichen Befund belegt und bekräftigt. Außerdem wurden wir in derselben Zeit Zeugen erstaunlicher Verbesserungen der hochkomplexen statistischen Begründungszusammenhänge und Modelle, die hinter jeglicher Gewichtung des Verhältnisses Anlage/Umwelt stehen, und verstehen jetzt sehr viel besser als zuvor, was es bedeutet, wenn wir sagen, daß IQ-Unterschiede weitgehend genetisch beding sind, und welche Implikationen diese Aussage hat« (Eysenck 2004, S. 25f, Hervorhebung im Original).

Nach verhaltensgenetischer Auffassung ist mit dem additiven Verständnis der Anlage-Umwelt-Wechselwirkung damit ein Paradigma abgesteckt, vor dessen Hintergrund verhaltensgenetische Ergebnisse zu diskutieren sind:

> »Dieser Sichtweise liegt eindeutig ein additives Modell der Genotyp-Phänotyp-Beziehung zu Grunde, das sich für die Zwecke der Verhaltensgenetiker offensichtlich bewährt hat. Es ist allerdings fraglich, ob es der Realität gerecht wird« (Petermann/Niebank/Scheithauer 2004, S. 247).

Die in der Verhaltensgenetik genutzten Methoden wurden im vorherigen Abschnitt bereits in Grundzügen vorgestellt. Die wichtigsten mit ihrer Hilfe gewonnenen Ergebnisse der letzten Jahre lassen sich wie folgt grob zusammenfassen:

---

134 Für diese Diskursstrategie benutzt Pinker den englischen Begriff »straw man« (Pinker 2002, S. 122), der in der deutschen Ausgabe mit »Pappkamerad« (Pinker 2003, S. 177) übersetzt wird. So äußert sich Pinker bezüglich des Kritischen Interaktionismus und der Kritik an der Soziobiologie durch Lewontin und Gould: »Dieser Taktik – das Unbeschriebene Blatt zunächst zu leugnen, um ihm dann Plausibilität zu verleihen, indem man es gegen einen Pappkameraden antreten lässt – begegnen wir auch in anderen Schriften der radikalen Wissenschaftler« (ebd.). Allerdings nutzt Pinker m. E. im Prinzip die gleiche Diskursstrategie, die er hier so heftig anprangert, wenn er in seiner Streitschrift »Das unbeschriebene Blatt« zunächst ein überzeichnetes Bild eines extremen Environmentalismus entwirft, um dieses in der Folge mittels evolutionspsychologischer Forschungsergebnisse zu dekonstruieren (vgl. ebd., passim). So wird Pinker bspw. von Ludvig entgegengehalten, selbst einen behavioristischen Strohmann entworfen zu haben (vgl. Ludvig 2003, S. 139 f.).

Am leichtesten nachvollziehbar sind aus methodischer Sicht sog. ›Konkordanzuntersuchungen‹, bei denen der Prozentsatz in der Übereinstimmung eines Merkmals zwischen zusammen aufgewachsenen eineiigen und zweieiigen Zwillingspaaren miteinander verglichen wird:

> »Der Vergleich bestimmter Merkmale bei monozygoten Zwillingen kann uns Aufschluß darüber verschaffen, ob ein Merkmal stark umweltbeeinflußt oder in seiner Ausprägung weitgehend genetisch festgelegt ist. Man untersucht hierzu monozygote und dizygote Zwillinge und stellt den Prozentsatz an übereinstimmender (Konkordanz) und abweichender Ausprägung (Diskordanz) fest« (Hennig 1998, S. 151, ohne Hervorhebung).

Da eineiige Zwillinge 100 % gemeinsame Gene haben und zweieiige Zwillinge im Schnitt 50 % ihrer Gene teilen, lässt sich anhand des Vergleichs der Konkordanzraten schätzen, ob ein genetischer Einfluss auf das untersuchte Merkmal vorliegt. So zeigen eineiige Zwillinge (MZ) bspw. 100 % Konkordanz und zweieiige Zwillinge (DZ) 52 % Konkordanz bezüglich der Augenfarbe, hingegen aber nur 8 % (MZ) und 9 % (DZ) Konkordanz bezüglich des Merkmals »Tod durch akute Infektionen« (ebd.), woraus gefolgert werden kann, dass die Augenfarbe in starker Weise durch genetische Faktoren beeinflusst wird, eine letale Infektion jedoch nicht erblich ist. Zwillingsvergleiche können damit erste Hinweise und Schätzungen zur Erblichkeit eines physischen oder psychischen Merkmals liefern.[135]

Geht es bei Konkordanzuntersuchungen zunächst um eine grobe Einschätzung, inwieweit ein Merkmal überhaupt erblich ist, so sollen mithilfe der Zwillings- und Adoptionsmethode differenziertere Aussagen hinsichtlich der Varianzanteile von Anlage und Umwelt getroffen werden. Die wichtigsten Ergebnisse dieser Methoden lassen sich auf dem derzeitigen wissenschaftlichen Stand wie folgt zusammenfassen: Sowohl für das Merkmal Intelligenz als auch für die Persönlichkeitsdimensionen nach dem ›Big Five-Modell‹ (Extraversion, Neurotizismus, Verträglichkeit, Gewissenhaftigkeit, Offenheit für Erfahrungen; vgl. Asendorpf 2004b, S. 149) lässt sich ein bedeutsamer genetischer Varianzanteil feststellen. Meta-Analysen, die sich auf die Kombination von Zwillings- und Adoptionsmethode stützen, zeigen für die Intelligenz einen genetischen Varianzanteil von ca. 50 %, für die geteilte Umwelt einen Anteil von ca. 22 %, der von der Kindheit bis zum Erwachsenenalter stark abnimmt, und für die nicht-geteilte Umwelt einen Anteil von ca. 17 % (vgl. bspw. ebd., S. 333, 336; Riemann/Spinath 2005, S. 620 sowie (mit leichten Abweichungen) Plomin u. a. 1999, S. 134). Der größte Teil der Varianz bezüglich des Merkmals Intelligenz wird damit über den genetischen Anteil erklärt. Bei den sozialemotionalen Persönlichkeitsmerkmalen (Big Five) zeigt sich hingegen ein in höchstem Maße unerwartetes und immer wieder repliziertes Ergebnis: Während der genetische Varianzanteil je nach Merkmalsdimension zwischen 35 % und 50 % liegt, entfällt auf die nicht-geteilte Umwelt etwa 30 % der Varianz. Der Varianzanteil der geteilten Umwelt schwank jedoch je nach Merkmalsdimension zwischen 2 % und 11 % (vgl. z. B. Asendorpf 2004a, S. 43; 2004b, S. 333, 336):

---

135 So berichten bspw. Bailey und Pillard (1991) bezüglich des Merkmals männlicher Homosexualität von einer Konkordanz von 52 % bei eineiigen Zwillingspaaren und 22 % bei zweieiigen Zwillingspaaren (vgl. auch Asendorpf 2004b, S. 384). Da bei – theoretisch angenommener – Gleichheit der Umwelteinflüsse zwischen eineiigen und zweieiigen Zwillingspaaren somit nur noch die genetische Verwandtschaft (100 % geteilte Gene bei MZ versus 50 % geteilte Gene bei DZ) für die Unterschiede in den Konkordanzen verantwortlich sein können, liegt somit ein deutlicher Hinweis dafür vor, dass genetische Einflüsse eine Rolle bei der Entwicklung einer homosexuellen Orientierung spielen dürften. Die Stärke dieses genetischen Einflusses lässt sich jedoch nur im Vergleich zu anderen Merkmalen und bestenfalls in grober Weise schätzen. Zudem sind anhand dieser Methodik keine Aussagen möglich, wie sich dieser genetische Einfluss konkret in der Ontogenese manifestieren könnte.

»Das häufigste Ergebnis von verhaltensgenetischen Untersuchungen, vor allem aus den neueren, größer angelegten, lautet, dass die Auswirkungen der ›geteilten Umwelt‹ – der Lebensumstände, die zwei Geschwister miteinander gemeinsam haben – kaum größer als Null ist. Im selben Zuhause aufzuwachsen macht Zwillinge, normale leibliche Geschwister oder Adoptivgeschwister in Bezug auf ihre Persönlichkeit nicht ähnlicher« (Harris 2007, S. 61).

Dieser unerwartete Befund eines extrem niedrigen Varianzanteils für die geteilte Umwelt hat in den letzten Jahren sowohl im populärwissenschaftlichen als auch im wissenschaftlichen Bereich zu ›starken‹ und provokanten Thesen hinsichtlich des geringen Einflusses von Eltern auf die Persönlichkeit ihrer Kinder geführt:

»Man bekommt ein Gefühl für den Gehalt dieser Daten, wenn man einige Beobachtungen zur Extraversion betrachtet. In dem Datensatz über Extraversion betrug die nach Stichprobengröße gewichtete Korrelation für getrennt aufgewachsene eineiige Zwillinge .38; für zusammen aufgewachsene eineiige Zwillinge .55; für biologische Geschwister .20 und für alle nicht biologischen Geschwister, die zusammen in Adoptivfamilien aufgewachsen waren, –.06. Dieses Muster kann leicht interpretiert werden: *Personen, die gemeinsame Gene haben, sind sich in ihrer Persönlichkeit ähnlich, ganz gleich wie sie aufgezogen wurden, wohingegen die familiäre Umwelt wenig oder gar nichts zu Persönlichkeitsähnlichkeit beiträgt*« (Rowe 1997, S. 89, Hervorhebung im Original). »Ich teile die Einstellung anderer Verhaltensgenetiker (Scarr, 1992), daß die Eltern, von Familien der Arbeiterschicht bis zu den Akademikern, wenig Einfluß darauf haben, welche Eigenschaften ihre Kinder letztlich als Erwachsene entwickeln werden. Ich bezweifle sogar, ob eine gute Kindererziehung die Verbreitung einer unerwünschten Eigenschaft in bedeutsamem Umfang einschränken kann, sei es nun ein niedriger IQ, eine kriminelle Neigung oder irgendeine andere sozial relevante Eigenschaft« (Rowe 1997, S. 23).

Ähnliche Schlüsse zieht auch Judith Rich Harris (geb. 1938) aus diesen verhaltensgenetischen Befunden in ihrem ›Skandalbuch‹ »Ist Erziehung sinnlos? Die Ohnmacht der Eltern« (vgl. Harris 2000 sowie Abschnitt 12.1). Als problematisch erweisen sich an dieser Stelle eine mögliche Überinterpretation und/oder ein falsches Verständnis des Konzeptes der Erblichkeit. Letzteres bezieht sich ausschließlich auf Unterschiede in einer *Population*, sodass der Wert für die Erblichkeit eines Merkmals in verschiedenen Stichproben, in unterschiedlichen Kulturen, in derselben Stichprobe zu unterschiedlichen Untersuchungszeitpunkten oder je nach Alter der untersuchten Personen unterschiedlich ausfallen kann (vgl. z. B. Asendorpf 2004a, S. 40 f). Da ein einzelner Messwert keine Varianz aufweisen kann, ist Erblichkeit grundsätzlich ein Populationskonzept, auf dessen Grundlage keinerlei Aussagen zu den spezifischen Anteilen der Gene oder Umwelt auf die Entwicklung eines Merkmals bei *einem* Individuum getroffen werden können:

»Daß die Erblichkeit eine Populationsmaßzahl ist, hat unter anderem zur Folge – und das ist wichtig –, daß sie *nicht auf Individuen anwendbar* ist. Wer sich sagt, daß sein IQ zu 80 Prozent erbbedingt ist, sagt sich etwas Sinnloses; wer irgendwo liest, daß die durchschnittliche Körpergröße englischer Männer bei 1,78 Meter liegt, kann ja auch nicht davon ausgehen, daß er selbst 1,78 Meter groß ist. Erblichkeit ist eine nur auf Populationen, nicht auf einzelne anwendbare Größe. Sobald es uns gelingt, einzelne Gene zu isolieren, die am Zustandekommen eines hohen IQ mitwirken, können wir vielleicht einen Schritt weiter gehen und spezifische Aussagen über einzelne Individuen machen; mit dem Aufkommen der *Molekulargenetik* ist zwar der erste Schritt in diese Richtung getan, doch wird es noch lange dauern, bis dergleichen möglich ist« (Eysenck 2004, S. 79, Hervorhebungen im Original).[136]

---

136 Auf diese zentrale konzeptionelle Unterscheidung zwischen der Frage nach der ontogenetischen Verursachung bezüglich eines *einzelnen Organismus* und der Frage nach den Ursachen von Varianz in einer *Population* wurde bereits Mitte des 20. Jahrhunderts durch Hebb hingewiesen (vgl. Hebb 1953, S. 44). Zudem hatte bereits Mitte

Demnach bezieht sich das Konzept der Erblichkeit nicht auf die menschliche Ontogenese und liefert keinerlei Hinweise darauf, in welchem Ausmaß Gene oder Umwelteinflüsse bei der Entwicklung eines Merkmals in der individuellen Ontogenese beteiligt sind. Im Prinzip kann davon ausgegangen werden, dass in der Ontogenese *eines* Individuums ein Merkmal grundsätzlich sowohl zu 100 % genetisch als auch zu 100 % umweltdeterminiert ist, da eine Merkmalsausprägung ohne Anlage- oder Umweltbeteiligung letztlich undenkbar ist (vgl. z. B. Zimmer 1998, 1999).

Zur Illustration der Erblichkeit als Populationsmaß werden in der Diskussion um verhaltensgenetische Befunde verschiedene Metaphern oder Vergleiche angeführt, bspw. der Vergleich mit dem Flächeninhalt von Rechtecken. Ob Letzterer eher durch die Länge oder Breite eines Rechtecks vorgegeben ist, lässt sich für ein einzelnes Rechteck nicht feststellen. Für eine Population unterschiedlicher Rechtecke können jedoch die Beiträge von Höhe und Breite für die Flächeninhalts*unterschiede* (als Anteile an der Gesamtvarianz) angegeben werden (vgl. bspw. Plomin u. a. 1999, S. 77; kritisch: Harris 2007, S. 57 ff, 64 f; Sesardic 2005, S. 52–56; kritisch gegenüber Sesardic: Keller 2010, S. 41 f).[137] Obwohl die historischen Ursprünge dieser Rechteck-Metapher zur Kritik additiver Sichtweisen von Anlage und Umwelt in der Regel nicht angegeben werden und damit der Eindruck eines innovativen kritischen Arguments vermittelt wird, lässt sich diese Analogie über mehr als ein halbes Jahrhundert im Diskurs zurückverfolgen und findet sich bereits in den Werken des Neuropsychologen Donald Olding Hebb (1904–1985):

> "Assuming that this is conceded, however, the question may still be asked, to what extent a given piece of behaviour is dependent on one of these influences. Is it fifty-per-cent environment, fifty-per-cent heredity, or ninety to ten, or what are the proportions? This is exactly like asking how much of the area of a field is due to its length, how much to its width. The only reasonable answer is that the two proportions are one-hundred-per-cent environment, one-hundred-per-cent heredity. They are not additive; any bit of behaviour whatever is *fully* dependent on each" (Hebb 1953, S. 44; Hervorhebung im Original; vgl. auch Fentress 1987, S. 107).

Eine andere Metapher zum Verständnis der Populationsabhängigkeit des verhaltensgenetischen Heritabilitätskonzepts liefert Asendorpf, indem er Anlage- und Umwelteinflüsse mit Rennpferden und Jockeys beim Pferderennen vergleicht:

> »Beim Pferderennen gehen immer Jockey und Pferd gemeinsam durchs Ziel; Ross und Reiter bilden eine untrennbare Einheit, die gewinnt und verliert. Umwelt und Genom bilden eine entsprechende

---

der 40er Jahre Howells in einem Versuch, geläufige Irrtümer und Missverständnisse bezüglich der Erblichkeit in psychologischen Lehrbüchern zu korrigieren, konstatiert: "The so-called hereditary traits can only be discovered by comparison of two or more individuals reared in similar environments. If only one individual were available for observation, it would be utterly impossible to decide which of his characteristics, physical or behavioral, are 'hereditary' or 'environmental.' No characteristic is ever solely, or even chiefly, the product of either heredity or environment" (Howells 1945, S. 27).

137 Diese Metapher vom Flächeninhalt eines Rechtecks als zentrales Gegenargument gegen additive Anlage-Umwelt-Modelle wird im Anlage-Umwelt-Diskurs häufig in strategischer Weise eingesetzt, bspw. von Cosmides und Tooby zur Legitimierung ihrer evolutionspsychologischen Position: "Confusing individuals with populations has led many people to define 'the' nature-nurture question in the following way: What is more important in determining an (individual) organism's phenotype, its genes or its environment? Any developmental biologist knows that this is a meaningless question. *Every aspect of an organism's phenotype is the joint product of its genes and its environment.* To ask which is more important is like asking, Which is more important in determining the area of a rectangle, the length or the width? Which is more important in causing a car to run, the engine or the gasoline? Genes *allow* the environment to influence the development of phenotypes" (Cosmides/Tooby 1997, S. 15, Hervorhebungen im Original).

untrennbare Einheit. Wer das Rennen gewinnt, hängt von der Qualität der Jockeys und der Pferde ab ... Die Unterschiede zwischen Jockeys sind aber nicht so bedeutsam für den Sieg wie die Unterschiede zwischen Pferden: Ein mittelmäßiger Jockey kann auf einem Superpferd gewinnen, während ein Superjockey auf einem mittelmäßigen Pferd kaum eine Chance hat ... In welchem Ausmaß Pferde beim Pferderennen bedeutsamer sind, hängt davon ab, wie *unterschiedlich* die Pferde im Rennen sind. Sind die Pferde ähnlich gut (die Population der Pferde ist homogen), spielen die Jockey-Unterschiede eine große Rolle. Sind die Pferde von sehr unterschiedlicher Qualität, kann man den Jockey-Faktor vernachlässigen. Entsprechend ist der relative Einfluss von Genom und Umwelt auf Merkmalsunterschiede in Populationen abhängig von der Homogenität der Genome und Umwelten« (Asendorpf 2004a, S. 39f, Hervorhebung im Original).

In der populärwissenschaftlichen – und nicht selten auch in der wissenschaftlichen – Diskussion um die Erblichkeit von Verhaltensmerkmalen ist jedoch die Gefahr sehr groß, dass beide Ebenen der Betrachtung nicht deutlich voneinander unterschieden oder miteinander verwechselt werden:

> »Häufig hört man gegen die Heritabilitätsbestimmungen den Einwand, daß sie ihr Ziel verfehlten, da man die prozentualen Anteile von Erbe und Umwelt nicht bestimmen könne, da alles ein Produkt komplizierter Interaktionen zwischen Erbe und Umwelt sei. Diese Argumentation ist falsch. Ihre Vertreter betrachten die quantitativ-genetischen Ergebnisse unbewußt aus einer ontogenetischen Perspektive. Selbstverständlich ist im Prozeß der Entwicklung eines Merkmals alles Erbe und Umwelt zugleich ... Es kann höchstens in bestimmten Entwicklungsphasen der eine oder andere Umweltstimulus von besonderer Bedeutung sein. Aber wenn man die Varianz eines Merkmals in einer Population betrachtet, so kann man die kausalen Anteile von Erbe und Umwelt quantitativ bestimmen und auch die Interaktionskomponente läßt sich experimentell in den Griff bekommen« (von Schilcher 1988, S. 64f).

Die Warnung, verhaltensgenetische Befunde nicht auf die individuelle Ontogenese zu beziehen, findet sich in fast allen neueren Darstellungen verhaltensgenetischer Befunde (vgl. z. B. Asendorpf 1998, S. 104; Plomin u. a. 1999, S. 76f; Riemann/Spinath 2005, S. 549) und ist sogar im Jensen-Artikel von 1969 vorhanden (vgl. Jensen 1969c, S. 42; 1973, S. 80f), der in Kapitel 8 noch ausführlich diskutiert werden wird. Zumeist wird dieser Sachverhalt jedoch nur als allgemeine Warnung der Präsentation verhaltensgenetischer Befunde vorangestellt. Inwieweit sie bei der anschließenden Interpretation verhaltensgenetischer Befunde wirklich beachtet wird und die Betrachtungsebenen stringent voneinander unterschieden werden, kann von Fall zu Fall stark variieren. Keller sieht in der Verwechselung von bzw. inkonsequenten Unterscheidung zwischen Populations- und Individualebene, die sogar implizit in neueren Werken zur Anlage-Umwelt-Thematik (wie Pinker 2002, Ridley 2003, Sesardic 2005) verborgen sei, eine von zwei zentralen Schwachstellen des aktuellen Anlage-Umwelt-Diskurses (neben der Verwechselung von Merkmal und Merkmalsunterschied), die letztlich Missverständnissen Vorschub leisten und entscheidend zur Unlösbarkeit des Diskurses beitragen würden (vgl. Keller 2010, S. 3, 9, 35f, 41f, 56, 58f, 64). Zudem kann das Konzept der Erblichkeit als Populationsmaß aufgrund seines additiven Anlage-Umwelt-Verständnisses zu scheinbar paradoxen oder kontraintuitiven Ergebnissen führen – nicht zuletzt im Kontext erziehungswissenschaftlicher Rezeption sowie hinsichtlich gesellschaftspolitischer Konsequenzen:

> »Ein kontraintuitives Beispiel betrifft die Auswirkungen von Versuchen, Umwelteinflüsse zu egalisieren. Würden die Umwelteinflüsse für jedes Mitglied einer bestimmten Population gleichgehalten, dann wäre die Erblichkeit in dieser Population *hoch*, denn interindividuelle Differenzen in der Population würden ausschließlich auf genetische Unterschiede zurückgehen« (Plomin u. a. 1999, S. 77f, Hervorhebung ML).

Demnach würden bspw. Förderprogramme zur Steigerung der Intelligenz schwacher Schülerinnen und Schüler letztlich dazu führen, dass Umwelten in einer Population immer homogener werden. Auf der Grundlage des additiven Modells hätte dies wiederum zur Folge, dass die Heritabilität der Intelligenz anstiege, da genetische Unterschiede immer stärker die Variabilität bezüglich des Merkmals Intelligenz in der Population bestimmen würden. Petermann, Niebank und Scheithauer zeigen vor diesem Hintergrund die Schwächen einer derartigen Argumentationslogik sowie des verhaltensgenetischen Heritabilitätskonzepts auf:

> »Wie paradox dieses [sic] Folgerung ist, wird deutlich, wenn man sich vergegenwärtigt, dass erst eine offensichtlich effektive Manipulation der Umweltbedingungen zu einer Veränderung führt – zu eben der Chancengleichheit, die dann als Hinweis auf ihre Wirkungslosigkeit gelten soll. Tatsächlich ist es jedoch so, dass der Umwelteinfluss weiter wirksam ist, in der Berechnung jedoch nicht mehr erfasst werden kann. Diese Unempfindlichkeit von Heritabilitätsberechnungen für konstante Einflüsse sorgt dafür, dass der ursächliche Beitrag allgegenwärtiger, unveränderlicher Umwelterfahrungen zur Entwicklung unterschätzt oder als irrelevant angesehen wird … Da die Berechnung der Heritabilität auf der Varianz von Merkmalen beruht, wird die Wirkung von Konstanten, die definitionsgemäß nonvariabel sind, nicht erfasst« (Petermann/Niebank/Scheithauer 2004, S. 243).

In ähnlicher Weise würde eine Verbesserung der schulischen Ausbildung, insofern sie das Intelligenzniveau aller SchülerInnen und Schüler gleichermaßen förderte, die Heritabilität des Merkmals Intelligenz nicht beeinflussen, da die bestehende Umweltvarianz nicht reduziert würde, sondern lediglich eine Verschiebung des allgemeinen Intelligenzniveaus – als eine Art von ›Fahrstuhl-Effekt‹ – in der gesamten Population stattfände (vgl. Riemann/Spinath 2005, S. 556). Derartig kontraintuitive Konsequenzen des Heritabilitätskonzepts veranschaulichen damit einerseits die Begrenztheit eines additiven Modells des Zusammenwirkens von Anlage und Umwelt sowie andererseits die Schwierigkeit, verhaltensgenetische Konzepte im Rahmen des interdisziplinären Diskurses auf gesellschaftlicher Ebene angemessen zu rezipieren.

Abschließend ist darauf hinzuweisen, dass die verhaltensgenetische Forschung nicht bei der Modellierung von Heritabilitätsberechnungen stehen geblieben ist, sondern seit den 90er Jahren vermehrt eine Vielzahl molekulargenetischer Methoden eingesetzt hat, die im Kontext dieser Abhandlung nicht referiert werden können (vgl. dazu z. B. Plomin u. a. 1999, S. 91–94; Riemann/Spinath 2005, S. 572–585). Kurz zusammengefasst liegt das Ziel derartiger Bemühungen darin, Unterschiede in Verhaltensmerkmalen zwischen Menschen auf Unterschiede im genetischen Code zurückzuführen. Mit anderen Worten: Verhaltensgenetikerinnen und Verhaltensgenetiker bemühen sich derzeit um eine Füllung der ›Black box‹ zwischen der Ebene der Gene und des konkreten Verhaltens, indem sie ausgehend von phänotypischen Unterschieden nach Varianten auf der Ebene von Allelen suchen (vgl. ebd., S. 540 f.). Für eine Fülle unterschiedlicher Verhaltensmerkmale und körperlicher sowie psychischer Zustände (bspw. Risikoverhalten, Depression, Ängstlichkeit, Aggression, Sucht, Homosexualität, Übergewicht etc.) liegen derzeit erste Ergebnisse genetischer Analysen vor, die auf der Ebene der Massenmedien und in populärwissenschaftlichen Publikationen als wissenschaftliche Erfolge gefeiert werden (vgl. z. B. Hamer/Copeland 1998a, passim). Auf den zweiten Blick zeigt sich zumeist, dass die identifizierten genetischen Marker in der Regel nur einen sehr kleinen Teil der phänotypischen Varianz erklären können oder die Ergebnisse mittels Folgeuntersuchungen nicht repliziert werden können (vgl. dazu auch Kapitel 5). Dies trifft aufgrund der Vielzahl der beteiligten Gene besonders auf das Merkmal der Intelligenz zu, für das trotz umfänglicher Bemühungen bisher nur sehr wenige genetische Einflussfaktoren identifiziert werden konnten (vgl. z. B.

Riemann/Spinath 2005, S. 625 ff). Als positives Beispiel erfolgreicher molekulargenetischer Analysen wird in diesem Kontext zumeist auf die Studie des Forschungsteams um Avshalom Caspi verwiesen (vgl. Caspi u. a. 2002), dem es im Jahre 2002 erstmals gelang, einen konkreten Fall einer Anlage-Umwelt-Interaktion beim Menschen nachzuweisen:

> »Caspi et al. (2002) untersuchten für zwei Genotypen männlicher Probanden das Auftreten antisozialen Verhaltens in Abhängigkeit davon, ob die Personen im Alter zwischen 3 und 11 Jahren überhaupt nicht, wahrscheinlich oder schwer misshandelt wurden. Für die Genotypisierung wurde ein Gen herangezogen, von dem bekannt ist, dass es für die Expression des Enzyms Monoaminoxidase A (MOA-A) verantwortlich ist … Es zeigte sich, dass von den in der Kindheit misshandelten Probanden diejenigen mit niedriger MOA-A-Aktivität stärker durch antisoziales Verhalten auffallen als Personen mit hoher MOA-A-Aktivität … Dieser Unterschied ist für die nicht oder ›wahrscheinlich misshandelten‹ Probanden nicht zu finden … In diesem Fall reagieren Probanden mit einer genetischen Disposition zu niedriger MOA-A-Aktivität ›sensibler‹ auf schwere Misshandlungen in der Kindheit« (Riemann/ Spinath 2005, S. 558 f; vgl. auch Wahl 2009, S. 101 ff).[138]

Zusammenfassend lässt sich feststellen: Die Verhaltensgenetik kann als biologische bzw. psychologische Subdisziplin auf eine lange Tradition zurückblicken, die letztlich auf die Arbeiten von Francis Galton zurückgeht. Als Diskursposition in der Anlage-Umwelt-Kontroverse werden von verhaltensgenetischer Seite vielfältige Methoden eingesetzt, von der Zwillings- und Adoptionsmethode seit Mitte der 20er Jahre über Metaanalysen derartiger Methoden bis hin zu Untersuchungsmethoden auf molekulargenetischer Ebene in jüngster Zeit. Die große Stärke der Verhaltensgenetik liegt in der Absicherung ihrer Forschungsdesigns mittels mathematischer und statistischer Modellbildungen, die jedoch auf der anderen Seite Probleme bezüglich ihrer transdisziplinären Kommunizierbarkeit begünstigen, denn eine objektive Beurteilung und Rezeption verhaltensgenetischer Befunde setzt aufseiten der Vertreterinnen und Vertreter anderer Human-, Verhaltens- und Sozialwissenschaften ein fundiertes Expertenwissen voraus. Missverständnisse und Fehlinterpretationen verhaltensgenetischer Befunde werden vor diesem Hintergrund verständlich, wie anhand der Diskussion des additiven Konzepts der Wechselwirkung von Anlage und Umwelt sowie des Heritabilitätskonzepts als Populationsmaß gezeigt werden konnte. Obwohl von verhaltensgenetischer Seite immer wieder darauf verwiesen wird, dass Anlage- und Umwelteinflüsse bei einem konkreten Individuum und dessen ontogenetischer Entwicklung mittels Zwillings- und Adoptionsstudien nicht auseinandergehalten werden können, wird zumindest auf der Populationsebene von der Möglichkeit einer quantitativen Bestimmung der Anteile von Anlage und Umwelt ausgegangen. Bezüglich der Zwillingsforschung erweist sich zudem als problematisch, dass die Umweltvarianz zumeist nur als Restkategorie in einem additiven Modell ermittelt werden kann. Als entsprechend schwierig haben sich daher

---

138 Laut Sesardic handele es sich bei einer derartigen Interpretation der Ergebnisse Caspis um eine Form der »sociologist's fallacy« (Sesardic 2005, S. 121) – ein Trugschluss, der von Arthur Jensen eingeführt worden sei (vgl. Jensen 1969b, S. 221): "Among sociologists, in particular, there is a tendency to interpret the correlation between a social variable and phenotype as a causal relation, without even considering the possibility that genetic influences might be behind the correlation, making it completely bogus" (Sesardic 2005, S. 121). In derartigen Fällen würden zur Erklärung eines Phänomens oder Kausalzusammenhangs Umwelthypothesen begründungslos gegenüber genetischen Erklärungen bevorzugt, obwohl dies anhand der Datengrundlage nicht zu rechtfertigen sei (vgl. ebd., S. 125). In diesem Sinne könnte der von Caspi berichtete Zusammenhang auch darauf zurückzuführen sein, dass Eltern missbrauchter Kinder letzteren weitere Gene (neben MAO-A) vererbt haben könnten, die zu antisozialem Verhalten prädisponieren, sodass es sich um eine Interaktion von Genen (anstelle einer Gen-Umwelt-Interaktion) handeln könnte (vgl. ebd., S. 124).

die bisherigen Versuche von Verhaltensgenetikerinnen und Verhaltensgenetikern erwiesen, die Umweltkomponente weiter auszudifferenzieren und die Wirkung spezifischer Umwelteinflüsse für konkrete Verhaltensweisen aufzuzeigen.[139] Auf der Ebene der Gene sind von verhaltensgenetischer Seite in jüngster Zeit Bemühungen mittels des Einsatzes molekulargenetischer Methoden zu verzeichnen, die Wirkungen einzelner Gene auf phänotypische Merkmale nachzuweisen. Das Ziel derartiger Ansätze liegt letztlich in der Identifikation spezifischer Kausalketten, die bisher in den Bereich der Black box zwischen Genen und Verhalten gefallen sind und nicht weiter betrachtet werden konnten. Dass vor diesem Hintergrund verhaltensgenetische Befunde in völlig unterschiedlicher Weise interpretiert werden können und mit gewichtigen sozialpolitischen Implikationen und erziehungswissenschaftlichen Konsequenzen verbunden sein können, wurde anhand verhaltensgenetischer Ergebnisse zur Bedeutung nicht-geteilter Umwelteinflüsse bereits angedeutet. Die Diskussion der Verhaltensgenetik als aktueller Position im Anlage-Umwelt-Diskurs legt damit die Grundlage für die spätere Analyse der Rezeption verhaltensgenetischer Befunde in den Schlüsseldebatten zur Erblichkeit der Intelligenz (vgl. Kapitel 8 und 9) sowie für die Darstellung erziehungswissenschaftlicher Implikationen (vgl. Abschnitt 12.1).

---

139 So konnten bspw. im NEAD-Projekt (›Nonshared Environment in Adolescent Development‹), einer groß angelegten Längsschnittstudie über 720 Familien, keine spezifischen nicht-geteilten Umwelteinflüsse identifiziert werden, die zu systematischen Unterschieden zwischen den Familienmitgliedern geführt hatten (vgl. z. B. Harris 2007, S. 122–125; Neiderhiser/Reiss/Hetherington 2007, S. 74, 79; Plomin u. a. 1999, S. 217–221).

Kapitel 4:
Soziobiologie und Evolutionspsychologie

Spätestens seit Mitte der siebziger Jahre kann in der Verhaltensbiologie von einem Paradigmenwechsel von den vorherrschenden ethologischen Ansätzen hin zur soziobiologischen Denkweise ausgemacht werden. Da der Ethologie die Erklärung bestimmter Phänomene und Beobachtungen im Tierreich schwerfiel (bspw. bezüglich des Infantizids bei bestimmten Tierarten wie z. B. Löwen oder einigen Primaten; vgl. Wuketits 1997, S. 9–13), konnten sich über die folgenden Jahrzehnte immer stärker soziobiologische Konzepte im Diskurs durchsetzen, die das Verhalten von Tieren und Menschen vor dem Hintergrund ihrer sog. ›Fitness‹ und ›gen-egoistischen Interessen‹ zu erklären suchten.[140] Soziobiologinnen und -biologen bemühten in diesem Zusammenhang insbesondere aus der Ökonomie entlehnte Denkweisen und Begriffe (wie bspw. Kosten-Nutzen-Rechnungen, Bilanzen, evolutionär stabile Strategien, Investments etc.; vgl. bspw. Voland 2000a). Diese erschweren zugleich die interdisziplinäre Kommunikation ihrer Konzepte und waren nicht zuletzt für viele Missverständnisse und Übertragungsprobleme im interdisziplinären Diskurs verantwortlich (vgl. z. B. Wuketits 1997, S. IX). Auf inhaltlicher Seite wurden von der Soziobiologie insbesondere soziale Gruppenbildungen, Wettbewerb, Konflikt, Kooperation, altruistisches Verhalten, Partnerwahlverhalten und andere Formen des Sozialverhaltens bei Tieren und Menschen unter die Lupe genommen (vgl. bspw. Voland 2000a; Wuketits 1990; 1997).[141]

Die sog. ›Evolutionspsychologie‹ baut unter anderem auf diesem soziobiologischen Paradigma auf und verknüpft es mit humanethologischen, instinktpsychologischen, informationstheoretischen und neuropsychologischen Annahmen.[142] Wurde die Soziobiologie seit den 70er Jahren vor allem

---

140 Der Fitness-Begriff wird in verschiedenen Kontexten unterschiedlich verwendet und hat historische Wandlungen durchlaufen (vgl. auch Abschnitt 2.2.1). Dawkins wies bereits im Jahr 1982 auf fünf verschiedene Verwendungsformen des Fitness-Begriffs hin (vgl. Dawkins 2010a, S. 191–207): eine metaphorische Verwendung durch frühe Evolutionsbiologen Ende des 19. Jahrhunderts als allgemeine Überlebens- und Fortpflanzungsfähigkeit, die genaue mathematische Definition innerhalb der Populationsgenetik bezogen auf einen Genlocus, Fitness als »Maß für den Fortpflanzungserfolg des Individuums« (ebd., S. 195) in der Verhaltensforschung, das Konzept der Gesamtfitness unter Einberechnung des Fortpflanzungserfolgs von Verwandten in der Soziobiologie und die »persönliche Fitness« (ebd., S. 199) als Ergebnis der Unterstützung des Individuums durch Verwandte. Diese Heterogenität macht den Fitnessbegriff in besonderer Weise anfällig für Missverständnisse im interdisziplinären Diskurs (vgl. ebd., S. 205).

141 Als bedeutende Bezugsdisziplinen der Soziobiologie werden von Wuketits die Evolutionsbiologie, Genetik, Ethologie, Populationsbiologie, Physiologie, Neurobiologie, Ökologie und Spieltheorie genannt (vgl. Wuketits 1997, S. 20).

142 Ansätze, menschliches Verhalten evolutionstheoretisch zu erfassen und zu erklären, lassen sich bis zu Darwin zurückverfolgen (Darwin 1872a; vgl. bspw. Wuketits 1995, S. 34). Sie erlebten im ausgehenden 19. Jahrhundert und zu Beginn des 20. Jahrhunderts – bspw. auf Grundlage der Werke von William James (1842–1910) und William McDougall (1871–1938) – eine kurze Blütezeit (vgl. insbes. Meyer 2002, S. 3–10; Meyer/Schützwohl/Reisenzein 1997). Wenn im Folgenden von der ›Evolutionspsychologie‹ gesprochen wird, so ist damit eine spezielle und aktuelle Zuspitzung der evolutionären psychologischen Denkweise gemeint. Als Begründerinnen

von verhaltensbiologischer – und damit naturwissenschaftlicher – Seite verfochten, so setzt sich die Gruppe der Vertreterinnen und Vertreter der Evolutionspsychologie deutlich heterogener zusammen und besteht überwiegend aus Sozialwissenschaftlerinnen und Sozialwissenschaftlern unterschiedlichster disziplinärer Ausrichtungen, die in der 1988 offiziell gegründeten ›Human Behavior and Evolution Society‹ (HBES) organisiert sind: [143]

> »Die HBES, die jetzt seit 1987 besteht, vergrößert sich zusehends. Zu den Mitgliedern zählen Psychologen, Anthropologen, Historiker, Wirtschaftler und Forscher der vielen anderen Fachrichtungen, die sich mit menschlichen Angelegenheiten im weitesten Sinne des Wortes beschäftigen« (Horgan 1996a, S. 147).

Aus thematischer Sicht beschäftigt sich die Evolutionspsychologie schwerpunktmäßig mit dem menschlichen Sozialverhalten, insbesondere hinsichtlich geschlechtsspezifischer Unterschiede und Partnerwahlpräferenzen (vgl. z. B. Buss 2004). Dabei versteht sich die Evolutionspsychologie selbst nicht als psychologische Teildisziplin, sondern als interdisziplinäre paradigmatische Denkweise, vor deren Hintergrund verschiedene psychologische Gegenstände in einer neuen Perspektive betrachtet werden können: [144]

> "Evolutionary psychology is an *approach* to psychology, in which knowledge and principles from evolutionary biology are put to use in research on the structure of the human mind. It is not an area of study, like vision, reasoning, or social behavior. It is a *way of thinking* about psychology that can be applied to any topic within it" (Cosmides/Tooby 1997, S. 1, Hervorhebungen im Original).

> "Evolutionary psychology represents a true scientific revolution, a profound paradigm shift in the field of psychology. The human mind can no longer be conceived as it has been in mainstream psychology, implicitly or explicitly, as a blank slate onto which parents, teachers, and culture impose their scripts; a domain-general learning device; a set of content-free information processing mechanisms; or a content-free neural or connectionist network. Instead, the human mind comes factory-equipped with an astonishing array of dedicated psychological mechanisms, designed over deep time by natural and sexual selection, to solve the hundreds of statistically recurring adaptive problems that our ancestors confronted" (Buss 2005a, S. XXIV).

Insgesamt betrachtet handelt es sich somit bei der Evolutionspsychologie längst nicht mehr um einen randständigen Ansatz vereinzelter Spezialistinnen und Spezialisten, sondern um ein neues interdisziplinäres Paradigma mit zunehmender Verbreitung im wissenschaftlichen wie öffentlichen Diskurs und entsprechenden Bemühungen ihrer Vertreterinnen und Vertreter um Konsolidierung im Wissenschaftsbetrieb.

---

und Begründer dieses evolutionspsychologischen Paradigmas können vor allem David M. Buss (geb. 1953), Leda Cosmides (geb. 1957), Martin Daly (geb. 1944), Steven Arthur Pinker (geb. 1954), Donald Symons (geb. 1942), John Tooby (geb. 1952) und Margo Wilson (1942–2009) gelten (vgl. Buller 2006, S. 8; Horgan 1996a).

143 In Deutschland gibt es zwar keinen organisierten Dachverband wie die HBES, jedoch seit dem Jahre 2000 einen losen Zusammenschluss interessierter Forscherinnen und Forscher über die Webseite http://www.mve-liste.de mit mittlerweile 302 registrierten Mitgliedern (Stand: 13.05.2012) und jährlich stattfindenden Treffen.

144 Neben einer Vielzahl mehr oder weniger populärwissenschaftlicher Darstellungen (vgl. bspw. Allman 1994, dt. 1996; Pinker 2002, dt. 2003; Plotkin 1998; Wright 1994, dt. 1996) liegen hinsichtlich der Konsolidierung der Evolutionspsychologie als eigenständigem Forschungsparadigma mittlerweile ein grundlegendes Lehrbuch (vgl. Buss 1999, dt. 2004), mehrere (Forschungs-)Handbücher (vgl. Buss 2005b, Crawford/Krebs 1998, Dunbar/ Barrett 2007) sowie verschiedene Sammelwerke (vgl. bspw. Barkow/Cosmides/Tooby 1992, Betzig 1997, Weingart u. a. 1997) vor, die zugleich von der Präsenz der Vertreterinnen und Vertreter der Evolutionspsychologie auf interdisziplinär orientierten Tagungen und Symposien zeugen.

Im Folgenden wird zunächst die historische Entwicklung der Soziobiologie und der Evolutionspsychologie in groben Zügen nachgezeichnet (vgl. Abschnitt 4.1), wobei direkt an die Ausführungen zum historischen Hintergrund des Anlage-Umwelt-Diskurses aus Kapitel 2 angeknüpft wird. In diesem Kontext werden zudem die inhaltlichen und forschungsmethodischen Grundprämissen beider Paradigmata kurz umrissen. Sodann wird hinterfragt, welche Grundpositionen bezüglich des Zusammenwirkens von Anlage und Umwelt sich aus soziobiologischen und evolutionspsychologischen Denkweisen ableiten lassen (vgl. Abschnitt 4.2). Trotz beachtlicher inhaltlicher und konzeptioneller Überschneidungen beider Paradigmata ist sowohl für die Beschreibung der historischen Ursprünge als auch für die Frage nach den Positionen im Anlage-Umwelt-Diskurs eine separate Betrachtung unerlässlich, sodass jeweils in einem ersten Schritt die Soziobiologie diskutiert wird und in einem zweiten Schritt die Evolutionspsychologie als aktuelle Weiterentwicklung soziobiologischen Denkens erörtert wird.

4.1 Historische Entwicklung

Der historische Ursprung der Soziobiologie als eine eigenständige wissenschaftliche Denkrichtung wird von Wuketits auf das Jahr 1948 datiert, in dem sich auf einer Konferenz in New York Verhaltensforscher um eine interdisziplinäre Integration verschiedener wissenschaftlicher Teildisziplinen bemühten, die sich mit tierlichem und menschlichem Sozialverhalten beschäftigten (vgl. Wuketits 1990, S. 21).[145] Trotz dieser frühen Ansätze sollte jedoch noch mehr als ein Vierteljahrhundert verstreichen, bis die Soziobiologie in das Zentrum der Aufmerksamkeit des öffentlichen Diskurses geriet. Als wichtige Meilensteine der Konsolidierung der Soziobiologie werden heute die folgenden Konzepte aus den 60er und 70er Jahren erachtet:

In einem mittlerweile als klassisch zu betrachtenden Werk führte zunächst William Donald (»Bill«) Hamilton (1936–2000) im Jahr 1964 die sog. »›Gesamtfitness-Theorie‹ (inclusive fitness theory)« (Buss 2004, S. 36f, Hervorhebung im Original) ein (vgl. Hamilton 1964a, b), wonach zur Erhöhung der Fitness eines Individuums nicht nur die eigenen Nachkommen beitragen (»direkte Fitness« (Voland 2000a, S. 8)), sondern auch die Nachkommen von Verwandten (»indirekte Fitness« (ebd.)):

> "By performing an act that provides a fitness benefit to a relative, I increase the chances that they will successfully reproduce, and I thereby increase the odds of producing more copies of *my* genes. Thus, I can contribute copies of my genes to future generations *directly*, by producing offspring, or *indirectly*, by helping my relatives reproduce" (Buller 2006, S. 353, Hervorhebungen im Original).

Da im Zuge der Bildung der Keimzellen (im Prozess der sog. ›Meiose‹) homologe Chromosomen zufällig auf die Keimzellen verteilt werden und bei der Befruchtung zwei Keimzellen miteinander verschmelzen, lässt sich aus humangenetischer Sicht der Grad der Verwandtschaft verschiedener Individuen anhand der Wahrscheinlichkeit bestimmen, dass sie Allele – also alternative Ausdrucksformen von Genen an bestimmten Genorten – gemeinsam haben. So teilen bspw. Eltern und Kinder sowie Vollgeschwister im Schnitt 50 % ihrer Allele, Großeltern und Enkel 25 %

---

145 Der Begriff ›Soziobiologie‹ geht auf den Zoologen John Paul Scott (1909–2000) zurück. Jaak und Jules B. Panksepp setzen die erste Verwendung dieses Begriffs zwei Jahre früher an als Wuketits: Scott "first coined the term 'sociobiology' for a series of joint sessions of the American Society of Zoologists and the Ecological Society of America held initially at the AAAS meeting of 1946 – a series that eventually led to the organization of the American Animal Behavior Society" (Panksepp/Panksepp 2000, S. 127).

ihrer Allele etc. (vgl. bspw. Buss 2004, S. 37; Voland 2000a, S. 5f). Anhand dieses Konzepts der »Verwandtenselektion« (ebd., S. 5, ohne Hervorhebung) lassen sich aus soziobiologischer Sicht Verhaltensphänomene wie bspw. Altruismus erklären, wenn der Nutzen eines altruistischen Aktes unter Berücksichtigung des Verwandtschaftsgrades die für den Altruisten entstehenden Kosten überwiegt. Aus Sicht des Lebensreproduktionserfolges würden sich auf Grundlage einer derartigen Kosten-Nutzen-Rechnung sogar Gene in einer Population erhalten, die ihre Träger dazu ›veranlassen‹, ihr Leben für Verwandte aufzuopfern (wobei Genen selbstverständlich keine Handlungsfähigkeit oder Intentionalität unterstellt wird):

> »Zur Veranschaulichung ein einfaches und extremes Beispiel: Ein Gen möge seinen Träger zur Selbstaufgabe veranlassen, um dadurch das Leben von Verwandten zu erhalten. Dieses Gen kann sich trotz seiner Selbstaufopferung in der Population ausbreiten, wenn aufgrund dessen mehr als zwei Vollgeschwister ... oder mehr als vier Nichten oder Neffen ... überleben und sich erfolgreich fortpflanzen und wenn sie diesen Fortpflanzungserfolg ohne die Unterstützung durch den ›Altruisten‹ nicht erreicht hätten. Dann ist – aus der Sicht des ›egoistischen Gens‹ – der Nutzen der Selbstaufopferung größer als die entstehenden Kosten« (ebd., S. 8).[146]

Als zweiter Meilenstein wird von Buss eine Arbeit von George Christopher Williams (geb. 1926) aus dem Jahr 1966 genannt (vgl. Williams 1966), die zum Niedergang der bis dahin in der Ethologie weitverbreiteten Theorie der Gruppenselektion geführt habe (vgl. Buss 2004, S. 39), nach der Verhaltensanpassungen evolutionär zum Wohle der Art entstanden sein sollen.[147] Aus soziobiologischer Sicht nimmt die Frage, an welchem Punkt die Selektion ansetzt, eine zentrale Stellung ein:

> »Der Philosoph David Hull bringt dies auf die Kurzformel: Gene mutieren, Individuen unterliegen der Selektion, und Arten entwickeln sich evolutionär [(vgl. Hull 1990, S. 401)]. Dies zumindest ist die Auffassung des orthodoxen Darwinismus ... Während der letzten fünfzehn Jahre jedoch haben Angriffe auf Darwins These, daß Individuen die Einheiten der Selektion seien, unter Evolutionstheoretikern einige lebhafte Debatten entzündet. Diese Angriffe gingen jeweils von einem größeren oder kleineren Bezugsrahmen der Selektion aus. Der schottische Biologe V.C. Wynne-Edwards brachte vor fünfzehn Jahren die Orthodoxie gegen sich auf, als er die These vertrat, Gruppen und nicht Individuen seien die (zumindest für die Evolution des Sozialverhaltens) relevanten Einheiten der Selektion [(vgl. Wynne-Edwards 1962, 1986)]. Umgekehrt brachte der englische Biologe Richard Dawkins mich gegen sich auf mit seiner Behauptung, die Gene selbst seien die relevanten Einheiten der Selektion, die Individuen dagegen seien nur deren zeitweilige und provisorische Behältnisse« (Gould 1989, S. 88f).

Bevor im Folgenden auf den von Gould angesprochenen Genzentrismus näher eingegangen wird, soll zunächst ergänzend auf die Arbeiten von Robert Trivers (geb. 1943) hingewiesen werden, die nach Buss als weitere Meilensteine soziobiologischen und evolutionspsychologischen Denkens gelten können (vgl. Buss 2004, S. 41). Wie gezeigt kann mit der Theorie der Gesamtfitness altruistisches Verhalten unter Verwandten erklärt werden. Um selbstloses Verhalten auch zwischen nicht-verwandten (und vom Grundzug her egoistischen) Individuen erklären

---

146 Dieses Beispiel geht auf eine Äußerung des Populationsgenetikers John Burdon Sanderson Haldane (1892–1964) zurück: "This reasoning reportedly prompted the English biologist J. B. S. Haldane to quip that he would risk his life to save two siblings or eight cousins" (Buller 2006, S. 355).

147 Die Frage nach dem Stellenwert der Gruppenselektion wird in der Soziobiologie unterschiedlich beantwortet: Während Wuketits die Gruppenselektion als wichtige Alternative zur Genselektion (bei gleichzeitiger Ablehnung eines Arterhaltungsprinzips) wertet (vgl. Wuketits 1995, S. 147), schätzen Krebs und Davies sie als »sehr schwache Kraft ein, die nur selten eine Bedeutung in der Evolution hat« (Krebs/Davies 1996, S. 19). Eine Neuauflage erlebte die Gruppenselektionstheorie am Ende der 90er Jahre (vgl. Sober/Wilson 1998).

zu können, wurde von Trivers die sog. »Theorie des reziproken Altruismus« (Buss 2004, S. 41) entwickelt, nach der ein Individuum dann einem anderen hilft (was für das helfende Individuum zunächst ausschließlich mit eigenen Kosten verbunden ist), wenn es erwarten kann, dass die Hilfeleistung in einer späteren Situation erwidert werden wird (vgl. Trivers 1971).[148] Von besonderer Bedeutung ist in der Soziobiologie zudem der Begriff der sog. »evolutionsstabilen Strategie« (Voland 2000a, S. 12, ohne Hervorhebung). Nach diesem spieltheoretischen Konzept wird davon ausgegangen, dass sich alternative Verhaltensweisen in einer Population in einem Gleichgewichtszustand einpendeln, da die Zunahme einer Verhaltensstrategie zur Abnahme einer alternativen Verhaltensstrategie führt, was im Englischen zumeist mit dem Begriff ›trade-off‹ ausgedrückt wird. Somit hängt die Auftretenswahrscheinlichkeit einer bestimmten Verhaltensweise zugleich von der Häufigkeit sämtlicher Verhaltensweisen aller Populationsmitglieder ab:

> »Evolutionsstabil nennt man eine Verhaltensstrategie dann, wenn eine Zunahme ihrer Auftretenswahrscheinlichkeit im Mittel zu unterdurchschnittlichen Reproduktionsergebnissen führt, wenn also die natürliche Selektion keinen Druck in Richtung einer Häufigkeitszunahme ausübt« (Voland 2000a, S. 12).

Robert Trivers entwickelte in den 70er Jahren zudem zwei Konzepte, die sich für die Evolutionspsychologie der 90er Jahre – und auch für die Erziehungswissenschaft im Kontext der Rezeption dieses Ansatzes (vgl. Abschnitt 12.2) – von besonderer Bedeutung und Relevanz erweisen: Dabei ergeben sich nach der ›Theorie elterlicher Investitionen‹ (engl. ›parental investment‹, vgl. Trivers 1972) in Kombination mit der sexuellen Selektionstheorie die folgenden Prognosen:

> »(1) das Geschlecht, das mehr in den Nachwuchs investiert (in der Regel, doch nicht immer das weibliche Geschlecht), wird bei der Partnerwahl wählerischer sein; und (2) das Geschlecht, das weniger in den Nachwuchs investiert, wird um das andere Geschlecht stärker konkurrieren. Beim Menschen bringt offensichtlich die Frau die größere *obligatorische* elterliche Investition ein. Um ein einziges Kind auf die Welt zu bringen, muss die Frau eine neunmonatige Schwangerschaft auf sich nehmen, während der Mann dieses Kind mit einer Investition von nur wenigen Minuten zeugen kann. Wenn es zur langfristigen Partnerwahl oder zur Heirat kommt, ist auch klar, dass sowohl Frauen als auch Männer verstärkt in die Kinder investieren, weshalb die Theorie der elterlichen Investitionen besagt, dass beide Geschlechter bei der Partnerwahl sehr wählerisch sein sollten« (Buss 2004, S. 155, Hervorhebung im Original).

Zudem stellte Trivers die »Theorie des Eltern-Kind-Konfliktes« (ebd., S. 41; engl. ›parent-offspring conflict‹, vgl. Trivers 1974) auf. Wie oben gezeigt teilen Eltern mit ihren Kindern im Schnitt die Hälfte ihrer Allele und weisen damit einen Verwandtschaftsgrad von 50 % auf. Laut Trivers lässt sich daher folgern:

> »Aber es bedeutet auch, dass sich Eltern und Kinder genetisch zu 50 Prozent unterscheiden. Was für den einen das beste wäre, ist somit selten das beste für den anderen (Trivers, 1974). Eltern und Kinder unterscheiden sich auch hinsichtlich der Zuwendung elterlicher Ressourcen voneinander mit dem Ergebnis, dass die Kinder mehr haben wollen, als die Eltern zu geben bereit sind« (Buss 2004, S. 284).

---

148 Zur Erklärung der Bedingungen, unter denen Verhaltensweisen des reziproken Altruismus am wahrscheinlichsten auftreten, wird in der Soziobiologie auf Modelle aus der Spieltheorie verwiesen (vgl. bspw. Krebs/Davies 1996, S. 329–334). Anhand des sog. ›Gefangenendilemmas‹, bei dem ein Spieler im Falle eines Betrugs einen höheren Gewinn erzielt als bei Kooperation mit einem anderen Spieler, im Falle eines gegenseitigen Betrugs aber beide Spieler leer ausgehen würden, konnte durch Robert Axelrod (geb. 1943) gezeigt werden, dass die gewinnbringendste Strategie darin besteht, im ersten Schritt zunächst zu kooperieren und später die zuvor vom anderen Spieler gewählte Strategie zu imitieren (vgl. bspw. Axelrod/Hamilton 1981; Axelrod 2000; Gräfrath 1997, S. 27–41).

Aus diskursanalytischer Perspektive zeigen diese frühen soziobiologischen Arbeiten aus den 60er und 70er Jahren, dass im angloamerikanischen Sprachraum bereits dezidierte Konzeptionen und Weiterentwicklungen der biologischen Verhaltensforschung angestoßen worden sind, während in Deutschland gerade erst einmal die klassische ethologische Position im öffentlichen Diskurs zur Kenntnis genommen worden ist. Als Multiplikatoren wirkten im deutschsprachigen Raum bspw. die populärwissenschaftlich orientierte Publikation »Der nackte Affe« (1968; engl.: »The naked ape«, 1967) von Desmond John Morris (geb. 1928) sowie die Monografie »Das sogenannte Böse« (1963) von Konrad Lorenz (als Beitrag zur Aggressionsdebatte), die zugleich »eine Kontinuität zwischen menschlichem und tierischem Verhalten zur Sprache brachten« (Waal 2002, S. 48). Damit ist zumindest für den deutschen Diskurs auf der Ebene einer interessierten Öffentlichkeit eine verspätete Rezeption ethologischen Wissens zu konstatieren. Doch auch die Soziobiologie als eigenständiges Paradigma wurde im öffentlichen Diskurs des angloamerikanischen Sprachraumes erst Mitte der 70er Jahre durch die Publikation »Sociobiology. The new synthesis« von Edward Osborne Wilson (geb. 1929) wahrgenommen (vgl. Wilson 1975). In diesem monumentalen Werk trug Wilson auf knapp 700 Seiten das Wissen des neuen soziobiologischen Fachgebietes zusammen. Im letzten Kapitel dieser Monografie – sowie in einer Folgepublikation mit dem Titel »On human nature« (Wilson 1978b; dt. »Biologie als Schicksal. Die soziobiologischen Grundlagen menschlichen Verhaltens«, 1978a) – setzte sich Wilson explizit mit dem menschlichen Sozialverhalten auseinander, was letztlich eine der heftigsten und langwierigsten Kontroversen der Wissenschaftsgeschichte auslöste, die bis heute andauert (zur Kontroverse um die Soziobiologie vgl. z. B. Gander 2003, S. 56–75; Segerstråle 1986, 2000; Wuketits 1990). Wilsons Position geriet aufgrund der möglichen sozialpolitischen Implikationen soziobiologischen Denkens in Bezug auf den Menschen bereits kurz nach der Publikation von »Sociobiology« durch Mitglieder der zu diesem Zweck gegründeten »Sociobiology Study Group« (Gander 2003, S. 60) unter heftigen Beschuss. Zu den prominentesten Mitgliedern dieser Gruppe gehörten Stephen Jay Gould (1941–2002) und Richard Charles (»Dick«) Lewontin (geb. 1929) (vgl. ebd.), die beide Kollegen Wilsons an der Harvard University waren. Lewontin wurde sogar auf Initiative Wilsons in den frühen 70er Jahren nach Harvard geholt (vgl. Segerstråle 1986, S. 62). In den Folgejahren entbrannte zwischen Wilson und Lewontin ein heftiger Streit über das soziobiologische Paradigma, der laut Segerstråle weniger auf ihre gegensätzlichen Positionen in der Anlage-Umwelt-Debatte zurückzuführen ist, sondern vielmehr auf bereits vor der Kontroverse tief verfestigte und vollkommen unterschiedliche wissenschaftstheoretische Grundauffassungen (in Form sog. »scientific-cum-moral agendas« (ebd., S. 54)). Auf sozialpolitischer Ebene wurde Lewontin, der zu dieser Zeit bereits intensiv in den Streit über die Erblichkeit der Intelligenz verwickelt war (vgl. Kapitel 8), dabei als radikaler Marxist, Wilson hingegen als konservativer Reduktionist verunglimpft (zu Diskurspositionen in Verbindung mit sozialpolitischen Einstellungen vgl. Anhang C):

"Once the sociobiology controversy began, strategic interests came into play on both sides. As the debate evolved, it was in neither party's interest to straighten out misunderstandings – instead the point became to develop one's own position while dismissing the opponent's one as 'extrascientifically' motivated. This way Lewontin let Wilson graduate to a leader first of the 'adaptationist' and later of the 'reductionist' program, while Wilson chose to retain Lewontin as a useful strawman for *tabula rasa* 'Marxist' environmentalism ... Thus, paradoxically, one could describe the situation between these two opponents in the sociobiology controversy as really one of symbiosis. It is in both parties' interest to keep the controversy going, not to clear up misunderstandings, and not to introspect too much about where the real differences lie" (Segerstråle 1986, S. 79, Hervorhebung im Original).

Der entstehende Wissenschaftsdisput um Wilsons soziobiologischen Ansatz erreichte im Früh-jahr 1978 einen vorläufigen Höhepunkt, als Wilson auf einer von der AAAS (›American Asso-ciation for the Advancement of Science‹) geförderten Veranstaltung vor Beginn seines Vortrags von gegnerischen Aktivisten ein Kübel mit Eiswasser über den Kopf geschüttet wurde (vgl. die ausführliche Schilderung dieses Vorfalls bei Segerstråle 2000, S. 23 sowie Gander 2003, S. 65 f).

Der weitere Verlauf der Kontroverse um die Soziobiologie, zu dem Segerstråle verschiedene Entwicklungen bis hin zur und einschließlich der Evolutionspsychologie zählt, kann hier nicht wiedergegeben werden (vgl. dazu insbes. Segerstråle 2000). Allerdings ist in diesem Kontext zumindest auf den Beitrag von (Clinton) Richard Dawkins (geb. 1941) hinzuweisen, dessen Werk »The selfish gene« (Dawkins 1976; dt. »Das egoistische Gen«, 1978a) eine Perspektiven-änderung in einigen Kreisen der Soziobiologie eingeläutet hat. Nach Dawkins steht – wie im obigen Zitat von Gould auf Seite 144 bereits angesprochen – nicht mehr der Organismus bzw. das Individuum als Einheit und Angriffspunkt der Selektion im Zentrum der Betrach-tung, sondern vielmehr das Gen selbst:[149]

> »Gene, so argumentieren sie [Anhänger der Genselektionstheorie wie insbes. Richard Dawkins, ML], und nicht Individuen seien die Einheiten der Selektion. Sie setzen an bei einer Umformulierung von Butlers berühmtem Aphorismus, eine Henne sei nur die besondere Art und Weise, durch die ein Ei ein zweites Ei hervorbringe. Ein Tier, so sagen sie, sei nur die besondere Art und Weise der DNA, mehr DNA hervorzubringen« (Gould 1989, S. 93).[150]

Inhaltlich lässt sich diese Position in vereinfachter Weise wie folgt zusammenfassen:

> »Gen‹ steht hier im wesentlichen für ›Replikator‹. Denn Dawkins (1976, 1978b, 1984) hat von *Repli-katoren* gesprochen, die – der modernen Erweiterung des Begriffs vom Erbfaktor entsprechend – alle Entitäten sein sollen, von denen Kopien angefertigt werden (DNS, Gene im engeren Sinn); davon hat er die *Vehikel* oder Träger unterschieden, die durch den Akt der Reproduktion zustande kommen (also Organismen). Freilich erscheint damit der Organismus reduziert, nämlich reduziert zu einem ›Gepäck-träger‹ jener Einheiten, die sich replizieren … Die Organismen werden von ihren Genen veranlaßt, beispielsweise altruistisch zu handeln; sie tun auch alles mögliche, um ihren Genen den Fortbestand zu ermöglichen, d. h., sie paaren sich, betreiben Brutpflege usw. Generell ›dient‹ ein Organismus dem ›Egoismus‹ seiner Gene, wird von diesen Genen *determiniert* … Für Dawkins (1976) sind Lebewe-sen demnach *Überlebensmaschinen*, die dazu programmiert sind, ihre egoistischen Gene zu erhalten« (Wuketits 1990, S. 59, Hervorhebungen im Original, Quellenangaben angepasst; zur Kritik vgl. z. B. Hemminger 1985, 1996).[151]

---

149 Diese Fokussierung auf die Ebene der Gene wird daher mitunter auch als ›Genegoismus‹ oder – in abwerten-der Weise – als »Ultra-Darwinismus« (Rose 2000, S. 193, ohne Hervorhebung) bezeichnet. Obwohl letzterer Begriff von Rose als Sammelbezeichnung verschiedener neodarwinistischer Ansätze genutzt wird, hat Rose dabei insbesondere die Sichtweisen von Dawkins und Dennett im Visier (vgl. ebd., S. 192 f). Daniel Clement Dennett (geb. 1942) hatte im Jahr 1995 eine Publikation veröffentlicht (vgl. Dennett 1995, dt. 1997), in der »die darwinistischen Mechanismen beschrieben werden als ›universale Säure‹, die alles wegfrißt, was sie berührt. Darwinistische Mechanismen, so behauptet er [Dennett, ML], werden wie Viren repliziert, wenn auch in den unwahrscheinlichsten Wirten aller Art« (Rose 2000, S. 192, Fußnotenverweis entfernt).

150 Im Original führte Samuel Butler (1835–1902) bereits Ende der 1870er Jahre aus: "It has, I believe, been of-ten remarked, that a hen is only an egg's way of making another egg" (Butler 2005, S. 134; vgl. auch Gräfrath 1997, S. 18; Medawar/Medawar 1986, S. 146 ff). Der Ethologe (Paul) Patrick (Gordon) Bateson (geb. 1938), ein Großneffe zweiten Grades von William Bateson, polemisierte Dawkins Position unter Bezug auf Butler Apho-rismus: "Indeed, using Dawkins' own style of teleological argument one could claim that the bird is the nest's way of making another nest" (P. Bateson 1978, S. 317; vgl. Gray 2001, S. 192; kritisch: Dawkins 2010a, S. 104).

151 Analog zum Verständnis von Genen als Replikatoren in der natürlichen Evolution postulierte Dawkins zugleich eine zweite Art von Replikatoren für den Bereich der kulturellen Evolution: sog. ›Meme‹ (bspw. Ideen, Melodien etc.).

Auf die Kritik an diesem reduktionistischen Menschenbild kann im Rahmen dieser Abhandlung nur kurz eingegangen werden: Ein gewichtiges Gegenargument stammte bspw. von Stephen Jay Gould, der darauf hinwies, dass im Zuge der Fortpflanzung immer ganze Genome – und damit ein Konglomerat unterschiedlichster Allele mit verschiedenster Fitness einzelner Gene – weitergegeben würden:

> »Dennoch finde ich, daß in Dawkins Angriff auf die darwinistische Theorie der Selektion ein fataler Fehler steckt. Ganz gleich, wieviel Macht Dawkins den Genen zusprechen möchte, eins kann er ihnen nicht geben, nämlich die direkte Sichtbarkeit im Prozeß der natürlichen Selektion. Die Selektion kann die Gene einfach nicht sehen und direkt zwischen ihnen eine Auswahl treffen. Sie muß Körper als Zwischenformen verwenden« (Gould 1989, S. 94).

Zusammenfassend lässt sich die Entwicklung des soziobiologischen Paradigmas wie folgt beschreiben: Ausgehend von Erklärungsschwächen der klassischen Ethologie wurden seit Ende der 50er Jahre verschiedene alternative Konzepte und Modelle in der Verhaltensbiologie entwickelt, die insbesondere unter Einbezug populationsgenetischer (und später spieltheoretischer) Modelle ab Mitte der 60er Jahre zur Entstehung eines neuen Paradigmas in der Verhaltensbiologie führten: der Soziobiologie. Diese gelangte ab Mitte der 70er Jahre – nicht zuletzt durch die Publikationen von Wilson und Dawkins – auch außerhalb der Verhaltensbiologie in das Zentrum des öffentlichen Interesses und löste einen Wissenschaftsstreit aus, der nicht auf die inhaltliche Ebene beschränkt blieb, sondern sich aufgrund der möglichen sozialpolitischen Implikationen der soziobiologischen Denkweise eher als Disput unterschiedlicher Weltanschauungen verstehen lässt. Auf der inhaltlichen Ebene ist die Soziobiologie als Weiterentwicklung der traditionellen Ethologie folgendermaßen zu charakterisieren: In der Soziobiologie nimmt das Konzept der Fitness als »relativer *Lebenszeit-Fortpflanzungserfolg*, bezogen auf die Konkurrenten in derselben Population« (Kutschera 2006, S. 32, Hervorhebung im Original) eine zentrale Schlüsselposition ein.[152] Aus soziobiologischer Perspektive steht damit in der Evolution die Reproduktion im Zentrum der Betrachtung, wohingegen das Überleben nur als Mittel zum Zweck aufgefasst wird: "What's important in evolution is whether one *reproduces*; survival matters only insofar as it enables reproduction" (Buller 2006, S. 29, Hervorhebung im Original). Aus dem Blickwinkel des Gens verdeutlicht bspw. Morris diesen Sachverhalt auf recht anschauliche Weise:

> »Das schlimmste, was einem Gen passieren kann, ist, daß die Fortpflanzung ›seines‹ Menschen ausbleibt. Denn damit hört es auf, zu existieren. Für jeden Zölibatär – Junggesellen, Mönche, Nonnen,

---

Letztere würden sich von Gehirn zu Gehirn mittels Nachahmung verbreiten, könnten analog zu Mutationen im Zuge ihrer Weitergabe verändert werden und würden miteinander konkurrieren (vgl. insbes. Dawkins 1978a, Kap. 11). Aus heutiger Sicht hat sich Dawkins Memtheorie trotz ernsthafter Bemühungen (vgl. z. B. Blackmore 1999, dt. 2000) weder in der Biologie noch in den Human- und Verhaltenswissenschaften flächendeckend durchgesetzt.

152 Nach Buller lässt sich Fitness jedoch nur als potenzielle Eigenschaft erfassen und nicht anhand der aktuellen Fortpflanzungsrate beschreiben: "*Fitness*, as it is most commonly characterized, is a measure of an organism's ability to survive and reproduce. Thus, if one organism is fitter, or has greater fitness, than another, the former has a greater ability to survive and reproduce than the latter. This does not mean that the fitter organism actually will survive longer and reproduce more than the less fit organism … Similarly, one organism may be better able than another to survive and reproduce even though it doesn't actually outlive and outreproduce the other. It may die from a freakish accident before puberty, for example. So fitness is not a measure of an organism's *actual* survival and reproduction, but a measure of its *ability* to survive and reproduce" (Buller 2006, S. 28, Hervorhebungen im Original). In der Soziobiologie wird Fitness jedoch – zumindest bezüglich tierlichen Verhaltens – nicht vor dem Hintergrund einer derartigen Potenzialität betrachtet, sondern meist konkret anhand der Nachkommenzahl als Indikator des Fortpflanzungserfolgs gemessen.

Homosexuelle – bedeutet das, daß die Entwicklung von Millionen Jahren mit ihren Samen- oder Eizellen plötzlich endet. Ihre Linie setzt sich nicht fort. Ihre potentielle Unsterblichkeit verfällt« (Morris 1996, S. 136).[153]

Werden vor diesem Hintergrund konkrete Verhaltensweisen als stammesgeschichtliche Anpassungen betrachtet, so setzt dies zwangsläufig voraus, dass diese Verhaltensweisen in irgendeiner Form eine erbliche Komponente beinhalten, da sie ansonsten der Selektion keinen Angriffspunkt bieten können (vgl. bspw. Buller 2006, S. 50, 140 f). Im Zuge der Diskussion derartiger Anpassungen im Verhaltensbereich wird in der Soziobiologie mit Kosten-Nutzen-Rechnungen und Modellrechnungen operiert, die ein eigenes Fachvokabular beinhalten, das teilweise aus dem ökonomischen Denken entlehnt ist und mitunter die Verständigung im internationalen Diskurs erschwert. Als besondere Stärke des soziobiologischen Paradigmas ist hervorzuheben, dass es zu einer Überwindung des in den Sozial- und Verhaltenswissenschaften weitverbreiteten Anthropozentrismus führt, indem es den Menschen als eine unter allen anderen Spezies in das Reich der Organismen einordnet und ihm keine besondere Sonderstellung zuweist.[154] Eine weitere Stärke der Soziobiologie besteht darin, dass in ihrem paradigmatischen Rahmen auf der Basis weniger Grundannahmen konkrete Hypothesen formuliert werden können, die sich empirisch prüfen lassen und zur Erklärung einer Vielzahl unterschiedlicher Verhaltensphänomene bei ganz unterschiedlichen Spezies herangezogen werden können (vgl. bspw. Krebs/Davies 1996). Das soziobiologische Paradigma trägt damit aus wissenschaftstheoretischer Sicht einem Sparsamkeitsprinzip Rechnung.[155] Obwohl die Debatte um die Soziobiologie zur heutigen Zeit nicht als abgeschlossen angesehen werden kann, hat sich das soziobiologische Paradigma mittlerweile in der Biologie fest etabliert; und die große Mehrheit der Verhaltensbiologinnen und Verhaltensbiologen fühlt sich heute diesem Paradigma verpflichtet.[156]

Mit Beginn der 90er Jahre betrat ein neues Paradigma die Bühne des Anlage-Umwelt-Diskurses, das von seinen Anhängerinnen und Anhängern als ›Evolutionspsychologie‹ bezeichnet wird – von Kritikern hingegen zunächst verkürzt als Soziobiologie in neuem Gewande rezipiert wurde (vgl. Horgan 1996a). Auf biologischem Terrain baut die Evolutionspsychologie auf der Evolutionstheorie Darwins in Form der modernen Synthese bzw. synthetischen Evolutionstheorie sowie auf humanethologischen und soziobiologischen Grundannahmen auf. Von der Human-

---

153 Dabei wird von soziobiologischer Seite selbstverständlich nicht unterstellt, dass Gene als Makromoleküle in irgendeiner Form über Intentionen verfügen würden, sondern es handelt sich hier lediglich um einen abgekürzten Sprachgebrauch (für frequenzabhängige Selektionsprozesse und deren Ergebnisse) sowie um einen alternativen Blickwinkel (vgl. z. B. Dawkins 2010a, S. 17, 154, 201; Gräfrath 1997, S. 13; Vogel 2000b, S. 142).

154 Dass es dabei zu Problemen einer auf den Menschen bezogen Soziobiologie (als sog. ›Humansoziobiologie‹) kommen kann, wird von Soziobiologinnen und Soziobiologen durchaus in selbstkritischer Weise mitreflektiert (vgl. bspw. Voland 2000a, S. 16–27).

155 Laut Wilson entspreche gerade die darwinsche Theorie der natürlichen Auslese diesem Sparsamkeitsprinzip (vgl. Wilson 1998, S. 73), das in der Regel auf Wilhelm von Ockham (um 1285–1347) zurückgeführt wird: Das »von Ockham zum ersten Mal formulierte Extremalprinzip, das unter dem Namen ›Ockhamsches Rasiermesser‹ bis heute kolportiert wird, lautet: ›entia non sunt multiplicanda praeter necessitate‹ oder ›non sunt multiplicanda entia sine necessitate‹ – sinngemäß bedeutet das: Mache möglichst wenig ontologische Annahmen (über die Welt)! Dahinter steht der (theologische) Gedanke, dass Gott nichts Überflüssiges geschaffen hat und deshalb bei seiner Schöpfung nach einem ökonomischen Sparprinzip vorgegangen ist« (Treml 2005, S. 157, Hervorhebung im Original). Die historischen Ursprünge dieses Prinzips lassen sich jedoch bis zu Aristoteles und damit bis in die Antike zurückverfolgen (vgl. bspw. Wille 2010, S. 131).

156 Dies ist nicht zuletzt daran zu erkennen, dass aktuelle Lehrbücher zur Verhaltensbiologie größtenteils soziobiologisch orientiert sind (vgl. bspw. Alcock 1996, Franck 1997, Kappeler 2009, Krebs/Davies 1996).

ethologie übernimmt sie vor allem das Konzept einer evolutionären Ur-Umwelt, das in der Evolutionspsychologie als »environment of evolutionary adaptedness (EEA)« (Tooby/Cosmides 2005, S. 22, ohne Hervorhebung) bezeichnet wird.[157] Bezüglich der Soziobiologie werden von evolutionspsychologischer Seite vor allem die bereits zuvor erläuterten frühen Meilensteine soziobiologischen Denkens von Hamilton, Williams und Trivers adaptiert (vgl. bspw. Buss 2004, S. 36–41). Zugleich werden aber klare Grenzen zum soziobiologischen Paradigma gezogen: Laut Hagen seien evolutionspsychologische Thematiken im Gegensatz zu soziobiologischen Gegenständen nicht auf das Sozialverhalten beschränkt. Zudem untersuche die Evolutions-psychologie ausschließlich Organismen, die ein Nervensystem besitzen, mit besonderem Fokus auf neurale Mechanismen des Verhaltens und den speziellen Selektionsbedingungen, unter denen diese phylogenetisch gebildet worden sind (vgl. Hagen 2005, S. 167). Im Gegenzug stehe in der Soziobiologie die Fitness-Kategorie im Zentrum der Betrachtung:

"Our behavior is not a direct response to selection pressures or to a 'need' to increase our reproduction. Hence, one of several reasons why evolutionary psychology is distinct from human sociobiology and other similar approaches lies in its rejection of fitness maximization as an explanation for behavior … Although organisms sometimes appear to be pursuing fitness on behalf of their genes, in reality they are executing the evolved circuit logic built into their neural programs, whether this corresponds to current fitness maximization or not" (Tooby/Cosmides 2005, S. 14; vgl. auch Buller 2006, S. 58).[158]

Bezüglich psychologischer Wurzeln werden von Evolutionspsychologinnen und Evolutions-psychologen die frühen Instinktpsychologen des ausgehenden 19. Jahrhunderts als Vorläufer ihres Paradigmas angesehen – insbesondere William James und William McDougall (vgl. z. B. Buss 2004, S. 55; Meyer 2002, S. 7–10; siehe auch Abschnitt 2.2.6). So habe bereits James postuliert, dass »der Mensch über weitaus mehr angeborene Instinkte verfüge als Tiere« (Meyer 2002, S. 7). McDougall könne hingegen »als Urheber der Idee einer Evolutionären Psychologie betrachtet werden, weil er in seinen Arbeiten zahlreiche zentrale Postulate der heutigen (moder-nen) Evolutionären Psychologie vorweggenommen hat« (ebd., S. 9, ohne Hervorhebung).[159] Gegenüber der behavioristischen Auffassung einer generellen Lernfähigkeit verweisen Evolutions-psychologinnen und Evolutionspsychologen auf Schlüsselexperimente aus den 50er und 60er Jahren (insbes. Harlow 1958, Breland/Breland 1961, Garcia/Koelling 1966; vgl. z. B. Buss 2004, 58f; Meyer 2002, S. 19–25), die für die Selektivität und genetische Prädetermination des Lernens sprächen:

---

157 Das EEA-Konzept wurde erstmalig von John Bowlby (1907–1990) formuliert (vgl. Bowlby 1969, S. 59; 1973, S. 82; Hagen 2005, S. 152; Irons 1998, S. 194). Bolwby hat in der Psychologie vor allem aufgrund seiner Bindungs-theorie (vgl. z. B. Bowlby 1958), die eine große Nähe zur Ethologie aufweist, Ruhm erlangt.

158 Meines Erachtens handelt es sich hier um einen neuralgischen Punkt zwischen der Selbstdarstellung evolutions-psychologischer Grundannahmen und der Umsetzung dieses Rahmenkonzepts in konkreten Forschungsdesigns. Denn in fast allen der mittlerweile als klassisch einzustufenden Studien der Evolutionspsychologie wird der Frage nach der Reproduktion – und damit indirekt zugleich der Fitness-Kategorie – durchaus ein zentraler Stellenwert eingeräumt.

159 Dabei werden die späteren Versuche McDougalls, die Vererbung erworbener Eigenschaften experimentell nach-zuweisen (vgl. Abschnitt 2.2.3), in der Evolutionspsychologie nicht erwähnt, da sie mit dem evolutionstheo-retischen Unterbau des evolutionspsychologischen Paradigmas nicht kompatibel sind. Wenn also McDougall hier als Vordenker der Evolutionspsychologie gewürdigt wird, so geschieht dies auf Grundlage einer selektiven Rezeption seiner Werke. Buss sieht zudem in Sigmund Freud (1856–1939) aufgrund dessen Betonung der Rolle der Sexualität einen Vorläufer evolutionspsychologischen Denkens und weist darauf hin, dass Freuds Lebenstrieb in analoger Weise Darwins Prinzip der natürlichen Selektion entspreche, Freuds Sexualtrieb hingegen als analog zu Darwins sexueller Selektionstheorie aufgefasst werden könnten (Buss 2004, S. 54).

»Zusammenfassend wurden also zwei grundlegende Annahmen des Behaviorismus widerlegt, was zwei wichtige Schlüsse zuließ: Erstens schienen Ratten, Affen und sogar Menschen darauf ›programmiert‹ zu sein, einige Dinge leicht, andere dagegen gar nicht zu lernen. Zweitens ist die äußere Umwelt nicht der einzige bestimmende Faktor des Verhaltens. In Organismen spielt sich etwas ab, das beim Betrachten des Verhaltens miteinbezogen werden muss« (Buss 2004, S. 59).

Des Weiteren rekurriert das evolutionspsychologische Paradigma auf die linguistischen Arbeiten von Noam Chomsky (geb. 1928), der bereits Ende der 50er Jahre die nativistische These vertreten hatte, dass der menschlichen Sprache eine grundlegende biologische Komponente in Form angeborener grammatischer Prinzipien (als sog. ›Universalgrammatik‹) unterläge (vgl. Chomsky 1957, 1965; in der Folge insbesondere durch den Ansatz von Pinker aufgegriffen, vgl. Pinker 1994, dt. 1996). Zudem wird der kognitionspsychologische Ansatz von Jerry Alan Fodor (geb. 1935) berücksichtigt, nach dem der menschliche Geist in sog. ›Modulen‹ organisiert sei (vgl. Fodor 1983, kritisch: Fodor 2000; vgl. Hagen 2005, S. 162–165).

Nachdem damit die historischen Vorläufer evolutionspsychologischen Denkens grob umrissen sind, ist im Folgenden zu fragen, durch welche Grundannahmen sich das evolutionspsychologische Paradigma auszeichnet. Den theoretischen Ausgangspunkt bildet diesbezüglich eine radikale Kritik am Menschenbild, das den Sozialwissenschaften zugrunde liegt, und das von Cosmides und Tooby als »Standard Social Science Model (SSSM)« (Tooby/Cosmides 2005, S. 6, ohne Hervorhebung) bezeichnet wird. Dieses habe seine Ursprünge in einer environmentalistischen Extremposition und könne wie folgt zusammengefasst werden:

"The most consequential assumption is that the human psychological architecture consists predominantly of learning and reasoning mechanisms that are general-purpose, content-independent, and equipotential (Pinker, 2002; Tooby & Cosmides, 1992). That is, the mind is blank-slate like, and lacks specialized circuits that were designed by natural selection to respond differentially to inputs by virtue of their evolved significance ... Yet if – as evolutionary psychologists have been demonstrating – the blank-slate view of the mind is wrong, then the social science project of the past century is not only wrong but radically misconceived" (Tooby/Cosmides 2005, S. 6).

Diesem angeblich in den Sozialwissenschaften weitverbreiteten Standardmodell stellen Cosmides und Tooby ihre eigene Auffassung von der Psyche als bereichsspezifisch organisiertem Spezialorgan gegenüber:

"As a result of selection acting on information-behavior relationships, the human brain is predicted to be densely packed with programs that cause intricate relationships between information and behavior, including functionally specialized learning systems, domain-specialized rules of inference, default preferences that are adjustable by experience, complex decision rules, concepts that organize our experiences and databases of knowledge, and vast databases of acquired information stored in specialized memory systems" (ebd., S. 14).

"The programs comprising the human mind were designed by natural selection to solve the adaptive problems regularly faced by our hunter-gatherer ancestors – problems such as finding a mate, cooperating with others, hunting, gathering, protecting children, navigation, avoiding predators, avoiding exploitation, and so on" (ebd., S. 16).

Menschen kommen demnach aus evolutionspsychologischer Sicht mit vorbereiteten Verhaltensprogrammen auf die Welt, die neuropsychologisch in Form spezialisierter ›Module‹ (vgl. Cosmides/Tooby 1997, S. 8; Buller 2006, S. 63–68) oder ›Mentalorgane‹ (vgl. ebd., S. 9, Übersetzung ML) organisiert sind und die alle »normalen« Menschen als sog. ›menschliche Universalien‹

(vgl. bspw. Buller 2006, S. 457) gemeinsam haben.[160] Wie Cosmides und Tooby zugestehen, weisen diese universellen Lernprogramme eine große Ähnlichkeit zum Instinktkonzept auf:

> "Instincts are often thought of as the opposite of reasoning, decision making, and learning. But the reasoning, decision-making, and learning programs that evolutionary psychologists have been discovering (1) are complexly specialized for solving an adaptive problem, (2) reliably develop in all normal human beings, (3) develop without any conscious effort and in the absence of formal instruction, (4) are applied without any awareness of their underlying logic, and (5) are distinct from more general abilities to process information or behave intelligently. In other words, they have all the hallmarks of what we usually think of as instinct (Pinker, 1994). In fact, we can think of these specialized circuits as instincts: *reasoning instincts, decision instincts, motivational instincts, and learning instincts*" (Tooby/ Cosmides 2005, S. 18, Hervorhebung im Original; vgl. z. B. auch Buller 2006, S. 128 f.).

Zur Erklärung der phylogenetischen Ursprünge der Entwicklung dieser kognitiven Architektur wird – in Anlehnung an die Humanethologie – auf das Konzept der sog. ›Ur-Umwelt‹ (als ›Environment of Evolutionary Adaptedness‹, EEA) rekurriert, in der sich die menschlichen Universalien als Anpassungen herausgebildet haben sollen. In der Regel ist damit hinsichtlich des menschlichen Verhaltens die steinzeitliche Periode des Pleistozäns gemeint, in der Menschen über mehr als 99 % ihrer Stammesgeschichte als Jäger und Sammler gelebt haben sollen (vgl. z. B. Cosmides/Tooby 1997, S. 10). Das Konzept des EEA selbst ist jedoch bezüglich des jeweils betrachteten Verhaltensmerkmals kontextabhängig:

> »Das *Environment of Evolutionary Adaptedness* oder EEA bezieht sich auf die statistische Zusammensetzung des Selektionsdrucks, der während der Evolutionsperiode einer Adaptation vorherrschend war (Tooby & Cosmides, 1992) … Das EEA für das Auge beispielsweise bezieht sich auf den spezifischen Selektionsdruck, der jede der Komponenten des Sehsystems über Hunderte von Millionen Jahren gestaltete. Das EEA für die bipedale Fortbewegung betrifft den Selektionsdruck, der etwa 4,4 Millionen Jahre zurückreicht. Der springende Punkt ist, dass das EEA sich nicht auf einen bestimmten Zeitpunkt oder Ort bezieht, sondern auf den Selektionsdruck, der für die Adaptationen verantwortlich ist. Daher hat jede Adaptation ihr eigenes EEA« (Buss 2004, S. 72, Hervorhebung im Original; vgl. bspw. auch Buller 2006, S. 59; Chasiotis 2010, S. 157; Hagen 2005, S. 154).

Laut Cosmides und Tooby müssen Verhaltensanpassungen, die im EEA adaptiv gewesen sein mögen, nicht unbedingt in der heutigen Zeit einen adaptiven Wert besitzen. Für diesen Kernaspekt des evolutionspsychologischen Paradigmas finden sich in der einschlägigen Fachliteratur verschiedene Kurzformeln. So zeichnet bspw. Allman mit der Wendung »Mammutjäger in der Metro« (Allman 1996) das Bild eines Menschen, der auf eine hochkomplexe Welt mit einer steinzeitlichen mentalen Ausstattung losgelassen wird; und Cosmides und Tooby nutzen zur Veranschaulichung das folgende eindrückliche Bild:

> "Our species lived as hunter-gatherers 1 000 times longer than as anything else … Natural selection is a slow process, and there just haven't been enough generations for it to design circuits that are well-adapted to our post-industrial life …In other words, *our modern skulls house a stone age mind*. The key

---

160 Als Beispiel für derartige Module wird von Cosmides und Tooby eine Art Warndetektor zur Aufdeckung von Schwindelei und Betrug in sozialen Kontexten postuliert. Mittels der Kartenauswahlaufgaben nach Peter Cathcart Wason (1924–2003) (vgl. z. B. Wason 1968) lasse sich aus ihrer Sicht nachweisen, dass Versuchspersonen logische Zusammenhänge leichter erfassen könnten, wenn diese in einem alltäglichen sozialen Kontext anstelle einer abstrakten logischen Form präsentiert würden (vgl. Cosmides/Tooby 1992; 1997, S. 17–21; kritisch: Buller 2006, S. 163–190). Bereits zu Beginn der 90er Jahre postulierte Donald E. Brown die Existenz einer Vielzahl von Universalien (vgl. Brown 1991). Eine durch Pinker aktualisierte Liste umfasst mittlerweile mehr als 360 menschliche Universalien (vgl. Pinker 2003, S. 601–608).

to understanding how the modern mind works is to realize that its circuits were not designed to solve the day-to-day problems of a modern American – they were designed to solve the day-to-day problems of our hunter-gatherer ancestors. These stone age priorities produced a brain far better at solving some problems than others. For example, it is easier for us to deal with small, hunter-gatherer-band sized groups of people than with crowds of thousands; it is easier for us to learn to fear snakes than electric sockets, even though electric sockets pose a larger threat than snakes do in most American communities" (Cosmides/Tooby 1997, S. 10 f, Hervorhebung ML).

Die Rekonstruktion des jeweiligen EEA einer Verhaltensanpassung ist ein Schwerpunkt des evolutionspsychologischen Ansatzes, der besonders scharfer Kritik ausgesetzt ist, da diese vergangene Umwelt durch eindeutige Befunde kaum gestützt werden kann, von der Interpretation von Fossilien und Relikten abhängt und sich zumeist jeglicher Falsifikation entzieht (vgl. bspw. Buller 2009, Dietrich/Sanides-Kohlrausch 1994, Lenz 2002). Im Gegensatz zu körperlichen Merkmalen lassen Verhaltensmerkmale leider keine Spuren in Form von Fossilien zurück, anhand derer klare Rückschlüsse auf das Leben und die sozialen Verhaltensweisen unserer steinzeitlichen Ahnen möglich wären. Da Rekonstruktionen des EEA in besonderem Maße spekulativ bleiben, wird im englischen Sprachraum für gewagte Hypothesen über das EEA in Anlehnung an das 1902 veröffentlichte Werk des britischen Dichters und Schriftstellers Rudyard Kipling (vgl. Kipling 1902) der Begriff ›Just so stories‹ verwendet (vgl. Gander 2003, S. 133).[161] Jared Mason Diamond (geb. 1937) nutzt in diesem Zusammenhang den Ausdruck ›Paläo-Poesie‹:

> »Versuche, unsere Vergangenheit zu interpretieren, laufen ständig Gefahr, zu ›Paläo-Poesie‹ auszuarten: erfundene Geschichten, zu denen ein paar fossile Knochen den Anstoß geben und die eher persönliche Vorurteile ausdrücken, als für die Vergangenheit Gültigkeit zu besitzen« (Diamond 1994, S. 106).

Die theoretischen Grundannahmen der Evolutionspsychologie lassen sich damit wie folgt zusammenfassen: Der menschliche Geist bzw. die menschliche Psyche besteht aus einer Vielzahl spezialisierter neuronaler Schaltkreise (Module), die stammesgeschichtlich als Anpassungen für die besonderen Probleme entstanden sind, vor denen sich unsere Ahnen in einer pleistozänen bzw. steinzeitlichen (Ur-)Umwelt gestellt sahen. Die menschliche Psyche sei demnach mit einem Schweizer Taschenmesser vergleichbar, das viele unterschiedliche Spezialwerkzeuge zur Lösung ganz spezifischer Aufgaben bereitstelle (vgl. Cosmides/Tooby 1994, S. 60; Over 2003, S. 2). Diese Module weisen eine deutliche Ähnlichkeit zum Instinktkonzept auf, das Psychologen bereits im ausgehenden 19. Jahrhundert vertreten hatten. Evolutionspsychologinnen und Evolutionspsychologen wenden sich damit gegen die environmentalistische Extremposition der Auffassung vom menschlichen Geist als einer Tabula rasa, indem sie hervorheben, dass Menschen nicht alles mit gleicher Leichtigkeit lernen könnten. Stattdessen wird im evolutionspsychologischen Ansatz der Versuch unternommen, die Black box der Behavioristen inhaltlich zu füllen. Dieser Versuch bleibt allerdings auf der Stufe der Postulierung spezieller neuronaler Schaltkreise stehen, da Letztere neuroanatomisch nicht genauer lokalisiert werden können. Im Rahmen evolutionspsychologischer Argumentationen werden ausgehend von konkreten Verhaltensphänomenen Annahmen über die Konstitution der spezifischen Umweltbedingungen der Ur-Umwelt aufgestellt, die zur Entstehung von Anpassungen im Verhaltensbereich geführt haben sollen. Diese Form der forschungslogischen Vorgehensweise wird in der Evolutionspsychologie auch als »Reverse Engineering« (Tooby/Cosmides 2005, S. 25) bezeichnet:

---

161 Nach Gander habe sich die Metapher der ›Just so stories‹ in den letzten Jahren immer stärker in Richtung einer »rhetorischen Waffe« (Gander 2003, S. 133, Übersetzung ML) entwickelt, die von den Gegnern der evolutionären Psychologie zunehmend eingesetzt werde.

"Evolutionary Psychology claims that it's well on the way to discovering the psychological adaptations that form the human mind and that the job will soon be completed … This confidence is based on the faith in the method of evolutionary functional analysis, which is a kind of *reverse engineering*. Forward engineering is a process of designing a mechanism that will be capable of performing some desired task. Reverse engineering is a process of figuring out the design of a mechanism on the basis of an analysis of the tasks it performs. Evolutionary functional analysis is a form of reverse engineering in that it attempts to reconstruct the mind's design from an analysis of the problems the mind must have evolved to solve" (Buller 2006, S. 92, Hervorhebung im Original).

Abschließend ist darauf hinzuweisen, dass auf der Basis dieses evolutionspsychologischen Paradigmas in den vergangenen zwanzig Jahren viele empirische Forschungsarbeiten durchgeführt worden sind (vgl. insbes. Buss 2004).[162] Exemplarisch sollen an dieser Stelle drei Studien erwähnt werden, deren Status in der Evolutionspsychologie mittlerweile als ›klassisch‹ angesehen werden kann: Anhand einer vergleichenden Untersuchung über 37 Kulturen hinweg konnte David Buss nachweisen, dass Männer in der Partnerwahl aufgrund der Unterschiede im Elterninvestment kulturübergreifend eher junge, attraktive Partnerinnen bevorzugen, Frauen hingegen größeren Wert auf sozialen und ökonomischen Status legen (vgl. Buss 1989). Mittels Untersuchungen an den Yanomami, einem Indianerstamm in Brasilien, konnte von Napoleon Alphonseau Chagnon (geb. 1938) gezeigt werden, dass Männer, die bereits in Stammesfehden getötet hatten, einen größeren Fortpflanzungserfolg hatten als Männer, die nicht getötet hatten (vgl. Chagnon 1988). Und zuletzt ist an dieser Stelle der Befund von Martin Daly und Margo Wilson zu nennen, wonach aufgrund der Verwandtschaftsverhältnisse Stiefkinder ein höheres Risiko aufweisen, im familiären Kontext Opfer von Misshandlungen zu werden, als Kinder, die bei beiden leiblichen Eltern aufwachsen (vgl. Daly/Wilson 1985). Diese klassischen Studien illustrieren damit zugleich den Effekt, dass im Zuge der Umsetzung eines konkreten Forschungsdesigns sowie der Generierung von Hypothesen soziobiologische Konzepte eine viel stärkere Rolle in der Evolutionspsychologie einnehmen, als dies bezüglich ihrer theoretischen Grundannahmen und aufgrund der Selbstdarstellung ihrer Vertreterinnen und Vertreter zu erwarten wäre.

4.2 Anlage und Umwelt aus soziobiologischer und evolutionspsychologischer Sicht

Wenn im Folgenden gefragt wird, wie die Diskurspositionen bezüglich der Anlage-Umwelt-Debatte zu charakterisieren sind, die sich aus dem soziobiologischen und dem evolutionspsychologischen Paradigma ergeben, so sind diese beiden Disziplinen aus systematischer Sicht getrennt voneinander zu behandeln.

---

162 Buller liefert auf der Grundlage widersprechender empirischer Befunde eine kritische Diskussion einiger der wichtigsten und bekanntesten evolutionspsychologischen Studien (vgl. Buller 2006, passim). Anzumerken ist zudem, dass es in der erst zwanzigjährigen Geschichte der Evolutionspsychologie bereits zu verschiedenen Skandalen aufgrund unzulänglicher Berücksichtigung sozialpolitischer Implikationen sowie mutmaßlicher Verletzungen forschungsethischer Grundprinzipien gekommen ist. So löste bspw. die These von Randy Thornhill und Craig T. Palmer, dass Vergewaltigung als evolutionär angepasste Strategie betrachtet werden könne (vgl. Thornhill/Palmer 2000), im öffentlichen Diskurs einen Sturm der Entrüstung aus. Des Weiteren wurde im Jahr 2000 von Patrick Tierney gegenüber Chagnon der Vorwurf erhoben, dass Letzterer in Kooperation mit seinem Mentor, dem Humangenetiker und vermeintlichen Nativisten James Van Gundia Neel (1915–2000), unter den Yanomami in fahrlässiger Weise eine Masern-Epidemie verschlimmert habe (vgl. Tierney 2000, dt. 2002; kritisch: Tooby 2000; für eine detaillierte Diskussion der ›Chagnon-Debatte‹ vgl. Borofsky 2005).

Soziobiologische Positionen können anhand des Stellenwertes, den sie genetischen Einflüssen gegenüber Umwelteinflüssen einräumen, voneinander abgegrenzt werden. Im Folgenden sollen zwei Positionen unterschieden werden, die als ›Ultra-Darwinismus‹ (in Anlehnung an Rose; vgl. Fußnote 149 auf Seite 147) und ›Genzentrismus‹ bezeichnet werden.[163] Um Missverständnissen vorzubeugen, ist zunächst anzumerken, dass beiden Positionen kein extremer oder ausschließender Nativismus zugrunde liegt. Allerdings weisen soziobiologische Positionen deutliche Anzeichen dafür auf, dass Anlage und Umwelt nicht derselbe Stellenwert eingeräumt wird und sich die Argumentation schwerpunktmäßig auf die Bedeutung von Anlagefaktoren konzentriert. Aus systematischer Sicht ist daher soziobiologischen Diskurspositionen eine gewisse ›nativistische Orientierung‹ nicht abzusprechen.

Für den *Ultra-Darwinismus*, wie er insbesondere von Dawkins vertreten wird, erscheint dies offensichtlich, denn dieser Diskursposition liegt ein deutlicher Fokus auf die Ebene der Gene als Replikatoren zugrunde, wohingegen übergeordnete Einheiten (insbesondere der Organismus) quasi dekonstruiert werden. Sowohl das Individuum (als Vehikel) als auch die Umwelt sind Einflüssen und Strukturen auf der genetischen Ebene untergeordnet. Von einem Gleichgewicht von Anlage und Umwelt kann in diesem Konzept somit trotz der nachweisbaren Berücksichtigung von (ökologischen und sozialen) Umweltfaktoren nicht gesprochen werden. Vielmehr scheint es sich hier um ein theoretisches Denkmodell zur Hervorhebung des Prinzips des Genegoismus mit überzeichnenden Tendenzen zu handeln. Vor diesem Hintergrund kann Dawkins Memtheorie als Versuch gewertet werden, einer konzeptionellen Überbetonung genetischer Faktoren entgegenzuwirken.

Die große Mehrheit der Soziobiologinnen und Soziobiologen scheint demgegenüber eine gemäßigtere Sichtweise von Anlage und Umwelt zu vertreten, die als *Genzentrismus* bezeichnet werden kann und deren Hauptmerkmal eine sog. »genzentrierte Umwelt-Selektivität« (Scheunpflug 2001a, S. 66) bzw. »Selektivität der Gen/Umwelt-Beziehung« (Voland 2000a, S. 15, ohne Hervorhebung) darstellt. Nach diesem Modell werden nicht Gene selektiert, sondern Organismen als Realisierungen eines bestimmten Genotyps in einer bestimmten Umwelt. Die Gene geben dabei (als eine Art Möglichkeitsraum) Entwicklungswege vor, die unter verschiedenen Umweltbedingungen realisiert werden können, von denen aber nur ein einziger in Form des konkreten Phänotyps in der Entwicklung umgesetzt wird:[164]

> »Die Anpassung der Interaktion zwischen Genen und Umwelten ist damit der Bezugspunkt, an dem die Selektion ansetzt – und eben nicht die Gene. Gene legen Entwicklungsvorgänge nahe, die sich in einem Wechselspiel zwischen der Erbinformation und ihrer Umgebung vollziehen. Gene definieren die Reaktion auf mögliche Umwelten, das heißt auf äußere Umweltbedingungen. Die Umweltbedingungen lösen aus, welcher Entwicklungsweg eingeschlagen wird ... Der Phänotypus, also das Erscheinungsbild eines Organismus mit allen seinen Merkmalen wie Anatomie oder Verhalten, ist damit die Manifestation eines Genotyps (der Erbinformation) *in einer bestimmten Umwelt*« (Scheunpflug 2001a, S. 66, Hervorhebung im Original).

---

163 Die Bezeichnung »Ultra-Darwinian« (Romanes 1906, S. 12) wurde bereits im Jahr 1895 (und damit lange vor der Einführung der Modernen Synthese in der Evolutionstheorie) von dem Evolutionsbiologen George John Romanes (1848–1894) zur abwertenden Bezeichnung der Vertreter (neo-)darwinistischer Diskurspositionen (insbes. in den Theorietraditionen von Wallace und Weismann), die die natürliche Selektion als einzige Triebkraft in der Evolution ansahen, verwendet (vgl. Romanes 1906, S. 12 f; Johnston 1995, S. 116; Logan/Johnston 2007, S. 759).

164 Dieses Modell weist damit deutliche Parallelen zum Modell der epigenetischen Landschaft nach Waddington auf, das in Abschnitt 5.1 ausführlich dargestellt wird.

Gene setzen demnach unumgängliche Grenzen für mögliche Phänotypen. Zwar wird eine gewisse umwelt-induzierte Kontrolle der Genaktivität in diesem Modell berücksichtigt, doch die möglichen Entwicklungswege erscheinen durch die Gene vorgegeben. Damit wird die Ontogenese in einem bestimmten Sinne als ›determiniert‹ gefasst, und zwar als Entfaltung eines vorgegebenen genetischen Programms. Welches Programm genau realisiert wird, ist keinesfalls determiniert sondern von der Umwelt abhängig. Da Umweltbedingungen diese spezifischen Entwicklungswege auslösen, wird von einem weitgehend *passiven* Organismus ausgegangen. Dass Organismen ihre Umwelten selbst mitgestalten und dabei erst erschaffen könnten, wird in dieser Konzeption nicht berücksichtigt. Stattdessen wird die Umwelt in spezifischer Weise umdefiniert, sozusagen als ›in den Genen bereits angelegt‹: Kein

> »Organismus reagiert auf ausnahmslos alle Aspekte seiner Umgebung. Die genetischen Entwicklungsprogramme sind nur sensitiv bezüglich bestimmter Milieueigenschaften. Diese *Selektivität der Gen/Umwelt-Beziehung* ist ihrerseits Produkt der Evolution, denn im Verlauf der Stammesgeschichte wurde gleichsam getestet, welche Eigenheiten der Umwelt nützliche Information für eine erfolgreiche Ontogenese beinhalten und welche nicht. Die Evolution von Interaktionen zwischen Genen und solchen Aspekten der Umwelt, die bedeutungslos für die genetische Fitness [sic!] sind, würde biologisch keinen Sinn machen. Die spezifischen Umweltbeziehungen eines Organismus, also die Frage, von welchen Eigenschaften der Umwelt er sich in seiner ontogenetischen Entwicklung in welcher Weise beeinflussen lässt, ist so gesehen genauso Produkt des evolutionären Erbes wie die Gene selbst« (Voland 2000a, S. 15, Hervorhebung im Original; vgl. auch Voland 2000b, S. 198).

> »Individualentwicklungen werden damit von Biologen so interpretiert, dass sie auf ein genetisches Programm zurückgehen, aber dennoch nicht als determinierter Vorgang zu sehen sind, der invariat [sic] wäre. Damit ›suchen‹ Anlagen ihre Umwelt in dem Sinne, dass erstere selektiv auf letztere reagieren« (Scheunpflug 2001a, S. 67).

Damit ist auch für diese soziobiologische Variante des Genzentrismus eine gewisse Nachordnung der Umweltseite zu konstatieren, die allerdings deutlich abgeschwächter ausfällt als in ultra-darwinistischen Ansätzen.

Im Folgenden soll betrachtet werden, welche Diskursposition zur Anlage-Umwelt-Thematik sich aus den Grundannahmen der Evolutionspsychologie ableiten lässt. Das diesbezügliche Selbstverständnis des evolutionspsychologischen Paradigmas kann einschlägigen Einführungen zur Evolutionspsychologie entnommen werden. Dabei ist zunächst darauf hinzuweisen, dass sich Evolutionspsychologinnen und Evolutionspsychologen deutlich von environmentalistischen Positionen distanzieren, was bspw. anhand von Pinkers Monografie »The blank slate« (Pinker 2002) besonders deutlich wird. Zuweilen wird von evolutionspsychologischer Seite in diesem Kontext auf einen Ausspruch Hamiltons verwiesen: »The tabula of human nature was never rasa and it is now being read« (Freeman 1999b, S. 215, ohne Hervorhebungen; vgl. auch Betzig 1997, Umschlagrückseite; Hrdy 2000, S. 125). Leda Cosmides und John Tooby gehen als Gründer/innen bzw. Hauptvertreter/innen des evolutionspsychologischen Ansatzes einen Schritt weiter und negieren nicht nur environmentalistische Positionen:

> "Despite widespread belief to the contrary, evolutionary psychology is not another swing of the nature-nurture pendulum (Tooby & Cosmides, 1992). It shatters the traditional framework and the old categories entirely, rather than siding with any position within the old debate. Indeed, a defining characteristic of the field is the explicit rejection of the usual nature-nurture dichotomies – instinct versus reasoning, innate versus learned, biological versus cultural, nativist versus environmentalist, socially determined versus genetically determined, and so on – because they do not correspond to the actual distinctions that need to be made in the real world. Evolutionary psychologists do not see nature and

nurture as in a zero-sum relationship. Nature and nurture exist in a positive sum relationship: More nature allows more nurture (Boyer, 2001; Tooby & Cosmides, 1992)" (Tooby/Cosmides 2005, S. 30).

Die Evolutionspsychologie zeichnet sich damit aus Sicht von Cosmides und Tooby durch die ausdrückliche Zurückweisung der Anlage-Umwelt-Dichotomie per se aus. Jedoch wird bereits im einleitenden Satz des obigen Zitates deutlich, dass ein derartiges Selbstverständnis von Kritikerinnen und Kritikern evolutionspsychologischen Denkens angezweifelt wird. Die Klarstellung von Cosmides und Tooby dient damit aus diskursanalytischer Sicht sowohl als Erwiderung gegenüber Vorwürfen vonseiten anderer Diskurspositionen als auch als Strategie zur wissenschaftstheoretischen Aufwertung der eigenen Position, die einem derartigen fehlerhaften Verständnis von Anlage und Umwelt nicht folge – insbesondere hinsichtlich einer relativen Wertung von Einflussfaktoren:

> "Debates about the 'relative contributions' during development of 'nature' and 'nurture' have been among the most contentious in psychology. The premises that underlie these debates are flawed, yet they are so deeply entrenched that many people have difficulty seeing that there are other ways to think about these issues" (Cosmides/Tooby 1997, S. 14).

Charakteristisch für das evolutionspsychologische Paradigma sei laut Cosmides und Tooby vielmehr eine interaktionistische Sichtweise, in der der Gegensatz von ›innate‹ und ›learned‹ als unzulängliche Gegenüberstellung entlarvt werde, in der der Selektion eine zentrale Schlüsselposition eingeräumt werde und die einen genetischen Determinismus kategorisch ablehne:[165]

> "Consequently, any learned behavior is the joint product of 'innate' equipment interacting with environmental inputs and, therefore, cannot be solely attributed to the action of the environment on the organism. Thus, *innate* cannot be the opposite of *learned*. It is just as mistaken to think of *evolved* as the opposite of *learned* because our evolved learning programs were organized by evolution to learn some things and not others" (Tooby/Cosmides 2005, S. 31, Hervorhebungen im Original).

> "This view of development is not gene-centered or a form of 'genetic determinism' if by that one means that genes by themselves determine everything, immune from environmental influence – or even that genes determine 'more' than the environment does. Although not gene-centered, however, this view is very much natural selection-centered, because it is natural selection that chooses some genes rather than others and, in so doing, orchestrates the interaction between the two inheritances [genetic inheritance and developmentally relevant environment, ML] so that high degrees of recurrent functional order can emerge and persist, such as eyes or maternal love" (ebd., S. 35 f.).

Der Umwelt komme in einem derartigen Verständnis eine bedeutende, wenn auch nicht privilegierte Stellung zu (insbes. bezüglich des konkreten ›Feintunings‹ bzw. der Ausgestaltung kognitiver Module; vgl. bspw. Buller 2006, S. 134), die auf den ersten Blick durchaus an das bereits diskutierte soziobiologische Modell der genzentrierten Umweltselektivität erinnert: »What effect the environment will have on an organism depends critically on the details of its evolved cognitive architecture« (Cosmides/Tooby 1997, S. 14).

Eine kritische Betrachtung dieser evolutionspsychologischen Selbstdarstellung zeigt jedoch, dass sich diese bei weitem nicht als derart kohärent erweist wie es auf den ersten Blick erscheint: Derselbe Sammelband, dem einige der obigen Zitate von Cosmides und Tooby entstammen,

---

165 Dieses auf den ersten Blick interaktionistische Grundpostulat von Cosmides und Tooby wird in Rezeptionen des evolutionspsychologischen Ansatzes zumeist unhinterfragt übernommen. So konstatieren bspw. Euler und Hoier: »Anlage und Umwelt sind nicht Rivalen, sondern Bündnispartner. Selbst in der evolutionären Psychologie wird der Anlage gegenüber der Umwelt kein hervorgehobener Rang eingeräumt« (Euler/Hoier 2008, S. 20).

enthält einen weiteren Beitrag, in dem Edward H. Hagen kontroverse Aspekte der evolutions-psychologischen Sichtweise diskutiert und gängige Missverständnisse auszuräumen versucht. Im Gegensatz zur expliziten Zurückweisung der Anlage-Umwelt-Dichotomie durch Cosmides und Tooby verweist Hagen auf die Wichtigkeit der Unterscheidung zwischen Anlage und Umwelt:

> "The nature-nurture distinction is real and important. It is the distinction between reproductively [sic!] relevant environmental patterns that are stable across many generations versus those that are stable for much shorter periods. Relatively stable environmental patterns can cause the evolution of all types of adaptations – our nature. More variable environmental patterns can cause the evolution of a narrower class of adaptations: learning adaptations – specialized aspects of our nature that enable nurture (for more on the evolution of learning and culture, see e.g., Richerson & Boyd, 2005)" (Hagen 2005, S. 161).

Zudem bescheinigt Hagen der Evolutionspsychologie ein deutliches Primat von Anlagefaktoren gegenüber Umweltfaktoren, das dem Postulat von Cosmides und Tooby, nach dem in der Evo-lutionspsychologie Anlage und Umwelt als gleichberechtigte Partner angesehen würden, direkt widerspricht:

> "One genuine solution to the nature-nurture debate requires abandoning the idea that nature and nurture are equal partners. They are not. Nurture is a product of nature. Nurture – learning and all its various forms – doesn't happen by magic. It doesn't occur simply by exposing an organism to the environment. It occurs when evolved learning adaptations are exposed to the environment … EP [evolutionary psychology, ML] comes down squarely in favor of the primacy of nature" (ebd., S. 159f).

Dieses Primat von Anlagefaktoren manifestiert sich nicht zuletzt in den evolutionspsycholo-gischen Grundannahmen, nach denen Menschen viel mehr Instinkte besitzen würden als Tiere, diese Instinkte in Form neurophysiologischer Schaltkreise (als Module) im Gehirn organisiert seien, sich als stammesgeschichtliche Anpassungen an eine längst vergangene Ur-Umwelt entwickelt hätten und letztlich als Universalien etwas konstituieren würden, das gemeinhin als ›menschliche Natur‹ verstanden wird. In ähnlicher Weise unterstellt auch Garvey der evolutions-psychologischen Position von Cosmides und Tooby einen latenten Nativismus:

> "[B]ut to accuse Evolutionary Psychologists of nativism does not necessarily mean to accuse them of thinking that genes are responsible for a greater proportion of our cognitive makeup than environ-mental conditions are. This is because there are other ways to construe the nature/nurture dichotomy. On at least one of these other construals, I want to argue, Tooby and Cosmides turn out to be making nativist claims that are both very strong and very general. To spell this out a bit further: the tradi-tional 'folk' distinction between 'innate' and 'acquired' carries a host of connotations, not all of which can be captured by any one genuine distinction. But that does not mean that *none* of them can be captured by genuine distinctions. What I want to argue is that at least one genuine distinction – that between canalized and non-canalized – captures much of what the folk distinction connotes. Further, I will show that Tooby and Cosmides make a very general claim to the effect that all or most of our cognitive architecture is very highly canalized. Thus, despite their protestations to the contrary, Evo-lutionary Psychology is another swing of the old nature/nurture pendulum after all" (Garvey 2005, S. 310f, Hervorhebung im Original).

Im aktuellen Diskurs finden sich jedoch auch Gegenstimmen, die den Auffassungen der Kritiker-innen und Kritiker, dass die Evolutionspsychologie nativistische Relikte enthalte, vehement widersprechen und – ähnlich wie in der Debatte um die Soziobiologie – unter der Oberfläche der Kritik sozialpolitische Intentionen wittern. Von Ridley wird die Evolutionspsychologie bspw. wie folgt eingeschätzt:

"Genes, for Tooby and Cosmides, are designed to expect certain environments, and designed to make the most of them. Despite this renewed emphasis on the environment, Tooby and Cosmides ran into the same political problem as Wilson and Dawkins. The social science establishment, liking their ambitions upon its subject matter no better than it had liked Wilson's, painted them as extreme reactionary nativists. I think this is a radical misinterpretation. For me, Tooby and Cosmides represent a retreat from naïve nativism towards an integration with nurture. The subject they helped to found – evolutionary psychology – is as comfortable with nurture explanations as it is with nature explanations" (Ridley 2003, S. 246).

Zusammenfassend ist damit auch der Evolutionspsychologie – trotz gegenteiliger Behauptungen ihrer Hauptvertreterinnen und -vertreter – eine gewisse nativistische Orientierung zu bescheinigen, die jedoch im Vergleich zu soziobiologischen Diskurspositionen ohne detaillierte Betrachtungen kaum erkennbar ist. Die Heterogenität der hier beleuchteten Stellungnahmen zur Anlage-Umwelt-Problematik illustriert, dass selbst innerhalb der Evolutionspsychologie unterschiedliche Positionen bezüglich einer Überwindung der Anlage-Umwelt-Dichotomie und der Bedeutung von Anlage- und Umweltfaktoren eingenommen werden. Letztlich leistet damit auch die Evolutionspsychologie trotz gegenteiliger Postulate ihrer Vertreterinnen und Vertreter einen Beitrag zur Perpetuierung des aktuellen Anlage-Umwelt-Diskurses.

Kapitel 5:
Kritischer Interaktionismus

Mitte der neunziger Jahre wurden in der wissenschaftlichen Diskussion zunehmend Konzepte populär, die das Zusammenwirken von Anlage und Umwelt aus einer kritischen Perspektive betrachten und sich deutlich von soziobiologischen (bzw. evolutionspsychologischen) und verhaltensgenetischen Konzepten absetzen, obgleich auch in diesen Konzepten die Rezeption biologischen Wissens von zentraler Bedeutung ist. Nicht wenige dieser Ansätze stammen dementsprechend aus der Feder von Biologinnen und Biologen selbst. Obwohl sich die historischen Wurzeln dieser kritischen Ansätze teilweise bis in die 50er Jahre zurückverfolgen lassen, scheinen sie erst zur Jahrtausendwende ihre volle Blüte im Anlage-Umwelt-Diskurs entfaltet zu haben. Die Gründe dafür liegen nicht ausschließlich in der Dominanz soziobiologischer (seit den 90er Jahren: evolutionspsychologischer) sowie verhaltensgenetischer Ansätze seit den 70er Jahren, sondern auch darin, dass die Erklärungs- und Deutungsansprüche genetischer und verhaltensbiologischer Modellannahmen seit einigen Jahren kritischer als zuvor bewertet werden – und dies nicht nur im populärwissenschaftlichen, sondern auch im wissenschaftlichen Bereich. Zudem haben die Ergebnisse des ›Human Genome Projects‹ in den Jahren 2000 und 2001 (Verkündung der annähernd abgeschlossenen ›Entzifferung‹ des Erbgutes im Juni 2000 und dessen anschließende ›Entschlüsselung‹ bzw. Veröffentlichung einer Rohfassung im Februar 2001, vgl. z. B. Bartens 2003, S. 139 ff) die über Jahrzehnte geltende Schätzung von 100 000 bis 120 000 menschlichen Genen auf ca. 30 000 bis 40 000 Gene im Genom des Menschen revidiert. Dies hat – insbesondere auf der populärwissenschaftlichen Diskursebene – Anlass zur Ernüchterung sowie zu allerlei Spekulationen gegeben (vgl. bspw. Lipton 2006, S. 63).[166] Seither konzentriert sich die humangenetische Forschung im Rahmen eines erneuten ›Mammutprojektes‹ auf die Entschlüsselung des menschlichen ›Proteoms‹, also auf die Strukturaufklärung der Gesamtheit der Proteine. Parallel dazu rückte die epigenetische Vererbung stärker als je zuvor in das Zentrum des humangenetischen Interesses, was dazu geführt hat, dass in den letzten Jahren das Thema der Vererbung erworbener Eigenschaften im Rahmen der Epigenetik erneut diskutiert wurde (für die Rezeption im populärwissenschaftlichen Bereich vgl. bspw. Albrecht 2003, Schwägerl 2007, Watters 2007). ›Epigenetik‹ bzw. ›epigenetische Vererbung‹[167] umfasst die Erforschung von Effekten, die nicht als genetisch im klassischen Sinne verstanden werden,

---

166 Pinker weist in diesem Zusammenhang darauf hin, dass die Zahl der Gene im menschlichen Genom allein keinerlei Aussagekraft bezüglich der Frage nach der Bedeutung von Anlage und Umwelt für die Entwicklung menschlicher Eigenschaften und Verhaltensweisen besitze: »In unserem gegenwärtigen Stand der Unwissenheit, in dem uns vollkommen schleierhaft ist, wie viele Gene zur Codierung eines Gehirn erforderlich sind, ist die Zahl der Gene im menschlichen Genom nichts als eine Zahl« (Pinker 2003, S. 114). Diese Zahl habe zudem »wenig mit der Komplexität des Organismus zu tun« (ebd., S. 115). Nach heutiger Schätzung liegt die Zahl der menschlichen Gene sogar nur bei ca. 20 000 (vgl. z. B. Clamp u. a. 2007; Kegel 2009, S. 52 f).

167 Die Vorsilbe »Epi‹ stammt aus dem Griechischen und bedeutet ›daneben, obenauf« (Schwägerl 2007, S. 152).

aber dennoch von Generation zu Generation weitervererbt werden. Dies schließt vielfältige Prozesse genetischer Regulierung und Steuerung ein:

> »Epigenetiker erforschen nicht die Abfolge der Bausteine entlang der DNS, auf die sich Genetiker im Humangenomprojekt konzentriert haben. Vielmehr wollen sie wissen, welche Faktoren die rund 25 000 Gene des Erbstrangs bei der Entwicklung von der Keimzelle bis zum erwachsenen Organismus steuern, ohne selbst ein Gen zu sein« (Schwägerl 2007, S. 152).

Epigenetik ist demnach in diesem engen Begriffsverständnis »the study of changes in genetic expression that are not linked to alterations in DNA sequences« (Balter 2000, S. 38). In diesem Zusammenhang ist darauf hinzuweisen, dass Epigenetik nicht mit ›Epigenese‹ verwechselt werden darf. Letzterer Begriff lässt sich bis zu Aristoteles in die Antike zurückverfolgen, in der bereits unterschiedliche Auffassungen hinsichtlich der menschlichen Entwicklung vertreten worden waren, und wurde im 18. Jahrhundert in besonders vehementer Weise der bis dato vorherrschenden Auffassung von der Vorgeprägtheit des Organismus gegenübergestellt (vgl. Dawkins 2010b, S. 243; Jahn 2004, S. 259–270):[168]

> »In der Biologie des 18. Jahrhunderts herrschte ein heftiger Streit zwischen der Präformationstheorie und der Theorie der Epigenese über die Definition von Entwicklung. Nach der Ansicht der Präformations-theorie war der erwachsene Organismus bereits in Miniaturform im Spermium enthalten. Entwicklung entsprach ihrer Theorie nach also dem Wachstum und der Manifestation dieses Miniaturwesens ... Die Theorie der Epigenese hingegen betrachtete den Organismus nicht als bereits im befruchteten Ei vorgeformt, sondern vielmehr als das Resultat tiefgreifender Veränderungen in Form und Größe während der Embryogenese. Die Präformationstheorie gilt inzwischen als endgültig durch die Lehre der Epigenese besiegt« (Lewontin 2002, S. 3, 5).[169]

Epigenetik ist demgegenüber als moderne biologische Subdisziplin anzusehen, auf die im Rahmen kritisch-interaktionistischer Ansätze zurückgegriffen wird. Dabei werden von Vertreterin-nen und Vertretern des Kritischen Interaktionismus diverse eigentümliche und zuvor unerklär-bare Befunde der genetischen Forschung aus den letzten Jahrzehnten neu interpretiert und zu verschiedenen Ansätzen verdichtet, die teilweise den in der Molekularbiologie vorherrschenden Konzeptionen diametral gegenüberstehen. Zudem wird nach den Konsequenzen derartiger Be-funde für evolutionäre Paradigmen gefragt. Vor diesem Hintergrund und aufgrund ihrer in-haltlichen Heterogenität sind Ansätze des Kritischen Interaktionismus derzeit weniger als ein eigenständiges Forschungsparadigma zu klassifizieren, sondern vielmehr als einzelne Beiträge im Rahmen einer Philosophie der Biologie.

---

168 Bezüglich ihrer historischen Wurzeln geht die Präformationstheorie auf Anaxagoras (499–428 v. Chr.) zurück (vgl. z. B. Harig/Kollesch 2004, S. 57; Mahner/Bunge 2000, S. 271). Als Begründer der Konzeption der Epigenese wird hingegen Aristoteles (384–322 v. Chr.) angesehen (vgl. bspw. Junker 2004, S. 59; Mahner/Bunge 2000, S. 273).

169 Lewontin wendet sich jedoch zugleich gegen die in der Entwicklungsbiologie vorherrschende Behauptung eines Triumphs der Epigenese gegenüber der Präformationslehre, indem er die Sichtweise der Humangenetik als präformationistisch wertet: »Tatsächlich ist es aber dennoch die Präformationstheorie, die bis heute triumphiert. Es besteht kein wesentlicher Unterschied – außer mechanistischen Details – zwischen der Ansicht, der Organismus sei bereits im befruchteten Ei vorgeformt und der Theorie, der komplette Plan eines Organismus sowie alle zu seiner Entstehung notwendigen Informationen seien dort enthalten. Letztere Ansicht dominiert momentan die moderne Entwicklungsbiologie« (Lewontin 2002, S. 5).

5.1 Historische Entwicklung

Die historischen Wurzeln des Kritischen Interaktionismus sind vielfältig. Im Folgenden können aus diesem Grund nur einige Eckpfeiler genannt werden, auf die in diesen Ansätzen des Öfteren rekurriert wird.[170]

Bereits in den 50er Jahren ließen sich kritische Sichtweisen in der Diskussion um Anlage und Umwelt finden, die auf die *Untauglichkeit* der Anlage-Umwelt-Dichotomie verwiesen. So hob bspw. Anastasi in ihrem oft zitierten Aufsatz aus dem Jahre 1958 (»Heredity, environment, and the question ›How?‹«, dt. 1973) mögliche Fragestellungen in der Anlage-Umwelt-Debatte hervor, mit denen das Verhältnis von Anlage und Umwelt in sehr unterschiedlicher Weise betrachtet werden kann: Zum einen kann es als Dichotomie verstanden werden, indem gefragt wird, *ob* Anlage- *oder* Umwelteinflüsse die Entstehung eines Persönlichkeitsmerkmals oder einer Verhaltensweise beeinflussen (vgl. Anastasi 1973). Neben diesem ›Entweder-oder‹, das die in den Kapiteln 1 und 2 erörterten Extrempositionen charakterisiert, kann aber auch nach dem *relativen* Anteil von Anlage und Umwelt gefragt werden, wobei in der Folge davon ausgegangen wird, dass der Einfluss von Umweltfaktoren steigt, je weiter man in der Betrachtung von physiologischen Merkmalen (wie z. B. der Körpergröße) in Richtung des Sozialverhaltens fortschreitet.[171] Zum Dritten kann nach der *Art und Weise des Zusammenspiels* von Anlage und Umwelt gefragt werden. Durch letztere Perspektive wird der Fokus der Diskussion über Anlage und Umwelt auf den Modus Operandi der Anlage-Umwelt-Wechselwirkung gelegt. Zugleich wurde damit von Anastasi die verhaltensgenetische Methode einer relativen Ermittlung von Anlage- und Umweltanteilen deutlich kritisiert und ein Postulat für die zukünftige psychologische Auseinandersetzung mit der Anlage-Umwelt-Thematik aufgestellt, dem bis heute nur selten entsprochen worden ist.

Von biologischer Seite wurden kritische Sichtweisen insbesondere durch die Arbeiten von Conrad Hal Waddington (1905–1975) aus den 40er und 50er Jahren angeregt – mit dem Ziel einer Integration von Genetik und Entwicklungsbiologie (vgl. Waddington 1940, 1957). Dabei entwickelte sich das von Waddington ursprünglich zur Beschreibung der embryonalen Entwicklung konstruierte Modell einer ›epigenetischen Landschaft‹ in den folgenden Jahrzehnten immer mehr zu einer grundlegenden Modellvorstellung zum Verständnis des Zusammenwirkens von Anlage- und Umweltfaktoren in der Ontogenese. Auf dieses Modell wird auch heute noch von zahlreichen Vertreterinnen und Vertretern kritisch-interaktionistischer Konzepte verwiesen (vgl. bspw. Jablonka/Lamb 2006, S. 63f, 261 ff; Moore 2002, S. 187ff; Oyama 2002, S. 109ff; Petermann/Niebank/Scheithauer 2004, S. 280f). Nach Waddington lässt sich das Zusammenwirken von Anlage und Umwelt in der Ontogenese anhand des Bildes einer

---

170 So verweist bspw. Oyama allein bezüglich der historischen Wurzeln der ›Developmental Systems Theory‹ (siehe unten) auf verschiedene interaktionistische, psychologische und systemtheoretische Ansätze, die genetische Epistemologie von Jean Piaget, Befunde aus der Molekular- und Entwicklungsbiologie sowie in allgemeiner Form auf die Subdisziplinen der Kognitionspsychologie und Ethologie (vgl. Oyama 2002, S. 4).

171 Derartige Vorstellungen eines Kontinuums zwischen vollständig instinktiven und komplett gelernten Verhaltensweisen wurden laut Logan und Johnston bereits im ausgehenden 19. Jahrhundert durch George John Romanes (1848–1894) und Conwy Lloyd Morgan (1852–1936) vertreten: "Like Darwin, Romanes and Morgan did not insist on a strict distinction between learned (i. e., psychological) and instinctive (i. e., biological) components of behavior. Both men envisioned a continuum of behaviors between purely learned behavior and the 'perfect instincts' (Romanes' phrase), which appear fully-formed on the first occasion of their performance and owe nothing to experience" (Logan/Johnston 2007, S. 759).

Kugel beschreiben, die in einer ›Landschaft‹ von Hügeln in ein Tal hinabrollt (vgl. z. B. Jablonka/
Lamb 2006, S. 63 ff; Slack 2002, S. 891 ff).

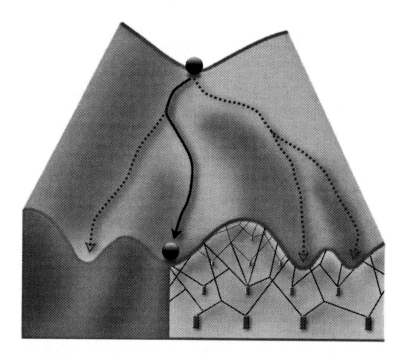

Abb. 3: Epigenetische Landschaft nach Waddington (Quelle: Eigene Rekonstruktion basierend auf Waddington 1957,
S. 29, 36; Held 2009, S. 8)

Der Weg, den die Kugel durch diese Hügellandschaft nimmt, wird sowohl durch die vorge-
gebene Gestalt der Hügel selbst als auch durch zufällige Richtungsänderungen festgelegt (vgl.
Abb. 3). Denn an den Abzweigungen zwischen zwei Tälern kann die Kugel alternative Lauf-
richtungen einschlagen. Letzteres wird von Waddington als Wirkung von Umwelteffekten
gedeutet. So können bspw. Umwelteinflüsse als Kräfte verstanden werden, die auf die herab-
rollende Kugel einwirken und ihre Laufrichtung an einer Abzweigung in eines von mehreren
alternativen Tälern lenken (vgl. Waddington 1957, S. 167). Der genetische Einfluss spiegelt
sich in der Beschaffenheit der Hügel-Landschaft selbst, wobei nach Waddingtons Vorstellung
genetische Faktoren als ›Seile‹ unterhalb der Landschaft an bestimmten Punkten ziehen (gleich
einer gespannten Plane, an der von unten an verschiedenen Stellen Fäden mit Gewichten auf-
gehängt sind; vgl. Abb. 3, rechts unten). Die genetischen Einflüsse determinieren in diesem
Modell demnach die Beschaffenheit der ›epigenetischen‹ Landschaft, indem sie die Lage von
Hügeln und Tälern vorgeben. Sie bestimmen jedoch nicht den Lauf der Kugel durch die Hügel-
Landschaft selbst. Der Weg, den die Kugel durch die epigenetische Landschaft nimmt, wird
im ontogenetischen Sinne verstanden, sodass die Täler letztlich alternative Entwicklungswege
repräsentieren, die vom Organismus eingeschlagen werden können (im Sinne phänotypischer

Plastizität).[172] Je nach Tiefe dieser Täler wird Entwicklung dementsprechend als stärker oder schwächer ›kanalisiert‹ aufgefasst. Experimentelle Bestätigungen für dieses Modell ließen sich in der Folge anhand von phänotypischen Merkmalen finden, die sich trotz Deaktivierung wichtiger Gene dennoch entwickelten (sog. ›Knock out‹-Mutanten) und damit die Abpufferung von wichtigen Entwicklungswegen gegenüber Veränderungen signalisierten (also ein hohes Maß an Kanalisierung):

> "Knockout experiments show that there is a lot of structural and functional redundancy in the genome, and that the pathways of development are so strongly channelled ('canalized,' in the geneticists' jargon) that many differences in genes make very little difference to the phenotype. It was Waddington who coined the term 'canalization' to describe this type of dynamic developmental buffering, and it is not difficult to understand it in terms of his epigenetic landscape" (Jablonka/Lamb 2006, S. 65; vgl. auch Keller 2001b, S. 150–153).

Waddingtons Konzept illustriert damit zugleich Kontingenz (phänotypische Plastizität in der ontogenetischen Entwicklung) und Stabilität (Kanalisation durch Redundanz des genetischen Materials zur Abpufferung von genetischen Unterschieden und Mutationen). Kritisch anzumerken ist, dass dieses Konzept der Kanalisierung aus metatheoretischer Perspektive nicht zwangsläufig als interaktionistisch betrachtet werden muss, da in diesem Modell die genetischen Einflüsse die absoluten Grenzen der Entwicklungsmöglichkeiten vorgeben, auch wenn sie die eingeschlagenen Entwicklungspfade, die sich im Ergebnis der Entwicklung als konkrete Phänotypen manifestieren, nicht vollständig determinieren. Es handelt sich somit zwar um ein interaktionistisches Konzept, das aber in deutlicher Weise an sog. »Obergrenzenmodell[e]« (Flammer 1996, S. 28) angelehnt ist, in denen ein Faktor (in diesem Falle die Anlage) als bestimmend angesehen wird.[173]

Weitere historische Einflüsse auf die Entwicklung kritisch-interaktionistischer Ansätze sind in den Arbeiten von Daniel Lehrman (vgl. z. B. Lehrman 1953, 1970), in der Publikation »Not in our genes …« durch Richard Charles Lewontin (geb. 1929), Steven Peter Russell Rose (geb. 1938) und Leon J. Kamin (geb. 1927) (vgl. Lewontin/Rose/Kamin 1984, dt. 1988) sowie in dem Werk »Der Baum der Erkenntnis« von Humberto Romesín Maturana (geb. 1928) und Francisco Javier Varela García (1946–2001) (vgl. Maturana/Varela 1987) zu sehen: Lehrman wandte sich bereits in den 50er Jahren gegen die Erklärungsversuche der Ethologen (insbesondere von Konrad Lorenz und Nikolaas Tinbergen), Verhalten in den Begriffen ›ererbt‹ und ›erworben‹ zu erfassen. Dabei kritisierte er insbesondere den Instinktbegriff, dessen inflatio-

---

172 Bezüglich verschiedener Konzepte zur phänotypischen Plastizität kann an dieser Stelle nur auf die einschlägige Fachliteratur verwiesen werden (vgl. z. B. Pigliucci 2001; West-Eberhard 1989, 2003).

173 Eine ähnliche Einschätzung liegt Garveys kritischer Diskussion evolutionspsychologischer Ansätze zugrunde: Garvey wertete in diesem Kontext das Kanalisierungkonzept als »Partial Substitute For Innateness« (Garvey 2005, S. 312), und damit als quasi-nativistisches Relikt. Da evolutionspsychologische Modelle eine universelle menschliche Natur postulieren würden und ihr Adaptations-Konzept deutliche Parallelen zum Kanalisierungskonzept zeige, wurden sie von Garvey entsprechend als quasi-nativistisch eingestuft (vgl. Garvey 2005). Goodwin bemängelte zudem die Unverträglichkeit des Modells der epigenetischen Landschaft mit der Vorstellung eines aktiven Organismus, wobei der von ihm gewählte Vergleich im folgenden Zitat nicht völlig deckungsgleich mit der in diesem Abschnitt präsentierten Modellvorstellung Waddingtons ausfällt: »Die physikalische Vorstellung hingegen, daß ein System tut, was sich von selbst ergibt, indem es den Weg des geringsten Aufwandes einschlägt, wie etwa eine Murmel, die zum Mittelpunkt einer Schüssel rollt, deutet auf eine andere Art von Kausalität hin, die ihre Wirkungen mit der Umgebung in Einklang zu bringen und sich anzupassen bemüht« (Goodwin 1997, S. 261).

närer Gebrauch in den ersten Jahrzehnten des 20. Jahrhunderts in Form von Ausdifferenzierungen der Instinktkonzeptionen von William James (1872–1910) und William McDougall (1871–1938) zu einer Erfassung von etwa 850 verschiedenen Instinkten geführt habe (vgl. Johnston 2001, S. 16 sowie Abschnitt 2.2.6). Nach Lehrman sei gerade bezüglich des beliebten Forschungsdesigns der Isolationsexperimente völlig unklar, von welchen Umwelteffekten der untersuchte Organismus wirklich isoliert sei. Denn auch wenn Umwelteffekte nicht auf den ersten Blick erkennbar seien, so würden sie doch immer ihre Wirkung entfalten. Daher seien Isolationsexperimente nicht imstande, angeborenes von erworbenem Verhalten zu trennen:

> "The important question is not 'Is the animal isolated?' but *'From what* is the animal isolated?' The isolation experiment, if the conditions are well analyzed, provides at best a negative indication that certain specified environmental factors probably are not directly involved in the genesis of a particular behavior. However, the isolation experiment by its very nature does not give a positive indication that behavior is 'innate' or indeed any information at all about what *the process of development of the behavior really consisted of*" (Lehrman 1953, S. 343; Hervorhebung im Original; vgl. auch Garvey 2005, S. 312).[174]

Im Prinzip wurde damit durch Lehrman das gesamte Forschungsdesign der Deprivationsexperimente ad absurdum geführt und zugleich der Fokus auf die Entwicklung des *Organismus* in seiner Umwelt gelegt, anstatt die Einflüsse von Erbe und Umwelt in der Ontogenese separat zu betrachten (vgl. Lehrman 1953, S. 345f). Im Gegensatz zu verhaltensgenetischen Diskurspositionen ging Lehrman (analog zu neueren kritisch-interaktionistischen Diskurspositionen) von einer Interaktion zwischen Phänotypen (Organismen) und Umwelteinflüssen aus und nicht von einer Interaktion zwischen Genen (oder dem Genom) und Umwelteinflüssen (vgl. Johnston 1987, S. 177). Zudem merkte Johnston an, dass Lehrmans Ablehnung der Anlage-Umwelt-Dichotomie von ethologischer Seite mitunter als Manifestation einer environmentalistischen Diskursposition fehlinterpretiert worden wäre:

> "It is ironic that to many ethologists, Lehrman came to represent an extreme environmentalist position on the nature-nurture issue, whereas in fact he argued that the issue itself is simply misconceived" (ebd., S. 154).

Im Gegensatz zur Kritik Lehrmans, die auf bestimmte Fachkreise innerhalb der Scientific Community (insbes. Ethologie, Behaviorismus) beschränkt blieb, wurde die ›Streitschrift‹ »Die Gene sind es nicht …« von Lewontin, Rose und Kamin in einem breiten Umfeld bekannt und wirkte bis in populärwissenschaftliche Darstellungen der Anlage-Umwelt-Problematik hinein. Sie kann nicht zuletzt als mitverursachend für die zunehmende Ablehnung biowissenschaftlicher Erkenntnisse durch die Sozial- und Geisteswissenschaften seit Mitte der 80er Jahre gewertet werden. Richard Lewontin war – wie in Kapitel 4.1 dargestellt – bereits seit Mitte der 70er Jahre in den Streit um die Soziobiologie involviert gewesen und nahm in diesem Disput die Rolle eines vehementen Kritikers von Edward O. Wilson ein. Neben scharfer Kritik am biologischen Determinismus, Reduktionismus, an Intelligenztests, Zwillingsforschung und

---

174 In ähnlicher Weise verwies der Verhaltensforscher Robert Aubrey Hinde (geb. 1923) auf verschiedene Blickwinkel bei der Beurteilung von Deprivationsexperimenten: "Lorenz believes that such experiments can justify only assertions about what is *not* learned … Many would in fact argue exactly the opposite: the so-called deprivation experiment can only tell us that an environmental influence *is* important. If there is a difference in behaviour between animals brought up with, and those brought up without, a given environmental factor, then, other things being equal, that factor has an influence: the nature of that influence and whether exerted through 'learning', however defined, is a further question" (Hinde 1968, S. 10f, Hervorhebungen im Original).

anderen Themen lehnten Lewontin, Rose und Kamin in ihrer einflussreichen Publikation die Anlage-Umwelt-Dichotomie per se ab:

> »Der Kontrast zwischen biologischem und kulturellem Determinismus ist ein Ausdruck der Erbe-Umwelt-Kontroverse, von der Biologie, Psychologie und Soziologie seit dem frühen 19. Jahrhundert im Sinne eines Entweder-Oder geplagt werden: Entweder spielt die Vererbung eine dominierende Rolle oder aber nicht – in diesem Falle tritt die Umwelt als Ursache ein. Diese Dichotomisierung sollten wir nicht hinnehmen« (Lewontin/Rose/Kamin 1988, S. 219).

Als Folge setzten sich die drei Autoren für ein dialektisches Verständnis menschlicher Entwicklung ein:

> »Eine zweite, mehr pluralistische Reaktion auf den biologischen Determinismus ist die Theorie des *Interaktionismus*. Danach sind es weder die Gene noch die Umwelt, die einen Organismus determinieren, sondern die jeweils einzigartige Interaktion zwischen beiden ... Was der Organismus in jedem Augenblick wird, hängt ab von den Genen in seinen Zellen und von der Umwelt, in der diese Entwicklung stattfindet. Identische Genotypen werden in unterschiedlichen Umwelten unterschiedliche Entwicklungsverläufe nehmen, ebenso wie unterschiedliche Genotypen sich in derselben Umwelt verschieden entwickeln. Es gibt keine allgemeinen und einheitlich gültigen Regeln über die Art und Weise, in der sich unterschiedliche Genotypen in unterschiedlichen Umgebungen verschieden entwickeln. Es hängt alles vom Einzelfall ab« (ebd., S. 220; Hervorhebung im Original).

Ebenfalls in das Jahr 1984 fiel die Veröffentlichung des Werkes »Der Baum der Erkenntnis« von Maturana und Varela, das bei der Betrachtung der historischen Wurzeln kritisch-interaktionistischer Positionen deshalb von besonderem Interesse ist, da hier von Biologen eine dialektische Sichtweise menschlicher Entwicklung mit konstruktivistischen und systemtheoretischen Elementen verknüpft wurde. Zellen und Organismen werden von Maturana und Varela als autopoietische Systeme aufgefasst, die sich im Laufe ihrer Ontogenese selbst erzeugen bzw. herstellen (vgl. Kneer/Nassehi 1997, S. 47 f). Zuweilen wird der Begriff ›Autopoiese‹ (bzw. ›Autopoiesis‹) auch als ›Selbstorganisation‹ oder als »Fähigkeit zu aktiver Selbsterhaltung und Selbsterzeugung« (Goodwin 1997, S. 266) definiert. Autopoietische Einheiten können mit ihrer Umwelt zwar einen Materie- und Energieaustausch durchführen, sind ansonsten jedoch (informationell) als operational geschlossene Systeme anzusehen (vgl. von Ameln 2004, S. 65). Mit anderen Worten: Organismen versuchen, einen homöostatischen Gleichgewichtszustand aufrechtzuerhalten. Sie interagieren mit der sie umgebenden Umwelt nur, wenn Umgebungseinflüsse diese Gleichgewichtszustände (als ›Perturbationen‹ bzw. Störungen von außen) zu inneren Ausgleichsveränderungen anregen:

> »Bei den Interaktionen zwischen dem Lebewesen und der Umgebung innerhalb dieser strukturellen Kongruenz determinieren die Perturbationen der Umgebung nicht, was dem Lebewesen geschieht; es ist vielmehr die Struktur des Lebewesens, die determiniert, zu welchem Wandel es infolge der Perturbation in ihm kommt. Eine solche Interaktion schreibt deshalb ihre Effekte nicht vor. Sie determiniert sie nicht und ist daher nicht ›instruierend‹, weshalb wir davon sprechen, daß eine Wirkung ›ausgelöst‹ wird« (Maturana/Varela 1987, S. 106).

Evolution wird in diesem Kontext nicht als Wirkung einer natürlichen Selektion verstanden, sondern als »natürliches Driften« (ebd., S. 127), das dazu führt, dass Organismen im Erfolgsfall ihre Anpassung erhalten oder im Misserfolgsfall der Auflösung anheimfallen (vgl. auch ebd., S. 119). Dies impliziert, dass es »kein ›Überleben des Angepaßteren‹, sondern nur ein ›Überleben des Angepaßten‹« (ebd., S. 125; vgl. auch Irrgang 2001, S. 144 f) geben kann. Neben diesem nicht-relativistischen Verständnis von Anpassung (vgl. dazu die Diskussion in Abschnitt

2.2.1) wird von Maturana und Varela auch die Anlage-Umwelt-Unterscheidung kritisiert, da es sich hierbei nur um eine künstliche Einteilung aus der Beobachter-Perspektive handele. Die ontogenetische Verursachung von Verhalten selbst könne aber im Nachhinein nicht aufgeklärt werden (vgl. Maturana/Varela 1987, S. 188).[175] Im Rahmen neuerer Konzepte aus dem Bereich des Kritischen Interaktionismus wird vor diesem Hintergrund insbesondere die durch Maturana und Varela geprägte Autopoiesis-Konzeption (zumeist unter dem Begriff der ›Selbstorganisation‹) rezipiert (vgl. z. B. Goodwin 1997, S. 266; Petermann/Niebank/Scheithauer 2004, S. 261–265; Rose 2000, S. 33 f, 264; Stotz 2005b, S. 137).

5.2 Schlüsselexperimente aus kritisch-interaktionistischer Sicht

Bevor in den nächsten Abschnitten die inhaltlichen Kernmerkmale kritisch-interaktionistischer Ansätze eingehender betrachtet werden, sollen an dieser Stelle einige Befunde diskutiert werden, die in den Diskurspositionen um Anlage und Umwelt einen zentralen Stellenwert in den Argumentationen eingenommen haben und als klassische Experimente des Anlage-Umwelt-Diskurses angesehen werden können. Ein derartiges ›Schlüsselexperiment‹ (»crucial experiment« (Hughes/Lavery/Doran 2010, S. 247) bzw. ›experimentum crucis‹) kann im besten Falle eine Entscheidung zwischen zwei rivalisierenden Hypothesen ermöglichen, indem es Beweismaterial zur Falsifikation einer der beiden Hypothesen liefert (vgl. bspw. ebd.). Kritisch-interaktionistische Diskurspositionen eröffnen in diesem Zusammenhang einen neuen und differenzierteren Blick auf ›klassische‹ Experimente des Anlage-Umwelt-Diskurses. Aus historischer und diskursanalytischer Sicht bilden die im Folgenden angeführten, klassischen Studien wichtige diskursive Ereignisse auf dem Weg zur Entwicklung des Kritischen Interaktionismus.

Bereits aus der tierlichen Verhaltensgenetik waren in den 20er Jahren Experimente an Ratten bekannt, die anhand ihrer unterschiedlichen Leistungen in speziell konstruierten Labyrinthen auf das Labyrinthlernen hin gezüchtet werden konnten. Im Jahr 1924 durch Edward Chace Tolman (1886–1959) initiiert, wurden diese Experimente 1927 von Robert Choate Tryon (1901–1967) aufgegriffen (vgl. Tryon 1940, S. 112 sowie Benesch/Krech/Crutchfield 1992, Bd. 1, S. 50 f; von Schilcher 1988, S. 21) und zunächst im Rahmen nativistischer Positionen interpretiert. Tryon verpaarte Ratten untereinander, die in einem Labyrinth besonders viele Fehler machten, und setzte diese selektive Verpaarung über 18 Generationen hin fort. In gleicher Weise wurden am anderen Extrem der Fehlerverteilung Ratten mit besonders wenigen Fehlern untereinander verpaart. Tryon gelang damit der Nachweis, dass sich Ratten in zwei Stämmen sog. ›labyrinth-kluger‹ und ›labyrinth-dummer‹ Ratten selektiv züchten ließen und die Fähigkeit des Labyrinthlernens bei Ratten somit eine erbliche Grundlage hatte (vgl. Tryon 1940, S. 113 ff). Wurden die Umweltbedingungen, denen die Ratten zwischen ihrer Jugendzeit und späteren Lebensmonaten ausgesetzt waren, geändert, so hatte dies laut Tryon keinen nachweisbaren Einfluss auf die Fehlerzahl beim Labyrinthlernen (vgl. ebd., S. 116). Allerdings

---

175 Der biologisch-konstruktivistische Ansatz von Maturana und Varela kann hier nicht im Detail erläutert werden (für weiterführende Darstellungen vgl. bspw. Maturana/Varela 1987 sowie als Sekundärliteratur von Ameln 2004, S. 62–84; Irrgang 2001, S. 141–153). Die Kernkonzepte dieses Ansatzes sind innerhalb und außerhalb der Biologie auf vielfältige Kritik gestoßen (vgl. bspw. von Ameln 2004, S. 78–83; Irrgang 2001, S. 144 f) – nicht zuletzt, da es sich aus erkenntnistheoretischer Sicht um einen Basisansatz des Radikalen Konstruktivismus handelt (vgl. von Ameln 2004, S. 5). Von soziologischer Seite wurde dieser Ansatz insbesondere durch Niklas Luhmann aufgegriffen (vgl. bspw. Luhmann 1997, S. 100 sowie Kneer/Nassehi 1997, S. 47 f).

setzte die Veränderung der Umweltbedingungen erst nach den ersten Labyrinthversuchen ein, sodass nicht ausgeschlossen werden konnte, dass Umweltveränderungen vor oder während der ersten Lernversuche die Fehlerzahlen der Ratten beeinflussen könnten (vgl. Tryon 1940, S. 118). William Robert Thompson (1923–1979) verglich im Jahr 1954 die Einflüsse von erblichen Effekten und Umwelteffekten auf das Labyrinthlernen von Ratten. Er erhielt für die sechste Generation von Inzuchtratten die folgenden Unterschiede in den Fehlerzahlen im Hebb-Williams Labyrinth: Labyrinth-kluge Ratten machten im Labyrinth im Durchschnitt 136,7 Fehler weniger als labyrinth-dumme Ratten, und Ratten in einer eingeschränkten Umwelt zeigten im Durchschnitt 100,9 Fehler mehr als Ratten ohne Umwelteinschränkung (vgl. Thompson 1954, S. 221). Thompson fasste diese Resultate wie folgt zusammen: »In fact … the amount of variance that can be produced in rat intelligence by altering environment is almost as much as can be obtained by selective breeding for brightness and dullness« (ebd.; siehe auch Platt/Sanislow 1988, S. 257).[176]

Die anschließende Studie von Roderick Melvin Cooper (geb. 1933) und John Peter Zubek (1925–1974) (vgl. Cooper/Zubek 1958) wird in der Regel als eines der wichtigsten klassischen Experimente des Anlage-Umwelt-Diskurses angesehen (vgl. bspw. Platt/Sanislow 1988, S. 257). Cooper und Zubek überprüften im Jahr 1958 das Labyrinthlernen ›labyrinth-kluger‹ und ›labyrinth-dummer‹ Ratten (13. Folgegeneration der entsprechenden Zuchtstämme) in Abhängigkeit unterschiedlicher Aufzuchtbedingungen. Dabei wurde die Umwelt der jungen Ratten zwischen Entwöhnung und dem 65. Lebenstag durch verschiedene Interaktionsobjekte im Käfig angereichert, unter normalen Laborbedingungen belassen oder durch die lediglich Darbietung einer Futterbox und eines Wasserspenders künstlich eingeschränkt (vgl. Cooper/Zubek 1958, S. 159f). Anschließend wurden die Ratten mithilfe der Labyrinthversuche nach Hebb und Williams (vgl. Hebb/Williams 1946) hinsichtlich ihrer Lernfähigkeit im Labyrinth getestet. Die Ergebnisse dieser Versuche sind in der umseitigen Abbildung 4 dargestellt.[177] Die Ergebnisse zeigten, dass die Lernleistung der Ratten stark in Abhängigkeit der dargebotenen Umwelt variierte: Eine frühe Anreicherung der Umwelt wirkte sich im Vergleich zur ›normalen‹ Umwelt förderlich auf die Lernleistung (gemessen an einer geringeren mittleren Fehlerzahl) von ›labyrinth-dummen‹ Ratten aus, beeinflusste die Leistung ›labyrinth-kluger‹ Ratten jedoch nur in sehr geringem und nicht-signifikantem Umfang. Zudem beeinträchtigte eine eingeschränkte Umwelt die Lernleistung ›labyrinth-dummer‹ Ratten kaum, die Leistung ›labyrinth-kluger‹ Ratten jedoch merklich. ›Labyrinth-dumme‹ Ratten erreichten durch die Aufzucht in einer angereicherten Umwelt annähernd das Leistungsniveau ›labyrinth-kluger‹ Ratten, wohingegen sich die Leistung ›labyrinth-kluger‹ Ratten durch eine angereicherte Umwelt im Vergleich zur normalen Umwelt kaum weiter steigern ließ (vgl. auch Cooper/Zubek 1958, S. 161).

---

176 Die Ergebnisse Thompsons erscheinen aus heutiger Sicht jedoch zweifelhaft, da seine Daten aus drei verschiedenen Experimenten stammten (und zwar aus Forgays/Forgays 1952, Hymovitch 1952 sowie seinen eigenen Versuchen; vgl. Platt/Sanislow 1988, S. 257)). Zudem berichtete Thompson von zufälligen Verpaarungen der Rattenstämme, die zur Vermeidung von Inzuchtdepression erforderlich geworden wären und daher noch vor Abschluss des Experiments durchgeführt werden mussten (vgl. Thompson 1954, S. 218; Platt/Sanislow 1988, S. 257).

177 Platt und Sanislow haben gezeigt, wie unterschiedlich die Ergebnisse von Cooper und Zubek in der psychologischen Fachliteratur grafisch aufbereitet und interpretiert worden sind (vgl. Platt/Sanislow 1988, S. 257ff). So findet sich bspw. bezüglich der grafischen Darstellung der Ergebnisse im Vergleich zur Abb. 4 dieser Abhandlung bei Jensen eine optische Vergrößerung der Unterschiede durch Weglassen eines Teils der Ordinate (vgl. Jensen 1969c, S. 40).

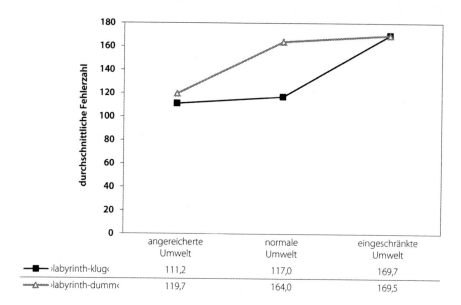

Abb. 4: Labyrinthlernen von Ratten in Abhängigkeit von Anlage und Umwelt: Durchschnittliche Fehlerzahlen beim Labyrinthlernen (Hebb-Williams Labyrinthaufgaben) von Ratten (McGill-Zuchtstämme ›Bright‹ und ›Dull‹) in Abhängigkeit unterschiedlicher Aufzuchtbedingungen (›Enriched‹, ›Normal‹, ›Restricted‹) (absolute Angaben) (Quelle: Eigene Rekonstruktion aufgrund der Rohdaten von Cooper und Zubek (vgl. Cooper/Zubek 1958, Tab. I/II, S. 160 f))

Mit anderen Worten: Eine eingeschränkte Umwelt führte bei ›labyrinth-klugen‹ und ›labyrinth-dummen‹ Ratten zu hohen Fehlerzahlen im Lernen und eine anregende Umwelt zu geringen Fehlerzahlen bei beiden Selektionsstämmen (vgl. auch bspw. Bouchard, JR. 1997, S. 143). Eine normale Umgebung wirkte jedoch ausschließlich bei labyrinth-klugen Ratten lernfördernd, sodass »die gleiche Anlage in unterschiedlicher Weise bei verschiedenen Umweltfaktoren wirkt« (Wolf 1977, S. 24). Pigliucci interpretierte diese Ergebnisse wie folgt:

> "Under the poor conditions, the bright rats performed as badly as the dull ones; furthermore, under the enriched environment the dull rats did as well as the bright ones! This translates into a high heritability and marked genetic differences in the standard environment, but no heritability under either extreme environment. The inescapable conclusion is that maze-running ability in rats has a very plastic reaction norm and that different genotypes converge onto similar phenotypes under extreme environmental conditions" (Pigliucci 2001, S. 259).

Diese revidierten Befunde zum Labyrinthlernen von Ratten wurden bis heute als Untermauerung interaktionistischer Positionen angeführt (für die Rezeption durch die Erziehungswissenschaft vgl. bspw. Wolf 1977, S. 23–26). Zudem ist an dieser Stelle auf methodische Schwierigkeiten des Experiments von Cooper und Zubek sowie auf die Frage nach der Übertragbarkeit der Ergebnisse hinzuweisen. So äußerte sich zum Beispiel Bouchard später wie folgt zur ursprünglichen Interpretation dieser Zuchtexperimente durch Cooper und Zubek aus dem Jahr 1958:

> "Unfortunately, this article [of Cooper and Zubek, ML] is extremely misleading, as the authors themselves admit that the results may be due to an artifact – namely, ›the ceiling of the test may have been too low

to differentiate the animals, that the problems may not have been sufficiently difficult to tax the ability of the brighter rats‹ (p. 162). It must also be mentioned that studies of environmental influence using inbred strains of animals, while of great interest theoretically, create serious problems with regard to generalizability to hybrid organisms, which almost all species of animals, including human beings, are. Inbred strains of animals are hardly representative of their own species" (Bouchard, JR. 1997, S. 143).[178]

Des Weiteren weist Sesardic darauf hin, dass die Ergebnisse von Cooper und Zubek niemals repliziert werden konnten (vgl. Sesardic 2005, S. 66). Unabhängig von den bisher genannten kritischen Aspekten liegt das eigentliche Problem dieser Studie aber darin, dass die Fehlerzahlen der labyrinth-klugen und labyrinth-dummen Ratten in der *normalen* Umwelt gar nicht aus demselben Experiment stammten (vgl. Cooper/Zubek 1958, S. 160), sondern von Hughes und Zubek zwei Jahre zuvor mittels Untersuchungen von Ratten aus der zehnten Generation gewonnen worden waren. Daher kann die Studie von Cooper und Zubek nicht als Nachweis einer Interaktion von Anlage und Umwelt gelten:

> "The subjects reared in a 'normal' environment, upon which all claims of genotype-environment interactions are made above, did not come from this study … These control group animals came from the 10th generation of selection as reported in a study published two years earlier. Thus Cooper and Zubek (1958) only demonstrated that both maze-*bright* and *dull* rats performed equally poorly in a restricted condition and equally well in a slightly enriched condition … It is Hughes and Zubek (1956) that could be cited as an example of genotype-environment interaction, but the message would not imply any genotypic or variability limitations. Hughes and Zubek reported that the performance of maze dull rats vastly improved when monosodium glutamate (MSG) was added to their diet. The performance of MSG-treated maze-*bright* rats did not improve" (Platt/Sanislow 1988, S. 259, Hervorhebungen im Original).

In neueren kritisch-interaktionistischen Ansätzen werden zur Demonstration der Anlage-Umwelt-Interaktion – insbesondere zur Verdeutlichung des Konzepts der sog. ›Reaktionsnorm‹[179] – Experimente mit Ablegern der Schafgarbe (*Achillea millefolium*) aus den 40er Jahren angeführt (vgl. Clausen/Keck/Hiesey 1948; Lewontin 2002, S. 18–23): Ableger derselben Pflanze (mit identischem Genom) entwickelten sich unter verschiedenen Umweltbedingungen

---

178 Bouchard zitiert hier den Satz von Cooper und Zubek an drei Stellen in inkorrekter Weise. Im Original lautet besagte Stelle: "The [sic!] ceiling of the test may have been too low to differentiate the animals, that is, [sic!] the problems may not have been sufficiently difficult to tax the ability of the bright [sic!] rats" (Cooper/Zubek 1958, S. 162).

179 Das Konzept der *Reaktionsnorm* wurde im Jahr 1909 von dem Leipziger Zoologen Richard Woltereck (1877–1944) eingeführt (vgl. Woltereck 1909, S. 135; Falk 2001, S. 119; Platt/Sanislow 1988, S. 254). Es ist zu unterscheiden vom Konzept des *Reaktionsraums*, das auf Irving I. Gottesman (geb. 1929) zurückgeht (Gottesman 1963, S. 254f; Platt/Sanislow 1988, S. 255): "The norm-of-reaction refers to all phenotypic outcomes of a single genotype exposed to all possible environments … The reaction-range concept presumes that the genotype imposes a priori limits (a range) on the expression of a phenotype" (ebd., S. 254). Während nach dem Konzept des Reaktionsraumes »über einen weiten Bereich möglicher Umwelten für alle Individuen parallele Reaktionsprofile« (Petermann/Niebank/Scheithauer 2004, S. 248) postuliert werden (vgl. bspw. im Zusammenhang mit dem additiven Heritabilitätskonzept Jensen 1969c, S. 64) und damit Ober- und Untergrenzen der Entwicklung angenommen werden, müssen Reaktionsnormen nicht linear sein (wie bspw. Abb. 4 belegt) und können sich für verschiedene Genotypen auch überlagern (vgl. bspw. Lewontin 1974, S. 405). Zudem ist es nicht möglich, das gesamte Spektrum möglicher Reaktionsnormen über alle möglichen Umwelten zu ermitteln: "The norm of reaction of a genotype is at best only incompletely known. Complete knowledge of a norm of reaction would require placing the carriers of a given genotype in all possible environments, and observing the phenotypes that develop. This is a practical impossibility. The existing variety of environments is immense, and new environments are constantly produced" (Dobzhansky 1967, S. 75; siehe auch Platt/Sanislow 1988, S. 254).

(in unterschiedlichen Höhen über dem Meeresspiegel) völlig unterschiedlich, wobei keinerlei gesetzmäßige Abhängigkeit zwischen Genotyp und Phänotyp beobachtet werden könne. Lewontin zieht diesbezüglich das folgende Fazit:

> »Man kann also zusammenfassend sagen, dass es nicht möglich ist, eine Vorhersage über das Wachstumsverhalten einer Pflanze in einer bestimmten Höhe zu treffen, selbst wenn man ihr Wachstum in einer anderen Höhe kennt. Es besteht keine Korrelation des Wachstums in unterschiedlichen Umgebungen. Damit ist auch die Frage: ›Welcher Genotyp führt zum besten Wachstum?‹ zwecklos, wenn man nicht zusätzlich auch die Wachstumsumgebung betrachtet« (Lewontin 2002, S. 20).[180]

Das *Achillea*-Beispiel ist nicht unproblematisch: Zum einen handelt es sich um pflanzliche Phänotypen mit nicht erwiesener Übertragbarkeit auf tierliche – geschweige denn menschliche – Merkmale. Zum anderen konnte durch Bouchard – trotz umfangreicher Recherchen in der Originalpublikation von Clausen und Mitarbeitern – die Herkunft der von Lewontin visualisierten Wuchsdaten der einzelnen Pflanzen nur ansatzweise nachvollzogen werden (vgl. Bouchard, JR. 1997, S. 141). Und schließlich handelt es sich laut Bouchard um Extrembeispiele unter nicht-natürlichen Aufzuchtbedingungen (vgl. ebd., S. 143). Die Nützlichkeit des Konzepts der Reaktionsnorm bleibt damit aufgrund offener Fragen bezüglich der Häufigkeit verschiedener Formen sowie der Übertragbarkeit zwischen wechselnden Kontexten bis heute umstritten.

Als letztes empirisches Beispiel soll in diesem Zusammenhang die Stoffwechselkrankheit Phenylketonurie (PKU) genannt werden, die in verschiedenen Abhandlungen zu neueren kritisch-interaktionistischen Ansätzen angeführt wird (vgl. z. B. Ho 1999, S. 266; Moore 2002, S. 144–148; Oyama 2002, S. 96; Petermann/Niebank/Scheithauer 2004, S. 42 f) und bereits in Abschnitt 1.1.3 als Beispiel für den paradoxen Charakter der Diskussion um Anlage und Umwelt erwähnt worden ist. Phenylketonurie ist eine Stoffwechselerkrankung, bei der die Aminosäure Phenylalanin aufgrund eines genetischen Defektes nicht oder nur in unzulänglicher Weise vom körpereigenen Stoffwechsel zur Aminosäure Tyrosin abgebaut werden kann, da das dafür erforderliche Enzym (Phenylhydroxylase) nicht synthetisiert werden kann. Daher reichert sich bei den betroffenen Personen Phenylalanin im Körper an und schädigt letztlich die Gehirnentwicklung.[181] Dennoch lassen sich die Symptome (insbesondere eine geistige Behinderung) fast vollständig durch eine phenylalaninarme Diät in der frühen Kindheit kompensieren. Inwieweit jedoch das Auftreten der Krankheit komplett verhindert werden kann, wird in der Fachliteratur kontrovers diskutiert (vgl. z. B. Petermann/Niebank/Scheithauer 2004, S. 43, 244; kritisch: Paul 1998, S. 173–186; Pinker 2004, S. 11). Hier liegt somit der paradoxe Fall eines in hohem Maße genetisch vererbten Merkmals vor, dessen phänotypische Manifestation jedoch ausschließlich als umweltbedingt angesehen werden kann, und der damit als weiteres

---

180 Judith Rich Harris kritisiert, dass bei diesem Modellbeispiel einer Anlage-Umwelt-Interaktion keinerlei Haupteffekte (weder auf der Anlage- noch auf der Umweltseite) auftreten, die aus statistischer Sicht ihrer Meinung nach zu erwarten wären: "A main effect of genotype would mean that some genotypes tended to grow taller than others in every environment. A main effect of environment would mean that some environments are more favorable to plant growth than others … In nature, main effects of genes and of environment are common. When interactions occur, they usually are superimposed on main effects" (Harris 2006, S. 55 f; vgl. auch Pinker 2004, S. 10 f).

181 Dieser monogenetische Effekt basiert auf Mutationen eines Gens auf dem Chromosom 12 (mit derzeit über 400 bekannten Varianten), wird rezessiv vererbt, sodass nur Kinder erkranken, wenn ihnen von beiden Elternteilen das mutierte Gen vererbt worden ist, und ist mit einer Auftretenshäufigkeit von einem betroffenen Säugling pro 6 000 bis 7 000 Geburten in Deutschland recht selten (vgl. Muntau/Beblo/Koletzko 2000, S. 181). Die Krankheit wurde erstmalig von (Ivar) Asbjørn Følling (1888–1973) im Jahr 1934 beschrieben (vgl. Følling 1934; Muntau/Beblo/Koletzko 2000, S. 179).

Paradebeispiel zur Illustration des dynamischen Zusammenspiels von Anlage und Umwelt in der Ontogenese gelten kann. Die Stoffwechselkrankheit PKU wird vor diesem Hintergrund insbesondere im Rahmen von kritischen Diskurspositionen in strategischer Weise eingesetzt:

> "It is a common cultural assumption that what is genetic is fixed. PKU seems to provide a dramatic example of the falsity of that assumption. Although it is an 'inborn error of metabolism,' a knowledge of its biochemistry enables us to limit the supply of the damaging substrate. To put is [sic] another way, PKU is a trait with a heritability of 1.0. But its expression can be drastically altered by a change in environment. PKU thus demonstrates that biology is not destiny … PKU screening was transformed into a simple success story during the 1970s, when it became a weapon in the controversy over the genetics of intelligence … The sociobiology controversy served to reinforce this trend. PKU became the standard example of the flaws of genetic determinism … This [public notions of PKU as a genetic defect which is environmental compensable, ML] is true – but misleading. The reader would not suspect that the dietary regime is arduous and that adolescents and adults with PKU usually suffer some degree of behavioral and cognitive impairment" (Paul 1998, S. 180 f.).

Sesardic verweist in diesem Zusammenhang auf widersprüchliche – oder zumindest ambivalente – Interpretationen des Beispiels PKU (vgl. Sesardic 2005, S. 158) und bietet für das Paradoxon dieses auf den ersten Blick komplett anlage- und zugleich umweltbedingten Phänomens zwei mögliche Erklärungen. Zum einen unterscheidet er in der Kausalkette zwischen Genmutation, der Unfähigkeit des Stoffwechsels zum Abbau von Phenylalanin und der Schädigung der Hirnentwicklung. Dabei ist die Unfähigkeit des Stoffwechsels zum Abbau von Phenylalanin komplett anlagebedingt; und bisher konnte keine Therapie entwickelt werden, die den Betroffenen den Abbau von Phenylalanin ermöglicht. Die an letzter Stelle der Kausalkette angesiedelte Schädigung der Hirnentwicklung kann jedoch dadurch vermieden werden, dass dem Körper mit der Nahrung kein bzw. wenig Phenylalanin zugeführt wird; sie ist somit über eine Diät kompensierbar und wird durch Umwelteinflüsse kontrolliert (vgl. ebd., S. 159 f.):

> "PKU involves two effects: a metabolic defect and a psychological disorder. The former is 100 percent heritable and (currently) non-modifiable, whereas the latter is highly modifiable but its heritability is low" (ebd., S. 160).

Zum anderen könne PKU laut Sesardic auch vor dem Hintergrund historischer Phasen ihrer Aufklärung als Änderung der Heritabilität aufgrund eines neuen Umwelteffektes verstanden werden, sodass sich aus einem Kausalzusammenhang (zwischen genetischem Defekt und Erkrankung) mit hoher Heritabilität durch die Einführung einer neuen Therapie (phenyl-alaninarme Diät) ein Phänomen mit geringer Heritabilität entwickelt habe (vgl. ebd., S. 161 f.). Die Frage, ob es sich bei dem ›Fall PKU‹ um eine aggressive Diskursstrategie handelt, um das Heritabilitätskonzept mithilfe eines logisch-inkompatiblen Arguments (vgl. ebd., S. 162) zu diskreditieren und gleichsam zu dekonstruieren, kann an dieser Stelle nicht abschließend geklärt werden. Sie ist letztlich von der entsprechenden Perspektive bzw. Diskursposition des Betrachters abhängig. Es bleibt festzuhalten, dass dieses Beispiel wohl insbesondere aufgrund seiner Kontraintuitivität und (scheinbaren) Paradoxität einen besonderen Stellenwert in kritisch-interaktionistischen Ansätzen eingenommen hat.[182]

---

182 Kaplan konstatiert in diesem Kontext, dass PKU auch von human- und verhaltensgenetischer Seite zur Illustration der Auswirkungen monogenetischer Defekte sowie zur Stützung gendeterministischer Positionen herangezogen worden sei, wobei die Historie der PKU-Entdeckung je nach Standpunkt in verschiedenen Versionen wiedergegeben werde (vgl. Kaplan 2000, S. 13–21). Hinsichtlich der Interpretation von PKU komme laut Kaplan erschwerend hinzu, dass nicht bei allen unbehandelten Trägern des Defekts eine Erkrankung auftrete, Schätzungen über

Zusammenfassend ist hervorzuheben: Die Diskussion von Schlüsselexperimenten des Anlage-Umwelt-Diskurses vor dem Hintergrund kritisch-interaktionistischer Sichtweisen hat gezeigt, dass Studien und Befunde, die aus heutiger Sicht als klassisch gelten können, nicht als Beurteilungskriterien der Validität rivalisierender Diskurspositionen herangezogen werden können.[183] Die Gründe dafür liegen nicht zuletzt darin, dass diese Befunde in völlig unterschiedlicher Weise interpretiert werden können und damit keine klare Entscheidung zugunsten der einen oder anderen Diskursposition liefern können. Dabei ist anzumerken, dass von Lehrman bereits zu Beginn der 70er Jahre (und im Kontext seiner damaligen Kritik an Lorenz) bestritten worden war, dass der Anlage-Umwelt-Streit mittels derartiger Schlüsselexperimente jemals ›gelöst‹ werden könne, da in der Regel Versuchsdesign und Tragweite der Ergebnisse nicht von beiden streitenden Parteien anerkannt würden:

> "Further, it becomes increasingly obvious that there are no possible crucial experiments that would cause one group of antagonists to abandon their point of view in favor of that of the other group. If this is, as I believe, the case, we ought to consider the roles played in this disagreement by semantic difficulties arising from concealed differences in the way different people use the same words, or in the way the same people use the same words at different times; by differences in the concepts used by different workers (i. e., in the ways in which they divide up facts into categories); and by differences in their conception of what is an important problem and what is a trivial one, or rather what is an interesting problem and what is an uninteresting one" (Lehrman 1970, S. 19).

5.3 Klassifikation von Ansätzen des Kritischen Interaktionismus

Im Gegensatz zu biologischen und psychologischen Subdisziplinen wie der Soziobiologie, Evolutionspsychologie oder Verhaltensgenetik, deren Vertreterinnen und Vertreter sich trotz unterschiedlicher Theorien und Hypothesen bezüglich einzelner Forschungsfragen einem einheitlichen theoretischen Paradigma verpflichtet fühlen, weisen die Ansätze des Kritischen Interaktionismus eine deutlich größere Heterogenität auf. Nicht zuletzt aus dieser Heterogenität resultieren verschiedene Klassifikationen und wissenschaftstheoretische Einordnungen von Ansätzen des Kritischen Interaktionismus – mit dem Resultat, dass dieselben Ansätze

---

mögliche Erkrankungen im Falle von Nicht-Behandlungen aber aufgrund des flächendeckend eingeführten Screenings im Säuglingsalter kaum möglich seien: "First, even without dietary therapy, not everyone with one of the genetic defects that causes PKU would suffer the syndrome's many terrible effects … However, researchers would do well to admit that we have no idea what percentage of individuals with mutations associated with PKU would have normal intellectual functioning without intervention, rather than citing numbers that seem at best dubious" (Kaplan 2000, S. 18, 20).

183 Als weitere Schlüsselexperimente des Anlage-Umwelt-Diskurses, auf die an dieser Stelle nicht näher eingegangen werden kann, können bspw. die folgenden Versuche gelten (vgl. z. B. Greenough 1973): Roger Wolcott Sperry (1913–1994) gelang Mitte der 50er Jahre durch Experimente am optischen Nerv des Wassermolches der Nachweis, dass bestimmte Nervenzellen bereits ontogenetisch früh programmiert werden und nachträglich kaum mehr verändert werden können (vgl. bspw. Sperry 1973; Ridley 2003, S. 144). Sensible Perioden in der frühen Gehirnentwicklung wurden in den 60er Jahren von David Hunter Hubel (geb. 1926) und Torsten Nils Wiesel (geb. 1924) über Experimente an jungen Katzen aufgezeigt (vgl. bspw. Hubel/Wiesel 1970; Zimmer 1989, S. 45). Und Harry Frederick Harlow (1905–1981) und Margaret Kuenne Harlow (1918–1970) konnten in den 50er und 60er Jahren zeigen, dass junge, von ihren Müttern getrennte Rhesusaffen fellbespannte Mutterattrappen bevorzugten, selbst wenn sie von diesen keine Nahrung erhielten. Dies konnte als wichtiges Indiz für die Bedeutung des Köperkontaktes zwischen Mutter und Kind gewertet werden. Zudem konnten die Harlows nachweisen, dass Gleichaltrige die Mutter in einem gewissen Grad ersetzen können (vgl. bspw. Harlow 1973, Harlow/Harlow 1973).

mitunter völlig unterschiedlich benannt werden. Im Folgenden werden zunächst zwei Klassi-fikationsmöglichkeiten kurz vorgestellt. Sodann wird ein eigener Systematisierungsversuch für das Theorienfeld des Kritischen Interaktionismus unternommen. An diesem werden sich die Vorstellung kritisch-interaktionistischer Ansätze sowie die Herausarbeitung ihrer Gemeinsam-keiten und Unterschiede im anschließenden Teilkapitel orientieren.

Weber unterscheidet in seiner wissenschaftshistorischen Abhandlung über Evolutionstheorien und Biowissenschaften drei »Schulen der Entwicklungsbiologie« (Weber 2005, S. 217), die eine Integration von Evolutionstheorie und Entwicklungsbiologie anstreben: »Evo-Devo«, die »radikalen Strukturalisten« und die »Konstruktivisten« (ebd., ohne Hervorhebung). Ansätze, die dem Bereich ›Evo-Devo‹ zugeordnet werden können, räumen nach dieser Klassifikation den Genen eine Vorrangstellung gegenüber der Umwelt in der Entwicklung ein und sind mit der Modernen Synthese in der Evolutionstheorie gut vereinbar:[184]

> »Die einflussreichste Richtung, die man jetzt kurz und bündig *Evo-Devo* nennt (*evolutionary developmental biology*), untersucht den Einfluss von Genen auf Entwicklungsvorgänge und versucht zu zeigen, wie Erbänderungen in bestimmten Kontroll-Genen große Folgen für die Gestalt des Organismus haben können. Diese Schule sieht sich ganz in der Überlieferung der modernen Synthese« (Weber 2005, S. 217, Hervorhebungen im Original).

Unter dem Stichwort ›radikaler Strukturalismus‹ wird von Weber insbesondere der Ansatz des Biologen Brian Goodwin angesprochen (vgl. Goodwin 1997; Weber 2005, S. 225 ff). Als ›Konstruktivisten‹ werden von Weber die Vertreterinnen und Vertreter der sog. ›Developmental Systems Theory‹ (DST) bezeichnet. Da m. E. die Bezeichnung ›Konstruktivisten‹ an dieser Stelle im Vergleich zum allgemein geläufigen Begriffsverständnis des Wortes ›Konstruktivismus‹ (vgl. bspw. von Ameln 2004) missverständlich gewählt wurde, wird sie im Kontext dieser Arbeit so nicht übernommen. Diese Gruppe von Ansätzen wird stattdessen unter der von den Vertreterinnen und Vertretern der Theorien selbst gewählten Bezeichnung ›DST‹ geführt oder als ›Konstruktivistischer Interaktionismus‹ konkretisiert. Letztere Bezeichnung geht direkt auf die Hauptvertreterin und Begründerin dieser Theorierichtung – Susan Oyama – zurück (vgl. Oyama 2002, S. XVII).[185] Die Arbeiten von Goodwin und die DST werden – im Gegensatz zum Bereich Evo-Devo – im Folgenden in den eigenen Klassifikationsversuch integriert werden. Als zweite Klassifikationsmöglichkeit soll an dieser Stelle die Einordnung nach Stotz kurz erläu-tert werden: Stotz unterscheidet – vergleichbar mit Weber – zunächst die beiden Grobbereiche Evo-Devo (vgl. Stotz 2005a) und DST (vgl. Stotz 2005b). Ferner nennt Stotz drei historische Einflüsse, die maßgeblich zur Entwicklung der DST beigetragen haben: erstens die Kritik der Instinkttheorie von Konrad Lorenz durch Daniel Lehrman (vgl. Abschnitt 5.1), zweitens die

---

184 Aufgrund der Nähe zur Modernen Synthese werden Ansätze aus dem Bereich der evolutionären Entwicklungs-biologie in den Ausführungen dieses Kapitels nicht weiter berücksichtigt. Anzumerken ist ferner, dass durchaus eine Reihe von Überschneidungen zwischen Evo-Devo und anderen Ansätzen des Kritischen Interaktionismus existieren (insbesondere zwischen Evo-Devo und der noch vorzustellenden ›Developmental Systems Theory‹ (DST)). »Nichtsdestotrotz wird [in Ansätzen der Evo-Devo] die Wichtigkeit der Gene betont und das Gen als alleinige Erbeinheit akzeptiert. Hauptsächlich in diesem Punkt unterscheidet sich Evo-Devo von der DST ..., wenn es auch innerhalb der neuen Synthese unterschiedliche Standpunkte über die Wichtigkeit der Gene gibt« (Stotz 2005a, S. 352 f; für weiterführende Darstellungen der evolutionären Entwicklungsbiologie vgl. z. B. Stotz 2005a; Weber 2005, S. 218–224).

185 Gray zufolge sei der Begriff »developmental system« erstmalig im Jahre 1982 von Johnston sowie von Oyama zur Beschreibung des theoretischen Rahmens, der später als DST bezeichnet werden sollte, verwendet worden (vgl. Gray 2001, S. 203; Johnston 1982, S. 418 f; Oyama 1982, S. 101 f, 117 f).

Tab. 6: Klassifikation verschiedener Ansätze des Kritischen Interaktionismus

	Hauptvertreter/ -innen	Hauptmerkmale	alternative Bezeichnungen
Konstruktivistischer Interaktionismus	Susan Oyama (geb. 1943)	Entwicklung als Abfolge von Kontingenzzyklen, erweiterte Vererbung	Konstruktivisten[a], Developmental Systems Theory (DST), Theorie der Entwicklungssysteme[b]
Dialektischer Interaktionismus	Richard Charles Lewontin (geb. 1929) Steven Peter Russell Rose (geb. 1938)	Fokus auf Organismus, Zufall als dritter Faktor neben Genen und Umwelt	Konstruktivistische bzw. dialektische Sichtweise[b]
Theorie der multiplen Vererbungssysteme	Eva Jablonka (geb. 1952) Marion J. Lamb (geb. 1939)	Vererbung in vier Dimensionen (Gene, Epigenetik, Verhalten, Symbolik)	
Probabilistische Epigenese	Gilbert Gottlieb (1929–2006)	Entwicklung als holistisches System mit bidirektionalen, koaktionalen Einflüssen	Psychobiologische Entwicklungssystemtheorie[b]
Radikaler Strukturalismus	Brian Carey Goodwin (1931–2009)	Selbstorganisation komplexer Systeme, morphogenetische Felder	
Radikale Epigenetik	Edward J. Steele (geb. 1948) Mae-Wan Ho (geb. 1941)	Molekulare Mechanismen lamarckistischer Vererbung, Fluidität des Genoms	Neolamarckismus[c]

[a] vgl. Weber 2005, S. 217 | [b] vgl. Stotz 2005b, S. 125, 130 | [c] vgl. Wuketits 1988, S. 169

»*probabilistische Epigenese* (oder auch *psychobiologische Entwicklungssystemtheorie*) von Gilbert Gottlieb« (Stotz 2005b, S. 130, Hervorhebungen im Original) und drittens den dialektischen Interaktionismus, wie er bspw. von Richard Lewontin vertreten wird.[186] Die beiden letztgenannten Konzepte lassen sich nicht nur als historische Einflüsse oder Vorläufer der DST werten, sondern können alternativ als eigenständige Varianten der DST bzw. als Theorien, die mit der DST eng verwandt sind, eingestuft werden. Eine derartige Einschätzung liegt dem eigenen Klassifikationsversuch zugrunde, der im Folgenden kurz dargestellt werden soll.

---

186 Diese Benennung kann hier verwirrend wirken, da Lewontin als »einer der vehementesten Verfechter einer *konstruktivistischen* oder *dialektischen* Sichtweise von Entwicklung und Evolution« (Stotz 2005b, S. 130, Hervorhebungen im Original) bezeichnet wird. In der Regel wird Lewontins Ansatz aber ›dialektischer Interaktionismus‹ bzw. ›dialektische Biologie‹ genannt (vgl. z. B. Godfrey-Smith 2001, S. 283). Lewontin selbst nutzt die gleiche Bezeichnung jedoch für die Verortung des Ansatzes von Oyama (vgl. das Vorwort von Lewontin zu Oyama 2002, S. XV), die wiederum ihren eigenen Ansatz als ›Konstruktivistischen Interaktionismus‹ benennt (siehe oben). Zur Vermeidung von Missverständnissen werden im Folgenden der Ansatz von Lewontin als ›Dialektischer Interaktionismus‹ und der Ansatz von Oyama als ›Konstruktivistischer Interaktionismus‹ begrifflich auseinandergehalten.

Demnach lassen sich – bei Nicht-Berücksichtigung des Bereichs Evo-Devo – mindestens sechs unterschiedliche theoretische Grundrichtungen bzw. Basiskonzepte eines Kritischen Interaktionismus voneinander unterscheiden: der ›Konstruktivistische Interaktionismus‹ von Susan Oyama (vgl. bspw. Oyama 2001, 2002; Oyama/Griffiths/Gray 2001b), der ›Dialektische Interaktionismus‹ von Richard C. Lewontin und anderen (vgl. z. B. Lewontin 2001, 2002; Rose 2000), die ›Theorie der multiplen Vererbungssysteme‹ von Eva Jablonka und Marion J. Lamb (vgl. bspw. Jablonka 2001, Jablonka/Lamb 2006), die ›Probabilistische Epigenese‹ nach Gilbert Gottlieb (vgl. z. B. Gottlieb 1998, 2001a), der ›Radikale Strukturalismus‹ nach Brian Goodwin (vgl. bspw. Goodwin 1997) und vereinzelte extreme Standpunkte, die hier unter dem Sammelbegriff der ›Radikalen Epigenetik‹ zusammengefasst werden (vgl. z. B. Ho 1999, 2010; Steele/Lindley/Blanden 1998). Tabelle 6 gibt einen Überblick über diese Ansätze und ihre Benennung im Kontext dieser Abhandlung. Zugleich bietet sie einen Vergleich der unterschiedlichen Begrifflichkeiten, die zur Benennung der unterschiedlichen Ansätze in diesem Kapitel erwähnt worden sind. Als Hauptvertreterinnen und Hauptvertreter wurden in Tabelle 6 diejenigen Autorinnen und Autoren genannt, denen die jeweiligen Ansätze zugerechnet werden, oder die zur Popularisierung dieser Ansätze maßgeblich beigetragen haben. Die angeführten Hauptmerkmale sollen die Unterscheidung dieser Ansätze erleichtern und werden im folgenden Abschnitt im Rahmen der Diskussion gemeinsamer und unterschiedlicher Merkmale eingehender betrachtet.

5.4 Hauptmerkmale des Kritischen Interaktionismus

Im Folgenden sollen die Hauptmerkmale und -postulate der sechs Ansätze herausgearbeitet werden, die im Kontext dieser historischen Analyse dem ›Kritischen Interaktionismus‹ zugeordnet werden. Zur Vereinfachung wird dabei nicht für jedes gemeinsame Merkmal der verschiedenen Ansätze auf Belegstellen in der Originalliteratur hingewiesen (vgl. die tabellarische Zusammenstellung derartiger Belegstellen in Tab. 12 in Anhang D). Insofern im Folgenden nicht explizit darauf hingewiesen wird, können die angesprochenen Hauptpostulate als ansatzübergreifend bzw. kennzeichnend für Positionen des Kritischen Interaktionismus gewertet werden. Die ersten vier Ansätze (Konstruktivistischer Interaktionismus, Dialektischer Interaktionismus, Theorie der multiplen Vererbungssysteme und Probabilistische Epigenese) werden zuweilen auch unter dem Sammelbegriff ›DST‹ geführt (vgl. z. B. Oyama/Griffiths/Gray 2001a), obgleich sie sich in ihren Schwerpunktsetzungen an manchen Stellen voneinander unterscheiden.[187]
Ansätzen des Kritischen Interaktionismus liegt in der Regel eine ablehnende Haltung gegenüber der Anlage-Umwelt-Dichotomie an sich zugrunde. Die Wertungen der Dichotomie vonseiten des Kritischen Interaktionismus schwanken hier von ›missverständlich‹, und ›nur in bestimmten Fällen geeignet‹ bis hin zu ›gänzlich ungeeignet‹ oder ›grundsätzlich falsch‹. Dabei wird insbe-

---

187 Stotz benennt (in Anlehnung an Oyama/Griffiths/Gray 2001b, S. 2 ff) für die DST sechs gemeinsame Thesen: »Kausale Parität«, »verteilte Kontrolle«, »Kontextsensitität und Unvorhersehbarkeit«, »Entwicklung als Konstruktion«, »erweiterte Vererbung« und »Evolution als Konstruktion« (Stotz 2005b, S. 127 ff; vgl. Oyama/Griffiths/ Gray 2001b, S. 1–6). In ähnlicher Weise definiert Gray DST als »nondichotomous view of development that emphasizes the themes of contingency, construction, self-organization, and expanded inheritance« (Gray 2001, S. 188). Der Schwerpunkt in der eigenen historischen Analyse liegt demgegenüber auf dem Verständnis von Anlage und Umwelt in Konzepten der DST, sodass hier leicht abweichende Hauptmerkmale zur Kennzeichnung der DST angeführt werden.

sondere ein additives Verständnis des Zusammenspiels von Anlage und Umwelt – wie es bspw. in verhaltensgenetischen Konzepten enthalten ist – zurückgewiesen und das Zusammenwirken von Anlage und Umwelt als prinzipiell untrennbar deklariert:

> »Hinzu kommt, daß sich unsere Schwierigkeiten, über solche Antithesen – oft fälschlicherweise dargestellt als Dichotomie von Angeborenem und Erworbenem – hinaus zu denken, aus demselben sozialen, philosophischen und religiösen Rahmen herleiten, in dem sich auch die moderne Wissenschaft seit ihren Ursprüngen entwickelt hat – aus dem Nordwesten Europas im siebzehnten Jahrhundert, zeitgleich mit der Geburt des Kapitalismus« (Rose 2000, S. 21).

In ähnlicher Weise – und hier mit Bezug auf Anastasi und das Beispiel PKU – wird von Oyama eine additive Sichtweise von Anlage und Umwelt kritisiert:

> "Konner, whose 1982 book *The Tangled Wing* is subtitled *Biological Constraints on the Human Spirit*, addresses the issue of inevitability. He gives several enlightened discussions of the nature-nurture dichotomy, citing with approval Anastasi's well-known declaration that both dichotomous and quantitative formulations of hereditary and environmental influences are nonsense, and that the only valid question about development is *how* it occurs. Konner characterizes the metabolic disorder phenylketonuria (PKU) as totally genetic and totally environmental because it is traceable to a single gene but is caused by an 'environmental poison,' and concludes that it is 'folly' to 'partition mental and behavioral characteristics into percentages of genetic and environmental causation'" (Oyama 2002, S. 95f, Hervorhebungen im Original).

Dem unzulänglichen dichotomen Verständnis von Anlage und Umwelt wird im Rahmen des Kritischen Interaktionismus zumeist eine dialektische Sichtweise gegenübergestellt, nach der Anlage- und Umweltfaktoren nicht nur untrennbar miteinander verbunden sind, sondern den Organismus im Rahmen der Ontogenese »ko-konstruieren« (Stotz 2005b, S. 129; vgl. auch Oyama/Griffiths/Gray 2001b, S. 6). Die Konzepte des *Organismus* und der *Entwicklung* werden damit gleichsam zum Fokus der Theoriebildung, um den sich Ansätze des Kritischen Interaktionismus konstituieren. Sie betonen dementsprechend die *aktive* Rolle des Organismus bei der Selbstorganisation seiner inneren und der Konstruktion seiner äußeren Bedingungen, wobei Letzteres mit dem aus der Ökologie entlehnten Begriff der »Nischenkonstruktion« (Stotz 2005b, S. 135) bezeichnet wird.[188] Ein allzu einfach verstandener Interaktionismus wird abgelehnt; und die Ontogenese wird als Lebenslauf bzw. Lebenszyklus aufgefasst, in dessen Zentrum ein Organismus steht, der sich seine Umwelt aktiv aneignet. Oyama fasst diese kritisch-interaktionistische Sichtweise wie folgt zusammen:

> "The point of interactionism is not that everything interacts with everything else or that the organism or genome interacts with everything. Nor is it that everything is subject to alteration. It is rather that influences and constraints on responsiveness are a function of both the presenting stimuli and the results of past selections, responses, and integrations, and that organisms organize their surroundings even as they are organized by them. This being the case, developmental pathways are not set in any substantive way either by genome or by environment, regardless of the normality or relative probability of the pathways itself" (Oyama 2002, S. 169).

---

188 Das Prinzip der Nischenkonstruktion wurde in Form der sog. ›ontogenetischen Nische‹ und in Anlehnung an ökologische Konzepte (wie insbes. ›Habitat‹) im Jahr 1987 von West und King in den Kontext des Anlage-Umwelt-Diskurses eingeführt: "We propose the term *ontogenetic niche* to stand for the set of ecological and social circumstances inherited by organisms. We choose the term because it captures both the physical requirements necessary for the existence of a species and the particular role or occupation of that species within the broader ecological community" (West/King 1987, S. 550, Hervorhebung im Original).

Handelt es sich bei den zuvor genannten Merkmalen eher um grundlegende Postulate eines interaktionistischen Verständnisses des Ineinandergreifens von Anlage und Umwelt, so werden von den Positionen des Kritischen Interaktionismus andere inhaltliche Problemstellungen deutlicher konkretisiert. Dies trifft insbesondere für die detaillierte Kritik an einer allzu oberflächlich rezipierten Genetik zu, wie sie oft im Rahmen populärwissenschaftlicher Darstellungen zur Anlage-Umwelt-Thematik zu finden ist (vgl. z. B. Hamer/Copeland 1998a). Wird dort von Genen ›für‹ bestimmte Merkmale oder Eigenschaften gesprochen, ist dies aus kritisch-interaktionistischer Sicht bestenfalls als grob vereinfachend oder missverständlich zu werten: Gene ›für‹ Merkmale kann es aus verschiedenen Gründen nicht geben: Zunächst handelt es sich hier um einen simplifizierenden Sprachgebrauch. Selbst vermeintlich genetisch-bedingte oder mendelnde Merkmale sind aufgrund ihrer Einbindung in den Kontext von Stoffwechselprozessen komplexer als dies zunächst den Anschein hat. Dies lässt sich exemplarisch anhand des Merkmals der menschlichen Augenfarbe demonstrieren:

»Selbst wenn wir die biochemischen Schritte ignorieren, durch die es zu den notwendigen Vorläufersubstanzen für den Syntheseweg kommt, sind an der Entstehung der Irispigmente viele verschiedene Enzyme beteiligt … Damit gibt es das Gen ›für‹ eine bestimmte Augenfarbe für den Biochemiker und vielleicht auch für den Genetiker überhaupt nicht mehr. Vielmehr gibt es Unterschiede in den biochemischen Synthesewegen, die zu braunen oder blauen Augen führen, denn im letztgenannten Falle fehlt ein bestimmtes Enzym, das eine chemische Transformation auf dem Weg zur Pigmentsynthese zu katalysieren hätte. Bei blauäugigen Menschen wird dieses Enzym offenbar nicht gebildet, oder es funktioniert aus irgendeinem Grunde nicht. Das Gen ›für‹ blaue Augen muß somit umgedeutet werden in ›eines oder mehrere Gene, in deren Abwesenheit der metabolische Syntheseweg zur Bildung von Pigmenten im Stadium der Blauäugigkeit abbricht‹« (Rose 2000, S. 132).

Die Vereinfachung im wissenschaftlichen Sprachgebrauch kann entsprechende Auswirkungen auf den Alltagsdiskurs haben, sodass sich im öffentlichen Diskurs Konzepte von Genen ›für‹ bestimmte Merkmale, Verhaltensweisen und – nicht zuletzt – Erkrankungen manifestieren, die weit von ihrer eigentlichen Bedeutung im wissenschaftlichen Diskurs entfernt sind. Dies lässt sich gerade für den Krankheitsbegriff gut demonstrieren:

»Es kommt nämlich durchaus vor, dass manche ihre Worte schlecht abwägen und in der Öffentlichkeit ihren Laborjargon mit seinen bequemen, aber irreführenden Abkürzungen benutzen. Wir sprechen zum Beispiel vom ›Mukoviszidose-Gen‹, um das Gen kurz zu bezeichnen, *das bei den an Mukoviszidose erkrankten Personen defekt ist und in seiner normalen Form verhindert, dass man an dieser Krankheit leidet*« (Jordan 2001, S. 13, Hervorhebung im Original).[189]

Einem genetischen Defekt liegen zudem nicht Gene, sondern deren Zustandsformen bzw. Varianten – also Allele – zugrunde. Die Unterscheidung zwischen Genen und Allelen wird im alltagstheoretischen Diskurs allerdings nicht immer berücksichtigt. Vor dem Hintergrund des Kritischen Interaktionismus – und insbesondere unter Einbezug des Vokabulars von Maturana und Varela – können derartige monogenetische Effekte, die auf der Wirkung eines einzelnen Gens beruhen, als *Perturbationen* betrachtet werden, die den betroffenen Organismus so stark

---

189 Aufgrund der Kontextabhängigkeit von Genen wird aus kritisch-interaktionistischer Sicht zuweilen sogar eine Dekonstruktion des Genotyp-Begriffes eingefordert: "Because, however, there is no reading of the genetic code that is not itself part of the process of development, it is only within the context of the developmental system that we can say what any particular gene is *for*. It follows that there can be no specification of the characteristics of an organism, no design, that is independent of the context of development. The genotype simply does not exist" (Ingold 2001, S. 261, Hervorhebung im Original).

in seinen Bemühungen zur Aufrechterhaltung seiner Autopoiese beeinträchtigen, dass diese Beeinträchtigung nicht mehr abgepuffert oder ausgeglichen werden kann, sodass sich letztlich die Wirkung des Gens im Phänotyp bemerkbar macht. Dennoch können an einem monogenetischen Effekt eine ganze Reihe anderer Gene, Stoffwechsel- und Entwicklungswege beteiligt sein. Da ein Gen nicht in einem ›leeren‹ Raum wirkt, kann letztlich sogar die Bezeichnung ›monogenetischer Effekt‹ als Simplifizierung angesehen werden. Neben der bereits genannten Vereinfachung, die dazu führt, dass die Begriffe ›Gen‹ und ›Allel‹ nicht deutlich auseinandergehalten werden (vgl. z. B. Asendorpf 2004b, S. 100), kommt in der öffentlichen Darstellung genetischer Befunde als weiteres Phänomen die Verwechslung von ›Lokalisierung‹ und ›Isolierung‹ eines Gens für ein spezifisches Merkmal hinzu:

> »Wenn eine Tageszeitung in einer Überschrift verkündet, ein Forscherteam habe das ›Gen für Schizophrenie‹, das für Homosexualität oder das für die manisch-depressive Psychose entdeckt, dann heißt das, dass eine *Lokalisierung* [= Eingrenzung des vermutlich beteiligten Chromosomenabschnittes, ML] stattgefunden hat, nicht aber die tatsächliche *Isolierung* eines Gens. Beim fraglichen Gen wird es sich, das möchte ich hier noch einmal betonen, keinesfalls um ›das‹ Gen für Schizophrenie, sondern eher um ein Gen handeln, das gewisse Varianten aufweisen kann, durch die sein Träger ein überdurchschnittlich erhöhtes Risiko trägt, diese Krankheit auszubilden« (Jordan 2001, 43, Hervorhebungen im Original).[190]

Zudem ist aus heutiger Sicht davon auszugehen, dass die große Mehrheit menschlicher Merkmale und Verhaltensweisen durch eine Vielzahl unterschiedlicher Gene beeinflusst wird (Polygenie), sodass selbst im Falle der Isolierung eines Genes in der Regel nur eine sehr geringe Varianzaufklärung möglich ist.

Weitere molekulargenetische Konzepte, an denen von Vertreterinnen und Vertretern des Kritischen Interaktionismus Kritik geübt wird, sind bspw. die Selbstreplikation der DNA sowie die metaphorische Bezeichnung des Genoms als ›blueprint‹, Rezept, Plan oder Programm.[191] Da Gene lediglich Matrizen für die Produktion von Aminosäureketten liefern, kann aus kritisch-interaktionistischer Sicht nicht von einer *Selbst*replikation der DNA gesprochen werden. Denn an der Replikation der DNA ist eine Vielzahl von Proteinen beteiligt, sodass sie komplett vom zellulären Kontext abhängig ist, ohne den eine Verdoppelung nicht funktionieren kann:

> "The 'genetic message,' as Jacob himself admits (presumably when construing message as genes), can do nothing without a functioning cell, and even within a cell, it 'plays the passive role as a matrix' ([Jacob 1973,] p. 278; recent research gives a less passive impression of the genome, but Jacob's point stands). It is indeed an entire cell that is reproduced, not because the genes contain instructions for building it, but because any inheritance involves passing on DNA and all the cellular and extracellular structures, processes, and materials necessary for its exploitation" (Oyama 2002, S. 77; vgl. auch Goodwin 1997, S. 26 ff).

---

190 Forschungsbefunde, die auf einer Lokalisierung eines bestimmten Gens beruhen, müssen demnach als empirisch nicht ausreichend abgesichert gewertet werden. Sie wurden in der Vergangenheit häufig revidiert, da sie mittels Folgeuntersuchen an anderen Stichproben nicht repliziert werden konnten. Ein Paradebeispiel für derartige Fälle ist die vermeintliche Lokalisierung eines an der Entstehung von Homosexualität beteiligten Gens auf dem langen Arm des X-Chromosoms (Abschnitt Xq28) durch Dean H. Hamer (geb. 1951) im Jahr 1993 (vgl. Hamer u. a. 1993) und die Revidierung dieses Befundes sechs Jahre später (vgl. Rice u. a. 1999; Jordan 2001, S. 92 f).

191 So konstatierte bereits Johnston im Jahr 1987, dass die Konstruktion dieser Metaphern von nativistischer Seite herangezogen werde, um sich begrifflich von überkommenen oder kritisierten Dichotomien abzusetzen: "The metaphor of the genetic blueprint (or genetic or developmental program) has become increasingly popular as a way of maintaining a dichotomous view of behavioral development without using the terms 'learned' and 'innate.' It seems to allow the attribution of behavior directly to the genes, without implying the preformationist view that behavior itself is present in the genes. However, it does so only at the cost of seriously misrepresenting the nature of genetic involvement in development" (Johnston 1987, S. 160; vgl. auch ebd., S. 179).

Der Einfluss der DNA ist aus kritisch-interaktionistischer Sicht somit deutlich zu relativieren. Konzepte, in denen das Genom als ›blueprint‹, Rezept, Plan oder Programm angesehen wird, erweisen sich als irreführend, da sie den Genen einen zu zentralen Stellenwert in der Ontogenese des Organismus einräumen. Entsprechend wird im Rahmen des Kritischen Interaktionismus der gesamte Organismus als System betrachtet, dessen Einzelstrukturen in Regelkreisen untereinander stark vernetzt sind und in ihrem Zusammenspiel die Konstituierung des Organismus in der Ontogenese erst ermöglichen:

> »Die Gene sind ganz und gar nicht die unwandelbaren Grundbestandteile des Organismus, deren Auswirkungen sich fein säuberlich voneinander – beziehungsweise von den Umwelteinflüssen – trennen lassen. Ebensowenig gibt es ein unabänderliches genetisches Programm, einen unabänderlichen Bauplan für den Organismus. Denn im Lauf der Entwicklung kann sich auch das Genom verändern. Das Lebendigsein eines Organismus hängt von einem dynamischen Gleichgewicht im Regelkreis seiner Wechselbeziehungen mit der Umwelt ab, der sich auf sein gesamtes physiologisches System bis zu den Genen hin erstreckt. Vererbung – die unveränderliche Reproduktion gleichartiger Lebenszyklen – ist weniger eine Eigenschaft der Gene, vielmehr eine Eigenschaft des Organismus als Gesamtsystem in seiner ökologischen Umwelt« (Ho 1999, S. 83).

Ansätze des Kritischen Interaktionismus belassen es an dieser Stelle nicht bei einer grundlegenden Kritik molekulargenetischer Konzepte, sondern stellen diesen Sichtweisen zuweilen ein erweitertes Vererbungskonzept entgegen. Dabei werden eine kritische Interpretation herkömmlicher Erkenntnisse und eine Integration neuerer Befunde aus der Genetik angestrebt. Von zentralem Stellenwert sind in diesem Zusammenhang epigenetische Mechanismen, die eine Vererbung ohne direkte Beteiligung von DNA postulieren. So wird bspw. darauf verwiesen, dass die Eizelle bei der Befruchtung neben der Zellkern-DNA eine Reihe weiterer Strukturen enthält, die ebenfalls vererbt werden. Diese können aus DNA bestehen, aber nicht zum eigentlichen Genom gerechnet werden (bspw. mitochondriale DNA; vgl. z. B. Ho 1999, S. 247), oder nicht aus DNA bestehen (bspw. Membranen und andere zelluläre Strukturen; vgl. z. B. ebd., S. 160, 247; Jablonka/Lamb 2006, S. 121 f). Des Weiteren wird darauf verwiesen, dass der Aktivierungszustand von Genen über deren Methylierung und Chromatin-Markierungen in bestimmten Fällen an die Nachkommen weitergegeben werden kann (vgl. bspw. ebd., S. 128 f). Diese epigenetische Ein- bzw. Ausschaltung von Genen beruht nicht auf Veränderungen der DNA-Sequenz selbst, wirkt sich aber dennoch auf die Wahrscheinlichkeit aus, mit der Gene in der Folgegeneration transkribiert werden. Insgesamt betrachtet wird in den Ansätzen des Kritischen Interaktionismus auf eine Vielzahl von epigenetischen und anderen Mechanismen verwiesen, die an dieser Stelle nur ansatzweise erläutert werden können:[192]

1) *Zytoplasmatische Vererbung:* Ohne direkte Beteiligung von DNA werden auf zellulärer Ebene sämtliche Zellstrukturen wie Membranen, Mitochondrien u. v. a. m. vererbt (vgl. bspw. Ho 1999, S. 160, 247).

2) *Imprinting (genomische Prägung):* Bei Säugetieren erfolgt bereits früh in der Ontogenese (und noch vor der Geburt) die Trennung von Körper- und Keimzellen im weismannschen Sinne. War man zuvor davon ausgegangen, dass in der Embryogenese jegliche Markierungen über den Zustand ein- und ausgeschalteter Gene aus den Keimzellen der Elterngeneration zurückgesetzt werden, so zeigen neuere Befunde, dass diese ›Löschung‹ nicht so absolut ist wie bisher angenommen. Für Säugetiere

---

192 Eine zunehmende Berücksichtigung epigenetischer Befunde findet sich seit einigen Jahren insbesondere im populärwissenschaftlich geführten Diskurs, wovon neuere Monografien (vgl. Bauer 2002a, 2008; Blech 2010; Francis 2011; Kegel 2009; Lipton 2006; Shenk 2010; Spork 2009) und Artikel in populärwissenschaftlichen Magazinen (vgl. Gibbs 2004, Schwägerl 2007, Watters 2007, Wenner 2009, Wolf 2009) zeugen.

wurde ein derartiges epigenetisches Phänomen im Jahr 1999 durch Emma Whitelaw nachgewiesen (vgl. Morgan u. a. 1999). Whitelaw und Mitarbeiter/innen zeigten, dass bei einem Strang von Inzucht-Mäusen mit identischer genetischer Ausstattung die Fellfarbe der Nachkommen über einen breiten Bereich variierte und durch die Fellfarbe der Mutter beeinflusst wurde (vgl. Balter 2000, S. 38). Der epigenetische Zustand, der über Chromatin-Markierungen (wie bspw. Methylierung der DNA zur Blockierung ihrer Transkription) festgelegt ist, kann daher in bestimmten Fällen an die Nachkommen weitergegeben werden, sodass sich Gene je nachdem, ob sie von der Mutter oder dem Vater stammen, unterschiedlich auswirken können (vgl. bspw. Jablonka/Lamb 2006, S. 137–146).[193]

3) *Steuerung der Genaktivität:* Gene können durch die Anlagerung von Methylgruppen an die Cytosin-Bausteine der DNA ausgeschaltet und durch Entfernung dieser Methylgruppen reaktiviert werden (vgl. z. B. Kegel 2009, S. 80–101; Spork 2009, S. 52–57). Zudem wird die Ablesbarkeit der DNA durch die Art ihrer ›Verpackung‹ beeinflusst – d. h. durch unterschiedliche Proteine namens ›Histone‹, um die die DNA gewickelt ist (vgl. bspw. Kegel 2009, S. 118–151; Spork 2009, S. 48–52). Gene werden damit nicht nur über ihren Code als Basenabfolge definiert, sondern auch über ihren Aktivitätszustand. Damit ist dem Genom ein sog. ›Epigenom‹ übergeordnet. Auf Unterschieden in den Methylierungsmustern basieren bspw. Prozesse der Zelldifferenzierung. Da sich diese Muster im Laufe der Ontogenese durch die Wirkung von Umwelteinflüssen stetig verändern können, werden sie zuweilen als verantwortlich dafür angesehen, dass eineiige Zwillinge im Verlauf ihres Lebens immer unterschiedlicher werden (vgl. Blech 2010, S. 49; Spork 2009, S. 94, 243).

4) *Alternatives Spleißen:* Bei der Vorstellung des zentralen Dogmas der Molekularbiologie, nach dem aus *einem* Gen jeweils *ein* spezifisches Protein hergestellt wird, handelt es sich um eine grobe Vereinfachung, da nach der Transkription eines Gens in eine mRNA Editierungsschritte erfolgen. Dieser Prozess wird als ›alternatives Spleißen‹ bezeichnet. Bestimmte Abschnitte der zunächst transkribierten prä-mRNA werden weggelassen (sog. ›Introns‹) und die verbleibenden Abschnitte (sog. ›Exons‹) werden zum endgültigen Transkript zusammengesetzt. Auf diese Weise können aus einem spezifischen DNA-Abschnitt verschiedene mRNAs und später unterschiedliche Proteine hergestellt werden (vgl. bspw. Jablonka/Lamb 2006; S. 65 ff; Neumann-Held 2001, S. 72 f).

5) *›Springende‹ Gene:* Die Versuche der Genetikerin Barbara McClintock (1902–1992) an Maispflanzen zeigten bereits in den 40er Jahren, dass Gene in bestimmten Situationen (bspw. unter zellulären ›Stressbedingungen‹) ihre Lage im Genom verändern können, blieben jedoch lange Zeit in der Genetik unberücksichtigt (vgl. bspw. McClintock 1950; Jablonka/Lamb 2006, S. 88 f; Rose 2000, S. 143).

6) *Gesteuerte Mutationen:* Versuche von (Hugh) John (Forster) Cairns (geb. 1922) an Bakterien lassen vermuten, dass Mutationen im Genom nicht so zufällig und selten erfolgen, wie dies über Jahrzehnte in der Genetik angenommen worden war (vgl. Cairns/Overbaugh/Miller 1988). Unter besonderen Anregungsbedingungen durch die Umwelt (bspw. Nährstoffmangel) zeigen sich in manchen Fällen höhere Mutationsraten in bestimmten Genen, sodass eine Anpassung an die veränderten Milieubedingungen ermöglicht wird (vgl. bspw. Ho 1999, S. 162 ff; Jablonka/Lamb 2006, S. 79 f, 94–101).

7) *Genetische Assimilation:* Bereits im Jahr 1942 wurde von Waddington die Manifestation latent vorhandener genetischer Variation ohne Änderung von Genen selbst beschrieben (vgl. Waddington 1942). Dieses Konzept wurde von ihm später auch als ›genetische Assimilation‹ bezeichnet. Ausgangspunkt ist, dass genetische Variationen vorliegen, die allerdings nicht zum Tragen kommen, da sie durch Kanalisierung maskiert bzw. überdeckt werden. Bei Vorliegen extremer Umwelteinflüsse kann ein anderer Entwicklungspfad eingeschlagen werden, ohne dass auf diese Weise Gene selbst verändert werden. Waddingtons Experimente (bspw. an Fruchtfliegen) zeigten, dass in manchen Fällen nach Wiederholung derartiger Umweltwirkungen in den nachfolgenden Generationen der

---

193 Der Begriff der ›Prägung‹ darf in diesem Zusammenhang nicht mit dem ethologischen Prägungsbegriff verwechselt werden. Im englischen Sprachraum wird aus diesem Grund zwischen »behavioral imprinting« (Jablonka/Lamb 2006, S. 167) und »genomic imprinting« (ebd., S. 139) unterschieden.

neue Entwicklungspfad auch nach Wegfall der Umweltwirkung zum Standardpfad werden kann. Auf diese Weise könnten umweltinduzierte Veränderungen des Phänotyps über Generationen hinweg zu genetischen Änderungen führen (vgl. z. B. Jablonka/Lamb 2006, S. 260–265).

8) ›Junk-DNA‹: Nach aktuellen Erkenntnissen der Humangenetik enthält der größte Teil der DNA eines Menschen selbst keine kodierenden Sequenzen, sondern bspw. häufige Wiederholungen einzelner Codeabschnitte, sodass die DNA zu großen Teilen (diesbezügliche Schätzungen reichen von 75 % bis hin zu 99 % des Genoms) aus sog. ›DNA-Müll‹ bestehe. Funktion und Bedeutung derartiger Junk-DNA sind bis heute ungeklärt (vgl. bspw. Ho 1999, S. 148 f; Petermann/Niebank/Scheithauer 2004, S. 63).

Bei einigen der genannten Mechanismen muss deren Bedeutung für die Humangenetik noch als strittig erachtet werden, da es sich um experimentelle Befunde handelt, die mithilfe von Bakterien oder Pflanzen gewonnen worden sind. Obwohl orthodoxe Vertreterinnen und Vertreter der Molekulargenetik weiterhin von der extremen Seltenheit epigenetischer Vererbung im Tierreich ausgehen, konnten Jablonka und Raz kürzlich zahlreiche Studien zusammentragen, die bereits Nachweise für die Existenz derartiger Vererbungsmechanismen bei vielen Spezies (einschließlich verschiedener Säugetiere und des Menschen) erbracht haben (vgl. Jablonka/Raz 2009, S. 140–152). Damit ergibt sich in der Zusammenschau das Bild eines flexiblen und wandelbaren Genoms, das nicht mehr der bekannten Auffassung des sog. ›zentralen Dogmas der Molekularbiologie‹ (DNA wird in RNA transkribiert, RNA wird zu Protein translatiert) entspricht.[194] Ho spricht daher auch von der »Fluidität des Genoms« (Ho 1999, S. 76, 148):

> »Basensequenzen können sich verändern, die Insertion von DNS-Abschnitten kann erfolgen, diese können gelöscht oder auf das Tausend- oder Zehntausendfache amplifiziert werden. Die Sequenzen können umarrangiert oder rekombiniert werden, Gene können von einer Stelle im Genom an eine andere springen, und manche Gene können andere Gene zur Konversion in ihre eigenen DNS-Sequenzen veranlassen. Diese Prozesse halten die Genome unablässig in einem fluktuierenden Entwicklungszustand« (ebd., S. 76; vgl. auch Rose 2000, S. 143).[195]

Deutliche Kritik am zentralen Dogma der Molekularbiologie wurde auch von Gilbert Gottlieb geübt, der seit den 70er Jahren seinen Ansatz der probabilistischen Epigenese entwickelt hatte (vgl. bspw. Valsiner 2007, S. 832). Nach diesem Modell müssen zwischen DNA, RNA und Proteinen vielfältige bidirektionale bzw. koaktionale Einflüsse angenommen werden (vgl. Gottlieb 2001a, S. 48–51). Ein Beispiel für die Wirkung von RNA auf DNA ist die sog. ›Reverse Transkriptase‹, die bei vielen Retroviren (bspw. HIV) dazu führt, dass die Viren-RNA nach Einschleusung in die Wirtszelle in DNA übersetzt und in das Genom der Wirtszelle integriert wird (vgl. z. B. Hennig 1998, S. 549 f). Exemplarisch für Einflüsse von Proteinen auf andere

---

194 Das ›zentrale Dogma der Molekularbiologie‹ wurde ursprünglich von Francis Crick im Jahr 1958 aufgestellt (vgl. Crick 1958, S. 153). Demnach erfolge der Informationsfluss immer von der DNA über die RNA zum Protein; andere Wege (insbesondere vom Protein zur RNA oder DNA, vom Protein zum Protein) seien kategorisch ausgeschlossen. Später wurde das Dogma geringfügig abgeschwächt, indem wenige weitere Wege (insbesondere von der RNA zur DNA) als Ausnahmefälle anerkannt wurden (vgl. Crick 1970). Mitunter finden sich bis in die heutige Zeit hinein restriktive Fassungen dieses Dogmas (vgl. z. B. Watson u. a. 2004, S. 31).

195 Die Metapher des fluiden Genoms sei laut Ho im Jahr 1982 durch Dover und Flavell geprägt worden (vgl. Doolittle 1983, S. 18; Dover 1982, S. 111; Dover/Flavell 1983, Umschlagrückseite; Ho 2010, S. 83). Eigenen Recherchen zufolge verwendete Young bereits drei Jahre zuvor den Begriff ›fluid‹ im Kontext der Beschreibung eines Genoms (vgl. Young 1979, S. 6274); und im gleichen Jahr bzw. Folgejahr nutzten Hsie u. a. die Wortkombination »genomic fluidity« (Hsie/O'Neill/McElheny 1979, S. 470) und Wagner u. a. die Phrase »fluid genome« (Wagner u. a. 1980, S. 493).

Proteine lassen sich die erst vor wenigen Jahren entdeckten Prionen anführen, die als Proteine die Umfaltung anderer Proteine anzuregen scheinen und als Folge verschiedene Krankheiten (wie z. B. die Creutzfeldt-Jakob-Krankheit beim Menschen, BSE beim Rind und Scrapie beim Schaf) auslösen können (vgl. bspw. Jablonka/Lamb 2006, S. 124 f). Gottlieb entwickelt aus seiner kritischen Haltung gegenüber dem zentralen Dogma ein Netzwerkmodell der Individualentwicklung mit vier Ebenen (genetische Aktivität, neurale Aktivität, Verhalten, Umwelt), wobei bidirektionale Einflüsse zwischen den jeweils benachbarten Ebenen anzunehmen sind (vgl. Gottlieb 2001a, S. 50). Dieses Modell wird heute in verschiedenen Kontexten – wie der Entwicklungswissenschaft oder Verhaltensgenetik – rezipiert (vgl. z. B. Asendorpf 2004b, S. 345; Petermann/Niebank/Scheithauer 2004, S. 261).

Obwohl an dieser Stelle nicht im Detail auf sämtliche Unterschiede zwischen den verschiedenen Ansätzen des Kritischen Interaktionismus eingegangen werden kann, soll kurz auf einige Besonderheiten hingewiesen werden: Am deutlichsten setzt sich der Ansatz von Goodwin, einem Schüler Waddingtons, von den anderen kritisch-interaktionistischen Ansätzen ab (vgl. Keller 2001b, S. 154). Goodwin fasst genetische und epigenetische Einflüsse als sog. »morphogenetische Determinanten« (Goodwin 1997, S. 75) auf und setzt diese an die Stelle des weismannschen Kernplasmas. Im Zusammenspiel mit Umwelteinflüssen werde ein »generatives Feld« (ebd.) erzeugt, welches aus räumlicher Sicht die Grundlage für den Aufbau des Organismus als System liefere und aus zeitlicher Sicht den Lebenszyklus – inklusive der Weitergabe von Strukturen an die Nachkommen – konstituiere (vgl. ebd., S. 74 f). Genetische Programme werden abgelehnt und unter Einbezug von system- und komplexitätswissenschaftlichen Hintergründen als alternative stabile Zustände umgedeutet, die ein System annehmen könne (vgl. ebd., S. 92 f), sodass letztlich auch komplexe morphologische Merkmale und Baupläne (wie bspw. das menschliche Auge) erklärbar würden.

Den wohl ausdifferenziertesten und umfassendsten Ansatz des Kritischen Interaktionismus haben Jablonka und Lamb vorgelegt. Sie unterscheiden zwischen vier Dimensionen als ›Vererbungssystemen‹, in denen Informationen an die Nachkommen weitergegeben würden: »genetic inheritance system« (Jablonka 2001, S. 100), »Epigenetic Inheritance Systems«, »Behavioral Inheritance Systems« und »Symbolic Inheritance System« (Jablonka/Lamb 2006, S. VII; vgl. auch Jablonka 2001, S. 100). Neben den genetischen und epigenetischen Vererbungssystemen, denen die meisten der in diesem Abschnitt beschriebenen Mechanismen zugeordnet werden können, werden damit auch soziale Lernprozesse (im Rahmen von Behavioral Inheritance Systems) und Kommunikationsprozesse (als symbolisches Vererbungssystem) in die Diskussion einbezogen (vgl. ebd.). Der Vererbungsbegriff wird auf diese Weise auf die Weitergabe sämtlicher Informationen im Laufe von Lebenszyklen ausgeweitet und bleibt nicht mehr auf die Weitergabe genetischer Informationen beschränkt, sodass sich als Ergebnis ein umfassender Ansatz zur Erfassung der Wechselwirkungen von Anlage und Umwelt sowie Natur und Kultur manifestiert.

Recht unterschiedlich wird in den Ansätzen des Kritischen Interaktionismus hingegen die Vererbung erworbener Merkmale im Sinne Lamarcks (vgl. Abschnitt 2.2.3) verhandelt: Eine direkte Vererbung erworbener Merkmale vor dem Hintergrund von Gebrauch oder Nicht-Gebrauch von Organen oder eine Art willentlicher Steuerung durch den Organismus wird in allen Ansätzen weitestgehend ausgeschlossen. Kontrovers diskutiert wird aber, ob Lamarck vielleicht hinsichtlich einzelner Aspekte seiner Sichtweise nicht ganz so falsch gelegen haben könnte, wie dies von Vertreterinnen und Vertretern der Modernen Synthese immer wieder behauptet worden ist.[196] Das Spektrum der Wiederbelebung zentraler Ideen Lamarcks bzw. des Neo-Lamarckismus reicht in kritisch-interaktionistischen Diskurspositionen von der Interpretation genregulatorischer Prozesse und epigenetischer Mechanismen als ›lamarckistisch‹ bis hin zu Postulaten einer Durchdringung der weismannschen Barriere mithilfe dezidierter molekulargenetischer Mechanismen. Als extremer Vertreter derartiger Sichtweisen hatte bspw. Edward J. Steele bereits im Jahr 1979 eine »soma-to-germline theory of evolution« (Steele/Lindley/Blanden 1998, S. 52; vgl. Steele 1979) vorgeschlagen und später einen Mechanismus für eine lamarckistische Vererbung im Rahmen des menschlichen Immunsystems ausgearbeitet (vgl. Steele/Lindley/Blanden 1998). Steele führte Experimente an Mäusen durch, bei denen einige männliche Exemplare, die kurz nach der Geburt durch Injektion von fremden Lymphozyten eine Immuntoleranz erworben hatten, diese Toleranz in seltenen Fällen an ihre Nachkommen weitergegeben haben sollen (vgl. ebd., S. 169–172). Im Gegensatz zu Lamarck und Darwin, die keinen oder nur einen sehr fragwürdigen Vererbungsmechanismus postulieren konnten (vgl. Abschnitt 2.2.1), schlug Steele ein konkretes Modell einer Feedback-Schleife zwischen Körperzellen und Keimzellen vor: Dabei könnte RNA zur Kodierung der Antigene des Immunsystems aus den Körperzellen der Eltern in seltenen Fällen durch einen (harmlosen) Retrovirus (als ›shuttle‹) eingefangen und zu den Keimzellen transportiert werden, wo sie durch Reverse Transkriptase wieder in DNA zurückübersetzt, in die DNA der Keimzellen integriert und an die Nachkommen weitervererbt würde (vgl. Steele/Lindley/Blanden 1998, S. 9 ff, 166 f). Selbst wenn derartige Mechanismen in der Evolution mit großer Seltenheit vorkämen, würden sie nahelegen, dass unter bestimmten Umständen eine Penetration der von Weismann postulierten Barriere zwischen Soma und Keimbahn möglich wäre. In Steeles Beispiel widerspräche dies nicht einmal dem zentralen Dogma der Molekularbiologie, da keine Rückübersetzung von Proteinen in RNA bzw. DNA angenommen werden müsste (vgl. Dawkins 2010a, S. 179, 185; Jablonka/Lamb 2006, S. 152).[197]

Abschließend ist bezüglich der Ansätze des Kritischen Interaktionismus auf einen nicht selten geäußerten Einwand hinzuweisen, der in der Gefahr des Abgleitens in einen extremen ›Holismus‹ besteht (vgl. z. B. Gray 2001, S. 199; Sterelny/Smith/Dickison 1996, S. 382 f): Da kritisch-

---

196 So wird bspw. von Mae-Wan Ho die Rolle der natürlichen Selektion als treibende Kraft in der Evolution mit Verweis auf die Bedeutung epigenetischer Mechanismen stark relativiert und auf ein "eliminating the unfit" (Ho 2010, S. 75; vgl. auch Abschnitt 2.2.1) beschränkt. Es ist daher nicht verwunderlich, dass diese Diskursposition bei orthodoxen Vertretern der synthetischen Theorie der Evolution, wie insbesondere John Maynard Smith (1920–2004) und Ernst Walter Mayr (1904–2005) als den bekanntesten Verfechtern des neo-darwinistischen Establishments, auf wenig Gegenliebe gestoßen ist (vgl. Ho 2010, S. 62 f).

197 Ähnlich den Versuchen zur Umdeutung der Ergebnisse Kammerers durch Vertreter der ›Modernen Synthese‹ (vgl. Abschnitt 2.2.3) wurde Steeles Theorie bereits im Jahr 1982 von Richard Dawkins als eine besondere »Spielart der darwinistischen Theorie« (Dawkins 2010a, S. 176) und damit als durchaus mit letzterer vereinbar gewertet. Um sein Ziel einer argumentativen Widerlegung Steeles zu erreichen, weitete Dawkins allerdings den Keimbahn-Begriff aus und ließ als ›lamarckistisch‹ nur eine gerichtete Vererbung erworbener Eigenschaften gelten (vgl. ebd., S. 180, 184). Zudem laufen der gängigen Lehrmeinung der Evolutionsbiologie und Genetik widersprechende Forschungsbefunde im Besonderen sowie die wissenschaftstheoretischen Annahmen kritisch-interaktionistischer Theorien im Allgemeinen Gefahr, im Rahmen ideologischer oder esoterischer Ansichten fehl- oder überinterpretiert zu werden: So leitet bspw. Lipton aus einer Zusammenschau epigenetischer und anderer Befunde eine direkte gedankliche Beeinflussbarkeit physiologischer Prozesse ab (vgl. Lipton 2006, S. 82, 92, 123, 143). Zudem ist zu erwarten, dass epigenetische Befunde, die mit der modernen Synthese nicht vereinbar zu sein scheinen, von Kreationisten und Vertretern des ›Intelligent Design‹ in unzulässiger Weise als ultimative Belege gegen die Evolutionstheorie zweckentfremdet werden.

interaktionistische Ansätze mitunter vehemente Kritik an der reduktionistischen Vorgehensweise anderer Disziplinen äußern und den ganzen Organismus in das Zentrum der eigenen Betrachtungen stellen, könne dieser übertriebene ›Antireduktionismus‹ dazu führen, dass empirische Forschungsdesigns auf kritisch-interaktionistischer Basis nur schwer entwickelt werden könnten, vorhandene Designs aus anderen Disziplinen aber zugleich anhand des Reduktionismus-Arguments rigoros abgelehnt würden (vgl. bspw. Godfrey-Smith 2001, S. 289; Pinker 2004, S. 8). Den Vertreterinnen und Vertretern eines konstruktivistischen oder dialektischen Interaktionismus geht es jedoch im Kern darum, die Ursachen der Entwicklung eines Organismus gleichwertig zu behandeln und Perspektivverengungen durch einen zu starken genetischen Blickwinkel zu vermeiden (vgl. z. B. Oyama 2002, S. 17, 31). Vor diesem Hintergrund setzen sich Ansätze eines kritischen Interaktionismus von anderen Ansätzen ab, indem sie sich als Beiträge zur Philosophie der Biologie verstehen:

"But holism per se is only a bad thing in situations in which it puts impossible demands on empirical investigation, situations in which it is paralyzing to scientific work. In empirical work, it is probably inevitable that the researcher sort [sic] through causal factors and distinguish [sic] some as primary and others as background conditions, and to deny the researcher this strategy is to shut down research. But holism per se is not a bad thing in philosophy of nature, because it is an error to demand that a philosophy of nature be a useful tool in laboratory, or a good heuristic for guiding research. In a philosophy of nature, holism is just one possible view about the causal structure of the world" (Godfrey-Smith 2001, S. 289).

Zusammenfassend lässt sich herausstellen: Aus diskursanalytischer Perspektive betrachtet handelt es sich bei den Ansätzen, die hier unter der Sammelbezeichnung ›Kritischer Interaktionismus‹ diskutiert worden sind, um ein Konglomerat heterogener Aussagesysteme, die zwar dezidierte Annahmen über das Zusammenspiel von Anlage und Umwelt äußern, dieses jedoch in einem größeren Kontext (wie Entwicklung oder Evolution) betrachten. Gemeinsam sind diesen Ansätzen eine mehr oder weniger starke Zurückweisung der Anlage-Umwelt-Dichotomie per se und die Kritik an einem allzu naiv verstandenen Interaktionismus. Additive Modellvorstellungen des Zusammenspiels von Anlage und Umwelt, die insbesondere in der Verhaltensgenetik zu finden sind, werden aus kritisch-interaktionistischer Sicht komplett abgelehnt. Aus dem Blickwinkel des Kritischen Interaktionismus durchdringen sich Anlage und Umwelt vollständig und können nur im Kontext von Entwicklung und Ontogenese unter Einbezug des gesamten Organismus verstanden werden.

Kapitel 6:
Zusammenfassende Einordnung

In den drei vorherigen Kapiteln wurden Diskurspositionen bezüglich ihrer historischen Entwicklung und ihrer zentralen Kernaussagen dargestellt, die im derzeitigen Anlage-Umwelt-Diskurs einen zentralen Stellenwert einnehmen und im aktuellen Diskurs sowohl auf wissenschaftlicher als auch alltagstheoretischer Ebene miteinander konkurrieren. Dabei wurde zunächst die Verhaltensgenetik thematisiert, die sich im psychologischen Bereich als Zwillingsforschung manifestiert. Sodann wurde die Evolutionspsychologie (inklusive ihrer historischen Entwicklung aus der Soziobiologie heraus) dargestellt. Von diesen beiden theoretischen Richtungen setzen sich Ansätze ab, die im letzten Kapitel unter der Sammelbezeichnung des ›Kritischen Interaktionismus‹ betrachtet worden sind. Die Kernthesen dieser drei aktuellen Diskurspositionen lassen sich wie folgt zusammenfassen:

Die *Verhaltensgenetik* knüpft an den über lange Zeiträume der Menschheitsgeschichte zurückreichenden Erfahrungen in der Tierzucht an und wurde als wissenschaftliche Teildisziplin von Francis Galton begründet. Da sich genetische Versuche und experimentelle Variationen von Aufzuchtbedingungen beim Menschen aus ethischen Gründen verbieten, wird in der Verhaltensgenetik versucht, den Einfluss von Anlage und Umwelt anhand natürlich vorkommender Variationen zu ermitteln. In der Zwillingsforschung wurde dabei aus historischer Sicht auf drei Methoden zurückgegriffen (Untersuchung von getrennt aufgewachsenen eineiigen Zwillingen, Zwillingsmethode, Adoptionsmethode), die jeweils mit spezifischen Problemen behaftet sind, sodass sie den Einfluss von Anlage oder Umwelt systematisch über- oder unterschätzen. Der verhaltensgenetischen Modellbildung liegt in der Regel ein additives Verständnis des Zusammenwirkens von Anlage- und Umwelteinflüssen zugrunde, wobei die Umweltvarianz zumeist nur indirekt als Restkategorie der Gesamtvarianz bei Kenntnis aller anderen Komponenten ermittelt werden kann. Bezüglich des verhaltensgenetischen Heritabilitätskonzepts ist von besonderer Bedeutung, dass es sich um ein nicht-statisches Populationsmaß handelt: Heritabilitätswerte geben ›Momentaufnahmen‹ eines untersuchten Merkmals zu einem bestimmten Zeitpunkt in einer bestimmten Population wieder und sind damit variabel hinsichtlich der untersuchten Stichprobe, des Untersuchungszeitpunkts, der eingesetzten Tests zur Messung des Merkmals sowie der zugrunde gelegten Berechnungsmodelle. Daher können anhand von Heritabilitätskoeffizienten als Populationsmaße keinerlei Rückschlüsse auf den Einfluss von Anlage- und Umweltfaktoren bei einem *einzelnen* Individuum gezogen werden. Im Diskurs laufen verhaltensgenetische Konzepte dennoch Gefahr, dass Populations- und Individualebene miteinander verwechselt oder vermischt werden, und dass Heritabilität mit Erblichkeit auf der Individualebene gleichgesetzt wird. Aus forschungsmethodischer Sicht werden Heritabilitätsschätzungen lediglich als ein erster Schritt erachtet, die genetische Beeinflussung eines Merkmals nachzuweisen. Erschwerend kommt hinzu, dass das die Verhaltensgenetik konstituierende additive Wechselwirkungsverständnis von Anlage und Umwelt im öffentlichen Diskurs zur Legitimation konservativer sozialpolitischer Programme herangezogen werden kann. So können bspw. kontraintuitive Schlussfolgerungen aus Heritabilitätsberechnungen der Intelligenz dazu zweckentfremdet werden, den Nutzen von Förderprogrammen anzuzweifeln, wie am Beispiel der Thesen von Arthur Jensen noch gezeigt wird (vgl. Abschnitt 8.1). In jüngster Vergangenheit wurden von verhaltensgenetischer Seite verstärkt molekulargenetische Methoden eingesetzt, um die Beteiligung einzelner Gene an der Entwicklung bestimmter Merkmale nachzuweisen. Da menschliche Persönlichkeitsmerkmale und Verhaltensweisen in der Regel von einer Vielzahl von Genen beeinflusst werden, führen derartige Versuche in den allermeisten Fällen nur zu geringen Varianzaufklärungen und können selten repliziert werden.

In der *Soziobiologie*, die sich in der Verhaltensbiologie als eigenständiges Paradigma aufgrund von Erklärungsdefiziten der Ethologie entwickelt hat und seit Mitte der 70er Jahre im öffentlichen Diskurs rezipiert und kontrovers diskutiert worden ist, wird der Versuch unternommen, tierliches und menschliches Sozialverhalten auf einer evolutionären Grundlage zu erklären. Im Zentrum der Betrachtung steht dabei das Fitness-Konzept, das den Lebenszeit-Fortpflanzungserfolg von Genotypen in Populationen – mitunter sogar von Individuen – erfasst. Soziobiologische Modell- und Hypothesenbildungen basieren auf einem Fachvokabular, das der Ökonomie und der Spieltheorie entlehnt ist, und das in der öffentlichen Rezeption und Diskussion häufig Missverständnissen Vorschub geleistet hat, wenn bspw. mit Sparsamkeitsprinzipien, Fitnessmaximierung, Kosten-Nutzen-Rechnungen und genegoistischen Interessen argumentiert wird. Als radikale Zuspitzung ist vor diesem Hintergrund die Theorie von Dawkins erläutert worden, die die Gene in den Fokus der Erörterung stellt und den individuellen Organismus zum Vehikel und Mittel zum Zweck herabstuft, mit dem Gene ihre eigene Replikation fördern.

Die *Evolutionspsychologie* ist hingegen als aktuelle Weiterentwicklung humanethologischer, soziobiologischer und kognitionspsychologischer Theorieofferten seit Beginn der 90er Jahre verstärkt im Diskurs vertreten. Im Gegensatz zu behavioristischen Vorstellungen wird von evolutionspsychologischer Seite betont, dass Menschen nicht sämtliche Lerninhalte gleich gut lernen können. Sie seien vielmehr über weite Bereiche ihrer Stammesgeschichte an eine steinzeitliche Ur-Umwelt angepasst gewesen; und viele heutige Verhaltensmerkmale hätten entsprechend ihre Wurzeln in sog. ›environments of evolutionary adaptedness‹ im Pleistozän. Auf neuropsychologischer Ebene seien derartige Verhaltensanpassungen (wie z. B. das Erkennen von Betrügern, die Furcht vor Schlangen oder andere Phobien) als kognitive Module organisiert und als Universalien ein wichtiger Bestandteil der menschlichen Natur. Bezüglich der Unterschiede zwischen den Geschlechtern werden von der Evolutionspsychologie auf der Grundlage der sexuellen Selektionstheorie unterschiedliche Reproduktionsinteressen bei Frauen und Männern angenommen, die zu Unterschieden im Partnerwahlverhalten führen würden. Auf der konzeptionellen Ebene setzen sich somit evolutionspsychologische von verhaltensgenetischen Diskurspositionen ab, indem letztere ihren zentralen Fokus auf genetische Unterschiede zwischen den Menschen legen. Erstere gehen hingegen von einer universellen menschlichen Natur via genetischer Gemeinsamkeiten zwischen allen Menschen aus, die sich in Form kognitiver Module als Anpassungen an eine steinzeitliche Lebenswelt unserer Vorfahren herausgebildet haben:

"Behavior geneticists, through twin studies and comparisons of kin raised together and apart, explore the extent to which *differences* between individuals are accounted for by *differences* in their genes … In contrast, evolutionary psychologists primarily explore the design of the universal, evolved psychological and neural architecture that we all share by virtue of being human. Evolutionary psychologists are usually less interested in human characteristics that vary due to genetic differences because they recognize that these differences are unlikely to be evolved adaptations central to human nature" (Tooby/Cosmides 2005, S. 39, Hervorhebungen im Original).

Demgegenüber besteht eine auffällige Gemeinsamkeit verhaltensgenetischer, soziobiologischer und evolutionspsychologischer Ansätze in der Akzeptanz populationsgenetischer Grundannahmen: So bildet der Vergleich von Verwandtschaftsgraden mittels des jeweiligen idealtypischen Maßes geteilter Gene einen integralen Bestandteil sowohl der Zwillingsforschung als auch der Theorie der Verwandtenselektion in der Soziobiologie und Evolutionspsychologie. Bezüglich der Soziobiologie und Evolutionspsychologie ist das implizite Verständnis der Wechselwirkung von Anlage und Umwelt als ambivalent zu werten: Während in der Soziobiologie in der Regel Genen eine mehr oder weniger ausgeprägte Vorrangstellung in der menschlichen Ontogenese eingeräumt wird (von ›ultradarwinistischen‹ Konzeptionen bis hin zur ›genzentrierten Umweltselektivität‹), wird die Anlage-Umwelt-Dichotomie in evolutionspsychologischen Ansätzen vehement kritisiert. Die kritische Diskussion theoretischer Grundannahmen hat in Abschnitt 4.2 jedoch gezeigt, dass in der Evolutionspsychologie trotz gegenteiliger Behauptungen unterschiedliche Einschätzungen zur Anlage-Umwelt-Problematik vorliegen und evolutionspsychologischen Ansätzen ein Primat von Anlagefaktoren zugesprochen werden muss oder zumindest ein latenter Nativismus attestiert werden kann.

Im Gegensatz zu verhaltensgenetischen, soziobiologischen und evolutionspsychologischen Ansätzen handelt es sich bei den aktuellen Diskurspositionen der 90er und 2000er Jahre, die im Kontext dieser Abhandlung unter dem Sammeletikett ›*Kritischer Interaktionismus*‹ geführt werden, nicht um ein eigenständiges Paradigma, sondern um eine heterogene Gruppierung von Ansätzen mit Nähe zur Philosophie der Biologie, deren Stärken eher in der (bio-)philosophischen Betrachtung und Kritik anderer Theorieofferten liegen als in einer dezidierten forschungsmethodischen Konzeption. Der Kritische Interaktionismus zeichnet sich insbesondere durch die vehemente Ablehnung der Anlage-Umwelt-Dichotomie per se aus. Dabei wird zwischen Anlage und Umwelt ein komplexes Wechselwirkungsverhältnis angenommen, sodass Anlage- oder Umwelteinflüsse nicht unabhängig voneinander betrachtet werden können. Anlage und Umwelt ko-konstruieren sich gegenseitig und sind daher nur vor dem Hintergrund einer dialektischen Sichtweise zu verstehen. Wird in diesem Zusammenhang die im Vorwort zitierte – und für soziobiologische Sichtweisen symptomatische – Metapher des Primatenforschers Frans de Waal herangezogen, nach dem sich eine ›größenwahnsinnige‹ Maus (als Sinnbild für die Kultur bzw. Umwelt) neben einem Elefanten (als Sinnbild für die Natur bzw. Anlage) auf einer Holzbrücke laufend allein für den gemeinsam produzierten Krach verantwortlich glaubt (vgl. Waal 2002, S. 16 sowie Seite IX dieser Abhandlung), so wäre aus kritisch-interaktionistischer Sicht einzuwenden: Die Maus müsste ebenfalls ein Tier von gleicher Größe und vergleichbarem Gewicht wie der Elefant sein und beide Tiere hätten nur im Gleichschritt eine Chance zur Überquerung der Brücke. Zudem wäre nicht ermittelbar, welches der beiden Tiere sich für die Geschwindigkeit ihrer gemeinsamen Vorwärtsbewegung, die Vibration der Brücke oder den damit einhergehenden Krach verantwortlich zeichnet. Im Gegensatz zu Dawkins Theorie, die Lebewesen im Extremfall zu Vehikeln reduziert, steht im Mittelpunkt kritisch-interaktionistischer Ansätze der einzelne Organismus bzw. das individuelle Lebewesen, das sich im Laufe der Ontogenese mittels autopoietischer und emergenter Prozesse selbst organisiert und seine äußeren Bedingungen im Rahmen der Nischenkonstruktion selbst mitbestimmt und verändert. Neben dem Konzept des ›Organismus‹ nimmt damit die Kategorie der ›Entwicklung‹ eine zentrale Stellung in kritisch-interaktionistischen Ansätzen ein. Anhängerinnen und Anhänger des Kritischen Interaktionismus könnten daher das berühmte Zitat von Theodosius Dobzhansky »Nothing in biology makes sense except in the light of evolution« (Dobzhansky 1973, Aufsatztitel) zur

Leitidee »Nothing in biology makes sense except in the light of *development*« bzw. »Nichts in den Human- und Verhaltenswissenschaften ergibt einen Sinn außer vor dem Hintergrund der Entwicklung betrachtet« abwandeln. Als weitere Gemeinsamkeit von kritisch-interaktionistischen Ansätzen ist eine kritische Haltung gegenüber klassischen Modellen und Grundannahmen der Human- und Molekulargenetik zu nennen, wobei insbesondere Behauptungen, es gäbe Gene ›für‹ bestimmte Verhaltensmerkmale, als simplizistisch zurückgewiesen werden. Im Gegensatz dazu wird mitunter die Metapher von der ›Fluidität des Genoms‹ bemüht. Einige Ansätze des Kritischen Interaktionismus präferieren sogar ein erweitertes Vererbungskonzept, das Vererbungsmechanismen ohne direkte Beteiligung der DNA herausstellt und somit an neueste Erkenntnisse aus dem Bereich der Epigenetik anknüpft. Von einzelnen Befürworterinnen und Befürwortern des Kritischen Interaktionismus wird vor diesem Hintergrund sogar hinterfragt, ob Lamarck mit der Annahme einer Vererbung erworbener Eigenschaften wirklich derart falsch gelegen habe, wie dies im Rahmen der Modernen Synthese in der Evolutionsbiologie über mehr als ein halbes Jahrhundert lang immer wieder behauptet worden ist.

In Abbildung 5 werden die soeben zusammengefassten Diskurspositionen aus den Kapiteln 3 bis 5 einander gegenübergestellt. Dabei werden die wichtigsten Hauptvertreterinnen und -vertreter anhand ihrer biografischen Lebensdaten und ihrer jeweiligen Hauptwerke (bzw. wichtiger Publikationen als Beiträge zum Anlage-Umwelt-Diskurs) miteinander verglichen.[198] Die Balkenlänge entspricht der jeweiligen Lebensspanne der Wissenschaftlerinnen und Wissenschaftler, sodass das linke Balkenende das Geburtsjahr und das rechte Balkenende das Sterbejahr symbolisiert. Noch lebende Wissenschaftlerinnen und Wissenschaftler werden durch einen rechts offenen Balken dargestellt. Die senkrechten dunklen Markierungen innerhalb der Balken bilden die Publikationsjahre der jeweiligen Hauptwerke oder bedeutender diskursiver Beiträge der Protagonistinnen und Protagonisten der jeweiligen Diskurspositionen ab. Ungefärbte Balken repräsentieren Wissenschaftlerinnen und Wissenschaftler, die als Pioniere oder Wegbereiter – und damit gleichsam als historische Vorläufer – aktueller Diskurspositionen gelten können. Die Abbildung zeigt, dass für die Soziobiologie und Evolutionspsychologie insbesondere Charles Darwin als ein derartiger Vorläufer identifiziert werden kann – wobei beide Konzepte insbesondere auf den Darwinismus in Form der Modernen Synthese rekurrieren. Als weitere historische Wegbereiter sind in diesem Kontext die frühen Instinktpsychologen und die Ethologen anzuführen. Die verhaltensgenetische Tradition hingegen beruft sich auf Francis Galton und weist im Gegensatz zu den anderen aktuellen Diskurspositionen eine seit 140 Jahren durchgängige Theorietradition auf. Kritisch-interaktionistische Positionen können sich aus historischer Perspektive auf frühe interaktionistische Ansätze und Kritiken anderer Positionen berufen. Für einzelne – aber nicht alle – Ansätze des Kritischen Interaktionismus lässt sich zudem Lamarck als historischer Vorläufer anführen. Während sich bedeutende diskursive Ereignisse der Verhaltensgenetik in Form der Hauptwerke ihrer Protagonistinnen und Protagonisten über den gesamten erfassten Zeitraum erstrecken, lässt sich die Soziobiologie für die 60er bis 80er Jahre als forschungsleitendes Paradigma innerhalb der Biologie beschreiben.

---

198 Abbildung 5 wurde in Anlehnung an eine Grafik von Zrzavý u. a. zur Visualisierung der aus historischer Sicht bedeutendsten Protagonisten evolutionsbiologischer Ansätze erstellt (vgl. Zrzavý/Storch/Mihulka 2009, S. 29). Aus Gründen der Komplexitätsreduktion erfolgte eine Auswahl der Hauptvertreterinnen und -vertreter und ihrer wichtigsten Publikationen. So wurde bspw. – abgesehen von den Werken von Cyril Burt – auf eine Aufnahme weiterer Zwillings- und Adoptionsstudien aus dem Bereich der Verhaltensgenetik verzichtet. Sämtliche durch senkrechte Markierungen symbolisierte Publikationen dieser Abbildung sind im Literaturverzeichnis aufgeführt.

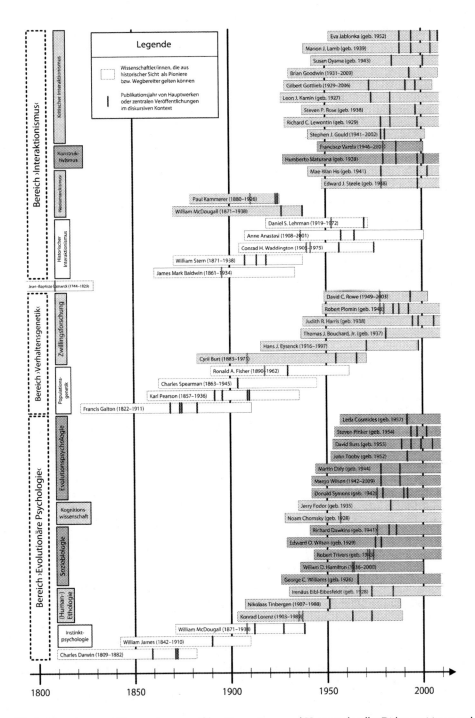

Abb. 5: Lebensdaten und Hauptwerke ausgewählter Vertreterinnen und Vertreter aktueller Diskurspositionen und deren historische Wegbereiter im Vergleich

Seit Ende der 80er Jahre ist zudem eine Hochkonjunktur von Ansätzen einer evolutionären Psychologie im Diskurs zu verzeichnen. Kritisch-interaktionistische Sichtweisen sind demgegenüber erst in den 90er und 2000er Jahren vermehrt im Anlage-Umwelt-Diskurs wahrgenommen worden, obwohl die Hauptwerke ihrer Hauptvertreterinnen und Hauptvertreter bis in die 80er Jahre zurückreichen, sodass hier von einer verspäteten Rezeption – nicht zuletzt aufgrund konservativer Sichtweisen des Mainstreams in der Evolutionsbiologie und Genetik – ausgegangen werden kann. Ein Vergleich der biografischen Lebensdaten zeigt zudem, dass insbesondere die evolutionspsychologische Diskursposition von einer ›jungen‹ – überwiegend in den 50er Jahren geborenen – Forschergeneration vertreten wird.

Insgesamt betrachtet lässt sich der aktuelle Stand des Anlage-Umwelt-Diskurses wie folgt zusammenfassen: Mit der Verhaltensgenetik, Evolutionspsychologie und dem Kritischen Interaktionismus konkurrieren derzeit drei Positionen im aktuellen Anlage-Umwelt-Diskurs miteinander, die die Anlage-Umwelt-Thematik aus unterschiedlichen Perspektiven beleuchten, rezipieren und kritisieren. Dabei kann die Verhaltensgenetik auf eine lange disziplinäre Tradition zurückblicken und vereint Forschungsergebnisse vielfältiger Subdisziplinen unter einem eigenständigen methodischen Paradigma – zumeist im Rahmen eines additiven Wechselwirkungsverständnisses von Anlage und Umwelt. In ähnlicher Weise wird in der Evolutionspsychologie Wissen aus verschiedenen Theorietraditionen rezipiert und in ihr eigenes theoretisches Rahmenkonzept einer universellen menschlichen Natur integriert. Kritisch-interaktionistische Ansätze sind hingegen weniger als eigenständige Theorieansätze zu betrachten, sondern legen als Beiträge zur Philosophie der Biologie ihren Schwerpunkt auf die Kritik anderer Diskurspositionen und einzelner Befunde aus biologischen Subdisziplinen. Bezüglich des Entwicklungspotenzials zeigt die Verhaltensgenetik vielfältige Chancen zukünftiger Erkenntnisfortschritte, falls eine Aufklärung der Entwicklung menschlicher Verhaltensmerkmale bis hinunter auf die Ebene molekulargenetischer Verursachungsmechanismen gelingt. Letzteres erscheint aus kritisch-interaktionistischer Sicht allerdings zweifelhaft. Hinsichtlich ihres Grundverständnisses der Anlage-Umwelt-Problematik sind die Verhaltensgenetik, Soziobiologie und Evolutionspsychologie im Vergleich zu kritisch-interaktionistischen Ansätzen als nativistisch einzuordnen, da sie Anlagefaktoren einen besonderen Stellenwert in ihren theoretischen Konzeptionen einräumen. Als problematisch bezüglich der Rezeption aktueller Diskurspositionen erweist sich, dass allen verhandelten Ansätzen theoretische und methodische Annahmen zugrunde liegen, die für den Laien oder disziplinfremden Rezipienten ohne ein deziertes Expertenwissen in den Bereichen Evolutionsbiologie, Molekular- und Humangenetik sowie Neuropsychologie nur schwer zugänglich sind. Dies zeigt sich insbesondere für die Verhaltensgenetik, die auf komplexe statistische Modelle und Forschungsmethoden rekurriert, die nur von verhaltensgenetischen Experten bis ins Detail nachvollzogen werden können. Transferprobleme evolutionspsychologischen Wissens treten demgegenüber insbesondere durch die Nutzung eines eigenen Fachvokabulars auf, das im Rahmen der Rezeption zu Missverständnissen führen kann. Spezifische Probleme des Wissenstransfers zwischen aktuellen Diskurspositionen und den Sozialwissenschaften werden am Beispiel der erziehungswissenschaftlichen Rezeption und Relevanz der hier erörterten Diskurspositionen im fünften Teil dieser Forschungsarbeit noch eingehender betrachtet werden (vgl. Kap. 12).

Teil IV:
Schlüsseldebatten im Anlage-Umwelt-Diskurs

Im zweiten Teil dieser Abhandlung wurde versucht, den historischen Verlauf des Anlage-Umwelt-Diskurses in groben Zügen nachzuzeichnen, um auf diese Weise die einzelnen Diskurspositionen und unterschiedlichen inhaltlichen Gegenstände in ihren relevanten historischen Kontext einzubetten. Der Untersuchungsschwerpunkt lag dabei auf den groben Diskursphasen und der Konsolidierung der Extrempositionen des Nativismus und Environmentalismus sowie des Interaktionismus als vermittelnder Position. Im dritten Teil standen hingegen drei Diskurspositionen, die den Anlage-Umwelt-Diskurs in den letzten Jahrzehnten in besonderer Weise geprägt haben, im Zentrum der Betrachtung. Diese können als mehr oder weniger starke Ausdifferenzierungen einer interaktionistischen Sichtweise verstanden werden und konkurrieren im derzeitigen Diskurs miteinander. In den bisherigen Darstellungen wurden zudem an verschiedenen Stellen diskursive Ereignisse angeführt, die – bspw. als Schlüsselexperimente oder Entdeckungen – den Diskursverlauf in besonderer Weise konstituiert haben.

In Teil IV sollen in den folgenden Kapiteln vier sog. ›Schlüsseldebatten‹ exemplarisch einer genaueren Analyse unterzogen werden, die – ausgelöst durch diskursive Ereignisse – einen besonderen Stellenwert in ihren jeweiligen Diskurssträngen innehaben, und die den internationalen Anlage-Umwelt-Diskurs in den letzten Jahrzehnten in besonderer Weise geprägt haben. Sie können gleichsam als Schnittstellen des Diskurses angesehen werden und stellen die zentralen Kernthemen dar, die im Diskurs seit Mitte des 20. Jahrhunderts besonders kontrovers diskutiert worden sind. Die Betrachtung dieser vier Schlüsseldebatten bietet die Gelegenheit zur Fokussierung auf die dritte und vierte zentrale Fragestellung dieser Abhandlung: Da die Schlüsseldebatten als Perioden aufgefasst werden können, in denen die Anlage-Umwelt-Kontroverse in besonders heftiger Weise geführt worden ist, kann ihre historische Rekonstruktion aufzeigen, welche Faktoren zur Genese und Eskalation bzw. Deeskalation derartiger wissenschaftlicher Dispute beitragen. In diesem Kontext können zudem verschiedene diskursive Ebenen sowie diskursive Strategien in den Blick genommen werden. So wird bspw. gefragt, inwieweit den Massenmedien ein multiplikativer Beitrag zur Entstehung einer Debatte zugesprochen werden kann. Zudem wird ermittelt, ob von den Protagonistinnen und Protagonisten bestimmte Taktiken – mehr oder weniger intendiert und reflektiert – eingesetzt worden sind, um ihre eigene Diskursposition zu untermauern oder konträre Positionen zu diskreditieren. Der Nachweis derartiger Diskursstrategien würde zudem die diskursanalytische Sicht auf die Anlage-Umwelt-Kontroverse insofern relativieren, dass am Diskurs eben nicht sämtliche Beteiligten »daran mitgestrickt [haben], und keiner wollte das oder plante genau das, was passierte, was dabei herauskam« (Jäger 1999, S. 200), sondern intentionale Beeinflussungsversuche seitens der Akteure vorlägen – mit dem Ziel, den Diskursverlauf in eine ganz bestimmte Richtung zu lenken. Vor diesem Hintergrund wird im Folgenden zunächst die Mead-Freeman-Kontroverse – als spezifischer Ausschnitt des Diskursstrangs der Geschlechterdebatte – eingehend betrachtet werden (vgl. Kapitel 7). Sodann werden in Kapitel 8 verschiedene Aspekte bezüglich der Debatte um die Erblichkeit der Intelligenz untersucht. Die Jensen-Debatte bildet im Kontext der Diskussion um die Erblichkeit der Intelligenz einen Sonderfall, da sie als einziger Teildiskurs, der der internationalen Anlage-Umwelt-Debatte entstammt, von erziehungswissenschaftlicher Seite in Deutschland in ausgiebiger Weise rezipiert worden ist. Daher wird in Abschnitt 8.4 zusätzlich die erziehungswissenschaftliche Rezeption der Jensen-Debatte in den Aufsätzen des Dossiers untersucht. In Kapitel 9 folgt eine eingehende Diskussion des Burt-Skandales als Spezialfall des Diskursstrangs um die Erblichkeit der Intelligenz der 70er Jahre, der aufgrund seiner Komplexität in ein eigenes Kapitel ausgelagert werden musste. Anschließend wird mit dem ›Reimer-Fall‹ eine Debatte thematisiert, die in den letzten Jahren im Geschlechterdiskurs eine besondere Rolle gespielt hat. Dabei stehen ein seit den 70er Jahren von environmentalistischer Seite propagiertes Schlüsselexperiment und dessen kürzlich postulierte Widerlegung im Zentrum der Betrachtung (vgl. Kapitel 10). Aus methodischer Sicht wird in diesen Kapiteln (mit Ausnahme der Diskussion der Burt-Debatte als Spezialfall der Intelligenzdebatte) ein dreischrittiges Verfahren eingesetzt, wobei zunächst der historische Hintergrund der jeweiligen Schlüsseldebatte rekonstruiert wird. Im zweiten Schritt werden diskursive Strategien betrachtet, die von den Protagonistinnen und Protagonisten zur Legitimation der eigenen oder Kritik gegnerischer Diskurspositionen eingesetzt worden sind. Zudem wird die Lösbarkeit der jeweiligen Debatte aus diskursiver Sicht thematisiert. In einem dritten Schritt wird die Rezeption der Debatte im internationalen Diskurs sowie vonseiten der deutschen Erziehungswissenschaft analysiert. Abschließend werden in Kapitel 11 die verschiedenen Schlüsseldebatten miteinander verglichen und diskursanalytisch ausgewertet. Dieses Kapitel dient zugleich der Zusammenfassung der zentralen Ergebnisse dieses vierten Teils.

Kapitel 7:
Die Mead-Freeman-Kontroverse

Die seit den achtziger Jahren erbittert in der Anthropologie geführte Kontroverse um die Forschungsergebnisse der Kulturanthropologin Margaret Mead (1901–1978) aus den 20er Jahren gehört laut Hellman zu den »Ten of the liveliest disputes ever« (Hellman 1998, Untertitel; vgl. auch Côté 2000c, S. 617).[199] Diese später als ›Mead-Freeman-Kontroverse‹ benannte Debatte wurde im Jahr 1983 durch die Enthüllungen des bis dato weitgehend unbekannten australischen Anthropologen (John) Derek Freeman (1916–2001) ausgelöst (vgl. bspw. Côté 2000b, S. 525). In seinem Buch »Margaret Mead and Samoa. The making and unmaking of an anthropological myth« (Freeman 1983b, dt. 1983a) zog Freeman viele der Erkenntnisse, die Mead von 1925 bis 1926 auf Samoa gesammelt und in ihrem populären Buch »Coming of age in Samoa. A psychological study of primitive youth for western civilisation« (Mead 1928) veröffentlicht hatte, in Zweifel.[200] Freeman bettete seine Widerlegung Meads in den Kontext der Anlage-Umwelt-Kontroverse der ersten drei Jahrzehnte des 20. Jahrhunderts ein: Laut Freeman sei es Mead in erster Linie um den Beweis des Paradigmas ihres Lehrers und Doktorvaters Franz Boas (1858–1942) gegangen, der als Begründer der kulturanthropologischen Schule in Amerika gilt. Mead bescheinigte nach ihrer Forschungsreise den Samoanerinnen und Samoanern eine im Vergleich zur amerikanischen Gesellschaft der damaligen Zeit ungleich leichter verlaufende Adoleszenz. Letztere sei nicht als typische Sturm-und-Drang-Phase, wie sie sich bei US-amerikanischen Jugendlichen zur damaligen Zeit manifestiert habe, gekennzeichnet gewesen (vgl. bspw. Mead 1971, S. 191). Im Gegensatz zur amerikanischen Gesellschaft zeichnete Mead das Bild einer samoanischen Gesellschaft, die von freier Liebe, wenig Eifersucht, Konfliktarmut und einem geringen Maß an Aggression geprägt gewesen sei (vgl. bspw. ebd., S. 101, 142f, 172).[201] Indem Mead nach eigener Schilderung auf Anhieb eine Kultur gefunden hätte, die sich von ihrer eigenen deutlich unterschieden hätte, glaubte sie den Nachweis für eine starke Umweltabhängigkeit menschlicher Eigenschaften gefunden zu haben (vgl. bspw. ebd., S. 38, 166). In diesem Sinne fungierten die Forschungen Meads auf Samoa über mehr als ein halbes Jahrhundert lang im Anlage-Umwelt-Diskurs als schlagkräftige Beweise für environmentalistische Sichtweisen. Die Enthüllungen Freemans ließen Fragen bezüglich wissen-

---

199 Dieser Wissenschaftsstreit wurde damit von Hellman auf eine Stufe gestellt mit anderen populären Kontroversen der Wissenschaftsgeschichte wie bspw. Newton versus Leibniz, Thomas Henry Huxley gegen Samuel Wilberforce (vgl. Abschnitt 2.2.1), dem Streit um die Theorie der Kontinentaldrift oder um das Bindeglied zwischen Menschenaffen und Menschen in der Phylogenese (vgl. Hellman 2000, S. VII-IX; Côté 2000b, S. 526). Die Mead-Freeman-Kontroverse wurde sogar vereinzelt mit dem Piltdown-Fälschungsskandal verglichen (vgl. Hellman 2000, S. 181; zum Piltdown-Skandal siehe auch Abschnitt 9.1, Seite 252).

200 Zur Jahrtausendwende wurde Meads Buch aufgrund dieser Kritik sogar auf dem ersten Platz einer Expertenrangliste der 50 ›schlechtesten‹ Bücher des Jahrhunderts geführt (vgl. Henrie/Myers/Nelson 1999, S. 4; Côté 2000b, S. 526).

201 Das typische Bild einer tropischen Inselidylle entspricht an dieser Stelle dem Motiv vom ›edlen Wilden‹, das Pinker als ein Kriterium zur Charakterisierung seiner Doktrin vom ›unbeschriebenen Blatt‹ herangezogen hat (vgl. z. B. Pinker 2003, S. 23, 87).

schaftlicher Standards in der anthropologischen Feldforschung aufkommen und rückten die Anthropologie als Wissenschaftsdisziplin im öffentlichen Diskurs in ein zweifelhaftes Licht. Vor diesem Hintergrund ist nicht verwunderlich, dass sich die Diskussion der Widersprüche zwischen den Forschungsergebnissen Freemans im Vergleich zu den 55 Jahre zuvor von Margaret Mead veröffentlichten Befunden zu einer heiß geführten Debatte über fast zwei Jahrzehnte entwickelte, die bis dahin in der Anthropologie vergeblich ihresgleichen suchte.

Nicht zuletzt aufgrund des Einflusses der Mead-Freeman-Kontroverse auf den öffentlichen Diskurs und vor dem Hintergrund ihrer Einbettung in den Kontext der Anlage-Umwelt-Thematik soll im Folgenden der Versuch einer historischen Analyse unternommen werden. Dazu wird in einem ersten Schritt eine historische Rekonstruktion der Mead-Freeman-Kontroverse durchgeführt (vgl. Abschnitt 7.1). Sodann werden Lösungspostulate in der Debatte diskutiert (vgl. Abschnitt 7.2) und diskursive Strategien eingehender beleuchtet, die von den Befürworterinnen und Befürwortern der konträren Positionen im Diskurs eingesetzt worden sind (vgl. Abschnitt 7.3). Abschließend wird in Abschnitt 7.4 kurz die Rezeption der Mead-Freeman-Kontroverse im Rahmen des Anlage-Umwelt-Diskurses erörtert. Ziel der nachfolgenden Diskussion ist damit eine diskursive Betrachtung der Mead-Freeman-Kontroverse, die über einschlägige populärwissenschaftliche Aufbereitungen dieser Thematik (vgl. bspw. Hellman 2000, S. 175–189) hinausgeht, die Problematik in ihrer Komplexität und Ambivalenz objektiv zu erfassen versucht und das Spektrum der diskursiven Positionen und Strategien beleuchtet.

7.1 Historische Rekonstruktion der Mead-Freeman-Kontroverse

Margaret Mead besuchte im Alter von 23 Jahren erstmals Samoa und führte dort ihre Feldforschungen vom 31.8.1925 bis zum 10.5.1926 über insgesamt achteinhalb Monate durch (vgl. bspw. Freeman 1999b, S. 264 f.). Ihr Forschungsaufenthalt beschränkte sich auf Ost-Samoa (Amerikanisch-Samoa), das zur damaligen Zeit bereits unter amerikanischer Verwaltung stand und teilweise christianisiert war. Den Hauptteil ihrer Feldphase führte Mead auf der Insel Ta'u durch, der größten der drei Inseln, die zu den Manu'a Inseln gezählt werden. Neben ihren ethnologischen Studien befragte Mead dort 25 junge Mädchen hinsichtlich ihrer Erfahrungen in der Adoleszenz. Mead generalisierte ihre Forschungsergebnisse allerdings von Manu'a auf den Rest Samoas (vgl. bspw. Côté 1992, S. 507; 1994, S. 10 f.). Freemans erster Forschungsaufenthalt auf Samoa fand von 1940 bis 1943 statt – also 15 Jahre nach Meads Forschungsreise nach Amerikanisch-Samoa – und beschränkte sich auf eine andere Insel Samoas namens Upolu (vgl. z. B. Appell/Madan 1988, S. 4 f.). Diese gehörte zu West-Samoa, das zur damaligen Zeit von Neuseeland verwaltet wurde und heute ein unabhängiger Staat ist. Bei dieser Gelegenheit hätten sich in Freeman bereits erste Zweifel an der Richtigkeit der meadschen Beschreibung der samoanischen Kultur geregt (vgl. Freeman 1983a, S. 16 f.). Mit Beginn der 60er Jahre habe sich Freeman, der eigenen Angaben zufolge seit den 40er Jahren ein Befürworter des kulturdeterministischen Paradigmas gewesen sei, zu einem Kritiker dieser environmentalistischen Extremposition entwickelt (vgl. Appell/Madan 1988, S. 11–15; Freeman 1983a, S. 16).[202] In der

---

202 Shankman zog jüngst diese biografische Selbstdarstellung Freemans in Zweifel (vgl. Shankman 2009a). Demnach sei Freemans erster Aufenthalt auf Samoa im Rahmen einer Anstellung als Schullehrer erfolgt, und Freeman habe nebenbei archäologische, aber nicht ethnologische Forschungen angestellt (vgl. ebd., S. 204). Zu dieser Zeit habe er keine professionelle Ausbildung im Bereich der Anthropologie nachweisen können und sei demnach mindestens so unerfahren gewesen wie Mead selbst (vgl. ebd., S. 217). Zudem habe er seine kritische Haltung

Folge interessierte sich Freeman zunehmend für biologische Sichtweisen und knüpfte Kontakte zu namhaften Vertretern der Ethologie wie bspw. Lorenz, Tinbergen und Eibl-Eibesfeldt (vgl. Appell/Madan 1988, S. 15). Er kehrte von 1965 bis 1968 nach Samoa zurück mit dem Ziel einer genaueren Überprüfung der Thesen Meads und besuchte im Rahmen dieses Aufenthalts erstmalig Manu'a (vgl. ebd., S. 17). Freemans erster Forschungsaufenthalt auf *Ost*-Samoa fand damit etwa 40 Jahre nach Meads erstem Samoa-Besuch statt. Dennoch postulierte Freeman die Vergleichbarkeit seiner Ergebnisse mit den früheren Befunden Meads (vgl. bspw. Freeman 1983a, S. 140; Orans 1996, S. 155), obgleich sich laut Côté West-Samoa und Amerikanisch-Samoa geografisch, historisch und politisch deutlich voneinander unterschieden hätten (vgl. bspw. Côté 1992, S. 508). Vor diesem Hintergrund scheint es aus der Perspektive einer historischen Rückschau nicht allzu verwunderlich, dass sich die Beschreibungen Meads und Freemans teilweise diametral gegenüberstehen.

Freemans erste Publikation zur Widerlegung Meads (vgl. Freeman 1983b) enthielt dementsprechend eine ganze Reihe von – teilweise schwerwiegenden – Vorwürfen gegenüber Mead. So wies Freeman bspw. darauf hin, dass Mead auf Samoa nicht direkt in einem Haushalt der Insulaner gelebt hätte (vgl. Freeman 1983a, S. 89, 314), die samoanische Sprache nur unzulänglich beherrscht hätte (vgl. ebd., S. 85, 314),[203] kaum methodische Erfahrung mit ethnologischer Feldforschung oder der Erfassung biologischer Variablen gehabt hätte (vgl. bspw. ebd., S. 85, 95, 312) und während ihres Aufenthalts den Titel einer ›taupo‹ (Zeremonialjungfrau) angenommen hätte. Dieser Ehrentitel, der nur unverheirateten Frauen vorbehalten wäre und zu denen Mead als verheiratete Frau nicht gehörte, hätte ihr eine herausragende Rolle in der samoanischen Gesellschaft eingebracht und ihrer Objektivität geschadet (vgl. bspw. ebd., S. 87).[204] Den gesamten ersten Teil seines Buches widmete Freeman der historischen Entwicklung der kulturanthropologischen Schule (vgl. ebd., S. 21–81).[205] In diesem Kontext wurden

---

gegenüber dem Kulturdeterminismus bereits vor seinem Aufenthalt auf Samoa entwickelt (vgl. Shankman 2009a, S. 206f). Ferner sei zweifelhaft, inwieweit Freeman zu dieser Zeit wirklich mit den Werken von Mead vertraut gewesen ist (vgl. ebd., S. 208). Kritisch ist anzumerken, dass diese posthumen Anschuldigungen Shankmans gegenüber Freeman nur anhand weniger Sekundärquellen überprüfbar sind.

203 Laut Orans hätten zahlreiche der von Mead befragten jungen Mädchen so gut Englisch gesprochen, dass Verständnisprobleme aufgrund Meads eingeschränkter Kenntnisse der samoanischen Sprache unwahrscheinlich seien (vgl. Orans 1996, S. 153).

204 Freeman selbst wurde auf Samoa der Ehrentitel eines ›matai‹ (eine Art Dorfhäuptling) verliehen (vgl. Freeman 1983a, S. 17; Côté 1994, S. 5). Dies wurde von ihm zwar nicht verschwiegen, jedoch in einem ungleich positiveren Licht dargestellt als der taupo-Titel Meads. So habe ihm der matai-Titel bspw. Zugang zu den Häuptlingsversammlungen der Samoaner gewährt und Informationsquellen eröffnet, die Mead nicht zugänglich gewesen wären (vgl. z. B. Appell/Madan 1988, S. 5; Freeman 1983a, S. 17). Dass damit die Möglichkeit einer Verzerrung der eigenen Beobachtungen gegeben sein könnte, wurde von Freeman allerdings nicht in ausreichender Weise kritisch hinterfragt.

205 Freemans ausgiebige Schilderung des historischen Kontextes der Anlage-Umwelt-Debatte ist m. E. ambivalent zu werten: einerseits als eine der detailliertesten historischen Analysen, die dank der Übersetzung seines Buches in deutscher Sprache vorliegt; andererseits erscheint die Charakterisierung der Boas-Schule (als extrem kulturdeterministisch) oberflächlich und teilweise konstruiert, sodass die Richtigkeit von Freemans Schilderungen nur schwer beurteilt werden kann. Beispielsweise behauptet Freeman: »Die Anlage-Umwelt-Kontroverse zu Beginn des 20. Jahrhunderts bezog ihren Zündstoff weitgehend aus diesen beiden Büchern. Während Galton und seine Gefolgschaft ihre Ansichten darauf gründeten, daß sie Darwins Prinzip der Zuchtwahl auf den Menschen anwandten, berief sich Franz Boas, ein ähnlich extremer Verfechter der *Umwelt*einflüsse auf Theodor Waitz« (Freeman 1983a, S. 46, Hervorhebung im Original). Als bedeutende Diskursfragmente werden von Freeman damit Darwins »Über die Entstehung der Arten …« aus dem Jahr 1859 auf nativistischer Seite und das Werk »Über die Einheit

Mead und ihr Mentor Franz Boas von Freeman als absolute ›Kulturdeterministen‹ klassifiziert (vgl. z. B. Freeman 1983a, S. 67 f, 312). Mead sei es in erster Linie und mit ideologischer Absicht um den Beweis des sog. ›Boas-Paradigmas‹ ihres Mentors gegangen, nach dem »der ›soziale Stimulus‹ … ›unendlich viel kraftvoller als der biologische Mechanismus‹« (ebd., S. 71) sei. Daher sei es möglich, »menschliches Verhalten in rein kulturellen Begriffen zu erklären« (ebd., S. 68). Diese Theorie sei laut Freeman zu der Zeit von Meads Samoa-Reise nicht empirisch abgesichert gewesen. Vor diesem Hintergrund habe Mead in ideologischer Weise die Befunde auf Samoa selektiv ausgewählt und subjektiv interpretiert (vgl. bspw. ebd., S. 310). Auf der Gegenstandsebene beschrieb Freeman die samoanische Gesellschaft oftmals in völligem Gegensatz zu den Schilderungen Meads, bspw. als Kultur mit einer rigiden Sexualmoral, der Eifersucht nicht fremd sei, und die eine höhere Aggressionsrate aufweise als die amerikanische Gesellschaft (vgl. z. B. ebd., S. 185 f, 262–265). Die Veröffentlichung seines Buches im Jahr 1983 sei laut Freeman in den Medien auf ein großes öffentliches Interesse gestoßen und habe in der Anthropologie einen Sturm der Entrüstung ausgelöst (vgl. Freeman 1999b, S. 207 ff) – Orans zufolge allerdings nicht zuletzt aufgrund des feindseligen und streitsüchtigen Tons, in dem das Buch verfasst worden wäre (vgl. bspw. Orans 1996, S. 10).[206] Daher dürften Freeman diese Reaktionen nicht überraschend und unvorbereitet getroffen haben, zumal er bereits im Jahr 1965 mit einem Beitrag zur Kritik einiger Grundannahmen der psychoanalytischen Theorie von Sigmund Freud (vgl. Freeman 1967) bei einer Konferenz der ›Australian Society of Psychoanalysis‹ auf heftige Kritik und vehemente Ablehnung gestoßen war (vgl. Appell/Madan 1988, S. 15 f).

Die zweite Runde der Mead-Freeman-Kontroverse wurde durch einen Aufsatz Freemans in der Zeitschrift ›American Anthropologist‹ eingeläutet (vgl. Freeman 1989). Dieser Fachzeitschriftenbeitrag berichtete über »crucially important *new* evidence« (ebd., S. 1017, Hervorhebung im Original) bezüglich Meads Forschungen und enthielt zwei Gedankenstränge, deren Letzterer sich später zum Kern der freemanschen Argumentation und der Mead-Freeman-Kontroverse der 90er Jahre herausbilden sollte (vgl. auch Côté 2000b, S. 534): Erstens erweiterte Freeman seine anfängliche Kritik an der nicht-objektiven Rolle Meads im Rahmen ihres Forschungsaufenthalts auf Samoa durch den Nachweis, dass ihr insgesamt drei taupo-Titel von den Samoanern verliehen worden wären (vgl. Freeman 1989, S. 1018 f). Zweitens versuchte Freeman in diesem Aufsatz nachzuweisen, dass Mead von ihren Informantinnen angeschwin-

---

des Menschengeschlechts und den Naturzustand des Menschen« von Friedrich Theodor Waitz (1821–1864) auf environmentalistischer Seite aus dem gleichen Jahr angeführt. Eine Erwähnung von Waitz – geschweige denn eine Gegenüberstellung von Darwin und Waitz – findet sich selbst in einer der umfangreichsten Betrachtungen der Anlage-Umwelt-Kontroverse von 1900–1941 durch Cravens an keiner einzigen Stelle (vgl. Cravens 1988). Degler hingegen führt Waitz als bedeutenden Einflussfaktor auf die theoretischen Sichtweisen von Boas an (vgl. Degler 1991, S. 72). Aus diskursanalytischer Sicht erscheint fraglich, ob Waitz als deutscher Psychologe und Anthropologe wirklich einen signifikanten Einfluss auf den angloamerikanischen Anlage-Umwelt-Diskurs zur Jahrhundertwende gehabt haben könnte, der über eine Prägung von Boas während dessen wissenschaftlicher Ausbildung hinausreichte. Boas hatte jedoch niemals bei Waitz studiert, sondern lediglich dessen Werke im Rahmen der Legitimation seiner eigenen Thesen herangezogen (vgl. ebd.).

206 Freeman verschweigt in diesem Zusammenhang, dass die Veröffentlichung seines Buches von Beginn an als ein breit angelegtes Medienereignis inszeniert worden war und dass Rezensionen und Stellungnahmen bereits vor der Veröffentlichung abgegeben worden waren (vgl. bspw. Orans 1996, S. 7; Hellman 2000, S. 180). Nach Appell und Madan sei Freeman hingegen nicht für diese Entwicklung verantwortlich, da der Verlag ›Harvard University Press‹ ein Probeexemplar seines Buches ohne sein Wissen weitergegeben habe (vgl. Appell/Madan 1988, S. 22 f).

delt worden wäre – eine These, die in seinem 1983 erschienenen Buch nur als Möglichkeit kurz angesprochen worden war (vgl. Freeman 1983a, S. 319). Als noch lebende Zeitzeugin wurde von Freeman die Samoanerin Fa'apua'a Fa'amu angeführt. Diese habe in mehreren Interviews, von denen das erste im Beisein Freemans durchgeführt worden sei, öffentlich zugegeben, dass sie und ihre (bereits 1936 verstorbene) Freundin Fofoa vor 64 Jahren Mead hinsichtlich ihres Sexuallebens getäuscht hätten:

> "*Galea'i Poumele:* Fa'amū, was there a day, a night or an evening, when the woman [i. e., Margaret Mead] questioned you about what you did at nights, and did you ever joke about this ....
> *Fa'apua'a Fa'amū:* Yes, we did; we said that we were out at night with boys; she failed to realize that we were just joking and must have been taken in by our pretences. Yes, she asked: 'Where do you go?' And we replied 'We go out at nights!' 'With whom?' she asked. Then, your mother Fofoa and I would pinch one another and say: 'We spend the nights with boys, yes, with boys!' She must have taken it seriously but I was only joking. As you know Samoan girls are terrific liars when it comes to joking. But Margaret accepted our trumped-up stories as though they were true.
> *Galea'i Poumele:* And the numerous times that she questioned you, were those the times the two of you continued to tell these fibs to Margaret Mead?
> *Fa'apua'a Fa'amū:* Yes, we just fibbed and fibbed to her" (Freeman 1989, S. 1020, Hervorhebungen, Anmerkung und Auslassung im Original, Fußnotenverweis entfernt)

Fa'apua'a Fa'amu habe laut Freeman mehrere eidesstattliche Erklärungen zur Richtigkeit ihrer Bezeugungen abgegeben und zudem auf die Bibel geschworen (vgl. bspw. ebd., S. 1020f; Freeman 1999b, S. 7).[207] Zu den verschiedenen Publikationen, die als Reaktionen auf Freemans Anschuldigungen im Rahmen der Mead-Freeman-Kontroverse veröffentlicht worden sind, zählt auch eine ausführliche Diskussion der Forschungsergebnisse Meads anhand ihrer Feldnotizen (vgl. Orans 1996). Martin Orans gab dabei in einigen Punkten Freeman recht und verschärfte die Kritik an Mead in besonderer Weise: Nach Orans habe Mead in ihren Schilderungen Samoas aufgrund ideologischer Motive entscheidende Informationen weglassen (vgl. bspw. ebd., S. 12f, 120f). Er fand zudem zahlreiche Abweichungen zwischen ihren Feldnotizen und späteren Forschungsberichten (vgl. bspw. ebd., S. 89) und stellte die Glaubwürdigkeit ihrer Quellen infrage, die seiner Ansicht nach zu stark auf Selbstberichten sowie Klatsch und Tratsch beruht hätten (vgl. bspw. ebd., S. 82). In anderen Fällen konnte Orans keinerlei Hinweise auf die Quellen der Informationen finden, auf die Mead ihre Thesen gestützt hatte (vgl. bspw. ebd., S. 141). Insgesamt betrachtet zog Orans das vernichtende Fazit, dass Meads Forschungsarbeiten aufgrund methodischer Unzulänglichkeiten und ihrer unwissenschaftlichen Arbeitsweise nicht falsifizierbar seien und daher als Paradebeispiele schlechter Wissenschaft zu gelten hätten (vgl. ebd., S. 125, 132, 155 ff).[208] Mead hätte sich nicht nur in entscheidenden Punkten völlig geirrt, sondern sei »not even wrong« (Orans 1996, S. 156; kritisch: Freeman 2000b, S. 613 f).

---

207 Die Mead-Freeman-Kontroverse wurde Ende der 80er Jahre in einem Dokumentarfilm (vgl. Heimans 1988) und später in einem Bühnenstück (vgl. Williamson 1996) umgesetzt, in dem Freemans Rolle als die einer tragischen und verkannten Forscherpersönlichkeit inszeniert worden sei (vgl. bspw. Côté 2000b, S. 525). Der vom ›Discovery Channel‹ ausgestrahlte Dokumentarfilm enthielt zudem Freemans bis dato zusammengetragenen Belege für seine Schwindel-Theorie – u. a. einen Ausschnitt des mit Fa'apua'a Fa'amu geführten Interviews (vgl. Caton 2000, S. 588). Laut Côté habe der Film ein abfälliges Bild von Mead gezeichnet und der Kritik durch Freeman ein Übergewicht eingeräumt. Er sei daher nicht als objektive Dokumentation, sondern vielmehr als Propagandafilm und Manöverstrategie zur Unterstützung von Freemans Position zu werten (vgl. Côté 1994, S. 12, 23 ff, 29).

208 Orans schloss in seiner Kritik auch die Thesen Freemans ein. Aufgrund der großen Widersprüchlichkeit der Thesen Meads und Freemans sowie ihrer mangelhaften begrifflichen Operationalisierungen (z. B. hinsichtlich des Konzepts ›Adoleszenz‹) sei laut Orans weder die Position Meads noch die Position Freemans beweis- oder

Die dritte Runde der Mead-Freeman-Kontroverse wurde durch eine weitere Publikation Freemans aus dem Jahr 1999 eingeläutet: In diesem zweiten Buch zur Mead-Thematik (»The fateful hoaxing of Margaret Mead. A historical analysis of her Samoan research«, Freeman 1999b) bildet Freemans ›Schwindel-Theorie‹ (aus dem Jahr 1989) das zentrales Leitmotiv, das sich gleich einem roten Faden durch die gesamte Publikation zieht und den Kern von Freemans Argumentation darstellt (vgl. insbes. Freeman 1999b, S. 3, 133–147). Anhand der Betrachtung der brieflichen Korrespondenz zwischen Mead und ihrem Mentor Boas sowie Analysen von Meads Forschungstagebüchern bemühte sich Freeman um eine genaue Rekonstruktion des historischen Kontextes des Schwindel-Vorfalls. Dabei wurde von ihm der Forschungsaufenthalt Meads auf Samoa akribisch und stellenweise auf den Tag genau nachgezeichnet. Freeman behauptete sogar, das genaue Datum gefunden zu haben, an dem das Gespräch zwischen Mead und Fa'apua'a Fa'amu, in dem Mead in die Irre geführt worden wäre, angeblich stattgefunden hätte. Er datierte den Schwindel auf den 13.03.1926 (vgl. ebd., S. 138). Bezüglich des Kontextes, in dem diese Schwindel-Theorie laut Freeman zu sehen sei, lieferte Freeman eine Reihe weiterer Enthüllungen, die Mead als Forscherinnenpersönlichkeit diskreditieren: So soll Mead mit dem Forschungsauftrag, den Einfluss von Anlage und Umwelt auf den Verlauf der Adoleszenz zu untersuchen, nach Samoa gesandt worden sein. Dazu habe sie vom »National Research Council« (ebd., S. 48) ein Forschungsstipendium im Rahmen der biologischen Wissenschaften erhalten. Ihr Forschungsauftrag hatte den Titel: »A Study in Heredity and Environment based on an Investigation of the Phenomena of Adolescence among primitive and civilized peoples« (ebd., S. 49).[209] Sie habe von Boas vor Reiseantritt lediglich eine 30-minütige methodische Einführung in die Feldforschung erhalten (vgl. ebd., S. 56). Auf Samoa sei es ihr – in Kooperation mit dem Bishop Museum (auf Hawaii) – vorrangig um ethnologische Studien gegangen (vgl. ebd., S. 57, 75, 98f), sodass sie das eigentliche Ziel ihres Forschungsauftrages immer wieder hintenangestellt habe (vgl. ebd., S. 62, 91, 107, 122, 131). Zudem sei ihr vom ›American Museum of Natural History‹ (in New York) eine Anstellung für die Zeit nach ihrer Rückkehr in Aussicht gestellt worden (vgl. bspw. ebd., S. 107). Zugleich habe sie aber ihren Mentor Franz Boas nicht enttäuschen wollen (vgl. ebd., S. 63, 115). Andere von Freeman bereits 1983 geäußerte Vorwürfe wurden 1999 erneut aufgegriffen oder argumentativ ausgebaut: Da Mead auf Samoa nicht direkt unter den Eingeborenen gelebt habe, soll sie von den Insulanern in engen Zusammenhang mit der amerikanischen Marine gebracht worden sein, was ihr unter der

---

widerlegbar (vgl. bspw. Orans 1996, S. 137). So sei bspw. von Mead die These der sexuellen Freizügigkeit in extremer Weise vertreten worden, wohingegen Freeman in kontrastierender Weise von extremen sexuellen Beschränkungen und Sanktionen berichtet habe (vgl. ebd., S. 145). Im Falle Freemans bezeichnete Orans diese Strategie als »›maximally contrasting‹ bias« (ebd.).

209 Boas soll ursprünglich für Mead eine Untersuchung amerikanischer Indianer favorisiert haben (vgl. Freeman 1999b, S. 45), später aber der Studie Meads auf Samoa zugestimmt haben. Boas selbst sei laut Freeman im Jahr 1916 dem environmentalistischen Lager im Anlage-Umwelt-Diskurs beigetreten (vgl. ebd., S. 44). Diese Aussage widerspricht bspw. den früheren environmentalistischen Arbeiten von Boas zur Umweltabhängigkeit der menschlichen Schädelformen (vgl. dazu Fußnote 215 auf Seite 204). Obwohl Freeman einerseits die Vehemenz der damaligen Anlage-Umwelt-Debatte hervorhebt, unterstellt er andererseits einen interaktionistischen Konsens (zumindest unter Biologen) auf der Basis der Thesen von Edwin Grant Conklin (1863–1952) aus dem Jahr 1915 (vgl. Conklin 1915; Freeman 1999b, S. 53, 179). Derartige Widersprüche legen m. E. den Verdacht nahe, dass Freeman seine Schilderungen der historischen Entwicklung des Anlage-Umwelt-Diskurses strategisch passend zu seiner eigenen Diskursposition formuliert und damit ein Zerrbild des damaligen Diskurses konstruiert hat (zum Disput über Freemans historische Darstellungen der Boas-Schule vgl. bspw. Freeman 1991; Murray 1990, 1991; Shankman 2009b, S. 212).

Bevölkerung eine besonders respektvolle, zugleich aber distanzierte Stellung eingebracht habe (vgl. Freeman 1999b, S. 80 f, 88). Vor diesem Hintergrund seien laut Freeman auch Meads Ehrentitel zu sehen: Mead seien während ihres Forschungsaufenthalts auf Samoa sogar drei Titel einer Zeremonialjungfrau (taupo) verliehen worden (vgl. z. B. Orans 1996, S. 19 f), die ausschließlich unverheirateten Mädchen zugestanden hätten (vgl. Freeman 1999b, S. 97, 118, 129). Diese wären ihr niemals verliehen worden, wenn sie nicht verschwiegen hätte, dass sie zur damaligen Zeit verheiratet gewesen war (vgl. auch Freeman 1989, S. 1021). Die Befristung ihres Samoa-Aufenthalts in Kombination mit ihrer selbst gesetzten Priorität zur Behandlung ethnologischer Fragen habe schließlich dazu geführt, dass ihr die Behauptungen ihrer beiden Informantinnen höchst willkommen gewesen seien, denn sie habe aus diesen Bemerkungen eben jenes kulturelle Verhaltensmuster herauskristallisieren können, nach dem sie zuvor vergeblich gesucht hätte (vgl. Freeman 1999b, S. 94, 145). Nur auf diese Weise habe Mead eine schnelle Lösung ihrer ursprünglichen Forschungsfrage finden und ihren Aufenthalt auf Samoa sogar vorzeitig beenden können. Letztlich ergeben Freemans Datierungen, dass Mead für die Bearbeitung ihres eigentlichen Forschungsauftrages ein Zeitfenster von höchstens vier bis fünf Wochen zur Verfügung gestanden haben könne (vgl. ebd., S. 153). Zudem habe Mead ihren Mentor Boas, der für die Durchführung des Forschungsauftrags in letzter Instanz verantwortlich gewesen sei (vgl. bspw. ebd., S. 54), sowie das National Research Council absichtlich über ihre wahren ethnologischen Forschungsabsichten so lange im Unklaren gelassen, bis Korrekturen nicht mehr möglich gewesen wären (vgl. bspw. ebd., S. 57; kritisch: Côté 2000c, S. 618). Dennoch habe Boas später die Ergebnisse Meads in höchst unkritischer Weise akzeptiert, vor dem National Research Council vertreten und als Beweise für sein eigenes kulturanthropologisches Paradigma gewürdigt (vgl. bspw. Freeman 1999b, S. 111, 150, 161, 176). Damit geriet Franz Boas in diesem zweiten Buch Freemans in besonderer Weise in den Fokus der Kritik: Freeman setzte sich detailliert mit Boas wissenschaftlichem Werdegang, seiner Position und seinem Einfluss auf den Anlage-Umwelt-Diskurs auseinander (vgl. insbes. ebd., S. 17–27) und kritisierte seine vermeintlich anti-evolutionäre und anti-biologische Grundhaltung, seine Kritik an den Zukunftsaussichten der Genetik sowie seine kulturdeterministische Position (vgl. ebd., S. 23 ff, 213). Zudem legte Freeman dar, dass die environmentalistischen Diskurspositionen von Boas und dessen Schülern Alfred Kroeber und Robert Lowie in den 20er Jahren in keinerlei Weise durch empirische Belege abgesichert gewesen wären (vgl. ebd., S. 26). Damit erneuerte und verschärfte Freeman seine bereits 1983 vorgetragene Kritik an der Boas-Schule. Des Weiteren machte Freeman Boas dafür verantwortlich, Meads Arbeit in der Form von Einzelfallstudien ohne statistische Auswertungen akzeptiert und Mead in ihrer Methodenentscheidung (für Fallstudien und gegen statistische Auswertungen) bestärkt zu haben (vgl. ebd., S. 114 f). Weitere Vorwürfe Freemans gegenüber Mead zielen auf deren vermeintlich bereitwillige Akzeptanz ungesicherter Fakten – in einigen Fällen auf der Grundlage einer einzelnen oder ungeeigneten Quelle oder eines einzelnen Zeugen (vgl. bspw. ebd., S. 121, 126 ff). Da ein Hurrikane in der Neujahrsnacht 1925/26 erhebliche Schäden auf Amerikanisch-Samoa angerichtet hätte, soll Mead in der Folge kaum Gelegenheit zur Befragung der Insulanerinnen gehabt haben, da diese mit dem Wiederaufbau beschäftigt gewesen seien (vgl. ebd., S. 109 f). Während eines zehntägigen Ausflugs zu den Inseln Ofu und Olosega, bei dem Mead von der taupo Fa'apua'a Fa'amu und von Fofoa – beides junge Frauen in Meads Alter – begleitet worden war, soll es laut Freeman am 13.3.1926 zu dem verhängnisvollen Gespräch gekommen sein. In diesem sei Mead von den beiden jungen Frauen, die nicht wussten, dass Mead als Anthropologin Feldforschungen auf Samoa durchführte, angeschwindelt bzw. unwillentlich getäuscht worden (vgl. bspw. Freeman 1999b, S. 139).[210] Wie bereits im obigen Zitat ausgeführt, soll Mead bei dieser Gelegenheit berichtet worden sein, dass ihre Begleiterinnen nächtliche Treffen mit jungen Männern gehabt hätten und dies auf Samoa üblich gewesen sei. Freeman glaubt, in einem Brief, den Mead am Folgetag an ihren Mentor Boas verfasst hatte und in dem sie die Lösung ihres Forschungsproblems angekündigt hatte (vgl. ebd., S. 230 f), den entscheidenden Beweis seiner Schwindel-Theorie gefunden zu haben:

> "That Mead did in fact accept these stories and that it was on Ofu that she allowed herself to be taken in by her 'merry companions' is shown by the five-page letter she wrote to Boas in Ofu village on Sunday, March 14, 1926 …, the day immediately after her fateful questioning of Fa'apua'a and Fofoa. In evidential terms, this letter is the 'smoking gun' that provides explicit corroboration of what had happened the previous day … Her letter to Boas dated Ofu, March 14, 1926, her book *Coming of Age in Samoa* of 1928, and everything she subsequently wrote on Samoa was written in a complete lack of awareness that she had, on Saturday, March 13, 1926, been comprehensively hoaxed about the sexual mores of the Samoans … Thus, Margaret Mead died without ever knowing that she had been grossly misinformed by her 'merry companions'" (ebd., S. 140 f, Hervorhebung im Original).

Freeman folgerte letztlich aus diesem vermeintlichen Schwindel-Ereignis, den Umständen von Meads Forschungsaufenthalt (Hurrikane, Fokus auf ethnologische Feldforschung) und der Analyse ihrer Informantinnen und Informanten, dass ihre Thesen zum sexuellen Verhalten junger Samoanerinnen nicht auf Befragungen dieser Mädchen basiert hätten, sondern auf den Gesprächen mit Fa'apua'a Fa'amu und Fofoa (vgl. ebd., S. 146, 158).[211]

Im Nachwort zu seinem zweiten Buch lieferte Freeman zusätzliche Details zu seiner eigenen Diskursposition: Demnach habe sich Freeman von einem ehemaligen Anhänger des kulturdeterministischen Paradigmas Ende der 30er Jahre durch seinen eigenen Forschungsaufenthalt auf Samoa von 1940 bis 1943 zu einem Kritiker von Meads Ergebnissen und schließlich zu einem Opponenten des kulturdeterministischen Paradigmas entwickelt (vgl. ebd., S. 203 f).[212] Er selbst habe Mead in einem fast dreistündigen Gespräch im November des Jahres 1964 von seinen konträren Forschungsergebnissen auf Samoa berichtet (vgl. Appell/Madan 1988, S. 15; Freeman 1983a, S. 19). Mead soll einige Tage später einer Mitarbeiterin namens Lola Romanucci-Ross gegenüber zugegeben haben, dass Freeman sie widerlegt habe (vgl. Freeman 1999b, S. 205; Caton 2000, S. 588). Mead habe dennoch eine Revision ihres Buches aus dem

---

210 Shankman beurteilt die Rekonstruktion Freemans auf der Grundlage von Meads Forschungsberichten wie folgt: "Mead was certainly concerned about making the most of her time in Manu'a, and she had written Boas in December 1925 and January 1926, worrying about the adequacy of her statistical data on adolescents, but by mid-February Boas had reassured her that this was not a major concern. The idea that she panicked at the last minute and therefore had to rely on two Samoan women for data on adolescent girls is implausible based on Mead's own assessment of her work" (Shankman 2009b, S. 194).

211 Vor diesem Hintergrund zog Freeman Meads These der sexuellen Ungezwungenheit und Freizügigkeit auf Samoa grundsätzlich in Zweifel. Er wies auf den höchst ungewöhnlichen Umstand hin, dass trotz dieser angeblichen Freizügigkeit und Nicht-Verhütung keinerlei Fälle von Schwangerschaft unter den jungen Mädchen aufgetreten zu sein schienen, und dass ein Drittel der von Mead angeblich untersuchten Mädchen in einem Pastoren-Haushalt mit strenger Überwachung gelebt hätten (vgl. Freeman 1999b, S. 177).

212 Shankman wertet dies als konstruierte Darstellung Freemans zur Kontrastierung dessen eigener Diskursposition mit der Position Meads: "Freeman constructed a ›just so‹ story about Mead and a parallel story about himself" (Shankman 2009b, S. 12). Dabei habe Freeman bereits in den 40er Jahren seine Intention, die wissenschaftliche Reputation von Mead zu zerstören, offenbart: "With other colleagues he [i. e. Freeman, ML] had been critical of Mead since at least the late 1940s, stating to some of them that he was going to ruin her reputation" (ebd., S. 16).

Jahr 1928 mit dem Hinweis auf dessen klassischen Status als historisches Originaldokument abgelehnt (vgl. bspw. Freeman 1999b, S. 201, 206). Freeman selbst habe aufgrund anderer akademischer Interessen und Verpflichtungen aber erst ab dem Jahr 1978 wieder an seinen Samoa-Forschungen arbeiten können. Zu dieser Zeit sei jedoch eine briefliche Kontaktaufnahme mit Mead wegen ihrer Erkrankung nicht mehr möglich gewesen (vgl. Appell/Madan 1988, S. 21; Freeman 1999b, S. 206 f).

Die Mead-Freeman-Kontroverse hat damit in den 90er Jahren eine entscheidende Wendung erfahren: Im Vordergrund von Freemans Interesse stand nicht mehr allein die inhaltliche Widerlegung der Thesen Meads, sondern ein Ausbau seiner Diskreditierungsversuche im Allgemeinen und der Schwindel-Theorie im Besonderen. Freeman konstatierte selbst, dass aufgrund dieses neuen Beweismaterials die Kontroverse in eine ganz neue Phase eingetreten sei, die sich jetzt um die Glaubwürdigkeit der Aussagen von Fa'apua'a Fa'amu zentriere (vgl. ebd., S. 7).

7.2 Lösungspostulate in der Mead-Freeman-Kontroverse

James Côté, der die Mead-Freeman-Kontroverse aus soziologischer Sicht in verschiedenen Veröffentlichungen in den 90er Jahren detailliert untersucht hat (vgl. Côté 1992, 1994; kritisch: Freeman 1999b, S. 210 f), führte für den vorläufigen Höhepunkt der Kontroverse zu Beginn der 90er Jahre eine Fülle von wissenschaftlichen Kommentaren und Diskursfragmenten auf. Er konnte bspw. sechs Publikationen ermitteln, die Freemans Position unterstützten, 18 Publikationen, die Freeman kritisierten, vier Publikationen, die Freeman sowohl unterstützten als auch kritisierten, sowie zehn Publikationen, die Mead gleichzeitig unterstützten und kritisierten (vgl. Côté 1992, S. 502; 1994, S. 30). Côté selbst zog zur Beurteilung der Positionen Meads und Freemans verschiedene Missionarsberichte und andere zeitgenössische Quellen heran und kam zu dem folgenden Ergebnis:

> "All told, my investigation of the Mead-Freeman controversy led me to the conclusion that Mead's coming-of-age thesis is quite plausible when viewed from a variety of perspectives, and when viewed in the context of the 'Samoa' she studied. Yes, there are problems with some of what she wrote in *Coming of Age*. But there is little reason to believe that she was wrong in most of what she reported – contrary to what Freeman claimed and despite the mythology surrounding her book" (Côté 1994, S. XIV, Hervorhebung im Original; vgl. auch ebd., S. 121).[213]

Côté betonte zudem, dass aufgrund der Einmaligkeit, Vergänglichkeit und laufenden Veränderung historischer Kulturen nur sekundäre Quellen zur Beurteilung von Meads Beschreibungen herangezogen werden könnten, zumal eine Zeitreise zurück in das Jahr 1925 für eine Überprüfung von Meads Beobachtungen nicht möglich sei (vgl. ebd., S. 3 f, 62, 164). Eine ›Lösung‹ der Kontroverse mittels einer abschließenden Würdigung des Beweismaterials erscheint vor diesem Hintergrund kaum möglich. Zur Erklärung der Schärfe von Freemans Kritik wies Côté auf den Kontext der Intelligenzforschung der 70er Jahre hin und wertete die Arbeiten Freemans als Reaktionen von nativistischer Seite auf die heftige environmentalistische Kritik an der Intelligenzforschung der 70er Jahre (vgl. dazu auch die späteren Ausführungen in Kapitel 9):

---

213 Hinsichtlich der wissenschaftlichen Bewertung der Debatte komme laut Côté erschwerend hinzu, dass Mead durch ihren Verleger dazu gedrängt worden sei, »Coming of Age in Samoa« vor der Veröffentlichung mit einigen populärwissenschaftlich verfassten Kapiteln zu ergänzen, sodass dieses Buch nicht in Gänze als wissenschaftliches Werk zu werten sei (vgl. bspw. Côté 1994, S. 9).

"In fact, Freeman's 'exposé' of Mead can be seen as a counterstrike to the bad press the nature side of the debate has received over the years. This bad press includes recent revelations that the British psychologist Sir Cyril Burt published fraudulent results during his lifelong quest to prove that intelligence is for the most part genetically inherited (see Broad & Wade, 1982; Gould, 1981). What Freeman's work promised was that finally a 'victory' could be scored against the nurture side, and for once it would not be the nature side being accused of deceit" (Côté 1994, S. 20).

Im Rahmen eines Schwerpunktheftes der Zeitschrift ›Journal of Youth and Adolescence‹ wurde im Jahr 2000 von verschiedenen Autoren der Abschluss der Mead-Freeman-Kontroverse erklärt (vgl. bspw. Caton 2000) und der Versuch unternommen, einen allgemein akzeptablen Konsens bezüglich der Mead-Freeman-Kontroverse zu finden (vgl. Côté 2000b, S. 526). In diesem Zusammenhang wurden verschiedene Vorwürfe gegenüber Freeman geäußert, die dessen Kritik der meadschen Forschungsarbeiten als voreingenommen erscheinen lassen: Beispielsweise habe Mead – entgegen Freemans gegenteiligen Behauptungen – niemals biologischen Faktoren ihren Stellenwert hinsichtlich der Entwicklung im Jugendalter abgesprochen:

"Readers will note from this passage that Mead was not claiming that there are no biological processes associated with adolescence, but rather that since the biological process is the same in both cultures, differences between cultures in the level of disturbances during adolescence must be due to some other factor, like how adolescence is socially structured" (ebd., S. 528; vgl. auch Shankman 2000, S. 543).

Unter Berücksichtigung kritischer Einwände von Freeman und Orans betrachtete Côté verschiedene methodische Unzulänglichkeiten der Forschungen Meads und kam zu dem Ergebnis, dass ein über jeden Zweifel erhabenes Forschungsdesign zur Umsetzung von Meads Forschungsfrage bis heute noch nicht entwickelt, geschweige denn umgesetzt worden sei.[214] Der These Freemans, dass Meads Samoa-Studie für Boas den entscheidenden und lange gesuchten Beweis für dessen kulturdeterministische Position geliefert hätte, wurde durch Murray und Darnell direkt widersprochen, indem sie auf die frühen Forschungen von Boas zur Umweltdetermination der menschlichen Schädelformen hinwiesen (vgl. Murray/Darnell 2000, S. 562).[215] Zudem würde eine derart hohe Bedeutung der meadschen Forschung für Boas nicht dazu passen, dass Boas Mead nur eine 30-minütige Einführung in die Feldforschung gegeben hatte (vgl. vgl. Murray/Darnell 2000, S. 562). Ferner hätte Mead ihre ethnologischen Forschungsinteressen nicht vor Boas und dem Nation Research Council verborgen, wie Freeman dies postuliert hatte (vgl. z. B. Côté 2000a, S. 577f; Murray/Darnell 2000, S. 564f). Des Weiteren hätte Freeman die Enge der persönlichen Beziehung zwischen Mead und Boas stark übertrieben, da Mead nicht zu Boas innerstem Kreis gehört hätte (vgl. ebd., S. 564, 570). Als weitere Kritikpunkte

---

214 Ein derartiges Forschungsdesign hätte nach Côté wie folgt aussehen können: "The perfect scientific study to examine Mead's problem would have been to use validated and standardized quantitative tests or clinical assessments measuring the prevalence and severity of storm and stress symptomatology among representative longitudinal samples of American and Samoan adolescents (both male and female), controlling for factors like the relative age of onset of puberty and nutrition. Mead did not have the means to undertake such a study, and it has not been done to date" (Côté 2000b, S. 532).

215 Boas hatte von 1908 bis 1910 in einer Studie die Schädelformen von fast 18 000 Immigranten untersucht und war zu dem Ergebnis gekommen, dass die neue amerikanische Umwelt einen signifikanten Einfluss auf die Entwicklung der Schädelformen der Immigrantenkinder gezeigt hätte (vgl. Boas 1912). In der Anthropologie wurden Boas Ergebnisse über fast ein gesamtes Jahrhundert als Beweise für die Plastizität biologischer Merkmale gerwertet und von ihm gegen die Rassendoktrinen der ersten Jahrzehnte des 20. Jahrhunderts ins Feld geführt (vgl. z. B. Gravlee/Bernard/Leonard 2003b, S. 125); sie werden bis heute kontrovers diskutiert (jüngste Bestätigungen bei Gravlee/Bernard/Leonard 2003a, b; Widerlegungen bei Sparks/Jantz 2002, 2003).

an Freemans Ausführungen wurden in besagtem Themenheft aufgeführt: Freemans ungenaue bzw. verzerrte Rekonstruktion der vermeintlich absoluten kulturdeterministischen Diskurspositionen von Boas und Mead sowie deren angeblich anti-biologische bzw. anti-evolutionäre Haltung (vgl. bspw. Orans 1999, S. 1650; Murray/Darnell 2000, S. 566; Shankman 2000, S. 543 f), partielle Zitationen der meadschen Werke durch Freeman, teilweise gravierende Auslassungen in Zitaten (vgl. bspw. ebd., S. 541), die selektive Auswahl einiger Briefe der Mead-Boas-Korrespondenz bei gleichzeitiger Unterschlagung anderer Briefe (vgl. bspw. Côté 2000a, S. 576) sowie andere Auslassungen, Unterschlagungen und Übertreibungen zur Stützung von Freemans eigener Diskursposition (vgl. Shankman 2000, S. 549, 552).[216] Vor diesem Hintergrund stellte Shankman Freemans wissenschaftliche Eignung selbst infrage. In ähnlicher Weise urteilten auch Murray und Darnell:

> "We do not claim any particular expertise about Samoans, but Freeman's account of a culture we know much more about, the culture of Boasian anthropologists, is so biased by ignoring data contrary to his views and willful misreadings of evidence as to raise questions about his ability to give rounded, balanced view of cultures less fully described than the Boasian one and to seek out and dispassionately analyze historical data contrary to his own highly anachronistic presuppositions" (Murray/Darnell 2000, S. 570).[217]

Diese Vorwürfe illustrieren nicht zuletzt die Schwierigkeit der historischen Rekonstruktion von Diskurspositionen, die trotz einer Fülle von Belegen in ambivalenter Weise interpretiert werden können. Côté zieht vor dem Hintergrund dieser Kritikpunkte an Freeman das folgende Fazit, das als Konsens der am Schwerpunktheft beteiligten Autoren angesehen werden kann:

> "However, there is a consensus that Freeman's case against Mead is flawed in several fundamental ways, including how he has characterized Mead's views on evolution and her place in the 'Boasian paradigm,' as well as his popular claim that Mead was hoaxed into believing she had found a 'free-love society.' In addition, we concur that Freeman has gone to great lengths to create a sensational story that is out of proportion with historical reality" (Côté 2000b, S. 536).

Inwieweit die Befragungen von Fa'apua'a Fa'amu wirklich als objektive Schilderungen einer entscheidenden Zeitzeugin gewertet werden können, hat sich mittlerweile zu einer der Schlüsselfragen der Mead-Freeman-Kontroverse entwickelt. Unbestreitbar ist, dass Fa'apua'a Fa'amu von verschiedenen Seiten ein sehr gutes Gedächtnis im hohen Alter bescheinigt wurde. Ihre eidesstattlichen Erklärungen und Schwüre auf die Bibel sprechen einerseits für die Richtigkeit

---

216 Shankman weist darauf hin, dass Mead nach eigenen Angaben durchaus mit Darwins Evolutionstheorie vertraut gewesen sei (vgl. Shankman 2000, S. 544), und dass Mead sogar auf einem Kongress im Jahr 1976 Edward O. Wilson hinsichtlich seiner soziobiologischen Thesen in Schutz genommen hätte (vgl. ebd., S. 545; 2009b, S. 219 f). Dieses Ereignis scheint nicht zu einer anti-evolutionär eingestellten, radikalen Kulturdeterministin zu passen, sondern zeugt eher von wissenschaftlicher Fairness und Aufgeschlossenheit gegenüber abweichenden Positionen. Bezüglich der vermeintlich kulturdeterministischen Einstellung von Boas zieht Shankman als Gegenbeleg die folgende Passage aus einem späten Aufsatz von Boas heran: "There is no doubt in my mind that there is a very definite association between the biological make-up of the individual and the physiological and psychological functioning of his body. The claim that only social and other environmental conditions determine the reactions of the individual disregards the most elementary observations" (Boas 1931, S. 4; siehe auch Shankman 2009b, S. 212).

217 Derartige Äußerungen von Freemans Kritikern können wiederum selbst als ›Ad-hominem-Argumente‹ (vgl. Abschnitt 7.3) betrachtet werden, insofern Freemans wissenschaftliche Bildung in Zweifel gezogen wird. Daher sind unbeabsichtigte Falschdarstellungen diskursiver Positionen und Entwicklungen durch Freeman von Vorwürfen einer Intentionalität und Voreingenommenheit zu unterscheiden.

ihrer Aussagen. Auf der anderen Seite bestehen hinsichtlich ihrer Glaubwürdigkeit jedoch erhebliche Zweifel: Dazu ist zunächst anzumerken, dass das erste Interview von Fa'apua'a Fa'amu im Beisein von Freeman selbst erfolgte, sodass eine Beeinflussung von seiner Seite nicht ausgeschlossen werden kann. Zudem wurde dieses Interview von dem Sohn Fofoas (Galea'i Poumele) geführt, der zu dieser Zeit Staatssekretär für Samoanische Angelegenheiten war (vgl. Freeman 1989, S. 1017; 1999b, S. 165), sodass eine enge persönliche Beziehung zwischen Interviewer und Interviewter vorlag. Vor diesem Hintergrund wird auch über Fa'apua'a Fa'amus Motive spekuliert, das aus samoanischer Sicht unvorteilhafte Bild, das Mead gezeichnet hatte, in ein anderes Licht zu rücken – eingeschlossen der Möglichkeit, dass Fa'apua'a Fa'amu zu ihrer Erklärung gedrängt worden sein könnte (vgl. bspw. Côté 1994, S. 27). Shankman zufolge hätte Fa'apua'a Fa'amu zu dieser Zeit nicht gewusst, dass Mead eine Anthropologin gewesen war, über Samoa geschrieben hatte, bereits verstorben war und dass Meads Schilderungen zu einem wissenschaftlichen Streit innerhalb der Anthropologie geführt hatten; Poumele sei sogar davon ausgegangen, dass Mead seine Mutter als ›Flittchen‹ dargestellt hätte (vgl. Shankman 2009b, S. 40f). Das letzte Interview mit Fa'apua'a Fa'amu, von dem Freeman berichtet, wurde im Jahr 1993 von Unasa L. F. Va'a, einem ehemaligen Studenten Freemans, im Rahmen der Forschungsarbeiten zu dessen Dissertation durchgeführt (vgl. Freeman 1999b, S. 13; Orans 1999, S. 1650). Trotz ihres hohen Alters von 92 Jahren sei Fa'apua'a Fa'amu laut Freeman auch bei diesem Interview glaubwürdig erschienen und in ihrem Gedächtnis nicht beeinträchtigt gewesen. Dennoch wurde von verschiedenen Seiten Kritik hinsichtlich von Befragungen geäußert, die sich auf Ereignisse beziehen, die vor über einem halben Jahrhundert stattgefunden hatten (vgl. bspw. Freeman 1999b, S. 12). Shankman zufolge seien die Folgeinterviews erst nach Freemans Tod freigegeben worden, würden inhaltliche Inkonsistenzen aufzeigen und Zweifel bezüglich der Gedächtnisleistungen Fa'apua'a Fa'amus rechtfertigen (vgl. Shankman 2009b, S. 198f).

Orans lieferte bereits Mitte der 90er Jahre weitere Argumente zur Beurteilung der Schwindel-Theorie: Erstens seien weder Fa'apua'a Fa'amu noch Fofoa zum angeblichen Zeitpunkt des Schwindels junge Mädchen gewesen. Sie waren beide in Meads Alter, sodass sie von ihr kaum als wichtige Informantinnen über das Sexualleben von weiblichen Teenagern angesehen worden sein könnten (vgl. Orans 1996, S. 91). Zweitens war Fa'apua'a Fa'amu selbst eine taupo; und Mead war bekannt, dass derartige Zeremonialjungfrauen in Bezug auf sexuelle Freizügigkeit besonderen kulturellen Beschränkungen unterlagen. Vor diesem Hintergrund hätte laut Orans Fa'apua'a Fa'amu für Mead nicht als Informantin von Wert dienen können, zumal Erstere selbst in Meads Feldaufzeichnungen und Forschungsberichten überhaupt nicht erwähnt worden sei (vgl. ebd., S. 92, 96, 152):[218]

> "Lastly, in order to accept the Fa'apua'a account we are required to believe that an eminent *tāupou* joked about her own sexual misconduct, which seems exceedingly unlikely, and that Mead, who was familiar with such joking, in this case failed to recognize it. Perhaps so much attention to an alleged 'hoax' that certainly did not succeed is justified on the grounds that no blind alley should be left unexplored for fear that some innocent may mistake it for the royal road to truth" (Orans 1996, S. 100, Hervorhebung im Original; vgl. auch Côté 2000a, S. 581; Orans 1999, S. 1650).

Die zentrale Frage hinsichtlich der Schwindel-Theorie ist damit nicht, ob Mead von Fa'apua'a Fa'amu in die Irre geführt worden sein könnte, sondern inwieweit Mead diese Informationen

---

218 Laut Côté finden sich Informationen über Fa'apua'a Fa'amu in Meads »Coming of Age in Samoa« unter dem Pseudonym ›Pana‹ auf einer knappen halben Textseite (vgl. Côté 2000a, S. 580)

wirklich geglaubt haben könnte und ob letztere als Grundlage für das von ihr beschriebene kulturelle Verhaltensmuster gedient haben könnten. Die Beweise, die Freeman als »smoking gun« (Freeman 1999b, S. 141) für seine These herangezogen hat, basieren lediglich auf einem einzelnen Brief Meads an Boas, den Freeman laut Orans selektiv zitiert und in subjektiver Weise interpretiert habe (vgl. Orans 1996, S. 98; 1999, S. 1649; Shankman 2009b, S. 202; kritisch: Freeman 1999a). Drittens habe Fa'apua'a Fa'amu in ihrem letzten Interview im Jahr 1993 gegenüber Va'a angegeben, dass sich die angeblichen Schwindeleien über einen längeren Zeitraum hingezogen hätten (vgl. Orans 1996, S. 94; 1999, S. 1650; Shankman 2009b, S. 199).[219] Allein diese Aussage Fa'apua'a Fa'amus, die in direktem Widerspruch zu Freemans Datierung des Schwindels auf den 13.03.1926 steht, lässt erhebliche Zweifel an der Schwindel-Theorie Freemans aufkommen. Shankman beurteilt vor diesem Hintergrund die gesamte Schwindel-These Freemans als unplausibel und zieht bezüglich der Zeugenaussage von Fa'apua'a Fa'amu das folgende Fazit (vgl. ebd., S. 194, 204):

> "There were clearly problems with Fa'apua'a's testimony in the unpublished interviews. Fa'apua'a was probably not an important informant for Mead; neither was Fofoa. And without agreement on when and where the hoaxing took place and in what language it took place, the most basic facts about it were ambiguous. In this context, Freeman's continuing reliance on Fa'apua'a's testimony and the hoaxing hypothesis is puzzling" (ebd., S. 199).

Unter Berücksichtigung der vorliegenden Informationen erscheint damit die Mead-Freeman-Kontroverse bis heute als nicht lösbar, obwohl im Gegensatz zu anderen vergleichbaren Kontroversen hier eine ungleich positivere Ausgangslage existiert: Zum einen liegen umfangreiche Beweismaterialien in Form von Briefen, Feldnotizen und Forschungsberichten von Meads Seite vor; und zum anderen ist mit Fa'apua'a Fa'amu eine Zeitzeugin der historischen Ereignisse noch im Zuge der Kontroverse für Folgebefragungen verfügbar gewesen. Inwieweit Teilaspekte der Debatte – insbesondere bezüglich der Motivation und diskursiven Beteiligung Freemans – weiter erhellt werden können, wenn in Zukunft Freemans persönliche Tagebücher für wissenschaftliche Untersuchungen freigegeben werden, ist derzeit noch nicht abschätzbar (vgl. Shankman 2009b, S. 230). Die gegensätzlichen Meinungen und Interpretationen illustrieren an dieser Stelle die Schwierigkeiten bei historischen Rekonstruktionen von Diskursen und die unentwirrbare Verwobenheit diskursiver Positionen der Anlage-Umwelt-Debatte mit ideologischen Voreingenommenheiten und strategischen Interessen der beteiligten Akteure, die im Folgenden genauer betrachtet werden sollen.

---

219 Orans wies darauf hin, dass Fa'apua'a Fa'amu zwischen 1987 und 1993 insgesamt viermal von verschiedenen Personen interviewt worden sei, aber ausschließlich das erste Interview aus dem Jahr 1987 veröffentlicht worden sei (vgl. Orans 1996, S. 100; 1999, S. 1650). Zur Erhärtung seiner Schwindel-Theorie seien von Freeman aber keine ergänzenden Informationen aus diesen drei Folgeinterviews herangezogen worden (vgl. Côté 2000a, S. 579). Dazu ist allerdings anzumerken, dass Orans laut Freeman im Jahr 1995 dessen Angebot ausgeschlagen hätte, in den Folgeinterviews über Va'a eigene Fragen an Fa'apua'a Fa'amu ausrichten zu lassen (vgl. Freeman 2000b, S. 609). Der letzte Stand der Schwindel-Theorie wurde kurz vor Freemans Tod in der Zeitschrift ›Current Anthropology‹ von Freeman, Orans und Côté sowie kürzlich von Shankman ausführlich diskutiert (vgl. Côté 2000c; Freeman 2000a, b; Orans 2000; Shankman 2009b, S. 193–205).

7.3 Diskursive Strategien in der Mead-Freeman-Kontroverse

Zunächst ist zu klären, inwieweit Freeman eine Strategie der posthumen Attacke im Rahmen seiner Widerlegungsversuche eingesetzt hat (vgl. bspw. Shankman 2000, S. 553). Wie bereits in Abschnitt 7.1 dargelegt, erschien Freemans erstes Buch (vgl. Freeman 1983b) erst fünf Jahre nach Meads Tod (vgl. auch Côté 1994, S. 4; Orans 1996, S. 5). Freeman führte für diese verspätete Veröffentlichung persönliche Gründe an (Forschungsinteressen und anderweitige Verpflichtungen; vgl. Freeman 1999b, S. 206), die m. E. vor dem Hintergrund des zeitlichen Kontextes und der immensen Bedeutung der Debatte unverständlich bleiben. Freeman konstatierte, dass er bereits bei seinem ersten Aufenthalt auf Samoa zu Beginn der 40er Jahre Diskrepanzen zwischen den Schilderungen Meads und seinen eigenen Beobachtungen festgestellt hätte. Zu einem persönlichen Kontakt mit Mead sei es laut Freeman aber erst 20 Jahre später im Jahr 1964 gekommen. Konkrete Gründe für diese lange Periode des Schweigens werden von Freeman indessen nicht angeführt. Bis zur Publikation seines ersten Buches vergingen weitere 19 Jahre. Es stimmt verwunderlich, dass Freeman in den 40 Jahren zwischen dem Ende seines ersten Forschungsaufenthalts auf Samoa im Jahr 1943 und der Publikation seines Buches im Jahr 1983 seine widersprüchlichen Befunde nicht in anthropologischen Fachzeitschriften publiziert hat.[220] Er veröffentlichte seine Ergebnisse erst fünf Jahre nach Meads Tod in einer Publikation, die an eine breite Öffentlichkeit gerichtet und in starkem Maße aufsehenerregend bzw. sensationsheischend angelegt war. Appell und Madan wiesen in diesem Kontext darauf hin, dass Freeman seit 1968 für mindestens zehn Jahre mit der Rekonstruktion der Historie der Boas-Schule und Kulturanthropologie beschäftigt gewesen sei und sich durch die Ablehnung einer Vorfassung seiner Mead-Widerlegung von einem New Yorker Verlag im Jahr 1971 zu weiterer Forschung vor einer Publikation veranlasst gesehen habe (vgl. Appell/Madan 1988, S. 17, 19). Zudem sei eine Veröffentlichung durch Meads plötzlichen Tod im Jahr 1978 um weitere Jahre verzögert worden (vgl. ebd., S. 21). Die Gründe für Freemans anfängliche Zurückhaltung seiner Kritik an Mead bleiben dennoch spekulativ (vgl. bspw. Shankman 2009a, S. 217f). Die Frage, inwieweit der Veröffentlichung von Freemans erstem Werk zur Widerlegung Meads eine diskursive Strategie der ›posthumen Attacke‹ unterliegt, ist vor diesem Hintergrund schwer zu beantworten. Einerseits halten Appell und Madan einen derartigen Vorwurf für ungerechtfertigt (vgl. Appell/Madan 1988, S. 18). Andererseits erscheinen Freemans lange Perioden des Schweigens fragwürdig (vgl. insbes. Shankman 2009a, S. 205, 216) und die Berichte über seine Bemühungen einer Kontaktaufnahme mit Mead als nachträgliche Legitimationsstrategien – zumal zwischen den Jahren 1964 und 1978 von Freemans Seite kein weiterer Kontakt mit Mead angestrebt worden zu sein scheint. Freeman dürfte dabei spätere Konflikte mit Mead oder ihren Verteidigerinnen und Verteidigern durchaus antizipiert haben. Und ihm standen Möglichkeiten offen, derartigen Konflikten, die sich später als Mead-

---

220 Freeman hatte bereits im Jahr 1968 einen kritischen Aufsatz über Meads Thesen verfasst, der jedoch nicht veröffentlicht worden war. Freeman sandte diesen an befreundete Wissenschaftler, nicht aber an Mead selbst, obwohl er bereits vier Jahre zuvor mit ihr über seine widersprüchlichen Ergebnisse gesprochen hatte (vgl. Shankman 2009a, S. 216; 2009b, S. 65). Auch Appell und Madan berichteten von einem unveröffentlichten Beitrag Freemans auf einer Tagung australischer Sozialanthropologen aus dem Jahr 1968 (vgl. Appell/Madan 1988, S. 18). Erst im Jahr 1972 veröffentlichte Freeman seinen ersten Aufsatz über Samoa in einer Fachzeitschrift (vgl. Freeman 1972b). Inhaltlich wies er dabei lediglich auf linguistische Fehler in Meads Werk »Social organization of Manu'a« hin, stellte aber ihre kulturanthropologischen Thesen nicht direkt infrage (vgl. Shankman 2009a, S. 216; 2009b, S. 65).

Freeman-Kontroverse manifestiert haben, vorzubeugen und entgegenzuwirken – bspw. im Rahmen von Vorveröffentlichungen in international anerkannten Fachzeitschriften mit Peer-Reviews. So wird Freeman auch von Shankman vorgehalten, zahlreiche Gelegenheiten zur Veröffentlichung seiner kritischen Thesen gegenüber Mead nicht genutzt zu haben (vgl. Shankman 2009a, S. 212f). Der Vorwurf einer posthumen Attacke kann daher m. E. – nicht zuletzt aufgrund des Einsatzes zusätzlicher diskursiver Strategien, die im Folgenden noch erläutert werden – nicht entkräftet werden.

Eine häufig in Disputen und Diskussionen benutzte Strategie, die in seltenen Fällen auch in wissenschaftlichen Diskursen zu finden ist, stellt das sog. ›Argumentum ad hominem‹ bzw. der ›Ad-hominem-Trugschluss‹ dar. Dabei zielt eine Kritik nicht auf die inhaltliche Ebene einer Äußerung ab, sondern konzentriert sich auf die Person, die das ursprüngliche Argument eingebracht hat. Ad-hominem-Argumente sind damit bezüglich der inhaltlichen Ebene einer Diskussion als irrelevant anzusehen und aus diskursiver Sicht als Ablenkungsmanöver (von der Sache hin zur Person) zu werten (vgl. z. B. Damer 2009, S. 198ff; Hughes/Lavery/Doran 2010, S. 158ff). Freeman selbst berichtete von derartigen, gegen ihn gerichteten Ad-hominem-Attacken nach der Veröffentlichung seiner Widerlegung Meads im Jahr 1983 (vgl. auch Appell/Madan 1988, S. 23; Freeman 2001, S. 48):

> "Thus, from February 1983 onward, I was subjected to a highly emotional and, at times, fragrantly ad hominem campaign that reached its apogee in Chicago during the Eighty-Second Annual Meeting of the American Anthropological Association, when, on November 18, there was a special session (to which I was not invited) devoted to the evaluation of my refutation … One eyewitness described it as 'a sort of grotesque feeding frenzy.' Another wrote to me saying, 'I felt I was in a room with 200 people ready to lynch you.' And at the Annual Business Meeting of the American Anthropological Association on the evening of November 18, 1983, a formal motion denouncing my refutation as 'poorly written, unscientific, irresponsible and misleading' was moved, put to the vote, and passed" (Freeman 1999b, S. 208f).[221]

Vor diesem Hintergrund stimmt verwunderlich, dass Freeman selbst keinerlei Skrupel zur ausgiebigen Nutzung derselben Diskursstrategie zu zeigen scheint. So konstatierte Shankman: Freeman »was quick to condemn *ad hominem* attacks on himself but equally quick to use them on others« (Shankman 2009b, S. 269, Hervorhebung im Original). Bereits Freemans erstes Buch zur Widerlegung Meads (vgl. Freeman 1983b) enthält derartige Ad-hominem-Attacken:

> "For example, in his book, he [Freeman, ML] based some of his critique on the premise that Mead was young (age 23), inexperienced, and apparently anxious to please her mentor, 'Papa Franz' (Boas). This, he said, led her to draw some hasty conclusions in order to provide Boas with much needed evidence for his position in the nature-nurture debate. Such *ad hominem* aspersions are irrelevant and unprofessional, and have contributed to a degeneration of this 'scientific debate.' This *ad hominem* reasoning could just as easily be turned back on Freeman with similar irrelevant charges. For example,

---

221 Freeman bezeichnete später diese diskursive Strategie als »*consensus gentium* fallacy« (Freeman 2001, S. 50, Hervorhebung im Original), mit deren Hilfe suggeriert werde, wissenschaftliche Streitfragen könnten – sogar unter Missachtung der vorgelegten Beweise – per Votum von einem Gremium entschieden werden. In der Logik und Wissenschaftstheorie wird dieser Trugschluss unter verschiedenen Bezeichnungen – bspw. als ›appeal to common opinion‹ – geführt (vgl. z. B. Damer 2009, S. 104ff). Ein weiteres Beispiel für Ad-hominem-Attacken, die gegen Freeman gerichtet sind, findet sich sogar im Abschlussbeitrag Catons im Sonderheft des ›Journal of Youth and Adolescence‹ zur Mead-Freeman-Kontroverse, denn Caton deutet dort eine Persönlichkeitsstörung auf Seiten Freemans an (vgl. Caton 2000, S. 602). Eine ausführliche Schilderung zuvor weitgehend tabuisierter Aspekte bezüglich Freemans Biografie findet sich in Shankman 2009b, S. 51–56.

although I would not do so [sic!], someone could just as easily cite him as an eccentric old man trying to live up to Karl Popper's reputation, the person to whom he dedicates the book. But, such name calling accomplishes nothing for science" (Côté 1994, S. 7, Hervorhebungen im Original).

In Freemans späterem Werk (vgl. Freeman 1999b) finden sich weitere Nachweise für derartige Ad-hominem-Argumente bzw. -Fehlschlüsse gegenüber Mead:[222] Beispielsweise unterstellt er ihr eine lesbische Affäre mit ihrer Kollegin Ruth Benedict, die als Assistentin für Boas arbeitete und sowohl mit Mead als auch mit Boas in engem Kontakt stand (vgl. ebd., S. 38).[223] Wie im obigen Zitat bereits genannt, wies Freeman an mehreren Stellen darauf hin, dass Margaret Mead und Ruth Benedict ihren Mentor Franz Boas seit 1923 als ›Papa (Franz)‹ bezeichnet haben sollen (vgl. bspw. Freeman 1983a, S. 99; 1999b, S. 46). Zudem stellte Freeman Meads mentalen Gesundheitszustand vor Reisebeginn infrage (vgl. ebd., S. 58) und flocht persönliche Kommentare zu Meads Liebesleben und Ehen in seine Schilderungen ein (vgl. bspw. ebd., S. 60, 167). Alle diese illustrativen und diffamierenden Hinweise dienen in keinerlei Weise der Klärung der wissenschaftlichen Streitfragen oder inhaltlichen Gegenstände und sind damit als Ad-hominem-Attacken Freemans zu werten. Zusammenfassend lässt sich damit feststellen, dass in der Mead-Freeman-Kontroverse zahlreiche Ad-hominem-Argumente zu finden sind, die von Fall zu Fall entweder gegen Mead oder gegen Freeman gerichtet waren (vgl. Orans 1996, S. 14). Kritisch wurde in der Mead-Freeman-Kontroverse der 90er Jahre auch die Selbstinszenierung Freemans gesehen:

> "Freeman has exploited the criticism of academic experts by claiming victim status of a 'heretic' who is ahead of his time (Freeman 1992; Williamson 1996) … Nevertheless, the strategy of claiming victim status at the hands of a dogmatic anthropology community has generated considerable support from the public in general, and journalists in particular (see Shankman, 2000). While Freeman has gained a reputation among the public as a David standing up against the Goliath of cultural anthropology, Mead's public reputation has suffered proportionately (Hellman, 1998)" (Côté 2000b, S. 533 f.).

Freemans Selbstinszenierung als »scharfsinniger Wahrheitssucher« (Caton 2000, S. 600, Übersetzung ML) und zugleich vermeintlicher ›Ketzer‹, der von der anthropologischen Gemeinschaft ausgeschlossen worden sei, kann damit als diskursive Strategie betrachtet werden, mit der er beabsichtigte, das Interesse und Mitgefühl der Öffentlichkeit zu erregen.[224] Vor diesem Hintergrund und der Inszenierung der Veröffentlichung von Freemans erstem Buch zur Widerlegung Meads als Medienereignis bezeichnete Shankman die gesamte Mead-Freeman-Kontroverse als »self-made controversy« (Shankman 2000, S. 553) – also als eine durch Freeman selbst konstruierte Debatte zur Stärkung seines eigenen Rufes auf Kosten der Reputation einer längst verstorbenen Ikone der amerikanischen Anthropologie.

---

222 Wie einige seiner Kritiker berichteten, habe sich Freemans Feindseligkeit gegenüber wissenschaftlichen Opponenten auch in seiner Umgangsweise mit und seinen Reaktionen auf Kritik widergespiegelt: "Freeman poured an immense volume of letters upon his antagonists, often as 'open letters' which he copied to a mailing list of friends. Sometimes the letters were taunts (Caton, 1990, p. 264 f) and sometimes they badgered recipients (Caton, 1990, pp. 291–295)" (Caton 2000, S. 600; vgl. auch Shankman 2009b, S. 247). Als einer der Gegner Freemans schilderte auch Shankman dessen hemmungslose Drohungen und Versuche, die wissenschaftliche Karriere seiner Opponenten zu zerstören (vgl. ebd., S. 13, 38, 188).

223 Diese Art von sexueller Diffamierung wird mitunter auch als »lesbian-bashing« (Murray/Darnell 2000, S. 558) bezeichnet.

224 Sie basiert aber zumindest teilweise auf realen Vorgängen und Reaktionen innerhalb der American Anthropological Association, wie das vorseitige Zitat Freemans illustriert.

7.4 Die Rezeption der Mead-Freeman-Kontroverse im Anlage-Umwelt-Diskurs

Zur Beurteilung des Stellenwertes der Mead-Freeman-Kontroverse im Anlage-Umwelt-Diskurs ist zunächst die Frage nach der Rezeption von Meads und Freemans Publikationen im wissenschaftlichen Diskurs und auf anderen diskursiven Ebenen zu stellen. Einen Anhaltspunkt liefert in diesem Zusammenhang die Zitationshäufigkeit dieser Werke, die mithilfe des sog. ›Social Sciences Citation Index‹ (SSCI) gemessen werden kann.[225] Diesbezüglich ist einschränkend anzumerken, dass über den SSCI größtenteils Fachzeitschriften aus dem angloamerikanischen Sprachraum erfasst werden. Inwieweit eine Publikation in Monografien, Sammelbänden und Lehrbüchern zitiert wird, ist über den SSCI nicht ermittelbar. Wenn im Rahmen dieses Abschnitts (und in den folgenden Kapiteln) der SSCI dennoch als Rezeptionsmaß herangezogen wird, so sind zum einen diese Einschränkungen bei der Interpretation der Befunde mitzuberücksichtigen. Zum anderen wird hier aus diskursanalytischer Sicht von der These ausgegangen, dass die Zitationen in Fachzeitschriften einen nicht unbedeutenden Ausschnitt des fachwissenschaftlichen Diskurses abbilden und somit über den SSCI die Bedeutung eines Diskursfragments in seiner Konkurrenz mit anderen Diskursfragmenten abgeschätzt werden kann.[226]
Wie die umseitige Abbildung 6 illustriert, liefert eine Analyse des SSCI für Meads »Coming of Age in Samoa« (Mead 1928) noch bis Mitte der 70er Jahre überraschend niedrige Zitationshäufigkeiten pro Jahr, gefolgt von einem Anstieg bis Mitte der 80er Jahre. Für den Zeitraum zwischen 1980 und 2000 entfielen auf diese Publikation im Schnitt 17 Zitationen pro Jahr in fachwissenschaftlichen Aufsätzen.[227] Freemans erstes Buch zur Widerlegung der meadschen Forschungsarbeiten (vgl. Freeman 1983b) erhielt demgegenüber im ersten Jahr nach der Publikation (1984) eine höhere Zitationsrate, die jedoch ab Beginn der 90er Jahre wieder deutlich hinter der Zitationsrate von Meads Originalpublikation zurückfiel (vgl. Abb. 6). Die beiden Zitationskurven erweisen sich nur bedingt als synchron, sodass nicht davon ausgegangen werden kann, dass Meads Originalpublikation nach dem Widerlegungsversuch von Freeman hauptsächlich im Kontext des Letzteren zitiert wurde. Das zweite Buch Freemans zur Widerlegung Meads (vgl. Freeman 1999b) weist noch geringere Zitationsraten auf als seine erste Publikation (mit Ausnahme des Wertes für das Jahr 2004). Vor dem Hintergrund dieser Ergebnisse zeigt sich eine unerwartet geringe Rezeption der Forschungsarbeiten Freemans im fachwissenschaftlichen Diskurs – trotz deren Brisanz im Zusammenhang mit der Anlage-Umwelt-Thematik. Diese geringe Rezeption laut SSCI deckt sich zudem mit der These Shankmans, dass die Mead-Freeman-Kontroverse hauptsächlich auf nicht-anthropologischem Gebiet und insbesondere auf der

---

225 Die Ermittlung von Werken, in denen eine bestimmte Monografie oder ein Sammelwerk zitiert worden ist, erfolgte über die Funktion ›Cited Reference Search‹ des ISI Web of Knowledge und wurde hier und in den folgenden Kapiteln auf die Zitationsdatenbank des SSCI (1956 to present) beschränkt.

226 In ähnlicher Weise argumentiert auch Bischof: »Was lässt sich eigentlich dem Umstand entnehmen, dass eine Arbeit im Literaturverzeichnis einer anderen angeführt ist? Der Referent könnte sie ja beispielsweise als abschreckendes Beispiel genannt oder vehement kritisiert haben. Er kann sie beiläufig erwähnt oder sich detailliert mit ihr auseinandergesetzt haben. Über die *wissenschaftliche Qualität* der Arbeit sagt Zitation als solche also noch wenig aus. Aber darauf kommt es eben auch gar nicht an: Entscheidend ist die allein ethologisch relevante Tatsache, dass sie *Beachtung* gefunden hat« (Bischof 2008, S. 566, Hervorhebungen im Original).

227 Für den Zeitraum von 1970 bis 1980 ergaben die eigenen Berechnungen 121 Zitationen von Meads »Coming of Age in Samoa«. Diese Zitationshäufigkeit deckt sich weitgehend mit den von Murray und Darnell ermittelten 118 Zitationen dieses Werkes für die 70er Jahre (vgl. Murray/Darnell 2000, S. 569).

diskursiven Ebene der Massenmedien sowie im öffentlichen Diskurs geführt worden ist (vgl. bspw. Shankman 2000, S. 540, 550; Murray/Darnell 2000, S. 568).

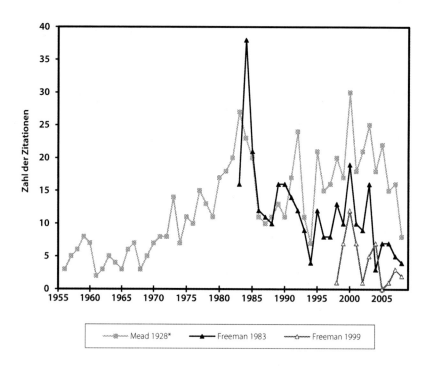

Abb. 6: Zitationen zentraler Publikationen der Mead-Freeman-Kontroverse (Mead 1928; Freeman 1983b, 1999b) laut SSCI (absolute Häufigkeiten) (Quelle: Social Sciences Citation Index (SSCI), Abfrage über das ISI Web of Knowledge (Internet: http://pcs.isiknowledge.com) vom 13.01.2009) (* inklusive Folgeauflagen)

Festzuhalten bleibt, dass einer geringen fachwissenschaftlichen Rezeption der Mead-Freeman-Kontroverse eine ungleich größere Popularisierung der Debatte im öffentlichen Diskurs gegenübersteht (in Verbindung mit der Anlage-Umwelt-Thematik vgl. bspw. Zimmer 1989, S. 111–123; Pinker 2003, S. 87 f). Dabei wird von populärwissenschaftlicher Seite mitunter Freemans Darstellung bezüglich der historischen Hintergründe der Kulturanthropologie sowie seine Konstruktion des ›Boas-Paradigmas‹ in unkritischer Weise übernommen.

Im Gegensatz zum Stellenwert der Mead-Freeman-Kontroverse im internationalen Anlage-Umwelt-Diskurs ist für die deutsche Erziehungswissenschaft eine mangelnde Rezeption der Thematik zu konstatieren: Die Arbeiten Meads wurden nur in sechs der 200 Aufsätze des Dossiers überhaupt thematisiert. Dabei stammen zwei dieser sechs Aufsätze (vgl. Schmeing 1952, Flitner 1966) aus der Zeit vor der Mead-Freeman-Kontroverse. Bei Lassahn werden die Forschungen Meads nur kurz vor dem Hintergrund des Intelligenz- und Begabungsdiskurses zur Illustration einer environmentalistischen Extremposition erwähnt (vgl. Lassahn 1990, S. 578); und Neumann verwies in seiner Abhandlung über ethologische Fragen ebenfalls nur kurz auf die kulturanthropologischen Positionen von Boas und Mead (vgl. Neumann 1994, S. 206). Eine differenziertere Diskussion findet sich bei Zdarzil, der die Kritik Freemans mitberücksichtigte (vgl. Zdarzil 1985, S. 467 f), die Mead-Freeman-Kontroverse selbst jedoch nicht aus metatheoretischer Sicht behandelte. In ähnlicher Weise legte Röhr-Sendlmeier 1994 eine umfangreiche historische Rekonstruktion von Meads Forschungen vor, in der sie neben anderen Forschungsarbeiten schwerpunktmäßig die kulturanthropologischen Studien Meads auf Samoa betrachtete (vgl. Röhr-Sendlmeier 1994). Röhr-Sendlmeier diskutierte letztere vor dem Hintergrund der Gütekriterien empirischer Forschung (vgl. ebd., S. 189–192) und ordnete Meads Arbeiten im Kontext der Anlage-Umwelt-Thematik ein (vgl. ebd., S. 192 f). Die Kritik Freemans wurde in diesem Kontext zwar kurz angesprochen (vgl. ebd., S. 191); eine Analyse der Mead-Freeman-Kontroverse auf metatheoretischer Ebene findet sich jedoch auch bei Röhr-Sendlmeier nur ansatzweise. Zudem verbleibt diese Rekonstruktion auf dem Stand der Mead-Freeman-Kontroverse vor Beginn der 90er Jahre, denn Freemans Schwindel-Theorie wurde von Röhr-Sendlmeier nicht berücksichtigt.

Insgesamt betrachtet illustriert die Mead-Freeman-Kontroverse somit die Unterschiede zwischen dem internationalen Anlage-Umwelt-Diskurs und seiner Rezeption in der deutschen Erziehungswissenschaft. Als bedeutender Teildiskurs der Anlage-Umwelt-Debatte blieb die Mead-Freeman-Kontroverse bislang weitgehend auf den angloamerikanischen Sprachraum beschränkt. Ihre Rezeption vonseiten der deutschen Erziehungswissenschaft kann zwar nicht als verspätet betrachtet werden, da die Kontroverse bereits zwei Jahre nach Erscheinen von Freemans Streitschrift aufgegriffen worden ist (vgl. Zdarzil 1985), beschränkt sich aber aus metatheoretischer Perspektive bislang auf zwei Aufsätze in erziehungswissenschaftlichen Fachzeitschriften (vgl. Röhr-Sendlmeier 1994, Zdarzil 1985). Obwohl an dieser Stelle eine weiterführende Analyse der Rezeption der Mead-Freeman-Kontroverse in erziehungswissenschaftlichen Monografien und Sammelwerken nicht durchgeführt werden kann, verweist die mangelnde Rezeption dieser Thematik in erziehungswissenschaftlichen Fachaufsätzen auf ein deutliches Rezeptionsdefizit, das zumindest für Teilbereiche des erziehungswissenschaftlichen Diskurses zu konstatieren ist.

Kapitel 8:
Die Debatten bezüglich der Erblichkeit der Intelligenz

Keine andere Thematik ist seit Beginn des wissenschaftlichen Diskurses über Anlage und Umwelt derart kontrovers diskutiert worden wie die Frage nach der Vererbbarkeit kognitiver Fähigkeiten. Debatten zur Erblichkeit der Intelligenz kommt daher im internationalen Anlage-Umwelt-Diskurs eine zentrale Stellung zu. Für den Intelligenz-/Begabungs-Diskursstrang lassen sich aus historischer Sicht eine Reihe von Teildebatten identifizieren, im Rahmen derer die Frage nach der Erblichkeit der Intelligenz in besonders kontroverser Art und Weise sowohl im fachwissenschaftlichen als auch im öffentlichen Diskurs diskutiert worden ist. Zu diesen ›heißen‹ Phasen gehören bspw. die Jensen-Debatte als Diskussion um den Aufsatz »How much can we boost IQ and scholastic achievement?« (Jensen 1969e), der Burt-Skandal bezüglich des Vorwurfs der Datenfälschung in den Publikationen von Cyril Burt (vgl. Kapitel 9) sowie die Bell-Curve-Debatte um die Publikation »The Bell Curve« von Richard Herrnstein und Charles Murray Mitte der 90er Jahre (vgl. Herrnstein/Murray 1994). Ein spezielles Kennzeichen dieser zentralen Debatten ist, dass sie durch ein einzelnes diskursives Ereignis ausgelöst worden sind – entweder als ›Provokationen‹ von vererbungstheoretischer Seite (bspw. durch die Publikationen von Jensen oder von Herrnstein und Murray) oder als ›Frontalangriffe‹ auf vererbungstheoretische Positionen durch environmentalistische Vertreter (bspw. im Falle des Burt-Skandals). Die einzelnen Debatten blieben dabei nicht auf die fachwissenschaftliche Diskursebene beschränkt, sondern wurden schnell durch das Interesse der Massenmedien in den öffentlichen Diskurs hineingetragen. In diesem Sinne erweisen sich diese Debatten als ›Schnittstellen‹ des internationalen Anlage-Umwelt-Diskurses in dessen Teilstrang Intelligenz und Begabung.

Im Folgenden wird zunächst versucht, den Verlauf des internationalen Intelligenz-Diskurses in groben Zügen historisch zu rekonstruieren, wobei neben den historischen Wurzeln dieses Diskurses in der Intelligenzforschung vor allem drei einzelne Teildiskurse (Jensen-Debatte ab 1969, Herrnstein-Debatte ab 1971 und Bell-Curve-Debatte ab 1994) einer genaueren Analyse unterzogen werden (vgl. Abschnitt 8.1). Sodann wird in Abschnitt 8.2 die internationale Rezeption der Diskussion um die Erblichkeit der Intelligenz exemplarisch anhand der Jensen-Debatte genauer betrachtet. Die leitenden Fragestellungen sind dabei die Fragen nach dem Ausmaß der Rezeption des Jensen-Aufsatzes sowie nach dessen Einfluss auf den internationalen Diskurs. Anschließend werden anhand der Rezeptionsgeschichte des Jensen-Aufsatzes verschiedene diskursive Strategien beleuchtet, die die Debatte um die Erblichkeit der Intelligenz in den 70er Jahren maßgeblich beeinflusst haben (vgl. Abschnitt 8.3). In der erziehungswissenschaftlichen Rezeption des Intelligenz-Diskurses in Deutschland ist kaum eine Thematik derart umfassend bearbeitet worden wie die Jensen-Debatte. In fast jedem zehnten Aufsatz des Dossiers lassen sich zumindest Hinweise auf die Arbeiten Jensens oder die Jensen-Debatte selbst finden. Die Jensen-Debatte stellt damit im Vergleich zu den anderen Themen, die in diesem Kapitel angesprochen werden, eine Ausnahme dar, da ihre Rezeption im Dossier ausreichendes Material liefert, die Rezeption einer internationalen Debatte durch die deutsche Erziehungswissenschaft im Detail nachzuzeichnen. Abschließend werden daher in Abschnitt 8.4 die Ergebnisse dieser Rezeptionsanalyse dargestellt.

8.1 Historische Rekonstruktion der Intelligenz-Debatte

Dass sich Menschen hinsichtlich ihrer kognitiven Fähigkeiten unterscheiden, scheint historisch eine sehr alte Einsicht zu sein; und die Frage, wie man diese kognitiven Fähigkeiten messen kann, reicht weit über die Anfänge der wissenschaftlichen Intelligenzforschung zurück und lässt sich bis in die Antike zurückverfolgen (vgl. bspw. Funke/Vaterrodt-Plünnecke 2004, S. 12; Maltby/Day/Macaskill 2007, S. 257). Wissenschaftliche Versuche, kognitive Fähigkeiten zu messen, bestanden noch bis in das 20. Jahrhundert hinein vorrangig in der Messung menschlicher Gestaltmerkmale (Physiognomik), Schädelformen (Phrenologie, später: Kraniometrie) sowie physiologischer Merkmale (vgl. bspw. Funke/Vaterrodt-Plünnecke 2004, S. 12–17; Gould 1994b, S. 25–156).[228] Die eigentliche wissenschaftliche Erforschung mentaler Fähigkeiten setzte hingegen mit Francis Galton ein (vgl. Abschnitt 2.2.2). Auf der Grundlage seiner These von der Erblichkeit der Genialität »betrieb [Galton] zwischen 1884 und 1890 eine Einrichtung am South-Kensington-Museum in London, wo jedermann für wenig Geld seine Intelligenz prüfen lassen konnte« (Sternberg 2000, S. 13). Diese ›Tests‹ bestanden jedoch vorrangig in der Messung sensorischer Leistungen – wie bspw. der Hör-, Seh- und Riechwahrnehmung (vgl. bspw. Herrnstein 1971, S. 45). Die wissenschaftliche Messung intellektueller Fähigkeiten war dabei von ihrem Beginn an eng mit der Erblichkeitstheorie der Intelligenz verwoben. Für den angloamerikanischen Sprachraum prägte James McKeen Cattell (1860–1944) im Jahr 1890 den Begriff ›mental testing‹ (vgl. Cattell/Galton 1890)[229] und erweiterte die Tests von Galton um verschiedene sensorische und motorische Messungen (wie bspw. zur Farbunterscheidung, Zeitwahrnehmung, Genauigkeit von Handbewegungen und Merkfähigkeit; vgl. Herrnstein 1971, S. 45 f; Rushton 2005, S. 71). Der erste Intelligenztest im modernen Sinne wurde von den Franzosen Alfred Binet (1857–1911) und Théodore Simon (1873–1961)[230] entwickelt und im Jahr 1905 erstmalig eingesetzt (vgl. Binet/Simon 1904a, b; Sternberg 2000, S. 13) – allerdings im Gegensatz zu Galton völlig abgekoppelt von der Erblichkeitshypothese und mit deutlichen pädagogisch-diagnostischen Intentionen:

> »Die Absichten von Alfred Binet, der 1905 den ersten Intelligenztest publizierte, waren anscheinend absolut wohlmeinend. Er widmete sich dem praktischen Problem, ein knappes Testverfahren zu entwickeln, um bei der Identifizierung von Kindern zu helfen, die nach dem damaligen Stand der Dinge keinen Gewinn vom Unterricht der öffentlichen Regelschule in Paris hatten. Nach Meinung Binets war

---

228 Derartige Auffassungen wirkten sich nicht nur in der Intelligenzdebatte aus, sondern beeinflussten auch die Geschlechterdebatte, wie anhand der berüchtigten Streitschrift »Über den physiologischen Schwachsinn des Weibes« des Neurologen Paul Julius August Möbius (1853–1907) illustriert werden kann (vgl. Möbius 1900; Henn 2004, S. 90).

229 Funke und Vaterrodt-Plünnecke berichten von ähnlichen Bemühungen früher Intelligenzmessungen in Deutschland: »In Deutschland hatte Rieger (1888) schon zwei Jahre zuvor die ersten Intelligenzmeßverfahren entworfen, um Intelligenzdefekte systematisch erfassen und beschreiben zu können« (Funke/Vaterrodt-Plünnecke 2004, S. 17).

230 In der Sekundärliteratur wird zuweilen für Simon der Vorname Théophile genannt und als Geburtsjahr das Jahr 1872 angegeben. In den gemeinsam mit Binet verfassten Aufsätzen in der Zeitschrift ›L'année psychologique‹ ist Simons Vorname als »Th.« abgekürzt. Die eigene Darstellung (inkl. der Nennung im Literaturverzeichnis) folgt hier dem Nachruf von Rapaport (vgl. Rapaport 1962).

das Problem dieser Kinder, daß ihre ›Intelligenz‹ sich nicht richtig entwickelt hatte. Der Intelligenztest sollte als diagnostisches Instrument dienen. Wurde mangelhafte Intelligenz bei einem Kind diagnostiziert, so bestand der nächste Schritt darin, dessen Intelligenz zu steigern ... Entscheidend ist, daß Binet nie davon ausging, sein Test könnte irgendein ›festgelegtes‹ oder ›angeborenes‹ Merkmal des Kindes messen« (Lewontin/Rose/Kamin 1988, S. 66f).

Im Jahr 1911 wurde von dem deutschen Psychologen William Stern (1871–1938), der in Abschnitt 2.2.4 bereits als Begründer interaktionistischer Diskurspositionen genannt worden ist, das Konzept des ›Intelligenzquotienten‹ aufgestellt, wobei Stern »das schon bei Binet bestimmte Intelligenzalter durch das jeweilige Lebensalter dividierte und mit 100 multiplizierte« (Sternberg 2000, S. 14). 1916 importierte Lewis Madison Terman (1877–1956) diesen ›Binet-Simon-Test‹ in die Vereinigten Staaten – mit geringfügigen Veränderungen für Testpersonen verschiedener Altersstufen und mit Anpassungen bezüglich der Berechnung des Intelligenzquotienten (vgl. Lewontin/Rose/Kamin 1988, S. 68). Dort wurde dieser Test als ›Stanford-Binet-Test‹ bekannt und bereits kurze Zeit später nicht mehr als individuelles Diagnoseinstrument genutzt, sondern als ›Massentest‹ eingesetzt. Er diente insbesondere zur Intelligenzmessung bei 1 750 000 amerikanischen Rekruten im Ersten Weltkrieg im Rahmen der sog. ›Army Mental Tests‹, an denen vor allem Terman, Henry Herbert Goddard (1866–1957)[231], Robert Mearns Yerkes (1876–1956), Carl Campbell Brigham (1890–1943) und Edwin Garrigues Boring (1886–1968) beteiligt waren (vgl. bspw. Funke/Vaterrodt-Plünnecke 2004, S. 22; Gould 1994b, S. 215f).[232] Die Popularisierung von Intelligenztests als Massentests sowie die blitzartige Etablierung einer entsprechenden Testkultur zeigten sich zudem im amerikanischen Erziehungs- und Bildungswesen. So berichtete bspw. Cronbach, dass bereits zweieinhalb Jahre nach der Veröffentlichung von Termans Intelligenztest etwa vier Millionen Kinder getestet worden wären (vgl. Cronbach 1975, S. 1). Da Sterns Konzeption des Intelligenzquotienten mit dem gravierenden Nachteil behaftet war, dass mit zunehmendem Lebensalter der Quotient von Intelligenzalter und Lebensalter immer kleiner wird, wurde 1932 von David Wechsler (1896–1981) das Konzept des sog. »Abweichungsquotienten« (Funke/Vaterrodt-Plünnecke 2004, S. 21) entwickelt. Intelligenztestwerte werden nach dieser Berechnungsmethode anhand ihrer Abweichung von den

---

231 Goddard ist vor allem für seine Auffassung von Intelligenz als mendelndem Merkmal und seine Untersuchung der sog. ›Familie Kallikak‹ bekannt geworden, anhand der er die Erblichkeit des Schwachsinns in Familien nachgewiesen zu haben glaubte. Bei dieser Familie sei laut Goddard eine ›normale‹ und eine ›schwachsinnige‹ Subpopulation auf einen einzigen Gründervater zurückzuführen, der ein Verhältnis mit einem »angeblich schwachsinnigen Schankmädchen« (Gould 1994b, S. 183) gehabt hätte und später eine Ehe mit einer ›fromme[n] Quäkerin« (ebd.) eingegangen wäre. Die Fotografien der Familienmitglieder seien laut Gould jedoch nachträglich retuschiert worden (vgl. ebd., S. 177, 183–188).

232 Im Rahmen der Army Mental Tests wurden zwei Versionen von Intelligenztests eingesetzt, wobei der sog. ›Army Alpha Test‹ in Schriftform vorlag. Der sog. ›Army Beta Test‹ in Bildform wurde zur Diagnose von Analphabeten entwickelt (vgl. bspw. Funke/Vaterrodt-Plünnecke 2004, S. 22f; Maltby/Day/Macaskill 2007, S. 261). Die Ergebnisse der Army Mental Tests bescheinigten dem durchschnittlichen amerikanischen Rekruten einen erschreckend niedrigen Intelligenzwert, belegten IQ-Unterschiede zwischen Einwanderern nach Amerika aus unterschiedlichen Ländern und deuteten auf eine niedrigere Intelligenz von Schwarzen im Vergleich zu Weißen hin (vgl. bspw. Gould 1994b, S. 216f). Die Ergebnisse selbst sowie die methodische Umsetzung der Massentests werden bis heute auf das Schärfste kritisiert (vgl. z. B. ebd., S. 220–244). Laut Gould seien die Army Mental Tests eine der mächtigsten ›Waffen‹ der amerikanischen Eugeniker dieser Zeitperiode gewesen, politisch zur Aufrechterhaltung der Rassentrennung genutzt worden und letztlich mitverantwortlich für den ›Immigration Restriction Act‹ des Jahres 1924 gewesen (vgl. ebd., S. 255). Cronbach widerspricht dieser These und behauptet, dass die Gesetze zur Einwanderungsbeschränkung in Amerika auch ohne die Army Mental Tests erlassen worden wären (vgl. Cronbach 1975, S. 10).

Normwerten einer Stichprobe von Gleichaltrigen standardisiert, wobei eine Normalverteilung mit einem Mittelwert von 100 und einer Standardabweichung von 15 IQ-Punkten zugrunde gelegt wird (vgl. bspw. Maltby/Day/Macaskill 2007, S. 262; Sternberg 2000, S. 14).[233] Zusammenfassend lässt sich damit herausstellen: Die Bedeutung von Intelligenztests als Hilfsmittel zur individuellen Diagnose wurde bereits wenige Jahre nach ihrer Entwicklung durch die amerikanischen Intelligenz-Massentests in ihr Gegenteil verkehrt, womit nicht zuletzt der Aufstieg einer ökonomisch bedeutenden Testindustrie in den USA verbunden war (vgl. Gould 1994b, S. 194; 212ff). Zugleich konnten anhand derartiger Massentests seit den 20er Jahren Hypothesen zur Vererbung der Intelligenz zwischen Subgruppen (z. B. bezüglich der Rassen- oder Sozialschichtzugehörigkeit) diskutiert werden, die bis heute ihre Brisanz nicht verloren haben.[234] Die vererbungstheoretische Position der Intelligenz stützte sich bereits zu Beginn des 20. Jahrhunderts auf die Methode der Faktorenanalyse, die von dem britischen Psychologen Charles Spearman (1863-1945) im Jahr 1904 zur Auswertung von Intelligenztestergebnissen entwickelt worden war (vgl. Spearman 1904). Spearman stellte anhand seiner Ergebnisse die sog. »Zwei-Faktoren-Theorie der Intelligenz« (Funke/Vaterrodt-Plünnecke 2004, S. 42) auf, nach der sich die Unterschiede in den Testleistungen anhand zweier Faktoren erklären lassen:

> »Seine Vorstellung war, daß allen Intelligenztestaufgaben ein gemeinsamer Faktor (abgekürzt ›g‹ für ›generell‹) zugrunde liegt, der tatsächlich so etwas wie allgemeine Intelligenz bedeutet. Dazu kommen dann die Einflüsse spezifischer Faktoren (abgekürzt ›s‹ für ›spezifisch‹), die jeweils nur für ganz spezielle Bereiche Gültigkeit haben. Da der Faktor ›g‹ einen zentralen Bestandteil aller Intelligenzleistungen darstelle, sei er somit die beste Schätzung für das intellektuelle Niveau eines Menschen« (ebd.; vgl. auch Gottfredson 2000; Maltby/Day/Macaskill 2007, S. 262).

Alternative Ansätze wurden in der Folge von verschiedenen Wissenschaftlern aufgestellt (vgl. z. B. Funke/Vaterrodt-Plünnecke 2004, S. 44–49; Maltby/Day/Macaskill 2007, S. 270ff): So postulierte bspw. im Jahr 1938 Louis Leon Thurstone (1887–1955) sieben Primärfaktoren der Intelligenz (vgl. Thurstone 1938). Raymond Bernard Cattell (1905–1998), ein Schüler von Charles Spearman und Cyril Burt, unterschied im Jahr 1957 zwischen ›fluider Intelligenz‹ als genetischer Komponente und ›kristalliner Intelligenz‹ als Umweltkomponente (vgl. Cattell 1957). Und nach dem von Joy Paul Guilford (1897–1987) im Jahr 1959 aufgestellten Modell seien sogar 120 (später 150 bzw. 180) Intelligenzfaktoren identifizierbar (vgl. Guilford 1959,

---

233 Im Jahr 1939 wurde von Wechsler auf der Grundlage des Abweichungsquotienten ein an 1 500 Erwachsenen standardisierter Intelligenztest, die sog. ›Wechsler Bellevue Intelligence Scale‹, herausgegeben (vgl. z. B. Maltby/Day/Macaskill 2007, S. 263), später im Jahr 1949 ein Test für Kinder (›Wechsler Intelligence Scale for Children‹, WISC) und 1955 ein erneuter Test für Erwachsene (›Wechsler Adult Intelligence Scale‹, WAIS) (vgl. Kamphaus 2005, S. 21). Diese als Einzeltests konzipierten Intelligenztests (und ihre jeweiligen Revisionen) sind die wohl am häufigsten eingesetzten Intelligenztests überhaupt (vgl. Myers 2005, S. 471). In Deutschland wurden sie im Jahr 1956 als ›Hamburg-Wechsler-Intelligenztest für Erwachsene‹, HAWIE) durch Curt Werner Bondy (1894–1972) und als ›Hamburg-Wechsler-Intelligenztest für Kinder‹ (HAWIK) durch Hardesty und Priester importiert (vgl. Bondy 1956; Hardesty/Priester 1956; Tücke 2005, S. 207).

234 Zudem ist an dieser Stelle anzumerken, dass die Intelligenzforschung – zumindest in den USA – für den bildungspolitischen Sektor nicht folgenlos geblieben ist: Bereits im »Jahre 1926 hat Carl C. Brigham … einen neuen Test konzipiert und eingeführt: den Vorgänger des US-amerikanischen *Scholastic Assessment Test*. Er lieferte verbale und mathematische Kennwerte« (Sternberg 2000, S. 14, Hervorhebung im Original) und wird bis heute in revidierter Form im Rahmen der Vergabe von Studienplätzen in den USA eingesetzt. Die historische Entwicklung des SAT lässt sich bis in das Jahr 1901 zurückverfolgen (vgl. Chas 2008, S. 62), zeigt Parallelen zum Boom der Testindustrie hinsichtlich der Intelligenzmessung und weist für die USA eine im Vergleich zu Deutschland völlig unterschiedliche Testkultur aus.

1977, 1988).[235] Die Heterogenität dieser Ansätze zeigt, dass zur Erklärung der Intelligenz und der Variabilität von Intelligenztestergebnissen keine einheitliche Theorie herangezogen werden kann. Vielmehr konkurrieren bis heute verschiedene Erklärungsansätze im Intelligenz-Diskurs miteinander, wobei die Zwei-Faktoren-Theorie der Intelligenz nach Spearman und die »Theorie der fluiden und kristallinen Intelligenz« (Funke/Vaterrodt-Plünnecke 2004, S. 46, ohne Hervorhebung) nach Raymond B. Cattell anscheinend die größte Affinität zur Vererbungstheorie der Intelligenz aufweisen. Entscheidend ist in diesem Zusammenhang, dass das wissenschaftliche Feld der Intelligenzforschung zwar seit Beginn deutlich von vererbungstheoretischen Ansätzen geprägt war, Letztere jedoch nicht exklusiv zur Erklärung des Phänomens Intelligenz herangezogen worden waren. In der Hochphase der Intelligenzkontroverse zwischen dem Ende der 60er und der Mitte der 70er Jahre gab es demnach bereits alternative Erklärungsansätze, die von den Protagonisten nativistischer Diskurspositionen jedoch weitgehend ignoriert worden waren. Damit sind die historischen Kontextbedingungen knapp umrissen, die dem Streit um die Erblichkeit der Intelligenz in den 70er Jahren zugrunde lagen. Dieser wurde vor allem durch das folgende diskursive Ereignis ausgelöst: Im Jahr 1969 stellte Arthur Robert Jensen (geb. 1923) die Hauptthesen der Vererbungstheorie der Intelligenz auf Bitten der Redaktion der Zeitschrift ›Harvard Educational Review‹ (HER) in einem Aufsatz mit dem Titel »How much can we boost IQ and scholastic achievement?« (Jensen 1969c) dar, der mit einem Umfang von 123 Seiten als der längste bis dato im HER veröffentlichte Aufsatz galt (vgl. bspw. Jensen 1969a, S. 4). Die Jensen-Debatte selbst weist eine umfangreiche Vorgeschichte auf, die an dieser Stelle nur knapp umrissen werden kann: Laut Hirsch habe sich William Bradford Shockley Jr. (1910–1989)[236] seit Mitte der 60er Jahre intensiv darum bemüht, seine (aus Hirschs Sicht rassistisch motivierten) Thesen zur Erblichkeit der Intelligenz und mangelnden Intelligenz bei Schwarzen zu popularisieren, wobei er lange vor Jensen von einer genetischen Determination der Intelligenz in Höhe von 80 Prozent ausgegangen sei (vgl. Hirsch 1981, S. 4f, 9). Jensen sei im Rahmen eines Forschungsaufenthalts an der Stanford University zwischen 1966 und 1967 von Shockley rekrutiert worden, um dessen Kampagne zu unterstützen (vgl. Brace 2005, S. 245; Hirsch 1981, S. 7). Dabei seien sowohl Shockley als auch Jensen finanziell vom ›Pioneer Fund‹, einer Organisation mit rassistischen und eugenischen Zielen, unterstützt worden (vgl. Hirsch 1981, S. 13).[237] Hirschs Schilderung der Ereignisse lässt sich dahin gehend interpretieren, als ob Jen-

---

235 Als moderne Konzepte werden von Funke und Vaterrodt-Plünnecke ergänzend die Unterscheidung von »biologische[r], psychometrische[r] und soziale[r] Intelligenz« (Funke/Vaterrodt-Plünnecke 2004, S. 51, ohne Hervorhebung) durch Hans Jürgen Eysenck (1916–1997), die »Intelligenztriade« (ebd., S. 53, ohne Hervorhebung) nach Robert Jeffrey Sternberg (geb. 1949), das Konzept von Howard Gardner (geb. 1943) als »Modell der sechs ›Intelligenzen‹« (ebd., S. 55) sowie die Theorie der »Emotionalen Intelligenz« (ebd., S. 59) nach Daniel Goleman (geb. 1946) genannt (vgl. Eysenck 1988, Gardner 1983, Goleman 1995, Sternberg 1985).

236 Shockley gilt als Miterfinder des Transistors und erhielt im Jahr 1956 den Nobelpreis für Physik. Aufgrund seiner eugenischen Grundhaltung ist nicht weiter verwunderlich, dass Shockley der einzige Nobelpreisträger war, der öffentlich zugab, für das ›Repository of Germinal Choice‹, einer Nobelpreisträger-Samenbank, gespendet zu haben (vgl. Hirsch 1981, S. 14). Letztere wurde im Jahr 1980 von dem Eugeniker Robert Klark Graham (1906–1997) gegründet, um mittels ›Nobelpreisträger-Sperma‹ eine Generation neuer Genies zu zeugen; sie stieß in der Öffentlichkeit und in der Scientific Community weitgehend auf Kritik (wie bspw. durch den Genetiker Hermann Joseph Muller), wurde jedoch erst im Jahr 1999 geschlossen (vgl. Carlson 2009, S. 25; Plotz 2006, S. XVIII). Eine detaillierte Rekonstruktion dieses abstrusen – und erfolglosen – eugenischen Programms findet sich in Plotz 2006.

237 Die Rolle des Pioneer Fonds in der Intelligenzdebatte wurde bspw. von Brace ausführlich diskutiert (bspw. Brace 2005, S. 240–267). Eine populärwissenschaftliche Zusammenfassung von Shockleys eugenischem Programm findet sich bei Gillie (1976b, S. 193–199).

sens Interesse an der Debatte um die Erblichkeit der Intelligenz erst durch Shockley geweckt worden wäre. Ein differenzierterer Blick auf Jensens wissenschaftlichen Werdegang enthüllt jedoch, dass Jensens erste Beiträge zur Intelligenzdebatte zwar aus den Jahren 1967 und 1968 stammten, er aber bereits gegen Ende seines Studiums die Werke von Eysenck gelesen hatte, später bei Letzterem als Assistent beschäftigt war und bereits im Jahr 1957 einen Vortrag von Cyril Burt besucht hatte – wenn auch nicht aus inhaltlichem Interesse (vgl. Fancher 1987, S. 187f, 193). Somit ist davon auszugehen, dass Jensen schon viele Jahre vor Shockleys Einfluss mit der Kontroverse um die Erblichkeit der Intelligenz im Detail vertraut gewesen war. Nach diesem Exkurs ist im Folgenden Jensens Diskursposition am Ende der 60er Jahre eingehender zu betrachten. Sie lässt sich anhand seines HER-Aufsatzes zu den folgenden sieben Kernargumenten verdichten:[238]

1) »*Kompensatorische Erziehung*« (Jensen 1971, S. 72, Hervorhebung im Original): Laut Jensen seien die groß angelegten, amerikanischen Programme (wie bspw. Head-Start)[239] zur Förderung benachteiligter Kinder gescheitert, da sie nur kurzzeitige Verbesserungen der Intelligenz um wenige IQ-Punkte erreichen würden, die nach Beendigung der Förderung schnell wieder verschwänden. Jensen zog damit insbesondere die Nachhaltigkeit derartiger Förderprogramme in Zweifel und plädierte für kleinere Programme mit verbesserter Evaluation (vgl. bspw. Jensen 1969c, S. 2, 97, 108).

2) »*Das Wesen der Intelligenz*« (Jensen 1971, S. 72, Hervorhebung im Original): Intelligenztests seien zu Beginn des 20. Jahrhunderts aus dem Bemühen heraus entwickelt worden, Schulleistungen vorauszusagen und somit die kognitiven Fähigkeiten von Schülerinnen und Schülern besser fördern zu können. Intelligenz als durch Intelligenztests gemessene kognitive Fähigkeit sei in einer Population normalverteilt und ein wichtiges – wenn auch nicht das einzige – Maß zur Erfassung kognitiver Fähigkeiten. Intelligenz sei keine fest angelegte oder unveränderliche Eigenschaft, beruhe aber zu großen Teilen auf einem Generalfaktor (Spearmans ›g‹) – einem hypothetischen Konstrukt, das die starken Korrelationen unterschiedlicher Tests widerspiegele (vgl. bspw. Jensen 1969c, S. 5–27).

3) »*Vererbung der Intelligenz*« (Jensen 1971, S. 73, Hervorhebung im Original): Die Ergebnisse von Intelligenztests seien nach Jensen anhand eines additiven Modells in einer Population in Varianzanteile für Anlage und Umwelt zerlegbar. Es lägen zahlreiche Beweise aus unterschiedlichen Forschungsdisziplinen vor (z. B. künstliche Zuchtwahl von Ratten, Turner-Syndrom, polygenetische Vererbung körperlicher Merkmale), die für eine hohe Erblichkeit der Intelligenz sprächen. Zwillings- und Adoptionsstudien würden (bezüglich der weißen Mittelschicht) eine Heritabilität der Intelligenz in Höhe von .80 ergeben und damit auf eine hohe Erblichkeit des IQ hindeuten.[240] Heritabilitäts-

---

238 Jensens HER-Aufsatz wurde vier Jahre später in Teilen in die deutsche Sprache übersetzt und veröffentlicht (vgl. Jensen 1973). Eine eigene inhaltsanalytische Aufbereitung des Jensen-Aufsatzes ergab nicht weniger als 53 einzelne Thesen (inkl. Subargumenten), sodass eine auch nur annähernd um Vollständigkeit bemühte Darstellung der Argumentation Jensens den Rahmen dieser Abhandlung bei Weitem sprengen würde. Die folgende Erörterung des Jensen-Aufsatzes orientiert sich daher an einer Zusammenfassung (vgl. Jensen 1969a), die Jensen als Antwort auf eine heftige Kritik in der Zeitschrift ›Psychology Today‹ aus dem Jahr 1969 (vgl. Whitten/Kagan 1969) in selbiger Zeitschrift im gleichen Jahr lieferte. Jensens Kurz-Zusammenfassung wurde in deutscher Übersetzung in der Zeitschrift ›Neue Sammlung‹ im Jahr 1971 abgedruckt (vgl. Jensen 1971).

239 Das Programm ›Head Start‹ wurde 1965 in den USA unter Präsident Lyndon B. Johnson initiiert und sollte vor allem Kindern aus benachteiligten Familien helfen, den Teufelskreis der Armut zu durchbrechen (vgl. bspw. Herrnstein/Murray 1994, S. 403; Maltby/Day/Macaskill 2007, S. 304).

240 Erblichkeit und Korrelation stehen in einem mathematischen Zusammenhang, wobei die Quadratwurzel aus der Erblichkeit die Korrelation zwischen Genotyp und Phänotyp abbildet. Bei einer Erblichkeit von .80 läge diese Korrelation bei 0.89. Für die Umweltkomponente mit einer Restvarianz von .20 ergäbe sich entsprechend eine Korrelation von 0.45 zwischen Umwelt und Phänotyp. »Somit korreliert der phänotypische IQ doppelt so stark, ›straff‹, ›stramm‹ mit der Erbanlage wie mit dem Umwelteinfluß. Erbanlage und Umwelt verhalten sich

berechnungen für ethnische Minderheiten lägen jedoch noch nicht vor. Das Konzept der Heritabilität sei sowohl populations- als auch zeitabhängig und damit nicht auf einzelne Individuen anwendbar (vgl. bspw. Jensen 1969c, S. 28–43, 46, 51).

4) *»Unterschiede aufgrund sozialer Herkunft«* (Jensen 1971, S. 73, Hervorhebung im Original): Es läge eine mittlere Korrelation (um .35) zwischen Intelligenz und sozialer Herkunft (gemessen als sozio-ökonomischer Status (SES)) vor. Für diese schichtenspezifischen IQ-Unterschiede seien zugleich genetische Unterschiede, Umweltunterschiede und Interaktionseffekte verantwortlich (vgl. bspw. Jensen 1969c, S. 75). In seinem späteren Kommentar stellte Jensen klar, dass aus diesem Befund innerhalb ethnischer Gruppen nicht auf Unterschiede zwischen ethnischen Gruppen geschlossen werden könne (vgl. Jensen 1969a, S. 6).

5) *»Rassenunterschiede«* (Jensen 1971, S. 74, Hervorhebung im Original): Verschiedene Intelligenz-messungen hätten in der Vergangenheit immer wieder eine Differenz von einer Standardabweichung (also von ca. 15 IQ-Punkten) zwischen den Mittelwerten der weißen und der schwarzen Bevölkerung Amerikas ergeben. Ähnliches hatte bereits Galton im Jahr 1869 behauptet, allerdings unter Nutzung einer einfacheren Terminologie (vgl. Colman 1987, S. 54). Die Diskussion genetischer Faktoren als mögliche Ursachen dieser Differenz sei in der Vergangenheit auf das Schärfste tabuisiert worden. Da Unterschiede zwischen den Rassen bezüglich fast aller physiologischen Merkmale zu finden seien, sei es höchst unwahrscheinlich, dass das Gehirn derartige Unterschiede nicht aufweise und Unter-schiede im Verhalten allein anhand kultureller Benachteiligungen erklärt werden könnten. In diesem Kontext dürften unterschiedliche Selektionsdrücke über längere Zeiten hinweg zu Unterschieden zwischen den Genpools verschiedener Rassen geführt haben. Alle Beweise zusammengenommen sprächen dafür, dass an der Entstehung der IQ-Unterschiede zwischen Weißen und Schwarzen neben Umwelteffekten eine starke genetische Komponente beteiligt sei (vgl. Jensen 1969c, S. 78–88).[241]

6) *»Dysgenische Tendenzen«* (Jensen 1971, S. 75, Hervorhebung im Original): Nach Jensen würden in der schwarzen Bevölkerung insbesondere die ärmsten Sozialschichten eine im Vergleich zu den mittleren oder höheren Sozialschichten höhere Geburtenrate aufweisen. Unter der Annahme, dass IQ-Unterschiede zwischen den Sozialschichten innerhalb der schwarzen Bevölkerung in ähnlichem Maße genetisch beeinflusst sind wie in der weißen Bevölkerung, sei davon auszugehen, dass IQ-Unterschiede zwischen Weißen und Schwarzen nicht nur durch genetische Unterschiede mitver-ursacht würden, sondern dass sich diese Tendenz in Zukunft noch verstärken würde. Mit anderen Worten: Da Familien unterer Sozialschichten mehr Kinder haben als Familien mittlerer und oberer Sozialschichten, drohe ein Absinken des IQ in der Bevölkerung – eine Gefahr, von der die schwarze Bevölkerung in besonderem Maße betroffen sei (vgl. Jensen 1969c, S. 91–96).

7) *»Lernfähigkeit und IQ«* (Jensen 1971, S. 76, Hervorhebung im Original): Auf den letzten Seiten seines HER-Aufsatzes präsentierte Jensen seine Theorie der zwei Lerndimensionen, in der er zwischen assoziativem Lernen (Level-I-Fertigkeiten) und abstraktem Problemlösen (Level-II-Fertigkeiten)

---

in ihrem Gewicht für die IQ-Entwicklung wie 2 zu 1« (Zimmer 1975, S. 60f; vgl. auch Eysenck 1980, S. 193) – und nicht wie 4 zu 1. Der Begriff der ›Entwicklung‹ ist in diesem Zitat von Zimmer unglücklich gewählt, da er als ontogenetischer Bezug (anstelle des Varianzkonzepts in Populationen) missverstanden werden kann. Der von Jensen angegebene Heritabilitätswert in Höhe von .80 (vgl. Jensen 1969c, S. 51) ist allerdings für den (ver-haltensgenetisch rudimentär gebildeten) Laien kaum nachvollziehbar, da Jensen auf komplexe Formeln und seine eigenen Berechnungen verweist, die nicht im Detail ausgeführt werden. Zudem scheinen seine – mitunter widersprüchlichen – Ausführungen bezüglich der Heritabilitätsschätzung (vgl. ebd., S. 48, 50) Missverständnis-sen (wie bspw. bei Jantzen 1987, S. 350) Vorschub zu leisten.

241 Noch zwei Jahre zuvor war Jensen von einer weitgehenden Verursachung von Intelligenzunterschieden zwischen Schwarzen und Weißen durch Umwelteinflüsse ausgegangen: "Since we know that the Negro population for the most part has suffered socio-economic and cultural disadvantages for generations past, it seems a reasonable hypothesis that their low-average IQ is due to environmental rather than to genetic factors" (Jensen 1967, S. 10; siehe auch Colman 1987, S. 76).

unterschied. Diese stünden in einem hierarchischen Verhältnis zueinander. Laut Jensens eigenen Untersuchungen würden vor allem Kinder der unteren Klassen gleich gut oder besser im Bereich des assoziativen Lernens abschneiden, hätten aber im Vergleich zu Kindern der mittleren und oberen sozialen Schichten deutliche Defizite im Bereich der Level-II-Fertigkeiten. Aus bildungspolitischer Sicht kritisierte Jensen damit die seiner Meinung nach zu starke Konzentration des Erziehungs- und Bildungssystems auf Level-II-Fertigkeiten (vgl. Jensen 1969c, S. 109–117).

Diese Thesen Jensens wurden von den Medien auf breiter Ebene aufgegriffen und diskutiert. Zugleich führten sie im wissenschaftlichen Diskurs zu einem Sturm der Entrüstung auf environmentalistischer Seite. Die als Folge auf die Veröffentlichung des Aufsatzes einsetzende Kritik an den Behauptungen Jensens ist inhaltlich derart komplex und umfangreich, dass eine Darstellung im Rahmen dieser Untersuchung nur ansatzweise möglich ist. Bereits im Folgeheft der ›Harvard Educational Review‹ (HER) äußerten sich sechs Psychologen und ein Genetiker zu Jensens Thesen (vgl. Bereiter 1969, Brazziel 1969, Cronbach 1969, Crow 1969, Elkind 1969, Hunt 1969, Kagan 1969), gefolgt von einer umfangreichen Stellungnahme Jensens in der übernächsten HER-Ausgabe (vgl. Jensen 1969d); und noch Jahre nach der Veröffentlichung wurde Jensens Aufsatz derart ausgiebig referiert und kritisiert wie kaum eine andere wissenschaftliche Publikation dieser Zeit (vgl. dazu auch Abschnitt 8.2).[242]

Wie in Abschnitt 8.4 bezüglich der erziehungswissenschaftlichen Rezeption der Jensen-Debatte noch eingehender ausgeführt wird, lassen sich die Vorwürfe gegen Jensen mindestens fünf Ebenen der Kritik zuordnen: konzeptuell, methodisch, empirisch, (bildungs-)politisch und persönlich. Die kritischen Argumente und Anmerkungen reichen dabei von der Entlarvung des Scheiterns der kompensatorischen Erziehung als Halbwahrheit (vgl. bspw. Hunt 1969, S. 296f; Kagan 1969) über generelle Zweifel am Intelligenzkonzept, der Reifikation von Intelligenz[243], der Intelligenzmessung und der Methodik der Zwillingsforschung (vgl. z.B. Elkind 1969; Hunt 1969, S. 282f; Whitten/Kagan 1969, S. 66) bis hin zu persönlichen Angriffen und Diffamierungen. So wurde Jensen bspw. als politisch ›naiver‹ Wissenschaftler (vgl. bspw. Fatke 1971, S. 22) oder sogar als Rassist (vgl. insbes. Jensen 1972, S. 39) dargestellt, zuweilen sogar als wissenschaftlicher Dilettant, der eigentlich ›nur‹ bzw. größtenteils längst bekannte Untersuchungsergebnisse selektiv ausgewählt und in neuer Anordnung präsentiert habe (vgl. bspw. Fatke 1970, S. 220; von Hentig 1971, S. 52). Das breite Spektrum (nicht ausschließlich, aber überwiegend) negativer Reaktionen auf den Jensen-Aufsatz illustriert nicht zuletzt die Möglichkeit unterschiedlicher Interpretationen derselben Befunde im Diskurs um die Erblichkeit der Intelligenz im Besonderen und im Anlage-Umwelt-Diskurs im Allgemeinen. Wirklich überzeugende Gegenbeweise auf empirischer Ebene konnten demgegenüber von environmentalistischer Seite kaum vorgelegt

---

242 Jerry Hirsch hat als einer der schärfsten Kritiker Jensens zahlreiche Ungenauigkeiten und Fehler in dessen HER-Aufsatz nachgewiesen, die von verfälschenden Manipulationen bei der Übernahme von Diagrammen aus anderen Werken über falsche Quellenverweise bis hin zum Vorwurf wissenschaftlicher Inkompetenz (Fehlinterpretationen, selektive Befundauswahl etc.) reichen (vgl. insbes. Hirsch 1975, S. 9–20).

243 Gould kritisierte insbesondere das von Jensen unkritisch übernommene Konzept von ›Spearmans g‹ als Reifikation (vgl. Gould 1994b, S. 276ff; kritisch: Bartholomew 2004, S. 144f). Auf die diskursive Problematik der Verdinglichung abstrakter Konzepte hatte bereits John Stuart Mill verwiesen: "The tendency was always strong to believe that whatever receives a name must be an entity of being, having an independent existence of its own; and if no real entity answering to the name could be found, men did not for that reason suppose that none existed, but imagined that it was something peculiarly abstruse and mysterious" (Anmerkung von John Stuart Mill zu James Mill 1869, S. 5; siehe auch Gillie 1976b, S. 182). John Stuart Mill und vor ihm bereits David Hume (vgl. Pigliucci 2001, S. 255) nahmen damit vorweg, was später in der Intelligenzdebatte als »reification fallacy« (ebd.) – eine spezielle Form des ontologischen Fehlschlusses – bezeichnet werden sollte.

werden.[244] Vor diesem Hintergrund verwundert es nicht, dass Thesen, die den ursprünglichen Aussagen Jensens in starkem Maße ähneln, bis heute nicht aus dem Diskurs verschwunden sind (vgl. bspw. bezüglich der Frage nach Intelligenzunterschieden in sozialen Schichten: Herrnstein/Murray 1994; bezüglich Rassenunterschieden in der Intelligenz: Rushton/Jensen 2005; bezüglich des Heritabilitätskonzepts: Sesardic 2005).

Hinsichtlich Jensens Annahmen zu Rassenunterschieden in der Intelligenz ist an dieser Stelle eine kurze Ergänzung angebracht. In Abschnitt 2.2.5 wurden bereits die historischen Ursprünge von Rassenkonzepten aufgezeigt und die Fragwürdigkeit derartiger Konzeptionen vor dem Hintergrund des derzeitigen biologischen und anthropologischen Kenntnisstandes herausgearbeitet. Vor diesem Hintergrund ist anzumerken, dass bereits drei Jahre nach Erscheinen von Jensens HER-Aufsatz eine Untersuchung der Verteilung von 15 Proteinen (aus menschlichen Blutgruppen-Systemen) in unterschiedlichen menschlichen Populationen durch Richard Lewontin vorgelegt wurde. Diese Populationen wurden von ihm zu sieben verschiedenen Rassen zusammengefasst (Kaukasier, Schwarzafrikaner, Mongoloide, Ureinwohner Südasiens, amerikanische Ureinwohner, Ozeanier und australische Ureinwohner; vgl. Lewontin 1972, S. 387). Laut Lewontin entfielen dabei durchschnittlich 85 % der Varianz auf Unterschiede innerhalb der einzelnen Populationen (also bspw. innerhalb der ›Deutschen‹, ›Engländer‹, ›Franzosen‹ etc.), 8 % auf Unterschiede innerhalb der Rassen aber zwischen Populationen (bspw. zwischen ›Deutschen‹ und ›Franzosen‹) und nur 6 % auf Unterschiede zwischen den Rassen (bspw. zwischen Kaukasiern und Schwarzafrikanern; vgl. ebd., S. 396).[245] Mit anderen Worten: Mitglieder einzelner Populationen unterscheiden sich bezüglich ihrer Blutgruppensysteme sehr viel deutlicher voneinander als Mitglieder unterschiedlicher Populationen oder Rassen. Lewontin zog aus diesem Ergebnis den Schluss:

> "It is clear that our perception of relatively large differences between human races and subgroups, as compared to the variation within these groups, is indeed a biased perception and that, based on randonly [sic] chosen genetic differences, human races and populations are remarkably similar to each other, with the largest part by far of human variation being accounted for by the differences between individuals. Human racial classification is of no social value and is positively destructive of social and human relations. Since such racial classification is now seen to be of virtually no genetic or taxonomic significance either, no justification can be offered for its continuance" (ebd., S. 397).[246]

---

244 So wurde bspw. der sog. ›Coleman-Report‹ (vgl. Coleman 1966) von Jensen als Beleg für die Erblichkeit der Intelligenz gewertet. Jensens Kritiker hingegen stellten eben diese Studie aufgrund methodischer Unzulänglichkeiten infrage und betonten, dass die Ergebnisse genügend Raum für die Wirkung von Umweltvariablen lassen würden (vgl. bspw. Brazziel 1969, S. 352; Crow 1969, S. 308 sowie von Hentig 1971, S. 57; Schusser 1970, S. 213, 216 f). Und selbst die in den 70er Jahren von environmentalistischer Seite viel beachtete Studie von Rosenthal und Jacobson (»Pygmalion in the classroom«, 1968), die laut Jensen methodisch fragwürdig sei und ein Artefaktphänomen messe (vgl. z. B. Cronbach 1975, S. 6 f; Jensen 1969c, S. 107 f), wird bis heute kontrovers diskutiert (vgl. bspw. Jussim/Harber 2005, S. 133–136; Snyderman/Rothman 1990, S. 145).

245 Dass die Variabilität bezüglich eines Merkmals innerhalb einer Rasse größer ausfallen kann als zwischen verschiedenen Rassen, konnte bereits Alphonse de Candolle im Jahr 1873 – und damit 100 Jahre vor Lewontin – hinsichtlich des Merkmals der ›Genialität‹ zeigen (vgl. z. B. Fancher 1983, S. 347). Dieses Phänomen hätte damit seit der Konsolidierung des wissenschaftlichen Anlage-Umwelt-Diskurses bekannt sein müssen, wurde aber offensichtlich nicht von den Vertreterinnen und Vertretern unterschiedlicher Diskurspositionen in gleicher Weise anerkannt und berücksichtigt.

246 Die Ergebnisse Lewontins können – mit kleineren Einschränkungen – bis heute allgemeine Gültigkeit beanspruchen, denn sie wurden später durch verschiedene Folgestudien weitestgehend bestätigt (vgl. Ruvolo/Seielstad 2001, S. 149): So zeigten bspw. Barbujani und Mitarbeiter/innen 25 Jahre nach Lewontins Studie anhand von 109 DNA-Markern, dass bisher kein einziges Gen identifiziert werden konnte, das eine trennscharfe Unterscheidung

Trotz der Beweiskraft von Lewontins Argument wurde die Konstruktion von sozialen Rassentypologien in der Jensen-Debatte nur von environmentalistischer Seite infrage gestellt und blieb weiterhin ein zentrales Thema im Diskurs über die Erblichkeit der Intelligenz, das bis in die heutige Zeit hinein immer wieder von nativistischer Seite aufgegriffen und bearbeitet worden ist. In einer Zeit, die geprägt war von einem liberalen gesellschaftlichen Umschwung im Rahmen der Studentenbewegung der ausgehenden 60er Jahre, führte letztlich die Kombination einer vererbungstheoretischen Sichtweise mit der Frage nach Unterschieden zwischen sozialen Schichten und Rassen (im letzteren Fall auf der Grundlage einer sozialen Rassenklassifikation) zu massiver Kritik an der Publikation von Jensen auf breiter Front. Die bildungspolitische Botschaft Jensens wurde dabei weitgehend übersehen oder trat gegenüber der Kritik in den Hintergrund:

> »Wenn der Jensenismus eine pädagogische Botschaft hat, dann die: das Bildungswesen aufs äußerste zu individualisieren und zu differenzieren; die Mannigfaltigkeit zu akzeptieren, aber dafür zu sorgen, daß jeder das meiste aus seinem ureigenen genetischen Potential machen kann … Jensen hat es wieder und wieder betont: Die Schulen sollen die individuellen Fähigkeiten fördern. Es sei schon im Ansatz falsch, allen eine möglichst gleichartige Ausbildung zu verordnen; je weniger sich das Schulsystem differenziere, um so stärker würden die genetischen Unterschiede wirksam« (Zimmer 1975, S. 123 f).

Was Zimmer hier – in an Apologetik grenzender Weise – als pädagogische Botschaft Jensens hervorhebt, darf jedoch nicht über dessen Kritik an Förderprogrammen sowie den Modus Operandi hinwegtäuschen, mit dessen Hilfe Jensen zu diesen Schlussfolgerungen gelangt ist. Eine bildungspolitische Anerkennung schulischer Binnendifferenzierung erfolgte bei Jensen eben nicht auf der Grundlage pädagogischer Motive, sondern ist als Konsequenz seiner vererbungstheoretischen Position zu verstehen – insbesondere seiner simplizistischen Theorie der zwei Lerndimensionen (vgl. Fatke 1975, S. 55).

Damit bündelten sich in Jensens HER-Aufsatz mehrere Faktoren, die sich aus heutiger – retrospektiver und diskursiver – Sicht als problematisch erweisen: die einseitige Zentrierung auf ein einziges Intelligenzmodell (d. h. auf die Zwei-Faktoren-Theorie Spearmans, wobei allerdings die Theorie von Raymond B. Cattell zur fluiden und kristallinen Intelligenz zumindest andiskutiert wurde; vgl. Jensen 1969c, S. 13), das additive Modell der Verhaltensgenetik mit der Umweltkomponente als Restvarianz, die zentrale Stellung der Zwillingsforschungsergebnisse von Cyril Burt (vgl. dazu Kapitel 9 sowie bspw. Lewontin 1976b, S. 87), die fragwürdige Aufschlüsselung von IQ-Werten nach Subgruppen wie Schichten und Rassen (wobei Heritabilitätsschätzungen ausschließlich für Weiße und nicht für andere ethnische Gruppen vorlagen; vgl. bspw. Lewontin 1970, S. 7), ein nicht in ausreichender Weise kritisch hinterfragtes Rassenkonzept und der Einbezug eugenischer Thesen (in Form dysgenischer Tendenzen). Die meisten dieser Problem-

---

zwischen den Angehörigen verschiedener Rassen ermöglicht (vgl. Barbujani u. a. 1997, S. 4518; Bamshad/Olson 2005, S. 91; Cavalli-Sforza 1999, S. 31). Für die Varianz innerhalb einer Population ermittelte diese Forschergruppe im Durchschnitt einen Wert von 84,4 %, für die Varianz zwischen Populationen innerhalb von Rassen 4,7 % und für die Varianz zwischen Rassen 10,8 % (vgl. Barbujani u. a. 1997, S. 4517). Eine sichere Zuordnung eines einzelnen Menschen zu einer Rasse sei damit höchstens über eine statistische Korrelationsstudie unter Einbezug vieler Marker möglich (vgl. Bamshad/Olson 2005, S. 92; Barbujani u. a. 1997, S. 4518; von Schilcher 1988, S. 228). Edwards behauptet, dass eine sichere Zuordnung theoretisch bereits auf der Grundlage von 20 DNA-Markern möglich sei (vgl. Edwards 2003, S. 799), wohingegen Bamshad und Olsen von mindestens 60 bis 100 oder mehr Markern ausgehen (vgl. Bamshad/Olson 2005, S. 92 ff). Da Lewontin diese ›versteckten‹ Zusammenhänge im Datenmaterial nicht berücksichtigt habe, bezeichnet Edwards Lewontins These, dass es keine genetische Grundlage der Rasseneinteilung gebe, als »Lewontin's fallacy« (Edwards 2003, S. 798).

faktoren (mit Ausnahme des späteren Burt-Skandals) waren bereits in den ausgehenden 60er Jahren antizipierbar oder wurden im Rahmen der Debatte um die Erblichkeit der Intelligenz kontrovers diskutiert.

Dass die Jensen-Debatte dabei ein dichotomisierendes Denken im Anlage-Umwelt-Diskurs gefördert hat, zeigt sich an den Extremstandpunkten verschiedener Protagonisten, die sich diametral gegenüberstehen und völlig einander zu widersprechen scheinen: So belegen einerseits die verhaltensgenetischen Ergebnisse aus Verwandtenanalysen, dass bezüglich des Merkmals Intelligenz eine erbliche Komponente beteiligt sein muss, denn mit zunehmendem Verwandt-schaftsgrad steigen die Korrelationen zwischen den Intelligenzquotienten von Probanden an (vgl. auch Abschnitt 3.2). Zudem führte Jensen zur Stützung der These von der Erblichkeit der Intelligenz eine Reihe von Befunden unterschiedlichster Disziplinen an und interpretierte ältere Befunde in nativistischer Weise. Bei Jensen finden sich jedoch auch Argumente, die nur auf den ersten Blick als ›starke‹ Thesen erscheinen, einer überprüfenden Analyse jedoch nicht standhalten. Beispielsweise verglich er in seiner Entgegnung auf die Kritiken im HER die Befunde zum Labyrinthlernen von Ratten und stellte heraus, dass die größten Veränderungen im Labyrinthlernen eben nicht durch eine Anreicherung der Umwelt zu erreichen seien, sondern durch die Züchtung von Inzuchtstämmen:

> "It should be noted, however, that even in the case of rats, the greatest extremes of rat environment, from deprived to enriched (where the enrichment includes experience in mazes), that have been devised in the laboratory result in differences in maze learning ability only about one-fourth as large as those produced genetically by selective breeding for maze learning" (Jensen 1969d, S. 471).

Diese auf den ersten Blick äußerst eindrucksvolle Behauptung entpuppt sich bei genauerer Betrachtung als höchst fragwürdige Aussage, denn Jensen führt in diesem Text keinerlei Quelle für diese These an. Eine Konsultierung seines HER-Aufsatzes zeigt, dass Jensen hinsichtlich des Labyrinthlernens von Ratten die Ergebnisse von Thompson sowie von Cooper und Zubek herangezogen hat (vgl. Jensen 1969c, S. 31, 40). Die ausführlichen Darstellungen beider Experimente in Abschnitt 5.1 zeigen jedoch, dass sich eine derart starke These durch keines der Experimente belegen lässt, denn bei Thompson überwog der genetische Einfluss nur leicht, und das Experiment von Cooper und Zubek zeigte, dass eine Anreicherung der Umwelt in der Lage war, genetische Handicaps weitgehend auszugleichen.

Andererseits brachten Kritiker Jensens im Rahmen der Debatte Befunde vor, die – für sich betrachtet – für eine starke Umweltabhängigkeit der Intelligenz sprechen: So wies bspw. Jerome Kagan (geb. 1929) darauf hin, dass sich selbst getrennt-aufgewachsene eineiige Zwillinge hin-sichtlich ihrer Intelligenztestwerte stark voneinander unterscheiden können:

> "In a study of 38 pairs of identical twins reared in *different environments*, the average difference in IQ for these identical twins was 14 points, and at least one quarter of the identical pairs of twins reared in different environments had differences in IQ score *that were larger than 16 points*. This difference is larger than the average difference between black and white populations" (Kagan 1969, S. 275, Hervor-hebungen im Original).

Auf konzeptioneller Ebene wurde zum Beispiel von Richard Lewontin der Versuch unternom-men, das verhaltensgenetische Heritabilitätskonzept in seiner Anwendung auf Unterschiede zwischen Populationen ad absurdum zu führen. Zu Berühmtheit gelangte insbesondere sein ›Korn-Gedankenexperiment‹, das an dieser Stelle nur auszugsweise wiedergegeben werden kann (vgl. Lewontin 1970, S. 7 f):

"Let us take two completely inbred lines of corn. Because they are completely inbred by self-fertilization, there is no genetic variation in either line, but the two lines will be genetically different from each other. Let us now plant seeds of these two inbred lines in flower pots with ordinary potting soil, one seed of each line to a pot. After they have germinated and grown for a few weeks we will measure the height of each plant. We will discover variation in height from plant to plant. Because each line is completely inbred, the variation in height within lines must be entirely environmental, a result of variation in potting conditions from pot to pot. Then the heritability of plant height in both lines is 0.0. But there will be an average difference in plant heights between lines that arises entirely from the fact that the two lines are genetically different. Thus the difference between lines is entirely genetical even though the heritability of height is 0!" (Lewontin 1970, S. 7).[247]

Bereits zwei Jahre nach Erscheinen von Jensens HER-Aufsatz wurde die Debatte um die Erblichkeit der Intelligenz durch einen Aufsatz von Richard Julius Herrnstein (1930–1994), einem Schüler Skinners, in der Zeitschrift ›Atlantic Monthly‹ weiter angefacht (vgl. Herrnstein 1971). In einem Großteil seines Aufsatzes befasste sich Herrnstein mit einer detaillierten historischen Rekonstruktion der Entwicklung der Intelligenzmessung (vgl. ebd., S. 45–50) sowie den Ergebnissen der Terman-Studie (vgl. ebd., S. 51–54).[248] Eine Stellungnahme zur Rassenthematik, die von Herrnstein erst nach Rücksprache mit der Redaktion von ›Atlantic Monthly‹ eingefügt worden war und in der von ihm die Frage nach Intelligenzunterschieden zwischen Rassen als immer noch unbeantwortet deklariert worden war, stellte demgegenüber mit eineinhalb Seiten nur einen Bruchteil des gesamten Aufsatzes (vgl. ebd., S. 56 f), wurde aber von den Herausgebern im Editorial des Aufsatzes zum zentralen Thema auserkoren (vgl. Cronbach 1975, S. 5). Herrnstein thematisierte bezüglich der Erblichkeit der Intelligenz die Ergebnisse von Zwillings- und Adoptionsstudien und schloss sich hinsichtlich der Höhe der Erblichkeit der These Jensens von einem 80:20 Verhältnis an, die seiner Auffassung nach von den meisten verhaltensgenetischen Experten geteilt würde (vgl. Herrnstein 1971, S. 56). Er referierte zwar die Thesen Jensens bezüglich möglicher Intelligenzunterschiede zwischen den Rassen aufgrund erblicher Faktoren, wies dieser Forschungsrichtung jedoch keinen besonderen Stellenwert zu:

"Because we do not know the heritability for I.Q. among blacks, we cannot make a comparable statement for them. But let us simply assume, for the sake of discussion, that .8 is the heritability for whites and blacks taken together. What could we say about the racial difference in I.Q. then? The answer is that we could still say nothing positive about it ... Jensen notes that we lack a good estimate of the heritability of intelligence among blacks. Although there are scraps of evidence for a genetic component in the black-white difference, the overwhelming case is for believing that American blacks have been at an environmental disadvantage" (ebd., S. 57).

Obwohl Herrnstein hier deutlich vorsichtiger argumentierte als Jensen, sorgte er dennoch für eine Perpetuierung der Intelligenz-Rassen-Thematik im Diskurs. Er geriet aber vor allem in das

---

247 Jensen benannte Richard Lewontin als einen seiner Hauptkritiker (vgl. Jensen 1972, S. 59; Lewontin 1970) und beschuldigte ihn der Verwendung von Ad-hominem-Argumenten (vgl. Jensen 1976, S. 93; kritisch: Lewontin 1976a, S. 107). Zudem habe Lewontin aus Jensens Sicht ein Strohmann-Argument konstruiert, um ihm den Schluss von Unterschieden innerhalb von Gruppen auf Unterschiede zwischen Gruppen, den er in dieser Weise niemals gezogen habe, zu unterstellen (vgl. Jensen 1976, S. 103). Lewontin erwies sich damit bereits Jahre vor der Debatte um die Soziobiologie und seiner Teilnahme an der ›Sociobiology Study Group‹ als ausgewiesener Kritiker nativistischer Positionen im Anlage-Umwelt-Diskurs.

248 In der Terman-Studie waren zwischen 1925 und 1959 mehr als 1 500 Personen mit einem durchschnittlichen Intelligenzquotienten von 150 im Längsschnitt hinsichtlich ihres weiteren Lebensweges untersucht worden (vgl. Terman 1925, Terman/Oden 1959).

Kreuzfeuer der Kritik, weil er die Ergebnisse der Intelligenzforschung mit soziodemografischen Thesen zu einem Syllogismus mit brisanten sozialpolitischen Implikationen verknüpfte:

"The message is so clear that it can be made in the form of a syllogism: 1. If differences in mental abilities are inherited, and 2. If success requires those abilities, and 3. If earnings and prestige depend on success, 4. Then social standing (which reflects earnings and prestige) will be based to some extent on inherited differences among people" (Herrnstein 1971, S. 58 f).

Herrnstein konstatierte, dass eine gesellschaftliche Schichtung auf der Grundlage biologischer Unterschiede zwischen den Menschen bereits im Gange sei, und prophezeite als Folge, dass sich die damalige amerikanische Gesellschaft auf dem Wege zu einer Meritokratie auf der Grundlage von erblichen Intelligenzunterschieden befände (vgl. ebd., S. 63 f; kritisch bspw. Chomsky 1976a, b). Chomsky versuchte später, diesen Syllogismus als Fehlschluss zu entlarven. Zudem verwies er auf die grundlegende Verantwortung des Wissenschaftlers hinsichtlich der Wahl seines Forschungsgegenstands und mahnte die Berücksichtigung möglicher sozialpolitischer Implikationen an:

"Suppose that even opening certain questions for inquiry is likely to have malicious social consequences (as in the example in question). Then the scientist has the clear moral responsibility to show that the importance of his inquiry outweighs these malicious consequences … How do you justify your research, given its likely social consequences? Herrnstein fails utterly to understand the simple, elementary point that the scientist is responsible for the foreseeable consequences of his acts and therefore must justify his pursuit of research with predictable malicious consequences (and in this case, no scientific merit)" (Chomsky 1976a, S. 320 f).

Die ›neue‹ vererbungstheoretische Position bezüglich des Gegenstands ›Intelligenz‹ war damit zu Beginn der 70er Jahre klar abgesteckt und wurde sowohl im wissenschaftlichen als auch im populärwissenschaftlichen und öffentlichen Bereich ausgiebig hinsichtlich ihrer Thesen und bildungs- sowie sozialpolitischen Implikationen diskutiert und kritisiert. Mit Jensens HER-Aufsatz und Herrnsteins Aufsatz im ›Atlantic Monthly‹ waren innerhalb von zwei Jahren zwei bedeutende Diskursfragmente in das Zentrum des öffentlichen Interesses gerückt. Diese entzündeten erneut die Diskussion um die Erblichkeit der Intelligenz, die bis zu den Anfängen der Testforschung zu Beginn des 20. Jahrhunderts zurückreicht. Der Aufsatz Herrnsteins wurde allerdings nicht ansatzweise so intensiv und über so lange Zeit thematisiert wie der Aufsatz Jensens (vgl. Cronbach 1975, S. 6).

Ab Mitte der 70er Jahre trat die Debatte um die Erblichkeit der Intelligenz in eine emotionale Hochphase ein, die in einer weitgehenden Diskreditierung der nativistischen Diskursposition in sozialwissenschaftlichen Kreisen gipfelte. Ausgelöst wurde diese Entwicklung durch den Vorwurf der Datenfälschung gegenüber einem der bekanntesten Vertreter der Erblichkeitshypothese, Sir Cyril Burt, dessen Daten auch von Jensen zur Stützung der Erblichkeitshypothese angeführt worden waren. Da es sich bei diesem Teil der Debatte um eine hochkomplexe historische Entwicklung handelt, wird der Burt-Skandal (ab 1974) in einem eigenen Abschnitt behandelt werden (vgl. Kapitel 9). Der Burt-Skandal führte nicht zuletzt dazu, dass die Positionen der Vererbungstheoretiker streckenweise über nahezu 20 Jahre aus dem öffentlichen Diskurs verschwanden. Debatten zur Erblichkeit der Intelligenz wurden in der Folge vorrangig auf fachwissenschaftlichen Diskursebenen (wie bspw. der Intelligenzforschung, Verhaltensgenetik oder Differentiellen Psychologie sowie in deren entsprechenden Fachpublikationsorganen) ausgetragen.

Dies sollte sich Mitte der 90er Jahre schlagartig ändern, denn im Jahr 1994 erregte eine Publikation mit dem Titel »The bell curve. Intelligence and class structure in American life« (1994) von Richard J. Herrnstein und Charles Murray (geb. 1943) das Interesse des öffentlichen Diskurses. Dieses weit über 800-seitige Werk knüpfte an die Arbeiten Herrnsteins aus den frühen 70er Jahren an, blieb jedoch nicht auf Fragen nach der Erblichkeit der Intelligenz und Rassenunterschieden beschränkt, sondern stellte die sozialpolitischen Implikationen dieses Forschungsbereichs in den Vordergrund der Betrachtung. Zentrales Thema von »The bell curve« ist – wie der Buchtitel bereits ankündigt – die Verteilung der Intelligenz in der Bevölkerung in Form einer Glockenkurve. Dabei fokussierten Herrnstein und Murray ihre Betrachtungen auf die oberen und unteren Extrembereiche dieser Normalverteilung, zogen zur Diskussion eine Fülle von Materialien heran (historische Zensusdaten, statistische Auswertungen des ›National Longitudinal Survey of Youth‹ etc.) und verknüpfen die Intelligenzthematik eng mit den Themen ›Klasse‹ und ›Rasse‹:

> »Die wichtigste These dieser Vertreter der *Bell-Curve*-Verteilung ist, daß sich die nordamerikanische Gesellschaft aufgrund des kognitiven Vermögens ihrer Bevölkerung in einem irreversiblen Prozeß zunehmender Segregation befinde: Menschen mit hohem IQ erlangen in zunehmendem Maße bessere Ausbildung, während Menschen mit niedrigem IQ in der bestehenden gesellschaftlichen Ordnung zunehmend in Arbeitslosigkeit, Armut und Kriminalität geraten. Die von Intelligenzquotienten markierten Trennungslinien scheinen größtenteils mit einer Aufteilung in ethnische Gruppen übereinzustimmen – womit abermals [wie in Jensens HER-Aufsatz, ML] eine Assoziation mit dem Begriff der ›Rasse‹ entsteht« (Vreeke 1999, S. 46, Hervorhebung im Original).

In den Vereinigten Staaten von Amerika habe sich demnach mittlerweile eine kognitive Elite herausgebildet, deren Mitglieder sich über ein hohes Maß an Intelligenz sowie gute Erfolgschancen im Leben auszeichnen würden (vgl. Maltby/Day/Macaskill 2007, S. 334), während in anderen Teilen der Bevölkerung negative Trends zu einer immer stärkeren Verschlechterung der Lebensumstände beitrügen. Diese Entwicklung bedürfe laut Herrnstein und Murray einer deutlichen politischen Gegensteuerung (vgl. z. B. Herrnstein/Murray 1994, S. 526, 549–552). Die kognitive Elite werde immer reicher, isoliere sich immer stärker von anderen Schichten und schließe immer öfter Ehen innerhalb der eigenen Schicht (vgl. ebd., S. 114). Niedrige Intelligenz hingegen sei ein Risikofaktor für vielfältige gesellschaftliche Probleme (wie Armut, Arbeitslosigkeit, Delinquenz, Unehelichkeit von Geburten, Scheidungen etc.). Bezüglich derartiger Problemlagen erweise sich der Intelligenzquotient oftmals als besserer Indikator für Vorhersagen als der sozioökonomische Status (vgl. ebd., S. 127–266). Herrnsteins und Murrays Argumentation basiert dabei auf einer Reihe unterschiedlicher Prämissen, die eng mit der Intelligenzforschung verknüpft und aus den bisherigen Ausführungen zur Debatte um die Erblichkeit der Intelligenz hinlänglich bekannt sind (vgl. Maltby/Day/Macaskill 2007, S. 334 f; Vreeke 1999, S. 48): So gehen Herrnstein und Murray davon aus, dass Intelligenztests »ein (einzelnes) natürliches Vermögen« (ebd.) messen würden. Dabei existiere ein Generalfaktor der kognitiven Fähigkeit, der sich durch Leistungstests (wie bspw. mittels des SAT) messen lasse, durch Intelligenztests jedoch mit dem höchsten Grad an Präzision ermittelbar sei und genau das ausdrücke, was im allgemeinen Sprachgebrauch unter ›Intelligenz‹ verstanden werde (vgl. Herrnstein/Murray 1994, S. 22). Zudem würden sich IQ-Werte über den individuellen Lebenslauf als recht stabil erweisen. Gewissenhaft durchgeführte IQ-Tests seien nicht gegen bestimmte Gruppen voreingenommen; und kognitive Fähigkeit des Menschen seien in substanzieller Weise erblich (vgl. ebd., S. 23). Für Herrnstein und Murray haben diese Prämissen den Status unhintergehbarer wissenschaftlicher Fakten »beyond significant technical dispute« (Herrnstein/Murray 1994, S. 23), obwohl in den Medien oftmals gegenteilige Ansichten verbreitet würden. Herrnstein und Murray setzen die Heritabilität der Intelligenz zwischen 40 und 80 Prozent an (vgl. ebd., S. 23, 105–108) – ein offensichtlicher Versuch, sich von den Diskussionen der 70er Jahre abzusetzen und antizipierter Kritik von environmentalistischer Seite vorzubeugen. Analog zu Jensens Thesen konstatierten Herrnstein und Murray, dass Intelligenz durch Umwelteinflüsse im Allgemeinen und kompensatorische Förderprogramme im Besonderen nur schwer beeinflussbar sei (vgl. ebd., S. 314, 389–477).

Diese Thesen Herrnsteins und Murrays und ihre mediale Rezeption im öffentlichen Diskurs lösten Mitte der 90er Jahre eine erneute Debatte um die Erblichkeit der Intelligenz und deren sozialpolitische Implikationen aus, die im Kontext dieser Abhandlung auch als ›Bell-Curve-Debatte‹ bezeichnet werden soll. Sie sucht im Anlage-Umwelt-Diskurs ihresgleichen und kann nur mit der Jensen-Debatte der 70er Jahre verglichen werden.[249] Dabei fällt auf, dass sich die Position der Vertreter der Vererbung der Intelligenz in dem Vierteljahrhundert zwischen Jensens HER-Aufsatz und der Veröffentlichung von »The bell curve« nicht wesentlich verändert hat. Noch immer werden Zusammenhänge zwischen Intelligenz, Sozialstatus und ethnischer Zugehörigkeit behauptet. Selbst die These dysgenischer Tendenzen ist nicht vollständig aus dem Diskurs verschwunden (vgl. ebd., S. 342–368), wenngleich bezüglich der Erblichkeit der Intelligenz (gemessen an den postulierten Heritabilitätswerten) von den Vertretern der Erblichkeitsthese mittlerweile niedrigere Werte zur Diskussion gestellt werden. Auch die Entrüstung der Gegner der Erblichkeitsthese hat nicht an Vehemenz eingebüßt. Entscheidende neue Gegenargumente werden jedoch aus dem environmentalistischen Lager nicht vorgebracht, sodass die Bell-Curve-Debatte aus diskursiver Sicht als Neuauflage der Jensen-Debatte, die in den 70er Jahren nicht zufriedenstellend gelöst werden konnte, betrachtet werden kann.[250] Eine genauere Analyse der Bell-Curve-Debatte, der diskursiven Positionen und der Strategien der beteiligten Akteure ist im Rahmen dieser Abhandlung nicht möglich. Exemplarisch sei an dieser Stelle auf einen Kommentar Jensens zu Herrnsteins und Murrays Publikation verwiesen:

"Consideration of the book's actual content is being displaced by the rhetoric of denial: name calling ('neo-nazi,' 'pseudo-scientific,' 'racism,' 'quackery'), sidetracks ('but does IQ really measure intelligence?'), non-sequiturs ('specific genes for IQ have not been identified, so we can claim nothing about its heritability'), red herrings ('Hitler misused genetics'), *ad hominem* attacks ('written in a conservative

---

249 Von Seiten der deutschen Erziehungswissenschaft blieb die Bell-Curve-Debatte nicht unbeachtet, wurde aber im Vergleich zur Jensen-Debatte erst verspätet (Ausnahme: Rhyn 1995) und in einem viel geringeren Umfang rezipiert. Ausführliche Auseinandersetzungen finden sich im Dossier bei Rhyn (1995) und Vreeke (1999), kurze Erwähnungen der Thematik bei Scheunpflug (2000), Schwittmann (2001) und Weinert (2000).

250 Eine Ausnahme bezüglich neuer Fakten liefert der sog. ›Flynn-Effekt‹. James Robert (»Jim«) Flynn (geb. 1934) konnte im Jahr 1984 nachweisen, dass die durchschnittlichen Intelligenztestwerte zwischen den 30er und 80er Jahren im Schnitt um 0.30 IQ-Punkte pro Jahr angestiegen waren (vgl. Flynn 1984; Maltby/Day/Macaskill 2007, S. 302). Dieses Ergebnis muss sich allerdings nicht zwingend auf die Heritabilität der Intelligenz auswirken, sondern könnte einem ›Fahrstuhl-Effekt‹ ähneln: "If everyone's IQ increased by 20 points, with no change in IQ *variation* (no change in anyone's IQ relative to that of others), heritability would remain the same" (Snyderman/ Rothman 1990, S. 80, Hervorhebung im Original; vgl. auch Seite 137 dieser Abhandlung). Eine befriedigende Erklärung für diesen Anstieg liegt bis heute nicht vor; vielmehr werden verschiedene Faktoren (z. B. Verlängerung des Schulbesuchs, Testgewöhnung, kompensatorische Erziehung, massenmediale Stimulation, Verbesserung der Ernährung) als Ursachen kontrovers diskutiert (vgl. bspw. Herrnstein/Murray 1994, S. 307 ff; Maltby/Day/ Macaskill 2007, S. 302–309). Seit Ende der 90er Jahre ist eine ebenso unerklärliche Umkehrung des Flynn-Effekts zu beobachten (vgl. Teasdale 2005).

think tank'), falsehoods ('all the tests are biased'), hyperbole ('throwing gasoline on a fire'), and insults ('dishonest,' 'creepy,' 'indecent,' 'ugly')" (Jensen 1994, S. 49 f, Hervorhebung im Original; siehe auch Maltby/Day/Macaskill 2007, S. 313).

Allein in diesem kurzen Zitat wirft Jensen den Kritikern der Erblichkeitshypothese die Nutzung von acht diskursiven Strategien zur Diskreditierung von Herrnsteins und Murrays Werk vor, von denen viele als logische Trugschlüsse in Argumentationen bekannt sind (vgl. bspw. Damer 2009, Hughes/Lavery/Doran 2010). Die Identifikation derartiger Trugschlüsse wird zugleich von nativistischer Seite als Taktik zur Kommentierung von Vorwürfen genutzt, die von Vertreterinnen und Vertretern environmentalistischer Diskurspositionen gegenüber nativistischen Annahmen vorgebracht worden sind. Auf diese Weise entsteht der Eindruck, nativistische Positionen würden vorschnell – ohne inhaltliche Prüfung der Argumente und in unfairer Weise – im öffentlichen Diskurs vorverurteilt. Mithilfe derartiger diskursiver Strategien weisen sich Vertreter nativistischer Positionen selbst eine Opferrolle zu und fordern zugleich die Solidarität einer interessierten Öffentlichkeit ein. Weitere diskursive Strategien in den Debatten um die Erblichkeit der Intelligenz werden in Abschnitt 8.3 am Beispiel der Jensen-Debatte erläutert.

8.2 Rezeption Jensens im internationalen Diskurs

Jensens Aufsatz aus dem Jahr 1969, der bezeichnenderweise 100 Jahre nach Galtons Hauptwerk »Hereditary Genius« (1869) erschienen war (vgl. Block/Dworkin 1976, S. XI; Helbig 1988, S. 129), löste im Anlage-Umwelt-Diskurs eine Debatte bis dato unbekannten Ausmaßes bezüglich der Frage nach der Erblichkeit der Intelligenz aus, die bereits Ende der 80er Jahre allein für den psychologischen Diskurs als »kaum mehr überschaubar« (ebd., S. 19) gewertet werden konnte. Die Rezeption von Jensens Thesen setzte im internationalen Diskurs bereits im Veröffentlichungsjahr ein und lässt sich für den sozialwissenschaftlichen Bereich anhand der über den Social Sciences Citation Index ermittelbaren Zitationen rekonstruieren: Die umseitige Abbildung 7 zeigt nach der Publikation des Jensen-Aufsatzes einen sprunghaften Anstieg der Zitationen bis Mitte der 70er Jahre. Danach ging die Zahl der Zitationen pro Jahr zurück, gefolgt von einem erneuten leichten Anstieg zwischen Mitte und Ende der 90er Jahre, der mit der neuerlichen Diskussion der Thematik im Zuge der Bell-Curve-Debatte zusammenfällt (vgl. dazu auch Abb. 8 auf Seite 232). Allein auf die ersten fünf Jahre nach Publikation des Jensen-Aufsatzes entfielen 460 Zitationen. Eugene Garfield (geb. 1925) ermittelte im Jahr 1978 die 100 am häufigsten von Sozialwissenschaftlerinnen und Sozialwissenschaftlern zitierten Aufsätze und Artikel zwischen den Jahren 1969 und 1977. Für den Jensen-Aufsatz identifizierte er in diesem Zeitraum 579 Zitationen (vgl. Garfield 1980b, S. 565, 568), wodurch dieser letztlich Platz fünf unter den meistzitierten Aufsätzen einnahm.[251] Im Rahmen einer Folgestudie berichtete Garfield anhand des Science Citation Index und des Social Sciences Citation Index sogar von 638 Zitationen

---

251 Die eigene Reanalyse des SSCI ergab für die Jahre 1969–1977 eine Gesamtzahl von 680 Zitationen des Jensen-Aufsatzes. Diese Diskrepanz könnte darauf zurückzuführen sein, dass die eigene Analyse 30 Jahre nach Garfields Untersuchung durchgeführt worden ist und in der Zwischenzeit Aktualisierungen des SSCI vorgenommen worden sind, die zu einer Erfassung einer größeren Zahl von Zitationen zwischen 1969 und 1977 geführt haben könnten. Zudem könnten Unterschiede hinsichtlich der Identifikation des Aufsatzes und den angewandten Suchkriterien zu einer erhöhten Zitationszahl beigetragen haben. Beispielsweise sammelte Jensen selbst für den Zeitraum von 1969 bis 1971 insgesamt 117 Artikel und Aufsätze, in denen sein Aufsatz rezipiert worden war (vgl. Jensen 1972, S. 356–364). Die eigene Analyse des SSCI ergibt für diesen Zeitraum 186 Zitationen.

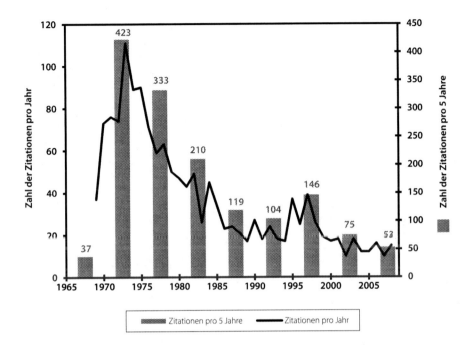

Abb. 7: Zitationen des Aufsatzes »How much can we boost IQ and scholastic achievement?« (Harvard Educational Review, 1969c) von Arthur R. Jensen laut SSCI (absolute und kumulierte absolute Häufigkeiten) (Quelle: Social Sciences Citation Index (SSCI), Abfrage über das ISI Web of Knowledge (Internet: http://pcs.isiknowledge.com) vom 13.01.2009)

des Jensen-Aufsatzes für den besagten Untersuchungszeitraum (vgl. Garfield 1980a, S. 652). Angaben bezüglich der Zitationen des Jensen-Aufsatzes in anderen Printmedien (wie Monografien und Sammelbänden) konnte er jedoch nicht beibringen. Aus den 638 zitierenden Publikationen zog Garfield eine zufällige Stichprobe von 60 Zeitschriftenaufsätzen. Seine Analyse dieser Stichprobe ergab, dass der Jensen-Aufsatz in nahezu der Hälfte dieser Aufsätze in negativer Weise zitiert worden sei. Nur in 15 Aufsätzen sei Zustimmung zu Jensens Position geäußert worden; und unter diesen befänden sich sieben Aufsätze, in denen sich die Zustimmung nur auf unbedeutende Aspekte der jensenschen Argumentation bezogen hätte (vgl. ebd., S. 654). Unter der Annahme der Repräsentativität der Stichprobe kann auf der Grundlage dieser Ergebnisse davon ausgegangen werden, dass Jensens HER-Aufsatz – wie kaum eine andere wissenschaftliche Fachpublikation – mehrheitlich in einem kritischen Kontext zitiert worden ist.[252] Dennoch ist

---

252 Laut Garfield sei die übliche Umgangsweise der Scientific Community mit Aufsätzen von mittelmäßiger oder niedriger Qualität für gewöhnlich deren Ignorierung. Dass der Jensen-Aufsatz dennoch derart häufig zitiert worden ist, führte Garfield auf die Reputation der Zeitschrift ›Harvard Educational Review‹ zurück (vgl. Garfield 1980a, S. 660). Diese Einschätzung ist m. E. zu einfach und vorschnell, wie die Ausführungen dieses Kapitels zur Einbettung des Jensen-Aufsatzes in den historischen Kontext des Anlage-Umwelt-Diskurses belegen.

er als zentrales diskursives Ereignis zu werten, das den Verlauf des Anlage-Umwelt-Diskurses insbesondere bezüglich des Intelligenz-/Begabungs-Teilstrangs maßgeblich konstituiert hat. Zur Abrundung des Bildes von der internationalen Rezeption des Jensen-Aufsatzes ist an dieser Stelle der Vergleich der Zitationen verschiedener einschlägiger Publikationen zur Erblichkeit der Intelligenz im internationalen Diskurs angebracht:

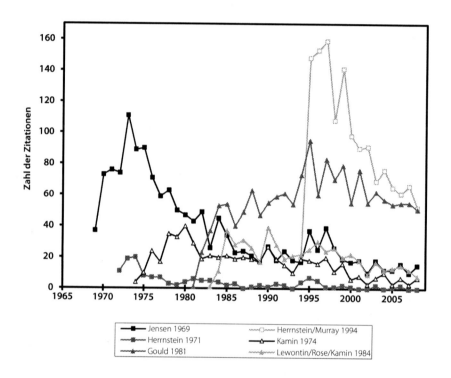

Abb. 8: Zitationen zentraler Publikationen (Jensen 1969c, Herrnstein 1971, Kamin 1974, Gould 1981, Lewontin/Rose/Kamin 1984, Herrnstein/Murray 1994) in der Debatte zur Erblichkeit der Intelligenz laut SSCI (absolute Häufigkeiten) (Quelle: Social Sciences Citation Index (SSCI), Abfrage über das ISI Web of Knowledge (Internet: http://pcs.isiknowledge.com) vom 14.01.2009)

Die in Abbildung 8 dargestellten Ergebnisse unterstreichen zugleich die Identifikation dieser Publikationen als diskursive Ereignisse. Es handelt sich dabei um drei Veröffentlichungen, die dem nativistischen Diskursstrang bezüglich der Frage nach der Erblichkeit der Intelligenz zugerechnet werden können (Jensen 1969c, Herrnstein 1971, Herrnstein/Murray 1994), und um drei Publikationen auf environmentalistischer Seite (Kamin 1974, Gould 1981, Lewontin/Rose/Kamin 1984), die sich bezüglich der Frage nach der Erblichkeit der Intelligenz kritisch bis ablehnend äußern. Herrnsteins Aufsatz »I.Q.« (1971) erschien zwei Jahre nach der Veröffentlichung des Jensen-Aufsatzes und löste ebenfalls eine öffentliche Welle der Empörung aus (vgl. Abschnitt 8.1). Der diskursive Stellenwert von Herrnsteins Aufsatz (gemessen an seinen Zitationen laut SSCI) blieb dabei jedoch weit unter dem Niveau des Jensen-Aufsatzes (vgl. Abb. 8). Das Buch von Herrnstein und Murray (1994) löste ab dem Jahr 1995 die ›Bell-Curve-Debatte‹ aus. Die entsprechenden Zitationshäufigkeiten lagen dabei für die zweite Hälfte der 90er Jahre sogar weit über den Zahlen für den Jensen-Aufsatz; und es ist anzunehmen, dass die Publikation von Herrnstein und Murray – analog zum Jensen-Aufsatz 25 Jahre zuvor – mehrheitlich in negativer Weise zitiert worden ist. Auf environmentalistischer Seite lassen sich drei Werke als ›Multiplikatoren‹ der Kritik an der These der Erblichkeit der Intelligenz identifizieren: Die Monografie von Kamin (1974) wurde besonders häufig in der zweiten Hälfte der 70er Jahre zitiert und dürfte aufgrund der Thematisierung der vermeintlichen Datenfälschung durch Cyril Burt (vgl. Kapitel 9) maßgeblich an der massiven Kritik nativistischer Diskurspositionen im öffentlichen Diskurs und an der Diskreditierung der Intelligenzforschung ab Mitte der 70er Jahre beteiligt gewesen sein. Der Einfluss dieser Monografie scheint jedoch seit den 80er Jahren abzunehmen. Dennoch wird sie heute noch häufiger zitiert als Herrnsteins Aufsatz aus dem Jahr 1971. Eine kaum vergleichbare Zitationskarriere, die bis heute keinen nennenswerten Rückgang zu verzeichnen hat, weist demgegenüber die Monografie von Gould (»The mismeasure of man«, 1981) auf.[253] Bereits kurz nach ihrem Erscheinen wurden erhebliche Zweifel an Goulds Glaubwürdigkeit und der Art seiner Befundauswahl laut, da er seine Kritik hauptsächlich auf vererbungstheoretische Konzepte des 19. und beginnenden 20. Jahrhunderts beschränkt hatte (bspw. auf die Arbeiten von Broca, Lombroso, Goddard, Terman und Yerkes), ohne den aktuellen Forschungsstand zu Beginn der 80er Jahre mit in die Diskussion einzubeziehen (vgl. Jensen 1982, S. 124–129).[254] Die Diskursposition der Vererbungstheoretiker der Intelligenz (von ihren historischen Anfängen bis heute) wird von Gould äußerst kritisch dargestellt, sodass Goulds Publikation als starker Multiplikator der Kritik der Intelligenzmessung und -vererbung angesehen werden kann. Bemerkenswert ist an dieser Stelle, dass die Zitationshäufigkeiten dieses Werkes seit Mitte der 80er Jahre zwei bis dreimal so hoch ausfallen wie die Zitationshäufigkeiten des Jensen-Aufsatzes. Als letztes Vergleichswerk ist in Abbildung 8 eine einflussreiche Publikation von Lewontin, Rose und Kamin (»Not in our genes«, 1984; dt. »Die Gene sind es

---

253 Carroll verweist in diesem Zusammenhang auf die Diskrepanz zwischen positiver Rezeption Goulds in der populärwissenschaftlichen Presse und negativer Rezeption in wissenschaftlichen Zeitschriften (vgl. Carroll 1995, S. 121; Sesardic 2005, S. 37). Als Kritikpunkte an Gould werden in diesem Zusammenhang insbesondere Fehlinterpretationen der Faktorenanalyse (vgl. Carroll 1995, S. 123, 125–130), die These von der Reifikation der Intelligenz (als Verdinglichung bzw. Vergegenständlichung eines abstrakten Konzepts) sowie die Konstruktion eines ›hereditären Fehlschlusses‹ (als Gleichsetzung von Erblichkeit und Unveränderlichkeit (bzw. Unausweichlichkeit) zur Konstruktion eines Strohmann-Arguments) genannt (vgl. Jensen 1982, S. 129–134): "The 'hereditarian fallacy' … is described by Gould as (1) the implication that 'heritable' is equated with 'inevitable,' and (2) the assumption that if genetic factors explain a certain proportion of the individual differences *within* population groups, they explain the same proportion of the mean differences *between* various populations, such as racial groups. This 'hereditarian fallacy' constitutes a straw person if ever there was one. I cannot recall a single living 'hereditarian' who has ever expressed either of these beliefs, though I know of many who have noted their inherent logical fallacy" (ebd., S. 129f, Hervorhebungen im Original; bezüglich des Strohmann-Fehlschlusses vgl. auch Damer 2009, S. 204ff; Hughes/Lavery/Doran 2010, S. 161ff; für ein erweitertes Konzept hereditärer Trugschlüsse vgl. Bailey 1997).

254 Dabei habe Gould historisch längst überwundene Extremstandpunkte einzelner Forscher auf die gesamte Intelligenzdebatte generalisiert (vgl. Snyderman/Rothman 1990, S. 18f; für weitere problematische Aspekte der Monografie Goulds vgl. auch Blinkhorn 1995, S. 13; Snyderman/Rothman 1990, S. 122). Trotz überarbeiteter Neuauflage ist Goulds Monografie weiterhin massiver Kritik ausgesetzt (vgl. Bartholomew 2004, S. 69ff; Rushton 1997; 2005, S. 168).

nicht …«, 1988) aufgeführt.[255] Die Zitationsrate dieses Buches liegt seit Mitte der 80er Jahre auf dem Niveau des Jensen-Aufsatzes. Auf den ersten Blick weisen die Zitationsraten beider Werke zwar Parallelen auf. Die inhaltlichen Unterschiede beider Publikationen sprechen aber dafür, dass es sich hier um eine zufällige Ähnlichkeit handelt. Denn das vorliegende Datenmaterial unterstützt in keinerlei Weise die These, dass ab Mitte der 80er Jahre Jensen nur im Kontext von Lewontin et al. zitiert worden sein könnte (oder umgekehrt).

Zusammenfassend lässt sich feststellen: Der Vergleich der Zitationsraten des Jensen-Aufsatzes mit den Zitationsraten von fünf Vergleichspublikationen verweist auf den immensen diskursiven Stellenwert von Jensens HER-Aufsatz im Intelligenz-Diskurs (insbesondere in den 70er Jahren). Eine ähnliche diskursive Bedeutung lässt sich für die Publikation Herrnsteins und Murrays konstatieren, die ab Mitte der 90er Jahre die Bell-Curve-Debatte ausgelöst hat. Als Multiplikatoren kritischer Argumente gegen die vererbungstheoretische Position konnten drei Publikationen identifiziert werden (Kamin 1974, Gould 1981, Lewontin/Rose/Kamin 1984), die in besonderem Maße die politische Seite des Diskurses um die Vererbung der Intelligenz (inklusive ihrer möglichen (sozial-)politischen Implikationen) beleuchtet haben. Als überraschend erweist sich in diesem Zusammenhang die bis heute – trotz vielfältiger Kritik – ungebrochene diskursive Bedeutung von Goulds »Mismeasure of Man« (1981).

8.3 Diskursive Strategien in der Jensen-Debatte

Drei Jahre nach der Veröffentlichung seines HER-Aufsatzes fasste Jensen die innerwissenschaftlichen und öffentlichen Reaktionen auf seine Publikation zusammen (vgl. Jensen 1972, S. 1–67). Er berichtete, dass er von der HER-Redaktion ausdrücklich um die Behandlung der Rassenthematik gebeten worden wäre, dieses aber später zunächst von der Redaktion bestritten worden sei (ebd., S. 11, 24). Zudem habe die HER-Redaktion über eine gewisse Zeit die weitere Verbreitung seines Aufsatzes zu verhindern versucht (vgl. ebd., S. 24 f). Des Weiteren schilderte Jensen ein breites Spektrum von Anfeindungen und Ad-hominem-Attacken – bspw. persönliche Belästigungen, die Forderung nach seiner Entlassung, Demonstrationen der Studentenschaft, Morddrohungen, Rassismus-Vorwürfe und sogar den Vergleich seiner Person mit Hitler (vgl. ebd., S. 21 f, 45 f; Jensen 1978, S. 16). Laut Jensen hätten wissenschaftliche Vereinigungen (wie die ›American Anthropological Association‹ und die ›American Psychological Association‹) Tagungen und Kongresse zur Widerlegung seiner Thesen veranstaltet, zu denen er nicht eingeladen worden wäre, distanzierende Resolutionen verfasst und mitunter sogar seine Entlassung aus den jeweiligen Organisationen gefordert (vgl. Jensen 1972, S. 34–39). Von Ad-hominem-Attacken gegen Jensen wurde auch im Rahmen der erziehungswissenschaftlichen Rezeption der Jensen-Debatte in Deutschland berichtet:

> »Auf der anderen Seite wird Jensen als Rassist und Faschist beschimpft und sogar mit Mord bedroht. Seine wissenschaftlichen Gegner begnügen sich nicht mit einer Widerlegung, sondern denunzieren ihn oft als einen Quacksalber und gefährlichen Reaktionär. Diese Denunzierung hat ihren Niederschlag vor allem auch in der deutschen Tagespresse und sogar im Fernsehen gefunden« (von Hentig 1971, S. 53).

---

255 Neben der Verhaltensgenetik und Soziobiologie kritisieren die Autoren dieses Werkes vor allem die Vererbungstheorie der Intelligenz in scharfer Weise und klassifizieren Letztere als Manifestation einer ›neuen‹ nativistischen, reduktionistischen und politisch rechts orientierten Diskursposition, die von ihnen global als »biologische[r] Determinismus (*Biologismus*)« (Lewontin/Rose/Kamin 1988, S. 4, Hervorhebung im Original) bezeichnet wird.

Bezüglich des Rassismus-Vorwurfs ist allerdings eine Differenzierung zwischen dem Hinweis auf potenziell rassistische Implikationen und dem direkten Rassismus-Vorwurf angebracht, wobei in der wissenschaftlich geführten Jensen-Debatte die erstgenannte Strategie dominierte und direkte Rassismus-Vorwürfe Ausnahmen blieben. Während Jensen diese beiden Formen nicht klar voneinander unterschied und die Rassismus-Problematik hauptsächlich im Kontext der Frage nach der Wertfreiheit von Wissenschaft diskutierte, tritt diese Unterscheidung in der erziehungswissenschaftlichen Rezeption deutlich zutage.[256]

Die Frage nach der Wertfreiheit kann als eine weitere Strategie in der Jensen-Debatte gewertet werden – in diesem Fall als eine intentionale Strategie auf Jensens Seite. Jensen kritisierte in seinem HER-Aufsatz die Tabuisierung der Rassenfrage hinsichtlich der Erblichkeit der Intelligenz im wissenschaftlichen Bereich (vgl. Jensen 1969c, S. 79) und wandte sich auch später gegen jedwede Form der Beschränkung von Wissenschaft und Forschung aufgrund möglicher Konsequenzen ihrer Nutzung:

> "Nearly all scientifically important knowledge can be used for good or ill. Intellectuals should be concerned with men's purposes and the uses to which knowledge will be put; they should never think in terms of suppressing knowledge or the quest for it" (Jensen 1972, S. 57).

Jensen stellte damit die Wertfreiheit der Wissenschaft als absolutes Ideal dar und blendete aus, dass Wissenschaft in soziale Diskurse eingebunden ist, wissenschaftliche Tätigkeit nicht im ›luftleeren Raum‹ stattfindet (vgl. bspw. Garfield 1980a, S. 658; Horowitz 1994, S. 344) und daher Wissenschaftlerinnen, Wissenschaftlern, aber auch Verlagen und Medien eine Verantwortung bei der Popularisierung von Wissen zukommt: »Inquiry is best left unrestricted. But the person publishing or popularizing a study does have responsibility for anticipating what his words will suggest to the rightists and the leftists« (Cronbach 1975, S. 13). Aus strategischer Sicht ist Jensens These der Wertfreiheit der Wissenschaft als Ablenkungsversuch zu werten, antizipierte (sozial-)politische Konsequenzen und darauf bezogene Kritiken seiner Thesen von der inhaltlichen Dimension abzukoppeln. Als Gegenposition sei an dieser Stelle eine ausführliche Stellungnahme von Hentigs angeführt:

> »Daß der Wissenschaftler nicht absehen darf von den Folgen, die seine Entdeckung für die Menschen hat, haben wir an sehr kostspieligen Beispielen gelernt. Angesichts von Atombomben, Napalm, Gehirnwäsche, genetischer Manipulation, ja schon von LSD und anderen Rauschdrogen ist es schwer, den Wunsch zu unterdrücken: ›Wüßten wir doch lieber nicht, wie man das herstellt!‹ – Das Prinzip (nicht die Formen) der vernünftigen Beschränkung von Erkenntnis in der Gesellschaft, modern gesprochen: das Prinzip, daß know-how ohne know-what-for gefährlich und zumindest unnütz ist, hätte man schon von Platon übernehmen können … Schon bestimmte Theorien zu vertreten oder nicht zu vertreten, ein Bewußtsein mehr hiervon zu haben als davon, über eine zwar begründete aber ›gefährliche‹ Erkenntnis oder über eine zwar noch ungeprüfte aber ›richtig hegende‹ Erkenntnis zu verfügen, ist Anlaß – nicht zu Kontroverse, das wäre in Ordnung, sondern – zu moralischer Verdammung, und das ist mittelalterlich.

---

256 Ein direkter Rassismus-Vorwurf lässt sich dementsprechend in den Aufsätzen des Dossiers nur an einer Stelle finden: So werden von Jantzen Biologisten und Rassisten explizit gleichgesetzt. In diesem Zusammenhang wird der Journalist Dieter E. Zimmer als Multiplikator der jensenschen Thesen im bundesdeutschen Diskurs genannt. Und Vererbungstheoretiker – wie Karl Valentin Müller (1896–1963), Hans Eysenck und Arthur Jensen – werden implizit mit Rassenhygienikern und Eugenikern in Verbindung gebracht (vgl. Jantzen 1987, S. 343). Beispiele für potenziell rassistische Implikationen von Jensens Theorien finden sich demgegenüber in Hinweisen auf dessen politische Naivität (vgl. bspw. Fatke 1971, S. 22) und der Sorge, dass Jensens Thesen von rechtsorientierten politischen Kräften zur Unterstützung ihrer jeweiligen Agenden genutzt und damit Bemühungen der Rassenintegration untergraben werden könnten (vgl. ebd., S. 18; von Hentig 1971, S. 52).

Zugleich aber wissen wir, daß Theorie, Bewußtsein und Erkenntnis Macht über die Wirklichkeit haben. Treten sie obendrein als Wissenschaft und das heißt als gesicherte, allgemeine Geltung beanspruchende Wahrheit auf, dann wird der Eifer verständlich, mit dem sie heute gesellschaftlich zur Verantwortung gezogen werden. Denn der Mißbrauch ist allemal schneller zur Hand als die Auslegung oder die Widerlegung« (von Hentig, 1971, S. 51 f).

Als problematisch erweist sich an dieser Diskussion um die Wertfreiheit der Wissenschaft, dass keine Kriterien geliefert werden, wer bzw. welches Gremium denn darüber zu entscheiden vermag, ob eine bestimmte Thematik wissenschaftlich untersucht werden sollte, denn letztlich handelt es sich dabei um eine wissenschaftsethische Frage zwischen der Freiheit der Forschung auf der einen Seite und der Verantwortung des Wissenschaftlers auf der anderen. Damit eröffnet sich ein Spektrum von möglichen negativen Konsequenzen von Forschung bis hin zur Gefahr von Zensur. Derartige Fragen sind allein mithilfe von empirischen Belegen nicht entscheidbar. Vor dem Hintergrund der Widersprüchlichkeit dieser beiden Grundpositionen und dem politischen Klima der ausgehenden 60er Jahre ist die Schärfe mancher Kritik an Jensen nicht weiter verwunderlich, insbesondere im Kontext der Untersuchung der Rassenthematik: »Many laymen and scholars condemned Jensen not for false impressions he might have given but for making *any* statement about race« (Cronbach 1975, S. 6, Hervorhebung im Original).

Eine weitere diskursive Strategie, die von Jensen in seinem HER-Aufsatz eingesetzt worden ist, ist die gezielte Vorwegnahme kritischer Einwände und deren Entgegnung. Für sich betrachtet ist diese Strategie aus wissenschaftstheoretischer Sicht wünschenswert und zeugt von der Fähigkeit des Autors zur distanzierten Selbstkritik. Problematisch wird diese Strategie jedoch, wenn sie dazu genutzt wird, mögliche kritische Diskussionen, die eigentlich im Detail geführt werden müssten, bereits im Keime zu ersticken und durch einige wenige generalisierende Argumente ad acta zu legen. Auf diese Weise kann der Autor bspw. darauf verweisen, eine berechtigte Kritik bereits zu Beginn seiner Ausführungen thematisiert und als Missverständnis entlarvt zu haben. Noch problematischer wird diese Strategie in dem Fall, dass sich der Autor im weiteren Verlauf seiner Ausführungen selbst nicht an derartige Warnungen hält, die er zu Beginn seiner Argumentation angeführt hat. Dazu einige Beispiele: Jensen warnt zu Beginn seines Aufsatzes vor Fehlern und Missverständnissen in der Intelligenzdebatte, hält sich aber in der Folge selbst nicht immer an diese Warnungen. So bezieht er sich bspw. bezüglich seiner Intelligenzdefinition auf die These von Boring, nach der Intelligenz lediglich das sei, was durch Intelligenztests gemessen werde (vgl. Boring 1923, S. 35, 37). Zudem warnt Jensen eindringlich davor, Spearmans ›g‹ zu verdinglichen, da es sich dabei lediglich um ein hypothetisches Konstrukt handele (vgl. Jensen 1969c, S. 9). Dennoch wird von ihm Intelligenz mit Spearmans ›g‹ gleichgesetzt und Intelligenz später auf Level-II-Fähigkeiten reduziert (vgl. dazu auch Lewontin 1970, S. 4):

> »Jensen greift zu Beginn seines Aufsatzes zwar auf eine operationale Definition von Intelligenz zurück (›Intelligenz ist das, was der Intelligenztest mißt‹), aber im weiteren Verlauf seiner Ausführungen vergegenständlicht er den Begriff mehr und mehr und definiert Intelligenz schließlich als die Fähigkeit zum abstrakten Denken und Problemlösen« (Fatke 1971, S. 22).

An anderer Stelle warnt Jensen vor verbreiteten Missverständnissen bezüglich des Konzepts der Heritabilität (vgl. Jensen 1969c, S. 42–46). Beispielsweise betont er, dass das Heritabilitätskonzept ein Populationsmaß sei und nicht auf ein einzelnes Individuum angewendet werden dürfe (vgl. ebd., S. 42 f). Im weiteren Verlauf entsteht jedoch der Eindruck, dass diese Beschränkung auf die Populationsebene zunehmend verwischt. Zumindest wird von Jensen nicht immer konsequent genug zwischen der ontogenetischen Ebene des Individuums und der verhaltensgenetischen Ebene der Population differenziert.[257] So führt Jensen beispielsweise Studien als Belege für die These an, dass sich Deprivation äußerst negativ auf die Intelligenzentwicklung auswirken könne und die Umwelt damit eine Schwellenwirkung habe. In diesen Studien ist jedoch von einzelnen Kindern die Rede und nicht von Populationen, und Jensen zieht sogar eine Einzelfallstudie heran (vgl. Jensen 1969c, S. 60 f). In ähnlicher Weise berichtet er über andere Umwelteffekte, die sich negativ auf die Intelligenzentwicklung auswirken könnten (bspw. Schwangerschaftskomplikationen und weitere pränatale Beeinträchtigungen; vgl. ebd., S. 68–74). In seinen abschließenden pädagogischen Forderungen vermischen sich die beiden Analyseebenen (Individual- und Populationsebene) schließlich derart, dass nicht mehr erkennbar ist, auf welcher Ebene Jensen argumentiert:

> "The educational system was never allowed to evolve in such a way as to maximize the actual potential for learning that is latent in these children's patterns of abilities. If a child cannot show that he 'understands' the meaning of 1+1=2 in some abstract, verbal, cognitive sense, he is, in effect, not allowed to go on to learn 2+2=4. I am reasonably convinced that all the basic scholastic skills can be learned by children with normal Level I learning ability, provided the instructional techniques do not make g (i. e., Level II) the *sine qua non* of being able to learn" (ebd., S. 116f, Hervorhebungen im Original).

An anderer Stelle berichtet Jensen von einer Metaanalyse von Verwandtenkorrelationen, die sich auf insgesamt 52 unabhängig voneinander durchgeführte Studien aus acht Ländern stützt (vgl. ebd., S. 48). Wenn Heritabilitätskoeffizienten aber populations- und zeitabhängig sind, wo liegt dann der Sinn in einer derartigen Zusammenfassung von Korrelationen in Metaanalysen? In ähnlicher Weise distanziert sich Jensen deutlich davon, Unterschiede, die innerhalb einer Gruppe gefunden wurden, auf die Unterschiede zwischen Gruppen zu übertragen (vgl. bspw. ebd., S. 64). Dennoch entsteht in der Folge der Eindruck, dass Jensen genau diese Art von Schlussfolgerung bezüglich der Intelligenzunterschiede zwischen Schwarzen und Weißen zieht:[258]

> "The basic data are well known: on the average, Negroes test about 1 standard deviation (15 IQ points) below the average of the white population in IQ, and this finding is fairly uniform across the 81 different tests of intellectual ability used in the studies reviewed by Shuey. This magnitude of difference

---

257 Die Verwechslung der Ebenen des einzelnen Individuums und der Population wurde entsprechend von Hirsch als eine von zwei »Fallacies« (Hirsch 1976, S. 171) im Kontext der Anlage-Umwelt-Problematik bezeichnet, wobei er als zweiten Fehlschluss den durch Jensen und andere Verhaltensgenetiker postulierten Zusammenhang zwischen der Höhe der Heritabilität und der Verbesserung individueller Fähigkeiten durch Training und Unterricht ansah (vgl. ebd., S. 171 ff). Die Verwechselung der Bezugsebenen findet sich in der Intelligenzdebatte insbes. auf der Rezeptionsebene, wie Paul anhand einer Untersuchung verschiedener Auslegungen des Heritabilitätsbegriffs in psychologischen Lehrbüchern Mitte der 80er Jahre zeigen konnte: "In many cases, heritability is correctly defined as a ratio of the genetic to total variance (its character as a population measure may even be stressed) but then *used* as if it measured the contribution of heredity to an individual's phenotype" (Paul 1985, S. 323, Hervorhebung im Original).

258 Dieses Argument wurde Jensen von kritischer Seite verschiedentlich vorgehalten (vgl. bspw. Crow 1969, S. 308; Kagan 1969, S. 275; Lewontin 1976b, S. 89; kritisch: Jensen 1969d, S. 460; 1972, S. 29 f). Sesardic versuchte jüngst nachzuweisen, dass Jensen diesen Schluss eben nicht gezogen habe, sondern für seine Argumentation eine Reihe weiterer Befunde herangezogen habe und so zu dem Schluss von ›Within-group-Unterschieden‹ auf ›Between-group-Unterschiede‹ gelangt sei (vgl. Sesardic 2005, S. 128–138). Dass diese Debatte anscheinend im Jahr 2005 immer noch nicht als abgeschlossen gewertet werden kann, illustriert zum einen die Langlebigkeit nativistischer Argumente sowie environmentalistischer Gegenargumente in der Debatte um die Erblichkeit der Intelligenz und zum anderen die positionelle Starrheit der verschiedenen Lager und die emotionale Aufgeladenheit der Debatte seit den 70er Jahren. Dies hat letztlich dazu geführt, dass selbst eine derart eingeschränkte Detailfrage bis heute nicht durch einen allgemeinen Konsens gelöst werden konnte.

gives a median overlap of 15 percent, meaning that 15 percent of the Negro population exceeds the white average. In terms of proportions of variance, if the numbers of Negroes and whites were equal, the differences *between* racial groups would account for 23 percent of the total variance, but – an important point – the differences *within* groups would account for 77 percent of the total variance" (Jensen 1969c, S. 81, Hervorhebungen im Original).

Jensens anfängliche Warnungen vor Missverständnissen in der Intelligenzdebatte können damit aus diskursiver Sicht als Pseudodeklarationen angesehen werden, die von ihm im Voraus und mit Alibi-Funktion als Immunisierungsstrategien gegen gewichtige und zu erwartende Kritik eingesetzt worden sind.

Bei der letzten diskursiven Strategie, die an dieser Stelle im Zusammenhang mit der Jensen-Debatte erläutert werden soll, handelt es sich um die Solidarisierung exponierter Vertreterinnen und Vertreter einer Fachdisziplin mit einer Diskursposition, bspw. in Form von gemeinschaftlich abgegebenen Erklärungen im öffentlichen Diskurs: So führte die erneute Konsolidierung der nativistischen Diskursposition – jetzt in ihrer Zuspitzung bezüglich der Erblichkeitshypothese der Intelligenz durch Jensen – nicht nur zu vehementer Kritik von environmentalistischer Seite, sondern auch zum kollektiven Einsatz diskursiver Strategien als Reaktionen auf nativistischer Seite: Bereits kurz nach Burts Tod – und noch vor Beginn des eigentlichen Burt-Skandals (vgl. Kapitel 9) – wurden auf der wissenschaftlichen Diskursebene Diskursstrategien der environ-mentalistischen Seite (wie bspw. die oben dargestellte Diskreditierung und Diffamierung Jensens) durch die Vertreterinnen und Vertreter der Erblichkeitshypothese öffentlich thematisiert, kritisiert und mittels einer abgedruckten Resolution in der Zeitschrift ›American Psychologist‹ (vgl. Page 1972) erwidert:

> »1972 wandten sich 50 namhafte, meist amerikanische, Biologen, Psychologen und Soziologen, dar-unter vier Nobelpreisträger, gegen persönliche Angriffe auf Vererbungstheoretiker, so etwa die Bezeich-nung eines Wissenschaftlers als ›Faschist‹ bei gleichzeitiger Ignorierung seiner Argumente« (Stadler/ Stadler 1979, S. 2).[259]

Die Unterzeichner der Resolution betonten ihre Auffassung einer hohen Erblichkeit bestimm-ter menschlicher Merkmale und forderten freie Forschungstätigkeiten ohne Repressalien von environmentalistischer Seite ein. Die Resolution liefert damit einen historischen Beleg für die Wahrnehmung eines repressiven environmentalistischen Zeitgeistes in Teilen der Scientific Community zu Beginn der 70er Jahre:

> "The results are seen in the present academy: it is virtually heresy to express a hereditarian view, or to recommend further study of the biological bases of behavior. A kind of orthodox environmentalism dominates the liberal academy, and strongly inhibits teachers, researchers, and scholars from turning to biological explanations or efforts" (Page 1972, S. 660).[260]

---

259 Bei den Nobelpreisträgern, die diese Resolution unterzeichnet hatten, handelte es sich um Francis Harry Compton Crick (1916–2004), Sir John Cowdery Kendrew (1917–1997), Jacques Lucien Monod (1910–1976) und John Howard Northrop (1891–1987). Andere namhafte Zwillingsforscher und Verhaltensgenetiker unter den Unterzeichnern waren Raymond Bernard Cattell (1905–1998), Hans Jürgen Eysenck (1916–1997), Richard J. Herrnstein (1930–1994) und Arthur Robert Jensen (geb. 1923) (vgl. Page 1972).

260 Von ähnlichen persönlichen Anfeindungen und Repressalien ausgelöst durch das öffentliche Interesse und die mediale Berichterstattung zu Beginn der 90er Jahre berichtete auch Rushton (vgl. Rushton 1994b, S. 270–273). Mitte der 90er Jahre sorgte Rushton durch seine Publikation »Race, evolution and behavior« (Rushton 1994a, dt. 2005) durch die Berücksichtigung der Rassenthematik erneut für Aufsehen (kritisch: Brace 2005, S. 255–263).

Die Auswirkungen des Streites um die Erblichkeit der Intelligenz zu Beginn der 70er Jahre lassen sich in der Verhaltensgenetik auch zwei Jahrzehnte später noch nachweisen: Snyderman und Rothman untersuchten gegen Ende der 80er Jahre verschiedene Ansichten in der Intelligenzdebatte mittels Befragungen von über 1 000 Experten in der Intelligenzforschung, 207 Journalisten und 86 Zeitschrifteneditoren (vgl. Snyderman/Rothman 1987, S. 138; 1990, S. 283). Demnach würde die Heritabilität der Intelligenz (innerhalb der weißen Bevölkerung) von Expertinnen und Experten auf .596 geschätzt (vgl. ebd., S. 95). Die Ansicht, dass genetische Faktoren an der Entstehung von Intelligenzunterschieden (innerhalb der weißen Bevölkerung) beteiligt seien, würde von 94 % der Expertinnen und Experten geteilt (vgl. ebd., S. 284). Der These Jensens, nach der genetische Faktoren die Intelligenzunterschiede zwischen Schwarzen und Weißen mitverursachen würden, stimmten immerhin noch 53 % der Expertinnen und Experten zu, aber nur 27 % der Journalistinnen und Journalisten bzw. 23 % der Editorinnen und Editoren (vgl. ebd., S. 285).[261] Demgegenüber würde von den Medien – mit fragwürdigen ideologischen Motiven – im öffentlichen Diskurs ein völlig falsches Bild von der Intelligenzforschung gezeichnet (vgl. ebd., S. X, 34, 198 ff, 217, 233, 247, 255 f). Dass die These der Erblichkeit der Intelligenz dennoch nur selten von Expertinnen und Experten im öffentlichen Diskurs thematisiert wird, führten Snyderman und Rothman darauf zurück, dass die Ergebnisse der Intelligenzforschung zumeist nur in einschlägigen Fachzeitschriften veröffentlicht werden und die beteiligten Forscherinnen und Forscher aufgrund der Anfeindungen, mit denen Jensen, Herrnstein und andere Forscher konfrontiert gewesen waren, vor öffentlichen Äußerungen zurückscheuen würden (vgl. ebd., S. 50, 258, 288 f). Daher seien von den Expertinnen und Experten die wissenschaftlichen Reputationen derjenigen Autoren in der Intelligenzdebatte, deren Beiträge öffentliche Dispute ausgelöst hatten, am geringsten eingeschätzt worden (vgl. ebd., S. 132). Die in den 70er Jahren heftig geführte Kontroverse um die Erblichkeit der Intelligenz hat damit in Teilbereichen des Anlage-Umwelt-Diskurses zur Tabuisierung nativistischer Diskurspositionen beigetragen. Kollektive Erklärungen von Verhaltensgenetikerinnen und Verhaltensgenetikern sind vor diesem Hintergrund als Notstrategien zur Schadensreduktion zu werten, wenn an neuralgischen Stellen des Diskurses die Kritik aufgrund vorangegangener Diskursbeiträge einzelner Expertinnen und Experten im öffentlichen Diskurs überhandzunehmen drohte. Eine wie oben geschilderte Resolution namhafter Wissenschaftlerinnen und Wissenschaftler sollte von verhaltensgenetischer Seite im Diskurs nicht zum letzten Mal eingesetzt werden, wie sich am Beispiel der Bell-Curve-Debatte zeigen lässt: Nachdem die Publikation »The bell curve« (1994) von Herrnstein und Murray kurz nach ihrem Erscheinen von der Presse und von sozialwissenschaftlicher Seite heftig kritisiert worden war, wurde im Dezember desselben Jahres eine Erklärung im ›Wall Street Journal‹ abgedruckt, in der 52

---

261 Colman wies auf verschiedene Untersuchungen hin, die belegen, dass Jensens Thesen zur Erblichkeit der Intelligenz und zu Intelligenzunterschieden zwischen den Rassen kurz vor und nach der Publikation Jensens aus dem Jahr 1969 von der Mehrheit der Mitglieder der APA (d. h. der »American Psychological Association«) nicht geteilt worden wären (vgl. Colman 1987, S. 55). Bereits vor der Veröffentlichung von Jensens HER-Aufsatz berichteten Sherwood und Nataupsky anhand einer Untersuchung von Veröffentlichungen aus dem Bereich der Intelligenzforschung, dass die These einer weitgehend genetischen Verursachung der Intelligenzdifferenzen zwischen Schwarzen und Weißen nur von 12 % der Expertinnen und Experten unterstützt würde, während 59 % von einer weitgehenden Umweltdetermination ausgehen würden (vgl. Sherwood/Nataupsky 1968, S. 54). Vor dem Hintergrund der Ergebnisse von Snyderman und Rothman ist somit innerhalb psychologischer Fachtraditionen eine zunehmende Zustimmung zu nativistischen Diskurspositionen von den 60er bis hin zu den 80er Jahren zu konstatieren.

Expertinnen und Experten auf den Gebieten der Zwillingsforschung, Intelligenzforschung und Verhaltensgenetik in ausgiebiger Weise Stellung zum damaligen Stand der Intelligenzforschung bezogen (Nachdruck der Erklärung in Gottfredson 1997, S. 13–16).[262]

8.4 Rezeption der Jensen-Debatte in der deutschen Erziehungswissenschaft

Wie die bisherigen Ausführungen zum historischen Kontext der Intelligenz-Debatte gezeigt haben, reicht die Tradition vererbungstheoretischer Positionen im internationalen Anlage-Umwelt-Diskurs bis zum Beginn des 20. Jahrhunderts zurück und war eng mit der Entwicklung von Intelligenzkonzepten sowie mit den Ergebnissen von Zwillings- und Adoptionsstudien verknüpft. In Deutschland wurden Ende der 40er Jahre und in den 50er Jahren verschiedentlich vererbungstheoretische Konzepte in der Intelligenzdebatte propagiert – insbesondere durch den Psychologen Albert Huth (geb. 1892) und den Soziologen Karl Valentin Müller (1896–1963) (vgl. z. B. Huth 1950, 1952; Müller 1948; Drewek 1989). Deren Thesen wurden zwar kontrovers verhandelt, lösten aber nicht annähernd so heftige Debatten auf verschiedenen Diskursebenen aus wie der Jensen-Aufsatz im Jahr 1969.[263] Obwohl eine detaillierte Analyse der deutschen Rezeptionsgeschichte der Argumente Jensens weit jenseits dessen liegt, was im Rahmen dieser Abhandlung geleistet werden kann, soll im Folgenden auf einige Details der erziehungswissenschaftlichen Rezeption des Jensen-Aufsatzes eingegangen werden: Zunächst ist diesbezüglich zu fragen, welche Einschätzungen zur Rezeption des Jensen-Aufsatzes in der deutschen Erziehungswissenschaft bisher vorliegen. Helbig vertritt in diesem Zusammenhang die These einer verspäteten Rezeption:

> »Auf erziehungswissenschaftlicher und psychologischer Ebene wurde diese bildungspolitische Tendenz [Helbig bezieht sich an dieser Stelle u. a. auf die Bildungsreform Ende der 60er Jahre, ML] u. a. begleitet von der bezeichnenderweise verspäteten Rezeption des JENSEN-Artikels (JENSEN, 1973), einer zum Teil tendenziösen populärwissenschaftlichen Aufbereitung der amerikanischen IQ-Kontroverse durch D. ZIMMER (1975; und kritisch dazu FATKE, 1975) und einer nicht selten mißverständlichen bzw. inkorrekten Interpretation erbpsychologischer Erblichkeitsschätzungen« (Helbig 1988, S. 341, Quellenangaben angepasst, Fußnotenverweis entfernt).

Nach Fatke sei die Rezeption Jensens in Amerika vor dem Hintergrund der gesellschaftlichen Strömungen der späten 60er Jahre zu sehen und im erziehungswissenschaftlichen Bereich eng mit bildungspolitischen Ereignissen verknüpft gewesen: So habe in den Vereinigten Staaten von Amerika Ende der 60er Jahre ein Klima »wirtschaftlicher Unsicherheit und Krisenhaftigkeit« gekoppelt mit der »Enttäuschung über vorzeitig gestoppte Reformprojekte« als »Boden

---

262 Unter den Unterzeichnerinnen und Unterzeichnern dieser Erklärung finden sich bekannte Verhaltensgenetikerinnen und Verhaltensgenetiker (bzw. Zwillingsforscherinnen und Zwillingsforscher) wie Thomas J. Bouchard, Jr. (geb. 1937), Raymond Bernard Cattell (1905–1998), Hans Jürgen Eysenck (1916–1997), Arthur Robert Jensen (geb. 1923), John Clinton Loehlin (geb. 1926), David Thoreson Lykken (1928–2006), Robert Plomin (geb. 1948), David C. Rowe (1949–2003), John Philippe Rushton (geb. 1943) und Sandra Wood Scarr (geb. 1936) (vgl. Gottfredson 1997, S. 16).

263 Die Frage nach der Erblichkeit der Intelligenz führte bspw. im Jahr 1950 zu einer Debatte zwischen Karl Valentin Müller und Erich Lehmensick in der Zeitschrift ›Die Sammlung‹ (vgl. Müller 1950a, b, c, d; Lehmensick 1950a, b). Eine intensive Aufarbeitung dieser Debatten von erziehungswissenschaftlicher Seite findet sich in den Aufsätzen des Dossiers hingegen erst Ende der 80er Jahren (vgl. Drewek 1989; Tenorth 1989, S. 151). Anzumerken ist, dass Huth und Müller – analog zu von Verschuer – trotz ihrer nationalsozialistischen Verstrickungen bzw. rassenanthropologischen Thesen noch nach Kriegsende Professuren in ihren jeweiligen Fachgebieten innehatten (vgl. Ferdinand 2006, S. 211; Harten/Neirich/Schwerendt 2006, S. 169)

für eine konservative Ideologie« (Fatke 1975, S. 58) vorgeherrscht, sodass die Thesen Jensens auf fruchtbaren Boden gefallen seien. In Westdeutschland habe eine derartige Entwicklung aber erst Mitte der 70er Jahre eingesetzt. Für letztere lassen sich eine Reihe von diskursiven Ereignissen identifizieren, von denen hier nur einige wenige kurz aufgezählt werden können: zunächst der sog. ›Sputnik-Schock‹ im Jahr 1957 als Signal wissenschaftlicher Rückständigkeit der westlichen Industrienationen gegenüber der Sowjetunion (vgl. bspw. Berner 2002, S. 25), gefolgt vom Ausruf des sog. ›Bildungsnotstandes‹ in Deutschland (vgl. Picht 1964), der Studentenbewegung ab 1967 (vgl. bspw. Tillmann 1995, S. 112) bis hin zur ersten SPD-geführten Bundesregierung unter Bundeskanzler Willy Brandt (1913–1992) im Jahr 1969. Diese Entwicklungen haben zu einer allgemeinen Aufbruchsstimmung geführt, die sich nicht zuletzt Ende der 60er Jahre im bildungspolitischen Sektor in der Veröffentlichung des Gutachterbandes »Begabung und Lernen« durch Heinrich Roth (vgl. Roth 1969)[264] widergespiegelt habe (vgl. bspw. Fatke 1975, S. 58; Helbig 1988, S. 340) und bildungspolitische Reformbemühungen (wie bspw. die »Einrichtung von Schulversuchen mit Gesamtschulen« (Deutscher Bildungsrat 1969, Untertitel; vgl. z. B. Tillmann 1995)) eingeleitet habe. Ein derartiges Klima habe laut Fatke eine breite Rezeption Jensens – insbesondere bezüglich bildungspolitischer Konsequenzen – zu Beginn der 70er Jahre in Deutschland verhindert (vgl. Fatke 1975, S. 53, 58). Entsprechend seien Jensens Thesen in der bundesdeutschen Erziehungswissenschaft »lediglich als eine aktuelle amerikanische Kontroverse registriert« (ebd., S. 53) und hauptsächlich auf der Ebene von Aufsätzen in Fachzeitschriften diskutiert worden. Als Folge der wirtschaftlichen Stagnation sei Mitte der 70er Jahre – ähnlich wie zuvor in den USA Ende der 60er Jahre – eine bildungspolitische »Tendenzwende« mit »konservativem Backslash« (ebd., S. 58) eingetreten, die jetzt nicht mehr auf der fachdisziplinären Ebene der Erziehungswissenschaft geführt worden sei, sondern auf den gesamtgesellschaftlichen bzw. bildungspolitischen Diskurs übergegriffen habe, wie an einschlägigen Publikationen dieser Zeit erkennbar sei:[265]

> »Kein Zweifel, die Neuauflage der Intelligenzdebatte in der Bundesrepublik verfolgt in erster Linie den Zweck, bildungspolitische Konsequenzen zu rechtfertigen; Konsequenzen, die die zu Beginn dieses Jahrzehnts eingeleiteten Reformmaßnahmen beschneiden, z. T. wieder rückgängig machen: Gesamtschule, Vorschule, kompensatorische Erziehung bilden den Hauptangriffspunkt der bildungspolitischen Konsequenzen« (ebd., S. 57 f).

---

264 In diesem Band wurde die deutsche Erziehungswissenschaft unter anderem mit biologischen Erkenntnissen konfrontiert (vgl. Gottschaldt 1969, Ritter/Engel 1969). Gerhard Roth lässt aus retrospektiver Sicht jedoch Zweifel an der Objektivität Heinrich Roths als Herausgeber des Gutachterbandes aufkommen und bescheinigt der Bildungsreform im Allgemeinen sowie dem Gutachterband im Besonderen einen mehr oder weniger latenten »Soziologismus« und »Anti-Biologismus« (G. Roth 2007, S. 353): »In bemerkenswerter Weise hebt [Heinrich] Roth in seiner Einleitung diesen neuen Lehr- und Lernoptimismus hervor und drängt die Bedeutung genetischer Faktoren für Intelligenz und Begabung und fest vorgegebener Entwicklungsstufen im Sinne von Piaget zurück, oft auch unter erheblicher ›Korrektur‹ der Aussagen der in diesem Band zu Wort kommenden Gutachter, die keineswegs alle einem strikten Bildungsoptimismus anhängen. So werden die Ergebnisse der Zwillingsforschung, die bereits damals relativ solide und bis heute weiter bestätigte Aussagen zugunsten eines relativ hohen genetischen Anteils und der starken Entwicklungskonstanz von Intelligenz und Begabung formulierten …, in teilweise abenteuerlicher Weise abgewertet« (ebd., S. 353).

265 Fatke bezieht sich in diesem Zusammenhang insbesondere auf zu dieser Zeit neue Publikationen von Protagonisten der Vererbungstheorie der Intelligenz in deutscher Übersetzung (vgl. Eysenck 1975a, Herrnstein 1974) sowie auf die populärwissenschaftliche Darstellung von Zimmer (1975). Letztere wird von Fatke als eine strategische Darstellung und parteiliche Verteidigung der Thesen Jensens sowie als eine implizite Abwertung der environmentalistischen Position kritisiert (vgl. Fatke 1975, S. 55 f).

Über eine vermeintlich verspätete Rezeption des Jensen-Aufsatzes auf der psychologischen Diskursebene sowie eine erst Mitte der 70er Jahre einsetzende, erneute Diskussion über Intelligenz auf der Ebene des gesamtgesellschaftlichen Diskurses in Deutschland sind im Rahmen dieser Abhandlung keine bestätigenden oder widerlegenden Daten verfügbar. Wird jedoch ausschließlich die erziehungswissenschaftliche Rezeption auf der Ebene einschlägiger Fachzeitschriften betrachtet, so zeigt sich anhand der Aufsätze des Dossiers insgesamt gesehen zwar eine geringe Rezeption der Jensen-Debatte. Diese erfolgte zu Beginn der 70er Jahre allerdings zeitnah, wodurch die Ausführungen Helbigs relativiert werden (vgl. Abb. 9, zur Verbesserung des optischen Vergleichs wurde in dieser Abbildung die Skalierung der sekundären Größenachse um den Faktor zehn verringert).

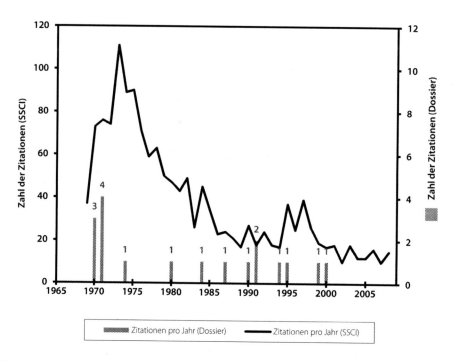

Abb. 9: Zitationen des Aufsatzes »How much can we boost IQ ...« (Harvard Educational Review, 1969c) von Arthur R. Jensen laut SSCI und im Dossier (absolute Häufigkeiten) (Quelle: Social Sciences Citation Index (SSCI), Abfrage über das ISI Web of Knowledge (Internet: http://pcs.isiknowledge.com) vom 13.01.2009)

Das Dossier stellt als Sammlung erziehungswissenschaftlicher Fachaufsätze zur Anlage-Umwelt-Thematik ein Konglomerat unterschiedlichster thematischer Aspekte dar, doch kaum ein einzelnes Thema ist im Dossier derartig häufig vertreten wie die Jensen-Debatte. Ihr konnten aus den 200 Aufsätzen des Dossiers allein 18 Aufsätze zugeordnet werden, die sich mehr oder weniger ausführlich mit den Thesen Jensens und seinem Aufsatz aus dem Jahr 1969 befassen. Weitergehende Differenzierungen dieser 18 Aufsätze ergaben sieben Kerntexte, in denen die Jensen-Debatte ausführlicher referiert wird (vgl. Fatke 1970, 1971; von Hentig 1971; Husén

1971; Jantzen 1987; Schusser 1970; Weinert 1984). Von den übrigen elf Texten ist einer von Jensen selbst als Kurzzusammenfassung seines HER-Aufsatzes konzipiert worden und damit nicht als eigentlicher Rezeptionstext zu klassifizieren (vgl. Jensen 1971). Zwei weitere Texte befassen sich schwerpunktmäßig mit der Bell-Curve-Debatte und verweisen hinsichtlich des historischen Kontextes auf Jensen (vgl. Rhyn 1995, S. 766f, 772f; Vreeke 1999, S. 46). In den acht übrigen Texten wird Jensen nur kurz an einer Stelle und/oder in einem anderen thematischen Zusammenhang (wie bspw. den Thesen Peter Singers, der Zwillingsforschung oder bezüglich der Reaktionszeit als Äquivalent zum Generalfaktor der Intelligenz) erwähnt (vgl. Hartkemeyer 1994, S. 32; Jantzen 1991, S. 11; Job 1991, S. 159ff; Lassahn 1990, S. 580; Sauer 1970, S. 188; Scheunpflug 2000, S. 49; Shulman 1974, S. 807ff; Wieland 1980, S. 104). Fünf der sieben Kerntexte (Fatke 1970, 1971, von Hentig 1971, Husén 1971, Schusser 1970) wurden zeitnah nach der Publikation des Jensen-Aufsatzes aus dem Jahr 1969 veröffentlicht. Da keine allgemeingültigen Kriterien zur Einschätzung einer hohen, mäßigen oder mangelnden Rezeption eines diskursiven Ereignisses anhand von Zitationszahlen vorliegen, kann an dieser Stelle nicht entschieden werden, inwieweit die erziehungswissenschaftliche Rezeption des Jensen-Artikels im Rahmen dessen liegt, was in anderen Disziplinen zu erwarten wäre. Wie die Daten zeigen, kann die These einer verspäteten Rezeption zumindest für den erziehungswissenschaftlichen Bereich in Deutschland nicht bestätigt werden.

Anhand der sieben Kerntexte lassen sich weiterführende Fragen zur Art und Weise der Rezeption Jensens durch die deutsche Erziehungswissenschaft untersuchen: Wurden die Thesen Jensens von erziehungswissenschaftlicher Seite korrekt rezipiert oder lassen sich Rezeptionsfehler ermitteln? Welche dieser Thesen wurden besonders ausführlich rezipiert? In welchem Verhältnis standen dabei Rezeption und Kritik? Und auf welche inhaltlichen Bereiche konzentrierte sich die Kritik an den Thesen Jensens?

Zur Beantwortung dieser Fragen wurden die sieben Kerntexte des Dossiers zur Jensen-Debatte mittels qualitativer inhaltsanalytischer Verfahren (typisierende Strukturierung nach Mayring; vgl. Mayring 2000, S. 90f) eingehender untersucht. In einem ersten Schritt wurden die Texte hinsichtlich der sieben Kernthesen Jensens (vgl. Abschnitt 8.1) kodiert. Zudem wurden insgesamt 113 kritische Textstellen gesichtet und fünf Bereichen zugeordnet: Kritik an Jensen auf der konzeptuellen Ebene (bspw. als Kritik am Intelligenzkonzept, an Spearmans ›g‹, am SES-Konzept, an einem zu diffusen Umweltkonzept etc.), Kritik auf methodischer Ebene (z. B. Kritik an der Zwillingsforschung, am additiven Modell, Kritik der statistischen Auswertungen Jensens, Kritik an der Heritabilitätsberechnung usw.), Kritik an Jensen auf der empirischen Ebene (insbes. hinsichtlich der von Jensen herangezogenen oder ausgelassenen Studien), Kritik auf der (bildungs-)politischen Ebene (inkl. der bildungspolitischen Implikationen der Thesen Jensens) sowie Kritik auf der persönlichen Ebene (bspw. rassistische Implikationen von Jensens Thesen). In einem zweiten Schritt wurden die kodierten Textstellen für jeden Text und für jede der sieben Kernthesen Jensens bzw. für jeden der fünf Bereiche der Kritik zusammengestellt und hinsichtlich der Wortzahlen der kodierten Textstellen miteinander verglichen:[266]

---

266 Auf eine Relativierung der kodierten Textstellen anhand der Gesamt-Wortzahlen der jeweiligen Einzeltexte wurde an dieser Stelle aufgrund der inhaltlichen Heterogenität der Aufsätze sowie zur Vereinfachung des Vergleichs verzichtet. Damit bleibt allerdings unberücksichtigt, dass verschiedene Autoren – insbesondere in Hinblick auf ihre persönlichen Schreibstile – ähnliche inhaltliche Aspekte in sehr verschiedenem Umfang dargestellt haben könnten.

Tab. 7: Rezeption des Jensen-Aufsatzes (1969c) in Kerntexten des Dossiers nach Themenbereichen und Ebenen der Kritik

	Umfang der Rezeption/Kritik gemessen an den Wortzahlen der Fundstellen im jeweiligen Aufsatz des Dossiers (absolute Häufigkeiten)							
	Fatke 1970	Schusser 1970	Fatke 1971	von Hentig 1971	Husén 1971	Weinert 1984	Jantzen 1987	gesamt
Rezeption der Kernthesen von Jensen[a]								
1) Kompensatorische Erziehung	20	379	123	125	51	144	0	*842*
2) Das Wesen der Intelligenz	0	254	72	267	64	0	0	*657*
3) Vererbung der Intelligenz	0	1 090	601	195	192	33	297	*2 408*
4) Unterschiede durch SES	33	248	37	32	252	0	0	*602*
5) Rassenunterschiede	0	368	169	27	0	0	0	*564*
6) Dysgenische Tendenzen	0	0	85	34	0	0	0	*119*
7) Lernfähigkeit und IQ	0	276	129	438	0	0	27	*870*
gesamt	*53*	*2615*	*1216*	*1118*	*559*	*177*	*324*	*6062*
Kritik an Jensen auf folgenden Ebenen								
A) Konzeptuelle Ebene	482	293	271	663	102	0	0	*1811*
B) Methodische Ebene	757	1 098	611	0	196	0	355	*3017*
C) Empirische Ebene	108	412	150	45	0	0	0	*715*
D) (Bildungs-)politische Ebene	291	372	85	450	0	172	0	*1370*
E) Persönliche Ebene	256	0	353	235	0	0	174	*1018*
gesamt	*1894*	*2175*	*1470*	*1393*	*298*	*172*	*529*	*7931*

[a] In Anlehnung an die Abschnittsgliederung in der Zusammenfassung bei Jensen 1971.

Die Ergebnisse aus Tabelle 7 zeigen, dass die sieben Kernthesen Jensens in den sieben Kerntexten zur Jensen-Debatte (gemessen an den Wortzahlen, die die Autoren zur Darstellung dieser Kernthesen verwendet haben) sehr unterschiedlich rezipiert worden sind: In einigen Kerntexten wurden einzelne Kernthesen Jensens mitunter nur in einem Satz oder wenigen Sätzen zusammengefasst oder überhaupt nicht berücksichtigt. Die umfassendste Darstellung lieferte Schusser (1970) gefolgt von Fatke (1971) und von Hentig (1971). Insgesamt betrachtet wurden die Thesen Jensens zum Scheitern der kompensatorischen Erziehung (1) und zur Erblichkeit der Intelligenz (3) in jeweils sechs von sieben Kerntexten referiert. Bezüglich des Rezeptionsumfangs gemessen an den Gesamtwortzahlen über alle sieben Kerntexte stehen Jensens Thesen zur Erblichkeit der Intelligenz (3) an erster Stelle, gefolgt von seinen Ausführungen zur Lernfähigkeit und IQ (7) und dem Scheitern der kompensatorischen Erziehung (1). Als besonders auffälliger

Befund erweist sich aus retrospektiver Sicht, dass Jensens Ausführungen zu dysgenischen Tendenzen (6) kaum rezipiert worden sind und unter den sieben Kernthesen den letzten Platz in der Rezeption einnehmen. Dies ist aus heutiger Sicht kaum verständlich, zumal diese These erheblichen politischen Sprengstoff beinhaltet und tief im eugenischen Denken zu Beginn des 20. Jahrhunderts verwurzelt ist (vgl. Abschnitt 2.2.5). Im politischen Klima der ausgehenden 60er Jahre dürften derartige Annahmen als höchst inopportun gegolten haben.[267] Über die Gründe für diese mangelnde Rezeption kann an dieser Stelle nur spekuliert werden: So wäre es bspw. möglich, dass Jensens Thesen zu dysgenischen Tendenzen gegenüber seinen Ausführungen zu Rassenunterschieden in den Hintergrund getreten sind, da letztere ein viel größeres Kritikpotenzial beinhalteten. Vielleicht wurden auch die eugenischen Implikationen übersehen oder absichtlich nicht berücksichtigt, zumal sich derartige Thesen auf Bevölkerungsstatistiken stützen, die empirisch kaum widerlegbar sind. Einen weiteren heterogenen Befund liefern die Wortzahlen für die fünf Ebenen der Kritik an Jensen: Hier konzentrierte sich die Kritik auf die methodische (B) und die konzeptuelle Ebene (A), wohingegen kritische Argumente auf empirischer Ebene (C) am seltensten angeführt wurden. Mit anderen Worten: Anstelle einer Widerlegung Jensens mittels empirischer Gegenbeweise wurden vorrangig seine theoretischen Konzepte und deren methodische Umsetzung kritisch beleuchtet. Dies ist nicht zuletzt ein Beleg dafür, dass von environmentalistischer Seite die Thesen der Verhaltensgenetik und Zwillingsforschung zu Beginn der 70er Jahre nicht durch überzeugende Gegenbeweise entkräftet werden konnten. Im Kontext der Frage nach der Erblichkeit der Intelligenz konnten mitunter dieselben Studien von verschiedenen Diskurspositionen aus völlig unterschiedlich interpretiert und als eigene ›Beweise‹ ins Feld geführt werden. Dieses Ergebnis illustriert zudem die historischen Erörterungen bezüglich der Rezeption Jensens im internationalen Diskurs, wonach zum einen die Thesen Jensens einem breiten Konsens in der Intelligenzforschung hinsichtlich der Bedeutung der Anlage für die Intelligenzentwicklung entsprachen und zum anderen Jensen kaum eigene Untersuchungen in seinem Aufsatz behandelt hatte, sondern schwerpunktmäßig bereits vorliegende Befunde in einem neuen Licht zusammengefasst und neu interpretiert hatte. Ein Vergleich der Gesamtzahlen aus Tabelle 7 zeigt allerdings, dass die Position Jensens in den sieben Kerntexten des Dossiers zur Jensen-Debatte von erziehungswissenschaftlicher Seite nicht unwidersprochen rezipiert worden ist. Bezüglich der Gesamtzahlen der Rezeption und Kritik überwiegen die Wortzahlen, mit denen die kritischen Bereiche ausgeführt wurden, deutlich die Wortzahlen, die die Autoren für die Rezeption der Kernthesen Jensens verwendet hatten. Und in den Einzeltexten überwiegt bei vier Kerntexten der Umfang der Kritik den Umfang der Rezeption (vgl. Fatke 1970, 1971; von Hentig 1971; Jantzen 1987). Die These

---

267 Dass die Diskussionen dysgenischer Tendenzen selbst 25 Jahre nach Jensens HER-Aufsatz noch immer nicht aus dem Diskurs verschwunden waren, zeigen nicht nur die Thesen von Herrnstein und Murray (1994), sondern bspw. auch die späteren Werke des Humanethologen Eibl-Eibesfeldt (1994, 1998). Letzterer diskutierte Mitte der 90er Jahre die Konsequenzen einer offenen Immigrationspolitik und prognostizierte anhand demografischer Trends der Geburtenziffern von Weißen und Farbigen in den USA sowie von Deutschen und Türken in Deutschland die Zeitpunkte, an denen bei gleichbleibendem Trend die jeweiligen Minoritäten in der Bevölkerung die Mehrheit stellen würden (für die USA sei dies das Jahr 2056 und für Deutschland ca. das Jahr 2125; vgl. Eibl-Eibesfeldt 1994, S. 134, 143). Auch wenn Eibl-Eibesfeldt betont, dass es sich hierbei ›nur‹ um Modellrechnungen und nicht um Prognosen handele (vgl. Eibl-Eibesfeldt 1998, S. 204), liegt die besondere Gefahr derartiger Auswertungen demografischer Trends auf der Hand: zum einen aufgrund der komplexen Dynamik und Unvorhersagbarkeit demografischer Entwicklungen, und zum anderen, wenn derartige Thesen im Zusammenhang mit Gewalt, Fremdenscheu und Migrationshintergründen vertreten und mit einer entsprechenden Kollektivsymbolik (bspw. »Maßnahmen zur Einschränkung des Zustromes« (Eibl-Eibesfeldt 1994, S. 160) von Asylanten) gepaart werden.

Garfinkels, dass die Zahl der Zitationen von Jensens HER-Aufsatz mehrheitlich aus kritischen oder ablehnenden Zitationen bestehen könnte (vgl. Abschnitt 8.2), lässt sich damit auf die erziehungswissenschaftliche Rezeption Jensens in Deutschland ausweiten.

Hinsichtlich der inhaltlichen Rezeption der jensenschen Kernthesen konnten im Rahmen der eigenen Analyse kaum Rezeptionsfehler gefunden werden. In einem Fall wurden Ungenauigkeiten oder Generalisierungen ermittelt, die dem Bemühen um eine lesbare Zusammenfassung der jensenschen Thesen geschuldet waren: So unterstellte Fatke Jensen implizit die Gleichsetzung von Erblichkeit mit Unveränderlichkeit (vgl. Fatke 1971, S. 15 f). Zudem erweist sich Fatkes Diskussion von Statusunterschieden in der jensenschen Argumentation als fragwürdig: Laut Fatke habe Jensen auf den »empirischen Befund [verwiesen], daß die Intelligenzscores zwischen der unteren Sozialschicht und der Mittelklasse um eine Standardabweichung differieren« (Fatke 1970, S. 221; vgl. auch Fatke 1971, S. 18). Diese These konnte in der eigenen Analyse der jensenschen Originalpublikation nicht nachvollzogen werden. Nach Jensen seien über das gesamte Spektrum sozioökonomischer Unterschiede insgesamt Mittelwertunterschiede von einer bis zwei Standardabweichungen in der Intelligenz zu finden (vgl. Jensen 1969c, S. 75). Ein Unterschied von einer Standardabweichung zwischen Unterschicht und Mittelschicht habe sich laut Jensen hinsichtlich der Level-I-Fertigkeiten gezeigt, sei aber nicht weiter interpretierbar gewesen, da zwei Gruppen mit unterschiedlicher ethnischer Herkunft untersucht worden wären (vgl. ebd., S. 113). In einem weiteren Fall wurde Kritik gegen Jensen geäußert, die von diesem selbst zuvor bereits antizipiert und entkräftet worden war: So wurde die Relativierung, dass es sich bei der Heritabilität um ein zeit- und populationsabhängiges Maß handelt, von Jensen in seinem HER-Aufsatz bereits vorweggenommen (vgl. Husén 1971, S. 568 versus Jensen 1969c, S. 42 f), ohne dies jedoch über seinen gesamten Aufsatz hinweg konsequent zu berücksichtigen. Insgesamt betrachtet ist damit an dieser Stelle das Fazit angebracht, dass vonseiten der deutschen Erziehungswissenschaft eine *zeitnahe* und *unverzögerte* Rezeption der Jensen-Debatte zu verzeichnen ist, die durch ausgewogene und nicht übertriebene Darstellungen der Position und der Kernthesen Jensens gekennzeichnet ist, der Kritik letzterer jedoch einen etwas größeren Stellenwert eingeräumt hat als der Rezeption. Die aus der internationalen Debatte bekannten Ad-hominem-Argumente gegen Jensen (vgl. Abschnitt 8.3) wurden von erziehungswissenschaftlicher Seite in diesem Kontext zwar angesprochen, bestimmten aber die Diskussion nicht in dem Maße wie in der internationalen Jensen-Debatte.

Kapitel 9:
Die Burt-Debatte

Der ab Mitte der siebziger Jahre geführte Streit um die angeblichen Datenfälschungen von Sir Cyril Burt kann als weitere Schlüsselstelle im Anlage-Umwelt-Diskurs angesehen werden. Er ist in die zur damaligen Zeit heiß geführte Diskussion um die Vererbbarkeit der Intelligenz eingebunden, die im vorherigen Kapitel aus diskursanalytischer Sicht rekonstruiert worden ist. Die Burt-Debatte weist einige Charakteristika auf, die sie von anderen Teildiskursen des Anlage-Umwelt-Diskurses unterscheidet – wie zum Beispiel die Möglichkeit einer detaillierten historischen Rekonstruktion, die Möglichkeit der genauen Analyse des Einflusses der medialen Diskursebene und die Chance zur Herausarbeitung diskursiver Strategien, die von unterschiedlichen Fraktionen im Anlage-Umwelt-Diskurs eingesetzt worden sind. Am Beispiel der Burt-Debatte zeigt sich zudem, dass zumindest bezüglich des Gegenstandes der Intelligenz selbst in den 70er Jahren nicht von einem allgemeinen interaktionistischen Konsens im Anlage-Umwelt-Diskurs gesprochen werden kann. Vielmehr illustriert die historische Rekonstruktion dieser Schlüsseldebatte, wie noch in den 70er Jahren verfestigte Extrempositionen im Diskurs aufeinanderprallten, ohne dass die inhaltliche Diskussion auf der sachlichen Ebene zufriedenstellend einer Lösung zugeführt werden konnte. Dies gilt zugleich für den aktuellen Stand der Burt-Debatte. Im Folgenden wird zunächst der Versuch unternommen, den historischen Verlauf der Burt-Debatte im Detail nachzuzeichnen (vgl. Abschnitt 9.1). Sodann wird die Burt-Debatte aus diskursanalytischer Perspektive bezüglich ihrer Charakteristika und Implikationen für den Anlage-Umwelt-Diskurs ausgewertet (vgl. Abschnitt 9.2). Eine zusammenfassende Übersicht der wichtigsten diskursiven Ereignisse der Burt-Debatte, die in diesem Kapitel thematisiert werden, liefert die umseitige Abbildung 10.

9.1 Historische Rekonstruktion der Burt-Debatte

Die Zwillingsforschungsergebnisse von Sir Cyril Lodowic Burt (1883–1971), dem »Sohn des Hausarztes von Francis Galton« (Di Trocchio 2003, S. 141), galten bis kurz nach Burts Tod im Jahr 1971 als verhaltensgenetische Meilensteine im Anlage-Umwelt-Diskurs. Burt postulierte bereits im Jahre 1909 seine These von der Erblichkeit der Intelligenz (vgl. Burt 1909; Gould 1994b, S. 301–308; Tucker 1997, S. 147) und führte später Studien an getrennt aufgewachsenen eineiigen Zwillingen (sog. ›monozygotic twins reared apart‹ (kurz: ›MZa-twins‹)) und Untersuchungen verschiedener Konstellationen von Verwandten durch. Im Jahr 1943 berichtete er bezüglich des Merkmals ›Intelligenz‹ eine Korrelation in Höhe von .77 bei 15 Paaren *getrennt* aufgewachsener eineiiger Zwillinge (vgl. Burt 1943, S. 91; Eysenck 1980, S. 187). Im Jahr 1955 sei laut Burt die Zahl der untersuchten Zwillinge in seiner Stichprobe auf 21 Zwillingspaare angestiegen; im Jahr 1958 auf über 30 Paare und schließlich im Jahr 1966 sogar auf 53 Paare, wobei die Korrelationen in allen drei Publikationen mit dem Wert 0.771 angegeben wurden

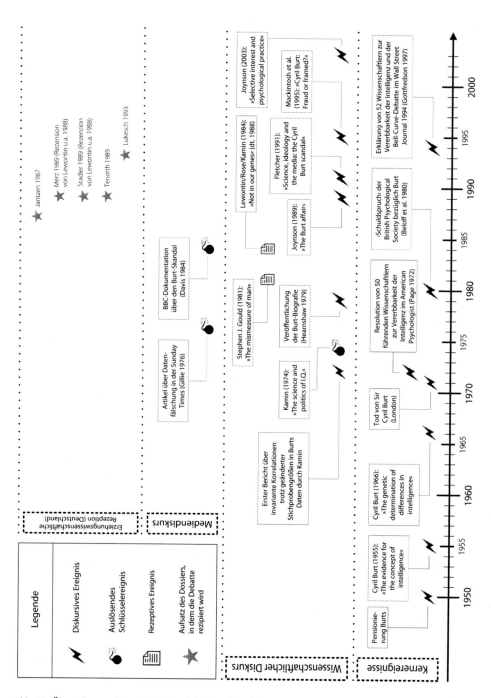

Abb. 10: Übersicht zum diskursiven Verlauf des Burt-Skandals

(vgl. Burt 1955, S. 167 f; 1958, S. 6 f; 1966, S. 146; Mackintosh 1995c, S. 46).[268] Insgesamt betrachtet hatte Burt demnach über 23 Jahre hinweg in seinen Publikationen bezüglich seiner untersuchten Zwillinge stets anwachsende Stichprobengrößen angeführt; seine Zwillingskorrelationen hatten sich jedoch seit 1955 bis auf die Tausendstelstelle hinter dem Komma nicht verändert. Für 83 Paare eineiiger Zwillinge, die *zusammen* aufgewachsen waren, gab Burt 1955 eine Korrelation in Höhe von .944 an (vgl. bspw. Kamin 1979, S. 52). Auch diese Korrelation blieb trotz wechselnder Stichprobengrößen über verschiedene Publikationen hinweg konstant.[269] Die historische Bedeutung von Burts Zwillingsstudien lag nicht zuletzt darin, dass sie »mehr Zwillingspaare als irgendeine der anderen Studien« (ebd., S. 48; vgl. auch Samelson 1997, S. 146) einbezogen hatte, wobei es laut Kamin zur damaligen Zeit nur drei weitere Studien mit getrennt aufgewachsenen eineiigen Zwillingen gegeben hätte (vgl. Kamin 1979, S. 47). Burts Ergebnisse schienen damit eine hohe Erblichkeit für das Merkmal Intelligenz nachzuweisen, wobei genetische Einflüsse in etwa doppelt so bedeutend wie Umwelteinflüsse seien (vgl. dazu auch Fußnote 240 auf Seite 220). Die besondere Relevanz von Burts Daten lag jedoch nicht ausschließlich in einem hohen Wert für die Erblichkeit der Intelligenz, sondern insbesondere in Burts Behauptung, die von ihm untersuchten Zwillinge seien alle in frühem Alter getrennt worden, bis auf wenige Ausnahmen nicht von Verwandten aufgezogen worden und in unkorrelierten (aber gesamtgesellschaftlich repräsentativen) Umwelten aufgewachsen, sodass seine Studie nicht den üblichen Mängeln und Einschränkungen anderer Zwillingsstudien unterläge (vgl. Colman 1987, S. 26; Hearnshaw 1979, S. 232; Kamin 1979, S. 48; Mackintosh 1995b, S. 138 f; Paul 1985, S. 318).

> "The importance of these features of Burt's data can hardly be exaggerated. If all this were true, the implication is that the twins really did experience rather different environments, and the only plausible explanation for the resemblance between their IQ scores would be their shared genes. The correlation between these IQ scores would provide us with a virtually direct and uncontaminated estimate of the heritability of IQ" (Mackintosh 1995b, S. 139).

Die Untersuchungsergebnisse von Burt gingen auch in andere Studien und Meta-Analysen zur Erblichkeit der Intelligenz ein. Wie in Kapitel 8 bereits dargestellt, wurden sie bspw. von Arthur Jensen in seinem Aufsatz »How much can we boost IQ and scholastic achievement?« aus dem Jahr 1969 verwertet, der den heftig geführten Streit um die Erblichkeit der Intelligenz zu Beginn der 70er Jahre eingeläutet hatte (vgl. bspw. Gould 1994b, S. 260).

Eines der wohl kuriosesten Ereignisse der gesamten Debatte um die Zwillingsdaten Burts ereignete sich im Jahr 1971 kurz nach Burts Tod und soll an dieser Stelle aufgrund seiner Bedeutung in ausführlicher Schilderung durch Jensen wiedergegeben werden:

> "A few days after the news of Burt's death in 1971, I [Jensen, ML] wrote to Miss Gretl Archer, who was Burt's private secretary for over twenty years, to request that she preserve the two or three tea crates of old raw data that Burt had once told me he still possessed. I told Miss Archer that I would travel to London the following summer to go through this material. I supposed it included IQ test data on twins, in which I had an interest and which I thought could be used in certain newer kinds of genetic analysis that Burt had not attempted. Miss Archer replied that all of these data had been destroyed

---

268 Eine leichte Abweichung mit einer Korrelation von 0.778 bei 42 untersuchten MZa-Paaren berichtete Conway im Jahr 1958 in einem Artikel, der höchstwahrscheinlich von Burt selbst unter dem Pseudonym ›J. Conway‹ verfasst worden war (vgl. Conway 1958, S. 186 f; Mackintosh 1995c, S. 46).

269 Später stellte sich heraus, dass diese Korrelation aufgrund eines replizierten Druckfehlers zustande gekommen war und eigentlich bei .904 hätte liegen müssen (vgl. Jensen 1974, S. 8).

within days after Burt's death, on the advice of Dr Liam Hudson, professor of educational psychology at Edinburgh University. He had come to Burt's home soon after the announcement of Burt's death. Miss Archer, distraught and anxious to vacate Burt's large and expensive flat in Hampstead, had already arranged for the disposition of Burt's library and correspondence files (which were turned over to his biographer Hearnshaw), but expressed concern to Hudson about what to do with these boxes of old data. Hudson looked over their contents and advised that she burn them, as being no longer of any value. Miss Archer said she believed the boxes included the data on twins, and later expressed regret that she had acted on Hudson's advice. The account I received from Miss Archer of this event was corroborated by Hudson himself, in an interview with *Science* staff writer Nicholas Wade (1976). Hudson explained that he thought Burt's old data sheets were probably unintelligible to anyone but Burt himself" (Jensen 1995, S. 4, Hervorhebung im Original; vgl. auch Hearnshaw 1979, S. 238; Jensen 1992, S. 105; Lamb 1992, S. 209 f.).

Zu dieser Darstellung ist anzumerken, dass Liam Hudson (1933–2005) einer der vehementesten Burt-Kritiker war, was sein Verhalten in diesem Fall mehr als fragwürdig erscheinen lässt. Bis auf den heutigen Tag ist ungeklärt, ob die von Jensen angesprochenen Boxen wirklich Rohdaten über Zwillinge enthielten.[270] Unabhängig von möglichen Spekulationen über diese Frage ist dieser Vorfall als Schlüsselereignis in der Burt-Debatte anzusehen:

"Both Hudson's rush to Burt's flat right after his death and his advice to Burt's secretary-housekeeper to burn the stored data seem stranger than fiction. Surely, it must be one of the most bizarre events in the whole Burt affair" (Jensen 1992, S. 106).

Die bereits genannten, trotz steigender Stichprobengrößen invarianten Korrelationen in den Arbeiten von Burt waren spätestens seit 1966 aus dessen Publikationen ersichtlich, seien jedoch laut Jensen erst nach Burts Tod erstmalig von Leon Kamin im Rahmen eines Kolloquiums im Herbst des Jahres 1972 thematisiert worden (vgl. Jensen 1974, S. 12). Jensen gelangte anhand von Zusammenstellungen und Überprüfungen der Korrelationen in den Veröffentlichungen Burts im Jahre 1974 zu dem folgenden Ergebnis:

"Unfortunately, since Burt is deceased, it seems highly unlikely that we shall ever be able to clear up the rather puzzling discrepancies and ambiguities that were noted in the above tables … The only 'scores' on individual sets of relatives that remain are the final [sic!] assessments of the monozygotic twins reared apart, which Burt made available a few years before his death. But the most serious problems with Burt's presentation of all these correlations are the often unknown, ambiguous, or inconsistent sample sizes and the invariant correlations despite varying *N*s from one report to another. I count altogether no fewer than 20 pairs of invariant correlations for various kinships with differing *N*s in each case" (ebd., S. 24, Hervorhebungen im Original).

Auf diesen Aufsatz Jensens bezog sich auch Kamin, der spätere Mitautor der Streitschrift »Die Gene sind es nicht …« (Lewontin/Rose/Kamin 1988), im gleichen Jahr mit seiner Publikation »The science and politics of I.Q.« (vgl. Kamin 1974; dt. 1979). Aus diskursanalytischer Per-

---

270 Die Diskussion um den Verbleib dieser Daten ist deshalb als gravierend einzustufen, weil der größte Teil der von Burt über Jahrzehnte hinweg gesammelten Daten bereits im Rahmen der Bombardierung Londons im Zweiten Weltkrieg durch die deutsche Luftwaffe verloren gegangen zu sein scheint (vgl. bspw. Eysenck 1980, S. 186). Über den genauen Verbleib der Rohdaten, die Umstände ihres Verlustes und die Existenz der Daten an sich wurde im Rahmen der Burt-Debatte immer wieder spekuliert (vgl. z. B. Joynson 1989, S. 176–181). Die endgültigen Testwerte – aber nicht die unbereinigten Rohdaten – der 53 getrennt aufgewachsenen eineiigen Zwillinge sind bis heute die einzigen zugänglichen Daten in diesem Zusammenhang. Sie wurden Shockley, Christopher Sandy Jencks (geb. 1936) und Jensen von Burt zu dessen Lebzeiten zugesandt und von Jensen in einem Aufsatz aus dem Jahr 1974 aufgelistet (vgl. Jensen 1974, S. 14 f.).

spektive handelt es sich bei dieser Monografie um einen Schlüsseltext im Streit um die Vererbung der Intelligenz: Kamin kritisierte dort nicht nur die Forschungsergebnisse Burts, sondern die Messung der Intelligenz als Methode, die historischen Ursprünge dieses Forschungszweiges, die bisherigen Ergebnisse zur Erblichkeit der Intelligenz und die bis dato durchgeführten Zwillings- und Verwandtschaftsstudien. Er zog das generalisierende Fazit: »Es existieren keine Daten, die einen besonnenen Mann dazu bringen könnten, die Hypothese zu akzeptieren, daß I.Q.-Werte in irgendeinem Maße erblich sind« (Kamin 1979, S. 18). Zentrale Leitmotive seiner Analyse waren zudem die aus seiner Sicht mit der Intelligenzforschung untrennbar verknüpften »politischen Implikationen und ideologischen Hintergedanken« (ebd., S. 182).[271] Bezüglich der Arbeiten Burts verwies Kamin nicht nur auf invariante Korrelationen, sondern äußerte eine Reihe weiterer Bedenken, unterstellte Burt aber nicht direkt Betrug oder Datenfälschung (vgl. ebd., S. 48–61; Tucker 1997, S. 145). Dennoch fällte Kamin über den Stellenwert der Forschungen Burts im wissenschaftlichen Diskurs ein vernichtendes Urteil:

> »Folgende Schlußfolgerung kann man nicht vermeiden: Die Zahlen, die Professor *Burt* hinterlassen hat, sind unserer gegenwärtigen wissenschaftlichen Aufmerksamkeit einfach nicht wert« (Kamin 1979, S. 61, Hervorhebung im Original).

Hatte sich die Diskussion um die Daten Burts bis zu diesem Zeitpunkt noch ausschließlich auf der wissenschaftlichen Diskursebene abgespielt, so änderte sich dies schlagartig mit der Veröffentlichung des Zeitungsartikels »Crucial data faked by eminent psychologist« (Gillie 1976a) in der Sunday Times durch den Wissenschaftsjournalisten Oliver Gillie, der im gleichen Jahr eine Buchpublikation zur Anlage-Umwelt-Kontroverse veröffentlicht hatte (vgl. Gillie 1976b), und die Thematik wurde innerhalb kürzester Zeit Teil des öffentlichen Mediendiskurses (vgl. Joynson 1989, S. 164; Fletcher 1991, S. 81–114; Willmott 1998, S. 372).[272] Neben den invarianten Korrelationen wurden von Gillie weitere Vorwürfe gegenüber Burts wissenschaftlicher Arbeitsweise erhoben: Laut Burt seien eine Miss J. Conway und eine Miss Margaret Howard maßgeblich an der Datenerhebung und Durchführung der Intelligenztests bei den Zwillingen sowie an der statistischen Datenauswertung beteiligt gewesen. Bereits ein Jahr vor Gillies Artikel hatte Jack Tizard (1919–1979) erfolglos versucht, diese Damen zu kontaktieren (vgl. Hearnshaw 1979, S. 236). Da auch Gillie diese Assistentinnen und Koautorinnen Burts – trotz Werbeanzeige – nicht ausfindig machen konnte, wurde von ihm ihre Existenz per se angezweifelt und der Vorwurf erhoben, Burt habe sie frei erfunden (vgl. bspw. ebd., S. 235f; Joynson 1989, S. 168; Fletcher 1991, S. 91–101). Zudem behauptete Gillie, dass Burt seine Daten im Nachhinein so angepasst bzw. bereinigt hätte, dass bei der Berechnung die gewünschten Korrelationen herausgekommen wären. Hearnshaw umschrieb diese Vorgehensweise als »working backwards to make the observations fit the answers« (Hearnshaw 1979, S. 235). Aus anfänglichen Zweifeln

---

271 Dass es sich bei diesem Werk um eine environmentalistisch geprägte ›Streitschrift‹ handelt, wird nicht zuletzt dadurch illustriert, dass Kamin an den Schluss seiner Betrachtung das behavioristische Zitat von John Broadus Watson aus den Jahren 1924/25 (»Gebt mir ein Dutzend gesunder, wohlgebildeter Kinder ...«), das bereits in Abschnitt 2.2.6 auf Seite 107 zitiert worden ist, gestellt hat.

272 Kamin wurde in Gillies populärwissenschaftlicher Darstellung der Anlage-Umwelt-Debatte nur kurz erwähnt (vgl. Gillie 1976b, S. 188); und die Burt-Debatte selbst (bezüglich einer vermeintlichen Datenfälschung) wurde von Gillie komplett ausgeblendet. Vor dem Hintergrund, dass beide Publikationen aus dem gleichen Jahr stammen, scheint eine strategische Konstruktion der Burt-Debatte durch Gillie wahrscheinlich: "Oliver Gillie is a clever fellow, and it can hardly be altogether a coincidence that his story debunking the late Sir Cyril Burt appeared in the *Sunday Times* just when *Who Do You Think You Are?* was hitting the bookstalls" (D. Gould 1976, S. 399, Hervorhebungen im Original).

an Korrelationen, die zu gut waren, um wahr zu sein, war damit in der zweiten Hälfte der 70er Jahre durch den Einfluss der Medien und den Einbezug der Öffentlichkeit ein handfester Skandal geworden, in dem öffentlich Vorwürfe der Datenfälschung und des Betrugs posthum gegenüber Burt geäußert wurden: [273]

> "Kamin ... had evidently (he later announced) *implied* fraudulence, but had not been so unrestrained as to charge Burt with this. It was Gillie's claim to distinction to have brought all their criticisms together under the plain and outspoken charge of fraud" (Fletcher 1991, S. 82, Hervorhebung im Original).

Der Öffentlichkeit wurde der Burt-Skandal in entsprechender Weise als sensationellster Betrugsfall des 20. Jahrhunderts präsentiert, der mit dem Piltdown-Skandal in der Paläontologie vergleichbar sei (vgl. bspw. Fletcher 1991, S. XX; Mackintosh 1995b, S. 130). Letzterer war im Jahr 1953 ausgelöst worden, als ein 1912 gefundener Schädel eines angeblichen Frühmenschen 41 Jahre später als Zusammensetzung von Schädelteilen eines Menschen, Orang-Utans und Schimpansen – und somit als Fälschung – entlarvt werden konnte (vgl. bspw. Di Trocchio 2003, S. 172–180). Dass es in der Debatte um Burts Zwillingsdaten schon längst nicht mehr um die Richtigkeit der Daten selbst ging, zeigten verschiedene Stellungnahmen von Verhaltensgenetikern und Intelligenzforschern bereits gegen Ende der 70er Jahre. Diese wiesen darauf hin, dass andere Studien zur Vererbbarkeit der Intelligenz zwar nicht ganz so hohe Korrelationen ermittelt hätten wie die Burt-Studie, eine Nicht-Berücksichtigung der Daten Burts die These von der substanziellen Erblichkeit der Intelligenz jedoch kaum relativieren würde (vgl. bspw. Jensen 1992, S. 110): [274]

> "The kinship correlations based on Burt's data do provide for somewhat higher estimates of heritability; thus the effect of omitting Burt's data would be to lower such estimates. However, the differences between the data sets can be overemphasized. The kinship correlations are significantly different for only one relationship – MZ twins raised together. Furthermore, *both* sets of data point to the conclusion that genetic factors substantially influence variation in IQ" (Rowe/Plomin 1978, S. 82, Hervorhebung im Original).

Als 1978 der Vorschlag zur Untersuchung des Burt-Skandals an die ›British Psychological Association‹ herangetragen worden war, entschied diese, zunächst auf die Ergebnisse einer biografischen Analyse zu warten, die von Leslie Spencer Hearnshaw (1907–1991) im Jahr 1979 veröffentlicht werden sollte (vgl. Hearnshaw 1979). Hearnshaw erhärtete und ergänzte in seiner Burt-Biografie einige der bis dato geäußerten Vorwürfe gegen Burt, sodass diese im April 1980 auf einem Symposium der ›British Psychological Association‹ zusammengetragen,

---

273 Der Burt-Skandal wurde ab Mitte der 70er Jahre auch im deutschsprachigen Mediendiskurs rezipiert: »Die *Frankfurter Allgemeine Zeitung* berichtete am 19.1.1977 unter dem Stichwort ›Wissenschaftlicher Betrug‹ über die Ungereimtheiten ins [sic] *Burts* Opus, der *Stern* (49/1976) betitelt seinen Bericht mit ›Fälscher am Werk‹ und der *Spiegel* (42/1978) wittert ›Schwindel mit Zwillingen‹« (Stadler/Stadler 1979, S. 4, Hervorhebungen im Original).

274 Aktuellere Stellungnahmen von nativistischer Seite verweisen in diesem Zusammenhang sowohl auf ältere Studien, die bereits von Kamin in dessen Kritik einbezogen worden waren, als auch auf die Ergebnisse der Minnesota-Studie und die Arbeiten der Forschungsgruppen um Robert Plomin, die Heritabilitäten mentaler Fähigkeiten in Höhe von 50–80 % nachgewiesen hätten (vgl. bspw. Rushton 1994b, S. 268; 2002, S. 557 f.). Jensen habe sogar im Jahr 1992 im Rahmen einer Ansprache an die ›American Psychological Association‹ berichtet, dass sich unter Ausschluss der Burt-Daten bei Berücksichtigung der vier größten Zwillingsstudien (Newman/Freeman/Holzinger 1937, Shields 1962, Bouchard, JR. u.a. 1990, Pedersen u.a. 1992) eine gewichtete mittlere Korrelation in Höhe von .771 für getrennt aufgewachsene eineiige Zwillinge (N=130) ergebe (vgl. Lamb 1992, S. 207) – also eine Korrelation, die mit dem von Burt ermittelten Wert genau übereinstimmt.

diskutiert und später veröffentlicht werden konnten (vgl. Beloff 1980).[275] Eine unabhängige Untersuchung wurde von der British Psychological Association allerdings nicht in Auftrag gegeben oder durchgeführt. Auf diese Weise wurde zugleich ein ›offizieller Schuldspruch‹ gegen Burt gefällt (vgl. bspw. Joynson 1989, S. VII; Samelson 1997, S. 147; Rushton 2002, S. 557). Hearnshaw hatte im Rahmen seiner biografischen Untersuchung eine Sammlung von Briefen, Arbeitsunterlagen und persönlichen Aufzeichnungen Burts, die nach dessen Tod nicht vernichtet worden waren, analysiert und dabei belastende Indizien für etliche der bis dato geäußerten Vorwürfe gefunden.[276]

Hearnshaws Ergebnisse erwiesen sich in der Burt-Debatte zunächst als derart einflussreich, dass sogar vehemente Verteidiger Burts – zu denen insbesondere Hans Jürgen Eysenck in Großbritannien und Arthur Jensen in Amerika gerechnet werden konnten – ihre Einschätzungen des Burt-Skandals (zumindest zeitweilig) änderten (vgl. Fletcher 1991, S. 171).[277] Eine der bedeutendsten Enthüllungen Hearnshaws betrifft eine Liste von Rohdaten (Intelligenztestwerte der 53 getrennt aufgewachsenen eineiigen Zwillingspaare), die Burt auf Nachfrage hin noch zu Lebzeiten an mindestens drei Experten geschickt haben soll (vgl. Fußnote 270 auf Seite 250). Hearnshaw fand bezüglich der Herkunft dieser Liste in Burts (teilweise lückenhaften und unvollständigen) Tagebüchern einen kompromittierenden Eintrag, der bis heute ungeklärte Fragen aufwirft und kontrovers diskutiert sowie unterschiedlich bewertet wird:

> "The nearest thing to a 'smoking gun' in Burt's diaries is the single entry, 'calculating data on twins for Jencks'. This item does give the reader pause. In 1968, Christopher Jencks, a Harvard sociologist, had requested from Burt a listing of the IQs and socio-economic ratings of each of the fifty-three MZa twin pairs on which the correlations were based in an important article Burt published in 1966. The crucial question here is does 'calculating data' mean deliberately *concocting* data to fit the already published correlations and other statistics? Or could it mean something else, perhaps just assembling data from various other tables or test sheets, or matching up the socio-economic information on the subjects from separate data files? No one really knows. There is indisputable evidence from Burt's correspondence that he told 'white lies' to Jencks and other correspondents about the reasons for his delayed replies to their inquiries (such as claiming to have been out of town), but this can hardly be construed as evidence

---

275 Unabhängig von Hearnshaw wiesen Sutherland und Sharp im Jahr 1980 auf fehlende Dokumentationen und eine mangelhafte Nachvollziehbarkeit der früheren Forschungsarbeiten Burts hin. Dies betrifft insbesondere dessen Arbeiten im Rahmen seiner Anstellung als Schulpsychologe beim ›London County Concil‹ (LCC) zwischen den Jahren 1913 und 1932 (vgl. Sutherland/Sharp 1980, S. 193). In diesem Zusammenhang bleibt auch unverständlich, dass sich keine Nachweise für Korrespondenzen oder Kooperationen zwischen Burt und Lancelot Thomas Hogben (1895–1975) sowie Raymond Bernard Cattell (1905–1998), die beide in den 30er Jahren Zwillings- bzw. Verwandtenuntersuchungen für das LCC durchgeführt hatten, finden lassen, wo doch Burt über einen umfangreichen Pool mit Zwillingsdaten verfügt haben müsste (vgl. ebd., S. 200 f; kritisch: Hearnshaw 1979, S. 229).

276 Auf die Schilderung von Hearnshaws Bemühungen, den vermeintlichen wissenschaftlichen Betrug Burts aus dessen psychologischer Geistesverfassung herzuleiten, wird an dieser Stelle verzichtet, da sich diese Erklärungsmuster als weitgehend spekulativ und konstruiert erwiesen haben (vgl. Fletcher 1991, S. 324–335). Fletchers Einschätzung zufolge handele es sich dabei sogar um die beste »›Just So‹ story in the whole history of psychology« (ebd., S. 326). Kritik an Burts Integrität als Person (insbes. bezüglich seines Umgangs mit Studenten und rivalisierenden Kollegen) wurde posthum auch von Eysenck erhoben (vgl. Eysenck 1995, S. 114 ff). Gegenüber Hearnshaw äußerte Eysenck den Vorwurf, Ersterer hätte ihn und Jensen niemals besucht und somit Materialien zur Burt-Affäre ignoriert, die Eysenck hätte zur Verfügung stellen können (vgl. ebd., S. 113).

277 Jensen scheint seine Einschätzung der Burt-Kontroverse zwischen 1971 und 1992 mehrfach revidiert und teilweise widersprüchliche Kommentare abgegeben zu haben (vgl. Tucker 1997, S. 158 f). Dies veranschauliche laut Tucker »the bizarre twists and turns of the Burt story« (ebd., S. 158).

that he fabricated the MZa data he sent to them" (Jensen 1995, S. 7, Hervorhebung im Original; vgl. auch Mackintosh 1995c, S. 63).[278]

Im Jahr 1984 wurde vom britischen Fernsehsender BBC eine Dokumentation zum Burt-Skandal mit dem Titel »The Intelligence Man« ausgestrahlt (Davis 1984), in dem die bisherigen und darüber hinaus gehende Vorwürfe gegen Burt einer breiten Öffentlichkeit gegenüber bekannt gemacht wurden, sodass auf diese Weise die Burt-Debatte erneut mediale Aufmerksamkeit im öffentlichen Diskurs erregte. Auf der Grundlage der Angaben von mindestens zwei der im Rahmen der Recherchen für diese BBC-Dokumentation interviewten Zeitzeugen sind bezüglich der Motive und hehren Absichten des Produktionsteams zumindest begründete Zweifel angebracht, da Interviewpassagen aus ihrem Kontext gerissen worden wären, Anhänger der Pro-Burt-Fraktion überhaupt nicht zu Wort gekommen wären und Behauptungen aufgestellt worden wären, für die keinerlei Belege verfügbar gewesen wären.[279]

Zehn Jahre nach Erscheinen der Burt-Biografie Hearnshaws wurden die Vorwürfe gegen Burt und der Burt-Skandal in seiner Gesamtheit von Robert Billington Joynson und Ronald Fletcher unabhängig voneinander reanalysiert und ausgewertet (vgl. Joynson 1989; Fletcher 1991; kritisch: Samelson 1992, S. 225–229).[280] Dabei wurden die einzelnen gegen Burt gerichteten Vorhaltungen detailliert geprüft und bezüglich ihrer logischen Wahrscheinlichkeiten diskutiert. Im Ergebnis plädierten beide Wissenschaftler für eine Rehabilitation Burts (vgl. bspw. auch Ward 1998, S. 235; Rushton 2002, S. 557). Fletcher wertete als ›kleinere Vorwürfe‹, die seiner Auffassung nach leicht zu entkräften seien: das Schätzen von Intelligenzwerten von Erwachsenen durch Burt, die nachträgliche Erfindung von Rohdaten zur Stützung seiner bereits formulierten Hypothesen sowie die Falschdarstellung der historischen Entdeckungsgeschichte der Faktorenanalyse (vgl. Fletcher 1991, S. 259–263; kritisch: Blinkhorn 1995, S. 41). Fletcher benannte zudem vier Hauptvorwürfe gegen Burt: die Tatsache, dass zwei seiner Assistentinnen trotz

---

278 In Burts Nachlass finden sich zwei Tagebucheintragungen aus dem Januar 1969 bezüglich der Zusammenstellung der Daten für Jencks: "According to his diary Burt spent the whole of the week from 2 January 1969 onwards 'calculating data on twins for Jencks'. On January 11th he 'finished checking tables for Jencks'. Had the I.Q. scores and social class gradings been available they could have been copied out in half an hour at the most. So quite clearly the table of I.Q. scores and social class gradings was an elaborately constructed piece of work, and we are forced to the conclusion that he simply did not possess detailed data, at any rate for the whole sample of his separated MZ twins" (Hearnshaw 1979, S. 247).

279 So äußerte sich bspw. Cattell gegenüber Joynson: "For example, I pointed out that the consensus of scientific work in the area fell exactly at Burt's figures and that the removal of Burt's data would not affect the scientific issue at all … It is quite clear that these people – Gillie, Kamin, and others – thought that by a thorough character-assassination of Burt they could disprove the importance of heredity in intelligence. This they have conspicuously failed to do … Now I have not seen the product myself, but my brother in Devonshire and others who have written to me fully concur with your opinion of a very biased presentation" (Fletcher 1991, S. 25 f); und in einem späteren Brief: "Both Jensen and I became aware they had a pre-arranged concept that took no notice of all that we gave them" (ebd., S. 26). Jensen urteilte bezüglich der BBC-Dokumentation: "I was of course dismayed when I saw the final product, and dismayed by such a monolithically *simple* portrayal of Burt" (ebd., Hervorhebung im Original). In ähnlicher Weise wies auch Charlotte Banks darauf hin, dass ihre Einwände, auch andere Perspektiven des Burt-Falls zu berücksichtigen, vom Produktionsteam der BBC nicht beachtet worden wären (vgl. ebd., S. 30).

280 Zu den an dieser Stelle nicht diskutierten Vorwürfen gehören zum Beispiel die Folgenden: Burt soll als Zeitschrifteneditor Artikel anderer Autoren zur Stützung seiner eigenen Position umgeschrieben haben (vgl. z. B. Eysenck 1980, S. 184, 190). Zudem soll bisher nur ein einziger Zwilling auffindbar gewesen sein, der bestätigen konnte, von Burt bzw. dessen Assistentinnen interviewt worden zu sein (vgl. z. B. Mackintosh 1995c, S. 58 f; Wright 1998, S. 41).

intensiver Recherche durch Gillie nicht auffindbar gewesen seien, die (unautorisierte) Nutzung der Namen seiner Assistentinnen und von Pseudonymen für Artikel, die von Burt selbst verfasst worden wären, die Konstruktion von Rohdaten durch Burt, obwohl laut biografischer Analyse eine Datenerhebung durch Burt nicht möglich oder extrem unwahrscheinlich gewesen sei, und schließlich die invarianten Korrelationen trotz über die Zeit steigender Stichprobengrößen (vgl. Fletcher 1991, S. 265).

Nach akribischer Prüfung dieser Vorwürfe gegen Burt gelangte Fletcher zu dem Ergebnis, dass zumindest starke Zweifel bezüglich ihrer Glaubwürdigkeit angebracht seien (vgl. insbes. ebd., S. 265–307). Beispielsweise konnten zwar die Assistentinnen Burts, Miss Howard und Miss Conway, nicht direkt ausfindig gemacht werden, aber anhand von Zeugenaussagen zumindest Indizien für deren Existenz gefunden werden (vgl. bspw. Joynson 1989, S. 168 ff; Fletcher 1991, S. 98 f).[281] Die Nutzung ihrer Namen in Zeitschriftenartikeln wurde von Burt bereits zu Lebzeiten selbst gerechtfertigt mit der Begründung der Anerkennung ihrer Forschungstätigkeiten und Bemühungen im Zuge der Datenerhebung und -auswertung (vgl. bspw. ebd., S. 97). Eine bewusste Konstruktion und Fälschung von Forschungsdaten konnte bis heute nicht stichhaltig nachgewiesen werden und wird im Rahmen kritischer Rekonstruktionen mit dem Argument zurückgewiesen, dass Burt, wenn er wirklich eine Fälschung beabsichtigt hätte, nicht invariante Korrelationen veröffentlicht hätte (vgl. Mackintosh 1995c, S. 56). Vielmehr hätte er weitaus bessere und unauffälligere Möglichkeiten zur Hand gehabt, um einen Betrug zu verschleiern (vgl. bspw. Butler/Petrulis 1999, S. 155; Joynson 2003, S. 411).[282] Wade zufolge wäre ein derartiger Betrugsversuch durch Burt als dilettantisch zu werten:

> "Burt's data are probably now unusable in any case, but it would still be of some historical interest to know whether the flaws resulted from systematic fraud, mere carelessness, or something in between. The facts so far available do not allow any of these explanations to be ruled out. The only sure evidence of error, the invariant correlations, is a curious mistake for a cunning forger to make" (Wade 1976, S. 919; vgl. auch Hearnshaw 1979, S. 237).

In ähnlicher Weise hatte sich auch Burts Schwester zu den Betrugsvorwürfen gegenüber ihrem verstorbenen Bruder geäußert: »I do not think he [Burt, ML] was ever stupid enough to bring out wilfully fraudulent work which he must have known would sooner or later be proved against him« (Fletcher 1991, S. 145; siehe auch Samelson 1992, S. 229). Zudem ergäben einige der zweifelhaften Korrelationen in Burts Berichten sogar eine Abnahme der Heritabilität der Intelligenz und würden damit eher environmentalistische Argumente stützen (vgl. Jensen 1995, S. 10 f). Als wahrscheinlicher wird demgegenüber die Möglichkeit eingeschätzt, dass Burt im Laufe der Jahre alte Daten wiedergefunden, neu aufbereitet und Stück für Stück in

---

281 Laut Lamb hätten sich Conways Nachkommen kurz nach Veröffentlichung von Fletchers Publikation mit Letzterem in Verbindung gesetzt. Zudem seien weitere Zeitzeugen für die Existenz von Burts Assistentinnen ermittelbar gewesen (vgl. Lamb 1992, S. 217).

282 Als ein weiteres Argument gegen eine Datenfälschung bzw. -konstruktion führte Fletcher eine Reanalyse von Burts Daten durch Shockley an, die ergeben hätte, dass Burts Daten Verteilungsauffälligkeiten zeigen würden, die auch in anderen Zwillingsdaten zu finden seien. Dieser Typ der Verteilungsprüfung sei zur damaligen Zeit aber noch unbekannt gewesen und hätte im Falle einer Konstruktion von Daten unmöglich von Burt berücksichtigt werden können (vgl. Fletcher 1991, S. 175). Laut Tucker zeige jedoch ein Vergleich der Studien Burts mit anderen Zwillingsstudien (insbes. bezüglich der Art der Stichprobenzusammensetzungen), dass eine Entdeckung von 53 eineiigen Zwillingspaaren, die spätestens im Alter von sechs Monaten getrennt worden wären und danach bei Nicht-Verwandten aufgewachsen wären, durch Burt aus statistischer Sicht derart unwahrscheinlich sei, dass sie quasi ausgeschlossen werden müsse (vgl. Tucker 1997, S. 152–156).

seine Ergebnisdarstellungen eingearbeitet haben könnte (vgl. Butler/Petrulis 1999, S. 156; Mackintosh 1995c, S. 59). Falls Burts Datenerhebungen ausschließlich aus der Zeit vor dem Zweiten Weltkrieg stammten (was aufgrund biografischer Analysen als wahrscheinlich gilt; vgl. Hearnshaw 1979, S. 239), bleibt jedoch unklar, weshalb Burt bis Mitte der 50er Jahre mit der Veröffentlichung seiner Ergebnisse gewartet hatte (vgl. Mackintosh 1995c, S. 147). Bezüglich der invarianten Korrelationen hatte bereits Fletcher darauf hingewiesen, dass eigentlich nur die Korrelationen in Burts Aufsatz aus dem Jahr 1966 nicht erklärbar seien. Andere Aufsätze Burts hätten lediglich aktualisierte Tabellen mit einer Vielzahl gleichbleibender Korrelationen enthalten.[283] Daher entstehe der Eindruck, dass durch Burts Kritiker eine strategische Auswahl der invarianten Korrelationen erfolgt sei (vgl. bspw. Fletcher 1991, S. 71 f, 300; Mackintosh 1995c, S. 51 f). Als eine der aktuellsten Hypothesen bezüglich der Diskrepanzen in den Stichprobengrößen von Burts Zwillingsdaten äußerte Joynson die Vermutung, dass Burt etliche Paare von Zwillingen, die zuvor als zweieiig klassifiziert worden waren, aufgrund eines erneuten Selektionsprozesses der Daten bzw. des Auftauchens zuvor vermisster Daten für seinen Aufsatz aus dem Jahr 1966 der Kategorie der eineiigen Zwillinge neu zugeordnet haben könnte (vgl. Joynson 2003, S. 419–422). Daher könne Burt keine absichtliche Datenkonstruktion oder -fälschung, sondern eher eine gewisse Unehrlichkeit bzw. Unredlichkeit im Umgang mit seinem Datenmaterial und dessen Auswertung vorgeworfen werden. Einige Vorwürfe – wie bspw. die unrechtmäßige Nutzung von Pseudonymen (vgl. bspw. Fletcher 1991, S. 98), die ungenügende Beschreibung der methodischen Vorgehensweise sowie die Ungereimtheiten bezüglich des Datenmaterials und einiger Korrelationen – blieben jedoch trotz der Rehabilitationsversuche durch Joynson und Fletcher weiter bestehen, obwohl von Burts Kritikern an keiner Stelle ein konkreter Beweis für eine vorsätzliche Datenfälschung oder einen Betrug erbracht werden konnte. Zu einer ähnlichen Schlussfolgerung gelangte auch Ward: »Whatever position one might take on this matter, there can be no doubt that Burt was guilty of very slipshod reporting and failure to identify his sources« (Ward 1998, S. 238).

Den zumindest vorläufigen Schlusspunkt retrospektiver Monografien und Sammelwerke – aber nicht einzelner Fachaufsätze – zum Burt-Skandal bildete ein im Jahr 1995 von Nicholas John Mackintosh herausgegebener und in großen Teilen mitverfasster Sammelband (vgl. Mackintosh 1995a), in dem sowohl Kritiker als auch Verteidiger Burts zu Wort kamen. Demnach würden trotz mehrfacher Rehabilitationsversuche weiterhin Zweifel an der Integrität Burts bestehen bleiben:

> "Mackintosh, through his three chapters, inevitably has a dominating influence. His thesis is that: 'the cumulative weight of the evidence makes it difficult to maintain Burt's innocence'; but this is a statement of probability rather than a firm conclusion. However, it will satisfy many, perhaps most, of Burt's critics I would think: but, on the other hand, we are still waiting for any definite evidence of fraud" (Ward 1998, S. 240).

Zusammenfassend lässt sich aufgrund dieser historischen Rekonstruktion feststellen, dass die Debatte um die angeblichen Datenfälschungen von Sir Cyril Burt bis heute nicht zufriedenstellend gelöst werden konnte. Ausgelöst durch logische Unstimmigkeiten in den Publikationen Burts, offene Fragen bezüglich seiner methodischen Vorgehensweise und einige unerklärbare

---

283 Diese These zur Arbeitsweise Burts deckt sich mit einer Reanalyse seiner Aufsätze, die gezeigt hat, dass Burt beim Verfassen seiner späteren Aufsätze höchstwahrscheinlich auf eine ›Ausschneiden-und-Einfügen-Methode‹ zurückgegriffen hatte und Textschnipsel und Daten aus seinen älteren Publikationen recycelt hatte (vgl. Butler/Petrulis 1999, S. 157, 160).

Korrelationen entwickelte sich ein wissenschaftlicher Skandal, der zugleich die fachwissenschaftliche Reputation Burts infrage stellte und durch den Einfluss der Massenmedien auf der öffentlichen Diskursebene multipliziert wurde. Da das eigentliche Streitthema der Debatte zunächst ›nur‹ aus einigen zweifelhaften Korrelationen bestand, die aus Sicht mancher Experten nur unwesentlich von den Untersuchungsergebnissen anderer Studien abwichen, liegt zumindest der Verdacht nahe, dass es sich bei der Burt-Debatte um einen konstruierten Skandal handelt, in dem aus retrospektiver und diskursiver Sicht ganz andere Motive eine Rolle gespielt haben könnten als das Bemühen um wissenschaftliche Wahrheitsfindung. Vor diesem Hintergrund soll im folgenden Abschnitt der Versuch einer diskursanalytischen Auswertung der Burt-Debatte unternommen werden.

9.2 Diskursanalytische Auswertung der Burt-Debatte

Aus diskursanalytischer Perspektive sind zunächst die Folgen des Burt-Skandals auf die Diskussion um die Erblichkeit der Intelligenz zu diskutieren: Es wurde bereits im Rahmen der historischen Rekonstruktion darauf verwiesen, dass nach Ansicht einiger verhaltensgenetischer Experten eine Nicht-Berücksichtigung von Burts Daten die These von der substanziellen Erblichkeit der Intelligenz nicht grundlegend ändern würde (vgl. Mackintosh 1995b, S. 136 f). In der populärwissenschaftlichen Literatur wird dies zumeist deutlich kritischer bewertet:

> »Der Ausfall von Burts Daten hatte tiefgreifende Auswirkungen auf das Maß der Erblichkeit von Intelligenz: Christopher Jencks, Harvard, berechnete die Zahlen neu und fand heraus, daß ohne Burts Daten die Korrelation der Erblichkeit in bezug auf den IQ von rund 80 Prozent auf 60 Prozent fiel« (Wright 1998, S. 41).

Und auch Mackintosh konstatiert aus wissenschaftlicher Perspektive, dass Burts Studie als Einzige nicht den üblichen methodischen Mängeln anderer Zwillingsstudien der damaligen Zeit unterlegen habe (wie bspw. einer späten oder unvollständigen Trennung der Zwillinge, korrelierten Umwelten infolge der Aufzucht der einzelnen Zwillinge bei Verwandten). Vor diesem Hintergrund habe der Ausfall von Burts Daten katastrophale Folgen für die verhaltensgenetische Forschung der 70er Jahre gehabt:

> "Taylor [(1980)], analysing the data from all three studies [i. e. Newman/Freeman/Holzinger 1937, Shields 1962, Juel-Nielsen 1965, ML] together, used four criteria of degree of shared environment: age at separation; reunion in childhood; whether the twins were brought up in related or unrelated families; the similarity of their families' social circumstances. He reported that all but the first of these factors had a profound effect on the resemblance between twins' IQ scores. When twins were reunited in childhood, lived in related families, or in similar social circumstance, their IQ scores correlated about 0.80. In the absence of these sources of similarity, the correlation dropped to 0.50 or so. When he took the five pairs of twins from Shields' study who, he argued, had clearly experienced quite different upbringings, the correlation in their IQ scores was only 0.24. Here was proof of Kamin's conjecture. The conclusion seemed inescapable: once Burt's data were removed from the equation, separated MZ twins provided virtually no evidence for the heritability of IQ" (Mackintosh 1995b, S. 139 f).

Die Zitate illustrieren, dass die Folgen der Nicht-Berücksichtigung von Burts Daten völlig unterschiedlich interpretiert werden können. Es ist daher nicht verwunderlich, dass die angebliche Datenfälschung Burts bis heute in populärwissenschaftlichen Abhandlungen als Paradebeispiel für wissenschaftlichen Betrug und Datenfälschungen verbreitet wird, wobei zumeist der komplexe Hintergrund der Debatte nicht oder nur ansatzweise berücksichtigt wird (vgl. bspw. Di Trocchio 2003, S. 141–150; Zankl 2003, S. 184–189). Aus wissenschaftlicher Sicht erweist sich dies besonders in den Fällen als problematisch, in denen derartig simplizistische und einseitige Darstellungen Einzug in wissenschaftliche Lehrbücher halten (vgl. bspw. Petermann/Niebank/Scheithauer 2004, S. 238). Auf diese Weise wird der Burt-Skandal selbst als Argument zur Abwertung der Forschung zur Vererbbarkeit der Intelligenz, der Zwillingsforschung und der Verhaltensgenetik per se instrumentalisiert, obwohl die Arbeiten Burts aus heutiger Sicht nur einen kleinen Teilausschnitt dieses Forschungsfeldes abdecken und Burts Ergebnisse durch neuere Studien längst als relativiert angesehen werden können. Hinsichtlich der Popularisierung von Erkenntnissen im Anlage-Umwelt-Diskurs wird damit ein breites Spektrum möglicher Diskursstrategien und Rezeptionsvarianten eröffnet: Auf der einen Seite wird bspw. von Paul in einem Aufsatz mit dem Titel »The Nine Lives of Discredited Data« betont, dass die Ergebnisse Burts trotz erwiesener Zweifel bezüglich ihrer Glaubwürdigkeit noch über lange Zeit in wissenschaftlichen Lehrbüchern unkritisch rezipiert worden wären. Paul sieht dies in den Modalitäten verlegerischer Lehrbuchproduktion in Kombination mit ökonomischen Interessen begründet (vgl. Paul 1998, S. 37–52). Auf der anderen Seite wird das Spektrum von intentionalen Rezeptionen des Burt-Skandals zur Kritik und Diskreditierung eines ganzen wissenschaftlichen Forschungszweiges abgesteckt. Mittlere Positionen einer angemessenen Rezeption, die die historischen Hintergründe der Burt-Debatte in gleichem Maße mitberücksichtigt wie die unterschiedlichen Diskurspositionen der beteiligten Akteurinnen und Akteure, sind demgegenüber kaum zu finden.

Ergänzend ist an dieser Stelle darauf hinzuweisen, dass der vermeintliche Betrug durch Burt über zwei Publikationen, die im Anlage-Umwelt-Diskurs einen bedeutenden Stellenwert erlangt haben, in besonderer Weise popularisiert worden ist. Es handelt sich bei diesen Werken gleichsam um Schnittstellen, die populärwissenschaftliche – aber auch wissenschaftliche – diskursive Meinungen multiplizieren. Als derartige Multiplikatoren sind die Werke »The mismeasure of man« (Gould 1981) und »Not in our genes …« (Lewontin/Rose/Kamin 1984) anzusehen. In beiden Publikationen wurde die vermeintliche Datenfälschung Burts ausgiebig diskutiert, kritisiert und als Legitimation für eine grundlegende Abwertung der nativistischen These von der Erblichkeit der Intelligenz genutzt (vgl. Gould 1994b, S. 259–264; Lewontin/Rose/Kamin 1988, S. 80–85; kritisch: Sesardic 2005, S. 4). Insbesondere die Veröffentlichung von Lewontin, Rose und Kamin wurde im Anlage-Umwelt-Diskurs von sozialwissenschaftlicher Seite mit großem Interesse rezipiert und hat die Ablehnung verhaltensgenetischer Befunde gefördert. Gegenüber dem internationalen Diskurs fällt in Deutschland die Rezeption der Burt-Debatte in erziehungswissenschaftlichen Fachzeitschriften eher dürftig aus: Der Burt-Skandal wurde nur in fünf Aufsätzen des Dossiers überhaupt thematisiert, wobei es sich bei zwei Aufsätzen um Rezensionen der deutschen Übersetzung von »Not in our genes …« handelt (vgl. Merz 1989, Stadler 1989). Dies stützt die obige These der Wirkungsweise dieser Publikation als Multiplikator im Anlage-Umwelt-Diskurs.

Aus diskursanalytischer Sicht stimmt zudem bedenklich, dass die Vorwürfe gegen Burt nicht zu dessen Lebzeiten geäußert worden waren (vgl. bspw. Joynson 2003, S. 409 f), obwohl die Problematik von Burts Daten spätestens fünf Jahre vor dessen Tod – also bereits im Jahr 1966 – aus dessen Veröffentlichungen ersichtlich gewesen war. Über die Gründe für das Aufkommen der Burt-Debatte direkt nach Burts Tod kann aus retrospektiver Sicht nur spekuliert werden:

Tote Wissenschaftler können posthum keine Verleumdungsklagen einreichen und sind leichter kritisierbar als lebende, da sie nicht mehr in der Lage sind, sich zu rechtfertigen:

"The case for the prosecution has culminated in an entire character assassination. All this, however, waited for Burt's death. Had it been published during Burt's lifetime, it would have been seen to be plainly libelous. The dead, however, are not legally dangerous, as they are not available for cross-examination or even able to answer back" (Fletcher 1991, S. 9).

Da Burt im Streit um die Frage nach der Erblichkeit der Intelligenz einer der vehementesten Vertreter der Erblichkeitshypothese gewesen war und mittels seiner Forschungen an getrennt aufgewachsenen eineiigen Zwillingen bedeutendes Datenmaterial zur Unterstützung dieser Hypothese vorgelegt hatte, liegt die Vermutung nahe, dass der Burt-Skandal von environmentalistischer Seite zur Dekonstruktion dieser Hypothese inszeniert worden sein könnte (vgl. bspw. ebd., S. XXVI). Denn letztlich waren die Ergebnisse, Forschungsmethoden und schließlich sogar der wissenschaftliche Ruf eines der bis dato einflussreichsten Vererbungstheoretiker von Protagonisten environmentalistischer Diskurspositionen systematisch kritisiert worden. Für den Anlage-Umwelt-Diskurs scheint sich – insbesondere in Phasen sich zuspitzender Diskussionen – ein Muster des diskursiven Umganges und Einsatzes von Diskursstrategien abzuzeichnen, wonach wissenschaftliche Erkenntnisse auf der Gegenstandsebene in den Hintergrund treten und gravierende Vorwürfe geäußert werden, die sich gegen die Person des involvierten Wissenschaftlers richten und nicht mehr gegen seine inhaltliche Diskursposition. Die im obigen Zitat von Fletcher als »character assassination« (ebd., S. 9) bezeichnete Strategie, Wissenschaftler zu diskreditieren oder zu diffamieren, zielt auf die Zerstörung der wissenschaftlichen Reputation ab und ist aus wissenschaftstheoretischer Sicht und bezüglich der Argumentationsweise als Ad-hominem-Trugschluss zu werten (vgl. bspw. Damer 2009, S. 198–204; Hughes/Lavery/Doran 2010, S. 158 ff). Diese Diskursstrategie wurde im Anlage-Umwelt-Diskurs von verschiedenen Seiten eingesetzt, wenn eine konträre Position mittels wissenschaftlicher Argumentationen und empirischer Befunde allein nicht widerlegt werden konnte, die Datenlage für eine Widerlegung nicht ausreichte oder die Popularität einer Position im Diskurs für die Gegenseite bedrohliche Ausmaße anzunehmen drohte. Dass die oben erläuterte Diskursstrategie der ›posthumen destruktiven Kritik‹ im Anlage-Umwelt-Diskurs auch von nativistischer Seite eingesetzt worden ist, lässt sich am Beispiel der diskursiven Rolle Jensens in der Burt-Debatte belegen:

"Yet after the new campaign to rehabilitate Burt had got under way, Jensen was invited to give an address to Division 1 at the 1992 APA meeting, in which he accused the *recently deceased* Hearnshaw of bad scholarship and blamed the whole Burt Affair on a leftwing plot abetted by the sensationalist media" (Samelson 1997, S. 148, Hervorhebung ML).

Ad-hominem-Trugschlüsse wurden von nativistischer Seite zudem zur Diskreditierung Leon Kamins eingesetzt, dem als fachfremden, verhaltensgenetischen Laien die Unstimmigkeiten in Burts Veröffentlichungen zuerst aufgefallen waren (vgl. Tucker 1994). Kamin sei dabei bspw. von Herrnstein als Marxist verunglimpft worden, obwohl beide zuvor freundschaftlich verbunden gewesen wären und Kamin bereits im Jahr 1950 aus der Kommunistischen Partei ausgetreten wäre (vgl. ebd., S. 337, 340 f). Zudem sei Kamins Position von verhaltensgenetischer Seite als die eines ideologisch motivierten, voreingenommenen Außenstehenden dargestellt worden (vgl. ebd., S. 344). Nachdem Kamin seine Entdeckungen der Unstimmigkeiten in Burts Werken im Jahr 1972 in öffentlichen Vorträgen verbreitet hatte, sei von verhaltensgenetischer

Seite zunächst versucht worden, eine Veröffentlichung dieser Ergebnisse zu verhindern (vgl. Tucker 1994, S. 340). Zugleich habe Jensen mit der Schnellpublikation eines eigenen Aufsatzes zu dieser Thematik reagiert (vgl. Jensen 1974). In diesem hätte er zentrale Kritikpunkte Kamins ungefragt übernommen und Letzteren nur in einer kurzen Fußnote bezüglich einer einzigen unstimmigen Korrelation erwähnt (vgl. ebd., S. 12; Tucker 1994, S. 342). Laut Tucker sei später von Koryphäen auf dem Gebiet der Verhaltensgenetik (wie Hans Jürgen Eysenck und Raymond Bernard Cattell) immer wieder versucht worden, Jensen – und nicht Kamin – das Verdienst der Aufdeckung der Unstimmigkeiten in Burts Werken zuzusprechen (vgl. ebd., S. 343). Aus diskursanalytischer Sicht kommt dies einer Verschleierungstaktik gleich, mit deren Hilfe die eigene Disziplingeschichte gezielt manipuliert und beschönigt werden soll (vgl. auch Hirsch 1981, S. 25 f). Tucker sieht diese Reaktionen in der Angst von Verhaltensgenetikern vor einer Beschädigung ihrer wissenschaftlichen Reputation und ihres Expertenstatus als Folge des Burt-Skandals begründet:

> "Eysenck had encouraged the public to 'put some faith in what the experts say,' provided, of course, that 'we must be sure we are referring to "experts" in the true sense, ... people who have specialized in the relevant fields.' His subsequent characterization of Kamin as psychometric novice thus became a serious embarrassment – not because it was wrong but because it might well have been right. After such patronizing exhortations, it would be hard to conceive of a more damaging acknowledgement: Kamin *was* a tourist in a field where they had been in residence for many years, yet on his first visit he spotted errors and contradictions that had completely eluded them. A frank admission of this truth would vitiate their own claims to be '"experts" in the true sense,' no matter how much they had specialized in the relevant fields" (Tucker 1994, S. 343, Hervorhebung im Original, Fußnotenverweis entfernt).

Zudem finden sich in der Burt-Debatte diskursive Strategien, den Vertreterinnen und Vertretern gegensätzlicher diskursiver Positionen einen verengten Blickwinkel zu unterstellen oder die Belegbarkeit ihrer Postulate auf der Gegenstandsebene infrage zu stellen:

> "Burt also noted that despite all the opposition of Environmentalists to the Hereditarian findings, none had ever produced any *empirical evidence* for their own theory of the determination of intelligence, whereas he had advanced a number of clear grounds and arguments ... for rejecting it. These grounds went far beyond his study of identical twins" (Fletcher 1991, S. 254, Hervorhebung im Original).

Im Vergleich mit entsprechenden Statements von environmentalistischer Seite zeigt sich, dass in der Burt-Debatte sowohl von nativistischer als auch von environmentalistischer Seite der Versuch unternommen worden ist, dem anderen ›Lager‹ jegliche diskursive Kompetenz abzusprechen und widersprüchliche Befunde entweder herunterzuspielen, selektiv oder überhaupt nicht wahrzunehmen. In ähnlicher Weise urteilte auch Joynson in einem der aktuellsten Artikel über die Burt-Debatte und attestierte sowohl Burts Anhängern als auch dessen Kritikern entweder Über- oder Untertreibungen in der Interpretation der Befunde Burts (vgl. Joynson 2003, S. 412). Joynson führte die Perpetuierung der Burt-Debatte aus wissenschaftstheoretischer Perspektive auf die selektiven Wahrnehmungen, Voreingenommenheiten und sozialpolitischen Einstellungen der Partizipanten zurück, die letztlich unterschiedlichen Interpretationen desselben Beweismaterials Vorschub leisten würden (vgl. ebd., S. 414). Folglich diskutierte Joynson die Burt-Debatte vor dem Hintergrund einer psychologischen Auseinandersetzung mit der Forscherpersönlichkeit per se, ihren Interessen und Motiven (vgl. ebd., S. 411–420):

> "It becomes an automatic tendency to look for favourable evidence and to ignore unfavourable. The perpetrators are so used to assuming that their preferred interpretation is correct that they have ceased to search actively for exceptions to it. They are prejudging the issue: Selective interest has become *selective*

bias, and unwitting censorship of unwelcome facts. This state of mind readily leads to suspicions of dishonesty" (Joynson 2003, S. 416, Hervorhebung im Original, Fußnotenverweis entfernt).[284]

Ein interessantes Beispiel für derartige Voreingenommenheiten in der Debatte um die Erblichkeit der Intelligenz lieferte bspw. Kamin, der im Schlusskapitel seines Werkes aus dem Jahr 1974 herausstellte:

>>Zu behaupten, es gäbe *keine* genetische Determination des I.Q., wäre eine harte und auch wissenschaftlich bedeutungslose Aussage. Wir können die Null-Hypothese nicht prüfen, noch sollten wir darum gefragt werden, das zu tun. Die Frage ist die, ob es wesentliche und valide Daten gibt, die es erforderlich machen, die Null-Hypothese zurückzuweisen. Man sollte hier keinen Fehler machen. Die Last des Beweises trifft diejenigen, die die unplausible Behauptung aufstellen möchten, daß die Art und Weise, wie ein Kind Fragen beantwortet, die ein Intelligenz-Tester erfunden hat, durch einen unsichtbaren Genotyp determiniert ist ... Es gibt keine Daten, die uns genügen, die Hypothese zu verwerfen, welche besagt, daß Unterschiede in der Art und Weise, wie Individuen die von Testleitern gestellten Fragen beantworten, durch ihre offenbar unterschiedlichen Lebenserfahrungen determiniert sind<< (Kamin 1979, S. 180, Hervorhebung im Original; kritisch: Block/Dworkin 1974b, S. 46).

Die in diesem Zitat genutzte Strategie der Aufstellung einer Null-Hypothese wird in Abschnitt 10.5 noch detaillierter betrachtet werden. Ferner zeigt die Opposition diskursiver Positionen und Strategien an dieser Stelle, dass sich die Protagonistinnen und Protagonisten der Burt-Debatte infolge ihrer Verstrickung in den Disput um die Erblichkeit der Intelligenz nicht auf eine Diskussion auf der Gegenstandsebene beschränken konnten und aufgrund ihrer Diskurspositionen sowie ideologischer und politischer Grundüberzeugungen wenig zu einer Lösung der inhaltlichen Problematik beitragen konnten. Aus historischer Rückschau erweist sich demnach die Burt-Debatte sowohl auf der Gegenstandsebene bezüglich einer Datenfälschung durch Burt als auch hinsichtlich der Frage nach der Vererbbarkeit der Intelligenz auf der Ebene des übergeordneten Kontextes als nicht lösbar und in großen Teilen durch die Aktionen der beteiligten Akteure konstruiert:

"The ensuing accusations, of fabricating data together with supporting information, by Burt's anti-hereditarian and largely liberal-to-leftish critics, countered by his hereditarian defenders with charges of political vendettas and 'McCarthyite' tactics, unfortunately included exaggerated claims voiced on both sides. In spite of the gradual unearthing of much relevant source material, no convincing exculpatory explanation of the anomalies has been produced; nor was a 'smoking gun' found to definitively prove fraud and settle the acrimonious debate, which too often ignored the available evidence (for an example, see Rushton, 1994c)" (Samelson 1997, S. 146, Quellenangabe angepasst).

Zusammenfassend lässt sich herausstellen: Der Burt-Skandal wurde in diesem Abschnitt in sehr ausführlicher Weise nachgezeichnet, weil er als eine der wenigen Teildebatten auch aus heutiger Sicht noch detailliert nachvollziehbar ist und Rückschlüsse auf die generelle Problematik, Dynamik und das Wesen des Anlage-Umwelt-Diskurses an sich zulässt: Die Burt-Debatte belegt aus historischer Sicht eine erneute Verfestigung der Fronten zwischen nativistischen und

---

284 Joynson sah die historischen Ursprünge der Aufdeckung dieser menschlichen Charakteristika (selektive Wahrnehmung, Auslassung bestimmter Details) in den psychologischen Arbeiten von William James begründet (vgl. James 1890, Bd. I, S. 403 f; Joynson 2003, S. 412). Als Beispiel für einen >>selective bias<< (ebd., S. 416, ohne Hervorhebung) in Form einer Auslassung berichtete Joynson von einem Vorwurf Kamins gegenüber Eysenck: "When Kamin composed his own rejoinder, he immediately gave a fresh and striking instance of Eysenck's selectivity. It concerned what Kamin called the 'myth' of greater variance of IQ among males than among females. In supporting this generalization, Eysenck had, according to Kamin, selected the one study that favoured it and had ignored 11 other studies, many of them more recent, which did not" (ebd., S. 415).

environmentalistischen Positionen zu Beginn der 70er Jahre. Als Teildiskurs hat sie bezüglich der Frage nach der Erblichkeit der Intelligenz, die seit Galton diskutiert worden ist, bis heute Bestand. Zudem konnte die Debatte um die angeblichen Datenfälschungen durch Cyril Burt bis zum heutigen Zeitpunkt nicht zufriedenstellend gelöst werden. Und da entscheidende Hinweise fehlen – bspw. aufgrund der Vernichtung des größten Teils der Rohdaten Burts –, ist eine Lösung der Frage nach einer Datenfälschung oder eines Betruges durch Burt derzeit nicht in Sicht, denn im besten Falle stehen diesbezüglich lediglich Indizien zur Verfügung und daran anknüpfende Hypothesen können somit nur hinsichtlich ihrer Wahrscheinlichkeit auf logischem Wege beurteilt werden. Der Burt-Skandal selbst hat sich dabei spätestens seit 1976 durch den Einbezug der Medien von der wissenschaftlichen Diskursebene so stark losgelöst, dass es zuweilen nicht mehr um eine Suche nach Fakten oder einer wissenschaftlichen ›Wahrheit‹ bzw. Erkenntnis ging, sondern die (sozio-)politischen Interessen der Protagonisten verschiedener Diskurspositionen in das Zentrum der Betrachtung rückten. Albee ging im Jahr 1982 sogar einen Schritt weiter und unterstellte den Akteurinnen und Akteuren des Anlage-Umwelt-Diskurses eine intentionale Suche nach Erkenntnissen, die ihre eigenen ideologischen Grundhaltungen stützen, sowie eine weitgehende Ignorierung oder Leugnung konträrer bzw. falsifizierender Erkenntnisse:

> "Instead of facts being useful as the objective building blocks of theories, rather it is more accurate to say that people, and especially social scientists, select theories that are consistent with their personal values, attitudes, and prejudices and then go out into the world, or into the laboratory, to seek facts that validate their beliefs about the world and about human nature, neglecting or denying observations that contradict their personal prejudices" (Albee 1982, S. 5).

Aus wissenschaftshistorischer Sicht hat sich der Burt-Skandal – ähnlich der Mead-Freeman-Kontroverse – zu einem unaufklärbaren Teilstrang des Anlage-Umwelt-Diskurses entwickelt, der gewinnbringender aus soziologischer bzw. wissenschaftshistorischer Sicht betrachtet werden kann als aus der Perspektive der Gegenstandsebene selbst. Im Rahmen des eigenen Untersuchungszusammenhangs illustriert der Burt-Skandal vor allem die Verfestigung der Fronten in der Intelligenzdebatte und die Vielfältigkeit diskursiver Strategien im Anlage-Umwelt-Diskurs.

Kapitel 10:
Der Fall ›David Reimer‹

Die Fragen nach der Existenz physiologischer und psychologischer Unterschiede zwischen den Geschlechtern sowie der Entwicklung der Geschlechtsidentität traten in den 70er Jahren nicht zuletzt vor dem Hintergrund der Studentenbewegung und der zweiten Welle der Frauenbewegung in den Fokus environmentalistisch orientierter Sozialwissenschaftlerinnen und Sozialwissenschaftler. Ähnlich ihrer kritischen Haltung gegenüber Thesen zur Erblichkeit der Intelligenz (vgl. die Kapitel 8 und 9) wurden von ihnen ›biologische‹ Positionen bzw. Ansätze, in denen auf biologisches Wissen zurückgegriffen wurde oder in denen physiologische Faktoren in den Vordergrund gestellt wurden, stark kritisiert oder gänzlich abgelehnt. Bis zum Beginn der 70er Jahre konnten sich derartige ›biologische‹ Ansätze allenfalls auf den vermeintlichen Einfluss hormoneller Faktoren – bspw. im Zusammenhang mit der Ausbildung der sexuellen Orientierung, dem Phänomen der Transsexualität oder Fällen von uneindeutigen Genitalien bei der Geburt – berufen (vgl. bspw. Money/Ehrhardt 1975). In derartigen Fällen sind jedoch (bis heute) pränatale hormonelle Einflüsse auf die Gehirnentwicklung beim Menschen ungeklärt. So wird bspw. kontrovers diskutiert, inwieweit homosexuelle Männer oder Mann-zu-Frau-Transsexuelle mit einem vorgeburtlich weiblich geprägten Gehirn ausgestattet sein könnten. Bereits in den 70er Jahren wurde angenommen, dass Menschen, die mit uneindeutigen Genitalien geboren worden waren, zumeist wahlweise mit Erfolg als Mädchen oder Jungen aufgezogen werden können. Dabei war jedoch unklar, inwieweit aus derartigen Beobachtungen Rückschlüsse auf die Entwicklung der Geschlechtsidentität bei ›normalen‹ Kindern – also Kindern mit eindeutig zuordenbaren Genitalien bei Geburt – gezogen werden können. In diesem Kontext wurde von John Money und Anke Ehrhardt im Jahr 1972 erstmals von einem Fall eines eineiigen männlichen Zwillingspaares berichtet, dessen einer Zwilling bei einer missglückten Beschneidung im Säuglingsalter seinen Penis verloren hatte und fortan als Mädchen aufgezogen worden war. Dieses Mädchen hätte laut Money ohne größere Probleme eine weibliche Geschlechtsidentität erworben.

Dieses ›natürliche Experiment‹ ist vor dem Hintergrund der Geschlechterdebatte aus zwei Gründen von besonderer Bedeutung: Zum einen handelte es sich um eineiige Zwillinge mit identischer genetischer Ausstattung und sehr ähnlichen pränatalen Umweltbedingungen (im gleichen Mutterleib), die zudem in derselben Familie aufgezogen worden waren, sodass direkte Vergleiche zwischen den Zwillingen möglich waren (vgl. bspw. Colapinto 2002, S. 13). Zum anderen lag damit erstmalig ein Fall vor, bei dem ein – im Gegensatz zu Menschen mit uneindeutigen Genitalien bei der Geburt – biologisch völlig ›normaler‹ Junge als Mädchen aufgezogen worden war. Colapinto bezeichnet dies als »nachweislich die erste jemals an einem normal entwickelten Kind vorgenommene Geschlechtsneuzuweisung« (ebd.; vgl. auch ebd., S. 66). Daher kann hier davon ausgegangen werden, dass bei diesem Jungen bereits vorgeburtlich eine hormonelle Prägung des Gehirns, insofern ein derartiges Phänomen wirklich existiert, in männliche Richtung stattgefunden haben müsste. Sollte dieser Junge problemlos eine weibliche Geschlechtsidentität entwickelt haben, so wäre dies ein nicht zu unterschätzender Beleg für den ungleich bedeutenderen Einfluss der Umwelt gegenüber biologischen Faktoren bei der Herausbildung der Geschlechtsidentität. Ein Scheitern des ›Experiments‹ (via Entwicklung einer männlichen Geschlechtsidentität durch beide Zwillinge) hätte demgegenüber zwar noch nicht als eindeutiger Beleg einer biologischen Verursachung gedeutet werden können, da widrige Umweltbedingungen (ambivalente Verstärkung durch Eltern, Familie, Therapeuten etc.) nicht ausgeschlossen werden könnten. Ein derartiger Misserfolg hätte aber zumindest die These nahegelegt, dass Erziehungseinflüsse nur sehr schwer eine frühe hormonelle Prägung des Gehirns nach geschlechtsspezifischen Mustern außer Kraft setzen können, wenn es sich um bei Geburt ›normale‹ bzw. eindeutig als männlich oder weiblich klassifizierbare Säuglinge handelt. Der Fallbericht dieses als Mädchen aufgezogenen Jungen aus dem Jahr 1972 wurde trotz gelegentlich geäußerter Zweifel (vgl. bspw. die erste Nachuntersuchung von Diamond (1982)) über ein Vierteljahrhundert lang als ›gelungenes‹ Experiment und Beleg für die Formbarkeit der Geschlechtsidentität durch äußere Einflüsse in der Geschlechterdebatte kolportiert. Im Jahr 1997 erschien eine Widerlegung des Falles in einem fachwissenschaftlichen Aufsatz (vgl. Diamond/ Sigmundson 1997), in dem erstmalig darüber berichtet wurde, dass sich der als Mädchen aufgezogene Junge nach der Pubertät einer erneuten Geschlechtsumwandlung unterzogen hatte und fortan wieder als Junge lebte. Der Journalist John Colapinto ermittelte im selben Jahr die Identität des Jungen, führte mit ihm Interviews durch und veröffentlichte einen anonymisierten Fallbericht (vgl. Colapinto 1997). Drei Jahre später dokumentierte Colapinto den Fall in ausführlicher Weise und publizierte seine Ergebnisse in populärwissenschaftlicher Form (vgl. Colapinto 2000, dt. 2002). In diesem Kontext wurde die Identität des Jungen als *David Reimer* mit dessen Einverständnis enthüllt (vgl. Colapinto 2002, S. 16f), sodass in diesem Abschnitt auf reale Namen und Lebensdaten zurückgegriffen werden kann.[285] Zugleich wurde der Fall von den Medien aufgegriffen und im internationalen öffentlichen Diskurs auf breiter Ebene thematisiert. Colapintos Interpretationen haben zudem dazu beigetragen, dass dieser Fall seit Beginn der 2000er Jahre verstärkt im Kontext der Anlage-Umwelt-Thematik diskutiert wird. Im Folgenden wird zunächst dieser sog. ›*Reimer-Fall*‹ aus historischer Sicht rekonstruiert (vgl. Abschnitt 10.1). Sodann werden der Einfluss der Medien und der Einsatz diskursiver Strategien beleuchtet (vgl. Abschnitt 10.2). Anschließend wird der Reimer-Fall hinsichtlich seiner Interpretierbarkeit und ›Lösbarkeit‹ kritisch hinterfragt (vgl. Abschnitt 10.3). Ferner wird die Rezeption des Falles vor dem Hintergrund des Anlage-Umwelt-Diskurses und dem Kontext der Geschlechterdebatte eingehender analysiert (vgl. Abschnitt 10.4). Abschließend wird in Abschnitt 10.5 die environmentalistische Diskursstrategie der Setzung der eigenen Diskursposition als Nullhypothese, die sowohl in der Debatte um Intelligenz und Begabung als auch in der Geschlechterdebatte in den 70er Jahren vorzufinden ist, aus metatheoretischer Sicht hinterfragt.

---

285 Die ursprüngliche Dokumentation des Falles durch Money und Ehrhardt erfolgte in anonymisierter Form, und es war nur von einem ›eineiigen Zwilling‹, ›Jungen‹ bzw. ›Mädchen‹ die Rede (vgl. Money/Ehrhardt 1972, S. 118–122, Übersetzung ML). Diamond und Sigmundson nutzten zur Widerlegung des Falles im Jahr 1997 die Pseudonyme ›John‹ bzw. ›Joan‹, wobei sich Joan auf die Zeit bezog, in der der Zwilling als Mädchen gelebt hatte, und John auf den Zeitraum nach seiner Rückumwandlung zum Jungen (vgl. Diamond/Sigmundson 1997, S. 299). Aus diesem Grund ist der Fall in der einschlägigen Fachliteratur mitunter als ›Fall John/Joan‹ bekannt geworden (vgl. bspw. Lenz 1999, S. 95, 108f). Colapinto übernahm diese Pseudonyme für seinen ersten Bericht über den Fall (vgl. Colapinto 1997), wählte für den Familiennamen das Pseudonym ›Thiessen‹ und legte dar, dass die Pseudonyme ›John‹ bzw. ›Joan‹ von Diamond unbewusst in Anlehnung an die Mitarbeiterinnen und Mitarbeiter Moneys an der Johns Hopkins Universitätsklinik, John und Joan Hampson, gewählt worden wären (vgl. Colapinto 2002, S. 215).

10.1 Historischer Rekonstruktion des ›Reimer-Falles‹

Die eineiigen Zwillinge *Bruce* und *Brian* Reimer wurden am 22.08.1965 in Winnipeg (Kanada) geboren. Ihre Eltern Ron und Janet Reimer hatten kurz zuvor im Dezember 1964 im Alter von 19 bzw. 18 Jahren geheiratet (vgl. Colapinto 2002, S. 24f). Da bei beiden Zwillingen eine Vorhautverengung diagnostiziert worden war, sollten sie am 27.04.1966 im Krankenhaus beschnitten werden. Bei der Operation mittels Elektrokauterisation wurde der Penis von Bruce durch eine zu hohe Stromstärke in Verbindung mit einem metallischen Operationsinstrument verbrannt bzw. zur Funktionsunfähigkeit verstümmelt (vgl. ebd., S. 27–31). Auf eine Beschneidung von Brian wurde verzichtet; und tragischerweise bildete sich dessen Vorhautverengung später von selbst zurück, sodass die Beschneidung von Bruce aus retrospektiver Sicht nicht zwingend erforderlich gewesen wäre (vgl. ebd., S. 29, 33). Nachdem der Sexualforscher John Money 1967 als Gast in einer Fernsehsendung interviewt worden war und sich positiv über die Möglichkeiten operativer Geschlechtsumwandlungen geäußert hatte, wandte sich Janet Reimer brieflich kurz nach Ausstrahlung der Sendung an Money, um seinen professionellen Rat bezüglich ihres Sohnes Bruce einzuholen (vgl. ebd., S. 34, 39).

John William Money (1921–2006), »bereits ein weltweit angesehener, wenn auch nicht unumstrittener Sexualforscher« (ebd., S. 39), galt laut Colapinto als Erfinder des Begriffs der ›Geschlechtsidentität‹, war seit 1952 an der Johns-Hopkins-Universitätsklinik in Baltimore beschäftigt und hatte Untersuchungen an zahlreichen Intersexuellen durchgeführt, die ihm zufolge nach einer Geschlechtsneuzuweisung ein glückliches Leben in ihrem neuen Geschlecht führen würden (vgl. Colapinto 1997, S. 58; 2002, S. 40, 46f):

> »Money bezeichnete diese Patientengruppe als ›Vergleichspaare‹ und behauptete, sie seien der Beweis dafür, dass der maßgebliche Faktor, der die Geschlechtsidentität eines intersexuellen Kindes bestimme, nicht die Veranlagung, sondern die Erziehung sei. Er zog daraus den Schluss, dass diese Kinder in ihrem psychologischen Geschlecht vollkommen undifferenziert seien und erst im Laufe ihrer Erziehung eine Vorstellung von sich als männlich oder weiblich entwickelten … Die einzige Vorbedingung, die Money stellte, lautete, solche ›Geschlechtsneuzuweisungen‹ und Geschlechtskorrekturen müssten innerhalb der ersten zweieinhalb Lebensjahre vorgenommen werden. Danach, so Moneys Theorie, sei die psychosexuelle Orientierung des Kindes weniger leicht zu beeinflussen« (Colapinto 2002, S. 47).

Money überzeugte nach der Kontaktaufnahme Ron und Janet Reimer, dass es für Bruce am besten sei, fortan als Mädchen aufgezogen zu werden. Eine entsprechende Operation (Kastration) von Bruce wurde am 03.07.1967 in der Johns-Hopkins-Universitätsklinik in Baltimore durchgeführt. Bruce Reimer wurde zu *Brenda* Lee Reimer umbenannt und in der Folge als Mädchen aufgezogen (vgl. Colapinto 1997, S. 69, 72). Colapinto schilderte anhand von Interviews, die er mit den Mitgliedern der Reimer-Familie sowie beteiligten Ärzten und Therapeuten geführt hatte, ausführlich die stetigen Bemühungen der Eltern, Brenda in ihrer neuen Mädchenrolle zu bestärken, sowie die abwehrende Haltung Brendas, diese zu akzeptieren und eine weibliche Geschlechtsidentität zu entwickeln (vgl. bspw. ebd., S. 72–81). Obwohl sich Ron und Janet strikt an Moneys Anweisungen gehalten hätten – insbesondere an die Anweisung, Brenda niemals zu sagen oder ihr durch irgendwelche Signale zu vermitteln, dass sie als Junge geboren worden war – und von den Erfolgsaussichten der Geschlechtsneuzuweisung überzeugt gewesen seien, habe Brenda von Beginn an deutlich maskulin geprägte Verhaltensweisen, Kleidungs- und Spielzeugpräferenzen gezeigt. Von Money sei dies aber als relativ unbedeutendes »Wildfangverhalten« (ebd., S. 84) eingeschätzt worden.

In der Folge wurde der Reimer-Fall von Money in seiner zusammen mit Anke A. Ehrhardt (geb. 1940) verfassten Publikation »Man and Woman. Boy and Girl« (Money/Ehrhardt 1972, dt. 1975) sowie in zahlreichen späteren Publikationen Moneys als Paradebeispiel für eine gelungene Geschlechtsneuzuweisung dargestellt (vgl. z. B. Money 1975 sowie Colapinto 2002, S. 84 f).[286] Laut Colapinto sei bereits zu Beginn der 70er Jahre eine (in den folgenden Jahrzehnten weiter ausufernde) Fehde zwischen Money und dem Sexualforscher Milton Diamond (geb. 1934), der Moneys environmentalistische Auffassung nicht geteilt hätte, in vollem Gange gewesen (vgl. bspw. ebd., S. 14, 63 f, 255). Dieser Streit wurde jedoch vor dem Jahr 1972 ausschließlich auf der diskursiven Ebene von einschlägigen Fachzeitschriften und Kongressen ausgetragen (vgl. ebd., S. 93) und wirkte sich damit nicht direkt auf die Geschlechterdebatte als Teil des Anlage-Umwelt-Diskurses aus. Er illustriert allerdings, dass Moneys diskursive Position bereits vor dem Reimer-Fall selbst innerhalb der Sexualforschung nicht von allen Expertinnen und Experten kritiklos akzeptiert worden war.

Nach Brendas Geschlechtsneuzuweisung wurden verschiedene Nachuntersuchungen der Reimer-Zwillinge durch Money in der Johns Hopkins Universitätsklinik (›Psychohormonal Research Unit‹) durchgeführt, die laut Colapinto von beiden Zwillingen als traumatische Ereignisse erlebt worden seien. Die Zwillinge hätten sich bspw. vor Money entkleiden, ihre Geschlechtsorgane betrachten und vergleichen sowie beim Geschlechtsverkehr übliche Positionen nachstellen gemusst, wobei sie von Money bei mindestens einer Gelegenheit fotografiert worden wären (vgl. Colapinto 2002, S. 103 f). Zudem seien ihnen Bilder von nackten Kindern und von Paaren beim Geschlechtsverkehr gezeigt worden (vgl. ebd., S. 102). Brenda sei von Money immer wieder hinsichtlich ihrer geschlechtlichen Selbstkategorisierung, ihrer Verhaltens- und Spielzeugpräferenzen, ihrer ungewöhnlichen Genitalien, bezüglich der genitalen Unterschiede zwischen Mädchen und Jungen und zu den Details des Geburtsvorgangs befragt worden (vgl. ebd., S. 96–102, 110 f, 118). Um sie von einer korrigierenden Operation zu überzeugen, die Brenda strikt abgelehnt habe, habe Money zuletzt sogar ein Treffen mit einer Mann-zu-Frau-Transsexuellen arrangiert, die Brenda von den positiven Erlebnissen ihrer Geschlechtsumwandlung berichtet habe (vgl. ebd., S. 108, 148–152). Schließlich drohte Brenda mit Selbstmord für den Fall, dass sie zu einem erneuten Gespräch mit Money gezwungen würde (vgl. ebd., S. 152).[287] Brenda wehrte sich zudem gegen die Einnahme von Östrogenen, zu der sie seit 1977 genötigt worden war, und täuschte manchmal nur vor, ihre Pillen eingenommen zu haben (vgl. Colapinto 1997, S. 72; 2002, S. 140 ff; Diamond/Sigmundson 1997, S. 300).

Aufgrund dramatischer Zuspitzungen in der Pubertät fasste Ron Reimer am 14.3.1980 den Entschluss, Brenda darüber aufzuklären, dass sie als Junge zur Welt gekommen war (vgl. Colapinto 1997, S. 92; 2002, S. 188). Brenda nahm diese Nachricht mit Erleichterung auf und entschied sich im Alter von 15 Jahren dazu, fortan als Junge unter dem Namen *David* Peter

---

286 Hinsichtlich der ersten öffentlichen Erwähnung des Reimer-Falles äußerte sich Colapinto widersprüchlich: Einerseits konstatierte er, dass Money diesen (in anonymisierter Weise) erstmalig im Jahre 1972 auf einem Symposium vorgestellt und in seinem gemeinsam mit Anke Ehrhardt verfassten Werk »Man and boy and girl«, das am gleichen Tag erschienen wäre, ausführlich beschrieben hätte (vgl. Money/Ehrhardt 1972, S. 118–123). Damit sei der Fall einer breiten Öffentlichkeit zugänglich gemacht worden (vgl. Colapinto 2002, S. 81). An späterer Stelle berichtete Colapinto, Money hätte den Fall bereits einen Monat vor dem Symposium auf einer Konferenz vorgestellt (vgl. ebd., S. 206).

287 Brenda sei Money allerdings noch ein letztes Mal begegnet, als dieser die Reimers im Jahr 1979 in deren Heim besucht und dort übernachtet habe. Bei dieser Gelegenheit habe sie aber kaum ein Wort mit ihm gewechselt (Colapinto 2002, S. 163 ff).

Reimer zu leben (vgl. Colapinto 2002, S. 189 f). David ließ in der Folgezeit zahlreiche korrigierende Eingriffe (Brustamputation, Penisrekonstruktionen etc.) an sich vornehmen und unterzog sich einer Dauerbehandlung mit Testosteron (ebd., S. 191, 193, 222). Davids Bruder Brian hatte jedoch Schwierigkeiten zu verarbeiten, dass er jetzt anstelle einer Schwester einen Bruder hatte, und unternahm einen Selbstmordversuch (ebd., S. 264 ff). David heiratete im Alter von 25 Jahren am 22.9.1990 Jane Anne Fontane, eine 28-jährige Frau mit drei Kindern aus früheren Partnerschaften (vgl. ebd., S. 200–203).

Die Dokumentation Colapintos erfasst den Reimer-Fall nur bis zur Jahrtausendwende kurz nach Davids Gang an die Öffentlichkeit. Danach nahmen die Lebenswege von David und Brian Reimer katastrophale Wendungen: Brian Reimer starb im Jahr 2002 an einer Überdosis Antidepressiva und stürzte damit auch David in eine Depression. David Reimer selbst beging schließlich am 04. bzw. 05.05.2004 nach Verlust seiner Arbeitsstelle und der Trennung von seiner Frau Selbstmord (vgl. Colapinto 2004, Röhl 2005).[288]

10.2 Der Einfluss der Medien und der Einsatz diskursiver Strategien in der Reimer-Debatte

Obwohl laut Colapinto bereits im Jahr 1959 vereinzelte kritische Stimmen bezüglich der Forschungsarbeiten Moneys (insbesondere in Hinblick auf methodische Aspekte der Datenaufbereitung) laut geworden wären (vgl. Colapinto 2002, S. 61) und vonseiten Diamonds der Reimer-Fall erheblich in Zweifel gezogen worden wäre, erregte der Fall erst im Jahr 1978 – angestoßen durch die Massenmedien – öffentliche Aufmerksamkeit. Brenda war im Jahr 1976 an den Therapeuten Keith Sigmundson überwiesen worden, der sofort erkannt hatte, dass Moneys Erfolgsschilderungen nicht mit den klinischen Befunden und dem Erscheinungsbild des Mädchens übereinstimmen konnten (vgl. ebd., S. 126). Als sich 1978 die BBC für den Reimer-Fall interessierte, erfuhr Sigmundson durch eine Beobachtung Brendas von diesem Vorhaben und erklärte sich im Jahr 1979 schließlich zu einem Interview bereit, in dem er den Reportern über den Stand des Reimer-Falls unter Wahrung von Brendas Anonymität berichtete. Als Folge wurde über den Fall im Frühjahr 1980 eine BBC-Dokumentation in Großbritannien ausgestrahlt (vgl. ebd., S. 174–185). Money sicherte den BBC-Reportern zunächst seine Unterstützung zu, entzog diese aber wieder, nachdem er von der Konsultierung Diamonds und den Rechercheergebnissen der BBC-Reporter informiert worden war (vgl. Diamond 1982, S. 183 f). Laut Colapinto habe Money den Reimer-Fall in seinen Folgepublikationen seit 1979 verschwiegen – mit der Rechtfertigung einer vermeintlichen Beeinflussung der Familie Reimer durch die BBC-Reporter (vgl. Colapinto 2002, S. 206 f). Eine letzte Stellungnahme Moneys zum Fall Reimer erfolgte schließlich im Jahr 1991. Dabei erklärte Money den aus seiner Sicht unvermeidbaren Abbruch der Langzeitstudie, verwies als Grund auf die BBC-Dokumentation

---

288 Bezüglich des Todestages finden sich im Internet widersprüchliche Angaben. Laut Colapinto seien finanzielle Schwierigkeiten als Grund für Davids Selbstmord auszuschließen, da er zur Hälfte an den Gewinnen von Colapintos Buchveröffentlichung beteiligt gewesen sei und vom ›Herr der Ringe‹-Regisseur Peter Jackson ein Angebot zur Verfilmung seiner Lebensgeschichte erhalten hätte (vgl. Colapinto 2004). Allerdings hatte David bereits kurz nach seiner erneuten Geschlechtumwandlung (zum Mann) im Teenageralter zwei erfolglose Selbstmordversuche unternommen, sodass eine langjährige psychische Labilität vorgelegen haben könnte bzw. eine psychische Erkrankung nicht ausgeschlossen werden kann (vgl. Colapinto 1997, S. 92).

und erwähnte in diesem Kontext Diamonds Namen (vgl. Colapinto 2002, S. 212).[289] Nachdem David im Jahr 1993 einem Interview mit Diamond und Sigmundson zugestimmt hatte (vgl. ebd., S. 17) und deren Aufsatz im Jahr 1997 erschienen war (vgl. Diamond/Sigmundson 1997), stellte Colapinto den Kontakt zu David her und veröffentlichte nach einem ersten Interview einen Artikel über den Fall in anonymisierter Form (Colapinto 1997; vgl. auch Colapinto 2002, S. 14f, 221 f).[290] Zudem gab David im gleichen Jahr zwei anonyme Fernsehinterviews. Die Reaktionen Moneys ab dieser Zeit werden von Colapinto widersprüchlich dargestellt: Einerseits wird behauptet, Money habe sich seit der Publikation von Diamond und Sigmundson unter Berufung auf seine Schweigepflicht nicht mehr öffentlich zum Reimer-Fall geäußert, obwohl ihn David von seiner Schweigepflicht entbunden hätte (vgl. ebd., S. 244, 253). Andererseits berichtet Colapinto an anderer Stelle von einer Äußerung Moneys gegenüber der Presse aus dem Jahr 1997. In diesem Interview

> »tat er [Money, ML] Diamonds und Sigmundsons Aufsatz über John/Joan und meinen [Colapintos, ML] *Rolling-Stone*-Artikel als Elemente einer finsteren Verschwörung ab. Der Artikel im *Listener* gab zu verstehen, dass David und seine Familie über Brendas Leben absichtlich die Unwahrheit sagten – und zwar aus Geldgier, weil David sich bereit erklärt hatte, an dem Buch mitzuarbeiten, und weil sich auch Regisseure für eine Verfilmung seiner Geschichte interessierten« (ebd., S. 256, Hervorhebungen im Original; vgl. auch Fußnote 288 auf Seite 267).

Zudem habe Money in einem telefonischen Interview mit Colapinto weiterhin an seiner Interpretation des Reimer-Falles festgehalten, den Vorschlag einer Überarbeitung seiner Publikation aus dem Jahr 1972 abgelehnt und an seiner Verschwörungsthese festgehalten. Aus Moneys Sicht handele es sich bei der Debatte um den Reimer-Fall lediglich um eine Strategie zur gezielten Diskreditierung seiner eigenen Person (vgl. ebd., S. 254, 256): Money

> "also hinted that the Diamond-Sigmundson paper had a hidden agenda. 'There is no reason I should have been excluded from the follow-up, was there?' he asked. 'Someone had a knife in my back. But it's not uncommon in science. The minute you stick your head up above the grass, there's a gunman ready to shoot you.' (Diamond insists that there was ›nothing personal‹ in his decision to publish the outcome of John's case.)" (Colapinto 1997, S. 96).

Insgesamt betrachtet lässt sich bezüglich Moneys Reaktion das Fazit ziehen, dass er trotz der medialen Berichterstattung seitens der BBC und den späteren Publikationen von Diamond, Sigmundson und Colapinto keine korrigierenden Stellungnahmen zu dem Fall öffentlich abgegeben hat. Zudem hat er nicht die Möglichkeit in Betracht gezogen, dass seine Schilderung des Falles voreingenommen ausgefallen sein könnte oder er sich bei seiner Interpretation geirrt haben könnte. Über die Gründe seines Schweigens und seiner Ignoranz ließe sich daher nur spekulieren. Die Diskrepanz zwischen den Schilderungen des Reimer-Falls durch Money auf der einen Seite und Diamond/Sigmundson bzw. Colapinto auf der anderen fällt derart frappierend aus, dass Moneys Stillschweigen nicht weiter verwundert.

---

289 Moneys Aussagen, dass er den Kontakt zur Familie Reimer abgebrochen hätte, stehen im Widerspruch zu gegenteiligen Äußerungen Janet Reimers, die von einem brieflichen Kontakt auch nach der Ausstrahlung der BBC-Dokumentation in den 80er Jahren berichtete (vgl. Colapinto 2002, S. 208).

290 Diamond und Sigmundson konnten ihren Aufsatz erst zwei Jahre nach dessen Fertigstellung in einer einschlägigen Spezialzeitschrift (›Archives of Pediatrics & Adolescent Medicine‹) mit begrenztem interdisziplinären Einfluss veröffentlichen, da andere Zeitschriftenherausgeber eine Publikation aufgrund der inhaltlichen Brisanz abgelehnt hatten (vgl. Colapinto 1997, S. 94; 2002, S. 217).

Hinsichtlich des Einsatzes diskursiver Strategien ist an dieser Stelle darauf hinzuweisen, dass der Reimer-Fall sowohl von Colapinto als auch von Diamond und Sigmundson in sehr spezieller Weise im Diskurs verortet worden ist. Dabei wurden mitunter diskursive Ebenen miteinander vermengt, indem nicht klar zwischen medialer und wissenschaftlicher Rezeption unterschieden wurde. So äußerten sich bspw. Diamond und Sigmundson zum Einfluss des Reimer-Falles (als Erfolgsgeschichte vor dessen Widerlegung):

> "The effects of such reports were widespread. Sociology, psychology, and woman's study texts were rewritten to argue that, as *Time* magazine (January 8, 1973) reported, 'This dramatic case … provides strong support … that conventional patterns of masculine and feminine behavior can be altered. It also casts doubt on the theory that major sex differences, psychological as well as anatomical, are immutably set by the genes at conception'" (Diamond/Sigmundson 1997, S. 299, Hervorhebung und Auslassungen im Original).

Der Frage nach der Richtigkeit dieser Darstellung soll später weiter nachgegangen werden. Bezüglich der historischen Rekonstruktion und der Nutzung diskursiver Strategien ist darauf zu verweisen, dass Colapinto in seiner Buchpublikation ausgiebig auf Ad-hominem-Argumente zurückgreift, die sich nicht auf die Tatsachen selbst beziehen, sondern auf eine Diskreditierung und Diffamierung der Forscherpersönlichkeit Moneys abzielen;

> "Unfortunately, Colapinto uses questions about Money's personal and professional behavior to draw into question Money's socialization theory of gender. The fallacy of such an ad hominem argument is likely to go unnoticed by the general public to which this book is marketed" (McKenna/Kessler 2002, S. 301).

John Money wird in diesem Sinne von Colapinto bspw. hinsichtlich seiner freizügigen und provokativen Einstellung zu sexuellen Themen, seines drastischen Sprachgebrauchs, seiner intentionalen Nutzung sexuellen Vokabulars und seiner Verteidigung der Pädophilie angegriffen (vgl. Colapinto 2002, S. 42 ff, 248). Bezüglich Moneys Persönlichkeit berichtet Colapinto zudem von Wutanfällen im Umgang mit Studentinnen und Studenten bzw. Kolleginnen und Kollegen sowie von einer gegen Diamond gerichteten Handgreiflichkeit Moneys auf einem Symposium (vgl. ebd., S. 54, 94 f). Die Nutzung derartiger Ad-hominem-Argumente blieb allerdings nicht auf Colapinto beschränkt, sondern ist auch auf der medialen Diskursebene nachzuweisen. Beispielsweise wurde Money sogar im Zuge der Berichterstattung über den Reimer-Fall von einem australischen Sender mit Josef Mengele verglichen (vgl. Green 2006, S. 631). In den hier angeführten Gegendarstellungen und Kritiken Moneys durch Diamond und Colapinto werden die Auswirkungen der Widerlegung des Reimer-Falles auf Money selbst, die zu einem nicht unerheblichen persönlichen Leidensdruck geführt haben dürften, komplett ausgeblendet. Beispielsweise wird in einem Nachruf zu Money berichtet, dass Letzterer im Laufe seiner Karriere in vielfältiger Weise als biologischer Determinist oder sozialer Konstruktivist etikettiert worden sei (vgl. Lehne 2007, S. 699). Dies erschwert nicht nur eine Verortung von Moneys Position im Anlage-Umwelt-Diskurs, sondern illustriert zugleich, dass Moneys Gegner unterschiedlichen wissenschaftlichen ›Lagern‹ angehörten und von verschiedenen Diskurspositionen aus seine Theorien angegriffen hatten.

Derartige Darstellungs- und Verhaltensmuster zur Kritik einer bestimmten Diskursposition durch Vertreter einer divergierenden Position gehen weit über die inhaltlich-sachliche Diskussionsebene hinaus und verdeutlichen an dieser Stelle, dass selbst in der heutigen Zeit eine emotionale und politische Aufgeladenheit in Teilbereichen des Diskurses über Anlage und Umwelt vorzufinden ist.

10.3 Die Unlösbarkeit und Ambivalenz der Reimer-Debatte

Diamond und Sigmundson zogen im Jahr 1997 bezüglich der fachwissenschaftlichen Bedeutung des Reimer-Falles das folgende Fazit:

"The last decade has offered much support for a biological substrate for sexual behavior. In addition to the genetic research mentioned, there are many neurological and other reports that point in this direction. The evidence seems overwhelming that normal humans are not psychosexually neutral at birth but are, in keeping with their mammalian heritage, predisposed and biased to interact with environmental, familial, and social forces in either a male or female mode. This classic case demonstrates this. And the fact that this predisposition was particularly expressed at puberty, a critical period, is logical and has been predicted ... Concomitantly, no support exists for the postulates that individuals are psychosexually neutral at birth or that healthy psychosexual development is dependent on the appearance of the genitals. Certainly long-term follow-up on other cases is needed" (Diamond/Sigmundson 1997, S. 303, Fußnotenverweise entfernt).

Obwohl Diamond und Sigmundson hier die These einer psychosexuellen Neutralität zum Zeitpunkt der Geburt kritisieren und die Existenz von geschlechtsspezifischen Prädispositionen postulieren, wird von ihnen der Fall selbst nicht explizit in den thematischen Kontext des Anlage-Umwelt-Diskurses gestellt. Die Begrifflichkeiten ›nature‹ und ›nurture‹ tauchen in ihrem Aufsatz an keiner Stelle auf. Allerdings hatte Diamond in seiner kritischen Darstellung des Falles aus dem Jahr 1982 mehrfach die Anlage-Umwelt-Dichotomie herangezogen und argumentiert, dass die Geschlechtsidentität nicht gelernt, sondern auf der Grundlage früher geschlechtsspezifischer Prägungen des Nervensystems entwickelt würde (vgl. Diamond 1982, S. 182 ff). Diese Position, die Moneys Auffassung von der psychosexuellen Neutralität bei Geburt diametral entgegensteht, hatte Diamond bereits Mitte der 60er Jahre entwickelt (vgl. Diamond 1965). Nach Diamond weise das Gehirn durch hormonelle Einflüsse bereits vor der Geburt feste Verdrahtungen auf, sodass Mädchen und Jungen aus neurobiologischer Sicht bereits bei der Geburt unterschiedlich seien (vgl. Colapinto 1997, S. 62). Nach Bekanntwerden von Davids erneutem Geschlechtswechsel erfolgte eine explizite und umfängliche Widerlegung des Falles vor dem historischen Hintergrund der Anlage-Umwelt-Debatte erst durch Colapinto (vgl. ebd., S. 68; 2002, S. 16, 47 ff, 64, 82, 244), sodass hier durchaus die Frage berechtigt erscheint, inwieweit von ihm – und nicht primär durch Money selbst – der Reimer-Fall als environmentalistisches – Paradebeispiel (re-)konstruiert worden sein könnte. Mit anderen Worten: Erst durch die explizite Verortung des Reimer-Falles vor dem Hintergrund der Anlage-Umwelt-Problematik in Form der dichotomisierenden Gegenüberstellung der Positionen Diamonds und Moneys gelang Colapinto eine besondere Zuspitzung dieses Schlüsselfalles. Der historische Kontext ermöglichte Colapinto damit gleichsam ein ›Framing‹ der Reimer-Debatte – im Sinne der Bereitstellung eines spezifischen Interpretationsrahmens. Dies lässt sich anhand der Interpretation des Aufsatzes von Diamond und Sigmundson durch Colapinto veranschaulichen: Was im obigen Zitat als vorsichtig formuliertes Fazit von Diamond und Sigmundson vor dem Hintergrund ihrer Kritik an der medizinischen Praxis der Geschlechtsneuzuweisung bei Geburt und an der Position Moneys angesehen werden kann, wird von Colapinto in dramatisierender Form unter Nutzung der Anlage-Umwelt-Dichotomie wie folgt rezipiert:

"Using these interviews, plus the detailed clinical records that Sigmundson had kept on Joan's case, Diamond wrote up the results in a paper in which John's life was cast as living proof of precisely the opposite of what Money had said it proved 25 years earlier. Diamond wrote that John's case is evidence that gender identity and sexual orientation are *largely inborn*, and that while rearing may play a role in helping to shape a person's sexual identity, *nature is by far the stronger of the two forces* – so much so that even the concerted 12-year effort of parents, psychologists, psychiatrists, surgeons and hormone specialists could not override it" (Colapinto 1997, S. 94, Hervorhebungen ML).

Money erscheint hier auf der Grundlage der Schilderungen Colapintos als Verfechter einer extremen environmentalistischen Position. Eine derartige Einschätzung beruht allerdings nicht auf einem allgemeinen Konsens innerhalb der Geschlechterdebatte. Schütze verortet Money beispielsweise als einen Vertreter nativistischer Auffassungen, da Letzterer die Prägungstheorie von Konrad Lorenz zur Begründung einer kritischen Periode, in der die Geschlechtszugehörigkeit bei Säuglingen noch verändert werden könne, herangezogen hätte (vgl. Schütze 2010, S. 121, 132). Und mitunter werden Kritiker des Falles – wie Diamond und Sigmundson – als Vertreter einer nativistischen Extremposition im Anlage-Umwelt-Diskurs charakterisiert (vgl. Warnke 2005, S. 238, 252), wobei die Ablehnung einer environmentalistisch geprägten These als Zustimmung zur Extremposition am anderen Ende des Anlage-Umwelt-Spektrums gewertet wird. Die Diskursposition Moneys wird im folgenden Abschnitt im Kontext der Rezeption seiner Werke noch eingehender betrachtet werden.

Bezüglich der Lösbarkeit der Debatte und in Hinblick auf ein generelles Fazit von wissenschaftlicher Seite steht insbesondere die Frage nach der medizinischen Verfahrensweise im Umgang mit derartigen Unfällen oder Säuglingen mit uneindeutigen Genitalien bei der Geburt im Zentrum der Betrachtung. Anders formuliert: Sollen Säuglinge mit uneindeutigen Geschlechtsorganen bei Geburt und durch Unfälle beeinträchtigte Jungen als Jungen oder Mädchen aufgezogen werden (vgl. bspw. Bradley u. a. 1998, S. 4; Diamond/Sigmundson 1997, S. 303; Reiner 1997)? Für Diamond und Sigmundson liegen diesem praktischen Problem verfestigte theoretische Lehrmeinungen zugrunde, die von ihnen kritisiert werden. Dies betrifft die These von der psychosexuellen Neutralität von Säuglingen bei der Geburt sowie die Annahme einer Abhängigkeit der psychosexuellen Entwicklung vom Erscheinungsbild der Genitalien (vgl. Diamond/Sigmundson 1997, S. 298).[291] Die Darstellung des Reimer-Falles als gescheitertes Paradebeispiel einer jahrzehntelang dominierenden environmentalistischen Sichtweise in der Sexualwissenschaft oder Geschlechterforschung im Besonderen und im Anlage-Umwelt-Diskurs im Allgemeinen ist demgegenüber eher in Colapintos Werken – auf einer populärwissenschaftlichen bzw. journalistischen Diskursebene – zu finden. Allerdings betonen Kritikerinnen und Kritiker von Colapintos Fallrekonstruktion, dass es sich bei dem Reimer-Fall um einen Einzelfall handelt, aus dem keine weitreichenden Schlussfolgerungen gezogen werden könnten (vgl. bspw. McKenna/Kessler 2002, S. 303; Schober 2002, S. 305; Tiefer 2002, S. 304) und der zudem aus seinem klinischen Kontext herausgelöst betrachtet worden sei (vgl. ebd., S. 303).

---

291 Letztere These von der Bedeutung der Genitalien wurde von Colapinto später im Kontext der Anlage-Umwelt-Kontroverse als aktuelle Widerlegung der Diskursposition von Sigmund Freud interpretiert: Davids "story has shaken to its foundations the edifice constructed on John Money's theories from the 1950s. And it has exposed a central flaw in a theory that has held sway for most of the 20th century. It was Sigmund Freud who first stated that a child's healthy psychological development as a boy or a girl rests largely on the presence, or absence, of the penis – the notion central to Money's theory of sexual development and the ultimate reason that John Thiessen [i. e. David Reimer, ML] was converted to girlhood in the first place. It is a notion that, today, has also been called into question by neurobiological research that, in the sexual realm, is leading scientists toward the conclusion that, as Dr. Reiner puts it, 'the most important sex organ is not the genitals; it's the brain'" (Colapinto 1997, S. 97).

Die immanente Ambivalenz des Reimer-Falles zeigt sich in besonderer Weise vor dem Hintergrund des Forschungsstandes in der Sexualwissenschaft: Auf der einen Seite gab es zuvor keinen vergleichbaren Fall einer Geschlechtsneuzuweisung eines *eineiigen Zwillings*. Zugleich wiesen führende Expertinnen und Experten (Diamond und Sigmundson eingeschlossen) auf Fälle hin, in denen Jungen nach Unfällen als Mädchen aufgezogen worden waren und ihr neues Geschlecht akzeptiert hätten (vgl. Bradley u. a. 1998; Colapinto 2002, S. 258 ff; Diamond/Sigmundson 1997, S. 303). Auf der anderen Seite berichteten Diamond und Sigmundson von Fällen, in denen Jungen mit bei Geburt ambivalenten Genitalien (sog. ›Mikropenissen‹) problemlos als Jungen aufgezogen worden seien (vgl. ebd.). Bekannt geworden sind in diesem Kontext bspw. Fälle des sog. ›Pseudohermaphroditismus‹: Bereits in den 70er Jahren wurden in der Dominikanischen Republik Fälle beobachtet, in denen genetisch männliche Säuglinge aufgrund eines fehlenden Enzyms zur Umwandlung von Testosteron mit äußeren weiblichen Genitalien geboren worden waren. Sie wurden folglich zunächst als Mädchen aufgezogen, entwickelten aber in der Pubertät männliche sekundäre Geschlechtsmerkmale und nahmen weitgehend problemlos eine männliche Geschlechtsidentität an (vgl. Imperato-McGinley u. a. 1974, 1976, 1979; Diamond 1982, S. 182; Lenz 1999, S. 105 ff; kritisch: Money u. a. 1976). Colapinto berief sich zusätzlich auf weitere Fallbeispiele mit deutlichen Parallelen zum Reimer-Fall, die die Bedeutung biologischer Faktoren bei der Ausbildung der Geschlechtsidentität weiter untermauern (vgl. Colapinto 2002, S. 219, 281–284).

Die Forschungslage kann daher selbst zum heutigen Zeitpunkt nur als uneindeutig bewertet werden. Eine ›Lösung‹ des Reimer-Falles in Form eines Konsenses in der Interpretation und Bewertung scheint nicht in Sicht, zumal der Fall stark von der Glaubwürdigkeit der beteiligten Protagonisten abhängt. Bezüglich des Reimer-Falles lassen sich Hindernissen benennen, die eine objektive Betrachtung erschweren: das konsequente Schweigen Moneys bis zu seinem Tod im Jahr 2006, die tendenzielle Neigung der Massenmedien zur Übertreibung und Simplifizierung von Einzelfällen, die Möglichkeit ökonomischer Hintergedanken versus Aufklärungsabsichten bei den Mitgliedern der Reimer-Familie und die nachträglich e Konstruktion des Falles vor dem Hintergrund der Anlage-Umwelt-Kontroverse. Einer der Haupteinwände von Kritikern des Falles auf environmentalistischer Seite basiert auf Vermutungen, dass Ron und Janet Reimer nicht ihr Möglichstes getan haben könnten, um Brenda in ihrer weiblichen Geschlechterrolle zu bestärken und sie bei der Ausbildung einer weiblichen Geschlechtsidentität zu unterstützen, oder Zweifel in dem Mädchen angeregt haben könnten, dass es anders sei und etwas mit ihr nicht stimmen könnte (vgl. bspw. Bradley u. a. 1998, S. 3; Colapinto 2002, S. 257). Derartige Hypothesen können anhand der Ausführungen Colapintos zumindest stark angezweifelt oder sogar verworfen werden, wie die obigen Ausführungen gezeigt haben. Zudem sollte berücksichtigt werden, dass die medizinischen Möglichkeiten der Phalloplastik in der Mitte der 60er Jahre im Vergleich zum heutigen Kenntnisstand als rudimentär anzusehen sind. In diesem Sinne bleibt insbesondere die Frage offen, inwieweit Money im Jahr 1967 wirklich ein selbst aufgestelltes und später lieb gewonnenes Paradigma um jeden Preis beweisen wollte, wie Colapinto ihm dies unterstellt, oder ob seine Empfehlung, Bruce als Mädchen aufwachsen zu lassen, vor dem Hintergrund des medizinischen Kenntnisstandes und der Behandlungsmethoden der damaligen Zeit als gerechtfertigt gelten kann, wie bspw. Green nahegelegt hat:

"A more recent BBC documentary on the twin case was crassly one-sided reporting. I alone defended John's decision to sex reassign the penectomized twin. I argued that based what was known at the time, the decision was correct" (Green 2006, S. 631).

Zusammenfassend lässt sich hervorheben: Aus diskursanalytischer Sicht handelt es sich beim ›Fall David Reimer‹ – trotz seines Einzelfallcharakters – um einen bedeutendes Schlüsselereignis mit Parallelen zur Zwillingsforschung. Dieses verdankt seine Relevanz für den Anlage-Umwelt-Diskurs nicht zuletzt der Tatsache, dass ein biologisch ›normaler‹ Junge nach der Geburt erfolglos als Mädchen aufgezogen worden ist. Die Stärke einer detaillierten Dokumentation des Falles wird allerdings durch vorwiegend journalistische Aufarbeitungsversuche inklusive subjektiver Interpretationsfolien relativiert. Dies erschwert eine objektive Interpretation des Falles aus wissenschaftlicher Sicht und trägt zur derzeitigen Unlösbarkeit der Reimer-Debatte bei.

10.4 Rezeption des ›Reimer-Falles‹ in der Geschlechterdebatte

Wie bereits in Abschnitt 10.2 angedeutet, verweist Colapinto mehrfach auf die herausragende Bedeutung des Reimer-Falls für den Geschlechterdiskurs im Besonderen und bezüglich der Anlage-Umwelt-Thematik im Allgemeinen:

> »Dass aus den Zwillingen angeblich glückliche und unauffällige Kinder unterschiedlichen Geschlechts wurden, erschien als unanfechtbarer Beweis dafür, dass die Umwelt größeren Einfluss auf die geschlechtliche Differenzierung hat als die Biologie. Medizinische und sozialwissenschaftliche Lehrbücher wurden in Hinblick auf diesen Fall neu geschrieben. Fortan galt er als *Präzedenzfall* kindlicher Geschlechtsneuzuweisung und das Verfahren wurde zur Standardbehandlung Neugeborener mit verletzten oder fehlgebildeten Genitalien. Der Fall David Reimer wurde aber auch von der Frauenbewegung der Siebzigerjahre aufgegriffen und immer wieder als maßgeblicher Beweis dafür angeführt, dass die Unterschiede zwischen den Geschlechtern das Ergebnis kultureller Konditionierung und nicht biologisch vorgegeben seien« (Colapinto 2002, S. 13, Hervorhebung ML).

> »Während Moneys Theorie, derzufolge ein neugeborenes Kind psychosexuell ein unbeschriebenes Blatt ist, den heutigen Leser als Sciencefiction anmuten könnte, stieß sie damals, Mitte der Fünfzigerjahre, bei Ärzten und Forschern auf fast einhellige Zustimmung – ein Phänomen, das im Kontext der damaligen Zeit ganz plausibel ist. Die Erklärungsmodelle zu den Geschlechtsunterschieden tendierten bereits seit Jahrzehnten in Richtung Gesellschaft als entscheidenden Faktor. Vorher hatte das Pendel in die andere Richtung ausgeschlagen, nachdem man Ende des 19. Jahrhunderts die sogenannten männlichen und weiblichen Hormone Testosteron und Östrogen entdeckt hatte« (ebd., S. 49).

Aus diesen Zitaten lassen sich die folgenden Thesen Colapintos herauskristallisieren: John Money selbst wird als herausragender Vertreter einer extremen environmentalistischen Position im Anlage-Umwelt-Diskurs dargestellt. Der von ihm untersuchte Reimer-Fall wird als Paradebeispiel und »unanfechtbarer Beweis« (ebd., S. 13) für diese environmentalistische Position gewertet. Dessen diskursiver Einfluss sei herausragend, da er sowohl zur intensiven fachwissenschaftlichen Rezeption im Rahmen der Konsolidierung von Theorien zur Entwicklung der Geschlechtsidentität beigetragen habe, von der Frauenbewegung maßgeblich rezipiert worden sei und zu einer Revision der gängigen Vorgehensweise bei der Geschlechtsneuzuweisung von Säuglingen geführt habe. Bezüglich dieser diskurswissenschaftlichen Einordnung Moneys sowie des Stellenwertes des Reimer-Falles und seiner Rezeption sind jedoch Zweifel angebracht, die im Folgenden eingehender thematisiert werden sollen.

Die Bedeutung der Nachuntersuchung des Reimer-Falles war spätestens nach der Publikation des Aufsatzes von Diamond und Sigmundson (1997) offensichtlich. Daher wurde von einigen wissenschaftlichen Autorinnen und Autoren im Rahmen der Geschlechterdebatte über die neue Entwicklung dieses Falles noch vor der Enthüllung der Identität von David Reimer durch Colapinto im Jahr 2000 berichtet (vgl. bspw. Chasiotis/Voland 1998, S. 583f; Hamer/Copeland 1998a, S. 199ff; Lenz 1999, S. 108f; Wright 1998, S. 120–123).[292] Spätestens seit der Publikation Colapintos (vgl. Colapinto 2000) und der folgenden medialen Berichterstattung ist davon auszugehen, dass der ›Fall David Reimer‹ einem breiten wissenschaftlichen Publikum bekannt geworden ist, darunter auch Erziehungswissenschaftlerinnen und Erziehungswissenschaftlern in Deutschland. Dennoch wird der Fall in den 200 Aufsätzen des Dossiers, von denen 16 Aufsätze aus dem Bereich der Geschlechterdebatte zwischen 1997 und 2002 erschienen sind, an keiner einzigen Stelle erwähnt. Die Ursachen dieser mangelnden Rezeption (bzw. Nicht-Rezeption) sind wegen fehlender Hintergrundinformationen nicht ermittelbar. Deshalb erscheint an dieser Stelle – nicht zuletzt aufgrund der wissenschaftlichen Bedeutung des Falles für die Kontroverse um Anlage und Umwelt – eine tiefergehende Analyse auf der Ebene des internationalen Diskurses angebracht. In Abbildung 11 werden anhand von Auswertungen des SSCI die Zitationsraten der drei zentralen Publikationen der Reimer-Debatte für den Zeitraum von 1995 bis zum Jahr 2008 dargestellt:

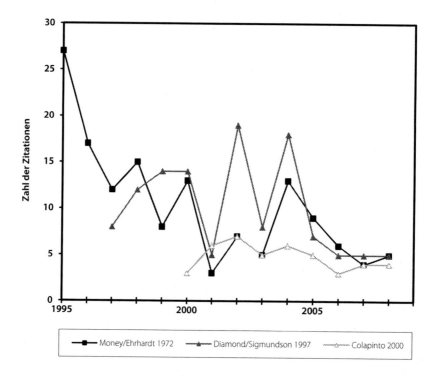

Abb. 11: Zitationen zentraler Publikationen zur ›Reimer-Debatte‹ (Money/Ehrhardt 1972, Diamond/Sigmundson 1997, Colapinto 2000) laut SSCI (absolute Häufigkeiten) (Quelle: Social Sciences Citation Index (SSCI), Abfrage über das ISI Web of Knowledge (Internet: http://pcs.isiknowledge.com) vom 13.01.2009)

---

292 Die BBC-Dokumentation aus dem Jahr 1980 hatte bereits in einigen wissenschaftlichen Lehrbüchern zu einer kritischen Rezeption des Falles beigetragen (vgl. bspw. Pinel 1997, S. 297).

Die Publikation von Money und Ehrhardt (»Man and Woman, Boy and Girl«, 1972) stellt die Originalpublikation dar, in der der Reimer-Fall erstmalig als Erfolg aus environmentalistischer Sicht publiziert worden war (der komplette Verlauf der Zitationsraten seit 1972 ist Abb. 12 auf Seite 277 zu entnehmen). Des Weiteren sind in Abbildung 11 die Zitationskurven für den Aufsatz von Diamond und Sigmundson (»Sex reassignment at birth. Long-term review and clinical implications«, 1997) als erste Widerlegung des Reimer-Falles sowie für die Dokumentation des Falles durch Colapinto (»As nature made him. The boy who was raised as a girl«, 2000) aufgeführt. Die Ergebnisse zeigen für die Publikation von Money und Ehrhardt den Trend einer abfallenden jährlichen Zitationshäufigkeit bis zum Beginn der 2000er Jahre, gefolgt von einem leichten Anstieg und Höhepunkt im Jahr 2004 und einem erneuten Abwärtstrend für die Folgejahre bis 2008. Besonders auffällig ist, dass von 1999 bis 2004 die Zitationsrate des Aufsatzes von Diamond und Sigmundson die Zitationsrate der Money/Ehrhardt-Publikation übertroffen hatte. Dabei liegt die Vermutung nahe, dass spätestens mit der Jahrtausendwende die über fast 30 Jahre recht häufig – wenn auch mit absteigendem Trend – in den Sozialwissenschaften zitierte Publikation Moneys und Ehrhardts fast ausschließlich im Kontext des Reimer-Falles und seiner vermeintlichen ›Entlarvung‹ bzw. Widerlegung durch Diamond und Sigmundson thematisiert worden ist. Eine vertiefende Analyse der SSCI-Daten bestätigt diese Hypothese jedoch nicht: Nur 24 der 100 Zitationen von Money und Ehrhardt seit 1997 entfallen auf Publikationen, in denen zugleich der Aufsatz von Diamond und Sigmundson zitiert wird. Der scheinbare Synchronismus des Verlaufs der Zitationskurven für Money und Ehrhardt sowie Diamond und Sigmundson ab dem Jahr 2000 entpuppt sich damit als zufällige Ähnlichkeit. Die Zitationskurve von Colapintos Dokumentation des Falles zeigt keine derartige Parallelität, sodass als zweites Ergebnis festgehalten werden kann: Zumindest im Bereich wissenschaftlicher Fachaufsätze, deren Zitationen mittels des SSCI erfasst werden können, ist für den diskursiven Einfluss des Reimer-Falles hinsichtlich dessen Widerlegung der Aufsatz von Diamond und Sigmundson ausschlaggebend gewesen und nicht die detailliertere, aber populärwissenschaftlich verfasste Publikation Colapintos.[293]

In ihrer Publikation aus dem Jahr 1972 fassten Money und Ehrhardt insgesamt 912 klinische Fälle zusammen, die zwischen 1951 und 1972 am Johns Hopkins Hospital in Baltimore untersucht worden waren (vgl. Money/Ehrhardt 1975, S. 7 ff). Der Reimer-Fall mag als einer von zwei Fallbeispielen im siebten Kapitel (»Zuweisungs- und Erziehungsgeschlecht«) dieses Werkes aus qualitativer Hinsicht eine exponierte Rolle eingenommen haben (vgl. ebd., S. 31, 117–122), ist jedoch aus quantitativer Sicht (insbes. vor dem Hintergrund der Untersuchung von 233 Fällen von Hermaphroditismus) als singuläres Beispiel zu werten. Als Fazit konstatierten Money und Ehrhardt im siebten Kapitel ihrer Publikation:

> »Die beiden Fallgeschichten über Geschlechtsneuzuweisung, die wir in diesem Kapitel dargestellt haben, zeigen, daß die geschlechtypische Form der Erziehung einen außergewöhnlich starken Einfluß auf die psychosexuelle Differenzierung eines Kindes und die resultierende Geschlechtsidentität haben kann« (ebd., S. 145).

Aus diesem Fazit lässt sich aber nicht zwangsläufig eine environmentalistische Extremposition im Anlage-Umwelt-Diskurs herleiten, denn Money und Ehrhardt ziehen zusätzlich eine ganze

---

293 Einschränkend ist an dieser Stelle anzumerken, dass der Social Sciences Citation Index ausschließlich Zitationen in fachwissenschaftlichen Zeitschriften erfasst. Aus diesem Grund sind an dieser Stelle keine Angaben hinsichtlich der Zitationshäufigkeit der Publikation von Money und Ehrhardt in wissenschaftlichen Monografien und Sammelwerken möglich.

Reihe biologischer Faktoren im Zusammenhang mit Geschlechtsunterschieden und der Ausprägung der Geschlechtsidentität heran, ohne die eine Einordnung und Diskussion der von ihnen geschilderten klinischen Fälle nicht möglich gewesen wäre.[294] Die eigene Diskursposition bezüglich der Anlage-Umwelt-Debatte wurde von Money und Ehrhardt explizit thematisiert:

»Das Problem kann nur gelöst werden, wenn man die althergebrachte überholte Alternative von Anlage *oder* Umwelt aufgibt und sie durch das Konzept der Interaktion von pränatalen und postnatalen Einflüssen in der psychosexuellen Differenzierung ersetzt« (Money/Ehrhardt 1975, S. 10, Hervorhebung im Original). »Die Theorie der psychosexuellen Differenzierung beschäftigt sich heute nicht mehr mit überkommenen Alternativen wie zum Beispiel Anlage versus Erziehung, Vererbung versus Umwelt, angeboren versus erworben, biologisch versus psychologisch oder instinktiv versus erlernt. Die moderne genetische Theorie vermeidet solche überholten Dichotomien und spricht von einer genetischen Reaktionsnorm … Das Programm der psychosexuellen Differenzierung verläuft nach einem Interaktionsmodell und wird nicht ausschließlich durch Anlage oder Umwelt bestimmt. Es gibt phylogenetisch vorgeschriebene Teile dieses Programms. Sie üben ihren determinierenden Einfluß in erster Linie vor der Geburt aus und erteilen ein für die ganze weitere Entwicklung gültiges Imprimatur. Doch schon während der vorgeburtlichen Entwicklung kann das phylogenetische Programm durch die persönliche Entwicklungsgeschichte verändert werden … Nach der Geburt wird das Programm der psychosexuellen Differenzierung durch die Lebensgeschichte bestimmt, ganz besonders durch die soziale Entwicklungsgeschichte« (ebd., S. 13 f.).

Diese interaktionistische Selbstverortung Moneys und Ehrhardts erscheint jedoch ambivalent, da sie für die Geschlechtsneuzuweisung von Säuglingen eine Altersbeschränkung anführen: »Die obere Altersgrenze für eine Geschlechtsneuzuweisung liegt in den meisten Fällen bei etwa achtzehn Monaten, es sei denn, das Kind selbst wünscht ausdrücklich eine solche Neuzuweisung« (ebd., S. 25). Diese Einschränkung kann zwar einerseits als Manifestation der Bedeutung des oben genannten starken Einflusses der Erziehung gewertet werden, andererseits jedoch im Sinne eines prägenden Zeitfensters aufgrund biologischer Einflussfaktoren interpretiert werden. Vor diesem Hintergrund schließt sich die Frage an, inwieweit eine derartige Theorie, die den Einfluss biologischer Faktoren nicht vollständig negiert, wirklich von environmentalistischer Seite akzeptiert worden ist. Wissenschaftshistorische Analysen einschlägiger Werke im Rahmen der Geschlechterdebatte und eigene Auswertungen anhand des Social Sciences Citation Index lassen diesbezüglich Zweifel aufkommen:

In Abbildung 12 sind die Zitationen der Publikation von Money und Ehrhardt im Zeitverlauf grafisch dargestellt. Die Zitationsanalyse zeigt einen Höhepunkt der Zitationen am Ende der 70er und Beginn der 80er Jahre sowie einen rückläufigen Trend in der Folgezeit bis heute, was auf einen abnehmenden Stellenwert dieser Publikation im Diskurs hindeutet. Abbildung 12 enthält zudem die Zitationsraten für zwei weitere Publikationen (Maccoby/Jacklin 1974, Fausto-Sterling 1985), die eine besondere Stellung in der Geschlechterdebatte eingenommen haben und von denen eine explizite Rezeption des Reimer-Falles zu erwarten gewesen wäre.[295]

---

294 In diesem Zusammenhang differenzierten Money und Ehrhardt bereits im Einleitungskapitel zwischen dem chromosomalen Geschlecht, der Ausprägung der Keimdrüsen, dem hormonellen Geschlecht, der Geschlechtsdifferenzierung der Genitalien und des Gehirns, dem geschlechtstypischen Verhalten, dem Körperschema und der Geschlechtsidentität (vgl. Money/Ehrhardt 1975, S. 13–36). Zudem umfassten die von Money und Ehrhardt diskutierten klinischen Fälle so unterschiedliche Phänomene wie Chromosomenanomalien, das Androgenitale Syndrom, Hermaphroditismus, Querschnittslähmungen, Pubertätsprobleme, Inzest, Exhibitionismus, Pädophilie, Transsexualität u. v. a. m. (vgl. ebd., S. 7 ff).

295 Die Zitationsraten des Aufsatzes von Jeanne Block (1976) wurden in Abbildung 12 zur Illustration der Diskrepanz zwischen Zitationen von Originalwerken und deren Widerlegungen hinzugefügt. Block hatte in ihrer Rezension

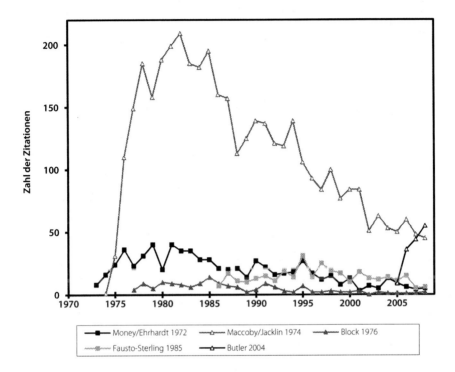

Abb. 12: Zitationen zentraler Publikationen der Geschlechterdebatte (Money/Ehrhardt 1972, Maccoby/Jacklin 1974, Block 1976, Fausto-Sterling 1985 und Butler 2004) laut SSCI (absolute Häufigkeiten) (Quelle: Social Sciences Citation Index (SSCI), Abfragen über das ISI Web of Knowledge (Internet: http://pcs.isiknowledge. com) vom 13.01.2009 und 05.09.2010)

Dabei zeigt das psychologische Standardwerk der 70er Jahre von Maccoby und Jacklin (1974) im Vergleich zur Publikation von Money und Ehrhardt eine ungleich höhere Zitationsrate mit stark abfallender Tendenz ab Mitte der 80er Jahre (vgl. Abb. 12). Maccoby und Jacklin hatten in einer Art Sammelreferat bzw. Meta-Analyse im Jahr 1974 die Ergebnisse von 1 475 einzelnen Studien über Geschlechterunterschiede zusammengefasst.[296] Im Gegensatz zur Fülle der zur

---

des Werkes von Maccoby und Jacklin (1974) bereits zwei Jahre nach dessen Erscheinen auf eine Fülle theoretischer und methodischer Probleme des letzteren Werkes hingewiesen – u. a. auf Auslassungen relevanter Literatur und Unstimmigkeiten in den Übersichtstabellen. Block gelangte aufgrund dieser Mängel zu einer divergierenden Auffassung bezüglich der Beweislage psychologischer Geschlechterunterschiede. Wie Abbildung 12 zeigt, wurde diese Kritik in der Fachwissenschaft kaum zur Kenntnis genommen und führte in keinerlei Weise zu einer Relativierung des diskursiven Einflusses des Werkes von Maccoby und Jacklin (vgl. dazu auch Bischof-Köhler 2002, S. 9 ff).

296 In der Sekundärliteratur finden sich widersprüchliche Angaben zur Zahl der einbezogenen Studien, wobei von mehr als 1 400 (vgl. z. B. Degler 1991, S. 298; Maccoby/Jacklin 1978, Umschlagrückseite) oder sogar ca. 1 600 Untersuchungen berichtet wird (vgl. bspw. Bischof-Köhler 2002, S. 7; Hagemann-White 1984, S. 15). Beide Angaben sind unpräzise, da eine Vorpublikation Maccobys (vgl. Maccoby 1966) mit einzubeziehen ist. Obwohl ein Abgleich der Literaturlisten und kommentierten Bibliografien mit den Ergebnistabellen in Maccoby/Jacklin

damaligen Zeit postulierten Unterschiede zwischen den Geschlechtern ließen Maccoby und Jacklin lediglich vier Unterschiede als empirisch gesichert gelten: bessere sprachliche Fähigkeiten von Mädchen im Vergleich zu Jungen, ein besseres räumliches Orientierungsvermögen von Jungen gegenüber Mädchen, höhere mathematische Fähigkeiten bei Jungen sowie eine höhere Aggression bei Jungen im Vergleich zu Mädchen (vgl. Maccoby/Jacklin 1974, S. 351 f). Vor dem Hintergrund der Geschlechterdebatte der 70er Jahre erweist sich als besonders aussagekräftig, dass der Reimer-Fall in dieser Publikation von Maccoby und Jacklin *überhaupt nicht* erwähnt wurde, obwohl die Autorinnen vereinzelt die Untersuchungsergebnisse Ehrhardts bezüglich des Androgenitalen Syndroms referierten (vgl. bspw. ebd., S. 216f).[297] Selbst im Werk von Fausto-Sterling, einer kritischen Auseinandersetzung mit biologischen Thesen bezüglich vermeintlicher Geschlechterunterschiede, finden sich keinerlei Bezüge auf den Reimer-Fall (vgl. Fausto-Sterling 1985; dt. 1988).[298] Bezüglich der Thesen Moneys und Ehrhardts wurden von Fausto-Sterling ebenfalls deren Forschungsbefunde bezüglich des Androgenitalen Syndroms herangezogen (vgl. Fausto-Sterling 1988, S. 190ff). Sie meldete zudem Zweifel an der diskursiven Selbstkategorisierung Moneys und Ehrhardts als ›Interaktionisten‹ an und stellte deren Präferenz für biologische Erklärungen heraus (vgl. ebd., S. 192).[299] Abbildung 12 zeigt, dass diese ›feministische Streitschrift‹ Fausto-Sterlings bezüglich ihrer wissenschaftlichen Rezeption – gemessen anhand ihrer Zitationen laut Social Sciences Citation Index – bereits im Jahr 1993 die Publikation von Money und Ehrhardt überholt hatte. Die Berücksichtigung biologischer Fakten und Erklärungsmodelle durch Money und Ehrhardt hat zudem auf sozialwissenschaftlicher Seite Rezeptionsvorbehalte ausgelöst, sodass den Forschungen Moneys und Ehrhardts mitunter ein ›biologistisches‹ Etikett im Diskurs zugewiesen worden ist.[300]

Zudem scheint der disziplinäre Rezeptionskontext des Reimer-Falles nicht vorrangig die Geschlechterdebatte selbst, sondern an erster Stelle die Frage nach der medizinischen Behandlung von Säuglingen mit uneindeutigen Genitalien gewesen zu sein. Diese These wird durch eine vergleichende Analyse der Rezeptionskontexte der Publikationen von Money und Ehrhardt (als environmentalistische Fallschilderung) sowie von Diamond und Sigmundson (als Widerlegung des Falles) gestützt:

1974 an dieser Stelle nicht durchgeführt werden konnte, lässt sich anhand von Auszählungen feststellen: Maccoby und Jacklin bezogen in ihre Untersuchung aus dem Jahr 1974 (auf Grundlage der kommentierten Bibliografien beider Werke) 1 475 Studien ein (vgl. Oetzel 1966; Maccoby/Jacklin 1974, S. 377–391, 395–627). Ihre Ergebnistabellen im Text beziehen sich auf 1 683 Studien (inkl. Doppelungen) mit insgesamt 2 260 Einzelbefunden zu geschlechtsspezifischen Verhaltensunterschieden.

297 Selbiger Befund gilt auch für das aktuelle Folgewerk von Maccoby (vgl. Maccoby 2000, S. 144, 394). Fälle uneindeutiger Genitalien bei der Geburt sowie das gesamte Thema der Transsexualität wurden von Maccoby und Jacklin als »beyond the scope of our work« (Maccoby/Jacklin 1974, S. 12) deklariert, und sie verwiesen in der Einleitung zu ihrem Werk bezüglich dieser Thematik ausdrücklich auf die Publikation von Money und Ehrhardt aus dem Jahr 1972 (vgl. ebd.).

298 Anne Fausto-Sterling (geb. 1944) ist eine Biologin mit dem Forschungsschwerpunkt der Entwicklungsgenetik, die sich selbst als Feministin und als in der Frauenbewegung engagiert bezeichnet (vgl. Fausto-Sterling 1988, S. 26 f).

299 Fausto-Sterling setzte sich in dieser Publikation auch kritisch mit der Auffassung Moneys in der »gegenwärtige[n] Debatte über die hormonelle Basis der Geschlechtsidentität« (Fausto-Sterling 1988, S. 125) auseinander und kontrastierte Moneys Position (Fixierung in der frühen Kindheit aufgrund des Aufzugsgeschlechts) mit der Position Imperato-McGinleys (Fixierung in der Pubertät) (vgl. ebd.; zur Position Imperato-McGinleys und dem Phänomen des sog. ›Pseudohermaphroditismus‹ vgl. auch Lenz 1999, S. 105ff).

300 Von Hagemann-White wurden sogar die größtenteils biologiekritischen Thesen von Maccoby und Jacklin noch als biologistisch abgewertet (vgl. Hagemann-White 1984, S. 76).

Tab. 8: Themenbereiche der Zitationsquellen von Money/Ehrhardt 1972 und Diamond/
Sigmundson 1997 im Vergleich

Zitationen von … in Zeitschriten aus den folgenden Bereichen:	Money/Ehrhardt 1972		Diamond/Sigmundson 1997	
	absolut	*in Prozent*	absolut	*in Prozent*
Medizin/Sexualwissenschaft/ Biologie	175	*15,7*	98	*58,3*
Psychoanalyse/Psychiatrie/ klinische Psychologie	325	*29,1*	21	*12,5*
Psychologie (Anderes)	199	*17,8*	10	*6,0*
Entwicklungspsychologie	82	*7,4*	3	*1,8*
Feminismus/Frauenstudien (›woman's studies‹)	44	*3,9*	7	*4,2*
Erziehungswissenschaft	33	*3,0*	1	*0,6*
Anderes	257	*23,0*	28	*16,7*
Gesamt	1 115	99,9	168	100,1

Für Tabelle 8 wurden 684 im SSCI erfasste Quellen, in denen auf die Publikation von Money und Ehrhardt verwiesen worden war, sowie 120 Quellen, in denen der Aufsatz von Diamond und Sigmundson zitiert worden war, hinsichtlich disziplinärer Bereiche aufgeschlüsselt. Dazu wurden die Zeitschriften, in denen die zitierenden Aufsätze erschienen waren, anhand einer Spezialfunktion der SSCI-Abfrage inhaltlichen Themenbereichen (›subject areas‹) zugeordnet und später noch einmal in verschiedene disziplinäre Bereiche zusammengefasst. Der Bereich ›Anderes‹ enthält nicht-einschlägige Zeitschriften anderer disziplinärer Gebiete (Soziologie, Rechtswissenschaft, Ethik etc.). Da im SSCI einige Zeitschriften verschiedenen ›subject areas‹ mehrfach zugeordnet werden, entfallen auf die Publikation von Money und Ehrhardt insgesamt 1 115 Nennungen und auf die Publikation von Diamond und Sigmundson 168 Nennungen. Die Ergebnisse in Tabelle 8 zeigen, dass die ursprüngliche Untersuchung von Money und Ehrhardt sowie in noch stärkerem Maße die Widerlegung des Reimer-Falles durch Diamond und Sigmundson mehrheitlich in medizinisch-sexualwissenschaftlichen und psychologisch-klinischen Zeitschriften rezipiert worden sind, auf die zusammengefasst 44,8 % der Zuordnungen im Falle Moneys und Ehrhardts bzw. 70,8 % der Zuordnungen im Falle Diamonds und Sigmundsons entfallen. Mit anderen Worten: Der Reimer-Fall scheint in fachwissenschaftlichen Zeitschriften vor allem hinsichtlich seiner Relevanz für die medizinische Umgangsweise mit und die psychotherapeutische Betreuung von Fällen mit uneindeutigen Genitalien bei der Geburt rezipiert worden zu sein. Auffällig ist demgegenüber die geringe Rezeption in entwicklungspsychologischen und feministischen Zeitschriften. Dort wäre aufgrund des Stellenwertes des Reimer-Falls im Kontext der Anlage-Umwelt-Thematik eine sehr viel größere Resonanz zu erwarten gewesen, falls dieser Fall wirklich über Jahrzehnte hinweg als Paradebeispiel einer environmentalistischen Diskursposition gegolten hätte. In einschlägigen erziehungswissenschaftlichen Zeitschriften wurde der Reimer-Fall – zumindest unter Verweis auf die beiden betrachteten Originalquellen – am seltensten thematisiert. Auf die Widerlegung durch Diamond und Sigmundson entfällt hier nur eine einzige Zitation.

Bezüglich der These, dass es sich beim Reimer-Fall um ein Paradebeispiel handele, das von der Frauenbewegung intensiv zur Stützung ihrer Thesen herangezogen worden und damit auf ideologische Weise verwertet worden sei, verweist Colapinto lediglich auf eine einzelne Publikation:

> »Das Bedeutsame dieses Falles entging auch der damals aufkommenden Frauenbewegung nicht, die jahrzehntelang gegen eine biologische Begründung der Geschlechtsdifferenzierung gekämpft hatte. Moneys Aufsätze über die psychosexuelle Neutralität Neugeborener, die seit den Fünfzigerjahren erschienen, waren bereits eine Grundlage des modernen Feminismus geworden. Kate Millet hatte in ihrem 1970 erschienen Bestseller *Sexus und Herrschaft*, der Bibel des Feminismus, diese Aufsätze als wissenschaftlichen Beweis für die These angeführt, dass die Unterschiede zwischen Männern und Frauen keine biologische Notwendigkeit widerspiegeln, sondern vielmehr gesellschaftliche Erwartungen und Vorurteile. Der Zwillingsfall lieferte einen noch augenfälligeren und scheinbar unwiderlegbaren Beweis für diese These« (Colapinto 2002, S. 85, Hervorhebung im Original).[301]

Zu diesem auf die Frauenforschung bezogenen Postulat ist anzumerken: Trotz mehr oder weniger umfangreicher Referenzen auf das Werk von Money und Ehrhardt aus dem Jahr 1972 wird der Reimer-Fall in wichtigen einschlägigen Publikationen, die in enger Verbindung zur Frauenbewegung, der Geschlechterdebatte im Allgemeinen oder der Genderforschung im Besonderen stehen, an keiner einzigen Stelle erwähnt (vgl. insbesondere Gildemeister/Wetterer 1992; Hagemann-White 1984, S. 37 f; Kessler/McKenna 1978, S. 10 f, 50–80, 86; West/Zimmerman 1987, S. 125, 131).[302] Vielmehr wird in diesen Publikationen die Fallstudie Garfinkels über die Transsexuelle ›Agnes‹ (vgl. Garfinkel 1967, S. 118–185) zur Illustration des mühevollen Prozesses der eigenen Selbstkonstruktion von Geschlecht im täglichen Leben (als ›*doing gender*‹) herangezogen (vgl. bspw. Gildemeister/Wetterer 1992, S. 230–233; Kessler/McKenna 1978, S. 113–141, 155, 159; West/Zimmerman 1987, S. 131–136). Eine detailliertere Betrachtung der Rezeption des Reimer-Falles seit 1972 ist im Rahmen dieser Arbeit nicht möglich. Die Analysen der ausgewählten Publikationen, von denen m. E. am ehesten eine Rezeption zur Stützung environmentalistischer Positionen zu erwarten gewesen wäre, lassen sich zumindest als Indizien dafür werten, dass von Colapinto der Stellenwert des Reimer-Falles als Paradebeispiel für die Geschlechterdebatte und feministische Forschung stark überzeichnet dargestellt worden ist. Für die deutsche Geschlechterdebatte ist an dieser Stelle die feministische Schrift von Alice Schwarzer anführen, die den Fall 1975 aufgegriffen und auch in Folgeauflagen ihrer Publikation bis heute beibehalten hat (vgl. Schwarzer 2007, S. 240–242).[303]

---

301 Butlers Behauptung »Sogar Kate Millett zitiert den Fall, um zu zeigen, dass Biologie kein Schicksal sei« (Butler 2009, S. 103) ist höchst unglaubwürdig, da Money erst zwei Jahre nach Erscheinen von Milletts Publikation den Reimer-Fall zum ersten Mal veröffentlicht hatte. In Milletts Werk »Sexus und Herrschaft« (1970/2000, dt. 1971) wurde Money nur kurz bezüglich postnataler Einflüsse auf die Festlegung der Geschlechtsidentität erwähnt, wobei sich Millett auf dessen Forschungen zur Intersexualität bezog (vgl. Millett 1971, S. 39; 2000, S. 30 f). Eigenen Recherchen zufolge findet sich der Reimer-Fall auch nicht in Folgeauflagen von Milletts Werk.

302 Die Seitenangaben beziehen sich an dieser Stelle auf Erwähnungen der Arbeiten Moneys unter besonderer Berücksichtigung von Money/Ehrhardt 1972. Letztere Publikation wird zumeist in verschiedenen Kontexten angeführt (bspw. bei Betrachtung von Mädchen mit Androgenitalem Syndrom, bei der Diskussion von biologischen Geschlechterdefinitionen oder bezüglich der Frage nach pränatalen hormonellen Einflüssen). Quellenangaben ohne explizite Nennung von Seitenzahlen stehen stellvertretend für den Befund, dass die Publikation von Money und Ehrhardt nicht rezipiert worden ist.

303 Die Publikation Schwarzers (2007) ist aus diskursiver Sicht als populärwissenschaftlich zu werten und hatte keinen nennenswerten Einfluss auf den im Rahmen von wissenschaftlichen Fachzeitschriften geführten Geschlechterdiskurs (der SSCI zeigt für diese Publikation lediglich 12 Zitationen seit 1975). Vor dem Hintergrund, dass der Reimer-Fall bei Schwarzer nur auf zwei Seiten angesprochen wird und nicht als unaustauschbarer Schwerpunkt

Nach dieser Rekonstruktion der historischen Rezeption des Reimer-Falles als Paradebeispiel
Moneys für dessen These von der Geschlechtsneutralität bei Geburt soll im Folgenden gefragt
werden, inwieweit die Widerlegungen dieses Fallbeispiels durch Diamond und Sigmundson
sowie durch Colapinto im Rahmen der aktuellen Geschlechterdebatte rezipiert worden sind.
Dazu ist zunächst festzustellen, dass trotz des immensen medialen Interesses die ›Reimer-Debatte‹ in der fachwissenschaftlichen Literatur bisher eher sporadisch aufgegriffen worden ist. Allerdings haben sich in den letzten Jahren bedeutende Repräsentantinnen der Genderforschung zur
Reimer-Debatte geäußert.[304] Aufgrund der in Abschnitt 10.2 genannten Fälle von Ad-hominem-
Argumenten in den Publikationen Colapintos und dessen kritischer, wissenschaftsjournalisti-
scher Zugangsweise verwundert nicht, dass diese Werke im Rahmen der Genderforschung
überwiegend skeptisch beurteilt worden sind: Rezensionen weisen trotz vereinzelten Lobes von
Colapintos Schreibstil (vgl. Tiefer 2002, S. 303) und der Anerkennung des heuristischen Wertes
seiner Enthüllung (vgl. McKenna/Kessler 2002, S. 301) auf verschiedene Mängel und Schwierigkeiten hin, die mit dem Reimer-Fall verbunden sind. Zuweilen wird kritisiert, dass Colapinto
den Reimer-Fall überhaupt erst im Kontext der Anlage-Umwelt-Thematik verortet und auf
diese Weise zur Dichotomisierung des Diskurses beigetragen habe (vgl. bspw. ebd., S. 302 f).
Aus feministisch-konstruktivistischer Perspektive werden zumeist die Diskurspositionen der
Protagonisten der Reimer-Debatte als unzulänglich gewertet, da sie der Dichotomie von Sex
und Gender verhaftet bleiben würden und damit hinter ein konstruktivistisches Geschlechter-
verständnis zurückfallen würden (vgl. Sloop 2004, S. 31; Warnke 2005, S. 235 f). Zudem wird
versucht, die Beweiskraft des Falles unter Berufung auf dessen Einzelfallcharakter und Drama-
tisierung durch die massenmediale Rezeption abzuschwächen (vgl. Sloop 2004, S. 41 f).
Zu den ausführlicheren Rezeptionen der Reimer-Debatte im Geschlechterdiskurs zählt ein
Buchkapitel aus Judith Butler Werk »Undoing gender« (Butler 2004, S. 57–74; dt. 2009, S. 97–
122). Wie Abbildung 12 zeigt, weist diese Publikation stark steigende Zitationsraten auf, die
bereits zwei Jahre nach ihrer Veröffentlichung weit über denen der zentralen Diskursbeiträge
von Money/Ehrhardt, Diamond/Sigmundson und Colapinto liegen (vgl. dazu auch Abb. 11).
Obwohl Butlers Publikation vielfältige Themen berührt, trägt ihre Falldiskussion in Kapitel-
länge zur Tradierung und Multiplikation des Reimer-Falls in der Geschlechterdebatte bei. Dies
ist für den diskursiven Verlauf der Reimer-Debatte von besonderer Bedeutung, da Butlers Darstellung im Vergleich zu anderen Rezeptionen streckenweise als oberflächlich – mitunter sogar
fehlerbehaftet – zu beurteilen ist. Als Rezeptionsfehler sind hier zu konstatieren, dass Butler
den Eindruck vermittelt, Brenda habe die Einnahme von Östrogen komplett verweigert, und
dass Diamond (korrekt wäre: Sigmundson) zum psychiatrischen Expertenteam gehört habe, das
Brenda in der Pubertät behandelt hatte (vgl. Butler 2009, S. 101 f). Letztere Falschdarstellung
wurde auch von Schütze unbemerkt übernommen (vgl. Schütze 2010, S. 126, 128).[305] Zudem

---

in ihrer Argumentationskette fungiert, ist m. E. die scharfe Kritik von Röhl fragwürdig; denn Letztere erweckt
implizit den Eindruck, als würden durch die Widerlegung des Reimer-Falles die Grundfesten von Schwarzers
Gedankengebäude erschüttert (vgl. Röhl 2005).

304 So wird die Reimer-Debatte in den aktuellen Sammelwerken von Steins (2010) sowie Becker/Kortendiek (2008)
nicht berücksichtigt. Im Sammelband von Casale/Rendtorff (2008) wird sie immerhin in zwei Beiträgen kurz
angesprochen (vgl. Deuber-Mankowski 2008, S. 173; Forster 2008, S. 209). Ausführlichere Auseinandersetzungen mit der Reimer-Debatte finden sich bspw. in Butler 2004, S. 57–74 (dt. 2009, S. 97–122); Fausto-Sterling
2000, S. 66–71; Schütze 2010, S. 120–142; Sloop 2004, S. 25–49; Warnke 2005.

305 Des Weiteren wird bei Schütze die Bedeutung des Reimer-Falles dadurch reduziert, dass an keiner Stelle verdeutlicht wird, dass es sich um eineiige Zwillinge handelte. An mehreren Stellen wird sogar behauptet, Money

wird Diamond von Butler als extremer Verfechter der operativen Korrektur von Intersexuellen mit Y-Chromosomen in männliche Richtung dargestellt (Butler 2009, S. 105, 108), obwohl Diamond selbst – nicht zuletzt auf Grundlage seiner Kritik an Moneys Vorgehensweise – für eine abwartende Haltung plädiert hatte:

"We suggest referring the parents and child to appropriate and periodic long-term counseling rather than to immediate surgery and sex reassignment, which seems a simple and immediate solution to a complicated problem" (Diamond/Sigmundson 1997, S. 303).

Ergänzend zur kritischen Darstellung der Diskursposition John Moneys dramatisiert Butler auch Diamonds Position als deterministisch und biologistisch, als ob für Diamond einzig und allein das Vorhandensein eines Y-Chromosoms für die Entwicklung der Geschlechtsidentität ausschlaggebend sei (vgl. Butler 2009, S. 104; siehe aber Diamond/Sigmundson 1997, S. 302 f). Aus ihrer Sicht seien damit sowohl Moneys als auch Diamonds Diskurspositionen als der Anatomie verhaftet anzusehen (vgl. Butler 2009, S. 104–110):

»Während also einige Experten wie Money behaupten, das Fehlen eines vollständigen Phallus sei die soziale Begründung dafür, ein Kind als Mädchen zu erziehen, meinen andere wie Diamond, das Vorhandensein eines Y-Chromosoms sei der überzeugendste Beweis, es sei das, was in den anhaltenden Männlichkeitsgefühlen angezeigt sei, und lasse sich nicht wegkonstruieren« (ebd., S. 107).

Im Ergebnis seien beide Positionen nicht in der Lage, das System der Zweigeschlechtlichkeit zu überwinden, und würden den Betroffenen in Form normativer Machtansprüche Schaden zufügen, anstatt sie so zu akzeptieren, wie sie geboren worden sind (ebd., S. 106 ff, 112, 114). Im Gegensatz zu Butler wird von Fausto-Sterling die Reimer-Debatte nur auf wenigen Seiten und ohne Bezug auf Colapintos Rolling Stone-Artikel thematisiert (vgl. Fausto-Sterling 2000, S. 66–71).[306] Dabei wird auch von Fausto-Sterling die Diskursposition Diamonds in einem kritischen Licht als Diskreditierungsversuch Moneys dargestellt, dessen Position wiederum als ambivalent und historisch schwankend abgemildert wird (vgl. ebd., S. 70, 284). Dass sowohl Butler als auch Fausto-Sterling als renommierte feministische Wissenschaftlerinnen den Reimer-Fall erst *nach* dessen Widerlegung aufgriffen und in ausführlicher Weise diskutiert haben, spricht somit gegen Colapintos Wahrnehmung einer herausragenden Bedeutung des Falles in der Geschlechterdebatte der 70er bis 90er Jahre. Zugleich kann aufgrund der ambivalenten Rezeption der Reimer-Debatte derzeit nicht von einer grundlegenden Korrektur environmentalistischer Positionen in der Gender-Debatte gesprochen werden.

Zusammenfassend lässt sich an dieser Stelle festhalten, dass bezüglich der Interpretationen Colapintos Vorsicht angebracht erscheint: So konnte anhand der Analyse einschlägiger Werke der Geschlechterdebatte – zumindest für den wissenschaftlichen Diskurs – nicht nachgewiesen werden, dass der Reimer-Fall über Jahrzehnte als Paradebeispiel der Geschlechter- und Frauenforschung zur Rechtfertigung einer umweltdeterministischen Position herangezogen worden ist. Vielmehr erscheint vor dem Hintergrund der bisherigen Ausführungen das von Colapinto

---

habe die Pseudonyme ›John‹ und ›Joan‹ eingeführt (vgl. Schütze 2010, S. 125 f), obgleich sich diese weder in Money/Ehrhardt 1972, noch in Money 1975 finden lassen. Dies illustriert in besonderem Maße die Gefahr der Multiplikation von Rezeptionsfehlern bei der Nutzung von Sekundär- oder (wie in letzterem Falle) Tertiärliteratur (Rezeption der Darstellung Butlers durch Schütze).

306 Die Zitationsrate dieser späteren Buchpublikation von Fausto-Sterling (vgl. Fausto-Sterling 2000) liegt mit durchschnittlich 19 Zitationen pro Jahr zwischen den Jahren 2001 und 2008 leicht über der Rate ihres früheren Werkes (vgl. Fausto-Sterling 1985) mit durchschnittlich 12 Zitationen pro Jahr für den gleichen Zeitraum (ohne Abbildung).

gezeichnete Bild als simplizistische Konstruktion, um dem Reimer-Fall – trotz seines Einzelfall-charakters – einen besonderen Stellenwert im Anlage-Umwelt-Diskurs zuzuweisen. Der Kontext der Anlage-Umwelt-Kontroverse erweist sich somit für Colapinto als Mittel zum Zweck einer historischen Rekonstruktion und wissenschaftlichen Verortung des Reimer-Falles. Auf der Seite der Adressaten von Colapintos Publikationen erleichtert dieses ›Framing‹ nicht nur die Identifikation mit David Reimer als Opfer, sondern bewirkt zugleich die emotionale Absetzung und Abwertung von John Money als rücksichtslosem Wissenschaftler, der wider besseres Wissen und trotz gegenteiliger Befunde über Jahrzehnte seine theoretische Sichtweise aufrechtzuerhalten suchte. Zudem werden auf diese Weise Moneys Gegenspielern ebenfalls Opferrollen zugewiesen. So berichtete bspw. Colapinto von den Gewissenskonflikten Sigmundsons, auf jährlich wiederkehrende Anzeigen Diamonds zu antworten, die Letzterer in Fachzeitschriften aufgegeben hatte, um Informationen zum aktuellen Stand des Reimer-Falles und zu den involvierten Therapeuten zu erhalten:

> "In the past, Sigmundson himself had toyed with the idea of publishing the true outcome of John's case. But he hadn't done it – and for a very simple reason. 'I was shit-scared of John Money,' he admits. 'He was the big guy. The guru. I didn't know what it would do to my career.' So he would put the idea out of his head. Diamond's annual ad was an awkward reminder. A couple of times, he'd almost answered it. But he'd always resisted the urge" (Colapinto 1997, S. 92).

Insgesamt betrachtet soll damit nicht die Relevanz des Falles im Kontext des Anlage-Umwelt-Diskurses geschmälert werden, sondern darauf verwiesen werden, dass es sich hier um eine Schlüsseldebatte handelt, bei der aufgrund widerstreitender Positionen im Geschlechterdiskurs über annähernd vier Jahrzehnte hinweg kein Konsens bezüglich der fachlichen Einordnung und objektiven Bewertung eines bedeutenden Einzelfalles erreicht werden konnte.

10.5 Zur Problematik der Null-Hypothese

Bevor das am Beispiel des Reimer-Falles diskutierte Feld der Geschlechterdebatte an dieser Stelle verlassen wird, soll im Folgenden ein diskursives Argumentationsmuster genauer betrachtet werden, das seit den 70er Jahren in besonderer Weise zur argumentativen Stützung diskursiver Positionen herangezogen worden ist und eng mit der Debatte um Intelligenz und Begabung sowie der Geschlechterdebatte verknüpft ist: die ›Strategie der Null-Hypothese‹. Dabei wird als environmentalistische Strategie das aus der statistischen Datenanalyse entlehnte Konzept von ›Nullhypothese‹ und ›Alternativhypothese‹ bemüht, um die Beweislast der opponierenden Seite im Diskurs zuzuweisen. Eine entsprechende Belegstelle wurde für die Intelligenz- und Begabungsdebatte im Kontext der Diskussion der Datenfälschung Burts bereits genannt (vgl. das Zitat von Kamin in Abschnitt 9.2, S. 261). Dass diese Strategie im Rahmen der internationalen Intelligenzdebatte auch heute noch von den Gegnern der Erblichkeitshypothese genutzt wird, zeigt sich bspw. an der Kritik Jensens durch Brace:

> "Jensen has said that 'the assumption of equal or equivalent intelligence' across all human populations is 'gratuitous' and 'scientifically unwarranted' and merits being denounced as the 'egalitarian fallacy' (Jensen 1980, 370) … 'The egalitarian assumption obviously begs the question in such a way as to completely remove itself from the possibility of scientific investigation' (Jensen 1980, 370). Again, the absolute opposite is the case. Whether or not capabilities are the same, the appropriate way to test the question is to assume that they are and then proceed to see whether that hypothesis can be rejected. The initial assumption that there are no significant differences need not be based on an actual assessment of

the evidence but is simply the classic scientific procedure of setting up a null hypothesis to be tested ...
In contrast, what Jensen has done is to set up what he calls his 'default position' as the null hypothesis
(Jensen 1998, 444). That position, or 'hypothesis,' starts with the assumption of inherent differences.
By definition, there is nothing 'null' about such a stance" (Brace 2005, S. 248 f.).

In analoger Weise gingen Maccoby und Jacklin von der Nullhypothese der Nicht-Existenz psychologischer Unterschiede zwischen den Geschlechtern aus:

> "In a sense, this book is dedicated to testing the null hypothesis that sex differences are of this same order:
> that assigning cases to groups by sex is no more meaningful, for purposes of understanding the behavior
> of the subjects, than assigning them at random. Let us hasten to add that we do not believe the null
> hypothesis for all aspects of psychological sex differences. The problem is to sift the differences that are
> 'real' from those that are not" (Maccoby/Jacklin 1974, S. 4; vgl. auch Hagemann-White 1984, S. 15).

Maccoby und Jacklin wiesen damit im Jahr 1974 die Beweislast denjenigen Forscherinnen und
Forschern im Diskurs zu, die (als Arbeits- oder Alternativhypothese) von psychologischen Unterschieden zwischen den Geschlechtern ausgingen. Die Setzung von Null- und Alternativhypothese beinhaltet eine nicht zu unterschätzende heuristische Problematik. Norbert Bischof diskutiert diese ausgiebig und konstatiert, dass es aus statistischer Sicht keine allgemeingültige
Regel für die Festlegung einer Null- und Alternativhypothese gebe:

> »Eigentlich haben wir es ja mit zwei formal gleichgewichtigen Hypothesen zu tun – einer, die besagt,
> dass z auf x wirkt, und einer anderen, der zufolge x von z unabhängig ist. Wenn wir nun die eine von
> beiden zur Nullhypothese und die andere zur Alternativhypothese machen, brechen wir diese Symmetrie,
> indem wir die eine davon gewissermaßen als theoretischen Hintergrund deklarieren, den wir von der
> Beweislast entbinden. Gibt es für diese Ungleichbehandlung sachliche Gründe? Hierüber wird man
> im Methodenkurs kaum etwas erfahren! Der Statistiker erklärt sich für nicht zuständig« (Bischof 2008,
> S. 187, Hervorhebungen im Original).

Auch Bischofs Ehefrau, Doris Bischof-Köhler, verweist im Kontext der Geschlechterdebatte
auf die Asymmetrie, die dieser Argumentationsweise zugrunde liegt:

> »Das Verfahren ist asymmetrisch: Die Arbeitshypothese muss man *sichern*, die Nullhypothese *wider-
> legen*. Die Arbeitshypothese trägt also die Beweislast. Das bedeutet: Wenn jemand behauptet, Unter-
> schiede im Verhalten und Erleben von Frauen und Männern existierten nur im Volksglauben oder gar
> in der Fantasie von Ideologen und Chauvinisten, während in Wirklichkeit doch alle Menschen gleich
> angelegt seien, dann darf er dies solange tun, bis irgendwer ihn unausweichlich widerlegt, während
> die These, Frauen seien anders als Männer, und dies womöglich auch noch von Natur aus, die volle
> Beweislast zu tragen hat. Offenbar wird es als ›sparsamer‹ empfunden, Geschlechtsunterschiede zu
> leugnen als sie zu akzeptieren. Die Berechtigung zu dieser asymmetrischen Betrachtungsweise wird
> freilich so gut wie nie reflektiert« (Bischof-Köhler 2002, S. 7, Hervorhebungen im Original; vgl. auch
> Bischof-Köhler 1992, S. 255).[307]

Laut Bischof ist die Festlegung von Null- und Alternativhypothese nur anhand inhaltlicher Kriterien möglich. Legitimationen auf der Grundlage eines Konsenses oder mittels der Antizipation
ethischer Konsequenzen werden von ihm als unzureichend zurückgewiesen (vgl. Bischof 2008,

---

307 Ferner konstatiert Bischof-Köhler aus statistischer Sicht: »Für eine Nullhypothese ist nämlich charakteristisch,
daß ihre fälschliche Beibehaltung weniger Schaden anrichten darf als ihre irrtümliche Verwerfung« (Bischof-
Köhler 1992, S. 255). Die Frage, inwieweit hier weniger Schaden durch die fälschliche Behauptung der Existenz
oder Nicht-Existenz psychologischer Geschlechterunterschiede im Vergleich zur irrtümlichen Verwerfung der
jeweiligen Hypothese angerichtet würde, hat jedoch normativen Charakter, beinhaltet sozialpolitische Begrün-
dungen und ist damit nicht allein mittels statistischer oder logischer Erwägungen entscheidbar.

S. 187). Stattdessen betont er die phylogenetischen Wurzeln von Geschlechterunterschieden und plädiert für eine Umkehrung der Beweislast:

> »Wenn es also um die Adaptation an Bedingungen geht, die über evolutionsgeschichtlich lange Zeiträume konstant geblieben sind, dann *trägt die Behauptung eines reinen Sozialisationseffekts die Beweislast*. Der wohl brisanteste Anwendungsfall dieses Theorems ist die Frage der *Geschlechtsunterschiede*« (Bischof 2008, S. 191, Hervorhebungen im Original).

Damit lassen sich diese Argumentationen wie folgt zusammenfassen: Wenn von environmentalistischer Seite als Nullhypothese die Nicht-Existenz von Geschlechterunterschieden im Verhalten oder die Nicht-Erblichkeit der Intelligenz gesetzt wird, so können diese Thesen so lange Gültigkeit beanspruchen, bis sie erfolgreich widerlegt werden. Die Alternativhypothesen, dass es Unterschiede zwischen den Geschlechtern gibt oder Intelligenz vererbt wird, müssen hingegen erst durch empirische Befunde in ausreichender Weise gesichert werden, um Gültigkeit beanspruchen zu können, und tragen damit die volle Beweislast. Dies entspricht dem oben geschilderten Argumentationsmuster von Maccoby und Jacklin im Geschlechterdiskurs und von Kamin in der Debatte um die Erblichkeit der Intelligenz. Werden hier Null- und Alternativhypothesen vertauscht, so zeigt sich neben der Umkehr der Beweislast, dass diese Positionen überhaupt nicht mehr vertretbar gewesen wären. Wären Maccoby und Jacklin von der Nullhypothese der Existenz von psychologischen Geschlechterunterschieden ausgegangen, so hätten sie die Alternativhypothese der Nicht-Existenz derartiger Unterschiede belegen müssen. Die Alternativhypothese hätte in diesem Fall die volle Beweislast zu tragen; und Maccoby und Jacklin hätten zeigen müssen, dass bisher in *keiner einzigen* Untersuchung psychologische Geschlechterunterschiede sicher nachgewiesen worden wären. Da Maccoby und Jacklin jedoch in vier Bereichen die Existenz von Unterschieden anerkannt hatten, wäre diese Alternativhypothese nicht vertretbar gewesen. Daher blieb ihnen nur die Möglichkeit, diese vier Bereiche als Ausnahmen zu deklarieren, die allerdings nicht ausreichen würden, eine Nullhypothese von der Nicht-Existenz von Geschlechterunterschieden zu widerlegen. In ähnlicher Weise hätte Kamin bei einer Umkehrung von Null- und Alternativhypothese *sämtliche* Befunde zur Erblichkeit der Intelligenz anzweifeln müssen, um die Nullhypothese der Vererbbarkeit der Intelligenz widerlegen zu können – ein vor dem Hintergrund der Fülle verhaltensgenetischer Befunde aussichtslos erscheinendes Unterfangen. Kamin konzentrierte sich daher auf eine methodische Kritik der bedeutendsten verhaltensgenetischen Studien der damaligen Zeit. Seiner Ansicht nach habe er auf diese Weise nachgewiesen, dass die Alternativhypothese der Erblichkeit der Intelligenz nicht in ausreichender Weise abgesichert sei, um die Nullhypothese ihrer Nicht-Erblichkeit zu widerlegen.

Somit erweist sich die Strategie der Festlegung von Null- und Alternativhypothese vor dem Hintergrund der Anlage-Umwelt-Thematik in mehrerlei Hinsicht als problematisch: Wie von Bischof und Bischof-Köhler gezeigt, wird mittels der Strategie der Nullhypothese die Beweislast einer bestimmten Seite im Diskurs zugewiesen – im konkreten Fall den nativistisch argumentierenden Diskurspositionen. Zugleich wird damit der environmentalistischen Diskursposition ein Anstrich wissenschaftlicher Dignität und statistischer Beweiskraft verliehen. Dabei wird aber in der Regel nicht explizit verdeutlicht, dass es sich bei der Festlegung von Null- und Alternativhypothese um intentionale – und zumeist willkürliche – Setzungen durch die Forscherin und den Forscher handelt, die bereits *vor* der Zusammenstellung von Fakten und der Suche nach Beweisen erfolgt.

Die bisherigen Ausführungen haben gezeigt, dass die ›Strategie der Null-Hypothese‹ in den 70er Jahren, in denen der Diskurs um Anlage und Umwelt in besonders vehementer Weise ausgetragen worden ist, sowohl im Rahmen der Debatte um Intelligenz und Begabung als auch in der Geschlechterdebatte zur Stützung einer environmentalistischen Position eingesetzt worden ist. Dieses zeitnahe Auftreten derselben diskursiven Strategie in unterschiedlichen Diskurssträngen wirft die weiterführende und in dieser Abhandlung nicht klärbare Frage auf, inwieweit diese Strategie von einem Diskursstrang auf den anderen übertragen worden ist, oder ob es sich um voneinander unabhängige, aber analoge Entwicklungen handelt. Für letztere Hypothese spricht, dass die Strategie in beiden Diskurssträngen bzw. Gegenstandsbereichen im Jahr 1974 ohne Querverbindungen zwischen den beteiligten Protagonistinnen und Protagonisten (Kamin, Maccoby und Jacklin) nachgewiesen werden konnte. Als problematisch erweist sich bezüglich der Strategie der Null-Hypothese zudem die Tendenz zur unkritischen Übernahme bzw. Kolportierung vorläufiger Befunde, denen aufgrund ihrer vermeintlich empirisch-statistischen Absicherung eine besondere Güte zugestanden wird, wobei die ursprüngliche Argumentation mitunter aus dem Blick gerät oder sogar verschärft wird. So wurden bspw. die vorsichtig und mit Einschränkungen formulierten Einlassungen Maccobys und Jacklins zehn Jahre später im Bereich der Geschlechtersozialisation von Hagemann-White aufgegriffen, wobei die Befunde Maccobys und Jacklins zwar rezipiert, aber als biologistisch zurückgewiesen wurden. In der Folge wurde der Annahme einer Existenz von Geschlechterdifferenzen per se jeglicher heuristischer Wert abgesprochen: »Aus dem Vorangegangenen ist deutlich geworden, daß die empirische Forschung insgesamt keine Belege für eindeutige, klar ausgeprägte Unterschiede zwischen den Geschlechtern liefert« (Hagemann-White 1984, S. 42).[308] Auf diese Weise wurde die anhand der Strategie der Nullhypothese aufgestellte Behauptung einer sehr geringen Zahl psychologischer Unterschiede zwischen den Geschlechtern rezipiert, kritisiert und als komplette Leugnung derartiger Unterschiede radikalisiert. Die ursprüngliche heuristische Problematik der Argumentationsweise (als Nutzung der Strategie der Null-Hypothese) gerät dabei aus dem Blick. Obwohl an dieser Stelle nicht der aktuelle Forschungsstand bezüglich der Frage nach der Existenz biologischer und psychologischer Geschlechterunterschiede diskutiert oder zusammengefasst werden kann (vgl. dazu bspw. Bischof-Köhler 2002, Lenz 1999), ist vor dem Hintergrund des Anlage-Umwelt-Diskurses der Einsatz einer derartigen Diskursstrategie als charakteristisch für environmentalistische Argumentationsmuster herauszustellen und aus diskursanalytischer Sicht als fragwürdig zu erachten.

---

308 Die Position Hagemann-Whites erscheint in diesem Kontext ambivalent: So wird an einigen Stellen nicht klar, ob sich die Leugnung von Geschlechterunterschieden ausschließlich auf den psychischen Bereich beschränkt (vgl. bspw. Hagemann-White 1984, S. 15). Zudem werden »eindeutige, klar ausgeprägte Unterschiede zwischen den Geschlechtern« (ebd., S. 42) negiert, zugleich wird aber konstatiert: »Die unklaren Ergebnisse der Forschung sind zu einem großen Teil darauf zurückzuführen, daß das Geschlecht per se eine ungeeignete unabhängige Variable ist. Sie besagen nicht, daß es keine Unterschiede im Verhalten weiblicher und männlicher Personen gibt« (ebd., S. 43).

Kapitel 11:
Zusammenfassende Einordnung

In diesem Teil wurden in exemplarischer Weise vier Teilausschnitte des Anlage-Umwelt-Diskurses, die gleichsam ›Schlüsseldebatten‹ in den Diskurssträngen der ›Geschlechterdebatte‹ und der Diskussion um ›Intelligenz und Begabung‹ darstellen, aus verschiedenen Perspektiven beleuchtet. Die Auswahl der Beispiele erfolgte hinsichtlich ihrer Brisanz im Diskurs; sie sind zugleich als wichtige Schnittstellen des internationalen Anlage-Umwelt-Diskurses aufzufassen und haben diesen mittels verschiedener diskursiver Ereignisse maßgeblich geprägt und in seine Bahnen gelenkt. Die umseitigen Abbildungen 13 und 14 geben einen zusammenfassenden Überblick über die wichtigsten diskursiven Ereignisse der jeweiligen Diskursstränge und Schlüsseldebatten, die in den letzten vier Kapiteln angesprochenen worden sind. Diskursive Ereignisse in Form von umstrittenen Publikationen, die Anlagefaktoren eine größere Bedeutung als Umweltfaktoren eingeräumt haben bzw. im Diskurs als Provokationen von nativistischer Seite gewertet werden können, sind in den Abbildungen als ›nativistische‹ Diskursfragmente mittels hellgrauer Kreise auf den Zeitstrahlen dargestellt; ›environmentalistische‹ Diskursfragmente mit Betonung von Umweltfaktoren und deutlicher Kritik an nativistischen Positionen wurden mit weißen Kreisen gekennzeichnet.[309] Zudem wird in den Abbildungen die in den vorherigen vier Kapiteln berücksichtigte Sekundärliteratur (inklusive erziehungswissenschaftlicher Rezeption in den Aufsätzen des Dossiers, aber ohne die im SSCI erfassten Aufsätze) visualisiert, auf die im Text in direktem Zusammenhang mit den Schlüsseldebatten verwiesen worden ist. Die Breite der dunklen Jahresringe und ihre Folge ermöglichen eine Identifikation ›heißer‹ Phasen, in denen die Schlüsseldebatten ausgiebig rezipiert worden sind.

Abbildung 13 zeigt diesbezüglich, dass die Mead-Freeman-Kontroverse insbesondere in den 90er Jahren bis einschließlich des Beginns der 2000er Jahre ausgetragen worden ist. Die Debatte um den Reimer-Fall lässt sich als Schlüsseldebatte der ausgehenden 90er sowie der gesamten 2000er Jahre charakterisieren. Demgegenüber wurde die Debatte um die Vererbung der Intelligenz seit den 70er Jahren durchgängig bis in die heutige Zeit hinein geführt und scheint in ihrem diskursiven Einfluss nicht an Aktualität eingebüßt zu haben (vgl. Abb. 14). Ähnliches lässt sich für die Burt-Debatte konstatieren, obgleich deren Höhepunkt diskursiver Rezeption insbesondere in den 90er Jahren anzusiedeln ist (vgl. Abb. 14).

---

309 Die tendenzielle Zuordnung der Diskursfragmente als ›nativistisch‹ bzw. ›environmentalistisch‹ erfolgte dabei vor dem Hintergrund ihrer Wirkung im Diskurs und besitzt keinen ausschließenden Charakter. Eine Klassifikation als ›nativistisch‹ bedeutet nicht, dass in dem entsprechenden Diskursfragment nicht auch die Wirkung von Umweltfaktoren thematisiert wird, sondern dass das Ereignis im Diskurs eher einer nativistische Positionen zuzuordnen ist. So wurde bspw. im Falle der Publikation von Money und Ehrhardt (1972), die von verschiedenen Rezipienten entweder als nativistisch oder environmentalistisch wahrgenommen worden ist, aufgrund der These von der Geschlechtsneutralität bei Geburt eine Verortung als ›environmentalistisches‹ Diskursfragment der Vorrang eingeräumt, obwohl Money und Ehrhardt eine Vielzahl biologischer Faktoren diskutiert hatten und sich somit auch eine nativistische Zuordnung rechtfertigen ließe.

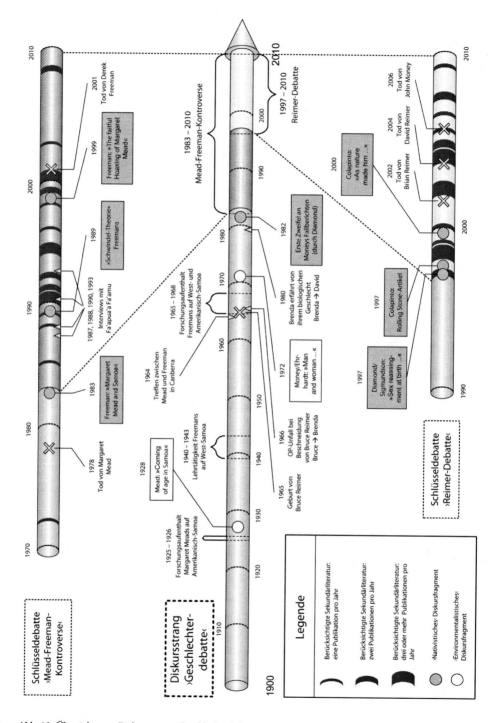

Abb. 13: Übersicht zum Diskursstrang ›Geschlechterdebatte‹

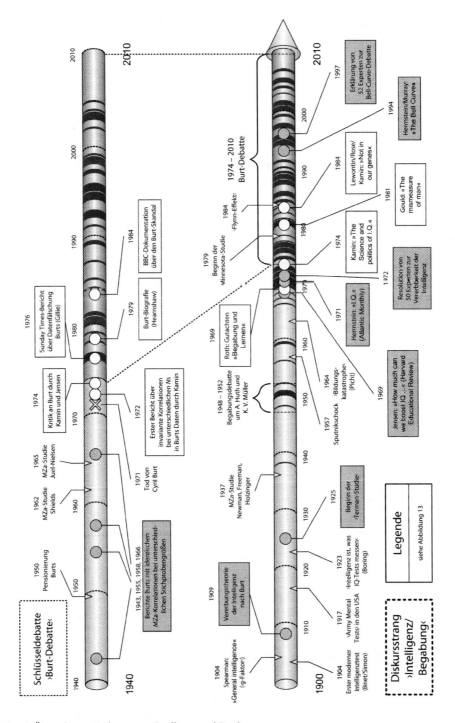

Abb. 14: Übersicht zum Diskursstrang ›Intelligenz und Begabung‹

Werden die auslösenden diskursiven Ereignisse der Schlüsseldebatten betrachtet, so wurden in den letzten vier Kapiteln Brennpunkte des internationalen Diskurses aus den 70er Jahren (Debatte um die Thesen Jensens und Herrnsteins, Burt-Skandal, Null-Hypothese bezüglich Intelligenz und Geschlecht), 80er Jahren (Mead-Freeman-Kontroverse), 90er Jahren (Bell-Curve-Debatte) und des aktuellen Diskurses (Reimer-Fall) in die Rekonstruktion des historischen Kontextes einbezogen. Die aktuelle Brisanz einzelner Gegenstände, ihre zentrale Stellung im Rahmen der Konstruktion des Anlage-Umwelt-Diskurses sowie die eng mit ihnen verknüpften sozial-politischen Implikationen spiegeln sich in aktuellen metatheoretischen Analysen des Diskurses:

> "However, though state-of-the-art knowledge is available, recent highly visible works (i. e., Herrnstein and Murray, *The Bell Curve*, 1994; Harris, *The Nurture Assumption*, 1998; Rowe, *The Limits of Family Influence*, 1994; and Rushton, *Race, Evolution and Behavior*, 1999/2000) portray pretty simple ideas about the role of genetics in human behavior and development. Such a series of perspectives can have dangerous implications for our understanding of developmental mechanisms and result in public policies and practices that negatively impact society (Rutter, 2002)" (García Coll/Bearer/Lerner 2004b, S. XIX, Hervorhebungen im Original).

In diesem Zusammenhang ist darauf zu verweisen, dass die im obigen Zitat angesprochene Debatte um die Thesen von Harris und Rowe – gleichsam eine Schlüsseldebatte des aktuellen Diskurses – in Abschnitt 12.1 im Kontext der Frage nach der erziehungswissenschaftlichen Relevanz verhaltensgenetischer Befunde noch eingehend diskutiert wird. Die Abbildungen 13 und 14 veranschaulichen ferner, dass die Initiativen für die Diskussion brisanter Inhalte innerhalb der betrachteten Diskursstränge nicht in allen Fällen von der gleichen Diskursposition ausgegangen sind. Mittels einer groben Zuordnung der Positionen zum nativistischen bzw. environmentalistischen Lager können die aufgeführten diskursiven Ereignisse wie folgt zugeordnet werden, wobei in den Abbildungen nicht alle der im Folgenden genannten Diskursfragmente aufgenommen werden konnten: Die Publikationen Jensens und Herrnsteins zu Beginn der 70er Jahre sowie Herrnsteins und Murrays Thesen im Rahmen der Bell-Curve-Debatte sind als Provokationen von nativistischer Seite zu werten (vgl. Jensen 1969c, Herrnstein 1971, Herrnstein/Murray 1994). Diskreditierungsversuche, die von environmentalistischer Seite initiiert worden sind, finden sich insbesondere im Burt-Skandal und in der Aufstellung der Null-Hypothesen, nach denen keine biologisch-bedingten Unterschiede zwischen den Geschlechtern oder erbliche Intelligenzunterschiede (insbes. zwischen verschiedenen ethnischen Gruppen) existieren würden (vgl. Hagemann-White 1984, Kamin 1974, Lewontin/Rose/Kamin 1984, Maccoby/Jacklin 1974). Als nativistische Diskreditierungsversuche gegenüber etablierten environmentalistischen Positionen sind hingegen die Mead-Freeman-Kontroverse, die ›Widerlegung‹ des Reimer-Falles und die Harris-Debatte zu werten (vgl. Colapinto 1997, 2000; Diamond/Sigmundson 1997; Freeman 1983b, 1989, 1999b; Harris 1998; Rowe 1994). Die Ausführungen der letzten vier Kapitel haben vor diesem Hintergrund gezeigt, dass einige dieser Themen erst durch die Einordnung in den Kontext des Anlage-Umwelt-Diskurses ihre spezifische Brisanz entfaltet haben und zuvor nicht in diesem Zusammenhang betrachtet worden sind. Mit anderen Worten: Durch eine explizite Verortung im Kontext des Anlage-Umwelt-Diskurses wird manche Thematik erst kontrovers und führt zum wissenschaftlichen Streit. Als Beispiele für solcherlei nachträgliche Konstruktionen können insbesondere die Mead-Freeman-Kontroverse und die Diskussion des Reimer-Falles durch Colapinto gelten.

In den vorherigen Kapiteln wurde zudem die Problematik des Zusammenspiels unterschiedlicher diskursiver Ebenen thematisiert – insbesondere der wissenschaftlichen, populärwissenschaftlichen und medialen Diskursebene. So wurde zum Beispiel anhand der Burt-Debatte und des Reimer-Falles exemplarisch der Einfluss der Massenmedien auf den wissenschaftlichen Diskurs nachgezeichnet. Zudem konnten verschiedene Einzelpublikationen mit ideologisch fragwürdigem Impetus bzw. ›bias‹ (bspw. Kamin 1974, Gould 1981, Lewontin/Rose/Kamin 1984) identifiziert werden, die im Anlage-Umwelt-Diskurs besondere diskursive Wirkungen entfaltet haben, indem sie als Multiplikatoren für Extrempositionen dienten. Im Ergebnis zeichnete sich spätestens seit Beginn der 70er Jahre eine besondere Häufung environmentalistischen Engagements ab, die zu einer Zuspitzung des Anlage-Umwelt-Diskurses geführt hat. Anhaltspunkte, dass diese neue Konjunktur environmentalistischen Denkens in den Sozialwissenschaften eng mit diskursiven Ereignissen auf der gesamtgesellschaftlichen Ebene verbunden war (wie bspw. der Studentenbewegung, Frauenbewegung und Etablierung des Phänomens der sog. ›Political Correctness‹), konnten an mehreren Stellen aufgezeigt werden.

Zugleich führten diese Entwicklungen aufgrund der sozialpolitischen Implikationen der Diskurspositionen und emotionalen Konnotationen des Anlage-Umwelt-Diskurses zu einer Blüte diskursiver Strategien. In diesem Kontext konnten bspw. eine Häufung von Ad-hominem-Argumenten anstelle inhaltlich-sachlicher Diskussionen, die Konstruktion von Strohmann-Positionen zur Diskreditierung von gegnerischen Diskurspositionen sowie posthum geführte Attacken innerhalb der Schlüsseldebatten nachgewiesen werden. Die Auswirkungen dieser diskursiven Strategien wurden insbesondere anhand des Burt-Skandals verdeutlicht, der zur Diskreditierung einer gesamten Subdisziplin (konkret: der Verhaltensgenetik) über Jahrzehnte hinweg beigetragen hat. Posthume Attacken finden sich insbesondere im Burt-Skandal und in der Mead-Freeman-Kontroverse. Vor diesem Hintergrund schließt sich die Frage an, ob die Dispute anders verlaufen wären, wenn alle beteiligten Akteurinnen und Akteure noch während des Ausbruchs der Debatten gelebt hätten. Der Reimer-Fall legt diesbezüglich eine skeptische Einschätzung nahe, denn Money war als Zeitzeuge noch nach Ausbruch des wissenschaftlichen Streites verfügbar, hatte sich aber nicht im Detail zu den gegen ihn gerichteten Vorwürfen geäußert. Somit erscheint fragwürdig, inwieweit in substanzieller Weise zur Lösbarkeit der Debatten bzw. Klärung der Streitfragen auf der Gegenstandsebene beigetragen worden wäre, wenn Burt noch im Jahr 1972 und Mead noch im Jahr 1983 gelebt hätten. Selbst wenn sie nicht zu den Vorwürfen geschwiegen hätten, so zeigt sich anhand des Burt-Skandals, dass selbst im Falle des Vorliegens gesicherter empirischer Befunde (in diesem Fall aus anderen MZa-Studien) unterschiedliche Interpretationen desselben Datenmaterials in nativistischer oder environmentalistischer Ausrichtung möglich sind. Der Burt-Skandal unterstreicht in diesem Kontext die immense Bedeutung einer gewissenhaften Sicherung und Archivierung des eigenen Datenmaterials sowie die unumgängliche Notwendigkeit einer detaillierten und nachvollziehbaren Beschreibung der eigenen Vorgehensweise im Rahmen der Datenerhebung und -auswertung durch die Wissenschaftlerinnen und Wissenschaftler selbst.

Die in diesem Teil analysierten Schlüsseldebatten des Anlage-Umwelt-Diskurses weisen bei aller historischen und inhaltlichen Unterschiedlichkeit zugleich ein gemeinsames Phänomen auf: ihre ›Unlösbarkeit‹ trotz detaillierter historischer Rekonstruktion. Oberflächlich betrachtet werden für diesen Missstand nachvollziehbare Gründe angegeben – wie bspw. die Unmöglichkeit, in der Zeit zurückzureisen (im Falle der Forschungen Meads) oder die unglückliche Vernichtung entscheidenden Beweismaterials (im Falle Burts). Die wirklichen Gründe für die Unklärbarkeit der Anlage-Umwelt-Frage könnten jedoch tiefer liegen: Teilweise scheint eine Lösung (oder eine auch nur in Ansätzen objektive Diskussion) von den Protagonistinnen und Protagonisten im Anlage-Umwelt-Diskurs überhaupt nicht beabsichtigt oder als wünschenswert erachtet worden zu sein, da in diesem Fall der eigene diskursive – und insbesondere massenmedial wirksame – Einfluss geschwunden wäre (bspw. im Falle Freemans). Zudem trägt der gezielte Einsatz verschleiernder Diskursstrategien, wie insbesondere die Nutzung von Strohmann-Argumenten, die gegnerische Positionen nicht in objektiver Weise wiedergeben oder verzerren, nicht zur Klärung der Streitfragen und damit zu einer Lösung der Schlüsseldebatten bei. In diesem Zusammenhang ist fragwürdig, ob die in den letzten Kapiteln betrachteten Debatten überhaupt anhand von Beweismaterial – selbst von höchster Güteklasse und Überzeugungs-kraft – geklärt werden könnten. Vielmehr scheint ihre prinzipielle Unentscheidbarkeit bereits im Wesen des wissenschaftlichen Selbstverständnisses latent angelegt zu sein, wie die folgende wissenschaftstheoretische Stellungnahme von Overton nahelegt:

> "We have here, then the paradigm clash. Negatively considered, each side disputes the legitimacy of the primary assumption of the other and repudiates the meaningfulness of its approach. Positively, each view leads to its own theories, methods, interpretations, and empirical inquiry. It is not, however, at the empirical level that the issue between the paradigms can be decided, for there is no such thing as a crucial test among divergent assumptions. In fact, in an effort to establish its adequacy, each side interprets various empirical work within its own categories" (Overton 1973, S. 84).[310]

Vor diesem Hintergrund werden die divergierenden Interpretationen derselben Gegenstands-bereiche – mitunter sogar derselben empirischen Befunde – im Rahmen des Anlage-Umwelt-Diskurses nachvollziehbar (vgl. bspw. die Debatte zur Erblichkeit der Intelligenz). Lösungs- und Vermittlungsversuche zwischen Vertreterinnen und Vertretern unterschiedlicher Diskurspositio-nen konnten in den hier verhandelten Schlüsseldebatten des Anlage-Umwelt-Diskurses nur selten identifiziert werden (vgl. bspw. vereinzelte gemäßigte Stimmen in der Mead-Freeman-Kontroverse oder bezüglich des Burt-Skandals). Vielmehr scheinen Diskurspositionen (wie auch Paradigmen im Sinne Kuhns; vgl. Kuhn 1976) mit ihren vehementesten Vertreterinnen und Vertretern auszusterben (vgl. bspw. die Mead-Freeman-Kontroverse, die mit dem Ableben Freemans deutlich gemäßigter und seltener diskutiert worden ist). Vor diesem Hintergrund erwei-sen sich die in den vorherigen Kapiteln dargestellten Diskurspositionen als inkommensurabel:

> »Eine neue wissenschaftliche Wahrheit pflegt sich nicht in der Weise durchzusetzen, daß ihre Gegner überzeugt werden und sich als belehrt erklären, sondern vielmehr dadurch, daß die Gegner allmählich aussterben und daß die heranwachsende Generation von vornherein mit der Wahrheit vertraut gemacht ist« (Planck 1946, S. 235; siehe auch Kuhn 1976, S. 162).

Abschließend ist anzumerken, dass sämtliche der in diesem Teil beleuchteten Debatten des An-lage-Umwelt-Diskurses durch Anstöße aus dem angloamerikanischen Sprachraum ausgelöst worden sind und sich damit als Teil des internationalen und interdisziplinären Diskurses eta-bliert haben. Obwohl diese Debatten bisher größtenteils im angloamerikanischen Sprachraum

---

310 Overton differenzierte in diesem Zusammenhang zwischen Theorien, die als Paradigmen einer mechanistischen und einer organismischen Weltsicht entspringen (vgl. Overton 1973, S. 78 f; später von Overton als Unterschied zwischen »split metatheory« (Overton 2004, S. 203) und »relational metatheory« (ebd., S. 204) klassifiziert). Zu Letzterer zählte er insbesondere die Theorie Piagets, zur Ersteren nativistische und empiristische Extrempositionen sowie das additive Modell der Betrachtung von Anlage und Umwelt (vgl. ebd., S. 203–211). Laut Overton seien divergierende Ansätze innerhalb eines derartigen Paradigmas – also bspw. der Streit zwischen Instinkttheorie und Behaviorismus innerhalb der mechanistischen Weltsicht – zumindest vom Grundsatz her empirisch lösbar (vgl. Overton 1973, S. 80 ff). Aufgrund der Ausführungen aus den vorherigen Kapiteln dieser Abhandlung sind m. E. bezüglich dieser optimistischen Einschätzung Overtons Zweifel angebracht.

geführt worden sind, ist hinsichtlich der Frage einer mangelnden und/oder verspäteten Rezeption in Deutschland zwischen Diskursebene (wissenschaftlicher Fachdiskurs versus Mediendiskurs) und Gegenstandsebene zu differenzieren. Während die meisten der hier angesprochenen Themenfelder von den deutschen Massenmedien mehr oder weniger intensiv aufgegriffen worden sind, deuten sich auf der wissenschaftlichen Diskursebene unterschiedliche Rezeptionsmuster an: So lässt sich bspw. für die Jensen-Debatte eine zeitnahe und von erziehungswissenschaftlicher Seite intensive Rezeption verzeichnen. Im Falle der Mead-Freeman-Kontroverse muss jedoch eine mangelnde und verspätete Rezeption konstatiert werden. Bezüglich einiger Gegenstandsbereiche (insbesondere in Hinblick auf den Reimer-Fall und die Harris-Debatte) kann sogar von einer strikten Verleugnung und weitgehenden Nicht-Rezeption vonseiten der Erziehungswissenschaft gesprochen werden. Vor dem Hintergrund des aktuellen Stellenwertes dieser Schlüsseldebatten im internationalen Anlage-Umwelt-Diskurs ist ein derartiges Ergebnis als höchst unbefriedigend zu werten.

Teil V:
Erziehungswissenschaftliche Relevanz

Wenn von den Medien die ›Entdeckung‹ eines bisher unbekannten Gens verkündet wird, das in Verbindung mit einem bestimmten Verhaltensmerkmal stehen soll, ist der Zusammenhang mit der Anlage-Umwelt-Thematik offensichtlich. Wenn aber von psychologischer Seite behauptet wird, Eltern hätten (im Gegensatz zu genetischen Faktoren und der Gleichaltrigengruppe) keinen nennenswerten Einfluss auf die Persönlichkeitsentwicklung ihrer Kinder, oder wenn in Fernsehdokumentationen Erklärungen dafür offeriert werden, welche Eigenschaften Frauen an Männern attraktiv finden und umgekehrt, so sind auch diese Fälle in den metatheoretischen Kontext des Anlage-Umwelt-Diskurses eingebunden. Dies muss nicht auf den ersten Blick erkennbar sein, wie das letztgenannte Beispiel zur geschlechtsspezifischen Attraktivität verdeutlicht. Im Gegensatz zu früheren Phasen, in denen die Anlage-Umwelt-Frage vorwiegend intern im Rahmen wissenschaftlicher Spezialgebiete (wie der Verhaltensgenetik, der Differentiellen Psychologie etc.) verhandelt worden ist, hat sich die Debatte in der heutigen Zeit längst auf weite Bereiche der öffentlichen Diskussion ausgedehnt. Sie prägt die alltagstheoretischen Annahmen jedes Einzelnen in entscheidender Weise mit, wobei die historische Herkunft dieser Annahmen nur in den seltensten Fällen mitreflektiert wird. Trotz berechtigter Kritik an der Dichotomisierung von Anlage und Umwelt erweist sich diese dualistische Sichtweise damit für weite Teile des öffentlichen Diskurses nicht als ›Pseudo-Unterscheidung‹, sondern als Klassifizierungsschema von genuiner Bedeutung – eng verwoben mit sozialpolitischen Implikationen – und damit von besonderer erziehungswissenschaftlicher Relevanz. Die Kenntnis der historischen Hintergründe des Anlage-Umwelt-Diskurses sowie die systematische Erfassung aktueller Diskurspositionen können vor diesem Hintergrund als Strukturierungshilfen bei der Einordnung und Interpretation wissenschaftlichen Wissens dienen – als eine ›kognitive Landkarte‹, mit deren Hilfe sich Interessenten auf dem Terrain verschiedenster Diskurspositionen, die ihnen in Form theoretischer Ansätze und impliziter Modellannahmen entgegentreten, zurechtfinden können. Im wissenschaftlichen Bereich kann dies zugleich der Selbstvergewisserung der eigenen Position vor dem Hintergrund einer kaum mehr überschaubaren Heterogenität von Theorieofferten dienen. In den vorherigen vier Teilen dieser Abhandlung wurde versucht, eine derartige Orientierungshilfe bereitzustellen, wobei in erster Linie historische und systematische Aspekte des Anlage-Umwelt-Diskurses berücksichtigt worden sind.

Im fünften und letzten Teil soll hingegen die aktuelle Relevanz des Anlage-Umwelt-Diskurses bezüglich der erziehungswissenschaftlichen Theoriebildung im Zentrum der Betrachtung stehen. Damit soll nicht ausgedrückt werden, dass der Diskurs um Anlage und Umwelt keinerlei Relevanz für andere Wissenschaftsgebiete hat – oder gar für die öffentliche Diskussion. Vielmehr ist die Zuspitzung auf den erziehungswissenschaftlichen Bereich hier als exemplarisches Beispiel neben anderen Gebieten des öffentlichen Diskurses zu sehen, für die die Anlage-Umwelt-Kontroverse sozial- und gesellschaftspolitische Implikationen als Zündstoff bereithält. Im folgenden Kapitel wird somit die Frage nach der Bedeutung des internationalen Anlage-

Umwelt-Diskurses für den erziehungswissenschaftlichen Diskurs in Deutschland (in Hinblick auf Implikationen für die erziehungswissenschaftliche Forschung, Theoriebildung und zukünftige Rezeptionsperspektiven) diskutiert. Im Anschluss werden kurz die wichtigsten Ergebnisse dieser Forschungsarbeit zusammengefasst.

Kapitel 12

Positionen und Diskurse: Die Bedeutung der Anlage-Umwelt-Debatte für die Erziehungswissenschaft

Während sich die bisherigen Erkenntnisse, die hier mittels einer historisch-rekonstruktiven und diskursanalytischen Vorgehensweise gewonnen worden sind, an den ersten vier zentralen Fragestellungen dieser Untersuchung orientiert haben, die im Einleitungsteil hergeleitet worden sind, wird im Folgenden nach der erziehungswissenschaftlichen Relevanz des Anlage-Umwelt-Diskurses an sich gefragt. Im Zentrum der Betrachtung steht damit die fünfte zentrale Fragestellung nach der Bedeutung der Anlage-Umwelt-Debatte für die Erziehungswissenschaft. Wie bei der historischen Rekonstruktion des Anlage-Umwelt-Diskurses schon an einigen Stellen angedeutet worden ist, beinhalten die Diskurspositionen dieser Debatte in der Regel sowohl sozialpolitische als auch erziehungswissenschaftliche Implikationen, denn sie sind in einen spezifischen historischen und gesellschaftlichen Kontext eingebettet. Dies wurde besonders in den Fällen der in dieser Abhandlung betrachteten Schlüsseldebatten deutlich. Im Folgenden soll es nicht um die erziehungswissenschaftliche Relevanz historischer Positionen (wie bspw. den Extrempositionen des Nativismus und Environmentalismus) gehen. Zudem sollen an dieser Stelle auch nicht die erziehungswissenschaftlichen Implikationen der Schlüsseldebatten betrachtet werden; denn diese wurden bereits im Rahmen der Debatten selbst mit entsprechender zeitlicher Nähe zu den auslösenden diskursiven Ereignissen ausreichend thematisiert (vgl. bspw. die Erwiderungen der Jensen-Kritiker aus dem erziehungswissenschaftlichen Lager). Für verschiedene Diskursstränge der Anlage-Umwelt-Debatte liegen diesbezüglich bereits umfassende Arbeiten vor (für die Debatte um Intelligenz und Begabung vgl. bspw. Helbig 1988; für die Geschlechterdebatte vgl. z. B. Bischof-Köhler 2002, Hopfner/Leonhard 1996). Vielmehr soll im Folgenden gefragt werden, welche erziehungswissenschaftliche Relevanz den *aktuell* im Diskurs vertretenen Positionen in ihrer hier zugrunde gelegten Systematik zukommt. Dieser spezifische Zuschnitt wurde gewählt, da auf diese Weise direkt an die Ausführungen zu den aktuellen Diskurspositionen (in Form der Verhaltensgenetik, der Soziobiologie und Evolutionspsychologie sowie des Kritischen Interaktionismus) aus Teil III angeknüpft werden kann. Zusätzlich werden in diesem Kontext die Thesen der Psychologin Judith Rich Harris zur ›Sinnlosigkeit‹ der Erziehung (vgl. insbes. Harris 1995; 1998, dt. 2000), die bereits in der Einleitung zu diesem Teil angedeutet worden sind, einer kritischen Prüfung unterzogen. Die Thesen von Harris stellen einen ›Frontalangriff‹ auf erziehungswissenschaftliche und sozialisationstheoretische Grundauffassungen dar und erweisen sich somit von besonderer erziehungswissenschaftlicher Relevanz und aktueller diskursiver Brisanz. Am Beispiel der ›Harris-Debatte‹ lässt sich zudem illustrieren, wie verschiedene diskursive Fragestellungen, die bereits in den Schlüsseldebatten einen zentralen Stellenwert eingenommen haben, auf andere thematische Kontexte übertragen werden können, indem bspw. die Positionen und Selbstdarstellungen der beteiligten Akteure, der Einsatz diskursiver Strategien und die erziehungswissenschaftliche

Rezeption betrachtet werden. Dieses Abschlusskapitel ist damit als Zusammenführung der unterschiedlichen Teile dieser Abhandlung konzipiert, beinhaltet aber zugleich Weiterführungen, indem bezüglich der Frage nach der erziehungswissenschaftlichen Relevanz die Implikationen aktueller Diskurspositionen für erziehungswissenschaftliche Forschung und Theoriebildung eingehend thematisiert werden, sowie einen Ausblick auf zukünftige Entwicklungen der Anlage-Umwelt-Kontroverse einschließlich ihrer erziehungswissenschaftlichen Rezeption.

Im Anschluss werden zunächst die erziehungswissenschaftlichen Implikationen verhaltens-genetischer Ansätze und Befunde diskutiert (vgl. Abschnitt 12.1). Dabei wird ein besonderes Augenmerk auf die Rezeption verhaltensgenetischer Befunde durch Judith Rich Harris gerich-tet, da ihre in den letzten Jahren geäußerten Thesen eine Provokation für die Erziehungswissen-schaft darstellen, die im Anlage-Umwelt-Diskurs vergeblich ihresgleichen sucht. Sodann wird die Bedeutung der Evolutionspsychologie für erziehungswissenschaftliche Theoriebildung und Forschung betrachtet (vgl. Abschnitt 12.2). In Abschnitt 12.3 wird gefragt, welche Konsequen-zen sich für die Erziehungswissenschaft aus den Ansätzen ergeben, die im Kontext dieser Ab-handlung dem Kritischen Interaktionismus zugerechnet worden sind. Abschließend wird in Abschnitt 12.4 diskutiert, welche Konsequenzen und Schlussfolgerungen sich aus den Erkennt-nissen dieser Abhandlung bezüglich der erziehungswissenschaftlichen Beteiligung an der Anla-ge-Umwelt-Kontroverse ergeben. Vor dem Hintergrund einer zu konstatierenden Stagnation der erziehungswissenschaftlichen Rezeption der Anlage-Umwelt-Thematik wird die derzeitige und zu erwartende Diskursbeteiligung von Erziehungswissenschaftlerinnen und Erziehungs-wissenschaftlern kritisch in den Blick genommen. In diesem Kontext werden mögliche Zu-kunftsperspektiven erziehungswissenschaftlicher Diskursbeteiligung aufgezeigt.

12.1 Die erziehungswissenschaftliche Relevanz der Verhaltensgenetik

Unter den Wissenschaftsdisziplinen, die sich mit der Anlage-Umwelt-Thematik befassen, nimmt die Verhaltensgenetik eine besondere Stellung ein: Wie bereits gezeigt, handelt es sich bei ihr um eine Forschungsrichtung mit vielfältigen interdisziplinären Bezügen (vgl. Kapitel 3), die zugleich sowohl innerhalb der Biologie als auch innerhalb der Psychologie historisch verankert ist. Im Rahmen dieser Abhandlung ließ sich für den wissenschaftlich geführten Anlage-Um-welt-Diskurs im Allgemeinen sowie für die Verhaltensgenetik im Besonderen eine gemeinsame historische Entwicklung über 140 Jahre nachzeichnen – beginnend mit der wissenschaftlichen Konsolidierung der Anlage-Umwelt-Problematik durch Francis Galton bis hin zur heutigen Zeit. Dabei erwies sich die Verhaltensgenetik aus diskursanalytischer Sicht als eng mit der In-telligenzforschung verkoppelt (vgl. insbes. Abschnitt 3.1). Die Rezeption verhaltensgeneti-scher Befunde führte aus historischer Sicht zu zwei Provokationen für die Human- und Ver-haltenswissenschaften – insbesondere für die Erziehungswissenschaft –, die im Kontext dieser Abhandlung anhand von Schlüsseldebatten betrachtet worden sind: So erfolgte Ende der 60er Jahre durch Arthur Jensen unter Bezug auf verhaltensgenetische Befunde eine massive Kritik an groß angelegten erziehungswissenschaftlichen Förderprogrammen für benachteiligte Kinder im Rahmen der kompensatorischen Erziehung. Als weitere Provokationen erwiesen sich Mitte der 90er Jahre die Thesen Herrnsteins und Murrays im Rahmen der sog. Bell-Curve-Debatte (vgl. Abschnitt 8.1). Letztere richteten sich nicht allein gegen erziehungswissenschaftliche Mo-delle und Praktiken, sondern können als grundlegende Gesellschaftskritik angesehen werden, die sich nach Meinung der Autoren aus den Befunden der Intelligenzforschung herleiten lasse.

Die erziehungswissenschaftlichen Implikationen derartiger Befunde wurden seit Beginn der 70er Jahre ausführlich diskutiert (vgl. bspw. Helbig 1988) und sollen daher an dieser Stelle nicht erneut aufgerollt werden. Auf verschiedene Kritikpunkte, die im Kontext dieser Diskussion von Bedeutung sind – wie bspw. das Heritabilitätskonzept sowie die Repräsentativität von Zwillingsdaten für die Gesamtpopulation –, wurde bereits zuvor verwiesen.

Als viel interessanter bezüglich der Fragestellungen dieser Abhandlung und von besonderer erziehungswissenschaftlicher Relevanz erweisen sich aktuelle Ergebnisse verhaltensgenetischer Studien, nach denen die nicht-geteilte Umwelt einen viel stärkeren Einfluss auf die Persönlichkeitsentwicklung entfalte als die geteilte Umwelt (vgl. Abschnitt 3.2). Mögliche Folgen derartiger Ergebnisse für die erziehungswissenschaftliche Theoriebildung und pädagogische Praxis werden seit Mitte der 90er Jahre vermehrt im Feld der Verhaltensgenetik diskutiert. In diesem Kontext ist besonders auf die Thesen des Verhaltensgenetikers David Christian Rowe (1949–2003) in seiner Publikation »The limits of family influence. Genes, experience, and behavior« (1994; dt. »Genetik und Sozialisation. Die Grenzen der Erziehung«, 1997) hinzuweisen. Eine diskursive Multiplikation erfolgte ab Mitte der 90er Jahre durch die Psychologin Judith Rich Harris (geb. 1938) – zunächst über einen wissenschaftlichen Aufsatz (vgl. Harris 1995), anschließend über die Buchpublikationen »The nurture assumption. Why children turn out the way they do« (1998; dt. »Ist Erziehung sinnlos? Die Ohnmacht der Eltern«, 2000) und »No two alike. Human nature and human individuality« (2006; dt. »Jeder ist anders. Das Rätsel der Individualität«, 2007). Verhaltensgenetische Befunde nehmen bei Harris eine Schlüsselstellung ein, da sie neben dem Einfluss der Gene die besondere Bedeutung der nicht-geteilten Umwelt hervorheben, die von Harris als Einfluss der Gruppe der Gleichaltrigen (Peergroup) gedeutet wird:

> »Kinder werden mit bestimmten Eigenschaften geboren. Aufgrund ihrer Gene haben sie die Veranlagung, sich zu einer bestimmten Persönlichkeit zu entwickeln. Doch das Milieu kann sie verändern. Nicht die ›Erziehung‹, nicht das Milieu, das ihre Eltern ihnen bieten – sondern die Welt außerhalb ihres Zuhauses, das Milieu, das sie mit ihren Artgenossen teilen« (Harris 2000, S. 224).

Harris stellt damit der klassischen Auffassung von Umwelt als Erziehungseinfluss der Eltern (von ihr als »*Erziehungshypothese* – also der Glaube an die Macht der Erziehung … als eine bloße … [und] ungerechtfertigte Annahme« (ebd., S. 21, Hervorhebung im Original) bezeichnet) eine sog. »*Gruppensozialisationstheorie*« (ebd., S. 222, 256, Hervorhebung ML) gegenüber. Auf den ersten Blick handelt es sich damit bei der Theorie von Harris um einen interaktionistischen Ansatz, der sowohl Anlage- als auch Umwelteinflüsse gleichermaßen zu berücksichtigen scheint, bezüglich Letzterer jedoch eine Schwerpunktverlagerung von erzieherischen Einflüssen hin zu Einflüssen der Peergroup vornimmt:

> "Thus, Harris subscribes to the well-established view that both nature and nurture determine how children turn out, but she redefines 'nurture' quite drastically, by privileging peers over parents" (Wesseling 2004, S. 294).

Zwar wird von Harris *nicht* behauptet, Eltern hätten *keinerlei* Einfluss auf die Persönlichkeitsentwicklung ihrer Kinder. Insbesondere im Falle von Vernachlässigung und Misshandlung beruft sich Harris auf die Folgen elterlichen Fehlverhaltens (vgl. bspw. Harris 2000, S. 431). Im ›Normalbereich‹ der Erziehung seien jedoch Eltern »austauschbar wie Fabrikarbeiter« (ebd., S. 523), da Kinder Erfahrungen aus dem häuslichen Kontext nicht zwangsläufig auf andere Kontexte übertragen würden (vgl. ebd., S. 99 f). Persönlichkeitsprägende Erfahrungen fänden vielmehr und vor allem im Rahmen der Sozialisation in der Gleichaltrigengruppe statt (vgl.

Harris 2000, S. 224, 528). Laut Harris bestehe demnach ein Ziel ihrer Gruppensozialisationstheorie in der Befreiung des Gewissens und der moralischen Entlastung der Eltern in der Erziehung (vgl. ebd., S. 461, 518), denn sie könnten ihre Kinder »weder perfekt machen noch verderben« (ebd., S. 514).

Tab. 9: Inhaltliche Rezeption und Kritik in den Buchpublikationen von Judith Rich Harris

Disziplinen, auf die sich Harris zur Stützung ihrer Diskursposition beruft:	Disziplinen/Theorien/Befunde, die von Harris kritisiert werden:
Entwicklungspsychologie (28, 161f, 202, *260*, Maccoby: 29, 70ff)	Behaviorismus *(168;* Pawlow: *25*; Skinner: 26f, 210–213; J. B. Watson: 25f, 389, *196ff)*
Ethnologie (132f, 145–151, 247f, 309–312, 349f, *255f)*	Bindungstheorie (Bowlby: 231f)
Evolutionspsychologie (25f, 163f, 167, 171, 181, 186f, 253, 279f, 333, 459, 530, *7, 17–35, 128f, 202–213, 237–240, 260f, 291, 304f, 329, 345f, 357)*	Einfluss der Geburtenfolge (nach Sulloway) (76–81, 534–551, *130f, 146–158, 347)*
	Entwicklungspsychologie (Maccoby: *80, 87, 91, 107f*; Piaget: 202, *165)*
Humanethologie (132f, 148, 175f, 227, 244, 351f, 396–402, 422, *36f, 215, 220–223)*	Ethnologie (Montagu: 167)
	Evolutionspsychologie *(349;* Ockham: *201)*
Primatologie (28, 156–159, 164–170, 172–175, 182ff, 219, 225f, 233f, 241, 249f, *179, 221, 248–252, 274)*	Förderprogramme, Head Start (375–379)
	(Kritischer) Interaktionismus *(74–78, 81–84*; Rechteck-Analogie: *57–60)*
(Psycho-)Linguistik (109–118, 284–297, 379ff, *182, 230ff, 282ff)*	Kulturanthropologie (M. Mead: 277ff, 330)
Sozialpsychologie (194ff, 205f, 268, *219, 286, 290f)*	Pädagogische Psychologie (Erziehungsstilforschung: 81–87, 471)
Soziobiologie (170, 187f, 405, *219, 236, 244–248, 324ff)*	Primatologie (Suomi: *89ff)*
	Psychoanalyse (Freud: 24f, 33, 266, 327, *350, 353ff)*
Verhaltensgenetik (48–52, 63–70, 84f, 91ff, 367f, 387f, 418f, 433ff, 454ff, 458f, 466, 555–562, 571f, *12, 17, 45, 50, 54f, 61–72, 80, 84f, 120–125, 132f, 142, 144, 161f, 234, 279, 347)*	Sexualforschung (Money: 330ff)
	Sozialisationsforschung (31–56, 61f, 70, 126f, 256, 526)
	Verhaltensgenetik *(13, 316*; Ceci: *114–117)*

Anm.: Die Ziffern in Klammern geben Belegstellen für die von Harris genannten Disziplinen, Theorien und Befunde an. Ziffern mit normaler Auszeichnung beziehen sich auf Seitenzahlen in Harris (2000), kursiv dargestellte Ziffern auf Harris (2007).

Wie Tabelle 9 zeigt, werden von Harris zur Stützung dieser Gruppensozialisationstheorie Befunde und Modelle unterschiedlichster Wissenschaftsdisziplinen herangezogen und argumentativ miteinander verkoppelt. Harris bezieht demnach biologisches Wissen (insbesondere aus der Primatologie, Humanethologie, Soziobiologie und Verhaltensgenetik) explizit in die eigene Untersuchung ein. Während in ihrer ersten Buchpublikation verhaltensgenetische Befunde eine Schlüsselstellung einnehmen, verlagert sich der Schwerpunkt in ihrer zweiten Publikation zur Erklärung von Persönlichkeitsunterschieden, die selbst bei eineiigen Zwillingen feststellbar sind, immer deutlicher auf evolutionspsychologische Befunde und Modelle. Die Herausbildung der Identität im Rahmen der Persönlichkeitsgenese sieht Harris im Zusammenspiel dreier kognitiver Systeme, die sie im Rahmen ihres theoretischen Ansatzes als »Beziehungssystem«, »Sozialisationssystem« und »Statussystem« (Harris 2007, S. 226; vgl. auch ebd., S. 334–337) bezeichnet, und die als mentale Systeme in Form von Modulen organisiert sind – ein deutlicher Tribut an evolutionspsychologische Auffassungen eines modular organisierten Geistes. Bezüglich der wissenschaftstheoretischen Grundauffassungen der von ihr rezipierten Diskurspositionen konstatiert Harris:

> »Ich habe bereits die zwei neuen Besen erwähnt, die sich der Spinnweben in der Psychologie annehmen sollten: die Evolutionspsychologie und die Verhaltensgenetik. Den auf diesen Gebieten Tätigen wird oftmals vorgeworfen, sie hielten ›alles für genetisch bedingt‹. Keine von beiden Gruppen muss sich diesen Vorwurf gefallen lassen, was dabei allerdings häufig übersehen wird, ist der Umstand, dass ›Anlage‹ oder ›genetisch bedingt‹ für einen Evolutionspsychologen etwas ganz anderes bedeutet als für einen Verhaltensgenetiker. Ein Evolutionspsychologe verwendet den Begriff ›Anlage‹, um damit Aspekte zu umschreiben, die allen Menschen oder zumindest allen Menschen desselben Geschlechts eigen sind. Ein Verhaltensgenetiker verwendet ihn, um zu beschreiben, in welcher Hinsicht sich Menschen unterscheiden« (ebd., S. 44).

Der Unterschied zwischen evolutionspsychologischen und verhaltensgenetischen Diskurspositionen (vgl. dazu auch Euler/Hoier 2008, S. 4 ff sowie Teil III dieser Abhandlung) wird damit von Harris durchaus zur Kenntnis genommen, bleibt aber in der weiteren Argumentation folgenlos und führt nicht zu gesteigerter Vorsicht bei der Integration von Befunden verschiedener Disziplinen oder reflektierter Kritik ihres eigenen Integrationsentwurfs. Tabelle 9 zeigt ferner, dass von Harris eine Vielzahl von Wissenschaftsgebieten, Theorien und Einzelbefunden kritisiert wird, wenn diese nicht in ihr Bild einer Gruppensozialisationstheorie oder in ihre Persönlichkeitstheorie passen. Mitunter werden dabei dieselben Diskurspositionen (bspw. hinsichtlich der Verhaltensgenetik, Evolutionspsychologie und Primatologie) zugleich zur Legitimation des eigenen Standpunktes eingesetzt und im Gegenzug heftig kritisiert, wenn einzelne Befunde oder Versatzstücke dieser Positionen nicht zur eigenen Theorie passen.[311] Die Diskursposition von Harris erweist sich damit auf den zweiten Blick als ambivalent: Sie kann im positiven Sinn durchaus als Integrationsversuch von Verhaltensgenetik und Evolutionspsychologie gewertet werden, im negativen Sinn jedoch zugleich als Verkoppelung von zwei Diskurspositionen, die sich in wissenschaftstheoretischer Hinsicht und bezüglich der ihnen zugrunde liegenden Menschenbilder so deutlich voneinander unterscheiden, dass eine Integration fragwürdig erscheint. Von Harris werden entsprechend im Sinne einer selektiven Befundauswahl nur diejenigen Fakten dieser Diskurspositionen berücksichtigt, die ihre eigene Theorie stützen; widersprüchliche Befunde hingegen werden hinsichtlich ihres Aussagewertes bzw. ihrer Bedeutung heruntergespielt. Im negativen Sinn kann die Diskursposition von Harris damit als ›pseudo-interaktionistischer Konsens‹ und als Sammelsurium verschiedenster Versatzstücke anderer Diskurspositionen angesehen werden, die in eklektizistischer Weise miteinander verkoppelt worden sind. Bevor

---

311 Bezüglich verschiedener entwicklungspsychologischer Positionen ist bei Harris sogar ein subjektiver und wissenschaftlich nicht legitimierbarer Einstellungswandel zu konstatieren: So werden in ihrer ersten Buchpublikation Befunde der Entwicklungspsychologin Eleanor Emmons Maccoby (geb. 1916) – sowie Maccoby selbst als Forscherinnenpersönlichkeit – positiv rezipiert (vgl. bspw. Harris 2000, S. 70 ff). Maccoby gerät in der zweiten Buchpublikation von Harris jedoch unter heftigen Beschuss (vgl. bspw. Harris 2007, S. 80–109), wohl nicht zuletzt aus den Gründen, dass der mitunter von Harris erwartete positive Zuspruch für ihre eigene Theorie durch Maccoby ausblieb, Maccoby auf einer Tagung die Thesen von Harris heftig kritisierte und zusammen mit anderen Autorinnen und Autoren einen kritischen Artikel über Harris Theorie veröffentlicht hatte (vgl. Collins u. a. 2000).

im Folgenden die erziehungswissenschaftliche Relevanz der von Rowe und Harris vertretenen Diskursposition eingehender betrachtet wird, soll ergänzend auf einen Aspekt der Debatte um die Thesen von Harris hingewiesen werden, der für die Fragestellung dieser Abhandlung von besonderer Bedeutung ist:

Bereits im Rahmen der Diskussion verschiedener Schlüsseldebatten wurde auf die Bedeutung diskursiver Strategien im Anlage-Umwelt-Diskurs hingewiesen. In diesem Kontext zeigte sich bspw. anhand der Mead-Freeman-Kontroverse, wie durch die Wahl geschickter Veröffentlichungsstrategien und mittels der Inszenierung der eigenen Forscherpersönlichkeit – im Falle Freemans als ›Wahrheitssucher‹, dessen Auffassung von der Mehrheit der Anthropologinnen und Anthropologen aus ideologischen Gründen unterdrückt werde – die Legitimation der eigenen Diskursposition gefördert werden kann. Im Falle von Judith Rich Harris werden derartige Strategien ›auf die Spitze getrieben‹ und bereits im Vorfeld ihrer eigenen Veröffentlichungen gezielt eingesetzt, indem sich Harris als spezifische Forscherinnenpersönlichkeit selbst inszeniert: So weist sie bereits zu Beginn ihrer ersten Buchpublikation ausdrücklich auf ihre massiven Gesundheitsprobleme (als Folge einer chronischen Auto-Immunkrankheit) hin, die ihr eine aktive Teilnahme an der Scientific Community weitgehend versagen und ihre Kommunikationsmöglichkeiten in beträchtlicher Weise einschränken (vgl. auch Wesseling 2004, S. 301). Zudem habe man ihr zu Beginn der 60er Jahre die Promotion im Fach Psychologie nicht gestattet, sodass sie sich in der Folge als »arbeitslose Autorin von College-Lehrbüchern« (Harris 2000, S. 14) – außerhalb des eigentlichen Wissenschaftsbetriebes und ohne einen akademischen Titel innezuhaben – durchgeschlagen habe, was ihr aber zugleich eine vom Establishment unabhängige Meinungsbildung ermöglicht habe (vgl. ebd., S. 13 ff.).[312] Harris inszeniert sich damit selbst als eine wissenschaftlich isolierte Amateurin, die sich ihr Wissen in jahrzehntelanger Kleinarbeit mühevoll selbst angeeignet hat, als unabhängige, objektive und unbeeinflussbare Wahrheitssucherin sowie als asketische ›weise Frau‹ und Großmutter. Laut Wesseling entspreche ein derartiges Selbstbild dem »topos of the sick scientist« (Wesseling 2004, S. 301) sowie einem »concept of genius« (ebd., S. 302), das sich durch spontane Eingebungen und Entdeckungen auszeichnet (vgl. insbes. Harris 2000, S. 393 f). Aus literarischer Sicht verkörpert Harris damit die ›Miss Marple‹ der Entwicklungspsychologie:[313]

> "Judith Rich Harris is indeed the Miss Marple of developmental psychology. Although she is not exactly a spinster, there is definitely something abstemious to her. Thanks to the fact that Harris is not overly preoccupied with the worldly goods ordinary people (read: paid scientists) indulge in, she is able to see things that they don't, just as Miss Marple always manages to outwit the salaried inspectors who are officially in charge of a case" (Wesseling 2004, S. 312).

Diese Art der Selbstinszenierung von Harris kann zugleich als vorsorgliche Immunisierungsstrategie gegenüber möglichen Ad-hominem-Argumenten betrachtet werden und stellt in dieser Form ein Novum im Anlage-Umwelt-Diskurs dar.

Bezüglich der erziehungswissenschaftlichen Konsequenzen der Thesen von Harris im Besonderen und verhaltensgenetischer Befunde zur Bedeutung der nicht-geteilten Umwelt im Allgemeinen

---

312 In anekdotischer Weise berichtet Harris in diesem Zusammenhang, dass ihre Promotion durch George Armitage Miller (geb. 1920) abgelehnt worden wäre – ausgerechnet von demselben Psychologen, in dessen Namen ihr späterer Aufsatz (vgl. Harris 1995) im Jahre 1997 mit einem Wissenschaftspreis, dem sog. ›George A. Miller Award for an Outstanding Recent Article on General Psychology‹, ausgezeichnet worden sei (vgl. Harris 2000, S. 14 f).

313 In entsprechender Weise wird von Harris die Aufklärung des Rätsels von Persönlichkeit und Individualität in ihrer zweiten Buchpublikation ausdrücklich als Detektivgeschichte inszeniert (vgl. Harris 2007, S. 14–17, passim).

soll im Folgenden zwischen pädagogisch-praktischen Konsequenzen und innerdisziplinären Folgen für die erziehungswissenschaftliche Forschung und Theoriebildung (insbesondere bezüglich der Sozialisationsforschung) unterschieden werden. Die praktischen Erziehungsratschläge, die Harris ihren Leserinnen und Lesern empfiehlt, fallen insgesamt betrachtet simplizistisch aus: Da laut Harris Sozialisation vorrangig in der Peergroup stattfinde, könnten Eltern die Persönlichkeitsentwicklung ihrer Kinder nachhaltig durch eine Einflussnahme auf die Auswahl der Peergroup beeinflussen, indem sie insbesondere »in den frühen Jahren … darüber bestimmen, mit wem ihr Kind Umgang hat« (Harris 2000, S. 495). Als geeignete Maßnahmen werden den Eltern von Harris beispielsweise ein Wohnortwechsel und die Auswahl von Schulen mit einem förderlichen Lernumfeld nahegelegt (vgl. ebd., S. 496 f). Zudem schlägt sie vor, Kindern ihre Eingliederung in Peergroups mit allen verfügbaren Mitteln zu erleichtern:

> »Eltern können nicht verhindern, dass ihre Kinder in der Gleichaltrigengruppe in negativer Weise auf eine bestimmte Rolle festgelegt werden. Doch sie können etwas dazu beitragen, dass es nicht so leicht passiert. Das Aussehen ihrer Kinder hängt auch von ihnen ab, und sie sollten dafür sorgen, dass sie so normal und anziehend wie möglich aussehen, denn das Aussehen zählt tatsächlich. ›Normal‹ heißt, dem Kind die gleichen Sachen zu kaufen, wie sie auch die anderen Kinder tragen. ›Anziehend‹ heißt, ein Kind mit schlechter Haut zum Hautarzt zu schicken und ein Kind mit schiefer Zahnstellung zum Kieferorthopäden. Und – wenn Sie es sich leisten können oder die Versicherung dafür zahlt – ein Kind mit einer wirklich entstellenden Anomalie zum Schönheitschirurgen. Kinder wollen nicht anders sein als die anderen … Sogar ein seltsam oder komisch klingender Name kann Nachteile bringen« (ebd., S. 502 f).

Obwohl in diesem Zitat von Harris die Problematik der ökonomischen Realisierung ihrer Vorschläge selbst angesprochen wird, ist neben der Oberflächlichkeit derartiger Vorschläge, die im Prinzip die Symptome und nicht die dahinter liegenden Problematiken bekämpfen (wie bspw. eine von der Erwachsenen-Kultur vorgelebte Intoleranz, Ausgrenzung und Diskriminierung von der Norm abweichender Personen), deren gesellschaftlicher Zuschnitt zu kritisieren. Umzug, Schulwahl und schönheitschirurgische Eingriffe dürften überhaupt nur für einen Bruchteil der Elternschaft finanzierbar und als Erziehungsalternativen realisierbar sein. Der Ausblendung gesellschaftlicher Phänomene (wie bspw. Armut) entspricht auf der Seite der Erziehungsratschläge damit ein Zuschnitt auf eine bestimmte Klientel, die über die notwendigen ökonomischen Ressourcen zur Realisierung derartiger Vorschläge verfügt und mit der Zielgruppe für den Verkauf der Publikationen von Harris übereinstimmen dürfte.

Damit bleibt die Frage nach den Folgen der verhaltensgenetischen Diskurspositionen für die erziehungswissenschaftliche Theoriebildung und Forschung zu klären, die hier am Beispiel der Sozialisationsforschung diskutiert werden soll. Letztere wird von Rowe und Harris in ihren Publikationen in massiver Weise kritisiert, wobei bereits ein erster Blick auf das von ihnen zugrunde gelegte Verständnis von Sozialisation zeigt, dass sie unter diesem Begriff etwas gänzlich anderes verstehen als Sozialisationsforscherinnen und -forscher in Deutschland: [314]

---

314 In der deutschen Erziehungswissenschaft umfasst das Sozialisationskonzept in der Regel sowohl die Anpassung an gesellschaftliche Normen und Werte im Prozess der ›Vergesellschaftung‹ als auch die Entwicklung einer individuellen Persönlichkeit im Prozess der ›Individuierung‹ (vgl. bspw. Tillmann 2010, S. 17). Sozialisation wird bspw. im »Handbuch Sozialisationsforschung« in seiner aktuellsten Fassung wie folgt definiert: »Sozialisation ist ein Prozess, durch den in wechselseitiger Interdependenz zwischen der biopsychischen Grundstruktur individueller Akteure und ihrer sozialen und physischen Umwelt relativ dauerhafte Wahrnehmungs-, Bewertungs- und Handlungsdispositionen auf persönlicher ebenso wie auf kollektiver Ebene entstehen« (Hurrelmann/Grundmann/Walper 2008b, S. 25, ohne Hervorhebung). Kurz: Sozialisation ist »[b]io-psycho-soziale Entwicklung« (Hurrelmann 1991, S. 98).

»In diesem Buch geht es um Sozialisationsforschung, die auf empirischem Weg zu verstehen versucht, wie Kinder Eigenschaften ihrer Familien und aus der Kulturen [sic] erwerben. Wir stellen die radikale Behauptung auf, daß ein Teil dieses Vorgangs – also enorme Unterschiede im Familienmilieu (abgesehen von Vernachlässigung, Mißhandlung oder Mangel an Möglichkeiten) – die Persönlichkeitsentwicklung nur geringfügig beeinflußt. In diesem Buch wird die Ansicht vertreten, daß die in der Sozialisationsforschung am häufigsten betrachteten Milieuvariablen (z. B. soziale Schicht, elterliche Wärme, Familienstruktur), möglicherweise keinen kausalen Einfluß auf Intelligenz, Persönlichkeit und Psychopathologie des Kindes haben. Die Belege, auf die sich diese These stützt, gehen in der Hauptsache auf verhaltensgenetische Untersuchungen zurück, von denen einige alt sind und andere erst nach dem Ende des Zweiten Weltkrieges durchgeführt wurden« (Rowe 1997, S. 15).

Bereits an dieser Stelle lässt sich eine verkürzte Sichtweise auf das Sozialisationskonzept ablesen. Sozialisation wird von Rezipientinnen und Rezipienten verhaltensgenetischen Wissens – unter Ausblendung von Individuierungsprozessen – offensichtlich ausschließlich als Vergesellschaftung verstanden. Dies zeigt sich auch bei Harris:

»Die Sozialisation ist der Prozess, durch den ein wildes Baby zu einem gezähmten Wesen wird, das bereit ist, seinen Platz in der Gesellschaft einzunehmen, in der es aufgezogen wurde … Der *Erziehungshypothese* zufolge ist Sozialisieren etwas, was die Eltern mit ihren Kindern tun. Sozialisationsforscher untersuchen, wie die Eltern das machen und wie gut es ihnen gelingt, gemessen daran, wie die Kinder sich entpuppen. Sozialisationsforscher glauben an den elterlichen Erziehungseinfluss, glauben also an die *Erziehungshypothese*« (Harris 2000, S. 31, Hervorhebungen im Original).

»Die Sozialisationsforschung ist die wissenschaftliche Erforschung der Auswirkungen des Milieus – speziell der Auswirkungen der Erziehungsmethoden oder des Verhaltens der Eltern gegenüber ihren Kindern – auf die psychische Entwicklung der Kinder. Sie ist eine Wissenschaft insofern, als sie einige wissenschaftliche Methoden verwendet, doch im Großen und Ganzen ist sie keine experimentelle Wissenschaft. Um ein Experiment durchzuführen, muss man eine Sache variieren und beobachten, wie sich dies auf etwas anderes auswirkt. Da die Sozialisationsforscher in der Regel keinerlei Kontrolle darüber haben, wie Eltern ihre Kinder großziehen, können sie auch keine Experimente durchführen. Stattdessen machen sie sich die vorhandenen Varianten elterlichen Verhaltens zunutze« (ebd., S. 38 f).

Als spezifische Sozialisationskonzepte kritisiert Rowe an späterer Stelle den psychoanalytischen Ansatz nach Freud, den Behaviorismus Watsons und die Theorie des Modelllernens nach Bandura, berücksichtigt aber weder andere Lerntheorien (wie bspw. das Operante Konditionieren nach Skinner) noch den kognitionspsychologischen Ansatz von Piaget (vgl. Rowe 1997, S. 24–30). Auch von Harris werden diese Ansätze – als entwicklungspsychologische Konzepte – kritisiert (vgl. Tabelle 9) und nicht als Sozialisationsansätze gewertet. Was auf den ersten Blick als ein auf Vergesellschaftung beschränktes Bild von Sozialisation erscheint, entpuppt sich auf den zweiten Blick als eine Verkürzung des Sozialisationkonzepts auf das Konzept von Erziehung, denn Sozialisationsansätze, deren Schwerpunkte auf der Erklärung von Vergesellschaftung liegen (wie bspw. die theoretischen Konzepte von (David) Émile Durkheim (1858–1917), Talcott Parsons (1902–1979) oder George Herbert Mead (1863–1931)), werden von Harris ebenfalls nicht herangezogen. Stattdessen werden von ihr Konzepte wie Geschlechtsidentität, Selbstkategorisierung und Selbstsozialisation, die in der deutschsprachigen Sozialisationsforschung seit Langem als tragende Eckpfeiler sozialisationstheoretischen Denkens gelten können, als neue und aktuelle Konzepte gegen die Sozialisationsforschung ins Feld geführt (für das Konzept der Geschlechtsidentität vgl. Harris 2000, S. 339; zur Selbstkategorisierung im Rahmen der Geschlechtersozialisation vgl. Harris 2000, S. 212, 216 ff, 263, 337, 359; 2007,

S. 271 f; bezüglich Selbstsozialisation vgl. Harris 2000, S. 256, 337, 524; 2007, S. 271): Kinder im Alter von sechs bis zwölf Jahren

»sind nicht einfach als Kinder sozialisiert, sondern als Mädchen und Jungen – das heißt, sie sozialisieren einander, sie sozialisieren sich selbst als solche. Diese geschlechtsspezifische Sozialisation ist nicht nur eine Folge dessen, dass man so viel Zeit mit seinen eigenen Geschlechtsgenossen verbringt oder die eigenen Geschlechtsgenossen lieber hat: Sie ist eine Folge der Selbstkategorisierung. Ein Mädchen kategorisiert sich als Mitglied der Kategorie *Mädchen*, ein Junge kategorisiert sich als Mitglied der Kategorie *Jungen*, und ihre Vorstellungen darüber, wie sie sich zu verhalten haben, beziehen sie aus den Daten, die sie über diese sozialen Kategorien gesammelt haben, und zwar von Geburt an« (Harris 2000, S. 337, Hervorhebungen im Original).

Für das angloamerikanische Konzept von Sozialisation im Verständnis von Rowe und Harris ist damit – im Vergleich zum in der deutschen Erziehungswissenschaft geläufigen Sozialisationsverständnis – eine begriffliche und konzeptionelle Verengung zu konstatieren.[315] Da in den deutschen Übersetzungen der Publikationen von Rowe und Harris nicht auf diesen Unterschied hingewiesen wird, erscheinen die Thesen von Harris und ihre Kritik der Sozialisationsforschung noch dramatischer als sie eigentlich sind. Mit der Aufklärung dieser Heterogenität im Begriffsverständnis sind jedoch die generellen Vorwürfe von Harris bezüglich methodischer Schwächen der Sozialisationsforschung nicht gänzlich zu entkräften, denn Harris zufolge kranke Letztere insbesondere daran, dass sie mithilfe ihres methodischen Repertoires nicht zwischen Anlage- und Umweltwirkungen sowie bezüglich der Kausalität nicht zwischen »Eltern-Kind-Effekte[n]« und »Kind-Eltern-Effekt[en]« (ebd., S. 56) unterscheiden könne:

»Die Sozialisationsforscher glauben also zu Recht, dass Umweltfaktoren sich auf Kinder auswirken. Sie irren jedoch, wenn sie meinen, ihre Untersuchungen gäben ihnen Aufschluss darüber, welches diese Faktoren sind. Ihre Forschungen beweisen nicht, was sie damit beweisen wollen, weil sie versäumt haben, die Auswirkungen der Erbanlagen zu berücksichtigen. Sie haben die Tatsache außer Acht gelassen, dass Kinder und Eltern sich aus genetischen Gründen ähneln … Im Durchschnitt haben angenehme, kompetente Eltern angenehme, kompetente Kinder. Doch das beweist nicht, dass Eltern irgendeinen anderen als den genetischen Einfluss darauf haben, was aus ihren Kindern wird« (ebd., S. 52).

Angesichts derartiger Provokationen, die sich laut Rowe und Harris aus aktuellen verhaltensgenetischen Befunden für die Erziehungswissenschaft ableiten lassen würden, und dem Umstand, dass die Thesen von Judith Rich Harris begierig von den deutschen Medien aufgegriffen worden sind (vgl. bspw. Rigos 1998, Zimmer 1999), wäre nun vonseiten der deutschen Erziehungswissenschaft ein ›Aufschrei‹ oder zumindest eine eifrige Rezeption dieser Thesen zu erwarten gewesen – doch beides blieb aus: Bis heute lässt sich von erziehungswissenschaftlicher Seite keine nennenswerte Rezeption dieser verhaltensgenetischen Befunde ausmachen.
Die umseitige Abbildung 15 zeigt eine Analyse der Rezeption der Werke von Harris analog zu den in Teil IV dieser Abhandlung diskutierten Diskursfragmenten der untersuchten Schlüsseldebatten. In der Grafik sind die jeweiligen Zitationsraten (pro Jahr laut SSCI) der drei wichtigsten Publikationen von Harris (vgl. Harris 1995, 1998, 2006) aufgeführt. Zudem enthält die Abbildung eine Linie für die kumulierte Häufigkeit aller drei Publikationen und Balken für die Häufigkeiten derjenigen Aufsätze im Dossier, in denen die Werke von Harris erwähnt worden sind.

---

315 Laut persönlicher Mitteilung von Klaus Hurrelmann liegen diese konzeptuellen Unterschiede zwischen dem angloamerikanischen und deutschen Sozialisationsverständnis nicht zuletzt darin begründet, dass sich trotz verschiedener Bemühungen (vgl. bspw. Goslin 1969, Hurrelmann 2009) ein umfassenderes Sozialisationsverständnis nach deutschem Vorbild bislang nicht im angloamerikanischen Sprachraum durchsetzen konnte.

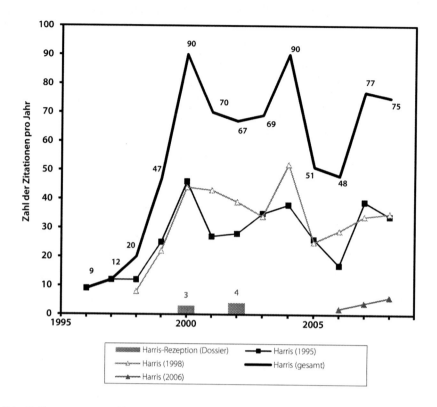

Abb. 15: Zitationen ausgewählter Publikationen von Judith Rich Harris (Harris 1995, 1998, 2006) laut SSCI sowie deren Rezeption im Dossier (absolute und kumulierte absolute Häufigkeiten) (Quelle: Social Sciences Citation Index (SSCI), Abfrage über das ISI Web of Knowledge (Internet: http://pcs.isiknowledge.com) vom 13.01.2009)

Während für den angloamerikanischen Bereich in der zweiten Hälfte der 90er Jahre eine zunehmende und in den 2000er Jahren eine schwankende Rezeptionstendenz der Werke von Harris festgestellt werden kann, beschränkt sich die erziehungswissenschaftliche Rezeption in Deutschland – gemessen an den Aufsätzen des Dossiers – auf insgesamt sieben Fachaufsätze. In einem dieser sieben Fachaufsätze werden die Thesen von Harris ohne Nennung der Autorin nur im Kontext der Rezeption der Publikation von Rowe angedeutet (vgl. Scheunpflug 2000). Bei Promp wird Harris in einem anderen inhaltlichen Kontext erwähnt (vgl. Promp 2002, S. 294). In zwei anderen Aufsätzen erfolgt zumindest eine kurze Erwähnung von Harris im Rahmen der Rezeption und Kritik verhaltensgenetischer Befunde (vgl. Miller-Kipp 2002, S. 256; Rittelmeyer 2000, S. 449). Etwas ausführlicher werden die Thesen von Harris bezüglich der Debatte um die Selbstsozialisation durch Bauer sowie bei der Kritik zentraler verhaltensgenetischer Befunde aus evolutionspsychologischer Sicht durch Euler diskutiert (vgl. Bauer 2002b, S. 123, 129; Euler 2002, S. 271, 277 ff, 283 f). Die ausführlichste inhaltliche Rezeption findet sich bei Renninger und Wahl (vgl. Renninger/Wahl 2000, S. 12 ff), wobei es sich jedoch um eine Sammelrezension handelt, sodass die wissenschaftliche Auseinandersetzung hier weitgehend auf die inhaltliche Zusammenfassung der Kernthesen von Harris beschränkt bleibt. Werden erziehungswissenschaftliche Monografien und Sammelbände in die Analyse der Harris-Debatte einbezogen, verfestigt sich das Bild einer mangelnden Rezeption der Diskurspositionen von Rowe und Harris durch die deutsche Erziehungswissenschaft. So ist dem Autor keine einzige erziehungswissenschaftliche Publikation der letzten Jahre bekannt, die sich in angemessener, differenzierter und ausschließlicher Weise mit den verhaltensgenetischen Befunden zur nicht-geteilten Umwelt und den erziehungswissenschaftlichen Implikationen, die Rowe und Harris aus diesen Befunden ableiten, auseinandersetzt.[316]

Für die deutsche Variante der von Harris so vehement kritisierten Sozialisationsforschung lässt sich in den letzten Jahren die Tendenz erkennen, biologisches Wissen zumindest ansatzweise zu berücksichtigen. So lässt sich bspw. anhand der in Fußnote 314 auf Seite 303 angeführten Definition von Sozialisation nachweisen, dass genetische Einflussfaktoren mitgedacht und mitt-lerweile in Definitionen von Sozialisation integriert werden. Zudem hat in den letzten Jahren bio-logisches Wissen über einschlägige Tagungen und die Aufnahme eines entsprechenden Kapitels im aktuellen »Handbuch Sozialisationsforschung« (Hurrelmann/Grundmann/Walper 2008a) vermehrt Eingang in die deutsche Sozialisationsforschung gefunden (vgl. Asendorpf 2004a, 2008a; Boesch 2004). Dennoch kann man sich des Eindrucks nicht erwehren, dass es sich dabei um bloße ›Lippenbekenntnisse‹ zur Berücksichtigung der biologischen Dimension handelt und entsprechende Artikel nur aus Gründen der interdisziplinären Anschlussfähigkeit (mit ›Alibi-Funktion‹) integriert worden sind. Denn eine genauere Betrachtung der Artikel im »Handbuch Sozialisationsforschung« zeigt nur zwei Querverweise zum Beitrag von Asendorpf (vgl. Lei-pold/Greve 2008, S. 402; Schneewind 2008, S. 259) im Besonderen sowie seltene sporadische Verweise auf die Diskursposition Asendorpfs im Allgemeinen (vgl. Dippelhofer-Stiem 2008, S. 118; Hurrelmann/Grundmann/Walper 2008b, S. 23f; Neyer/Lehnart 2008, S. 83f). Ledig-lich im Asendorpf-Beitrag werden die hier angesprochenen verhaltensgenetischen Befunde zur nicht-geteilten Umwelt überhaupt zur Kenntnis genommen (vgl. Asendorpf 2008a, S. 75ff). In Beiträgen mit Nähe zur Peergroup-Thematik sucht man hingegen vergebens einen Verweis auf die Thesen von Judith Rich Harris und ihre Gruppensozialisationstheorie (vgl. Ecarius/Fuchs/Wahl 2008, Faulstich-Wieland 2008, Oswald 2008). Anzumerken ist zudem, dass die Beiträge von Asendorpf bezüglich der interdisziplinären Rezeption verhaltensgenetischer Befunde in verschiedenen Disziplinen als Multiplikatoren wirken, da von Asendorpf diverse Aufsätze mit ähnlichen Inhalten in verschiedenen disziplinären Zusammenhängen publiziert worden sind (für die Entwicklungspsychologie vgl. bspw. Asendorpf 1998, 2002; für die Sozialisationsfor-schung vgl. z. B. Asendorpf 1994, 2004a, 2005, 2008a, b). Eine genauere Betrachtung dieser Beiträge zeigt hinsichtlich der in dieser Abhandlung erörterten Diskurspositionen, dass von Asendorpf sowohl verhaltensgenetische Ergebnisse als auch kritisch-interaktionistische Befun-de präsentiert werden. Vor dem Hintergrund der bisherigen Ausführungen erscheint eine der-artige Mischung von Versatzstücken verschiedener Diskurspositionen fragwürdig, wenn bspw.

---

316 Eine gewisse Ausnahme bildet in diesem Zusammenhang die Monografie »Die heimlichen Erzieher. Von der Macht der Gleichaltrigen und dem überschätzten Einfluss der Eltern« (Wißkirchen 2002), in der inhaltlich mit Harris vergleichbare Thesen vertreten werden und in der sich viele Verweise auf Harris finden lassen. Da von Wißkirchen verhaltensgenetische Diskurspositionen im Allgemeinen sowie mancherlei Befunde und Ansichten populärwissenschaftlicher Autoren wie Hamer und Copeland oder Zimmer im Besonderen in allzu unkritischer Weise rezipiert werden (vgl. bspw. ebd., S. 43–47), kann diese Monografie m. E. nicht als eine kritische Ausein-andersetzung mit den Thesen von Harris gelten.

zunächst mit der Wechselwirkung von Anlage und Umwelt im Sinne eines kritischen Interaktionismus nach Gottlieb argumentiert wird (vgl. bspw. Asendorpf 2008a, S. 71) und in der
Folge verhaltensgenetische Ergebnisse zur Persönlichkeitsentwicklung vorgestellt werden (vgl.
z. B. ebd., S. 72–77), die sich auf das additive Verständnis von Anlage und Umwelt beziehen,
das der verhaltensgenetischen Diskursposition zugrunde liegt.
Als Konsequenz für die Sozialisationsforschung ist aus diesen Ausführungen damit die Aufgabe
abzuleiten, in Zukunft einen differenzierteren Blick darauf zu werfen, welches biologische
Wissen überhaupt gewinnbringend rezipiert werden soll und ob sich dieses als in sich selbst
konsistent erweist. Gerade die Rezeption verhaltensgenetischer Ergebnisse stellt die erziehungswissenschaftliche Theoriebildung und die Sozialisationsforschung vor besondere Herausforderungen, weil ein nicht unerhebliches Expertenwissen bezüglich verhaltensgenetischer Methoden
auf erziehungswissenschaftlicher Seite vorausgesetzt werden muss. Dies erschwert zugleich eine
abgeklärte Sichtung verhaltensgenetischer Befunde von erziehungswissenschaftlicher Seite sowie eine Beurteilung der erziehungswissenschaftlichen Implikationen dieser Diskursposition.

12.2 Die erziehungswissenschaftliche Relevanz der Evolutionspsychologie

Die Evolutionspsychologie hat sich unter Beteiligung von Wissenschaftlerinnen und Wissenschaftlern unterschiedlichster Disziplinen zu Beginn der 90er Jahre als neue Forschungsrichtung entwickelt und scheint sich mittlerweile in der Psychologie als eigenständige Subdisziplin
fest etabliert zu haben (vgl. Kapitel 4). Wie bereits gezeigt, wird im Rahmen evolutionspsychologischer Ansätze auf humanethologisches (stammesgeschichtlich erworbene menschliche
Universalien, Bedeutung der pleistozänen Umwelt als ›environment of evolutionary adaptedness‹), soziobiologisches (Bedeutung der sexuellen Selektion, evolutionär stabile Strategien als
trade-offs, Spieltheorie) und neuropsychologisches Wissen (Postulat kognitiver Module) zurückgegriffen. Die historischen Wurzeln der evolutionspsychologischen Denkweise lassen sich
dementsprechend bis zu Darwin zurückverfolgen, obgleich die wichtigsten Kernkonzepte erst
in der zweiten Hälfte des 20. Jahrhunderts herausgearbeitet worden sind (bspw. die Theorie
der Gesamtfitness (1964) sowie der Verwandtenselektion nach Hamilton und die Theorie der
elterlichen Investition (1972) sowie des Eltern-Kind-Konflikts (1974) nach Robert Trivers).
Vor dem Hintergrund des Anlage-Umwelt-Diskurses nehmen evolutionspsychologische Ansätze – trotz gegenteiliger Behauptungen ihrer prominentesten Vertreterinnen und Vertreter,
die Anlage-Umwelt-Dichotomie überwunden zu haben – eine Diskursposition ein, die zwar
als interaktionistisch klassifiziert werden kann, die aber zugleich aufgrund ihrer historischen
Nähe zum soziobiologischen Verständnis des Menschen als eines Vehikels seiner Gene (Genegoismus) starke nativistische Tendenzen beinhaltet (vgl. Abschnitt 4.2). Wie gezeigt lässt sich
das Verhältnis von Mensch und Umwelt vor dem Hintergrund evolutionspsychologischer
Grundannahmen als ›genzentrierte Umweltselektivität‹ beschreiben.
Die besonderen Stärken der Evolutionspsychologie liegen zweifelsohne darin begründet, dass
es ihr gelingt, unterschiedliche Theorietraditionen aus den Natur- und Sozialwissenschaften
miteinander zu verbinden. Durch den Einbezug soziobiologischer Konzepte wird zugleich der
in vielen anderen Sozial- und Verhaltenswissenschaften übliche Anthropozentrismus überwunden. Zudem versucht die Evolutionspsychologie aus wenigen zentralen Grundannahmen (aus
wissenschaftstheoretischer Sicht eine konsequente Umsetzung des ockhamschen Sparsamkeits-
prinzips) Hypothesen abzuleiten und anschließend empirisch zu überprüfen. Die Schwächen

dieser evolutionspsychologischen Sichtweise wurden in den letzten Jahren in einer Fülle von Veröffentlichungen herausgearbeitet, die im Rahmen dieser Abhandlung noch nicht einmal ansatzweise referiert werden können (vgl. bspw. Ehrlich/Feldman 2003, S. 88 f; 2007, S. 6, 11; Heywood/Garcia/Wilson 2010, S. 509 ff; Horgan 1996a; Panksepp/Panksepp 2000; Rose/ Rose 2001). Wichtige Kritikpunkte liegen bspw. in der zentralen Stellung des Fitnesskonzepts (vgl. z. B. den Boer 1999, Lenz 2002), der Verkürzung bzw. Reduktion menschlicher Lebens-äußerungen auf die Perspektive von Reproduktionsinteressen, der Ökonomisierung des Sprach-gebrauchs, der Unmöglichkeit der neurophysiologischen Lokalisierung mentaler Module sowie der hypothetischen und unprüfbaren Grundannahmen über die evolutionäre Ur-Umwelt (vgl. bspw. Buller 2008, dt. 2009; Dietrich/Sanides-Kohlrausch 1994).

Als viel interessanter im Kontext des Anlage-Umwelt-Diskurses erweist sich vor dem Hinter-grund der erziehungswissenschaftlichen Rezeption die Aufdeckung spezifischer interdisziplinä-rer Übertragungsprobleme, die sich zwischen Vertreterinnen und Vertretern der evolutions-psychologischen Denkweise und Erziehungswissenschaftlerinnen und Erziehungswissenschaft-lern ergeben und Missverständnissen Vorschub leisten. Ein derartiges Missverständnis an der Schnittstelle zwischen Evolutionspsychologie und Erziehungswissenschaft ergibt sich aus dem evolutionspsychologischen Fokus auf menschliche Reproduktionsinteressen in Verbindung mit einem ökonomischen Sprachgebrauch, wie im folgenden kritischen Statement von erziehungs-wissenschaftlicher Seite offensichtlich wird (vgl. dazu auch Herzog 1999, S. 124; kritisch: Bi-schof 2008, S. 178 f):

> »Es ist sicher richtig, dass es eine ganze Menge Männer gibt, die daran interessiert sind, mit verschie-denen Frauen Sexualität zu haben. Aber die sind in aller Regel überhaupt nicht daran interessiert, sich zu vermehren und verhalten sich auch meist genau so, um das zu verhindern. Wie kann man dann die These aufstellen: ›Der Reproduktionserfolg – also die Weitergabe der eigenen Gene in möglichst vielen Fällen – ist verhaltensorientierend‹? Auf der Oberflächenebene sagen Sie [angesprochen ist ein Vertreter der Evolutionspsychologie, ML] immer: ›Nein, natürlich, intentional ist das nicht. Das ist nicht so, als hätten wir da die entsprechenden Motive‹, aber andererseits wird gesagt: ›Die Gene flüs-tern das.‹ Das bedeutet somit, es gibt unterhalb der Verhaltensweisen, der Motive, des bewussten Er-kennens irgendeinen unerkannten genetischen Einfluss, und der drängt die Menschen darauf, einen möglichst hohen Reproduktionserfolg zu haben« (Tillmann u. a. 2000, S. 76).[317]

Davon abgesehen, dass in der Soziobiologie und Evolutionspsychologie nicht behauptet wird, dass Fitnessmaximierung allein über die Weitergabe eigener Gene mittels möglichst vieler ei-gener Nachkommen erfolgt (vgl. bspw. Scheunpflug 2006, S. 119) – das Konzept der Gesamt-fitness verweist ja gerade darauf, dass die eigene Fitness auch durch die Reproduktion von Verwandten gesteigert werden kann –, geraten Soziobiologie und Evolutionspsychologie an derartigen Stellen (mangels Aufdeckung beteiligter neurophysiologischer Mechanismen) in Er-klärungsnot und bemühen das Konzept der sog. ›Als-ob-Argumente‹ (vgl. z. B. Dawkins 2010a, S. 201), die jedoch empirisch kaum prüfbar sind. Dazu Scheunpflug:

---

317 Aus evolutionspsychologischer Sicht wird derartigen Einwänden mit dem Hinweis auf den *stammesgeschichtlichen* Anpassungswert von Verhaltensstrategien begegnet: "A frequently heard objection against an evolutionary analysis of human behavior is that nowadays people are no longer interested in their genetic replication. People use birth control methods and may remain childless by choice. The reply is that the biological imperative to maximize reproduction is instilled into organisms by the design of their motivational structure and not by a conscious will. Even if reproduction is no longer the expressed aim, people still want and do things that in the ancestral past ensured reproduction … People are no longer reproduction maximizers, but they are still adaptation executors" (Euler 2010, S. 167).

»Der Begriff ›Reproduktionsinteresse‹ ist irreführend, da er – im Sinne psychologischer Konstrukte [sic] bewusstes Interesse unterstellt. Vielmehr wird er in diesem Kontext als eine ›Als-ob‹-Figur verwendet, nach der unterschiedliche Verhaltensweisen so zusammenspielen, *als ob* Menschen ein solches Interesse ihrem Verhalten zu Grunde legen würden. ›Als-ob‹-Figuren sind eine häufig angewendete Möglichkeit, Dinge zu beschreiben, für die die Sprache keine eigene Begrifflichkeit bereit hält« (Scheunpflug 2006, S. 129, Hervorhebung im Original).

Als besonders problematisch – und erziehungswissenschaftlich schwer anschlussfähig – erweist sich dieses evolutionspsychologische Konzept der Fitnessmaximierung, wenn Gegenstände betrachtet werden, die mit erheblichen ethischen und sozialpolitischen Implikationen verbunden sind, bspw. im Falle von Kindstötung, Misshandlung und Mord (vgl. Daly/Wilson 1988), Vergewaltigung (vgl. Thornhill/Palmer 2000), Behinderung (vgl. den kritischen Hinweis bei Scheunpflug 2001a, S. 121) oder Homosexualität (vgl. z. B. Gobrogge u. a. 2007; Sommer 1990; 1994; 2000, S. 85–117). Trotz des berechtigten Hinweises, dass zur Vermeidung von naturalistischen Fehlschlüssen aus evolutionspsychologischen Forschungsergebnissen ohne entsprechende normative Zusatzprämissen keine weitenden Schlüsse – im Sinne von Handlungsanleitungen – abgeleitet werden dürfen (vgl. bspw. Scheunpflug 2001a, S. 37), fallen soziobiologische und evolutionspsychologische Erklärungen derartiger Manifestationen menschlichen Verhaltens mitunter abstrus aus. Dies zeigt sich insbesondere in Fällen, in denen Menschen freiwillig auf die eigene Fortpflanzung verzichten (wie im Falle des Zölibats, Homosexualität etc.). So bietet bspw. Sommer hinsichtlich der stammesgeschichtlichen Wurzeln homosexuellen Verhaltens die folgende soziobiologische Erklärung an:

»Wenn die Nutznießer ›selbstlosen‹ Verhaltens nahe Verwandte sind, steigern ›Altruisten‹ unter Umständen den eigenen Fortpflanzungserfolg. Hier ist besonders das ›Helfer am Nest‹-Syndrom von Interesse, jene Konstellation also, bei der reproduktionsfähige Individuen zumindest temporär auf Nachwuchs verzichten und bei der Aufzucht jüngerer Geschwister helfen ... Wenn wir die Hypothese von der Verwandtenunterstützung mit der Evolution der Homosexualität in Verbindung bringen, so ist folgendes Szenario vorstellbar: Während mehr als 99 Prozent ihrer etwa 2 Millionen Jahre währenden Stammesgeschichte lebten die Menschen als Jäger und Sammler ... Unter diesen Bedingungen konnten Mitglieder einer ›sterilen Kaste‹ das Überleben und den Reproduktionserfolg ihrer Verwandten vermutlich effektiver unterstützen, als dies möglich gewesen wäre, hätten sie eigene Kinder gehabt. Wenn Verwandtschaftsclans, die sich aus hetero- und homosexuellen Mitgliedern zusammensetzten, im Durchschnitt mehr Nachkommen hinterließen als Gruppen ausschließlich Heterosexueller, hätte Homosexualität sich als stets prominentes Merkmal in der ganzen Population gehalten« (Sommer 1994, S. 44 f.).

Bezüglich der erziehungswissenschaftlichen Implikationen evolutionspsychologischer Ansätze werden in der einschlägigen Literatur vor allem zwei Bereiche genannt: Forschungen zu Eltern-Kind-Beziehungen sowie die sog. ›Evolutionäre Sozialisations- und Kindheitsforschung‹. Im Rahmen Ersterer wird die Beziehung von Eltern und ihren Kindern im Kontext der soziobiologischen Theorie des elterlichen Investments betrachtet und hält für Familien und pädagogische Situationen Konfliktpotenzial bereit, da Eltern und Kinder unterschiedliche genegoistische Interessen verfolgen und dazu verschiedene Strategien einsetzen würden. Vor diesem Hintergrund versucht die Soziobiologie, »Konflikte zwischen Eltern und ihren Kindern, differenzielles Elterninvestment sowie unterschiedliches Verhalten zwischen Müttern und Vätern« (Scheunpflug 2001a, S. 117) zu erklären. Die Erkenntnisse auf diesem Gebiet sind mittlerweile derart zahlreich, dass sie an dieser Stelle nicht referiert werden können (vgl. dazu z. B. Scheunpflug 2001a, S. 117–124; 2006, S. 119–122; Voland 2000a, S. 229–300). Kritisch ist anzumerken, dass eine Betrachtung der Beziehung zwischen Eltern und ihren Kindern im

Sinne genegoistischer Kalküle (auf der Grundlage von Kosten-Nutzen-Rechnungen) schlichtweg ausblendet, dass diese Beziehung auf der phänomenologischen Ebene durch starke emotionale Faktoren beeinflusst wird – wie bspw. im Idealfall Liebe, Zuneigung, gegenseitige Anerkennung etc. Damit bleibt fraglich, inwieweit die Integration einer derartig verengten Perspektive in der Erziehungswissenschaft zu neuen Erkenntnissen beitragen kann, die über eine Replikation soziobiologischer Hypothesen hinausgeht. Als zweiter Bereich wurde oben die Evolutionäre Sozialisations- und Kindheitsforschung genannt (vgl. dazu insbes. Chasiotis 1998, 1999). Auch derartige Ansätze beziehen die soziobiologischen Thesen zur Eltern-Kind-Beziehung mit ein, betten diese aber in einen umfassenderen Kontext des menschlichen Lebenslaufes ein, indem sie davon ausgehen, »daß das evolutionäre Endprodukt nicht das fortpflanzungsfähige Individuum ist. Vielmehr stellt der gesamte arttypische Lebenslauf eine evolutionäre Anpassung dar, die letztlich dem Ziel der optimalen Fortpflanzung dient« (Chasiotis 1998, S. 177). Als typisches Beispiel für Erklärungsmuster im Rahmen dieses Ansatzes kann das Phänomen der ›Säkularisierung‹ herangezogen werden:

> »Sind die ökologischen Randbedingungen vorteilhaft, so daß vor allem durch ein besseres Nahrungsangebot und eine geringe Kindersterblichkeit potentiell eine hohe individuelle Vermehrungsrate erzielt werden kann, ist im Tierreich in der Regel eine frühere sexuelle Ausreifung zu erwarten. Auf den Menschen bezogen liefert die Lebenslaufstrategieforschung damit eine evolutionsbiologische Erklärung für die in den modernen Wohlstandsgesellschaften zu beobachtende sogenannte Säkularisierungstendenz in der physischen Entwicklung, d. h. für die Tatsache, daß dort die Geschlechtsreife in den letzten beiden Jahrhunderten immer früher eingesetzt hat … Eine frühe Ausreifung kann aber auch unter ungünstigen Bedingungen, etwa bei einer hohen Erwachsenensterblichkeit, von Vorteil sein, da hier weniger eine hohe Kinderzahl, sondern vor allem eine schnellstmögliche Vermehrung nahegelegt wird … Eine frühe sexuelle Ausreifung könnte also sowohl bei einem geringem [sic] ökologischen als auch bei einem hohen psychosozialen Streß, eine spätere Ausreifung sowohl bei geringem psychosozialen als auch bei hohem ökologischen Streß eintreten« (ebd., S. 180).

Abschließend soll darauf hingewiesen werden, dass sich evolutionäres Wissen auch ohne eine spezifische evolutionspsychologische Ausprägung gewinnbringend in die erziehungswissenschaftliche Theoriebildung integrieren lässt: So entwickelte bspw. Treml unter Rückgriff auf eine ›Allgemeine Evolutionstheorie‹ und ›Allgemeine Systemtheorie‹ eine »Evolutionäre Pädagogik« (Treml 2004). Bereits in seinem zuvor erschienenen Werk »Allgemeine Pädagogik« (Treml 2000) versuchte Treml, erziehungswissenschaftliche Zusammenhänge, Begriffe und Institutionen vor dem Hintergrund biologischen, psychologischen und soziologischen Wissens in ein gemeinsames Rahmenkonzept einzubinden, in dem drei zentrale Dimensionen menschlicher Entwicklung (Phylogenese, Ontogenese, Soziogenese) gleichermaßen berücksichtigt werden (vgl. z. B. ebd., S. 20).[318]

12.3 Die erziehungswissenschaftliche Relevanz des Kritischen Interaktionismus

Im Gegensatz zur Verhaltensgenetik und Evolutionspsychologie handelt es sich bei den Diskurspositionen, die im Kontext dieser Abhandlung als ›kritisch-interaktionistisch‹ bezeichnet worden sind, nicht um einen einheitlichen Erklärungsansatz oder ein homogenes Wissenschaftsgebiet, sondern um ein Sammelsurium unterschiedlicher Theorieofferten, deren erziehungswissen-

---

318 Von Scheunpflug wurde diese Form der Integration von Evolutions- und Systemtheorie auf den Bereich der Didaktik übertragen (vgl. bspw. Scheunpflug 2001a, S. 156–175; 2001b).

schaftliche Relevanz gerade darin besteht, dass sie einen kritischen Blick auf Hypothesen, Versatz-stücke und Befunde anderer Diskurspositionen ermöglichen.

Würden ausschließlich diskursive Ereignisse herangezogen, die primär den Erkenntnisfortschritt in der Biologie berücksichtigen, so ließe sich der Anlage-Umwelt-Diskurs wie folgt in grobe Phasen einteilen: Nach der Konstituierung des wissenschaftlich geführten Diskurses über An-lage und Umwelt durch Francis Galton wurde Ende des ersten Jahrzehnts des 20. Jahrhunderts durch Johannsen der Genbegriff in die Debatte eingeführt, wobei zu dieser Zeit allerdings nur sehr vage Vorstellungen vom Gen als Einheit der Vererbung vorherrschten (vgl. Keller 2001b, S. 34 f). Wie bereits ausgeführt entbrannte in dieser Anfangszeit des Diskurses ein erbitterter Streit zwischen Anhängern darwinistischer und neo-lamarckistischer Auffassungen, der später durch den Einfluss der weismannschen Keimplasma-Theorie zugunsten ersterer entschieden worden ist. Zweifelsohne dürften Pädagoginnen und Pädagogen lamarckistische Vorstellungen attraktiver erschienen sein, denn die Möglichkeit der Vererbung erworbener Eigenschaften gibt Anlass zu pädagogischem Optimismus. Da eine derartige Vererbung jedoch experimentell in keinem Fall zweifelsfrei bewiesen werden konnte, verschwanden in der Folge allzu naive Vorstellungen aus dem Diskurs, nach denen in der Ontogenese angeeignetes Wissen und Fä-higkeiten an kommende Generationen genetisch weitergegeben werden können. Bis zur Auf-klärung der genauen Mechanismen der Vererbung sollte jedoch noch ein halbes Jahrhundert ins Land ziehen. Mit der Entdeckung der Doppelhelix-Struktur der DNA im Jahre 1953 durch Watson und Crick erlebte die Molekulargenetik eine unerwartete und nicht vorhersehbare Blütezeit, die schließlich zu Beginn der 90er Jahre im Humangenomprojekt gipfelte. Die Klärung der Vererbungsmechanismen in den 50er und 60er Jahren, die zum zentralen Dogma der Molekularbiologie führte (nach dem DNA in RNA transkribiert wird, die anschließend die Vorlage zum Bau von Proteinen liefert), ermöglichte zugleich eine Differenzierung nativis-tischer Diskurspositionen und im Gegenzug auf environmentalistischer Seite den Verdacht der Blüte eines neuen biologischen Determinismus und Reduktionismus. Die Erkenntnisfortschrit-te im Rahmen des Humangenomprojekts führten überraschenderweise in der Biologie und im gesamtgesellschaftlichen Diskurs nicht zur Entschlüsselung der letzten Rätsel des Lebens, sondern zu allgemeiner Ernüchterung (vgl. bspw. Kegel 2009, S. 42–57), da klar wurde, dass lieb gewonnene Erklärungsmechanismen der Molekular- und Humangenetik (wie insbes. das zentrale Dogma) zu kurz griffen. Seitdem hat sich der Fokus der genetischen Forschung ver-mehrt auf Prozesse gerichtet, die als Vererbung aufgefasst werden können, aber nicht mit der Weitergabe von DNA verbunden sind. Beispiele für derartige Prozesse (wie springende Gene, DNA-Methylierung etc.), die schwerpunktmäßig im Rahmen des neuen Forschungsgebiets der Epigenetik abgehandelt werden, wurden in Abschnitt 5.4 eingehend erörtert. Zugleich traten im Anlage-Umwelt-Diskurs kritisch-interaktionistische Positionen in den Vordergrund, die nicht nur die herkömmlichen molekulargenetischen Modelle als reduktionistisch kritisier-ten, sondern auch den Erkenntniswert der Anlage-Umwelt-Dichotomie selbst infrage stellten. In diesem Kontext wurde vereinzelt die Vermutung geäußert, dass die Aufgabe neo-lamarckis-tischer Ansichten zu Beginn des Jahrhunderts verfrüht gewesen sein könnte und mit der aus-schließlichen Konzentration auf die Position von Weismann das ›Kind mit dem Bade ausge-schüttet‹ worden sein könnte. Im Rahmen kritisch-interaktionistischer Positionen wird jedoch nicht davon ausgegangen, dass es eine Vererbung erworbener Eigenschaften im naiven Ver-ständnis des ausgehenden 19. und beginnenden 20. Jahrhunderts gäbe. Vielmehr wird Lamarck bemüht, um darauf hinzuweisen, dass die DNA im Rahmen der Vererbung keine ausschließliche Rolle spielt, ein starrer genetischer Determinismus, wie er sich im zentralen Dogma äußert, als überholt gelten kann und neben der natürlichen Selektion auch andere Einflussfaktoren in der Evolution stärkere Berücksichtigung finden sollten.

Die erziehungswissenschaftlichen Konsequenzen, die sich aus diesen neuen Sichtweisen ergeben, fallen jedoch völlig anders aus als auf den ersten Blick zu erwarten wäre, wie im Folgenden anhand der Möglichkeit einer Vererbung erworbener Eigenschaften erläutert werden soll. Dazu zunächst zwei Beispiele: Bereits bei der Diskussion kritisch-interaktionistischer Positionen wurde auf Effekte hingewiesen, die sich mithilfe herkömmlicher Vererbungsannahmen nicht erklären lassen. In einer Untersuchung zu den Folgen von Unterernährung bei Müttern während ihrer Schwangerschaften im Winter des Kriegsjahres 1944/45 in den Niederlanden stellte sich überraschend heraus, dass sich die Folgen mitunter erst in der dritten Generation bemerkbar machten. Mütter, die in den ersten zwei Schwangerschaftsdritteln Hunger litten, hatten zwar normal entwickelte Töchter. Hatten diese Töchter später jedoch selbst Kinder, so erwiesen sich diese wiederum als untergewichtig bei Geburt oder als kleinwüchsig im Erwachsenenalter – ein ›Sleeper-Effekt‹, der herkömmlichen Vorstellungen von Vererbung widerspricht:

> "Recall that starvation in the first or second trimester produced babies with normal birth weights. Only third-trimester starvation led to small babies. Yet, paradoxically, when these small babies later became mothers, they gave birth to normal-size babies. It was the women who were themselves normal size at birth who became mothers of underweight infants. Somehow the grandmothers' suffering programmed their children in utero so that the grandchildren would be affected. This astonishing result will undoubtedly inspire experiments aimed at identifying the still-unknown cellular mechanism. But what is indisputable is that the Dutch famine left its harsh imprint on at least three generations" (Diamond 1999, S. 20 f.).

Wenn in pädagogischen Zusammenhängen die Verantwortung werdender Mütter thematisiert wird, so erfolgt dies in der Regel in Hinblick auf Verhaltensweisen, die den Fötus in utero schädigen könnten. Dass dabei offensichtlich auch die dritte Generation betroffen sein kann – also mögliche Enkelkinder –, wurde bisher kaum zur Kenntnis genommen. Vertreter des männlichen Geschlechts sind damit aber in keinerlei Weise der Verantwortung für ihre Nachkommen in spe enthoben, wie das zweite Beispiel zeigt: In mehreren historischen Studien zum Zusammenhang von Ernährung und Todesursachen in der schwedischen Gemeinde Överkalix konnte nachgewiesen werden, dass sich der Nahrungsmittelkonsum von Kindern im Alter von neun bis zwölf Jahren auf die Gesundheit ihrer späteren Enkel ausgewirkt hatte (vgl. bspw. Bygren/Kaati/Edvinsson 2001, Kaati/Bygren/Edvinsson 2002, Kaati u. a. 2007). Litten die Großväter in dieser präpubertären Kindheitsphase Not, hatten die Enkel eine erhöhte Lebenserwartung. War im Umkehrfall die frühe Kindheit der Großväter von Nahrungsüberfluss gekennzeichnet,

> »hatten ihre Enkel ein um das Vierfache vergrößertes Risiko, an Diabetes zu sterben. Bei den Herz-Kreislauf-Erkrankungen waren es die Väter, die ihren Kindern eine ernährungsbedingte Mitgift mit auf den Lebensweg gaben. Hatten sie schlechte Zeiten durchgemacht, waren ihre Kinder vor diesen lebensbedrohlichen Krankheiten relativ sicher« (Kegel 2009, S. 14 f.).

Ohne im Detail auf die weiter ausdifferenzierbaren Ergebnisse dieser Studien einzugehen (vgl. dazu den zusammenfassenden Überblick bei Kegel 2009, S. 9–22) zeigt sich damit die besondere Bedeutung, die dem Verhalten von Eltern – in diesem Falle bezüglich ihrer Ernährungsgewohnheiten – zukommen kann und die damit verbundene Verantwortung, die aus ontogenetischer Sicht bereits lange vor der Planung möglichen Nachwuchses auf den Menschen lastet.

Eine mögliche Vererbung erworbener Eigenschaften manifestiert sich demnach völlig anders als im historischen Streit zwischen Darwinisten und Neo-Lamarckisten angenommen worden war.

In den geschilderten Fällen sind bspw. grundlegende stoffwechselphysiologische Wachstumsprozesse betroffen und nicht durch Übung erworbene Verhaltensweisen, für die Neo-Lamarckisten noch zu Beginn des 19. Jahrhunderts eine erbliche Weitergabe von Generation zu Generation postuliert hatten. Kritisch-interaktionistische Ansätze können vor diesem Hintergrund zumindest Hinweise auf mögliche epigenetische Mechanismen liefern, mit denen derartige Phänomene erklärt werden könnten, und verdeutlichen die grundlegende Schwierigkeit, das Zusammenspiel von Anlage und Umwelt in seiner Komplexität zu erfassen, geschweige denn die Auswirkungen genetischer Faktoren oder Umweltveränderungen vorherzusagen.

Zudem gewährleisten die Hervorhebung der Entwicklungsdimension, der Hinweis auf das Phänomen der Emergenz und die starke Betonung der Selbstorganisation in kritisch-interaktionistischen Diskurspositionen Anschlussmöglichkeiten im Bereich der erziehungswissenschaftlichen Theoriebildung – nicht nur im Rahmen konstruktivistischer Ansätze. Diskurspositionen des Kritischen Interaktionismus verweisen auf die *aktive* Rolle des Organismus bei der Gestaltung und Konstruktion seiner ontogenetischen Nische (vgl. Abschnitt 5.4) und entsprechen damit den Grundanforderungen, die im Rahmen der Sozialisationsforschung bezüglich eines impliziten Menschenbildes an sozialisationstheoretische Ansätze gestellt werden (vgl. bspw. Tillmann 2010, S. 39). Als besonders anschlussfähig erweist sich in diesem Zusammenhang, dass in kritisch-interaktionistischen Ansätzen keine Anzeichen eines pädagogischen Pessimismus hervortreten, sondern mittels des Konzepts der Reaktionsnorm gerade die prinzipielle Offenheit der Entwicklung für Umwelteinflüsse betont wird. So konnte am Beispiel der Phenylketonurie gezeigt werden, dass im Falle dieser durch einen monogenetischen Defekt verursachten Krankheit nicht eine Änderung des verursachenden Gens zwingend notwendig ist, um den Krankheitsausbruch weitgehend zu verhindern, sondern eine Änderung der Umwelt in Form einer Diät die gewünschte Wirkung erzielen kann. Auch wenn derartige Umweltveränderungen als radikal und in der natürlichen Umgebung nicht vorkommend eingestuft werden müssen, schmälert dies nicht die Bedeutung derartiger Umweltwirkungen und gibt Anlass zu einem grundlegenden pädagogischen Optimismus. Als negativ bezüglich der Anschlussfähigkeit kritisch-interaktionistischer Positionen erweisen sich hingegen deren Heterogenität und die Schwierigkeit, auf der Grundlage ihrer Basisannahmen forschungsmethodische Designs zu entwickeln. Wenn die Anlage-Umwelt-Dichotomie per se als untauglich abgelehnt wird, wie sollen in der Folge Phänomene menschlicher Entwicklung ohne ein derartiges Konstrukt angemessen erfasst werden? Wird in diesem Fall die kritische und skeptische Grundanschauung kritisch-interaktionistischer Diskurspositionen absolut gesetzt, kann sie sich als Hindernis für die Forschung selbst erweisen. So wäre bspw. die vorliegende historische Betrachtung des Anlage-Umwelt-Diskurses bei einer konsequenten Verneinung der Anlage-Umwelt-Dichotomie überhaupt nicht denkbar. Entsprechend vage fallen Vorschläge aus, wie kritisch-interaktionistische Annahmen forschungsmethodisch umgesetzt werden können. Mitunter wird Diskurspositionen des Kritischen Interaktionismus gar ein extremer Holismus vorgeworfen: »Kitcher thinks that both DST and Lewontin's ›dialectical biology‹ tend toward an extreme holism that is inconsistent with the practice of ordinary empirical research« (Godfrey-Smith 2001, S. 283). Im Vergleich zu anderen Diskurspositionen liegt die Problematik kritisch-interaktionistischer Ansätze damit möglicherweise in einer (zu) starken Ablehnung reduktionistischer Denkweisen und einer (Über-)Betonung von Komplexität begründet, sodass die Stärke dieser Positionen (in der Kritik anderer Positionen) zugleich ihre Schwäche (bezüglich ihrer forschungsmethodischen Umsetzung) darstellt.

Kritisch-interaktionistische Positionen können dennoch gewinnbringend im Rahmen erziehungs-wissenschaftlicher Kontexte eingesetzt werden, da sie zu einer nüchternen und abgeklärten Beurteilung und Rezeption biologischen Wissens beitragen. Zudem schließen kritisch-interaktio-nistische Diskurspositionen eine grundlegende Kritik am Konzept von ›Genen *für*‹ bestimmte Verhaltensmerkmale ein und verweisen darauf, dass Studien, in denen zunächst der Fund eines Gens mit kausalem Zusammenhang zu einem bestimmten Verhaltensmerkmal – nicht selten in medienwirksamer Weise – postuliert wird, später oftmals nicht repliziert werden können. Erziehungswissenschaftlerinnen und Erziehungswissenschaftler sollten sich daher vor einer un-kritischen Übernahme derartiger Befunde hüten, insbesondere in den Fällen, in denen derar-tige Befunde zusätzlich populärwissenschaftlich aufbereitet worden sind (wie bspw. in Hamer/ Copeland 1998a, passim). Zudem kann ein Blick auf die Grundpostulate kritisch-interaktio-nistischer Positionen sowie die Verdeutlichung der historischen Entwicklung vom Neo-Lamar-ckismus über den Neo-Darwinismus und die Moderne Synthese hin zur Epigenetik zu einer Reduzierung von Berührungsängsten beitragen, die im Zusammenhang mit den Erkenntnis-fortschritten in der Biologie von erziehungswissenschaftlicher Seite im Diskurs geäußert wer-den. Hinsichtlich möglicher Folgen humangenetischen Wissens konstatiert bspw. Reyer:

> »Wenn sich der eugenische Markt so entwickelt, wie von der liberalen Eugenik antizipiert, dass also Eltern auf diesem Markt genetische ›Verbesserungen‹ für ihren Nachwuchs und korporative Akteure für ihr Klientel einkaufen können – ›shopping in the genetic supermarket‹, dann würden sie auf dem Pädagogik-Markt danach Ausschau halten, was eine optimale Entsprechung zu dem genetischen De-sign zu sein verspräche: die praktische Pädagogik würde zur *Designer-Pädagogik*« (Reyer 2003a, S. 26, Hervorhebung im Original).

Aus Sicht kritisch-interaktionistischer Diskurspositionen und mit dem Fokus auf die derzeitige Hochkonjunktur und Popularität der Epigenetik liegen derartige Zukunftsszenarien in weiter Fer-ne – wenn nicht gar im Bereich des Unmöglichen. Denn vor dem Hintergrund der Ernüchterung anlässlich der Ergebnisse des Humangenomprojekts, die im Bereich der Molekularbiologie auf die Wichtigkeit zusätzlicher Grundlagenforschung zur weiteren Aufklärung der an der Vererbung beteiligten Mechanismen verweisen, erscheint eine Realisierung humangenetischer Eingriffe zur Änderung der menschlichen Keimbahn ohne dezidierte Kenntnisse sämtlicher beteiligter Einflussfaktoren als unrealisierbare Utopie. Für die Erziehungswissenschaft ergibt sich aus diesem unfreiwillig auferlegten Moratorium innerhalb der Humangenetik die Chance, die diskursive Kompetenz ihrer eigenen Vertreterinnen und Vertreter gegenüber den Naturwissenschaften zu erweitern. Vor dem Hintergrund der in dieser Forschungsarbeit präsentierten Ergebnisse zur erziehungswissenschaftlichen Rezeption des Anlage-Umwelt-Diskurses erscheint eine stärkere Diskursbeteiligung von erziehungswissenschaftlicher Seite nicht nur wünschenswert, sondern auch unverzichtbar.

12.4 Ausblick: Zukunftsperspektiven erziehungswissenschaftlicher Diskursbeteiligung

Die Anlage-Umwelt-Problematik erweist sich – wie die vorherigen Ausführungen gezeigt ha-ben – bei genauerer Betrachtung als ein hochkomplexes Themenfeld, in das viele verschiedene inhaltliche Gegenstände, Forschungsgebiete und Wissenschaftsdisziplinen verstrickt sind. Aus diskursanalytischer Perspektive ergibt sich daraus ein Gewimmel, das mittels einer einzelnen

Untersuchung kaum mehr greifbar und entwirrbar erscheint. Die Anlage-Umwelt-Thematik hat seit Mitte der 90er Jahre eine bis dato nicht absehbare Hochkonjunktur erfahren. Der wissenschaftliche Boom dieses Problemfeldes griff auf den öffentlichen Diskurs über, als sich in den Jahren 2002 und 2003 mit Steven Pinker und Matt Ridley zwei prominente Wissenschaftsautoren der Aufarbeitung der Anlage-Umwelt-Thematik widmeten (vgl. Pinker 2002, Ridley 2003). Im Rahmen dieser Abhandlung konnte nachgewiesen werden, dass es sich trotz dieser neuen Popularität bei der Anlage-Umwelt-Kontroverse nicht um eine kurzfristige Modeerscheinung handelt, sondern um einen Klassiker, der sowohl im Alltagsdiskurs als auch in der wissenschaftlichen Debatte seit fast 150 Jahren nie gänzlich in Vergessenheit geraten ist. Die Anlage-Umwelt-Thematik wurde entsprechend von Wissenschaftlerinnen und Wissenschaftlern unterschiedlichster Fachrichtungen bei Bedarf als Erklärungsfolie für verschiedene wissenschaftliche Gegenstandsbereiche herangezogen – nicht selten unter Zuhilfenahme spezifischer diskursiver Strategien, die sich mitunter für die Wissenschaftlichkeit ihrer Argumentationen als abträglich erwiesen (vgl. bspw. die Mead-Freeman-Kontroverse oder den Burt-Skandal). Werden die Publikationen von Pinker, Ridley und anderen prominenten populärwissenschaftlichen Autorinnen und Autoren als Indikatoren des Interesses des wissenschaftlichen Mainstreams und des öffentlichen Diskurses betrachtet, ließe sich vermuten, dass der ›Boom‹ der Anlage-Umwelt-Thematik in den ersten Jahren des neuen Jahrtausends seinen Zenit erreicht haben könnte und seitdem im Diskurs ein sinkendes Interesse an dieser Thematik verzeichnet werden könnte.[319] Zumindest für den (auf der Ebene wissenschaftlicher Fachzeitschriften geführten) internationalen Diskurs lässt sich eine absteigende Tendenz nicht nachweisen. Wie steht es diesbezüglich mit der Rezeption der Anlage-Umwelt-Thematik durch die deutsche Erziehungswissenschaft? Um einen Anhaltspunkt zur Beantwortung dieser Frage zu finden, wurde im Rahmen der Fertigstellung dieser Abhandlung und nach Abschluss des DFG-Projekts »Der Anlage-Umwelt-Diskurs in der bundesdeutschen Erziehungswissenschaft seit 1950« eine erneute Literaturrecherche in erziehungswissenschaftlichen Fachzeitschriften durchgeführt und das bestehende Dossier um sechs Jahre erweitert (vgl. Anhang B). Dabei konnten für den Zeitraum von 2003 bis 2008 nur 40 erziehungswissenschaftliche Aufsätze mit thematischer Nähe zur Anlage-Umwelt-Kontroverse gefunden werden. Zum Vergleich: Für den halb so langen Zeitraum von 2000 bis 2002 enthält das Dossier bereits 41 Aufsätze. Damit ist für die deutsche Erziehungswissenschaft ein deutlich nachlassendes Interesse an der Anlage-Umwelt-Thematik zu konstatieren.[320] Zudem zeigt sich hinsichtlich der Rezeption biologischen Wissens eine Interessenverschiebung: Jeder zweite gefundene Aufsatz rezipiert neurowissenschaftliche Erkenntnisse und setzt sich mit deren erziehungswissenschaftlichen Implikationen (insbesondere für Lehren und Lernen) auseinander (vgl. dazu insbesondere das Themenheft »Gehirnforschung und Pädagogik« der ›Zeitschrift für Pädagogik‹, H. 4/2004).

---

319 In den letzten Jahren hat sich Steven Pinker erneut linguistischen Fragestellungen zugewandt (vgl. Pinker 2007). Als neues ›Modethema‹ Mitte des ersten Jahrzehnts des 21. Jahrhunderts etablierte sich insbesondere die evolutionsbiologische Auseinandersetzung mit der Religionsthematik (vgl. z. B. Dawkins 2006, dt. 2007; Dennett 2007; Hamer 2004, dt. 2006).

320 Für den Bereich einer expliziten Auseinandersetzung mit der Anlage-Umwelt-Thematik konnten für den Zeitraum von 2003 bis 2008 lediglich sieben Aufsätze identifiziert werden, allein fünf davon in einem Themenheft mit dem Schwerpunkt »Anlage und Umwelt – neue Perspektiven einer alten Debatte« der ›Zeitschrift für Soziologie der Erziehung und Sozialisation‹ (H. 2/2005; vgl. Asendorpf 2005, Caspi u. a. 2005, Lang/Neyer 2005, Neyer/Asendorpf 2005, Spinath u. a. 2005) sowie zwei weitere Einzelaufsätze (Lenz 2005, Reyer 2004a).

Das erziehungswissenschaftliche Interesse an anderen biologischen Wissensgebieten – bspw. in Hinblick auf verhaltensgenetische oder evolutionspsychologische Diskurspositionen – scheint demgegenüber abgeflaut zu sein. Dies entspricht der Perpetuierung des Bildes einer Erziehungswissenschaft, die nur in Fällen zu erwartender Anschlussfähigkeit und nicht zu befürchtenden Terrainverlustes biologischem Wissen aufgeschlossen gegenübersteht (vgl. z. B. Neumann 2007, S. 229 f). Biologisches Wissen, das lieb gewonnene Annahmen infrage stellt (wie die in dieser Abhandlung vorgestellten aktuellen Diskurspositionen), findet derzeit hingegen beim Mainstream der Erziehungswissenschaftlerinnen und Erziehungswissenschaftler nur wenig Beachtung. Damit scheint die Hoffnung verbunden zu sein, dass kritische Stimmen im Rahmen transdisziplinärer Übergriffe irgendwann von selbst verstummen (vgl. bspw. die mangelnde erziehungswissenschaftliche Rezeption bzw. Nicht-Rezeption der Thesen von Judith Rich Harris). Für die Erziehungswissenschaft erweist sich im Kontext des Anlage-Umwelt-Diskurses eine Abschottung gegenüber naturwissenschaftlichen Erkenntnissen letztlich als kontraproduktiv, da nicht nur die eigenen theoretischen Grundannahmen zunehmend obsolet werden, sondern auch die Schere zwischen dem deutschen und dem internationalen Diskurs immer weiter auseinanderklafft – mit den Folgen einer sinkenden Diskursbeteiligung und eines zunehmenden Verlustes der Anschlussfähigkeit an den internationalen Diskurs. Gerade vor dem Hintergrund des interdisziplinären Stellenwertes des Anlage-Umwelt-Diskurses wäre ein Rückfall in eine disziplinäre Abschottung von erziehungswissenschaftlicher Seite fatal, da damit Chancen zur Erneuerung der eigenen disziplinären Grundlagen vergeben würden. Man denke dabei bspw. an eine Modernisierung pädagogisch-anthropologischer Grundannahmen oder an einen biologisch fundierten Basisansatz zur Sozialisation – um nur zwei Bereiche zu nennen, in denen aktuelle Diskurspositionen und biologisches Wissen erziehungswissenschaftliche Theoriebildungen bereichern könnten. Dies setzt auf erziehungswissenschaftlicher Seite allerdings nicht nur die generelle Bereitschaft zur Beteiligung am Anlage-Umwelt-Diskurs und zu interdisziplinärer Zusammenarbeit voraus, sondern erfordert zudem die mühevolle Aneignung und Aufarbeitung disziplinfremden Expertenwissens durch Erziehungswissenschaftlerinnen und Erziehungswissenschaftler.

Zusammenfassung

In dieser Dissertation wurde die Kontroverse um Anlage und Umwelt unter historischen und systematischen Aspekten betrachtet – einschließlich ihrer erziehungswissenschaftlichen Rezeption und Relevanz. Der Disput über Anlage und Umwelt zentriert sich um die Fragestellung, inwieweit die Entwicklung menschlicher Fähigkeiten und Fertigkeiten eher auf genetische Faktoren (insbesondere Anlagen) oder auf Umwelteinflüsse (in Form von Lernen, Erziehung etc.) zurückgeführt werden kann. Über kaum eine andere wissenschaftliche Thematik wurde derart ausgiebig, heftig und über lange Zeiträume der Wissenschaftsgeschichte hinweg gestritten; und der wissenschaftliche Disput kann bis heute als unabgeschlossen gelten. Aus historischer Sicht erfolgte eine Zuspitzung der Streitfrage um Anlage und Umwelt in Form von Dichotomien – wie bspw. ›angeboren versus erlernt‹, ›Instinkt (bzw. Reifung) versus Lernen‹ oder ›Nativismus versus Environmentalismus‹. Als weiteres Charakteristikum des Anlage-Umwelt-Diskurses ist darauf zu verweisen, dass die Kontroverse in der heutigen Zeit zugleich einerseits als prinzipiell unlösbar und andererseits als bereits gelöst und damit überwunden deklariert wird. Vor diesem Hintergrund ist nicht verwunderlich, dass die Anlage-Umwelt-Debatte im letzten Jahrzehnt eine erneute Blütezeit im wissenschaftlichen Diskurs erlebt hat, wie eine eigene Analyse einschlägiger Beiträge mittels des Science Citation Index Expanded (SCI) und des Social Sciences Citation Index (SSCI) ergeben hat. Obwohl die Anlage-Umwelt-Kontroverse in erster Linie als ein angloamerikanisches Phänomen zu werten ist, erfolgte auch in Deutschland eine nicht zu unterschätzende Rezeption ihrer thematischen Aspekte – nicht zuletzt von erziehungswissenschaftlicher Seite. Die eigene Einschätzung der erziehungswissenschaftlichen Rezeption basiert dabei auf Daten, die im DFG-Projekt »Der Anlage-Umwelt-Diskurs in der bundesdeutschen Erziehungswissenschaft seit 1950« zwischen 2003 und 2005 erhoben worden sind. Im Zentrum der vorliegenden Dissertation stand nicht die Fragestellung, inwieweit die Debatte um Anlage und Umwelt zufriedenstellend gelöst werden kann, sondern die historische Rekonstruktion der Ursprünge, Positionen und Verlaufsphasen des Diskurses. Zudem wurden aktuelle Positionen der Hauptprotagonistinnen und -protagonisten, die im derzeitigen Diskurs miteinander konkurrieren, im Rahmen einer aktuellen Bestandsaufnahme erfasst. Zur Ermittlung spezifischer Schlüsselereignisse des Diskurses, der von Vertreterinnen und Vertretern bestimmter Positionen eingesetzten Strategien sowie der interdisziplinären und erziehungswissenschaftlichen Rezeption wurden vier Schlüsseldebatten aus den thematischen Bereichen ›Intelligenz und Begabung‹ sowie der ›Geschlechterdebatte‹ exemplarisch analysiert. Abschließend wurde nach der Relevanz des aktuellen Anlage-Umwelt-Diskurses für die erziehungswissenschaftliche Forschung und Theoriebildung gefragt.

Die Kontroverse um Anlage und Umwelt als ›Diskurs‹

Unter systematischem Blickwinkel wurde in dieser Forschungsarbeit zur Erfassung der Anlage-Umwelt-Kontroverse das begriffliche Instrumentarium der ›Kritischen Diskursanalyse‹ nach

Siegfried Jäger adaptiert. Die Diskussion um Anlage und Umwelt ist damit als ›Diskurs‹ zu verstehen – als kontinuierlicher Strom von Wissen durch die Zeit, der insbesondere dadurch gekennzeichnet ist, dass Wissenschaftlerinnen und Wissenschaftler sich am Anlage-Umwelt-Diskurs beteiligen, ohne die Wirkung ihrer diskursiven Beiträge direkt steuern zu können. Der Anlage-Umwelt-Diskurs selbst lässt sich auf der Gegenstandsebene als in spezifische Diskurs-stränge (›Intelligenz und Begabung‹, ›Geschlechterdebatte‹, ›Aggressionsdebatte‹ etc.) gegliedert betrachten. Innerhalb dieser Diskursstränge nehmen die Protagonistinnen und Protagonisten bestimmte Diskurspositionen ein, womit ihre Haltung bezüglich der Frage nach der Bedeu-tung von Anlage- und Umweltfaktoren in der menschlichen Entwicklung erfasst wird. Zur Legitimation eigener und Kritik gegnerischer Diskurspositionen werden in der Regel diskursi-ve Strategien eingesetzt, die in dieser Abhandlung im Rahmen der Diskussion von Schlüssel-debatten analysiert worden sind. Hinsichtlich der historischen Dimension wurden innerhalb der Diskursstränge diskursive Ereignisse ermittelt (wie spezifische Fortschritte in wissenschaft-lichen Subdisziplinen, einzelne – kontrovers diskutierte – Veröffentlichungen mit besonderer Relevanz etc.), die zur Ausdifferenzierung von Diskurspositionen beigetragen und den Verlauf des Diskurses entscheidend beeinflusst haben. Zudem konnten aus diskursanalytischer Sicht verschiedene diskursive Ebenen identifiziert werden (wie z. B. der öffentliche Diskurs, der wis-senschaftliche Diskurs, die Medien), auf denen Positionen um Aufmerksamkeit und Beteiligung im Diskurs miteinander konkurrieren.

Historische Entwicklung des Anlage-Umwelt-Diskurses
Die Frage nach Anlage und Umwelt als Determinanten der Entwicklung von Tier und Mensch scheint den Menschen seit jeher beschäftigt zu haben (bspw. im Rahmen der Tierzucht und Domestikation von Haus- und Nutztieren). Erste Aufzeichnungen über eine systematische ge-dankliche Trennung dieser Einflussfaktoren finden sich bereits in der Antike (bei den Sophisten und später bei Platon und Aristoteles). Bis in die Zeit der Aufklärung hinein wurde allerdings die Anlage-Umwelt-Thematik vorrangig anhand der Fragestellung erörtert, inwieweit es ange-borenes Wissen bzw. angeborene Ideen geben könnte. In diesem Kontext fand insbesondere die Konsolidierung einer nativistischen und einer environmentalistischen Extremposition statt, nach der entweder der Anlage oder der Umwelt eine Vorrangstellung einzuräumen sei. Die environmentalistische Diskursposition gipfelte im ausgehenden 17. Jahrhundert in der Haltung John Lockes, der Mensch sei bei Geburt eine Tabula rasa, die mittels Erfahrungen im Lebenslauf erst beschrieben werden müsse. Da die Anlage-Umwelt-Thematik – abgesehen von vereinzelten Überlieferungen mittelalterlicher Deprivationsexperimente und quasi-natürlicher Experimente wie im Falle sog. ›Wolfskinder‹ – bis in die Neuzeit hinein nicht mithilfe empirischer und experimenteller Methoden erörtert worden war, wurde dieser erste Zeitabschnitt in der vorgelegten Abhandlung als ›philosophische Phase‹ bezeichnet. Die zweite Phase des Anlage-Umwelt-Diskurses, die hier bis zum Ende des Zweiten Weltkrieges angesetzt wurde, ist dem-gegenüber durch die explizite Diskussion der Anlage-Umwelt-Thematik mittels wissenschaftlicher Methoden und durch eine Ausdifferenzierung nativistischer Konzepte auf der Grundlage des Fortschrittes in den Biowissenschaften gekennzeichnet. Basierend auf dem durch die Evolutions-theorie von Charles Darwin ausgelösten Paradigmenwechsel in den Naturwissenschaften wurden insbesondere von Francis Galton die Konzeptionen von ›nature‹ und ›nurture‹ als Dichotomie einander gegenübergestellt und auf empirische Weise analysiert. In diesem Kontext räumte Galton der Vererbung eine deutliche Vormachtstellung gegenüber Umweltfaktoren ein und

begründete sowohl die Verhaltensgenetik als auch die Eugenik. Anschließend wurde von August Weismann die Trennung von Keimbahn und Soma postuliert, sodass in der Folge die bis dahin weitverbreitete und auf Lamarck zurückgehende These einer Vererbung erworbener Eigenschaften zunehmend kritisch betrachtet wurde. Kurz vor der Jahrhundertwende vom 19. zum 20. Jahrhundert erfuhren nativistische Diskurspositionen durch Vertreter der Instinkt- psychologie (wie William James und William McDougall) weiteren Auftrieb im Diskurs. Zur gleichen Zeit festigte sich neben den Extrempositionen der Interaktionismus als vermittelnde Diskursposition, nach der Anlage und Umwelt als Ursachen menschlicher Entwicklung nicht unabhängig voneinander betrachtet werden könnten. Diese interaktionistische Position findet sich vor allem in den Werken von James Mark Baldwin, William Stern und später in der frühen Kritik der Anlage-Umwelt-Dichotomie durch Leonhard Carmichael. Aufgrund der Hetero- genität und Vielzahl der postulierten menschlichen Instinkte gerieten instinktpsychologische Diskurspositionen bereits gegen Ende der 10er Jahre in die Kritik und wurden innerhalb der Psychologie von dem durch Edward Lee Thorndike und John Broadus Watson begründeten, environmentalistischen Paradigma des Behaviorismus weitgehend aus dem Diskurs verdrängt. Ihr Platz wurde ab den 40er Jahren von der Ethologie eingenommen, wobei insbesondere von Konrad Lorenz als einem der prominentesten Vertreter dieser Disziplin die strikte Trennung von angeborenen und erworbenen Verhaltensweisen propagiert wurde. Somit lässt sich feststellen, dass der Anlage-Umwelt-Diskurs über weite Strecken des 20. Jahrhunderts anhand der Dicho- tomie von ›Instinkt versus Lernen‹ geführt worden ist. Unterstützung erhielten die Behavioristen seit den 20er Jahren zudem von der amerikanischen Schule der Kulturanthropologie um Franz Boas, der sich zugleich vehement gegen rassenanthropologische Grundannahmen bezüglich der Ungleichheit und Unwertigkeit menschlicher Bevölkerungsgruppen wandte. Seit Beginn des 20. Jahrhunderts hatte allerdings in den USA und in zahlreichen europäischen Ländern die Verkoppelung von Sozialdarwinismus und Eugenik zu schwerwiegenden sozialpolitischen Konsequenzen und Umsetzungen eugenischer Maßnahmen (wie z. B. Einwanderungsbeschrän- kungen, Heiratsverbote und Zwangssterilisationen) geführt. In Deutschland gipfelten diese eugenischen Bemühungen, die eng mit unbelegten Annahmen einer allgemeinen Degeneration beim Menschen, der Furcht vor sog. ›dysgenischen Tendenzen‹ (in Form einer stärkeren Ver- mehrung als minderwertig erachteter Bevölkerungsgruppen) und simplizistischen Vorstellungen einer monogenetischen Vererbung psychischer Merkmale verbunden waren, schließlich in den Verbrechen des Nationalsozialismus (wie Völkermord, Euthanasie etc.). Anhand der Zwillings- versuche von Josef Mengele im KZ Auschwitz-Birkenau konnte in diesem Kontext die enge Verwobenheit rassenhygienischer sowie pseudowissenschaftlicher Forschungsfragestellungen mit der Anlage-Umwelt-Thematik nachgewiesen werden, sodass das Ende dieser Diskursphase zugleich die ›dunkelste‹ Periode des Anlage-Umwelt-Diskurses darstellt. In der Folge führte dieser menschenverachtende Missbrauch nativistischer Diskurspositionen dazu, dass diese seit Ende des Zweiten Weltkriegs im Bereich der Sozial- und Verhaltenswissenschaften mit besonderem Argwohn betrachtet worden sind. Abschließend wurden am Beispiel gesellschaftlicher Utopien bzw. ›Dystopien‹ (wie bspw. Skinners »Walden Two« oder Huxleys »Brave New World«) die Konsequenzen einer gesellschaftlichen Umsetzung nativistischer und environmentalistischer Extrempositionen illustriert und kritisch hinterfragt.

Aktuelle Positionen im Anlage-Umwelt-Diskurs

Neben traditionellen Sichtweisen, die im Kontext der Rekonstruktion des historischen Hintergrundes des Anlage-Umwelt-Diskurses aufgearbeitet worden sind (wie bspw. die Kulturanthropologie, die behavioristischen Lerntheorien oder die Ethologie) konkurrieren im aktuellen Anlage-Umwelt-Diskurs vor allem drei Positionen miteinander, die sich durch den expliziten Einbezug biologischen Wissens auszeichnen: Die Verhaltensgenetik wurde ursprünglich von Francis Galton begründet und manifestiert sich in der Psychologie als Zwillingsforschung. Über die Zwillings- und Adoptionsmethode sowie den Vergleich von Merkmalsausprägungen bei Personen mit unterschiedlichen Verwandtschaftsgraden wird in der Verhaltensgenetik versucht, mithilfe von Modellrechnungen die Anteile von Anlage und Umwelt zu bestimmen, die sich für die Unterschiedlichkeit menschlicher Verhaltensmerkmale verantwortlich zeichnen. Dabei liegt der Verhaltensgenetik ein additives Wechselwirkungsverständnis von Anlage und Umwelt zugrunde, das sich in Form der Heritabilität (Erblichkeit) auf Unterschiede in Populationen – und nicht auf die Ontogenese einzelner Individuen – bezieht. Als jüngste Entwicklungen auf dem Gebiet der Verhaltensgenetik sind Versuche der Identifikation einzelner Gene, die im Zusammenhang mit der Manifestation phänotypischer Merkmale stehen, zu nennen, die jedoch aufgrund der multigenetischen Verursachung menschlicher Merkmale nur selten repliziert werden können und zumeist nur einen geringen Anteil an der Gesamtvarianz in einem Merkmal erklären können. Im Gegensatz zur Verhaltensgenetik stehen in der Soziobiologie, die als Weiterentwicklung der Ethologie verstanden werden kann und Mitte der 70er Jahre eine Blütezeit im öffentlichen Diskurs erfuhr, Gemeinsamkeiten tierlichen und menschlichen Verhaltens im Zentrum der Betrachtung. Menschliches Verhalten wird in der Regel als Anpassung von Genotypen an spezifische Umwelten vor dem Hintergrund einer (zumeist unbewussten) Maximierung genetischer Fitness interpretiert. Die Beschreibung und Erklärung von Verhaltensunterschieden und -strategien erfolgt entsprechend unter Nutzung eines der Ökonomie und Spieltheorie entlehnten Vokabulars. In ihrer extremsten – von Richard Dawkins vertretenen – Variante eines ›Genegoismus‹ reduzieren soziobiologische Theorieofferten den Menschen auf die Rolle eines Vehikels, das den Genen zu ihrer Verbreitung über Generationen hinweg dient. Gemäßigtere Varianten soziobiologischen Denkens bemühen zur Beschreibung des Verhältnisses von Organismus und Umwelt Modelle einer sog. ›genzentrierten Umweltselektivität‹, nach denen Gene in ihrer Gesamtheit die möglichen Reaktionen des Organismus auf seine Umwelt vorgeben, sodass die Umwelt in gewisser Weise als ›in den Genen bereits angelegt‹ verstanden wird. In den 90er Jahren wurden im Rahmen der Evolutionspsychologie humanethologische, soziobiologische und kognitionspsychologische Ansätze zu einem eigenständigen Paradigma vereint. Aus evolutionspsychologischer Sicht lassen sich eine Reihe von Verhaltensweisen, die noch vor einem Jahrhundert in der Psychologie als Instinkte betrachtet worden sind, als stammesgeschichtliche Anpassungen an eine steinzeitliche Umwelt des Frühmenschen erklären. Derartige Verhaltensmerkmale seien Ausprägungen einer universellen menschlichen Natur und auf neuropsychologischer Ebene in Form von Modulen im Gehirn organisiert. Sie würden zudem die Basis für Verhaltensunterschiede zwischen den Geschlechtern bilden, wie sich aus evolutionspsychologischer Sicht am Beispiel des Partnerwahlverhaltens demonstrieren lasse. Während in verhaltensgenetischen, soziobiologischen und evolutionspsychologischen Theorieofferten somit Anlagefaktoren ein gewisses Primat gegenüber Umweltfaktoren bei der Entwicklung menschlicher Verhaltensmerkmale eingeräumt wird, wird in Ansätzen, die in dieser Abhandlung unter der Sammelbezeichnung des ›Kritischen Interaktionismus‹ zusammengefasst werden und seit den 90er Jahren verstärkt im Diskurs vertreten worden sind, die zentrale Stellung des einzelnen Individuums bzw. Organismus sowie dessen ontogenetische Entwicklung betont. Aus kritisch-interaktionistischer Perspektive organisieren Lebewesen im Rahmen autopoietischer Prozesse ihre Ontogenese mit und sind an der Auswahl und Gestaltung ihrer Umwelt aktiv beteiligt. Die Anlage-Umwelt-Dichotomie selbst wird im Rahmen kritisch-interaktionistischer Ansätze als unsinnig und irreführend abgelehnt. Vereinfachende und verkürzende genetische Modellannahmen – wie insbesondere das Postulat der Existenz von Genen ›für‹ bestimmte Verhaltensmerkmale – werden mit Verweis auf die Fluidität und Wandelbarkeit des Genoms und vor dem Hintergrund neuester Erkenntnisse der Epigenetik zurückgewiesen. In einigen Ansätzen wird zudem – für vereinzelte Sonder- und Ausnahmefälle – erneut die Möglichkeit einer Vererbung erworbener Eigenschaften im Sinne Lamarcks erwogen.

Schlüsseldebatten des Anlage-Umwelt-Diskurses

Als sog. ›Schlüsseldebatten‹ wurden im Kontext dieser Abhandlung spezifische Perioden der Diskursstränge betrachtet, in denen die Anlage-Umwelt-Thematik in besonders heftiger Weise bezüglich einzelner Gegenstandsbereiche diskutiert worden ist. Diese Schlüsseldebatten wurden in der Regel durch singuläre diskursive Ereignisse ausgelöst, markieren innerhalb der Diskursstränge gleichsam die Schnittstellen zum übergreifenden Gesamtdiskurs über Anlage und Umwelt und haben insbesondere den internationalen Diskurs der letzten Jahrzehnte in besonderer Weise geprägt. Die historische Rekonstruktion dieser Schlüsseldebatten zeigt auf, welche Faktoren zur Genese und Eskalation bzw. Deeskalation derartiger wissenschaftlicher Dispute beigetragen haben. Aus methodischer Sicht wurde zur Aufarbeitung der Schlüsseldebatten ein Dreischritt eingesetzt, wobei zunächst der historische Kontext der jeweiligen Debatte rekonstruiert worden ist. Sodann wurden diskursive Strategien (teilweise unter Einbezug diskursiver Ebenen und einer Analyse des Einflusses der Medien) thematisiert. Abschließend wurde die Rezeption der Debatte sowie einzelner Diskursbeiträge kritisch betrachtet. Anhand der Schlüsseldebatte zur Erblichkeit der Intelligenz wurde in diesem Zusammenhang der Verlauf des Intelligenz-/Begabungs-Diskursstrangs rekonstruiert, der aufgrund der nativistischen Thesen von Arthur Jensen und Richard Herrnstein in den 70er Jahren zu einem vehementen Streit im wissenschaftlichen sowie öffentlichen Diskurs geführt hatte. Die Kontroverse erlebte Mitte der 90er Jahre im Rahmen der durch Richard Herrnstein und Charles Murray angestoßenen ›Bell-Curve-Debatte‹ eine Neuauflage. Zudem wurde in einem eigenen Kapitel die Debatte um die vermeintliche Datenfälschung durch Cyril Burt thematisiert. Burt hatte in den 50er und 60er Jahren in mehreren Aufsätzen eine hohe Erblichkeit der Intelligenz anhand hoher Korrelationen der Intelligenztestwerte eineiiger, getrennt aufgewachsener Zwillinge postuliert. Kurz nach Burts Tod waren diese Zwillingsdaten in den 70er Jahren in die Kritik geraten, weil Burts Korrelationen über Jahrzehnte hinweg unverändert geblieben waren, obwohl die Stichprobengrößen seiner Untersuchungen mit den Jahren angewachsen waren. Innerhalb des Diskursstrangs zur Geschlechterdebatte wurde als eine von zwei exemplarisch betrachteten Schlüsseldebatten die vermeintliche Widerlegung der Thesen von Margaret Mead durch Derek Freeman seit den 80er Jahren beleuchtet. Mead hatte in den 20er Jahren eine Forschungsreise nach Samoa unternommen und behauptet, weibliche Adoleszenz sei auf Samoa ein im Vergleich zur Sturm-und-Drang-Phase amerikanischer Jugendlicher ungleich entspannterer Lebensabschnitt, sodass selbst biologische Umbruchzeiten (wie die Pubertät) in ihrem Verlauf in entscheidender Weise kulturell durch Umwelteinflüsse geprägt seien. Freeman unterstellte Mead zahlreiche methodische Fehler, Unzulänglichkeiten und eine ideologische Voreingenommenheit. Aus Freemans Sicht sei Mead zudem von ihren damaligen Informantinnen angeschwindelt worden. Als zweite Schlüsseldebatte aus dem Diskursstrang der Geschlechterdebatte wurde abschließend das tragische Fallbeispiel eines als Mädchen aufgezogenen Jungen eingehender betrachtet: David Reimer, ein eineiiger Zwilling, wurde kurz nach seiner Geburt infolge einer missglückten Beschneidung zunächst als Mädchen aufgezogen, entschied sich aber im Teen-ageralter dazu, wieder als Junge zu leben. Ende der 90er Jahre wurde das Scheitern dieses ›Experiments‹ enthüllt, das seit den 70er Jahren von John Money als Beleg für dessen These von der Geschlechtsneutralität bei Geburt angeführt und in der Geschlechterdebatte von feministischer Seite positiv rezipiert worden war. Der Reimer-Fall wird seither von nativistischer Seite als Indiz für eine pränatale Vorprägung des Gehirns nach geschlechtsspezifischen Mustern gewertet. Anhand dieser Schlüsseldebatten wurden spezifische diskursive Strategien herausgearbeitet, die von den Protagonistinnen und Protagonisten zur Legitimation ihrer eigenen und Diskreditierung gegnerischer Positionen genutzt worden sind (wie bspw. posthume Attacken, Ad-hominem-Argumente, Strohmann-Argumente). Auf der Grundlage der Ergebnisse der Rekonstruktion der Schlüsseldebatten erscheint eine zukünftige Klärung der Streitfrage nach dem Einfluss von Anlage und Umwelt in der menschlichen Entwicklung unwahrscheinlich, zumal Diskurspositionen oftmals untrennbar mit dem Einsatz diskursiver Strategien verknüpft sind und mitunter dieselben empirischen Belege von Vertreterinnen und Vertretern verschiedener Diskurspositionen in völlig unterschiedlicher Weise interpretiert worden sind. Eine Analyse der Rezeption der Schlüsseldebatten anhand eigener Auswertungen des SSCI zeigt zudem, dass die im Kontext dieser Abhandlung identifizierten diskursiven Ereignisse im internationalen Diskurs umfassend debattiert worden sind und den Diskursverlauf in entscheidender Weise mitgeprägt haben. Von erziehungswissenschaftlicher Seite sind hingegen – mit Ausnahme der Jensen-Debatte, die auch in der deutschen Erziehungswissenschaft zeitnah und ausgiebig rezipiert worden ist – erhebliche Rezeptionsdefizite zu verzeichnen.

Erziehungswissenschaftliche Relevanz aktueller Diskurspositionen

Abschließend wurde im fünften Teil dieser Dissertation nach der Bedeutung des Anlage-Umwelt-Diskurses für die erziehungswissenschaftliche Theoriebildung gefragt. Diese Problematik wurde insbesondere in Hinblick auf die erziehungswissenschaftliche Relevanz der drei aktuellen Diskurspositionen erörtert. Von verhaltensgenetischer Seite wurde in den letzten Jahren bezüglich des Merkmals Intelligenz und verschiedener Persönlichkeitsdimensionen zunehmend auf den geringen Varianzanteil der geteilten Umwelt und den demgegenüber ungleich höheren Wert für die nicht-geteilte Umwelt verwiesen. Im Rahmen der populärwissenschaftlichen Rezeption wurden diese Ergebnisse verhaltensgenetischer Forschung als Abwertung des Erziehungseinflusses gedeutet. Judith Rich Harris vertrat mit ihrer Gruppensozialisationstheorie sogar die These, dass weniger die Eltern, sondern vor allem die Peergroup die Persönlichkeitsentwicklung von Kindern prägen würde. Zudem stellte sie den wissenschaftlichen Wert einer Sozialisationsforschung infrage, in der Gene keinerlei Rolle in der Theoriebildung spielen. Die eigenen Analysen der Rezeption der Harris-Debatte zeigen, dass vonseiten der deutschen Erziehungswissenschaft bis heute kaum auf diese Provokationen reagiert worden ist, obgleich es sich hier um einen verhaltensgenetischen Übergriff auf ureigenes pädagogisches Terrain handelt. Werden derartige Ergebnisse verhaltensgenetischer Forschung erziehungswissenschaftlich rezipiert, so erfolgt dies zumeist in unkritischer Weise oder mittels ihrer Instrumentalisierung zur Demonstration interdisziplinärer Aufgeschlossenheit ohne weitere Konsequenzen für die disziplininterne Theoriebildung. Bezüglich der erziehungswissenschaftlichen Relevanz der Soziobiologie und Evolutionspsychologie wurde argumentiert, dass sich deren implizites Menschenbild aufgrund der zentralen Stellung des Fitnesskonzepts in diesen Paradigmen als wenig anschlussfähig für die erziehungswissenschaftliche Theoriebildung erweist. In diesem Kontext wäre künftig zu klären, inwieweit eine Rezeption evolutionstheoretischen Wissens in Form einer evolutionspsychologischen Zuspitzung erfolgen muss, oder ob demgegenüber die Rezeption einer Allgemeinen Evolutionstheorie aussichtsreichere Anknüpfungspunkte bieten würde. Vielversprechende Berührungspunkte bieten aufgrund ihrer Nähe zum Konstruktivismus und ihrer kritischen Beleuchtung biologischen Wissens vor allem Ansätze eines Kritischen Interaktionismus für die erziehungswissenschaftliche Theoriebildung. Aktuelle Erkenntnisse aus dem Bereich der Epigenetik (bspw. zur Vererbung intrauteriner Erfahrungen) verweisen aber zugleich auf eine neue Verantwortlichkeit des Individuums für sein eigenes Leben und dasjenige seiner potenziellen Nachkommen. Epigenetische Erkenntnisse zeichnen sich damit als erziehungswissenschaftlich relevant aus und sollten im Rahmen erziehungswissenschaftlicher Theoriebildung und Forschung berücksichtigt werden – zumal die Epigenetik als eines der aktuellsten und zukunftsweisendsten Forschungsgebiete im Bereich der Genetik gelten kann. Insgesamt betrachtet liefern die Berücksichtigung des Anlage-Umwelt-Diskurses im Allgemeinen sowie der Einbezug aktueller Diskurspositionen im Besonderen für die Erziehungswissenschaft Strukturierungshilfen zur interdisziplinären Verortung eigener Theorieansätze sowie Chancen für eine innerdisziplinäre Erneuerung der eigenen anthropologischen Grundannahmen. Zugleich gewährleisten sie die Anschlussfähigkeit der deutschen Erziehungswissenschaft an den interdisziplinären und internationalen Diskurs. Mit der bisherigen Enthaltung vieler Erziehungswissenschaftlerinnen und Erziehungswissenschaftler vom Anlage-Umwelt-Diskurs werden hingegen Chancen zur diskursiven Beteiligung, zur Förderung interdisziplinärer Zusammenarbeit und zum gegenseitigen Wissenstransfer vergeben.

Literaturverzeichnis

ADICK, CHRISTEL (HRSG.): Evolution, Erziehung, Schule. Beiträge aus Anthropologie, Entwicklungspsychologie, Humanethologie und Pädagogik, Erlangen: Universitäts-Bibliothek 1992

AGAR, WILFRED EADE ET AL.: Fourth (final) report on a test of McDougall's Lamarckian experiment on the training of rats. In: The Journal of Experimental Biology, Vol. 31, No. 3/1954, pp. 307–321

ALBEE, GEORGE W.: The politics of nature and nurture. In: American Journal of Community Psychology, Vol. 10, No. 1/1982, pp. 4–36

ALBRECHT, HARRO: Großvaters Erblast. Können erworbene Eigenschaften vererbt werden? Unsinn, sagen die Darwinisten. Aber die Wirklichkeit ist komplizierter als das Dogma. In: Die Zeit, 57. Jg., Ausgabe 37, 04.09.2003, S. 37

ALCOCK, JOHN: Das Verhalten der Tiere aus evolutionsbiologischer Sicht, Stuttgart; Jena; New York: Fischer 1996

ALLMAN, WILLIAM F.: The stone age present. How evolution has shaped modern life – From sex, violence, and language to emotions, morals, and communities, New York: Simon & Schuster 1994

ALLMAN, WILLIAM F.: Mammutjäger in der Metro. Wie das Erbe der Evolution unser Denken und Verhalten prägt, Heidelberg; Berlin; Oxford: Spektrum, Akademischer Verlag 1996

ALLPORT, GORDON W.: Persönlichkeit. Struktur, Entwicklung und Erfassung der menschlichen Eigenart, Stuttgart: Klett 1949

AMELANG, MANFRED/BARTUSSEK, DIETER: Differentielle Psychologie und Persönlichkeitsforschung, 4. Aufl., Stuttgart: Kohlhammer 1997

AMELN, FALKO VON: Konstruktivismus. Die Grundlagen systemischer Therapie, Beratung und Bildungsarbeit, Tübingen: Francke 2004

ANASTASI, ANNE: Differential psychology. Individual and group differences in behavior, New York: The Macmillan company 1937

ANASTASI, ANNE: Nature-nurture controversy. Nicholas Pastore. New York: King's Crown Press, Columbia Univ., 1949 (Book Review). In: Science, Vol. 111, No. 2872 (Jan. 13)/1950, pp. 45–46

ANASTASI, ANNE: Heredity, environment, and the question »how?«. In: Psychological Review, Vol. 65, No. 4/1958, pp. 197–208

ANASTASI, ANNE: Individual differences, New York et al.: Wiley 1965

ANASTASI, ANNE: Vererbung, Umwelt und die Frage: »Wie?«. In: SKOWRONEK, HELMUT (HRSG.): Umwelt und Begabung, Stuttgart: Ernst Klett Verlag 1973, S. 9–26

ANASTASI, ANNE: Differentielle Psychologie. Unterschiede im Verhalten von Individuen und Gruppen, Weinheim; Basel: Beltz 1976

ANGOFF, WILLIAM H.: The nature-nurture debate, aptitudes, and group differences. In: American Psychologist, Vol. 43, No. 9/1988, pp. 713–720

APPELL, GEORGE N./MADAN, TRILOKI NATH: Derek Freeman: Notes toward an intellectual biography. In: APPELL, GEORGE N./MADAN, TRILOKI NATH (EDS.): Choice and morality in anthropological perspective. Essays in honor of Derek Freeman, Albany: State University of New York Press 1988, pp. 3–25

ARIEW, ANDRÉ/LEWONTIN, RICHARD CHARLES: The confusions of fitness. In: The British Journal for the Philosophy of Science, Vol. 55, No. 2/2004, pp. 347–363

ARONSON, LESTER R.: The case of The case of the midwife toad. In: Behavior Genetics, Vol. 5, No. 2/1975, pp. 115–125

ASENDORPF, JENS B.: Entwicklungsgenetik der Persönlichkeit. In: SCHNEEWIND, KLAUS A. (HRSG.): Psychologie der Erziehung und Sozialisation (Enzyklopädie der Psychologie, Bd. D.I.1), Göttingen: Hogrefe 1994, S. 107–134

ASENDORPF, JENS B.: Entwicklungsgenetik. In: KELLER, HEIDI (HRSG.): Lehrbuch Entwicklungspsychologie, Bern u. a.: Verlag Hans Huber 1998, S. 97–118

ASENDORPF, JENS B.: Biologische Grundlagen der Entwicklung. In: OERTER, ROLF/MONTADA, LEO (HRSG.): Entwicklungspsychologie, 5. Aufl., Weinheim; Basel; Berlin: Beltz; Psychologie Verlags Union 2002, S. 54–71

ASENDORPF, JENS B.: Genom-Umwelt-Wechselwirkungen in der Persönlichkeitsentwicklung. In: GEULEN, DIETER (HRSG.): Sozialisationstheorie interdisziplinär. Aktuelle Perspektiven, Stuttgart: Lucius & Lucius 2004a, S. 35–53

ASENDORPF, JENS B.: Psychologie der Persönlichkeit, 3. Aufl., Berlin; Heidelberg; New York: Springer 2004b

ASENDORPF, JENS B.: Umwelteinflüsse auf die Entwicklung aus entwicklungsgenetischer Sicht. In: Zeitschrift für Soziologie der Erziehung und Sozialisation, 25. Jg., H. 2/2005, S. 118–132

ASENDORPF, JENS B.: Genetische Grundlagen der Sozialisation. In: HURRELMANN, KLAUS/GRUNDMANN, MATTHIAS/WALPER, SABINE (HRSG.): Handbuch Sozialisationsforschung, 7. Aufl., Weinheim: Beltz 2008a, S. 70–81

ASENDORPF, JENS B.: Verhaltensentwicklungsgenetik. In: NEYER, FRANZ J./SPINATH, FRANK M. (HRSG.): Anlage und Umwelt. Neue Perspektiven der Verhaltensgenetik und Evolutionspsychologie, Stuttgart: Lucius & Lucius 2008b, S. 61–84

AXELROD, ROBERT: Die Evolution der Kooperation, 5. Aufl., München: Oldenbourg Wissenschaftsverlag 2000

AXELROD, ROBERT/HAMILTON, WILLIAM DONALD: The evolution of cooperation. In: Science, Vol. 211, No. 4489 (March 27)/1981, pp. 1390–1396

BAILEY, JOHN MICHAEL/PILLARD, RICHARD COLESTOCK: A genetic study of male sexual orientation. In: Archives of General Psychiatry, Vol. 48, No. 12/1991, pp. 1089–1096

BAILEY, ROBERT C.: Hereditarian scientific fallacies. In: Genetica, Vol. 99, No. 2–3/1997, pp. 125–133

BALDWIN, JAMES MARK: Mental development in the child and the race. Methods and processes, New York; London: MacMillan 1895

BALDWIN, JAMES MARK: A new factor in evolution. In: The American Naturalist, Vol. 30, No. 354/1896a, pp. 441–451

BALDWIN, JAMES MARK: A new factor in evolution (continued). In: The American Naturalist, Vol. 30, No. 355/1896b, pp. 536–553

BALTER, MICHAEL: Was Lamarck just a little bit right? In: Science, Vol. 288, No. 5463 (April 7)/2000, p. 38

BAMSHAD, MICHAEL J./OLSON, STEVE E.: Menschenrassen – eine Fiktion? In: Spektrum der Wissenschaft, 28. Jg., H. 5/2005, S. 90–97

BANDURA, ALBERT: Social learning through imitation. In: JONES, MARSHALL R. (ED.): Nebraska symposium on motivation. Vol. X, Lincoln: University of Nebraska Press 1962, pp. 211–269

BARASH, DAVID P.: Das Flüstern in uns. Menschliches Verhalten im Lichte der Soziologie, Frankfurt am Main: S. Fischer 1981 (Erstveröffentlichung 1979 (engl.))

BARBUJANI, GUIDO ET AL.: An apportionment of human DNA diversity. In: Proceedings of the National Academy of Sciences of the United States of America (PNAS), Vol. 94, No. 4/1997, pp. 4516–4519

BARKOW, JEROME H./COSMIDES, LEDA/TOOBY, JOHN (EDS.): The adapted mind. Evolutionary psychology and the generation of culture, New York; Oxford: Oxford University Press 1992

BARLOW, GEORGE WEBBER: Nature-nurture and the debates surrounding ethology and sociobiology. In: American Zoologist, Vol. 31, No. 2/1991, pp. 286–296

BARTENS, WERNER: Dem Leben auf der Spur. Biografie einer Entdeckung. 50 Jahre Entschlüsselung der DNS, Stuttgart; München: Deutsche Verlags-Anstalt 2003

BARTHOLOMEW, DAVID J.: Measuring intelligence. Facts and fallacies, Cambridge: Cambridge University Press 2004

BATESON, PATRICK: The Selfish Gene. By RICHARD DAWKINS. Oxford University Press (1976). Pp. 224. Price £2.95 (Book review). In: Animal Behaviour, Vol. 26, No. 1/1978, pp. 316–318

BATESON, PATRICK: Behavioral development and Darwinian evolution. In: OYAMA, SUSAN/GRIFFITHS, PAUL E./GRAY, RUSSELL D. (EDS.): Cycles of contingency. Developmental systems and evolution, Cambridge, MA; London: MIT Press 2001, pp. 149–166

BATESON, PATRICK: William Bateson: a biologist ahead of his time. In: Journal of Genetics, Vol. 81, No. 2/2002, pp. 49–58

BATESON, WILLIAM: Mendel's principles of heredity. A defence, Cambridge: University Press 1909

BAUER, JOACHIM: Das Gedächtnis des Körpers. Wie Beziehungen und Lebensstile unsere Gene steuern, Frankfurt am Main: Eichborn 2002a

BAUER, JOACHIM: Das kooperative Gen. Abschied vom Darwinismus, Hamburg: Hoffmann und Campe 2008

BAUER, ULLRICH: Selbst- und/oder Fremdsozialisation: Zur Theoriedebatte in der Sozialisationsforschung. Eine Entgegnung auf Jürgen Zinneker. In: Zeitschrift für Soziologie der Erziehung und Sozialisation, 22. Jg., H. 2/2002b, S. 118–142

BAUR, ERWIN/FISCHER, EUGEN/LENZ, FRITZ: Grundriß der menschlichen Erblichkeitslehre und Rassenhygiene. Band I: Menschliche Erblichkeitslehre, München: J. F. Lehmanns Verlag 1921a

BAUR, ERWIN/FISCHER, EUGEN/LENZ, FRITZ: Grundriß der menschlichen Erblichkeitslehre und Rassenhygiene. Band II: Menschliche Auslese und Rassenhygiene, München: J. F. Lehmanns Verlag 1921b

BECK, HALL P./LEVINSON, SHARMAN/IRONS, GARY: Finding Little Albert. A journey to John B. Watson's infant laboratory. In: American Psychologist, Vol. 64, No. 7/2009, pp. 605–614

BECKER, NICOLE: Die neurowissenschaftliche Herausforderung der Pädagogik, Bad Heilbrunn/Obb.: Klinkhardt 2006

BECKER, RUTH/KORTENDIEK, BEATE (HRSG.): Handbuch Frauen- und Geschlechterforschung. Theorie, Methoden, Empirie, 2. Aufl., Wiesbaden: VS Verlag für Sozialwissenschaften 2008

BELL, A. EARL: Heritability in retrospect. In: The Journal of Heredity, Vol. 68, No. 5/1977, pp. 297–300

BELOFF, HALLA (ED.): A balance sheet on Burt. Report of the guest lecture, (Bulletin of the British Psychological Society. Suppl., Vol. 33), Leicester 1980

BENESCH, HELLMUTH/KRECH, DAVID/CRUTCHFIELD, RICHARD S. (HRSG.): Grundlagen der Psychologie. Studienausgabe, Weinheim: Beltz 1992

BENZER, SEYMOUR: Behavioral mutants of Drosophila isolated by countercurrent distribution. In: Proceedings of the National Academy of Sciences of the United States of America (PNAS), Vol. 58, No. 3/1967, pp. 1112–1119

BEREITER, CARL: The future of individual differences. In: Harvard Educational Review, Vol. 39, No. 2/1969, pp. 310–318

BERGHE, PIERRE L. VAN DEN: Bridging the paradigms: Biology and the social sciences. In: GREGORY, MICHAEL S./SILVERS, ANITA/SUTCH, DIANE (EDS.): Sociobiology and human nature, San Francisco; Washington; London: Jossey-Bass 1978, pp. 33–52

BERK, LAURA E.: Entwicklungspsychologie, 3. Aufl., München: Pearson 2005

BERNARD, LUTHER LEE: Instinct: A study in social psychology, New York: Holt 1924

BERNER, HANS: Über-Blicke – Ein-Blicke. Pädagogische Strömungen durch vier Jahrzehnte, 2. Aufl., Bern; Stuttgart; Wien: Haupt 2002

BETZIG, LAURA L. (ED.): Human nature. A critical reader, New York; Oxford: Oxford University Press 1997

BEYER, ANDREAS: Was ist Wahrheit? Oder wie Kreationisten Fakten wahrnehmen und wiedergeben. In: KUTSCHERA, ULRICH (HRSG.): Kreationismus in Deutschland. Fakten und Analysen, Berlin: Lit 2007, S. 98–162

BINET, ALFRED/SIMON, THÉODORE: Application des méthodes nouvelles au diagnostic du niveau intellectuel chez des enfants normaux et anormaux d'hospice et d'école primaire. In: L'Année Psychologique, 11. Jg., 1904a, S. 245–336

BINET, ALFRED/SIMON, THÉODORE: Méthodes nouvelles pour le diagnostic du niveau intellectuel des anormaux. In: L'Année Psychologique, 11. Jg., 1904b, S. 191–244

BISCHOF, NORBERT: Psychologie. Ein Grundkurs für Anspruchsvolle, Stuttgart: Kohlhammer 2008

BISCHOF-KÖHLER, DORIS: Geschlechtstypische Besonderheiten im Konkurrenzverhalten: Evolutionäre Grundlagen und entwicklungspsychologische Fakten. In: KRELL, GERTRAUDE/OSTERLOH, MARGIT (HRSG.): Personalpolitik aus der Sicht von Frauen – Frauen aus der Sicht der Personalpolitik. Was kann die Personalforschung von der Frauenforschung lernen? München; Mering: Hampp 1992, S. 251–281

BISCHOF-KÖHLER, DORIS: Von Natur aus anders. Die Psychologie der Geschlechtsunterschiede, Stuttgart: Kohlhammer 2002

BIXLER, RAY H.: Nature versus Nurture. The timeless anachronism. In: Merrill-Palmer Quarterly, Vol. 26, No. 2/1980, pp. 153–159

BLACKMORE, SUSAN J.: The meme machine, Oxford; New York: Oxford University Press 1999

BLACKMORE, SUSAN J.: Die Macht der Meme oder Die Evolution von Kultur und Geist, Heidelberg; Berlin: Spektrum, Akademischer Verlag 2000

BLECH, JÖRG: Die neue Rassendebatte. In: Der Spiegel, 58. Jg., H. 17/2004, S. 186–188

BLECH, JÖRG: Gene sind kein Schicksal. Wie wir unsere Erbanlagen und unser Leben steuern können, Frankfurt am Main: Fischer 2010

BLECH-STRAUB, DANIELA: Duden. Große Namen, bedeutende Zitate. Von Albertus Magnus Tabula rasa bis N. P. Willis Die oberen Zehntausend. Herkunft, Bedeutung und aktueller Gebrauch, Mannheim: Dudenverlag 2004

BLINKHORN, STEPHEN F.: Burt and the early history of factor analysis. In: MACKINTOSH, NICHOLAS JOHN (ED.): Cyril Burt. Fraud or framed? Oxford et al.: Oxford University Press 1995, pp. 13–44

BLOCK, JEANNE H.: Issues, problems, and pitfalls in assessing sex differences. A critical review of ›The psychology of sex differences‹. In: Merrill-Palmer Quarterly, Vol. 22, No. 4/1976, pp. 283–308

BLOCK, NED J./DWORKIN, GERALD: IQ: heritability and inequality, Part 1. In: Philosophy and Public Affairs, Vol. 3, No. 4/1974a, pp. 331–409

BLOCK, NED J./DWORKIN, GERALD: IQ, heritability and inequality, Part 2. In: Philosophy and Public Affairs, Vol. 4, No. 1/1974b, pp. 40–99

BLOCK, NED J./DWORKIN, GERALD: Introduction. In: BLOCK, NED J./DWORKIN, GERALD (EDS.): The IQ controversy. Critical readings, New York: Pantheon Books 1976, pp. XI–XIII

BLUHM, AGNES: Rassenhygiene und ärztliche Geburtshilfe. In: THE EUGENICS EDUCATION SOCIETY (ED.): Problems in eugenics. Papers communicated to the First International Eugenics Congress held at the University of London, July 24th to 30th, 1912, London: Chas. Knight & Co. 1912, pp. 379–387

BLUMENTHAL, P. J.: Kaspar Hausers Geschwister. Auf der Suche nach dem wilden Menschen, München: Piper 2005

BOAS, FRANZ: Human faculty as determined by race. In: Proceedings of the American Association for the Advancement of Science, Vol. 43, 1894, pp. 301–327

BOAS, FRANZ: The mind of primitive man. A course of lectures delivered before the Lowell Inst., Boston, and the Nat. Univ. of Mexico, 1910–1911, New York: Macmillan and co. 1911

BOAS, FRANZ: Changes in the bodily form of descendants of immigrants, New York: Columbia University Press 1912

BOAS, FRANZ: Race and progress. In: Science, Vol. 74, No. 1905 (July 3)/1931, pp. 1–8

BOER, PIETER J. DEN: Natural selection or the non-survival of the non-fit. In: Acta Biotheoretica, Vol. 47, No. 2/1999, pp. 83–97

BOESCH, CHRISTOPHE: Evolution des Werkzeuggebrauchs und der Kooperation bei freilebenden Schimpansen. In: GEULEN, DIETER (HRSG.): Sozialisationstheorie interdisziplinär. Aktuelle Perspektiven, Stuttgart: Lucius & Lucius 2004, S. 25–34

BONDY, CURT (HRSG.): Hamburg-Wechsler-Intelligenztest für Erwachsene (HAWIE), Bern: Huber 1956

BORING, EDWIN GARRIGUES: Intelligence as the tests test it. In: The New Republic, Vol. 36, 06.06.1923, pp. 35–37

BORKENAU, PETER: Anlage und Umwelt. Eine Einführung in die Verhaltensgenetik, Göttingen: Hogrefe 1993

BOROFSKY, ROBERT: Yanomami. The fierce controversy and what we can learn from it. Berkeley; Los Angeles; London: University of California Press 2005

BORS, DOUGLAS A.: Is the nature-nurture debate on the verge of extinction? In: Canadian Psychology, Vol. 35, No. 3/1994, pp. 231–243

BOUCHARD, THOMAS J., JR.: IQ similarity in twins reared apart. Findings and responses to critics. In: STERNBERG, ROBERT JEFFREY/GRIGORENKO, ELENA L. (EDS.): Intelligence, heredity, and environment, Cambridge: Cambridge University Press 1997, pp. 126–160

BOUCHARD, THOMAS J., JR. ET AL.: Sources of human psychological differences: The Minnesota study of twins reared apart. In: Science, Vol. 250, No. 4978 (Oct. 12)/1990, pp. 223–228

BOUCHARD, THOMAS J., JR./MCGUE, MATTHEW: Familial studies of intelligence: a review. In: Science, Vol. 212, No. 4498 (May 29)/1981, pp. 1055–1059

BOWLBY, JOHN: The nature of the child's tie to his mother. In: The International Journal of Psychoanalysis, Vol. 39, 1958, pp. 350–373

BOWLBY, JOHN: Attachment and loss. Vol. I: Attachment, New York: Basic Books 1969

BOWLBY, JOHN: Attachment and loss. Vol. II: Separation, anxiety, and anger, New York: Basic Books 1973

BOWLER, PETER J.: The changing meaning of »evolution«. In: Journal of the History of Ideas, Vol. 36, No. 1/1975, pp. 95–114

BOWLER, PETER J.: The eclipse of Darwinism. Anti-Darwinian evolution theories in the decades around 1900, Baltimore: The Johns Hopkins University Press 1983

BOYER, PASCAL: Religion explained. The evolutionary origins of religious thought, New York: Basic Books 2001

BRACE, C. LORING: »Race« is a four-letter word. The genesis of the concept, New York; Oxford: Oxford University Press 2005

BRADLEY, SUSAN J. ET AL.: Experiment of nurture. Ablatio penis at 2 months, sex reassignment at 7 months, and a psychosexual follow-up in young adulthood. In: Pediatrics, Vol. 102, No. 1 (e9)/1998, pp. 1–5

BRASS, ARNOLD: Das Affen-Problem. Professor E. Haeckel's Darstellungs- und Kampfesweise sachlich dargelegt; nebst Bemerkungen über Atmungsorgane und Körperformen der Wirbeltier-Embryonen, Leipzig: Biologischer Verlag 1908

BRATCHELL, DENNIS FRANK: The impact of Darwinism. Texts and commentary illustrating nineteenth century religious scientific and literary attitudes, Aldershot: Gower 1986 (first published 1981)

BRAUND, JAMES/SUTTON, DOUGLAS G.: The case of Heinrich Wilhelm Poll (1877–1939): a German-Jewish geneticist, eugenicist, twin researcher, and victim of the Nazis. In: Journal of the History of Biology, Vol. 41, No. 1/2008, pp. 1–35

BRAZZIEL, WILLIAM F.: A letter from the south. In: Harvard Educational Review, Vol. 39, No. 2/1969, pp. 348–356

BRELAND, KELLER/BRELAND, MARION: The misbehavior of organisms. In: American Psychologist, Vol. 16, No. 11/1961, pp. 681–685

BRENTANO, FRANZ: Über Aristoteles. Nachgelassene Aufsätze, Hamburg: Meiner 1986

BROAD, WILLIAM/WADE, NICHOLAS: Betrayers of the truth. Fraud and deceit in the halls of science, New York: Simon & Schuster 1982

BRONFENBRENNER, URIE: The ecology of human development. Experiments by nature and design, Cambridge, MA; London: Harvard University Press 1979

BRONFENBRENNER, URIE: Die Ökologie der menschlichen Entwicklung. Natürliche und geplante Experimente, Stuttgart: Klett-Cotta 1981

BROWN, DONALD E.: Human universals, New York et al.: McGraw-Hill 1991

BUBLITZ, HANNELORE U. A. (HRSG.): Das Wuchern der Diskurse. Perspektiven der Diskursanalyse Foucaults, Frankfurt am Main u. a.: Campus Verlag 1999

BULLER, DAVID J.: Adapting minds. Evolutionary psychology and the persistent quest for human nature, Cambridge, MA: MIT Press 2006

BULLER, DAVID J.: Four fallacies of pop evolutionary psychology. In: Scientific American, Vol. 300, No. 1/2008, pp. 60–67

BULLER, DAVID J.: Vier Trugschlüsse der Populären Evolutionspsychologie. In: Spektrum der Wissenschaft Spezial, H. 1/2009, S. 58–65

BURBRIDGE, DAVID: Francis Galton on twins, heredity and social class. In: The British Journal for the History of Science, Vol. 43, No. 3/2001, pp. 323–340

BURNHAM, TERRY/PHELAN, JAY: Mean genes. From sex to money to food – taming our primal instincts, London: Simon & Schuster 2001

BURNHAM, TERRY/PHELAN, JAY: Unsere Gene. Eine Gebrauchsanleitung für ein besseres Leben, Berlin: Argon 2002

BURR, CHANDLER: Du bist, was du bist. Die genetische Basis der sexuellen Orientierung, München: Blessing 1997

BURT, CYRIL LODOWIC: Experimental tests of general intelligence. In: British Journal of Psychology, Vol. 3, 1909, pp. 94–177

BURT, CYRIL LODOWIC: The subnormal mind, 2nd ed., London: Oxford University Press 1936

BURT, CYRIL LODOWIC: Ability and income. In: British Journal of Educational Psychology, Vol. 13, No. 2/1943, pp. 83–98

BURT, CYRIL LODOWIC: The evidence for the concept of intelligence. In: British Journal of Educational Psychology, Vol. 25, No. 1/1955, pp. 158–177

BURT, CYRIL LODOWIC: The inheritance of mental ability. In: American Psychologist, Vol. 13, No. 1/1958, pp. 1–15

BURT, CYRIL LODOWIC: The genetic determination of differences in intelligence. A study of monozygotic twins reared together or apart. In: British Journal of Psychology, Vol. 57, No. 1–2/1966, pp. 137–153

BUSELMAIER, WERNER/TARIVERDIAN, GHOLAMALI: Humangenetik für Biologen, Berlin; Heidelberg; New York: Springer 2006

BUSS, DAVID M.: Sex differences in human mate preferences: Evolutionary hypotheses tested in 37 cultures. In: Behavioral and Brain Sciences, Vol. 12, No. 1/1989, pp. 1–49

BUSS, DAVID M.: The evolution of desire. Strategies of human mating, New York: BasicBooks 1994

BUSS, DAVID M.: Evolutionary psychology. The new science of the mind, Boston, MA: Allyn and Bacon 1999

BUSS, DAVID M.: Evolutionäre Psychologie, 2. Aufl., München: Pearson Studium 2004

BUSS, DAVID M.: Introduction: The emergence of evolutionary psychology. In: BUSS, DAVID M. (ED.): The handbook of evolutionary psychology, Hoboken, NJ: Wiley 2005a, pp. XXIII–XXV

BUSS, DAVID M. (ED.): The handbook of evolutionary psychology, Hoboken, NJ: Wiley 2005b

BUSS, DAVID M. ET AL.: Interactionism, flexibility, and inferences about the past. In: American Psychologist, Vol. 54, No. 6/1999, pp. 443–445

BUTLER, BRIAN E./PETRULIS, JENNIFER: Some further observations concerning Sir Cyril Burt. In: British Journal of Psychology, Vol. 90, No. 1/1999, pp. 155–160

BUTLER, JUDITH: Undoing gender, New York; London: Routledge 2004

BUTLER, JUDITH: Die Macht der Geschlechternormen und die Grenzen des Menschlichen, Frankfurt am Main: Suhrkamp 2009

BUTLER, SAMUEL: Life and habit, New York: Cosimo 2005 (first published 1879)

BYGREN, LARS OLOV/KAATI, GUNNAR/EDVINSSON, SÖREN: Longevity determined by paternal ancestors' nutrition during their slow growth period. In: Acta Biotheoretica, Vol. 49, No. 1/2001, pp. 53–59

CAIRNS, JOHN/OVERBAUGH, JULIE/MILLER, STEPHAN: The origin of mutants. In: Nature, Vol. 335, No. 6186 (Sep. 8)/1988, pp. 142–145

CAMPT, TINA/GROSSE, PASCAL: »Mischlingskinder« in Nachkriegsdeutschland: Zum Verhältnis von Psychologie, Anthropologie und Gesellschaftspolitik nach 1945. In: Psychologie und Geschichte, 6. Jg., H. 1–2/1994, S. 48–78

CANDOLLE, ALPHONSE LOUIS PIERRE PYRAME DE: Histoire des sciences et des savants depuis deux siècles. Suivie d'autres études sur des sujets scientifiques en particulier sur la sélection dans l'espèce humaine, Genève; Bale; Lyon: Georg 1873

CANNON, HERBERT GRAHAM: Lamarck and modern genetics, Manchester (UK): Manchester University Press 1959

CAREY, GREGORY: Human genetics for the social sciences, Thousand Oaks: Sage Publications 2003

CARLSON, ELOF AXEL: Hermann Joseph Muller 1890–1967. In: Biographical Memoirs of the National Academy of Sciences of the United States of America, Vol. 90, 2009, pp. 3–32

CARMICHAEL, LEONARD: Heredity and environment: Are they antithetical? In: The Journal of Abnormal and Social Psychology, Vol. 20, No. 3/1925, pp. 245–260

CARMICHAEL, LEONARD: The experimental embryology of mind. In: Psychological Bulletin, Vol. 38, No. 1/1941, pp. 1–28

CARROLL, JOHN B.: Reflections on Stephen Jay Gould's The mismeasure of man (1981). A retrospective review. In: Intelligence, Vol. 21, No. 2/1995, pp. 121–134

CARROLL, SEAN B.: Die Darwin-DNA. Wie die neueste Forschung die Evolutionstheorie bestätigt, Frankfurt am Main: Fischer 2008

CASALE, RITA/RENDTORFF, BARBARA (HRSG.): Was kommt nach der Genderforschung? Zur Zukunft der feministischen Theoriebildung, Bielefeld: Transcript-Verlag 2008

CASPI, AVSHALOM ET AL.: Role of genotype in the cycle of violence in maltreated children. In: Science, Vol. 297, No. 5582 (Aug. 2)/2002, pp. 851–854

CASPI, AVSHALOM ET AL.: Role of genotype in the cycle of violence in maltreated children. In: Zeitschrift für Soziologie der Erziehung und Sozialisation, Vol. 25, No. 2/2005, pp. 133–145

CATON, HIRAM: The Samoa reader. Anthropologists take stock, Lanham, MD: University Press of America 1990

CATON, HIRAM: The Mead/Freeman controversy is over. A retrospect. In: Journal of Youth and Adolescence, Vol. 29, No. 5/2000, pp. 587–605

CATTELL, JAMES MCKEEN/GALTON, FRANCIS: Mental tests and measurements. In: Mind, Vol. 15, No. 59/1890, pp. 373–381

CATTELL, RAYMOND BERNARD: Personality and motivation structure and measurement, Yonkers-on-Hudson, NY: World Book 1957

CAUDILL, EDWARD: Darwinian myths. The legends and misuses of a theory, Knoxville: University of Tennessee Press 1997

CAVALLI-SFORZA, LUCA/CAVALLI-SFORZA, FRANCESCO: Verschieden und doch gleich. Ein Genetiker entzieht dem Rassismus die Grundlage, München: Droemer Knaur 1996

CAVALLI-SFORZA, LUIGI LUCA: Gene, Völker und Sprachen. Die biologischen Grundlagen unserer Zivilisation, München; Wien: Carl Hanser Verlag 1999

CECI, STEPHEN J./WILLIAMS, WENDY MELISSA (EDS.): The nature-nurture debate. The essential readings, Oxford: Blackwell 1999

CELLI, GIORGIO: Konrad Lorenz. Begründer der Ethologie. In: Spektrum der Wissenschaft: Biografie, H. 1/2001, S. 1–106

CHAGNON, NAPOLEON A.: Life histories, blood revenge, and warfare in a tribal population. In: Science, Vol. 239, No. 4843 (Feb 26)/1988, pp. 985–992

CHAMBERLAIN, HOUSTON STEWART: Die Grundlagen des neunzehnten Jahrhunderts, München: Bruckmann 1899

CHARLESWORTH, WILLIAM R.: Darwin and developmental psychology: Past and present. In: Developmental Psychology, Vol. 28, No. 1/1992, pp. 5–16

CHAS, LINDSEY: SAT 100 success secrets. 100 most asked questions – The missing SAT test and preparation information guide, Brisbane: Emereo 2008

CHASIOTIS, ATHANASIOS: Natürliche Selektion und Individualentwicklung. In: KELLER, HEIDI (HRSG.): Lehrbuch Entwicklungspsychologie, Bern u. a.: Verlag Hans Huber 1998, S. 171–206

CHASIOTIS, ATHANASIOS: Kindheit und Lebenslauf. Untersuchungen zur evolutionären Psychologie der Lebensspanne, Bern: Huber 1999

CHASIOTIS, ATHANASIOS: Developmental psychology without dualistic illusions. Why we need evolutionary biology to understand developmental psychology. In: FREY, ULRICH J./STÖRMER, CHARLOTTE/WILLFÜHR, KAI P. (EDS.): Homo novus – A human without illusions, Heidelberg et al.: Springer 2010, pp. 147–160

CHASIOTIS, ATHANASIOS/VOLAND, ECKART: Geschlechtliche Selektion und Individualentwicklung. In: KELLER, HEIDI (HRSG.): Lehrbuch Entwicklungspsychologie, Bern u. a.: Verlag Hans Huber 1998, S. 563–595

CHOMSKY, NOAM: Syntactic structures, The Hague: Mouton 1957

CHOMSKY, NOAM: Aspects of the theory of syntax, Cambridge, MA: MIT Press 1965

CHOMSKY, NOAM: Comments on Herrnstein's response. In: BLOCK, NED J./DWORKIN, GERALD (EDS.): The IQ controversy. Critical readings, New York: Pantheon Books 1976a, pp. 310–324

CHOMSKY, NOAM: The fallacy of Richard Herrnstein's IQ. In: BLOCK, NED J./DWORKIN, GERALD (EDS.): The IQ controversy. Critical readings, New York: Pantheon Books 1976b, pp. 285–298

CLAMP, MICHELE ET AL.: Distinguishing protein-coding and noncoding genes in the human genome. In: Proceedings of the National Academy of Sciences of the United States of America (PNAS), Vol. 104, No. 49/2007, pp. 19428–19433

CLAUSEN, JENS/KECK, DAVID D./HIESEY, WILLIAM M.: Experimental studies on the nature of species. Vol. III: Environmental responses of climatic races of Achillea, Washington, D. C.: Carnegie Institution of Washington 1948

COLAPINTO, JOHN: The true story of John/Joan. In: Rolling Stone, 11.12.1997, pp. 54–97

COLAPINTO, JOHN: As nature made him. The boy who was raised as a girl, New York: Harper Collins 2000

COLAPINTO, JOHN: Der Junge, der als Mädchen aufwuchs, München: Goldmann Verlag 2002

COLAPINTO, JOHN: Gender gap. What were the real reasons behind David Reimer's suicide? In: Slate. Online verfügbar unter http://www.slate.com/id/2101678/, zuletzt aktualisiert am 03.06.2004, zuletzt geprüft am 21.08.2010, 2004

COLEMAN, JAMES SAMUEL ET AL.: Equality of educational opportunity, Washington, D. C.: U.S. Dept. of Health Education and Welfare Office of Education 1966

COLLINS, W. ANDREW ET AL.: Contemporary research on parenting. The case for nature and nurture. In: American Psychologist, Vol. 55, No. 2/2000, pp. 218–232

COLMAN, ANDREW M.: Facts, fallacies and frauds in psychology, London et al.: Hutchinson 1987

CONKLIN, EDWIN GRANT: Heredity and environment in the development of men, Princeton: Princeton University Press 1915

CONLEY, DALTON: The pecking order. A bold new look at how family and society determine who we become, New York: Vintage Books 2005 (first published 2004)

CONLEY, JAMES J.: Not Galton, but Shakespeare: A note on the origin of the term »nature and nurture«. In: Journal of the History of the Behavioral Sciences, Vol. 20, No. 2/1984, pp. 184–185

CONWAY, J.: The inheritance of intelligence and its social implications. In: British Journal of Statistical Psychology, Vol. 11, No. 2/1958, pp. 171–190

COOK, GEORGE M.: Neo-Lamarckian experimentalism in America: Origins and consequences. In: The Quarterly Review of Biology, Vol. 74, No. 4/1999, pp. 417–437

COOKE, KATHY J.: The limits of heredity: Nature and nurture in American eugenics before 1915. In: Journal of the History of Biology, Vol. 31, No. 2/1998, pp. 263–278

COOPER, RODERICK MELVIN/ZUBEK, JOHN PETER: Effects of enriched and restricted early environments on the learning ability of bright and dull rats. In: Canadian Journal of Psychology, Vol. 12, No. 3/1958, pp. 159–164

CORWIN, THOMAS MICHAEL/WACHOWIAK, DALE G.: The universe. From chaos to consciousness, San Diego et al.: Harcourt Brace Jovanovich 1989

COSMIDES, LEDA/TOOBY, JOHN: Cognitive adaptations for social exchange. In: BARKOW, JEROME H./COSMIDES, LEDA/ TOOBY, JOHN (EDS.): The adapted mind. Evolutionary psychology and the generation of culture, New York; Oxford: Oxford University Press 1992, pp. 163–228

COSMIDES, LEDA/TOOBY, JOHN: Beyond intuition and instinct blindness: toward an evolutionarily rigorous cognitive science. In: Cognition, Vol. 50, No. 1–3/1994, pp. 41–77

COSMIDES, LEDA/TOOBY, JOHN: Evolutionary psychology. A primer. Online verfügbar unter http://www.psych.ucsb. edu/research/cep/primer.html, zuletzt aktualisiert am 13.01.1997, zuletzt geprüft am 30.01.2010, Santa Barbara: University of California 1997

CÔTÉ, JAMES E.: Was Mead wrong about coming of age in Samoa? An analysis of the Mead/Freeman controversy for scholars of adolescence and human development. In: Journal of Youth and Adolescence, Vol. 21, No. 5/1992, pp. 499–527

CÔTÉ, JAMES E.: Adolescent storm and stress. An evaluation of the Mead-Freeman controversy, Hillsdale, NJ: Lawrence Erlbaum Associates 1994

CÔTÉ, JAMES E.: The implausibility of Freeman's hoaxing theory. An update. In: Journal of Youth and Adolescence, Vol. 29, No. 5/2000a, pp. 575–585

CÔTÉ, JAMES E.: The Mead-Freeman controversy in review. In: Journal of Youth and Adolescence, Vol. 29, No. 5/ 2000b, pp. 525–538

CÔTÉ, JAMES E.: Was ›Coming of Age in Samoa‹ based on a ›fateful hoaxing‹? A close look at Freeman's claim based on the Mead-Boas correspondence. (CA Forum on theory in anthropology. Sex and hoax in Samoa). In: Current Anthropology, Vol. 41, No. 4/2000c, pp. 617–620

COWAN, RUTH SCHWARTZ: Nature and nurture: The interplay of biology and politics in the work of Francis Galton. In: COLEMAN, WILLIAM/LIMOGES, CAMILLE (EDS.): Studies in History of Biology. Vol. I, Baltimore; London: The Johns Hopkins University Press 1977, pp. 133–208

CRAVENS, HAMILTON: The triumph of evolution. The heredity-environment controversy, 1900–1941, Baltimore, MD; London: The Johns Hopkins University Press 1988 (first published 1978)

CRAWFORD, CHARLES B./KREBS, DENNIS L. (EDS.): Handbook of evolutionary psychology. Ideas, issues, and applications, Mahwah, NJ: Erlbaum 1998

CREW, FRANCIS ALBERT ELEY ET AL.: Social biology and population improvement. In: Nature, Vol. 144, No. 3646 (Sep. 16)/1939, pp. 521–522

CRICK, FRANCIS HARRY COMPTON: On protein synthesis. In: The Symposia of the Society for Experimental Biology, Vol. 12, 1958, pp. 138–163

CRICK, FRANCIS HARRY COMPTON: Central dogma of molecular biology. In: Nature, Vol. 227, No. 5258 (Aug. 8)/ 1970, pp. 561–563

CRONBACH, LEE J.: Heredity, environment, and educational policy. In: Harvard Educational Review, Vol. 39, No. 2/ 1969, pp. 338–347

CRONBACH, LEE J.: Five decades of public controversy over mental testing. In: American Psychologist, Vol. 30, No. 1/ 1975, pp. 1–14

CROW, JAMES F.: Genetic theories and influences. Comments on the value of diversity. In: Harvard Educational Review, Vol. 39, No. 2/1969, pp. 301–309

CROW, JAMES F.: Hardy, Weinberg and language impediments. In: Genetics, Vol. 152, No. 3/1999, pp. 821–825

CUBE, FELIX VON/ALSHUTH, DIETGER: Fordern statt Verwöhnen. Die Erkenntnisse der Verhaltensbiologie in Erziehung und Führung, München: Piper 1986

CURRY, OLIVER: Who's afraid of the naturalistic fallacy? In: Evolutionary Psychology, Vol. 4, 2006, pp. 234–247

DALY, MARTIN/WILSON, MARGO: Sex, evolution, and behavior. Adaptations for reproduction, North Scituate, MA: Duxbury Press 1978

DALY, MARTIN/WILSON, MARGO: Child abuse and other risks of not living with both parents. In: Ethology and Sociobiology, Vol. 6, No. 4/1985, pp. 197–210

DALY, MARTIN/WILSON, MARGO: Homicide: Foundations of human behavior, New Brunswick, NJ: Transaction Publishers 1988

DAMER, T. EDWARD: Attacking faulty reasoning. A practical guide to fallacy-free arguments, 6th ed., Australia et al.; Belmont, CA: Wadsworth Cengage Learning 2009

DANIELS, MICHAEL/DEVLIN, BERNIE/ROEDER, KATHRYN: Of genes and IQ. In: DEVLIN, BERNIE ET AL. (EDS.): Intelligence, genes, and success. Scientists respond to the bell curve, New York: Springer (Copernicus) 1997, pp. 45–70

DARLINGTON, CYRIL DEAN: The facts of life, London: Allen & Unwin 1953

DARLINGTON, CYRIL DEAN: Die Gesetze des Lebens. Aberglaube, Irrtümer und Tatsachen über Vererbung, Rasse, Geschlecht und Entwicklung, 2. Aufl., Wiesbaden: Brockhaus 1959

DARWIN, CHARLES ROBERT: On the origin of species by means of natural selection, or the preservation of favoured races in the struggle for life, London: John Murray 1859

DARWIN, CHARLES ROBERT: The variation of animals and plants under domestication. In two volumes, London: John Murray 1868

DARWIN, CHARLES ROBERT: The descent of man, and selection in relation to sex. In two volumes, London: John Murray 1871

DARWIN, CHARLES ROBERT: Der Ausdruck der Gemüthsbewegungen bei dem Menschen und den Thieren, Stuttgart: Schweizerbart 1872a

DARWIN, CHARLES ROBERT: The expression of emotions in man and animals, London: John Murray 1872b

DARWIN, CHARLES ROBERT: Über die Entstehung der Arten durch natürliche Zuchtwahl oder die Erhaltung der begünstigten Rassen im Kampfe um's Dasein, Darmstadt: Wissenschaftliche Buchgesellschaft 1992 (Erstveröffentlichung 1859 (engl.))

DARWIN, CHARLES ROBERT: Die Abstammung des Menschen, Stuttgart: Kröner 2002 (Erstveröffentlichung 1871 (engl.))

DARWIN, CHARLES ROBERT/WALLACE, ALFRED RUSSEL: On the tendency of species to form varieties; and on the perpetuation of varieties and species by natural means of selection. In: Proceedings of the Linnean Society London (Zoology), Vol. 3, 1858, pp. 45–62

DARWIN, ERASMUS: Zoonomia. Or, the laws of organic life, London: Johnson 1794

DAVENPORT, CHARLES BENEDICT: Heredity in relation to eugenics, New York: Henry Holt and Company 1911

DAVENPORT, GERTRUDE CROTTY/DAVENPORT, CHARLES BENEDICT: Heredity of eye-color in man. In: Science, Vol. 26, No. 670 (Nov. 1)/1907, pp. 589–592

DAVENPORT, GERTRUDE CROTTY/DAVENPORT, CHARLES BENEDICT: Heredity of hair-form in man. In: The American Naturalist, Vol. 42, No. 497/1908, pp. 341–349

DAVENPORT, GERTRUDE CROTTY/DAVENPORT, CHARLES BENEDICT: Heredity of hair color in man. In: The American Naturalist, Vol. 43, No. 508/1909, pp. 193–211

DAVENPORT, GERTRUDE CROTTY/DAVENPORT, CHARLES BENEDICT: Heredity of skin pigmentation in man. In: The American Naturalist, Vol. 44, No. 527/1910, pp. 641–672

DAVIS, STEPHEN: Horizon: The Intelligence Man. A drama-documentary by Stephen Davis about the scientific fraud perpetrated by Sir Cyril Burt, BBC 1984

DAWKINS, RICHARD: The selfish gene, Oxford: Oxford University Press 1976

DAWKINS, RICHARD: Das egoistische Gen, Berlin; Heidelberg; New York: Springer 1978a

DAWKINS, RICHARD: Replicator selection and the extended phenotype. In: Zeitschrift für Tierpsychologie, Vol. 47, No. 1/1978b, pp. 71–76

DAWKINS, RICHARD: The extended phenotype. The gene as the unit of selection, Oxford: Freeman 1982

DAWKINS, RICHARD: Genes, organisms, populations. Controversies over the units of selection. In: BRANDON, ROBERT N./BURIAN, RICHARD M. (EDS.): Genes, organisms, populations. Controversies over the units of selection, Cambridge, MA: MIT Press 1984, pp. 161–180

DAWKINS, RICHARD: The blind watchmaker, Harlow, Essex: Longman 1986

DAWKINS, RICHARD: The God delusion, London: Bantam Press 2006

DAWKINS, RICHARD: Der Gotteswahn, Berlin: Ullstein 2007

DAWKINS, RICHARD: Der erweiterte Phänotyp. Der lange Arm der Gene, Heidelberg: Spektrum, Akademischer Verlag 2010a (Erstveröffentlichung 1982 (engl.))

DAWKINS, RICHARD: Die Schöpfungslüge. Warum Darwin Recht hat, Berlin: Ullstein 2010b

DEGLER, CARL NEUMANN: In search of human nature. The decline and revival of Darwinism in American social thought, New York; Oxford: Oxford University Press 1991

DEHLI, KARI: Fictions of the scientific imagination: Researching the Dionne Quintuplets. In: Journal of Canadian Studies, Vol. 29, No. 4/1994–95, pp. 86–110

DENNERT, EBERHARD: Die Wahrheit über Ernst Haeckel und seine »Welträtsel«. Nach dem Urteil seiner Fachgenossen beleuchtet, Halle a. S.: Müller 1901

DENNETT, DANIEL CLEMENT: Darwin's dangerous idea. Evolution and the meanings of life, New York: Simon & Schuster 1995

DENNETT, DANIEL CLEMENT: Darwins gefährliches Erbe. Die Evolution und der Sinn des Lebens, Hamburg: Hoffmann und Campe 1997

DENNETT, DANIEL CLEMENT: Breaking the spell. Religion as a natural phenomenon, New York: Penguin Books 2007

DEPEW, DAVID J.: Darwinian controversies: An historiographical recounting. In: Science & Education, Vol. 19, No. 4–5/2010, pp. 323–366

DESCARTES, RENÉ: Meditationen über die erste Philosophie, Hamburg: Meiner 1959 (Erstveröffentlichung 1641 (lat.))

DESMOND, ADRIAN J./MOORE, JAMES R.: Darwin, München; Leipzig: List 1992

DEUBER-MANKOWSKI, ASTRID: Gender – ein epistemisches Ding? Zur Geschichtlichkeit des Verhältnisses von Natur, Kultur, Technik und Geschlecht. In: CASALE, RITA/RENDTORFF, BARBARA (HRSG.): Was kommt nach der Genderforschung? Zur Zukunft der feministischen Theoriebildung, Bielefeld: Transcript-Verlag 2008, S. 169–190

DEUTSCHER BILDUNGSRAT: Empfehlungen der Bildungskommission. Einrichtung von Schulversuchen mit Gesamtschulen. Verabschiedet auf der 19. Sitzung der Bildungskommission am 30./31. Januar 1969, Bonn: Bundesdruckerei 1969

DEWEY, JOHN: The need for social psychology. In: Psychological Review, Vol. 24, No. 4/1917, pp. 266–277

DEWEY, JOHN: Human nature and conduct. An introduction to social psychology, New York: Holt 1922

DI TROCCHIO, FEDERICO: Der große Schwindel. Betrug und Fälschung in der Wissenschaft, 2. Aufl., Reinbek bei Hamburg: Rowohlt 2003

DIAMANDOPOULOS, A. A./GOUDAS, P. C.: Human and ape: The legend, the history and the DNA. In: Hippokratia, Vol. 11, No. 2/2007, pp. 92–94

DIAMOND, JARED: Der dritte Schimpanse. Evolution und Zukunft des Menschen, 2. Aufl., Frankfurt am Main: S. Fischer 1994 (Erstveröffentlichung 1991 (engl.))

DIAMOND, JARED: War babies. In: CECI, STEPHEN J./WILLIAMS, WENDY MELISSA (EDS.): The nature-nurture debate. The essential readings, Oxford: Blackwell 1999, pp. 14–22

DIAMOND, MILTON: A critical evaluation of the ontogeny of human sexual behavior. In: The Quarterly Review of Biology, Vol. 40, No. 2/1965, pp. 147–175

DIAMOND, MILTON: Sexual identity, monozygotic twins reared in discordant sex roles and a BBC follow-up. In: Archives of Sexual Behavior, Vol. 11, No. 2/1982, pp. 181–186

DIAMOND, MILTON/SIGMUNDSON, H. KEITH: Sex reassignment at birth. Long-term review and clinical implications. In: Archives of Pediatrics & Adolescent Medicine, Vol. 151, No. 3/1997, pp. 298–304

DIAMOND, SOLOMON: Gestation of the instinct concept. In: Journal of the History of the Behavioral Sciences, Vol. 7, No. 4/1971, pp. 323–336

DIAMOND, SOLOMON: Four hundred years of instinct controversy. In: Behavior Genetics, Vol. 4, No. 3/1974, pp. 237–252

DIETRICH, CORNELIE/SANIDES-KOHLRAUSCH, CLAUDIA: Erziehung und Evolution. Kritische Anmerkungen zur Verwendung bio-evolutionstheoretischer Ansätze in der Erziehungswissenschaft. In: Bildung und Erziehung, 47. Jg., H. 4/1994, S. 397–410

DIETRICH, THEO: Zeit- und Grundfragen der Pädagogik. Eine Einführung in pädagogisches Denken, 8. Aufl., Bad Heilbrunn/Obb.: Klinkhardt 1998

DIPPELHOFER-STIEM, BARBARA: Die Gestalt von Sozialisationsumwelten. In: HURRELMANN, KLAUS/GRUNDMANN, MATTHIAS/WALPER, SABINE (HRSG.): Handbuch Sozialisationsforschung, 7. Aufl., Weinheim: Beltz 2008, S. 117–128

DOBZHANSKY, THEODOSIUS GRIGORIEVICH: Genetics and the origin of species, New York: Columbia University Press 1937

DOBZHANSKY, THEODOSIUS GRIGORIEVICH: Evolution, genetics, and man, 9th ed., New York: Wiley 1967 (first published 1955)

DOBZHANSKY, THEODOSIUS GRIGORIEVICH: On genetics, sociology, and politics. In: Perspectives in Biology and Medicine, Vol. 11, No. 4/1968, pp. 544–554

DOBZHANSKY, THEODOSIUS GRIGORIEVICH: Nothing in biology makes sense except in the light of evolution. In: The American Biology Teacher, Vol. 35, No. 3/1973, pp. 125–129

DODGE, KENNETH A.: The nature-nurture debate and public policy. In: Merrill-Palmer Quarterly, Vol. 50, No. 4/2004, pp. 418–427

DOOLITTLE, W. FORD: Selfish DNA after fourteen months. In: DOVER, GABRIEL A./FLAVELL, RICHARD B. (EDS.): Genome Evolution, 2nd ed., London et al.: Academic Press 1983, pp. 17–28

DOVER, GABRIEL A.: Molecular drive: a cohesive mode of species evolution. In: Nature, Vol. 299, No. 5879 (Sep. 9)/1982, pp. 111–117

DOVER, GABRIEL A./FLAVELL, RICHARD B. (EDS.): Genome Evolution, 2nd ed., London et al.: Academic Press 1983 (first published 1982)

DREW, GEORGE C.: McDougall's experiments on the inheritance of acquired habits. In: Nature, Vol. 143, No. 3614 (Feb. 4)/1939, pp. 188–191

DREWEK, PETER: Die Begabungsuntersuchungen Albert Huths und Karl Valentin Müllers nach 1945. Zur wissenschaftsgeschichtlichen Bedeutung des konservativen Begabungsbegriffs in der Nachkriegszeit. In: Zeitschrift für Pädagogik, 35. Jg., H. 2/1989, S. 197–217

DUDEK, PETER: Grenzen der Erziehung im 20. Jahrhundert. Allmacht und Ohnmacht der Erziehung im pädagogischen Diskurs, Bad Heilbrunn/Obb.: Klinkhardt 1999

DUNBAR, ROBIN IAN MACDONALD/BARRETT, LOUISE (EDS.): Oxford handbook of evolutionary psychology, New York: Oxford University Press 2007

DUNLAP, KNIGHT: Are there any instincts? In: Journal of Abnormal Psychology, Vol. 14, No. 5/1919, pp. 307–311

ECARIUS, JUTTA/FUCHS, THORSTEN/WAHL, KATRIN: Der historische Wandel von Sozialisationskontexten. In: HURRELMANN, KLAUS/GRUNDMANN, MATTHIAS/WALPER, SABINE (HRSG.): Handbuch Sozialisationsforschung, 7. Aufl., Weinheim: Beltz 2008, S. 104–116

ECKENSBERGER, LUTZ H./KELLER, HEIDI: Menschenbilder und Entwicklungskonzepte. In: KELLER, HEIDI (HRSG.): Lehrbuch Entwicklungspsychologie, Bern u. a.: Verlag Hans Huber 1998, S. 11–56

EDWARDS, ANTHONY WILLIAM FAIRBANK: Are Mendel's results really too close? In: Biological Reviews, Vol. 61, No. 4/1986, pp. 295–312

EDWARDS, ANTHONY WILLIAM FAIRBANK: Human genetic diversity. Lewontin's fallacy. In: BioEssays, Vol. 25, No. 8/2003, pp. 798–801

EHRLICH, PAUL RALPH: The tangled skeins of nature and nurture in human evolution. In: Chronicle of Higher Education, Vol. 47, No. 4, 22.09.2000

EHRLICH, PAUL RALPH/FELDMAN, MARCUS WILLIAM: Genes and cultures: What creates our behavioral phenome? In: Current Anthropology, Vol. 44, No. 1/2003, pp. 87–107

EHRLICH, PAUL RALPH/FELDMAN, MARCUS WILLIAM: Genes, environments & behaviors. In: Daedalus, Vol. 136, No. 2 (Spring)/2007, pp. 5–12

EIBL-EIBESFELDT, IRENÄUS: Grundriß der vergleichenden Verhaltensforschung. Ethologie, München: Piper 1967

EIBL-EIBESFELDT, IRENÄUS: Der vorprogrammierte Mensch. Das Ererbte als bestimmender Faktor im menschlichen Verhalten, Wien; München; Zürich: Molden 1973

EIBL-EIBESFELDT, IRENÄUS: Die Biologie des menschlichen Verhaltens. Grundriß der Humanethologie, München: Piper 1984

EIBL-EIBESFELDT, IRENÄUS: Wider die Mißtrauensgesellschaft. Streitschrift für eine bessere Zukunft, München; Zürich: Piper 1994

EIBL-EIBESFELDT, IRENÄUS: In der Falle des Kurzzeitdenkens, München; Zürich: Piper 1998

ELKIND, DAVID: Piagetian and psychometric conceptions of intelligence. In: Harvard Educational Review, Vol. 39, No. 2/1969, pp. 319–337

ERBEN, HEINRICH K.: Evolution. Eine Übersicht sieben Jahrzehnte nach Ernst Haeckel, Stuttgart: Enke 1990

EULER, HARALD A.: Verhaltensgenetik und Erziehung: Über ›natürliche‹ und ›künstliche‹ Investitionen in Nachkommen. In: Bildung und Erziehung, 55. Jg., H. 3/2002, S. 271–287

EULER, HARALD A.: The psychology of families. In: FREY, ULRICH J./STÖRMER, CHARLOTTE/WILLFÜHR, KAI P. (EDS.): Homo novus – A human without illusions, Heidelberg et al.: Springer 2010, pp. 161–179

EULER, HARALD A./HOIER, SABINE: Die evolutionäre Psychologie von Anlage und Umwelt. In: NEYER, FRANZ J./SPINATH, FRANK M. (HRSG.): Anlage und Umwelt. Neue Perspektiven der Verhaltensgenetik und Evolutionspsychologie, Stuttgart: Lucius & Lucius 2008, S. 1–25

EWERT, OTTO: Menschliche Entwicklung als Wiederholung der Stammesgeschichte? In: Bildung und Erziehung, 47. Jg., H. 4/1994, S. 383–396

EYFERTH, KLAUS: Trägt die Psychologie der Aggression zur Friedensforschung bei? In: Bildung und Erziehung, 25. Jg., H. 5/1972, S. 3–11

EYSENCK, HANS JÜRGEN: Race, intelligence and education, London: Temple Smith 1971

EYSENCK, HANS JÜRGEN: Die Ungleichheit der Menschen, München: List 1975a

EYSENCK, HANS JÜRGEN: Vererbung, Intelligenz und Erziehung. Zur Kritik der pädagogischen Milieutheorie, Stuttgart: Seewald 1975b

EYSENCK, HANS JÜRGEN: Professor Sir Cyril Burt and the inheritance of intelligence. Evaluation of a controversy. In: Zeitschrift für Differentielle und Diagnostische Psychologie, 1. Jg., H. 3/1980, S. 183–199

EYSENCK, HANS JÜRGEN: The concept of »intelligence«: Useful or useless? In: Intelligence, Vol. 12, No. 1/1988, pp. 1–16

EYSENCK, HANS JÜRGEN: Burt as hero and anti-hero: A Greek tragedy. In: MACKINTOSH, NICHOLAS JOHN (ED.): Cyril Burt. Fraud or framed? Oxford et al.: Oxford University Press 1995, pp. 111–129

EYSENCK, HANS JÜRGEN: Intelligence. A new look, New Brunswick, NJ: Transaction Publishers 1998

EYSENCK, HANS JÜRGEN: Die IQ-Bibel. Intelligenz verstehen und messen, Stuttgart: Klett-Cotta 2004

FAGOT-LARGEAULT, ANNE/RAHMAN, SHAHID/TORRES, JUAN MANUEL (EDS.): The influence of genetics on contemporary thinking, Dordrecht: Springer 2007

FALK, RAPHAEL: Can the norm of reaction save the gene concept? In: SINGH, RAMA SHANKAR ET AL. (EDS.): Thinking about evolution. Historical, philosophical, and political perspectives. Volume two, Cambridge et al.: Cambridge University Press 2001, pp. 119–140

FANCHER, RAYMOND E.: A note on the origin of the term »nature and nurture«. In: Journal of the History of the Behavioral Sciences, Vol. 15, No. 4/1979, pp. 321–322

FANCHER, RAYMOND E.: Alphonse de Candolle, Francis Galton, and the early history of the nature-nurture controversy. In: Journal of the History of the Behavioral Sciences, Vol. 19, No. 4/1983, pp. 341–352

FANCHER, RAYMOND E.: Not Conley, but Burt and others: A reply. In: Journal of the History of the Behavioral Sciences, Vol. 20, No. 2/1984, p. 186

FANCHER, RAYMOND E.: The intelligence men. Makers of the IQ controversy, New York; London: Norton 1987 (first published 1985)

FANGERAU, HEINER: Das Standardwerk zur menschlichen Erblichkeitslehre und Rassenhygiene von Erwin Baur, Eugen Fischer und Fritz Lenz im Spiegel der zeitgenössischen Rezensionsliteratur 1921–1941. Inaugural-Dissertation zur Erlangung des Doktorgrades der Medizin einer Hohen Medizinischen Fakultät der Ruhr-Universität Bochum. Online verfügbar unter http://www-brs.ub.ruhr-uni-bochum.de/netahtml/HSS/Diss/FangerauHeiner/diss.pdf, zuletzt aktualisiert am 06.12.2000, zuletzt geprüft am 08.04.2011, Bochum 2000

FANGERAU, HEINER/MÜLLER, IRMGARD: Das Standardwerk der Rassenhygiene von Erwin Baur, Eugen Fischer und Fritz Lenz im Urteil der Psychiatrie und Neurologie 1921–1940. In: Der Nervenarzt, 73. Jg., H. 11/2002, S. 1039–1046

FATKE, REINHARD: Zur Kontroverse um die Thesen A. Jensens. In: Zeitschrift für Pädagogik, 16. Jg., H. 2/1970, S. 219–226

FATKE, REINHARD: Ist Intelligenz doch vererbbar? Bericht über die Kontroverse um die Thesen Arthur R. Jensens in den USA. In: betrifft: erziehung, 4. Jg., H. 6/1971, S. 15–22

FATKE, REINHARD: Warum die Intelligenz-Debatte wieder aufgewärmt wird. In: Psychologie heute, 2. Jg., H. 9/1975, S. 53–58

FAULSTICH-WIELAND, HANNELORE: Sozialisation und Geschlecht. In: HURRELMANN, KLAUS/GRUNDMANN, MATTHIAS/WALPER, SABINE (HRSG.): Handbuch Sozialisationsforschung, 7. Aufl., Weinheim: Beltz 2008, S. 240–253

FAUSTO-STERLING, ANNE: Myths of gender. Biological theories about women and men, New York: Basic Books 1985

FAUSTO-STERLING, ANNE: Gefangene des Geschlechts? Was biologische Theorien über Mann und Frau sagen, München; Zürich: Piper 1988

FAUSTO-STERLING, ANNE: Sexing the body. Gender politics and the construction of sexuality, New York: Basic Books 2000

FENTRESS, JOHN C.: D. O. Hebb and the developmental organization of behavior. In: Developmental Psychobiology, Vol. 20, No. 2/1987, pp. 103–109

FERDINAND, URSULA: Historische Argumentationen in den deutschen Debatten zu Geburtenrückgang und differentieller Fruchtbarkeit. Fallbeispiel Karl Valentin Müller (1896–1963). In: Historical Social Research, 31. Jg., H. 4/2006, S. 208–235

FERNÁNDEZ-CAÑÓN, JOSÉ M. ET AL.: The molecular basis of alkaptonuria. In: Nature Genetics, Vol. 14, No. 1/1996, pp. 19–24

FINZSCH, NORBERT: Wissenschaftlicher Rassismus in den Vereinigten Staaten – 1850 bis 1930. In: KAUPEN-HAAS, HEIDRUN/SALLER, CHRISTIAN (HRSG.): Wissenschaftlicher Rassismus. Analysen einer Kontinuität in den Human- und Naturwissenschaften, Frankfurt am Main; New York: Campus Verlag 1999, S. 84–110

FISCHER, ERNST PETER: Der kleine Darwin. Alles, was man über Evolution wissen sollte, München: Pantheon 2009

FISCHER, EUGEN: Die Rehobother Bastards und das Bastardisierungsproblem beim Menschen. Anthropologische und ethnographische Studien am Rehobother Bastardvolk in Deutsch-Südwest-Afrika, Graz: Akademische Druck- und Verlagsanstalt 1961 (Erstveröffentlichung 1913)

FISCHER, HERIBERT: Erziehungssituationen und Erziehungsprozesse, 2. Aufl., (Arbeitshefte für Erziehungswissenschaft), Berlin: Cornelsen 1993

FISCHER, HERIBERT/BUBOLZ, GEORG: Entwicklung und Sozialisation unter anthropologischen, psychologischen und gesellschaftswissenschaftlichen Aspekten, 2. Aufl., Berlin: Cornelsen 1994

FISCHER, JOSPEH: The history of landholding in Ireland. In: Transactions of the Royal Historical Society, Vol. 5, 1877, pp. 228–326

FISHER, RONALD AYLMER: The correlation between relatives on the supposition of Mendelian inheritance. In: Transactions of the Royal Society of Edinburgh, Vol. 52, 1918, pp. 399–433

FISHER, RONALD AYLMER: The elimination of mental defect. In: Eugenics Review, Vol. 16, No. 2/1924, pp. 114–116

FISHER, RONALD AYLMER: The genetical theory of natural selection, Oxford: Clarendon Press 1930

FISHER, RONALD AYLMER: Has Mendel's work been rediscovered? In: Annals of Science, Vol. 1, No. 2/1936, pp. 115–137

FLAMMER, AUGUST: Entwicklungstheorien. Psychologische Theorien der menschlichen Entwicklung, 2. Aufl., Bern u. a.: Verlag Hans Huber 1996

FLEMMING, WALTHER: Beitrage zur Kenntniss der Zelle und ihrer Lebenserscheinungen. In: Archiv für Mikroskopische Anatomie, 16. Jg., H. 1/1879, S. 302–436

FLEMMING, WALTHER: Beitrage zur Kenntniss der Zelle und ihrer Lebenserscheinungen. Theil II. In: Archiv für Mikroskopische Anatomie, 18. Jg., H. 1/1880, S. 151–259

FLETCHER, RONALD: Science, ideology, and the media. The Cyril Burt scandal, New Brunswick, NJ: Transaction Publishers 1991

FLITNER, ANDREAS: Die Bedeutung völkerkundlicher Erkenntnisse für die heutige Erziehungslehre (anläßlich der deutschen Gesamtausgabe von Margaret Meads ›Leben in der Südsee‹). In: Pädagogische Rundschau, 20. Jg., H. 1/1966, S. 99–104

FLITNER, ANDREAS: »Wolfskinder«. Über die Erziehungsbedürftigkeit des Menschen. In: FRITSCH, ANDREAS U. A. (HRSG.): Comenius-Jahrbuch (Bd. 7/1999), Baltmannsweiler: Schneider Verlag Hohengehren 1999, S. 15–19

FLYNN, JAMES ROBERT: The mean IQ of Americans: Massive gains 1932 to 1978. In: Psychological Bulletin, Vol. 95, No. 1/1984, pp. 29–51

FODOR, JERRY ALAN: The modularity of mind. An essay on faculty psychology, Cambridge, MA: MIT Press 1983

FODOR, JERRY ALAN: The mind doesn't work that way. The scope and limits of computational psychology, Cambridge, MA: MIT Press 2000

FÖGER, BENEDIKT/TASCHWER, KLAUS: Die andere Seite des Spiegels. Konrad Lorenz und der Nationalsozialismus, Wien: Czernin 2001

FÖLLING, ASBJÖRN: Über Ausscheidung von Phenylbrenztraubensäure in den Harn als Stoffwechselanomalie in Verbindung mit Imbezillität. In: Hoppe-Seyler's Zeitschrift für physiologische Chemie, 227. Jg., H. 1–4/1934, S. 169–176

FORGAYS, DONALD G./FORGAYS, JANET W.: The nature of the effect of free-environmental experience in the rat. In: Journal of Comparative and Physiological Psychology, Vol. 45, No. 4/1952, pp. 322–328

FORSTER, EDGAR: Vom Begriff zur Repräsentation: Die Transformation der Kategorie ›gender‹. In: CASALE, RITA/RENDTORFF, BARBARA (HRSG.): Was kommt nach der Genderforschung? Zur Zukunft der feministischen Theoriebildung, Bielefeld: Transcript-Verlag 2008, S. 199–214

FRANCIS, RICHARD C.: Epigenetics. The ultimate mystery of inheritance, New York; London: W. W. Norton & Co. 2011

FRANCK, DIERK: Verhaltensbiologie, 3. Aufl., Stuttgart; New York: Thieme 1997

FRANKENA, WILLIAM K.: The naturalistic fallacy. In: Mind, Vol. 48, No. 192/1939, pp. 464–477

FREEMAN, DEREK: Totem and taboo: A reappraisal. In: The Psychoanalytic Study of Society, Vol. 4, 1967, pp. 9–33

FREEMAN, DEREK: Midwife toad postscript (Letter). In: New Scientist, Vol. 53, No. 785 (March 2)/1972a, p. 509

FREEMAN, DEREK: Social organization of Manu'a (1930 and 1969), by Margaret Mead: Some errata. In: The Journal of the Polynesian Society, Vol. 81, No. 1/1972b, pp. 70–78

FREEMAN, DEREK: The evolutionary theories of Charles Darwin and Herbert Spencer. In: Current Anthropology, Vol. 15, No. 3/1974, pp. 211–237

FREEMAN, DEREK: Liebe ohne Aggression. Margaret Meads Legende von der Friedfertigkeit der Naturvölker, München: Kindler 1983a

FREEMAN, DEREK: Margaret Mead and Samoa. The making and unmaking of an anthropological myth, Cambridge, MA: Harvard University Press 1983b

FREEMAN, DEREK: Fa'apua'a Fa'amū and Margaret Mead. In: American Anthropologist, Vol. 91, No. 4/1989, pp. 1017–1022

FREEMAN, DEREK: On Franz Boas and the Samoan researches of Margaret Mead. In: Current Anthropology, Vol. 32, No. 3/1991, pp. 322–330

FREEMAN, DEREK: Paradigms in collision: The far-reaching controversy over the Samoan researches of Margaret Mead and its significance for the human sciences. In: Academic Questions, Vol. 5, No. 3/1992, pp. 23–33

FREEMAN, DEREK: Margaret Mead in Samoa. In: Science, Vol. 285, No. 5424 (July 2)/1999a, p. 50

FREEMAN, DEREK: The fateful hoaxing of Margaret Mead. A historical analysis of her Samoan research, Boulder, CO: Westview Press 1999b

FREEMAN, DEREK: Reply. (CA Forum on theory in anthropology. Sex and hoax in Samoa). In: Current Anthropology, Vol. 41, No. 4/2000a, pp. 620–622

FREEMAN, DEREK: Was Margaret Mead misled or did she mislead Samoa? (CA Forum on theory in anthropology. Sex and hoax in Samoa). In: Current Anthropology, Vol. 41, No. 4/2000b, pp. 609–614

FREEMAN, DEREK: Dilthey's dream. Essays on human nature and culture, Canberra: Pandanus Books 2001

FREUD, SIGMUND: Eine Schwierigkeit der Psychoanalyse. In: Imago (Zeitschrift für Anwendung der Psychoanalyse auf die Geisteswissenschaften), 5. Jg., H. 1/1917, S. 1–7

FRIES, HUGO DE: Die Mutationstheorie. Versuche und Beobachtungen über die Entstehung von Arten im Pflanzenreich. Erster Band. Die Entstehung der Arten durch Mutation, Leipzig: Verlag von Veit & Comp. 1901

FRIES, HUGO DE: Die Mutationstheorie. Versuche und Beobachtungen über die Entstehung von Arten im Pflanzenreich. Zweiter Band. Elementare Bastardlehre, Leipzig: Verlag von Veit & Comp. 1903

FUCHS, URSEL: Die Genomfalle. Die Versprechungen der Gentechnik, ihre Nebenwirkungen und Folgen, München: Heyne 2003

FUHRER, URS: Lehrbuch Erziehungspsychologie, Bern u. a.: Verlag Hans Huber 2005

FUNKE, JOACHIM/VATERRODT-PLÜNNECKE, BIANCA: Was ist Intelligenz?, 2. Aufl., München: Beck 2004

GALTON, DAVID J.: Greek theories on eugenics. In: Journal of Medical Ethics, Vol. 24, No. 4/1998, pp. 263–267

GALTON, FRANCIS: Hereditary talent and character. In: Macmillan's Magazine, Vol. 12, 1865, pp. 157–166, 318–327

GALTON, FRANCIS: Hereditary genius. An inquiry into its laws and consequences, London: Macmillan and co. 1869

GALTON, FRANCIS: Hereditary improvement. In: Fraser's magazine, Vol. 7, No. 37/1873, pp. 116–130

GALTON, FRANCIS: English Men of science: their nature and nurture, London: MacMillan 1874a

GALTON, FRANCIS: On Men of science, their nature and nurture. In: Proceedings of the Meetings of members of the Royal Institution, Vol. 7, 1874b, pp. 227–236

GALTON, FRANCIS: The history of twins, as a criterion of the relative powers of nature and nurture. In: Fraser's magazine, Vol. 12, No. 71/1875, pp. 566–576

GALTON, FRANCIS: Inquiries into human faculty and its development, London: MacMillan 1883

GALTON, FRANCIS: Hereditary Genius. An Inquiry into its laws and consequences, 2nd ed., London; New York: Macmillan and co. 1892 (first published 1869)

GALTON, FRANCIS: Inquiries into human faculty and its development, 2nd ed., London: Dent 1907 (first published 1883)

GANDER, ERIC: On our minds. How evolutionary psychology is reshaping the nature-versus-nurture debate, Baltimore, MD; London: The Johns Hopkins University Press 2003

GARCIA, JOHN/KOELLING, ROBERT A.: Relation of cue to consequence in avoidance learning. In: Psychonomic Science, Vol. 4, 1966, pp. 123–124

GARCÍA COLL, CYNTHIA T./BEARER, ELAINE L./LERNER, RICHARD M. (EDS.): Nature and nurture. The complex interplay of genetic and environmental influences on human behavior and development, Mahwah, NJ: Lawrence Erlbaum 2004a

GARCÍA COLL, CYNTHIA T./BEARER, ELAINE L./LERNER, RICHARD M.: Nature and nurture in human development. A view of the issues. Introduction. In: GARCÍA COLL, CYNTHIA T./BEARER, ELAINE L./LERNER, RICHARD M. (EDS.):

Nature and nurture. The complex interplay of genetic and environmental influences on human behavior and development, Mahwah, NJ: Lawrence Erlbaum 2004b, pp. XVII–XXIII

GARDNER, HOWARD: Frames of mind. The theory of multiple intelligences, New York: Basic Books 1983

GARFIELD, EUGENE: High impact science and the case of Arthur Jensen (first published 1978). In: GARFIELD, EUGENE (ED.): Essays of an information scientist 1977–1978 (Essays of an information scientist, Vol. 3), Philadelphia: ISI Press 1980a, pp. 652–662

GARFIELD, EUGENE: The 100 articles most cited by social scientists, 1969–1977 (first published 1978). In: GARFIELD, EUGENE (ED.): Essays of an information scientist 1977–1978 (Essays of an information scientist, Vol. 3), Philadelphia: ISI Press 1980b, pp. 563–572

GARFINKEL, HAROLD: Studies in ethnomethodology, Englewood Cliffs, NJ: Prentice-Hall 1967

GARROD, ARCHIBALD EDWARD: The incidence of alkaptonuria: A study in chemical individuality. In: The Lancet, Vol. 160, No. 4137 (Dec. 13)/1902, pp. 1616–1620

GARVER, KENNETH L./GARVER, BETTYLEE: Eugenics: Past, present, and the future. In: The American Journal of Human Genetics, Vol. 49, No. 5/1991, pp. 1109–1118

GARVEY, BRIAN: Nature, nurture and why the pendulum still swings. In: Canadian Journal of Philosophy, Vol. 35, No. 2/2005, pp. 309–330

GEULEN, DIETER: Subjektorientierte Sozialisationstheorie. Sozialisation als Epigenese des Subjekts in Interaktion mit der gesellschaftlichen Umwelt, Weinheim; München: Juventa Verlag 2005

GIBBS, W. WAYT: DNA ist nicht alles. Serie: Unbekanntes Genom, Teil II: Epigenetik. In: Spektrum der Wissenschaft, 27. Jg., H. 3/2004, S. 68–75

GILDEMEISTER, REGINE/WETTERER, ANGELIKA: Wie Geschlechter gemacht werden. Die soziale Konstruktion der Zweigeschlechtlichkeit und ihre Reifizierung in der Frauenforschung. In: KNAPP, GUDRUN-AXELI/WETTERER, ANGELIKA (HRSG.): TraditionenBrüche. Entwicklungen feministischer Theorie, Freiburg (Breisgau): Kore-Verlag 1992, S. 201–254

GILLIE, OLIVER: Crucial data was faked by eminent psychologist. In: Sunday Times, 24.10.1976a

GILLIE, OLIVER: Who do you think you are? Man or superman, the genetic controversy, London: Hart-Davis Mac-Gibbon 1976b

GLASERSFELD, ERNST VON: Einführung in den radikalen Konstruktivismus. In: WATZLAWICK, PAUL (HRSG.): Die erfundene Wirklichkeit. Wie wissen wir, was wir zu wissen glauben? Beiträge zum Konstruktivismus, 13. Aufl., München: Piper 2001a, S. 16–38

GLASERSFELD, ERNST VON: Radikaler Konstruktivismus oder Die Konstruktion des Wissens. In: WATZLAWICK, PAUL (HRSG.): Kurzzeittherapie und Wirklichkeit. Eine Einführung, München: Piper 2001b, S. 43–58

GLIBOFF, SANDER: The case of Paul Kammerer: Evolution and experimentation in the early 20th century. In: Journal of the History of Biology, Vol. 39, No. 3/2006, pp. 525–563

GLIBOFF, SANDER: Did Paul Kammerer discover epigenetic inheritance? No and why not, In: Journal of Experimental Zoology (Part B: Molecular and Developmental Evolution), Vol. 314B, No. 8/2010, pp. 616–624

GOBINEAU, JOSEPH ARTHUR DE: Essai sur l'inégalité des races humaines. 4 Bde., Paris: Firmin-Didot 1853–1855

GOBROGGE, KYLE ET AL.: Homosexual mating preferences from an evolutionary perspective: Sexual selection theory revisited. In: Archives of Sexual Behavior, Vol. 36, No. 5/2007, pp. 717–723

GODFREY-SMITH, PETER: On the status and explanatory structure of Developmental Systems Theory. In: OYAMA, SUSAN/GRIFFITHS, PAUL E./GRAY, RUSSELL D. (EDS.): Cycles of contingency. Developmental systems and evolution, Cambridge, MA; London: MIT Press 2001, pp. 283–297

GOLDSCHMIDT, RICHARD B.: Research and politics. In: Science, Vol. 109, No. 2827 (Mar. 4)/1949, pp. 219–227

GOLEMAN, DANIEL: Emotional intelligence, New York: Bantam Books 1995

GOODWIN, BRIAN CAREY: Der Leopard, der seine Flecken verliert. Evolution und Komplexität, München: Piper 1997

GOODWIN, BRIAN CAREY: How the leopard changed its spots. The evolution of complexity, New York: Scribner 1994

GOSLIN, DAVID A. (ED.): Handbook of socialization theory and research, Chicago: Rand McNally 1969

GOTTESMAN, IRVING I.: Genetic aspects of intelligent behavior. In: ELLIS, NORMAN R. (ED.): Handbook of mental deficiency. Psychological theory and research, New York: McGraw-Hill 1963, pp. 253–296

GOTTFREDSON, LINDA S.: Mainstream science on intelligence. An editorial with 52 signatories, history, and bibliography. In: Intelligence, Vol. 24, No. 1/1997, pp. 13–23

GOTTFREDSON, LINDA S.: Der Generalfaktor der Intelligenz. In: Spektrum der Wissenschaft Spezial: Intelligenz, H. 1/2000, S. 24–30

GOTTLIEB, GILBERT: Behavioral embryology, New York: Academic Press 1973

GOTTLIEB, GILBERT: Individual development and evolution. The genesis of novel behavior, New York: Oxford University Press 1992

GOTTLIEB, GILBERT: Synthesizing nature-nurture. Prenatal roots of instinctive behavior, Mahwah, NJ: Erlbaum 1997

GOTTLIEB, GILBERT: Normally occurring environmental and behavioral influences on gene activity: From central dogma to probabilistic epigenesis. In: Psychological Review, Vol. 105, No. 4/1998, pp. 792–802

GOTTLIEB, GILBERT: A developmental psychobiological systems view: Early formulation and current status. In: OYAMA, SUSAN/GRIFFITHS, PAUL E./GRAY, RUSSELL D. (EDS.): Cycles of contingency. Developmental systems and evolution, Cambridge, MA; London: MIT Press 2001a, pp. 41–54

GOTTLIEB, GILBERT: Nature and nurture theories. In: KAZDIN, ALAN E. (ED.): Encyclopedia of psychology. Vol. 5, Oxford: Oxford University Press 2001b, pp. 402–404

GOTTSCHALDT, KURT: Begabung und Vererbung. Phänogenetische Befunde zum Begabungsproblem. In: ROTH, HEINRICH (HRSG.): Begabung und Lernen. Ergebnisse und Folgerungen neuer Forschungen, (Deutscher Bildungsrat: Gutachten und Studien der Bildungskommission, Bd. 4), Stuttgart: Klett 1969, S. 129–150

GOULD, DONALD: Who do you think you are? by Oliver Gillie. Hart-Davis, MacGibbon, £4.95 (Review). In: New Scientist, Vol. 72, No. 1027 (November 18)/1976, p. 399

GOULD, STEPHEN JAY: Zealous advocates. The case of the midwife toad. Arthur Koestler. Random House, New York, 1972, 188 pp. + plates. $5.95 (Book Review). In: Science, Vol. 176, No. 4035 (May 12)/1972, pp. 623–625

GOULD, STEPHEN JAY: The mismeasure of man, New York: Norton 1981

GOULD, STEPHEN JAY: Der Daumen des Panda. Betrachtungen zur Naturgeschichte, Frankfurt am Main: Suhrkamp 1989

GOULD, STEPHEN JAY: Bravo, Brontosaurus. Die verschlungenen Wege der Naturgeschichte, Hamburg: Hoffmann und Campe 1994a

GOULD, STEPHEN JAY: Der falsch vermessene Mensch, 2. Aufl., Frankfurt am Main: Suhrkamp 1994b

GOULD, STEPHEN JAY: Ghosts of bell curves past. The mismeasure of man continues, as a current bestseller revives academic racism's old arguments. In: Natural History, Vol. 104, No. 2/1995, pp. 12–19

GOULD, STEPHEN JAY/ELDREDGE, NILES: Punctuated equilibria: An alternative to phyletic gradualism. In: SCHOPF, THOMAS J. (HRSG.): Models in paleobiology, San Francisco: Freeman Cooper & Co. 1972, pp. 82–115

GOULD, STEPHEN JAY/ELDREDGE, NILES: Punctuated equilibria: the tempo and mode of evolution reconsidered. In: Paleobiology, Vol. 3, No. 2/1977, pp. 115–151

GOULD, STEPHEN JAY/LEWONTIN, RICHARD CHARLES: The spandrels of San Marco and the Panglossian paradigm: A critique of the adaptationist programme. In: Proceedings of the Royal Society of London (Series B, Biological Sciences), Vol. 205, No. 1161/1979, pp. 581–598

GRÄFRATH, BERND: Evolutionäre Ethik? Philosophische Programme, Probleme und Perspektiven der Soziobiologie, Berlin; New York: de Gruyter 1997

GRAHAM, LOREN R.: Political ideology and genetic theory: Russia and Germany in the 1920's. In: The Hastings Center Report, Vol. 7, No. 5/1977, pp. 30–39

GRANT, MADISON: The passing of the great race or the racial basis of European history, New York: Scribner 1916

GRAVLEE, CLARENCE C./BERNARD, H. RUSSELL/LEONARD, WILLIAM R.: Boas's changes in bodily form. The immigrant study, cranial plasticity, and Boas's physical anthropology. In: American Anthropologist, Vol. 105, No. 2/2003a, pp. 326–332

GRAVLEE, CLARENCE C./BERNARD, H. RUSSELL/LEONARD, WILLIAM R.: Heredity, environment, and cranial form. A reanalysis of Boas's immigrant data. In: American Anthropologist, Vol. 105, No. 1/2003b, pp. 125–138

GRAW, JOCHEN: Genetik, 5. Aufl., Berlin; Heidelberg: Springer 2010

GRAY, RUSSELL D.: Selfish genes or developmental systems? In: SINGH, RAMA SHANKAR ET AL. (EDS.): Thinking about evolution. Historical, philosophical, and political perspectives. Volume two, Cambridge et al.: Cambridge University Press 2001, pp. 184–207

GREEN, RICHARD: John Money, Ph.D. (July 8, 1921 – July 7, 2006). A personal obituary. In: Archives of Sexual Behavior, Vol. 35, No. 6/2006, pp. 629–632

GREENOUGH, WILLIAM T. (ED.): The nature and nurture of behavior. Developmental psychobiology, San Francisco: Freeman 1973

GROFF, PHILIP/McRAE, LAURA: The nature-nurture debate in thirteenth-century France. Paper presented at the annual meeting of the American Psychological Association. Online verfügbar unter http://htpprints.yorku.ca/archive/00000014/00/Silence.htm, zuletzt aktualisiert am 01.08.1998, zuletzt geprüft am 08.12.2007, Chicago 1998

GROSSE, PASCAL: Kolonialismus, Eugenik und bürgerliche Gesellschaft in Deutschland 1850–1918, Frankfurt; New York: Campus Verlag 2000

GRUBER, MAX VON: Vererbung, Auslese und Hygiene. In: Deutsche Medizinische Wochenschrift, 35. Jg., H. 46/1909, S. 1993–1996

GRUBER, MAX VON/RÜDIN, ERNST: Fortpflanzung, Vererbung und Rassenhygiene. Illustrierter Führer durch die Gruppe Rassenhygiene der internationalen Hygiene-Ausstellung 1911 in Dresden, 2. Aufl., München: J.F. Lehmann 1911

GRUENBERG, H.: Men and mice at Edinburgh. Reports from the Genetics congress. In: Journal of Heredity, Vol. 30, No. 9/1939, pp. 371–374

GRUHLE, HANS W.: Anlage und Umwelt. In: Deutsche Medizinische Wochenschrift, 71. Jg., H. 13–1/1946, S. 153

GRUNWALD, ARMIN/GUTMANN, MATHIAS/NEUMANN-HELD, EVA M. (EDS.): On human nature. Anthropological, biological, and philosophical foundations, Berlin; Heidelberg: Springer 2002

GRUPE, GISELA: Wie komplexe Phänomene eine scheinbar einfache Erklärung finden. Kommentar zu V. Weiss: Leistungsstufen der Begabung und dreigliedriges Schulsystem. In: Zeitschrift für Pädagogische Psychologie, 7. Jg., H. 4/1993, S. 191–195

GRUPE, GISELA U. A.: Anthropologie. Ein einführendes Lehrbuch, Berlin; Heidelberg: Springer 2005

GUILFORD, JOY PAUL: Three faces of intellect. In: American Psychologist, Vol. 14, No. 8/1959, pp. 469–479

GUILFORD, JOY PAUL: Way beyond the IQ. Guide to improving intelligence and creativity, Buffalo, NY: Creative Education Foundation 1977

GUILFORD, JOY PAUL: Some changes in the structure-of-intellect model. In: Educational and Psychological Measurement, Vol. 48, No. 1/1988, pp. 1–4

GÜNTHER, HANS FRIEDRICH KARL: Rassenkunde des deutschen Volkes, München: J. F. Lehmanns Verlag 1922

GÜNTHER, HANS FRIEDRICH KARL: Führeradel durch Sippenpflege. Vier Vorträge, München: J. F. Lehmanns Verlag 1936

GUSTAFSSON, ÅKE: Linnaeus' Peloria: The history of a monster. In: Theoretical and Applied Genetics, Vol. 54, No. 6/1979, pp. 241–248

HAECKEL, ERNST: Generelle Morphologie der Organismen. Allgemeine Grundzüge der organischen Formen-Wissenschaft. 2 Bde., Berlin: Reimer 1866

HAFENEGER, BENNO: Anlage oder Umwelt? Ein alter Streit in neuen Gewändern. In: Unsere Jugend, 51. Jg., H. 4/1999, S. 158–162

HAGEMANN-WHITE, CAROL: Sozialisation: Weiblich – männlich? Opladen: Leske + Budrich 1984

HAGEN, EDWARD H.: Controversial issues in evolutionary psychology. In: BUSS, DAVID M. (ED.): The handbook of evolutionary psychology, Hoboken, NJ: Wiley 2005, pp. 145–173

HALDANE, JOHN BURDON SANDERSON: A mathematical theory of natural and artificial selection. Part I. In: Transactions of the Cambridge Philosophical Society, Vol. 23, No. 2/1924, pp. 19–41

HALDANE, JOHN BURDON SANDERSON: The hereditary transmission of acquired characters. In: Nature, Vol. 129, No. 3266, 3267 (June 4, 11)/1932, pp. 817–819, 856–858

HALLER, JOHN S., JR.: The species problem: Nineteenth-century concepts of racial inferiority in the origin of man controversy. In: American Anthropologist, Vol. 72, No. 6/1970, pp. 1319–1329

HALLER, MICHAEL/NIGGESCHMIDT, MARTIN: Der Mythos vom Niedergang der Intelligenz. Von Galton zu Sarrazin: Die Denkmuster und Denkfehler der Eugenik, Wiesbaden: Springer VS (VS Verlag für Sozialwissenschaften) 2012

HAMANN, BRUNO: Pädagogische Anthropologie. Theorien – Modelle – Strukturen. Eine Einführung, 3. Aufl., Bad Heilbrunn/Obb.: Klinkhardt 1998

HAMER, DEAN H.: The God gene. How faith is hardwired into our genes, New York: Doubleday 2004

HAMER, DEAN H.: Das Gottes-Gen. Warum uns der Glaube im Blut liegt, München: Kösel 2006

HAMER, DEAN H./COPELAND, PETER: Das unausweichliche Erbe. Wie unser Verhalten von unseren Genen bestimmt ist, Bern; München; Wien: Scherz 1998a

HAMER, DEAN H./COPELAND, PETER: Living with our genes. Why they matter more than you think, New York: Doubleday 1998b

HAMER, DEAN H. ET AL.: A linkage between DNA markers on the X chromosome and male sexual orientation. In: Science, Vol. 261, No. 5119 (July 16)/1993, pp. 321–327

HAMILTON, WILLIAM DONALD: The evolution of altruistic behavior. In: The American Naturalist, Vol. 97, No. 896/1963, pp. 354–356

HAMILTON, WILLIAM DONALD: The genetical evolution of social behaviour. I. In: Journal of Theoretical Biology, Vol. 7, No. 1/1964a, pp. 1–16

HAMILTON, WILLIAM DONALD: The genetical evolution of social behaviour. II. In: Journal of Theoretical Biology, Vol. 7, No. 1/1964b, pp. 17–52

HARDESTY, FRANCIS P./PRIESTER, HANS J.: Hamburg-Wechsler Intelligenztest für Kinder, Bern: Huber 1956

HARDY, ALISTER CLAVERING: The living stream. A restatement of evolution theory and its relation to the spirit of man, London: Collins 1965

HARIG, GEORG/KOLLESCH, JUTTA: Naturforschung und Naturphilosophie in der Antike. In: JAHN, ILSE (HRSG.): Geschichte der Biologie. Theorien, Methoden, Institutionen, Kurzbiografien, 3. Aufl., Hamburg: Nikol Verlag 2004, S. 48–87

HARLOW, HARRY F.: The nature of love. In: American Psychologist, Vol. 13, No. 12/1958, pp. 673–685

HARLOW, HARRY F.: Love in infant monkeys (first published 1959). In: GREENOUGH, WILLIAM T. (ED.): The nature and nurture of behavior. Developmental psychobiology, San Francisco: Freeman 1973, pp. 94–100

HARLOW, HARRY F./HARLOW, MARGARET KUENNE: Social deprivation in monkeys (first published 1962). In: GREENOUGH, WILLIAM T. (ED.): The nature and nurture of behavior. Developmental psychobiology, San Francisco: Freeman 1973, pp. 108–116

HARPER, LAWRENCE V.: Trans-generational epigenetic inheritance. In: HOOD, KATHRYN E. ET AL. (EDS.): Handbook of developmental science, behavior, and genetics, Chichester: Wiley-Blackwell 2010, pp. 434–465

HARPER, PETER S.: William Bateson, human genetics and medicine. In: Human Genetics, Vol. 118, No. 1/2005, pp. 141–151

HARRIS, BEN: Whatever happened to Little Albert? In: American Psychologist, Vol. 34, No. 2/1979, pp. 151–160

HARRIS, JUDITH RICH: Where is the child's environment? A group sozialisation theory of development. In: Psychological Review, Vol. 102, No. 3/1995, pp. 458–489

HARRIS, JUDITH RICH: The nurture assumption. Why children turn out the way they do, London: Bloomsbury 1998

HARRIS, JUDITH RICH: Ist Erziehung sinnlos? Die Ohnmacht der Eltern, Reinbek bei Hamburg: Rowohlt 2000

HARRIS, JUDITH RICH: No two alike. Human nature and human individuality, New York: W. W. Norton & Co. 2006

HARRIS, JUDITH RICH: Jeder ist anders. Das Rätsel der Individualität, München: Deutsche Verlags-Anstalt 2007

HARTEN, HANS-CHRISTIAN/NEIRICH, UWE/SCHWERENDT, MATTHIAS: Rassenhygiene als Erziehungsideologie des Dritten Reichs. Bio-bibliographisches Handbuch, Berlin: Akademie Verlag 2006

HARTKEMEYER, JOHANNES F.: Menschen – Gemeinsamkeiten und Projektionen zwischen Biologie und Kultur. Ein Gespräch mit R. C. Lewontin. In: PÄDEXTRA, H. 5/1994, S. 30–32

HEARNSHAW, LESLIE SPENCER: Cyril Burt. Psychologist, London et al.: Hodder and Stoughton 1979

HEBB, DONALD OLDING: Heredity and environment in mammalian behavior. In: The British Journal of Animal Behaviour, Vol. 1, No. 2/1953, pp. 43–47

HEBB, DONALD OLDING/WILLIAMS, KENNETH: A method of rating animal intelligence. In: The Journal of General Psychology, Vol. 34, 1946, pp. 59–65

HEID, HELMUT: Über die Entscheidbarkeit der Annahme erbbedingter Begabungsgrenzen (1). In: Die Deutsche Schule, 77. Jg., H. 2/1985, S. 101–109

HEIMANS, FRANK: Margaret Mead and Samoa (Film), Sydney: Cinetel Productions 1988

HEINIMANN, FELIX: Nomos und Physis. Herkunft und Bedeutung einer Antithese im griechischen Denken des 5. Jahrhunderts, Darmstadt: Wissenschaftliche Buchgesellschaft 1965 (Erstveröffentlichung 1945)

HELBIG, PAUL: Begabung im pädagogischen Denken. Ein Kernstück anthropologischer Begründung von Erziehung, Weinheim: Juventa Verlag 1988

HELD, LEWIS I., JR.: Quirks of human anatomy. An evo-devo look at the human body, Cambridge et al.: Cambridge University Press 2009

HELLMAN, HAL: Great feuds in science. Ten of the liveliest disputes ever, New York: Wiley 1998

HELLMAN, HAL: Zoff im Elfenbeinturm. Große Wissenschaftsdispute, Weinheim: Wiley-VCH 2000

HEMMINGER, HANSJÖRG: Der Mensch – eine Marionette der Evolution? Eine Kritik an der Soziobiologie, Frankfurt am Main: Fischer Taschenbuch Verlag 1985

HEMMINGER, HANSJÖRG: Soziobiologie des Menschen – Wissenschaft oder Ideologie? (Erstveröffentlichung 1994). In: SOMMER, VOLKER (HRSG.): Biologie des Menschen, Heidelberg; Berlin; Oxford: Spektrum, Akademischer Verlag 1996, S. 136–144

HEMPELMANN, ROLF/KLAEREN, HORST/ZIMMERMANN, WOLF-DIETER: Erziehung in Bedingungsfeldern: Lernen, Begabung, Intelligenz, (Materialien für den Sekundarbereich II: Erziehungswissenschaft, Bd. 2), Hannover: Schroedel 1988

HENN, WOLFRAM: Warum Frauen nicht schwach, Schwarze nicht dumm und Behinderte nicht arm dran sind. Der Mythos von den guten Genen, Freiburg im Breisgau: Basel; Wien: Herder 2004

HENNIG, WOLFGANG: Genetik, 2. Aufl., Berlin u. a.: Springer 1998

HENRIE, MARK C./MYERS, WINFIELD J. C./NELSON, JEFFREY O.: The fifty worst (and best) books of the century. In: The Intercollegiate Review, Vol. 35, No. 1/1999, pp. 3–13

HENTIG, HARTMUT VON: Erbliche Umwelt – oder Begabung zwischen Wissenschaft und Politik. Überlegungen aus Anlaß des folgenden Beitrages von A. Jensen. In: Neue Sammlung, 11. Jg., H. 1/1971, S. 51–71

HERMES, RÜDIGER: Aldous Huxley, Brave new world – Schöne neue Welt. Inhalt, Hintergrund, Interpretation, München: Mentor-Verlag 2010

HERODOTOS VON HALIKARNASSOS: Das Geschichtswerk. Teil II, Leipzig: Insel 1956

HERRLITZ, HANS-GEORG: Heinrich Roth: ›Begabung und Lernen‹. Zur aktuellen Bedeutung eines Gutachtenbandes von 1969, In: Die Deutsche Schule, 93. Jg., H. 1/2001, S. 89–98

HERRNSTEIN, RICHARD JULIUS: I.Q. In: Atlantic Monthly, Vol. 228, No. 3/1971, pp. 43–64

HERRNSTEIN, RICHARD JULIUS: I.Q. in the Meritocracy, Boston: Atlantic – Little Brown 1973

HERRNSTEIN, RICHARD JULIUS: Chancengleichheit – eine Utopie? Die IQ-bestimmte Klassengesellschaft, Stuttgart: Deutsche Verlags-Anstalt 1974

HERRNSTEIN, RICHARD JULIUS/MURRAY, CHARLES A.: The bell curve. Intelligence and class structure in American life, New York: Free Press 1994

HERZOG, WALTER: Verhältnisse von Natur und Kultur. Die Herausforderungen der Pädagogik durch das evolutions-biologische Denken. In: Neue Sammlung, 39. Jg., H. 1/1999, S. 97–129

HESCHL, ADOLF: Das intelligente Genom. Über die Entstehung des menschlichen Geistes durch Mutation und Selektion, Berlin; Heidelberg: Springer 1998

HESCHL, ADOLF: The intelligent genome. On the origin of the human mind by mutation and selection, Berlin: Springer 2001

HEYWOOD, LESLIE L./GARCIA, JUSTIN R./WILSON, DAVID SLOAN: Mind the gap: Appropriate evolutionary perspectives toward the integration of the sciences and humanities. In: Science & Education, Vol. 19, No. 4–5/2010, pp. 505–522

HINDE, ROBERT AUBREY: Dichotomies in the study of development. In: THODAY, JOHN M./PARKES, ALAN S. (EDS.): Genetic and environmental influences on behaviour. A symposium held by the Eugenics Society in September 1967, Edinburgh: Oliver & Boyd 1968, pp. 3–14

HIRSCH, JERRY: Jensenism: The bankruptcy of »science« without scholarship. In: Educational Theory, Vol. 25, No. 1/1975, pp. 3–27, 102

HIRSCH, JERRY: Behavior-genetic analysis and its biosocial consequences. In: BLOCK, NED J./DWORKIN, GERALD (EDS.): The IQ controversy. Critical readings, New York: Pantheon Books 1976, pp. 156–178

HIRSCH, JERRY: To »unfrock the charlatans«. In: Sage Race Relations Abstracts, Vol. 6, No. 2/1981, pp. 1–65

HIRSCH, JERRY: Some history of heredity-vs-environment, genetic inferiority at Harvard (?), and ›The‹ (incredible) ›Bell Curve‹. In: Genetica, Vol. 99, No. 2–3/1997, pp. 207–224

HIRSCHFELD, LAWRENCE A.: Do children have a theory of race? In: Cognition, Vol. 54, No. 2/1995, pp. 209–252

HIRSCHMÜLLER, ALBRECHT: Paul Kammerer und die Vererbung erworbener Eigenschaften. In: Medizinhistorisches Journal, 26. Jg., H. 1/1991, S. 26–77

HITLER, ADOLF: Mein Kampf. Zweiter Band: Die nationalsozialistische Bewegung, München: Franz Eher Nachfolger 1932 (Erstveröffentlichung 1927)

HO, MAE-WAN: Genetic fitness and natural selection: Myth or metaphor? In: GREENBERG, GARY/TOBACH, ETHEL (EDS.): Evolution of social behavior and integrative levels (The T. C. Schneirla Conference series, Vol. 3), Hillsdale, NJ et al.: Lawrence Erlbaum Assoc. 1988, pp. 85–111

HO, MAE-WAN: Genetic engineering dream or nightmare? The brave new world of bad science and big business, Bath, UK; Grawn, MI: Gateway Books 1998

HO, MAE-WAN: Das Geschäft mit den Genen. Genetic Engineering – Traum oder Alptraum? München: Diederichs 1999

HO, MAE-WAN: Living with the fluid genome, Penang, Malaysia: Institute of Science in Society; Third World Network 2003

HO, MAE-WAN: Development and evolution revisited. In: HOOD, KATHRYN E. ET AL. (EDS.): Handbook of developmental science, behavior, and genetics, Chichester: Wiley-Blackwell 2010, pp. 61–109

HO, MAE-WAN/SAUNDERS, PETER T.: Beyond neo-Darwinism – An epigenetic approach to evolution. In: Journal of Theoretical Biology, Vol. 78, No. 4/1979, pp. 573–591

HOBMAIR, HERMANN (HRSG.): Pädagogik, Köln; München: Stam-Verlag 1992

HOBMAIR, HERMANN (HRSG.): Pädagogik, 3. Aufl., Troisdorf: Bildungsverlag EINS 2002

HOFSTADTER, RICHARD: Social Darwinism in American thought, 1860–1915, Philadelphia; London: University of Pennsylvania Press; Humphrey Milford, Oxford University Press 1944

HOJER, ERNST: Aggression und Normenkonflikt in pädagogischer Sicht. In: Pädagogische Rundschau, 30. Jg., H. 5/1976, S. 328–341

HOPFNER, JOHANNA: Das Subjekt im neuzeitlichen Erziehungsdenken. Ansätze zur Überwindung grundlegender Dichotomien bei Herbart und Schleiermacher, Weinheim: Juventa Verlag 1999

HOPFNER, JOHANNA/LEONHARD, HANS-WALTER: Geschlechterdebatte. Eine Kritik, Bad Heilbrunn/Obb.: Klinkhardt 1996

HORGAN, JOHN: Die neuen Sozialdarwinisten (Erstveröffentlichung 1995). In: SOMMER, VOLKER (HRSG.): Biologie des Menschen, Heidelberg; Berlin; Oxford: Spektrum, Akademischer Verlag 1996a, S. 146–153

HORGAN, JOHN: Gene und Verhalten (Erstveröffentlichung 1993). In: SOMMER, VOLKER (HRSG.): Biologie des Menschen, Heidelberg; Berlin; Oxford: Spektrum, Akademischer Verlag 1996b, S. 82–89

HORGAN, JOHN: An den Grenzen des Wissens. Siegeszug und Dilemma der Naturwissenschaften, München: Luchterhand 1997

HORGAN, JOHN: Der menschliche Geist. Wie die Wissenschaften versuchen, die Psyche zu verstehen, München: Luchterhand 2000

HOROWITZ, FRANCES DEGEN: The need for a comprehensive new environmentalism. In: PLOMIN, ROBERT/MACCLEARN, GERALD E. (EDS.): Nature, nurture, and psychology, 2nd ed., Washington, D. C.: American Psychological Association 1994, pp. 341–353

HORTON, ROBERT FORMAN: Verbum Dei. The Yale lectures on preaching, New York; London: Macmillan and co. 1893

HORTON, ROBERT FORMAN: The free church in England. In: The Fortnightly Review, Vol. 61, No. 364 (April)/1897, pp. 597–607

HOSSFELD, UWE: Geschichte der biologischen Anthropologie in Deutschland. Von den Anfängen bis in die Nachkriegszeit, Stuttgart: Steiner 2005

HOWELLS, THOMAS H.: The obsolete dogmas of heredity. In: Psychological Review, Vol. 52, No. 1/1945, pp. 23–34

HRDY, SARAH BLAFFER: Mutter Natur. Die weibliche Seite der Evolution, Berlin: Berlin-Verlag 2000

HSIE, ABRAHAM W./O'NEILL, J. PATRICK/MCELHENY, VICTOR K.: Mammalian cell mutagenesis. The maturation of test systems, (Banbury Report, Vol. 2), Cold Spring Harbor, NY: Cold Spring Harbor Laboratory Press 1979

HUBEL, DAVID H./WIESEL, TORSTEN N.: The period of susceptibility to the physiological effects of unilateral eye closure in kittens. In: Journal of Physiology, Vol. 206, No. 2/1970, pp. 419–436

HUGHES, K. R./ZUBEK, JOHN PETER: Effect of glutamic acid on the learning ability of bright and dull rats. I. Administration during infancy. In: Canadian Journal of Psychology, Vol. 10, No. 3/1956, pp. 132–138

HUGHES, WILLIAM/LAVERY, JONATHAN/DORAN, KATHERYN: Critical thinking. An introduction to the basic skills, 6th ed., Peterborough, ON: Broadview Press 2010

HUISKEN, FREERK: Die Wissenschaft von der Erziehung. Einführung in die Grundlügen der Pädagogik, (Kritik der Erziehung, Bd. 1), Hamburg: VSA-Verlag 1991

HULL, DAVID LEE: Science as a process. An evolutionary account of the social and conceptual development of science, Chicago: University of Chicago Press 1990

HUME, DAVID: Eine Untersuchung über den menschlichen Verstand, Frankfurt am Main: Suhrkamp 2007 (Erstveröffentlichung 1748)

HUNT, JOSEPH MCVICKER: Has compensatory education failed? Has it been attempted? In: Harvard Educational Review, Vol. 39, No. 2/1969, pp. 278–300

HUPPERTZ, NORBERT/SCHINZLER, ENGELBERT: Grundfragen der Pädagogik. Eine Einführung für sozialpädagogische Berufe, 8. Aufl., München: Bardtenschlager Verlag 1985

HURRELMANN, KLAUS: Bio-psycho-soziale Entwicklung. Versuche, die Sozialisationstheorie wirklich interdisziplinär zu machen. In: Zeitschrift für Sozialisationsforschung und Erziehungssoziologie, 11. Jg., H. 2/1991, S. 98–103

HURRELMANN, KLAUS: Einführung in die Sozialisationstheorie. Über den Zusammenhang von Sozialstruktur und Persönlichkeit, 4. Aufl., Weinheim; Basel: Beltz 1993

HURRELMANN, KLAUS: Social structure and personality development. The individual as a productive processor of reality, Cambridge: Cambridge University Press 2009 (first published 1988)

HURRELMANN, KLAUS/GRUNDMANN, MATTHIAS/WALPER, SABINE (HRSG.): Handbuch Sozialisationsforschung, 7. Aufl., Weinheim: Beltz 2008a

HURRELMANN, KLAUS/GRUNDMANN, MATTHIAS/WALPER, SABINE: Zum Stand der Sozialisationsforschung. In: HURRELMANN, KLAUS/GRUNDMANN, MATTHIAS/WALPER, SABINE (HRSG.): Handbuch Sozialisationsforschung, 7. Aufl., Weinheim: Beltz 2008b, S. 14–31

HUSÉN, TORSTEN: Kann die Schule ›Intelligenz verbessern‹? Über den Zusammenhang von Intelligenzleistung, Vererbung und sozialer Herkunft. In: Westermanns Pädagogische Beiträge, 23. Jg., H. 10/1971, S. 564–570

HUTH, ALBERT: Begabungsrückgang? In: Zentralblatt für Arbeitswissenschaft und soziale Betriebspraxis, 4. Jg., H. 8/1950, S. 116–118

HUTH, ALBERT: Begabungsrückgang bestätigt! In: Zentralblatt für Arbeitswissenschaft und soziale Betriebspraxis, 6. Jg., H. 5/1952, S. 76–77

HUXLEY, ALDOUS: Brave new world. A novel, London: Chatto & Windus 1932

HUXLEY, ALDOUS: Schöne neue Welt. Ein Roman der Zukunft, 65. Aufl., Frankfurt am Main: Fischer 2008

HUXLEY, JULIAN SORELL: Evolution. The modern synthesis, London: Allen & Unwin 1942

HUXLEY, THOMAS HENRY [ANONYMOUS]: Art. VIII. – Darwin on the origin of species. On the origin of species, by means of natural selection; or the preservation of favoured races in the struggle for life. By Charles Darwin, M.A. London. 1860. In: Westminster Review, Vol. 17, No. 2 (April)/1860, pp. 541–570

HYMOVITCH, BERNARD: The effects of experimental variations on problem-solving in the rat. In: Journal of Comparative and Physiological Psychology, Vol. 45, No. 4/1952, pp. 313–321

IMPERATO-MCGINLEY, JULIANNE ET AL.: Steroid 5α-reductase deficiency in man: An inherited form of male pseudohermaphroditism. In: Science, Vol. 186, No. 4170 (Dec. 27)/1974, pp. 1213–1215

IMPERATO-MCGINLEY, JULIANNE/PETERSON, RALPH E.: Male pseudohermaphroditism: The complexities of male phenotypic development. In: The American Journal of Medicine, Vol. 61, No. 2/1976, pp. 251–272

IMPERATO-MCGINLEY, JULIANNE ET AL.: Androgens and the evolution of male-gender identity among male pseudohermaphrodites with 5α-reductase deficiency. In: The New England Journal of Medicine, Vol. 300, No. 22 (May 31)/1979, pp. 1233–1237

INGOLD, TIM: From complementarity to obviation: On dissolving the boundaries between social and biological anthropology, archaeology, and psychology. In: OYAMA, SUSAN/GRIFFITHS, PAUL E./GRAY, RUSSELL D. (EDS.): Cycles of contingency. Developmental systems and evolution, Cambridge, MA; London: MIT Press 2001, pp. 255–279

IRONS, WILLIAM: Adaptively relevant environments versus the environment of evolutionary adaptedness. In: Evolutionary Anthropology: Issues, News, and Reviews, Vol. 6, No. 6/1998, pp. 194–204

IRRGANG, BERNHARD: Lehrbuch der evolutionären Erkenntnistheorie. Thesen, Konzeptionen und Kritik, 2. Aufl., München: Reinhardt 2001

JABLONKA, EVA: The systems of inheritance. In: OYAMA, SUSAN/GRIFFITHS, PAUL E./GRAY, RUSSELL D. (EDS.): Cycles of contingency. Developmental systems and evolution, Cambridge, MA; London: MIT Press 2001, pp. 99–116

JABLONKA, EVA/LAMB, MARION J.: The inheritance of acquired epigenetic variations. In: Journal of Theoretical Biology, Vol. 139, No. 1/1989, pp. 69–83

JABLONKA, EVA/LAMB, MARION J.: Epigenetic inheritance and evolution. The Lamarckian dimension, Oxford: Oxford University Press 1995

JABLONKA, EVA/LAMB, MARION J.: Evolution in four dimensions. Genetic, epigenetic, behavioral, and symbolic variation in the history of life, Cambridge, MA; London: MIT Press 2006 (first published 2005)

JABLONKA, EVA/RAZ, GAL: Transgenerational epigenetic inheritance: Prevalence, mechanisms, and implications for the study of heredity and evolution. In: The Quarterly Review of Biology, Vol. 84, No. 2/2009, pp. 131–176

JABLONSKI, WALTER: Ein Beitrag zur Vererbung der Refraktion menschlicher Augen. In: Archiv für Augenheilkunde, 91. Jg., 1922, S. 308–328

JACOB, FRANÇOIS: The logic of life. A history of heredity, New York: Pantheon Books 1973 (first published 1970)

JACQUARD, ALBERT: Endangered by Science? New York: Columbia University Press 1985

JÄGER, MARGRET: Fatale Effekte. Die Kritik am Patriarchat im Einwanderungsdiskurs, Duisburg: DISS (Duisburger Institut für Sprach- und Sozialforschung) 1996a

JÄGER, MARGRET U. A. (HRSG.): Biomacht und Medien. Wege in die Bio-Gesellschaft, Duisburg: DISS (Duisburger Institut für Sprach- und Sozialforschung) 1997

JÄGER, SIEGFRIED: BrandSätze. Rassismus im Alltag, 4. Aufl., Duisburg: DISS (Duisburger Institut für Sprach- und Sozialforschung) 1996b

JÄGER, SIEGFRIED: Kritische Diskursanalyse. Eine Einführung, 2. Aufl., Duisburg: DISS (Duisburger Institut für Sprach- und Sozialforschung) 1999

JAHN, ILSE: Biologische Fragestellungen in der Epoche der Aufklärung (18. Jh.). In: JAHN, ILSE (HRSG.): Geschichte der Biologie. Theorien, Methoden, Institutionen, Kurzbiografien, 3. Aufl., Hamburg: Nikol Verlag 2004, S. 231–273

JAMES, WILLIAM: The principles of psychology. In two volumes, New York: Holt 1890

JANTZEN, WOLFGANG: Begabung und Intelligenz – 1. Teil. In: Behindertenpädagogik, 26. Jg., H. 4/1987, S. 342–357

JANTZEN, WOLFGANG: ›Praktische Ethik‹ als Verlust der Utopiefähigkeit – Anthropologische und naturphilosophische Argumente gegen Peter Singer. In: Behindertenpädagogik, 30. Jg., H. 1/1991, S. 11–25

JENSEN, ARTHUR ROBERT: The culturally disadvantaged: Psychological and educational aspects. In: Educational Research, Vol. 10, No. 1/1967, pp. 4–20

JENSEN, ARTHUR ROBERT: Arthur Jensen replies. In: Psychology Today, Vol. 3, No. 5 (Oct.)/1969a, pp. 4, 6

JENSEN, ARTHUR ROBERT: Counter response. In: Journal of Social Issues, Vol. 25, No. 4/1969b, pp. 219–222

JENSEN, ARTHUR ROBERT: How much can we boost IQ and scholastic achievement? In: Harvard Educational Review, Vol. 39, No. 1/1969c, pp. 1–123

JENSEN, ARTHUR ROBERT: Reducing the heredity-environment uncertainty: A reply. In: Harvard Educational Review, Vol. 39, No. 3/1969d, pp. 449–483

JENSEN, ARTHUR ROBERT: Erblicher IQ – oder Pädagogischer Optimismus vor einem anderen Gericht. In: Neue Sammlung, 11. Jg., H. 1/1971, S. 71–76

JENSEN, ARTHUR ROBERT: Genetics and education, London: Methuen 1972

JENSEN, ARTHUR ROBERT: Wie sehr können wir Intelligenzquotient und schulische Leistung steigern? In: SKOWRONEK, HELMUT (HRSG.): Umwelt und Begabung, Stuttgart: Ernst Klett Verlag 1973, S. 63–155

JENSEN, ARTHUR ROBERT: Kinship correlation reported by Sir Cyril Burt. In: Behavior Genetics, Vol. 4, No. 1/1974, pp. 1–28

JENSEN, ARTHUR ROBERT: Race and the genetics of intelligence. A reply to Lewontin. In: BLOCK, NED J./DWORKIN, GERALD (EDS.): The IQ controversy. Critical readings, New York: Pantheon Books 1976, pp. 93–106

JENSEN, ARTHUR ROBERT: Citation classics – How much can we boost IQ and scholastic achievement? Original Paper: Jensen A R. How much can we boost IQ and scholastic achievement? Harvard Educ. Rev. 39: 1–123, 1969. In: Current Contents/Life Sciences, No. 41 (October 9)/1978, p. 16

JENSEN, ARTHUR ROBERT: Bias in mental testing, New York: Free Press 1980

JENSEN, ARTHUR ROBERT: The debunking of scientific fossils and straw persons. In: Contemporary Education Review, Vol. 1, No. 2/1982, pp. 121–135

JENSEN, ARTHUR ROBERT: Scientific fraud or false accusations? The case of Cyril Burt. In: MILLER, DAVID J./HERSEN, MICHEL (EDS.): Research fraud in the behavioral and biomedical sciences, New York: Wiley 1992, pp. 97–124

JENSEN, ARTHUR ROBERT: Paroxysms of denial. In: National Review, Vol. 46, No. 23, 05.12. 1994, pp. 48–50

JENSEN, ARTHUR ROBERT: IQ and science: The mysterious Burt affair. In: MACKINTOSH, NICHOLAS JOHN (ED.): Cyril Burt. Fraud or framed? Oxford et al.: Oxford University Press 1995, pp. 1–12

JENSEN, ARTHUR ROBERT: The g factor. The science of mental ability, Westport, CT: Praeger 1998

JOB, OTMAR KABAT VEL: Ergebnisse der Leipziger Zwillingsstudie zur Persönlichkeitsentwicklung. In: Zeitschrift für Sozialisationsforschung und Erziehungssoziologie, 11. Jg., H. 2/1991, S. 148–164

JOHANNSEN, WILHELM: Elemente der exakten Erblichkeitslehre, Jena: G. Fischer 1909

JOHNSON, WENDY ET AL.: Just one g: consistent results from three test batteries. In: Intelligence, Vol. 32, No. 1/2004, pp. 95–107

JOHNSON, WENDY ET AL.: Genetic and environmental influences on the Verbal-Perceptual-Image Rotation (VPR) model of the structure of mental abilities in the Minnesota study of twins reared apart. In: Intelligence, Vol. 35, No. 6/2007, pp. 542–562

JOHNSTON, TIMOTHY D.: Learning and the evolution of developmental systems. In: PLOTKIN, HENRY C. (ED.): Learning, development, and culture. Essays in evolutionary epistemology, Chichester et al.: John Wiley & Sons 1982, pp. 411–442

JOHNSTON, TIMOTHY D.: The persistence of dichotomies in the study of behavioral development. In: Developmental Review, Vol. 7, No. 2/1987, pp. 149–182

JOHNSTON, TIMOTHY D.: The influence of Weismann's germ-plasm theory on the distinction between learned and innate behavior. In: Journal of the History of the Behavioral Sciences, Vol. 31, No. 2/1995, pp. 115–128

JOHNSTON, TIMOTHY D.: Toward a system view of development: An appraisal of Lehrman's critique of Lorenz. In: OYAMA, SUSAN/GRIFFITHS, PAUL E./GRAY, RUSSELL D. (EDS.): Cycles of contingency. Developmental systems and evolution, Cambridge, MA; London: MIT Press 2001, pp. 15–23

JORDAN, BERTRAND: Alles genetisch? Hamburg: Rotbuch Verlag 2001

JOSEPH, JAY: The gene illusion. Genetic research in psychiatry and psychology under the microscope, New York: Algora Publishing 2004

JOSEPH, JAY: Genetic research in psychiatry and psychology. A critical overview. In: HOOD, KATHRYN E. ET AL. (EDS.): Handbook of developmental science, behavior, and genetics, Chichester: Wiley-Blackwell 2010, pp. 557–625

JOYNSON, ROBERT BILLINGTON: The Burt affair, London: Routledge 1989

JOYNSON, ROBERT BILLINGTON: Selective interest and psychological practice. A new interpretation of the Burt affair. In: British Journal of Psychology, Vol. 94, No. 3/2003, pp. 409–426

JUEL-NIELSEN, NIELS: Individual and environment: A psychiatric-psychological investigation of monozygotic twins reared apart. In: Acta Psychiatrica Scandinavica, Vol. 40, No. S183 (Supplement)/1965, pp. 9–158

JUNKER, THOMAS: Geschichte der Biologie. Die Wissenschaft vom Leben, München: Beck 2004

JUNKER, THOMAS/HOSSFELD, UWE: Die Entdeckung der Evolution. Eine revolutionäre Theorie und ihre Geschichte, Darmstadt: Wissenschaftliche Buchgesellschaft 2001

JUSSIM, LEE/HARBER, KENT D.: Teacher expectations and self-fulfilling prophecies. Knowns and unknowns, resolved and unresolved controversies. In: Personality and Social Psychology Review, Vol. 9, No. 2/2005, pp. 131–155

KAATI, GUNNAR/BYGREN, LARS OLOV/EDVINSSON, SÖREN: Cardiovascular and diabetes mortality determined by nutrition during parents' and grandparents' slow growth period. In: European Journal of Human Genetics, Vol. 10, No. 11/2002, pp. 682–688

KAATI, GUNNAR ET AL.: Transgenerational response to nutrition, early life circumstances and longevity. In: European Journal of Human Genetics, Vol. 15, No. 7/2007, pp. 784–790

KAGAN, JEROME S.: Inadequate evidence and illogical conclusions. In: Harvard Educational Review, Vol. 39, No. 2/1969, pp. 274–277

KAMIN, LEON J.: The science and politics of I.Q., London: Wiley 1974

KAMIN, LEON J.: Der Intelligenz-Quotient in Wissenschaft und Politik, Darmstadt: Steinkopff 1979

KAMMERER, PAUL: Mendelsche Regeln und Vererbung erworbener Eigenschaften. In: Verhandlungen des naturforschenden Vereines in Brünn, Bd. 49 (1910), 1911, S. 72–110

KAMMERER, PAUL: Das Gesetz der Serie. Eine Lehre von den Wiederholungen im Lebens- und im Weltgeschehen, Stuttgart: Deutsche Verlags-Anstalt 1919

KAMMERER, PAUL: The inheritance of acquired characteristics, New York: Boni and Liveright 1924

KAMMERER, PAUL: Das Rätsel der Vererbung. Grundlagen der allgemeinen Vererbungslehre, Berlin: Ullstein 1925

KAMPHAUS, RANDY W.: Clinical assessment of child and adolescent intelligence, 2nd ed., New York: Springer 2005

KANT, IMMANUEL: Kritik der reinen Vernunft, Hamburg: Meiner 1998 (Erstveröffentlichung 1781)

KAPLAN, JONATHAN MICHAEL: The limits and lies of human genetic research. Dangers for social policy, New York; London: Routledge 2000

KAPPELER, PETER: Verhaltensbiologie, 2. Aufl., Berlin; Heidelberg: Springer 2009

KASTEN, HARTMUT: 0–3 Jahre. Entwicklungspsychologische Grundlagen, Weinheim; Basel: Beltz 2005

KATTMANN, ULRICH: Warum und mit welcher Wirkung klassifizieren Wissenschaftler Menschen? In: KAUPEN-HAAS, HEIDRUN/SALLER, CHRISTIAN (HRSG.): Wissenschaftlicher Rassismus. Analysen einer Kontinuität in den Human- und Naturwissenschaften, Frankfurt am Main; New York: Campus Verlag 1999, S. 65–83

KEGEL, BERNHARD: Epigenetik. Wie Erfahrungen vererbt werden, Köln: DuMont 2009

KEINER, EDWIN: Erziehungswissenschaft 1947–1990. Eine empirische und vergleichende Untersuchung zur kommunikativen Praxis einer Disziplin, Weinheim: Deutscher Studien Verlag 1999

KELLER, EVELYN FOX: Beyond the gene but beneath the skin. In: OYAMA, SUSAN/GRIFFITHS, PAUL E./GRAY, RUSSELL D. (EDS.): Cycles of contingency. Developmental systems and evolution, Cambridge, MA; London: MIT Press 2001a, pp. 299–312

KELLER, EVELYN FOX: Das Jahrhundert des Gens, Frankfurt am Main; New York: Campus Verlag 2001b

KELLER, EVELYN FOX: The mirage of a space between nature and nurture, Durham, NC; London: Duke University Press 2010

KELLER, REINER: Diskursforschung. Eine Einführung für SozialwissenschaftlerInnen, Opladen: Leske + Budrich 2004

KELLER, REINER U.A. (HRSG.): Handbuch Sozialwissenschaftliche Diskursanalyse. Band 1: Theorien und Methoden, Opladen: Leske + Budrich 2001

KELLER, REINER U.A. (HRSG.): Handbuch Sozialwissenschaftliche Diskursanalyse. Band 2: Forschungspraxis, Opladen: Leske + Budrich 2003

KELLER, SVEN: Günzburg und der Fall Josef Mengele. Die Heimatstadt und die Jagd nach dem NS-Verbrecher, München: Oldenbourg Wissenschaftsverlag 2003

KEMPTHORNE, OSCAR: A biometrics invited paper. Logical, epistemological and statistical aspects of nature-nurture data interpretation. In: Biometrics, Vol. 34, No. 1/1978, pp. 1–23

KEMPTHORNE, OSCAR: Heritability: uses and abuses. In: Genetica, Vol. 99, No. 2–3/1997, pp. 109–112

KESSLER, SUZANNE J./McKENNA, WENDY: Gender. An ethnomethodological approach, New York et al.: John Wiley & Sons 1978

KEVLES, DANIEL J.: In the name of eugenics. Genetics and the uses of human heredity, Berkeley; Los Angeles: University of California Press 1986

KHOURY, M. J./THORNBURG, R. S.: Nature versus nurture. An unnecessary debate. In: Gene Letter, 01.03.2001

KIMBLE, GREGORY A.: Evolution of the nature-nurture-issue in the history of psychology. In: PLOMIN, ROBERT/MAC-CLEARN, GERALD E. (EDS.): Nature, nurture, and psychology, 2nd ed., Washington, D. C.: American Psychological Association 1994, pp. 3–25

KIPLING, RUDYARD: Just so stories. For little children, London: MacMillan 1902

KITCHER, PHILIP: The lives to come. The genetic revolution and human possibilities, New York: Simon & Schuster 1996

KITCHER, PHILIP: Abusing science. The case against creationism, 10th ed., Cambridge, MA: MIT Press 1998 (first published 1983)

KNEER, GEORG/NASSEHI, ARMIN: Niklas Luhmanns Theorie sozialer Systeme. Eine Einführung, 3. Aufl., München: Fink 1997

KNUSSMANN, RAINER: Vergleichende Biologie des Menschen. Lehrbuch der Anthropologie und Humangenetik, 2. Aufl., Stuttgart u. a.: Fischer 1996

KOESTLER, ARTHUR: The case of the midwife toad, London: Hutchinson 1971

KOESTLER, ARTHUR: Der Krötenküsser. Der Fall des Biologen Paul Kammerer, Wien; München; Zürich: Molden 1972

KÖLLER, WILHELM: Narrative Formen der Sprachreflexion. Interpretationen zu Geschichten über Sprache von der Antike bis zur Gegenwart, Berlin: de Gruyter 2006

KONNER, MELVIN: The tangled wing. Biological constraints on the human spirit, New York: Holt Rinehart and Winston 1982

KOOP, VOLKER: »Dem Führer ein Kind schenken«. Die SS-Organisation Lebensborn e.V., Köln; Weimar; Wien: Böhlau 2007

KREBS, JOHN R./DAVIES, NICHOLAS B.: Einführung in die Verhaltensökologie, 3. Aufl., Berlin, Wien: Blackwell Wissenschafts-Verlag 1996

KRIST, HORST U. A.: Vom Neo-Nativismus zu einer entwicklungsorientierten Konzeption kognitiver Entwicklung im Säuglingsalter: Anreicherung oder begrifflicher Wandel? Replik zum Kommentar von Beate Sodian. In: Zeitschrift für Entwicklungspsychologie und Pädagogische Psychologie, 30. Jg., H. 4/1998, S. 179–182

KROEBER, ALFRED LOUIS: The superorganic. In: American Anthropologist, Vol. 19, No. 2/1917, pp. 163–213

KRÖNER, HANS-PETER: Von der Rassenhygiene zur Humangenetik. Das Kaiser-Wilhelm-Institut für Anthropologie, menschliche Erblehre und Eugenik nach dem Kriege, Stuttgart u. a.: Gustav Fischer 1998

KRÖNER, HANS-PETER: »Rasse« und Vererbung: Otmar von Verschuer (1896–1969) und der »wissenschaftliche Rassismus«. In: EHMER, JOSEF/FERDINAND, URSULA/REULECKE, JÜRGEN (HRSG.): Herausforderung Bevölkerung. Zu Entwicklungen des modernen Denkens über die Bevölkerung vor, im und nach dem »Dritten Reich«, Wiesbaden: VS Verlag für Sozialwissenschaften 2007, S. 201–213

KRONFELDNER, MARIA ELISABETH: Is cultural evolution Lamarckian? In: Biology and Philosophy, Vol. 22, No. 4/2007, pp. 493–512

KRONFELDNER, MARIA ELISABETH: Genetic determinism and the innate-acquired distinction in medicine. In: Medicine Studies, Vol. 1, No. 2/2009a, pp. 167–181

KRONFELDNER, MARIA ELISABETH: »If there is nothing beyond the organic …«. Heredity and culture at the boundaries of anthropology in the work of Alfred L. Kroeber. In: NTM: Zeitschrift für Geschichte der Wissenschaften, Technik und Medizin, Vol. 17, No. 2/2009b, pp. 107–133

KRÜGER, LORENZ: Der Streit um das angeborene Wissen. In: NIEMITZ, CARSTEN (HRSG.): Erbe und Umwelt. Zur Natur von Anlage und Selbstbestimmung des Menschen, 2. Aufl., Frankfurt am Main: Suhrkamp 1989, S. 10–29

KUHLMANN, HILKE: Living Walden Two. B. F. Skinner's behaviorist utopia and experimental communities, Urbana: University of Illinois Press 2004

KUHN, THOMAS SAMUEL: Die Struktur wissenschaftlicher Revolutionen, 2. Aufl., Frankfurt am Main: Suhrkamp 1976 (Erstveröffentlichung 1973)

KUO, ZING YANG: A Psychology without heredity. In: The Psychological Review, Vol. 31, No. 6/1924, pp. 427–448

KUTSCHERA, ULRICH: Evolutionsbiologie, 2. Aufl., Stuttgart: UTB 2006

LAGNADO, LUCETTE MATALON/DEKEL, SHEILA COHN: Children of the flames. Dr. Josef Mengele and the untold story of the twins of Auschwitz, New York: Penguin Books 1992 (first published 1991)

LAMARCK, JEAN-BAPTISTE PIERRE ANTOINE DE MONET DE: Philosophie zoologique, ou exposition des considérations relatives à l'histoire naturelle des animaux; à la diversité de leur organisation et des facultés qu'ils en obtiennent; aux causes physiques qui maintiennent en eux la vie et donnent lieu aux mouvements qu'ils exécutent; enfin, à celles qui produisent, les unes le sentiment, et les autres l'intelligence de ceux qui en sont doués, Paris: Dentu 1809

LAMARCK, JEAN-BAPTISTE PIERRE ANTOINE DE: Zoologische Philosophie. Teil 1–3, 2. Aufl., Frankfurt am Main: Harri Deutsch 2002 (Erstveröffentlichung 1809 (franz.))

LAMB, KEVIN: Biased tidings: The media and the Cyril Burt controversy. In: The Mankind Quarterly, Vol. 33, No. 2/1992, pp. 203–225

LANG, FRIEDER R./NEYER, FRANZ JOSEF: Soziale Beziehungen als Anlage und Umwelt. Ein evolutionspsychologisches Rahmenmodell der Beziehungsregulation. In: Zeitschrift für Soziologie der Erziehung und Sozialisation, 25. Jg., H. 2/2005, S. 162–177

LARSON, EDWARD JOHN: Belated progress: The enactment of eugenic legislation in Georgia. In: Journal of the History of Medicine and Allied Sciences, Vol. 46, No. 1/1991, pp. 44–64

LARSON, EDWARD JOHN: Evolution. The remarkable history of a scientific theory, New York: Modern Library 2004

LASSAHN, RUDOLF: Zur Unentschiedenheit anthropologischer Voraussetzungen. Intelligenz und Begabung in der Diskussion. In: Pädagogische Rundschau, 44. Jg., H. 5/1990, S. 577–583

LEDOUX, JOSEPH E.: Nature vs. nurture: The pendulum still swings with plenty of momentum. In: The Chronicle of Higher Education, Vol. 45, No. 16 (Dec 11)/1998, pp. B7-B8

LEHMENSICK, ERICH: Die begabungsstatistischen Untersuchungen und die erzieherische Verantwortung. In: Die Sammlung, 5. Jg., 1950a, S. 688–700

LEHMENSICK, ERICH: Die Meinungsbildung über die Grenzen der Bildsamkeit und die erbpsychologischen Untersuchungen. In: Die Sammlung, 5. Jg., 1950b, S. 458–475

LEHNE, GREGORY K.: John W. Money (1921–2006). In: American Psychologist, Vol. 62, No. 7/2007, p. 699

LEHRMAN, DANIEL SANFORD: A critique of Konrad Lorenz's theory of instinctive behavior. In: The Quarterly Review of Biology, Vol. 28, No. 4/1953, pp. 337–363

LEHRMAN, DANIEL SANFORD: Semantic and conceptual issues in the nature-nurture problem. In: ARONSON, LESTER RALPH/TOBACH, ETHEL/LEHRMAN, DANIEL SANFORD/ROSENBLATT, JAY S. (EDS.): Development and evolution of behavior. Essays in memory of T. C. Schneirla, San Francisco: Freeman 1970, pp. 17–52

LEIBNIZ, GOTTFRIED WILHELM: Neue Abhandlungen über den menschlichen Verstand. Band 3, Hamburg: F. Meiner 1996 (Erstveröffentlichung 1704)

LEIPOLD, BERNHARD/GREVE, WERNER: Sozialisation, Selbstbild und Identität. In: HURRELMANN, KLAUS/GRUNDMANN, MATTHIAS/WALPER, SABINE (HRSG.): Handbuch Sozialisationsforschung, 7. Aufl., Weinheim: Beltz 2008, S. 398–409

LENZ, FRITZ: Rassenhygiene (Eugenik). In: BAUR, ERWIN/HARTMANN, MAX (HRSG.): Handbuch der Vererbungswissenschaft. Bd. 3, Berlin: Bornträger 1932, S. 1–36

LENZ, MICHAEL: Geschlechtersozialisation aus biologischer Sicht. Anlage und Erziehung, Stuttgart: Ibidem-Verlag 1999

LENZ, MICHAEL: Die Diskussion über Anlage und Umwelt in der bundesdeutschen Erziehungswissenschaft aus diskursanalytischer Perspektive. In: Zeitschrift für Soziologie der Erziehung und Sozialisation, 25. Jg., H. 4/2005, S. 340–361

LENZ, MICHAEL: Evolutionspsychologie – Kritische Einwände aus interdisziplinärer Sicht. Vortrag auf der 3. Jahrestagung der MVE-Liste (»Menschliches Verhalten aus evolutionärer Perspektive«) am 15./16.03.2002 an der Universität Bielefeld. Online verfügbar unter http://www.mlenz.de/kritikep.pdf, zuletzt aktualisiert am 12.07.2005, zuletzt geprüft am 05.05.2011, Bielefeld 2002

LEONARD, THOMAS C.: Origins of the myth of social Darwinism: The ambiguous legacy of Richard Hofstadter's ›Social Darwinism in American Thought‹. In: Journal of Economic Behavior & Organization, Vol. 71, No. 1/2009, pp. 37–51

LEVAY, SIMON: A difference in hypothalamic structure between heterosexual and homosexual men. In: Science, Vol. 253, No. 5023 (Aug. 30)/1991, pp. 1034–1037

LEWIS, EDWARD B.: Alfred Henry Sturtevant 1891–1970. In: Biographical Memoirs of the National Academy of Sciences of the United States of America, Vol. 73, 1998, pp. 3–16

LEWONTIN, RICHARD CHARLES: Race and intelligence. In: Bulletin of the Atomic Scientists, Vol. 26, No. 3/1970, pp. 2–8

LEWONTIN, RICHARD CHARLES: The apportionment of human diversity. In: DOBZHANSKY, THEODOSIUS GRIGORIEVICH/HECHT, MAX K./STEERE, WILLIAM C. (EDS.): Evolutionary Biology (Vol. 6), New York: Appleton – Century – Crofts 1972, pp. 381–398

LEWONTIN, RICHARD CHARLES: The analysis of variance and the analysis of causes. In: American Journal of Human Genetics, Vol. 26, No. 3/1974, pp. 400–411

LEWONTIN, RICHARD CHARLES: Further remarks on race and the genetics of intelligence. In: BLOCK, NED J./DWORKIN, GERALD (EDS.): The IQ controversy. Critical readings, New York: Pantheon Books 1976a, pp. 107–112

LEWONTIN, RICHARD CHARLES: Race and intelligence. In: BLOCK, NED J./DWORKIN, GERALD (EDS.): The IQ controversy. Critical readings, New York: Pantheon Books 1976b, pp. 78–92

LEWONTIN, RICHARD CHARLES: The analysis of variance and the analysis of causes. In: BLOCK, NED J./DWORKIN, GERALD (EDS.): The IQ controversy. Critical readings, New York: Pantheon Books 1976c, pp. 179–193

LEWONTIN, RICHARD CHARLES: The triple helix, Cambridge: Harvard University Press 1998

LEWONTIN, RICHARD CHARLES: Gene, organism and environment. In: OYAMA, SUSAN/GRIFFITHS, PAUL E./GRAY, RUSSELL D. (EDS.): Cycles of contingency. Developmental systems and evolution, Cambridge, MA; London: MIT Press 2001, pp. 59–66

LEWONTIN, RICHARD CHARLES: Die Dreifachhelix. Gen, Organismus und Umwelt, Berlin; Heidelberg: Springer 2002

LEWONTIN, RICHARD CHARLES/ROSE, STEVEN PETER RUSSELL/KAMIN, LEON J.: Not in our genes. Biology, ideology, and human nature, New York: Pantheon Books 1984

LEWONTIN, RICHARD CHARLES/ROSE, STEVEN PETER RUSSELL/KAMIN, LEON J.: Die Gene sind es nicht … Biologie, Ideologie und menschliche Natur, München; Weinheim: Psychologie Verlags Union 1988

LIEBAU, ECKART/PESKOLLER, HELGA/WULF, CHRISTOPH (HRSG.): Natur. Pädagogisch-anthropologische Perspektiven, Weinheim; Basel; Berlin: Beltz 2003

LIEDTKE, MAX: Evolution und Erziehung. Ein Beitrag zur integrativen pädagogischen Anthropologie, Göttingen: Vandenhoeck & Ruprecht 1972a

LIEDTKE, MAX: Zur Funktion von Erziehung in der Gesellschaft. Problemgeschichte und phylogenetische Aspekte. In: Pädagogische Rundschau, 26. Jg., H. 2/1972b, S. 106–126

LIEW, SHIAO HUI M. ET AL.: The first ›classical‹ twin study? Analysis of refractive error using monozygotic and dizygotic twins published in 1922. In: Twin Research and Human Genetics, Vol. 8, No. 3/2005, pp. 198–200

LILIENTHAL, GEORG: Der »Lebensborn e.V.«. Ein Instrument nationalsozialistischer Rassenpolitik, Stuttgart; New York: Gustav Fischer 1985

LINNÉ, CARL VON: Caroli a Linné equitis aur. de stella polari: Systema naturae, per regna tria naturae. Secundum classes, ordines, genera, species cum characteribus, differentiis, synonymis, locis. (Band 1, Teil 1), 13. Aufl., Vindobonae: Typis Ioannis Thomae 1767

LIPTON, BRUCE H.: The biology of belief. Unleashing the power of consciousness, matter and miracles, Santa Rosa, CA: Mountain of Love/Elite Books 2005

LIPTON, BRUCE H.: Intelligente Zellen. Wie Erfahrungen unsere Gene steuern, Burgrain: Koha-Verlag 2006

LOCKE, JOHN: An essay concerning humane understanding. In four books, London: Printed for The Baffett, and fold by Edw. Mory at the sign of the Three Bibles in St. Paul's Church-Yard 1690

LOCKE, JOHN: Some thoughts concerning education, London: A. and J. Churchill 1693

LOCKE, JOHN: Versuch uber den menschlichen Verstand. In vier Buchern, Erster Band, Berlin: L. Heimann 1872 (Erstveröffentlichung 1690 (engl.))

LOCKE, JOHN: Gedanken über Erziehung, Stuttgart: Reclam 1983 (Erstveröffentlichung 1693 (engl.))

LOEHLIN, JOHN CLINTON: History of behavior genetics. In: KIM, YONG-KYU (ED.): Handbook of behavior genetics, New York: Springer 2009, pp. 3–11

LOGAN, CHERYL A./JOHNSTON, TIMOTHY D.: Synthesis and separation in the history of »nature« and »nurture«. In: Developmental Psychobiology, Vol. 49, No. 8/2007, pp. 758–769

LORENZ, KONRAD ZACHARIAS: Der Kumpan in der Umwelt des Vogels. Der Artgenosse als auslösendes Moment sozialer Verhaltensweisen. In: Journal für Ornithologie, 83. Jg., H. 2–3/1935, S. 137–213, 295–413

LORENZ, KONRAD ZACHARIAS: Über die Bildung des Instinktbegriffes. In: Die Naturwissenschaften, 25. Jg., H. 19–21/1937, S. 289–300, 307–318, 324–331

LORENZ, KONRAD ZACHARIAS: Das sogenannte Böse. Zur Naturgeschichte der Aggression, Wien: Borotha-Schoeler 1963

LORENZ, KONRAD ZACHARIAS: Zur Naturgeschichte der Aggression. In: Neue Sammlung, 5. Jg., H. 2/1965, S. 296–308

LORENZ, KONRAD ZACHARIAS: Die Rückseite des Spiegels. Versuch einer Naturgeschichte menschlichen Erkennens, München: Piper 1973

LOWIE, ROBERT HARRY: Culture & ethnology, New York: Douglas C. McMurtrie 1917

LUDVIG, ELLIOT A.: Why Pinker needs behaviorism: A critique of »The Blank Slate«. In: Behavior and Philosophy, Vol. 31, 2003, pp. 139–143

LUHMANN, NIKLAS: Die Gesellschaft der Gesellschaft. Erster Teilband, Frankfurt am Main: Suhrkamp 1997

LUKESCH, HELMUT: Eine monogenetische Intelligenztheorie als Grundlage für die Gestaltung des Schulsystems? In: Zeitschrift für Pädagogische Psychologie, 7. Jg., H. 4/1993, S. 185–189

LUSH, JAY LAURENCE: Genetic aspects of the Danish system of progeny-testing swine, Iowa Agricultural Experiment Station, Research Bulletin 204, 1936

LYELL, CHARLES: Principles of geology, London: Murray 1830

MACBETH, HELEN M.: ›Nature/nurture‹. The false dichotomies. In: Anthropology Today, Vol. 5, No. 4/1989, pp. 12–15

MACCOBY, ELEANOR EMMONS (ED.): The development of sex differences, Stanford: Stanford University Press 1966

MACCOBY, ELEANOR EMMONS: Psychologie der Geschlechter. Sexuelle Identität in den verschiedenen Lebensphasen, Stuttgart: Klett-Cotta 2000

MACCOBY, ELEANOR EMMONS/JACKLIN, CAROL NAGY: The psychology of sex differences, Stanford: Stanford University Press 1974

MACCOBY, ELEANOR EMMONS/JACKLIN, CAROL NAGY: The psychology of sex differences. (Paperback edition, in two volumes). Volume I/Text, Stanford: Stanford University Press 1978

MACKINTOSH, NICHOLAS JOHN (ED.): Cyril Burt. Fraud or framed? Oxford et al.: Oxford University Press 1995a

MACKINTOSH, NICHOLAS JOHN: Does it matter? The scientific and political impact of Burt's work. In: MACKINTOSH, NICHOLAS JOHN (ED.): Cyril Burt. Fraud or framed? Oxford et al.: Oxford University Press 1995b, pp. 130–151

MACKINTOSH, NICHOLAS JOHN: Twins and other kinship studies. In: MACKINTOSH, NICHOLAS JOHN (ED.): Cyril Burt. Fraud or framed? Oxford et al.: Oxford University Press 1995c, pp. 45–69

MAHNER, MARTIN/BUNGE, MARIO: Philosophische Grundlagen der Biologie, Berlin; Heidelberg: Springer 2000

MALTBY, JOHN/DAY, LIZ/MACASKILL, ANN: Introduction to personality, individual differences and intelligence, Harlow: Pearson Prentice Hall 2007

MALTHUS, THOMAS R.: An essay on the principle of population, London: Murray 1817

MAMELI, MATTEO/BATESON, PATRICK: Innateness and the sciences. In: Biology and Philosophy, Vol. 21, No. 2/2006, pp. 155–188

MANDERA, FRAUKE: Entstehung der Begriffe »Rasse« und »Rassismus«. Eine kurze Zusammenfassung. Online verfügbar unter http://www.aric.de/fileadmin/users/aric/PDF/rassebegriff.pdf, zuletzt aktualisiert am 01.03.2004, zuletzt geprüft am 14.04.2010, Berlin 2004

MARKS, JONATHAN: Human biodiversity. Genes, race, and history, Hawthorne, NY: Aldine de Gruyter 1995

MARX, KARL HEINRICH: Zur Kritik der Politischen Ökonomie (Erstveröffentlichung 1859). In: MARX, KARL HEINRICH/ENGELS, FRIEDRICH: Karl Marx, Friedrich Engels – Werke, 7. Aufl., Bd. 13, Berlin: Dietz 1971

MÄRZ, FRITZ: Problemgeschichte der Pädagogik. Band I: Die Lern- und Erziehungsbedürftigkeit des Menschen. Pädagogische Anthropologie – Erster Teil, Bad Heilbrunn/Obb.: Klinkhardt 1978

MÄRZ, FRITZ: Problemgeschichte der Pädagogik. Band II: Die Lernfähigkeit und Erziehbarkeit des Menschen. Pädagogische Anthropologie – Zweiter Teil, Bad Heilbrunn/Obb.: Klinkhardt 1980

MÄRZ, FRITZ: Macht oder Ohnmacht des Erziehers? Von pädagogischen Optimisten, Pessimisten, Realisten, Bad Heilbrunn/Obb.: Klinkhardt 1993

MASSIN, BENOÎT: Anthropologie und Humangenetik im Nationalsozialismus oder: Wie schreiben deutsche Wissenschaftler ihre eigene Wissenschaftsgeschichte? In: KAUPEN-HAAS, HEIDRUN/SALLER, CHRISTIAN (HRSG.): Wissenschaftlicher Rassismus. Analysen einer Kontinuität in den Human- und Naturwissenschaften, Frankfurt am Main; New York: Campus Verlag 1999, S. 12–64

MASSIN, BENOÎT: Mengele, die Zwillingsforschung und die »Auschwitz-Dahlem Connection«. In: SACHSE, CAROLA (HRSG.): Die Verbindung nach Auschwitz. Biowissenschaften und Menschenversuche an Kaiser-Wilhelm-Instituten. Dokumentation eines Symposiums, Göttingen: Wallstein 2003, S. 201–254

MATURANA, HUMBERTO R.: Biologie der Realität, Frankfurt am Main: Suhrkamp 1998

MATURANA, HUMBERTO R.: Was ist erkennen? Die Welt entsteht im Auge des Betrachters, München: Goldmann 2001

MATURANA, HUMBERTO R./VARELA, FRANCISCO J.: Autopoiesis and cognition. The realization of the living, Dordrecht: Reidel 1980

MATURANA, HUMBERTO R./VARELA, FRANCISCO J.: Der Baum der Erkenntnis. Die biologischen Wurzeln des menschlichen Erkennens, München: Goldmann Verlag 1987

MAYR, ERNST WALTER: Systematics and the origin of species. From the viewpoint of a zoologist, New York: Columbia University Press 1942

MAYR, ERNST WALTER: Lamarck revisited. In: Journal of the History of Biology, Vol. 5, No. 1/1972, pp. 55–94

MAYR, ERNST WALTER: … und Darwin hat doch recht. Charles Darwin, seine Lehre und die moderne Evolutionsbiologie, 2. Aufl., München: Piper 1995

MAYR, ERNST WALTER: Die Entwicklung der biologischen Gedankenwelt. Vielfalt, Evolution und Vererbung, Berlin u. a.: Springer 2002 (Erstveröffentlichung 1982 (engl.), 1984 (dt.))

MAYRING, PHILIPP: Qualitative Inhaltsanalyse. Grundlagen und Techniken, 7. Aufl., Weinheim: Deutscher Studien Verlag 2000

MCCLINTOCK, BARBARA: The origin and behavior of mutable loci in maize. In: Proceedings of the National Academy of Sciences of the United States of America (PNAS), Vol. 36, No. 6/1950, pp. 344–355

MCDOUGALL, WILLIAM: An introduction to social psychology, London: Methuen & Co. 1908

MCDOUGALL, WILLIAM: Psychology. The study of behaviour, New York; London: Henry Holt and Company; Williams and Norgate 1912

MCDOUGALL, WILLIAM: An experiment for the testing of the hypothesis of Lamarck. In: British Journal of Psychology, Vol. 17, No. 4/1927, pp. 267–304

MCDOUGALL, WILLIAM: Fourth report on a Lamarckian experiment. Part I+II. In: British Journal of Psychology, Vol. 28, No. 3/1938a, pp. 321–345

MCDOUGALL, WILLIAM: Fourth report on a Lamarckian experiment. Part III+IV. In: British Journal of Psychology, Vol. 28, No. 4/1938b, pp. 365–395

MCFARLAND, DAVID: Biologie des Verhaltens. Evolution, Physiologie, Psychobiologie, Weinheim: VCH 1989

McKenna, Wendy/Kessler, Suzanne J.: As Nature Made Him: The Boy Who Was Raised as a Girl. By John Colapinto. HarperCollins, New York, 2000, 279 pp., $35.00. Book review. In: Archives of Sexual Behavior, Vol. 31, No. 3/ 2002, pp. 301–303

Mead, Margaret: Coming of age in Samoa. A psychological study of primitive youth for western civilisation, New York: Morrow 1928

Mead, Margaret: Social organization of Manu'a, 2nd ed., Honolulu: Bishop Museum Press 1969 (first published 1930)

Mead, Margaret: Kindheit und Jugend in Samoa, 2. Aufl., (Jugend und Sexualität in primitiven Gesellschaften, Bd. 1), München: Deutscher Taschenbuch Verlag 1971 (Erstveröffentlichung 1928 (engl.))

Meaney, Michael J.: Nature, nurture, and the disunity of knowledge. In: Annals of the New York Academy of Sciences, Vol. 935, 2001, pp. 50–61

Medawar, Peter B./Medawar, Jean S.: Von Aristoteles bis Zufall. Ein philosophisches Lexikon der Biologie, München; Zürich: Piper 1986

Mendel, Gregor: Versuche über Pflanzen-Hybriden. In: Verhandlungen des naturforschenden Vereines in Brünn, Bd. IV (1865),1866, S. 3–47

Merriman, Curtis: The intellectual resemblance of twins. In: Psychological Monographs, Vol. 33, 1924, pp. 1–58

Merz, Ferdinand: Lewontin, Richard C., Rose, Steven & Kamin, Leon J. (1988). Die Gene sind es nicht ... Biologie, Ideologie und menschliche Natur ... (Buchbesprechung). In: Zeitschrift für Pädagogische Psychologie, 3. Jg., H. 2/ 1989, S. 139–144

Meyer, Wulf-Uwe: Zur Geschichte der Evolutionären Psychologie. Text für Veranstaltungen zur Evolutionären Psychologie. Online verfügbar unter http://www.uni-bielefeld.de/psychologie/ae/AE02/LEHRE/Evolutionary%20 Psychologie.pdf, zuletzt geprüft am 30.01.2010, Bielefeld 2002

Meyer, Wulf-Uwe/Schützwohl, Achim/Reisenzein, Rainer: Einführung in die Emotionspsychologie. Band II: Evolutionspsychologische Emotionstheorien, Bern u. a.: Huber 1997

Mietzel, Gerd: Wege in die Entwicklungspsychologie. Kindheit und Jugend, 4. Aufl., Weinheim: Beltz; Psychologie Verlags Union 2002

Mill, James: Analysis of the phenomena of the human mind. A new edition with notes illustrative and critical by Alexander Bain, Andrew Findlater and George Grote. Edited with additional notes by John Stuart Mill, In two volumes, Vol. II, London: Longmans Green Reader and Dyer 1869 (first published 1829)

Mill, John Stuart: Three essays on religion, New York: Henry Holt and Company 1874

Mill, John Stuart: Principles of political economy with some of their applications to social philosophy, 7th ed. (Ashley ed.), London; New York; Toronto: Longmans, Green and Co. 1909 (first published 1848)

Miller, Patricia H.: Theorien der Entwicklungspsychologie, Heidelberg u. a.: Spektrum, Akademischer Verlag 1993

Miller-Kipp, Gisela: Natur und Erziehung – Neue Perspektiven? In: Bildung und Erziehung, 55. Jg., H. 3/2002, S. 251–261

Millett, Kate: Sexus und Herrschaft. Die Tyrannei des Mannes in unserer Gesellschaft, München: Desch 1971

Millett, Kate: Sexual politics, Urbana: University of Illinois Press 2000 (first published 1970)

Möbius, Paul Julius August: Ueber den physiologischen Schwachsinn des Weibes, Halle: Marhold 1900

Money, John: Ablatio penis: Normal male infant sex-reassigned as a girl. In: Archives of Sexual Behavior, Vol. 4, No. 1/1975, pp. 65–71

Money, John/Ehrhardt, Anke A.: Man and woman, boy and girl. Differentiation and dimorphism of gender identity from conception to maturity, Baltimore, MD; London: The Johns Hopkins University Press 1972

Money, John/Ehrhardt, Anke A.: »Männlich – weiblich«. Die Entstehung der Geschlechtsunterschiede, Reinbek bei Hamburg: Rowohlt 1975

Money, John et al.: Gender identity and hermaphroditism. In: Science, Vol. 191, No. 4229 (Feb. 27)/1976, p. 872

Montada, Leo: Fragen, Konzepte, Perspektiven. In: Oerter, Rolf/Montada, Leo (Hrsg.): Entwicklungspsychologie, 5. Aufl., Weinheim; Basel; Berlin: Beltz; Psychologie Verlags Union 2002, S. 3–53

Montagu, Montague Francis Ashley: The concept of race in the human species in the light of genetics. In: The Journal of Heredity, Vol. 32, No. 8/1941, pp. 243–247

Moore, David Scott: The dependent gene. The fallacy of »nature vs. nurture«, New York: Times Books 2002

Morey, Darcy F.: The early evolution of the domestic dog. Animal domestication, commonly considered a human innovation, can also be described as an evolutionary process. In: American Scientist, Vol. 82, No. 4/1994, pp. 336–347

Morgan, Hugh D. et al.: Epigenetic inheritance at the agouti locus in the mouse. In: Nature Genetics, Vol. 23, No. 3 (November)/1999, pp. 314–318

Morgan, Thomas Hunt et al.: The mechanism of Mendelian heredity, New York: Henry Holt and Company 1915

Morgenstern, Christian: Palmström, Wiesbaden: Insel-Verlag 1951 (Erstveröffentlichung 1932)

MORRIS, DESMOND JOHN: The naked ape. A zoologist's study of the human animal, London: Cape 1967

MORRIS, DESMOND JOHN: Der nackte Affe, München: Droemer Knaur 1968

MORRIS, DESMOND JOHN: Das Tier Mensch, München: Heyne 1996

MORRIS, RICHARD: Darwins Erbe. Der Kampf um die Evolution, Hamburg: Europa-Verlag 2002

MUCKERMANN, HERMANN: Rassenforschung und Volk der Zukunft. Ein Beitrag zur Einführung in die Frage vom biologischen Werden der Menschheit, Berlin: Dümmlers 1928

MULCASTER, RICHARD: Mulcaster's elementarie, Oxford: Clarendon Press 1925 (first published 1582)

MULCASTER, RICHARD: Positions concerning the training up of children, Toronto; London: University of Toronto Press 1994 (first published 1581)

MULLER, HERMANN JOSEPH: Mental traits and heredity. The extent to which mental traits are independent of heredity, as tested in a case of identical twins reared apart. In: The Journal of Heredity, Vol. 16, No. 12/1925, pp. 433–448

MULLER, HERMANN JOSEPH: Artificial transmutation of the gene. In: Science, Vol. 66, No. 1699 (July 22)/1927, pp. 84–87

MULLER, HERMANN JOSEPH: Out of the night. A biologist's view of the future, New York: The Vanguard press 1935

MÜLLER, FRANK/MÜLLER, MARTINA: Pädagogik und ›Biogenetisches Grundgesetz‹. Wissenschaftshistorische Grundlagen des pädagogischen Naturalismus. In: Zeitschrift für Pädagogik, 47. Jg., H. 5/2001, S. 767–785

MÜLLER, KARL VALENTIN: Begabung und Begabungseigenart im schulischen Nachwuchs. Erster Bericht über die Niedersächsische Begabtenuntersuchung nach den Ergebnissen der Auszählung des Regierungsbezirks Hannover. In: Die Sammlung, 3. Jg., 1948, S. 360–370

MÜLLER, KARL VALENTIN: Das soziale Verhalten als Komponente der Sozialsiebung. In: Die Sammlung, 5. Jg., 1950a, S. 550–560

MÜLLER, KARL VALENTIN: Die sozialen Standorte des Begabtennachwuchses. In: Die Sammlung, 5. Jg., 1950b, S. 356–364

MÜLLER, KARL VALENTIN: Zur Frage der Umweltstabilität der Schulbegabung. In: Die Sammlung, 5. Jg., 1950c, S. 300–307

MÜLLER, KARL VALENTIN: Zur Methode der soziologischen Begabtenforschung. In: Die Sammlung, 5. Jg., 1950d, S. 49–62

MÜLLER, THOMAS: Pädagogische Implikationen der Hirnforschung. Neurowissenschaftliche Erkenntnisse und ihre Diskussion in der Erziehungswissenschaft, Berlin: Logos-Verlag 2005

MUNTAU, A. C./BEBLO, S./KOLETZKO, B.: Phenylketonurie und Hyperphenylalaninämie. In: Monatsschrift Kinderheilkunde, 148. Jg., H. 2/2000, S. 179–193

MURRAY, STEPHEN O.: Problematic aspects of Freeman's account of Boasian culture. In: Current Anthropology, Vol. 31, No. 4/1990, pp. 401–407

MURRAY, STEPHEN O.: On Boasians and Margaret Mead: Reply to Freeman. In: Current Anthropology, Vol. 32, No. 4/1991, pp. 448–452

MURRAY, STEPHEN O./DARNELL, REGNA: Margaret Mead and paradigm shifts within anthropology during the 1920s. In: Journal of Youth and Adolescence, Vol. 29, No. 5/2000, pp. 557–573

MUSGROVE, FRANK: Two educational controversies in eighteenth century England. Nature and nurture; private and public education. In: Paedagogica Historica, Vol. 2, No. 1/1962, pp. 81–94

MYERS, DAVID G.: Psychologie, Heidelberg: Springer 2005

NEIDERHISER, JENAE M./REISS, DAVID/HETHERINGTON, E. MARVIS: The Nonshared Environment in Adolescent Development (NEAD) project: A longitudinal family study of twins and siblings from adolescence to young adulthood. In: Twin Research and Human Genetics, Vol. 10, No. 1/2007, pp. 74–83

NEUMANN, DIETER: Pädagogische Perspektiven der Humanethologie. In: Zeitschrift für Pädagogik, 40. Jg., H. 2/1994, S. 201–227

NEUMANN, DIETER: Illusion Fortschritt? Die Pädagogik vor den Ansprüchen einer naturwissenschaftlichen Anthropologie. In: MIETZNER, ULRIKE/TENORTH, HEINZ-ELMAR/WELTER, NICOLE (HRSG.): Pädagogische Anthropologie – Mechanismus einer Praxis. Zeitschrift für Pädagogik, 53. Jg., Beiheft/Sonderheft Nr. 52, Weinheim; Basel: Beltz 2007, S. 220–235

NEUMANN, DIETER/SCHÖPPE, ARNO/TREML, ALFRED KARL (HRSG.): Die Natur der Moral. Evolutionäre Ethik und Erziehung, Stuttgart; Leipzig: Hirzel 1999

NEUMANN-HELD, EVA M.: Let's talk about genes: The process molecular gene concept and its context. In: OYAMA, SUSAN/GRIFFITHS, PAUL E./GRAY, RUSSELL D. (EDS.): Cycles of contingency. Developmental systems and evolution, Cambridge, MA; London: MIT Press 2001, pp. 69–84

NEWMAN, HORATIO HACKETT/FREEMAN, FRANK NUGENT/HOLZINGER, KARL JOHN: Twins. A study of heredity and environment, Chicago: The University of Chicago Press 1937

NEYER, FRANZ JOSEF/ASENDORPF, JENS B.: Zur Einführung in den Themenschwerpunkt (Schwerpunkt: Anlage und Umwelt – neue Perspektiven einer alten Debatte). In: Zeitschrift für Soziologie der Erziehung und Sozialisation, 25. Jg., H. 2/2005, S. 115–117

NEYER, FRANZ JOSEF/LEHNART, JUDITH: Persönlichkeit und Sozialisation. In: HURRELMANN, KLAUS/GRUNDMANN, MATTHIAS/WALPER, SABINE (HRSG.): Handbuch Sozialisationsforschung, 7. Aufl., Weinheim: Beltz 2008, S. 82–91

NEYER, FRANZ JOSEF/SPINATH, FRANK M. (HRSG.): Anlage und Umwelt. Neue Perspektiven der Verhaltensgenetik und Evolutionspsychologie, Stuttgart: Lucius & Lucius 2008

NIEMITZ, CARSTEN (HRSG.): Erbe und Umwelt. Zur Natur von Anlage und Selbstbestimmung des Menschen, 2. Aufl., Frankfurt am Main: Suhrkamp 1989

NOBLE, GLADWYN KINGSLEY: Kammerer's Alytes. In: Nature, Vol. 118, No. 2962 (August 7)/1926, pp. 209–210

NUTTING, CHARLES CLEVELAND: The advancing pendulum of biological thought. In: Science, Vol. 43, No. 1108 (Mar. 24)/1916, pp. 403–408

NYISZLI, MIKLÓS: Im Jenseits der Menschlichkeit. Ein Gerichtsmediziner in Auschwitz, 2. Aufl., Berlin: Dietz 2005 (Erstveröffentlichung 1992, ungarische Originalfassung 1946)

OECD (HRSG.): Wie funktioniert das Gehirn? Auf dem Weg zu einer neuen Lernwissenschaft. Mit einer Einführung von Manfred Spitzer, Stuttgart: Schattauer 2005

OETZEL, ROBERTA M.: Annotated bibliography. In: MACCOBY, ELEANOR EMMONS (ED.): The development of sex differences, Stanford: Stanford University Press 1966, pp. 223–321

OLDROYD, DAVID ROGER: Darwinian impacts. An introduction to the Darwinian revolution, Milton Keynes: The Open University Press 1980

ORANS, MARTIN: Not even wrong. Margaret Mead, Derek Freeman, and the Samoans, Novato, CA: Chandler & Sharp Publishers 1996

ORANS, MARTIN: Mead misrepresented. In: Science, Vol. 283, No. 5408 (March 12)/1999, pp. 1649–1650

ORANS, MARTIN: Hoaxing, polemics, and science. (CA Forum on theory in anthropology. Sex and hoax in Samoa). In: Current Anthropology, Vol. 41, No. 4/2000, pp. 615–616

OSBORNE, HENRY FAIRFIELD: The hereditary mechanism and the search for the unknown factors of evolution. In: The American Naturalist, Vol. 29, No. 341/1895, pp. 418–439

OSWALD, HANS: Sozialisation in Netzwerken Gleichaltriger. In: HURRELMANN, KLAUS/GRUNDMANN, MATTHIAS/WALPER, SABINE (HRSG.): Handbuch Sozialisationsforschung, 7. Aufl., Weinheim: Beltz 2008, S. 321–332

O'TOOLE, GARSON: Darwinism: Let us hope it is not true, but if it is, let us pray it does not become widely known. Wife of the Bishop of Worcester? Wife of the Bishop of Birmingham? Wife of Samuel Wilberforce? Wife of an English canon? A decorous spinster? Fictional? Online verfügbar unter http://quoteinvestigator.com/2011/02/09/darwinism-hope-pray/, zuletzt aktualisiert am 09.02.2011, zuletzt geprüft am 14.06.2011, 2011

OTTO, BERND: Ist Bildung Schicksal? Gehirnforschung und Pädagogik, Weinheim: Deutscher Studien Verlag 1995

OVER, DAVID E.: Introduction: The evolutionary psychology of thinking. In: OVER, DAVID E. (ED.): Evolution and the psychology of thinking. The debate, Hove: Psychology Press 2003, pp. 1–10

OVERTON, WILLIS F.: On the assumptive base of the nature-nurture controversy. Additive versus interactive conceptions. In: Human Development, Vol. 16, No. 1–2/1973, pp. 74–89

OVERTON, WILLIS F.: Embodied development. Ending the nativism-empiricism debate. In: GARCÍA COLL, CYNTHIA T./BEARER, ELAINE L./LERNER, RICHARD M. (EDS.): Nature and nurture. The complex interplay of genetic and environmental influences on human behavior and development, Mahwah, NJ: Lawrence Erlbaum 2004, pp. 201–223

OYAMA, SUSAN: A reformulation of the idea of maturation. In: BATESON, PAUL PATRICK GORDON/KLOPFER, PETER H. (EDS.): Ontogeny (Perspectives in ethology, Vol. 5), New York; London: Plenum Press 1982, pp. 101–131

OYAMA, SUSAN: Evolution's eye. A systems view of the biology-culture divide, Durham; London: Duke University Press 2000

OYAMA, SUSAN: Terms in tension: What do you do when all the good words are taken? In: OYAMA, SUSAN/GRIFFITHS, PAUL E./GRAY, RUSSELL D. (EDS.): Cycles of contingency. Developmental systems and evolution, Cambridge, MA; London: MIT Press 2001, pp. 177–193

OYAMA, SUSAN: The ontogeny of information. Developmental systems and evolution, 2nd ed., Durham, NC: Duke University Press 2002 (first published 1985)

OYAMA, SUSAN/GRIFFITHS, PAUL E./GRAY, RUSSELL D. (EDS.): Cycles of contingency. Developmental systems and evolution, Cambridge, MA; London: MIT Press 2001a

OYAMA, SUSAN/GRIFFITHS, PAUL E./GRAY, RUSSELL D.: Introduction: What is Developmental Systems Theory? In: OYAMA, SUSAN/GRIFFITHS, PAUL E./GRAY, RUSSELL D. (EDS.): Cycles of contingency. Developmental systems and evolution, Cambridge, MA; London: MIT Press 2001b, pp. 1–11

PAGE, ELLIS B.: Behavior and heredity. In: American Psychologist, Vol. 27, No. 7/1972, pp. 660–661

PANDER, HANS-JÜRGEN: Eugenik in Deutschland. Eine historische Analyse ihrer Besonderheiten. In: FISCHER, ERNST P./GEISSLER, ERHARD (HRSG.): Wieviel Genetik braucht der Mensch? Die alten Träume der Genetiker und ihre heutigen Methoden, Konstanz: UVK Universitätsverlag Konstanz 1994, S. 75–93

PANKSEPP, JAAK/PANKSEPP, JULES B.: The seven sins of evolutionary psychology. In: Evolution and Cognition, 6. Jg., H. 2/2000, pp. 108–131

PASTORE, NICHOLAS: The nature-nurture controversy, New York: King's Crown Press 1949

PASTORE, NICHOLAS: The nature-nurture controversy, (The history of hereditarian thought, Vol. 22), New York; London: Garland 1984 (first published 1949)

PATTERSON, COLIN: How does phylogeny differ from ontogeny? In: GOODWIN, BRIAN CAREY/HOLDER, NIGEL/WYLIE, CHRISTOPHER CRAIG (EDS.): Development and evolution, Cambridge: Cambridge University Press 1983, pp. 1–31

PAUL, DIANE B.: Textbook treatments of the genetics of intelligence. In: The Quarterly Review of Biology, Vol. 60, No. 3/1985, pp. 317–326

PAUL, DIANE B.: The selection of the »survival of the fittest«. In: Journal of the History of Biology, Vol. 21, No. 3/1988, pp. 411–424

PAUL, DIANE B.: The politics of heredity. Essays on eugenics, biomedicine, and the nature-nurture debate, Albany: State University of New York Press 1998

PAUL, DIANE B.: Darwin, social Darwinism and eugenics. In: HODGE, JONATHAN/RADICK, GREGORY (EDS.): The Cambridge companion to Darwin, Cambridge et al.: Cambridge University Press 2003, pp. 214–239

PAUL, DIANE B./BLUMENTHAL, ARTHUR L.: On the trail of Little Albert. In: The Psychological Record, Vol. 39, No. 4/1989, pp. 547–553

PAUL, DIANE B./DAY, BENJAMIN: John Stuart Mill, innate differences, and the regulation of reproduction. In: Studies in History and Philosophy of Biological and Biomedical Sciences, Vol. 39, No. 2/2008, pp. 222–231

PAUL, DIANE B./SPENCER, HAMISH G.: Did eugenics rest on an elementary mistake? In: SINGH, RAMA SHANKAR ET AL. (EDS.): Thinking about evolution. Historical, philosophical, and political perspectives. Volume two, Cambridge et al.: Cambridge University Press 2001, pp. 103–118

PAWLOW, IWAN PETROWITSCH: The Huxley Lecture on the scientific investigation of the psychical faculties or processes in the higher animals. In: The Lancet, Vol. 168, No. 4336 (Oct. 6)/1906, pp. 911–915

PAWLOW, IWAN PETROWITSCH: New researches on conditioned reflexes. In: Science, Vol. 58, No. 1506 (Nov. 9)/1923, pp. 359–361

PEARSE, ANTHONY GUY EVERSON: Credit where it's due. In: Nature, Vol. 337, No. 6205 (Jan. 26)/1989, p. 300

PEARSON, HELEN: What is a gene? In: Nature, Vol. 441, No. 7092 (May 25)/2006, pp. 399–401

PEARSON, KARL: The grammar of science, London: W. Scott 1892

PEARSON, KARL: Mathematical contributions to the theory of Evolution. III. Regression, heredity, and panmixia. In: Philosophical Transactions of the Royal Society of London. Series A, Containing Papers of a Mathematical or Physical Character, Vol. 187, 1896, pp. 253–318

PEARSON, KARL: The groundwork of eugenics, London: Dulau and Co. 1909

PEARSON, KARL: Nature and nurture, the problem of the future, a presidential address. Delivered by Karl Pearson at the annual meeting of the Social and Political Education League, April 28, 1910, London: Dulau and Co. 1910

PEARSON, KARL: The life, letters and labours of Francis Galton. Vol. IIIA: Correlation, personal identification and eugenics, Cambridge: Cambridge University Press 1930

PEDERSEN, NANCY LEE ET AL.: A quantitative genetic analysis of cognitive abilities during the second half of the life span. In: Psychological Science, Vol. 3, No. 6/1992, pp. 346–353

PETERMANN, FRANZ/NIEBANK, KAY/SCHEITHAUER, HERBERT: Entwicklungswissenschaft. Entwicklungspsychologie, Genetik, Neuropsychologie, Berlin: Springer 2004

PFAFFMANN, CARL: Leonard Carmichael 1898–1973. In: Biographical Memoirs of the National Academy of Sciences of the United States of America, Vol. 51, 1980, pp. 25–47

PIAGET, JEAN: Biologische Anpassung und Psychologie der Intelligenz, Stuttgart: Ernst Klett Verlag 1975

PIAGET, JEAN: Biologie und Erkenntnis. Über die Beziehungen zwischen organischen Regulationen und kognitiven Prozessen, Frankfurt am Main: Fischer Taschenbuch Verlag 1992

PICHT, GEORG: Die deutsche Bildungskatastrophe, Olten: Walter-Verlag 1964

PIGLIUCCI, MASSIMO: Phenotypic plasticity. Beyond nature and nurture, Baltimore, MD: The Johns Hopkins University Press 2001

PINEL, JOHN P. J.: Biopsychologie. Eine Einführung, Heidelberg; Berlin: Spektrum, Akademischer Verlag 1997

PINKER, STEVEN ARTHUR: The language instinct, New York: Morrow 1994

PINKER, STEVEN ARTHUR: Der Sprachinstinkt. Wie der Geist die Sprache bildet, München: Kindler 1996

PINKER, STEVEN ARTHUR: How the mind works, New York: Norton 1997

PINKER, STEVEN ARTHUR: The blank slate. The modern denial of human nature, New York: Viking 2002

PINKER, STEVEN ARTHUR: Das unbeschriebene Blatt. Die moderne Leugnung der menschlichen Natur, Berlin: Berlin-Verlag 2003

PINKER, STEVEN ARTHUR: Why nature & nurture won't go away. In: Daedalus, Vol. 133, No. 4 (Fall)/2004, pp. 5–17

PINKER, STEVEN ARTHUR: The stuff of thought. Language as a window into human nature, New York: Viking 2007

PITTENDRIGH, COLIN S.: Adaptation, natural selection, and behavior. In: ROE, ANNE/SIMPSON, GEORGE GAYLORD (EDS.): Behavior and evolution, New Haven: Yale University Press 1958, pp. 390–416

PLANCK, MAX: Persönliche Erinnerungen aus alten Zeiten. In: Die Naturwissenschaften, 33. Jg., H. 8/1946, S. 230–235

PLATON: Der Staat. (Politeia), Stuttgart: Reclam 2006 (ca. 370 v. Chr. verfasst)

PLATON: Menon. Griechisch/Deutsch, Stuttgart: Reclam 2008 (ca. 390 v. Chr. verfasst)

PLATT, STEVE ANDERSON/SANISLOW, CHARLES A. III: Norm-of-reaction: Definition and misinterpretation of animal research. In: Journal of Comparative Psychology, Vol. 102, No. 3/1988, pp. 254–261

PLOETZ, ALFRED: Grundlinien einer Rassen-Hygiene. I. Theil: Die Tüchtigkeit unserer Rasse und der Schutz der Schwachen. Ein Versuch über Rassenhygiene und ihr Verhältniss zu den humanen Idealen, besonders zum Socialismus, Berlin: S. Fischer 1895

PLOMIN, ROBERT/DEFRIES, JOHN C.: Origins of individual differences in infancy. The Colorado Adoption Project, Orlando: Academic Press 1985

PLOMIN, ROBERT/DEFRIES, JOHN C./FULKER, DAVID W.: Nature and nurture during infancy and early childhood, Cambridge: Cambridge University Press 1988

PLOMIN, ROBERT/DEFRIES, JOHN C./LOEHLIN, JOHN CLINTON: Genotype-environment interaction and correlation in the analysis of human behavior. In: Psychological Bulletin, Vol. 84, No. 2/1977, pp. 309–322

PLOMIN, ROBERT/DEFRIES, JOHN C./MCCLEARN, GERALD E.: Behavioral genetics. A primer, San Francisco: W. H. Freeman 1980

PLOMIN, ROBERT U. A.: Gene, Umwelt und Verhalten. Einführung in die Verhaltensgenetik, Bern u. a.: Huber 1999

PLOMIN, ROBERT/MACCLEARN, GERALD E. (EDS.): Nature, nurture, and psychology, 2nd ed., Washington, D. C.: American Psychological Association 1994 (first published 1993)

PLOMIN, ROBERT/PETRILL, STEPHEN A.: Genetics and intelligence: What's new? In: Intelligence, Vol. 24, No. 1/1997, pp. 53–77

PLOTKIN, HENRY C.: Evolution in mind. An introduction to evolutionary psychology, London: Penguin Books 1998

PLOTZ, DAVID: The genius factory. Unravelling the mysteries of the nobel prize sperm bank, London et al.: Pocket Books 2006 (first published 2005)

POLL, HEINRICH: Über Zwillingsforschung als Hilfsmittel menschlicher Erbkunde. In: Zeitschrift für Ethnologie, 46. Jg., H. 1/1914, S. 87–105

POPENOE, PAUL: Twins reared apart. In: The Journal of Heredity, Vol. 13, No. 3/1922, pp. 142–144

POSERN, HANS-GÜNTHER: Das Interesse der Pädagogischen Anthropologie an den Forschungsergebnissen der modernen Tierverhaltenslehre über das Sozialverhalten und den Aggressionstrieb. In: Die Deutsche Schule, 58. Jg., H. 11/1966, S. 655–671

PROMP, DETLEF W.: Sozialisation und Ontogenese. Ein biosoziologischer Ansatz, Berlin; Hamburg: Parey 1990

PROMP, DETLEF W.: Lernen zwischen Biologie und Cyberspace. In: Bildung und Erziehung, 55. Jg., H. 3/2002, S. 289–300

PRZIBRAM, HANS: Kammerer's Alytes. In: Nature, Vol. 118, No. 2962 (August 7)/1926, pp. 210–211

PUNNETT, REGINALD CRUNDALL: Eliminating feeblemindedness. Ten per cent of American population probably carriers of mental defect – If only those who are actually feebleminded are dealt with, it will require more than 8,000 years to eliminate the defect – New method of procedure needed. In: The Journal of Heredity, Vol. 8, No. 10/1917, pp. 464–465

RAKOS, RICHARD F.: Review of *Living Walden Two: B. F. Skinner's Behaviorist Utopia and Experimental Communities*. In: The Behavior Analyst, Vol. 29, No. 1/2006, pp. 153–157

RAPAPORT, IONEL: In memoriam: Theodore Simon, 1873–1961. In: American Journal of Mental Deficiency, Vol. 67, No. 11/1962, pp. 367–368

RASPAIL, FRANÇOIS-VINCENT: Développement de la Fécule dans les organes de la fructification des Céréales, et Analyse microscopique de la Fécule, suivie d'Expériences propres à en expliquer la conversion en gomme. In: Annales des Sciences Naturelles, 6. Jg., 1825, S. 224–239, 384–427

REESE-SCHÄFER, WALTER: Klassiker der politischen Ideengeschichte. Von Platon bis Marx, München: Oldenbourg 2007

REILLY, PHILIP R.: The surgical solution. A history of involuntary sterilization in the United States, Baltimore; London: The Johns Hopkins University Press 1991

REINER, WILLIAM: To be male or female – That is the question. In: Archives of Pediatrics & Adolescent Medicine, Vol. 151, No. 3/1997, pp. 224–225

REMPLEIN, HEINZ: Die seelische Entwicklung in der Kindheit und Reifezeit. Grundlagen und Erkenntnisse der Kindes- und Jugendpsychologie, München: Ernst Reinhardt Verlag 1954

RENDE, RICHARD D./PLOMIN, ROBERT/VANDENBERG, STEVEN G.: Who discovered the twin method? In: Behavior Genetics, Vol. 20, No. 2/1990, pp. 277–285

RENNINGER, SUZANN-VIOLA/WAHL, KLAUS: Gene und Sozialisation: Eine neue Runde in einem alten Streit (Literaturbericht). In: Sozialwissenschaftliche Literatur Rundschau, 23. Jg., H. 40/2000, S. 5–16

RENSCH, BERNHARD: Neuere Probleme der Abstammungslehre. Die transspezifische Evolution, Stuttgart: Enke 1947

REYER, JÜRGEN: Designer-Pädagogik im Zeitalter der »liberalen Eugenik«. Blicke in eine halboffene Zukunft. In: Neue Sammlung, 43. Jg., H. 1/2003a, S. 3–29

REYER, JÜRGEN: Eugenik und Pädagogik. Erziehungswissenschaft in einer eugenisierten Gesellschaft, Weinheim: Juventa Verlag 2003b

REYER, JÜRGEN: Die »Grenzen der Erziehung«. Ihre Ursprünge im pädagogischen Liberalismus und ihre Kodifizierung im Herbartianismus. In: Neue Sammlung, 44. Jg., H. 3/2004a, S. 335–357

REYER, JÜRGEN: Integrative Perspektiven zwischen sozialwissenschaftlicher, entwicklungspsychologischer und biowissenschaftlicher Kindheitsforschung? Versuch einer Zwischenbilanz. In: Zeitschrift für Soziologie der Erziehung und Sozialisation, 24. Jg., H. 4/2004b, S. 339–361

RHYN, HEINZ: Psychometrie und Bildung. Der Intelligenzquotient als Sozialindikator? In: Zeitschrift für Pädagogik, 41. Jg., H. 5/1995, S. 765–779

RICE, GEORGE ET AL.: Male homosexuality: Absence of linkage to microsatellite markers at Xq28. In: Science, Vol. 284, No. 5414 (April 23)/1999, pp. 665–667

RICHERSON, PETER J./BOYD, ROBERT: Not by genes alone. How culture transformed human evolution, Chicago: University of Chicago Press 2005

RIDLEY, MATT WHITE: Genome. The autobiography of a species in 23 chapters, London: Fourth Estate 1999

RIDLEY, MATT WHITE: Alphabet des Lebens. Die Geschichte des menschlichen Genoms, München: Claassen 2000

RIDLEY, MATT WHITE: Nature via nurture. Genes, experience and what makes us human, London: Fourth Estate 2003

RIEDL, RUPERT: Riedls Kulturgeschichte der Evolutionstheorie. Die Helden, ihre Irrungen und Einsichten, Berlin u. a.: Springer 2003

RIEGER, KONRAD: Beschreibung der Intelligenzstörungen in Folge einer Hirnverletzung, nebst einem Entwurf zu einer allgemeinen anwendbaren Methode der Intelligenzprüfung, Würzburg: Stahel 1888

RIEMANN, RAINER/SPINATH, FRANK M.: Genetik und Persönlichkeit. In: HENNIG, JÜRGEN/NETTER, PETRA (HRSG.): Biopsychologische Grundlagen der Persönlichkeit, München: Elsevier; Spektrum, Akademischer Verlag 2005, S. 539–628

RIGOS, ALEXANDRA: »Eltern sind austauschbar«. In: Der Spiegel, 52. Jg., H. 47/1998, S. 110–135

RITTELMEYER, CHRISTIAN: Wie entstehen Begabungen? Zwischenbilanz einer andauernden Diskussion mit Blick auf Verhaltensgenetik und Mikrobiologie. In: Die Deutsche Schule, 92. Jg., H. 4/2000, S. 449–463

RITTELMEYER, CHRISTIAN: Pädagogische Anthropologie des Leibes. Biologische Voraussetzungen der Erziehung und Bildung, Weinheim; München: Juventa Verlag 2002

RITTER, HORST/ENGEL, WOLFGANG: Genetik und Begabung. In: ROTH, HEINRICH (HRSG.): Begabung und Lernen. Ergebnisse und Folgerungen neuer Forschungen, (Deutscher Bildungsrat: Gutachten und Studien der Bildungskommission, Bd. 4), Stuttgart: Klett 1969, S. 99–128

ROCHE-MAHDI, SARAH: Silence. A thirteenth-century French romance, (Medieval texts and studies, Vol. 10), East Lansing, Michigan: Colleagues Press 1992

RÖHL, BETTINA: Der Sündenfall der Alice Schwarzer? Das schreckliche Schicksal der Zwillingsbrüder Reimer (zunächst veröffentlicht auf Cicero Online). Online verfügbar unter http://bettinaroehl.blogs.com/mainstream/2005/04/cicero_online_d.html#more, zuletzt aktualisiert am 04.04.2005, zuletzt geprüft am 11.08.2010, 2005

RÖHM, HARTWIG: Aggressionen – ein Problem sozialer Erziehung. In: Westermanns Pädagogische Beiträge, 25. Jg., H. 1/1973, S. 37–43

RÖHR-SENDLMEIER, UNA M.: Die kulturanthropologischen Forschungen Margaret Meads – Kritik und Wirkung aus heutiger Sicht. In: Vierteljahrsschrift für wissenschaftliche Pädagogik, 70. Jg., H. 2/1994, S. 186–198

ROMANES, GEORGE JOHN: Darwin, and after Darwin. An exposition of the Darwinian theory and a discussion of post-Darwinian questions. Vol. II: Post-Darwinian questions. Heredity and utility, 3rd ed., Chicago: The Open Court Publishing Company 1906 (first published 1895)

ROSE, HILARY: Colonising the social sciences? In: ROSE, HILARY/ROSE, STEVEN PETER RUSSELL (EDS.): Alas, poor Darwin. Arguments against evolutionary psychology, London: Vintage 2001a, pp. 106–128

ROSE, HILARY/ROSE, STEVEN PETER RUSSELL (EDS.): Alas, poor Darwin. Arguments against evolutionary psychology, London: Vintage 2001

ROSE, MICHAEL ROBERTSON: Darwins Schatten. Von Forschern, Finken und dem Bild der Welt, Stuttgart; München: Deutsche Verlags-Anstalt 2001b

ROSE, STEVEN PETER RUSSELL: Lifelines. Biology beyond determinism, Oxford; New York: Oxford University Press 1997

ROSE, STEVEN PETER RUSSELL: Darwins gefährliche Erben. Biologie jenseits der egoistischen Gene, München: Beck 2000

ROSE, STEVEN PETER RUSSELL: Moving on from old dichotomies: beyond nature–nurture towards a lifeline perspective. In: British Journal of Psychiatry, Vol. 178, No. Suppl. 40/2001c, pp. s3–s7

ROSEMANN, BERNHARD/BIELSKI, SVEN: Einführung in die Pädagogische Psychologie, Weinheim: Beltz 2001

ROSENTHAL, ROBERT/JACOBSON, LENORE: Pygmalion in the classroom. Teacher expectation and pupils' intellectual development, New York, NY: Holt Rinehart and Winston 1968

ROTH, GERHARD: Die Anlage-Umwelt-Debatte: Alte Konzepte und neue Einsichten. In: Berliner Journal für Soziologie, 17. Jg., H. 3/2007, S. 343–363

ROTH, HEINRICH (HRSG.): Begabung und Lernen. Ergebnisse und Folgerungen neuer Forschungen, (Deutscher Bildungsrat: Gutachten und Studien der Bildungskommission, Bd. 4), Stuttgart: Klett 1969

ROTH, HEINRICH: Pädagogische Anthropologie. Band I: Bildsamkeit und Bestimmung, 3. Aufl., Hannover: Hermann Schroedel Verlag 1971a (Erstveröffentlichung 1966)

ROTH, HEINRICH: Pädagogische Anthropologie. Band II: Entwicklung und Erziehung, Hannover: Schroedel 1971b

ROTH, KARL HEINZ: Schöner neuer Mensch. Der Paradigmenwechsel der klassischen Genetik und seine Auswirkungen auf die Bevölkerungsbiologie des »Dritten Reichs«. In: KAUPEN-HAAS, HEIDRUN/SALLER, CHRISTIAN (HRSG.): Wissenschaftlicher Rassismus. Analysen einer Kontinuität in den Human- und Naturwissenschaften, Frankfurt am Main; New York: Campus Verlag 1999, S. 346–424

ROUSSEAU, JEAN-JACQUES: Diskurs über die Ungleichheit (Discours sur l'inégalité), Paderborn: Schöningh 1984 (Erstveröffentlichung 1755)

ROWE, DAVID CHRISTIAN: The limits of family influence. Genes, experience, and behavior, New York: Guilford Press 1994

ROWE, DAVID CHRISTIAN: Genetik und Sozialisation. Die Grenzen der Erziehung, Weinheim: Beltz; Psychologie Verlags Union 1997

ROWE, DAVID CHRISTIAN/PLOMIN, ROBERT: The Burt controversy: The comparison of Burt's data on IQ with data from other studies. In: Behavior Genetics, Vol. 8, No. 1/1978, pp. 81–83

RUSHTON, JOHN PHILIPPE: Race, evolution and behaviour. A life history perspective, New Brunswick, NJ: Transaction Publishers 1994a

RUSHTON, JOHN PHILIPPE: The equalitarian dogma revisited. In: Intelligence, Vol. 19, No. 3/1994b, pp. 263–280

RUSHTON, JOHN PHILIPPE: Victim of scientific hoax. In: Society, Vol. 31, No. 3/1994c, pp. 40–44

RUSHTON, JOHN PHILIPPE: Race, intelligence, and the brain: The errors and omissions of the ›revised‹ edition of S. J. Gould's The mismeasure of man (1996). In: Personality and Individual Differences, Vol. 23, No. 1/1997, pp. 169–180

RUSHTON, JOHN PHILIPPE: Race, evolution, and behavior. A life history perspective, 3rd ed., Port Huron, MI: Charles Darwin Research Institute 2000

RUSHTON, JOHN PHILIPPE: New evidence on Sir Cyril Burt: His 1964 speech to the Association of Educational Psychologists. In: Intelligence, Vol. 30, No. 6/2002, pp. 555–567

RUSHTON, JOHN PHILIPPE: Rasse, Evolution und Verhalten. Eine Theorie der Entwicklungsgeschichte, Graz: ARES Verlag 2005

RUSHTON, JOHN PHILIPPE/JENSEN, ARTHUR ROBERT: Thirty years of research on race differences in cognitive ability. In: Psychology, Public Policy, and Law, Vol. 11, No. 2/2005, pp. 235–294

RUTTER, MICHAEL: Nature, nurture, and development. From evangelism through science toward policy and practice. In: Child Development, Vol. 73, No. 1/2002, pp. 1–21

RUVOLO, MARYELLEN/SEIELSTAD, MARK: »The apportionment of human diversity« 25 years later. In: SINGH, RAMA SHANKAR ET AL. (EDS.): Thinking about evolution. Historical, philosophical, and political perspectives. Volume two, Cambridge et al.: Cambridge University Press 2001, pp. 141–151

SACHSE, CAROLA: Menschenversuche in Auschwitz überleben, erinnern, verantworten. In: SACHSE, CAROLA (HRSG.): Die Verbindung nach Auschwitz. Biowissenschaften und Menschenversuche an Kaiser-Wilhelm-Instituten. Dokumentation eines Symposiums, Göttingen: Wallstein 2003, S. 7–34

SAMELSON, FRANZ: J. B. Watson's Little Albert, Cyril Burt's twins, and the need for a critical science. In: American Psychologist, Vol. 35, No. 7/1980, pp. 619–625

SAMELSON, FRANZ: Rescuing the reputation of Sir Cyril [Burt]. In: Journal of the History of the Behavioral Sciences, Vol. 28, No. 3/1992, pp. 221–233

SAMELSON, FRANZ: What to do about fraud charges in science; or, will the Burt affair ever end? In: Genetica, Vol. 99, No. 2–3/1997, pp. 145–151

SAMEROFF, ARNOLD: A unified theory of development: A dialectic integration of nature and nurture. In: Child Development, Vol. 81, No. 1/2010, pp. 6–22

SARRAZIN, THILO: Deutschland schafft sich ab. Wie wir unser Land aufs Spiel setzen, München: Deutsche Verlags-Anstalt 2010

SAUER, WALTER: Der Stand der Zwillingsforschung in pädagogischer Sicht. In: Zeitschrift für Pädagogik, 16. Jg., H. 2/1970, S. 173–202

SCARR, SANDRA: Developmental theories for the 1990s: Development and individual differences. In: Child Development, Vol. 63, No. 1/1992, pp. 1–19

SCHALLMAYER, WILHELM: Die drohende physische Entartung der Culturvölker, 2. Aufl., Berlin: Heuser 1895 (Erstveröffentlichung ca. 1891)

SCHALLMAYER, WILHELM: Vererbung und Auslese im Lebenslauf der Völker. Eine staatswissenschaftliche Studie auf Grund der neueren Biologie, Jena: Fischer 1903

SCHEUNPFLUG, ANNETTE: Lernen. ›Suchen‹ Anlagen sich ihre Umwelt? (Serie Biowissenschaft und Pädagogik, 1. Folge). In: Pädagogik, 52. Jg., H. 1/2000, S. 48–52

SCHEUNPFLUG, ANNETTE: Biologische Grundlagen des Lernens, (Studium kompakt), Berlin: Cornelsen Scriptor 2001a

SCHEUNPFLUG, ANNETTE: Evolutionäre Didaktik. Unterricht aus system- und evolutionstheoretischer Perspektive, Weinheim: Beltz 2001b

SCHEUNPFLUG, ANNETTE: Natur oder Kultur? Anmerkungen zu einer alten pädagogischen Debatte. In: LIEBAU, ECKART/PESKOLLER, HELGA/WULF, CHRISTOPH (HRSG.): Natur. Pädagogisch-anthropologische Perspektiven, Weinheim; Basel; Berlin: Beltz 2003, S. 149–160

SCHEUNPFLUG, ANNETTE: Elterninvestment – eine Annäherung an für Erziehung relevantes Verhalten aus soziobiologischer Perspektive. In: SCHEUNPFLUG, ANNETTE/WULF, CHRISTOPH (HRSG.): Biowissenschaft und Erziehungswissenschaft. Zeitschrift für Erziehungswissenschaft, 9. Jg., Beiheft/Sonderheft Nr. 5, Wiesbaden: Verlag für Sozialwissenschaften 2006, S. 117–132

SCHEUNPFLUG, ANNETTE/WULF, CHRISTOPH (HRSG.): Biowissenschaft und Erziehungswissenschaft. In: Zeitschrift für Erziehungswissenschaft, 9. Jg., Beiheft/Sonderheft Nr. 5, Wiesbaden: Verlag für Sozialwissenschaften 2006

SCHIEFENHÖVEL, WULF/UHER, JOHANNA/KRELL, RENATE (HRSG.): Eibl-Eibesfeldt. Sein Schlüssel zur Verhaltensforschung, München: Langen Müller 1993

SCHILCHER, FLORIAN VON: Vererbung des Verhaltens. Eine Einführung für Biologen, Psychologen und Mediziner, Stuttgart; New York: Thieme 1988

SCHIRP, HEINZ: Neurowissenschaften und Lernen. Was können neurobiologische Forschungsergebnisse zur Unterrichtsgestaltung beitragen? In: Die Deutsche Schule, 95. Jg., H. 3/2003, S. 304–316

SCHMEING, KARL: Reifungsstufen der kindlich-jugendlichen Entwicklung. Biologische, psychologische und soziologische Problematik. In: Bildung und Erziehung, 5. Jg., H. 8/1952, S. 568–572

SCHNEEWIND, KLAUS ALFRED: Sozialisation in der Familie. In: HURRELMANN, KLAUS/GRUNDMANN, MATTHIAS/WALPER, SABINE (HRSG.): Handbuch Sozialisationsforschung, 7. Aufl., Weinheim: Beltz 2008, S. 256–273

SCHNEIRLA, THEODORE CHRISTIAN: Interrelationships of the »innate« and the »acquired« in instinctive behavior. In: GRASSÉ, PIERRE-PAUL (ED.): L'Instinct dans le comportement des animaux et de l'homme, Paris: Masson et Cie Éditeurs 1956, pp. 387–439

SCHOBER, JUSTINE M.: As Nature Made Him: The Boy Who Was Raised as a Girl. By John Colapinto. HarperCollins, New York, 2000, 279 pp., $35.00. Book review. In: Archives of Sexual Behavior, Vol. 31, No. 3/2002, pp. 304–305

SCHÖNPFLUG, WOLFGANG: Geschichte und Systematik der Psychologie. Ein Lehrbuch für das Grundstudium, Weinheim: Beltz; Psychologie Verlags Union 2000

SCHULLER, MARIANNE: »Entartung«. Zur Geschichte eines Begriffs, der Geschichte gemacht hat. In: KAUPEN-HAAS, HEIDRUN/SALLER, CHRISTIAN (HRSG.): Wissenschaftlicher Rassismus. Analysen einer Kontinuität in den Human- und Naturwissenschaften, Frankfurt am Main; New York: Campus Verlag 1999, S. 122–136

SCHURIG, VOLKER: Kaspar Hauser: Erfahrungsentzug in Tierexperimenten und beim Menschen. In: NIEMITZ, CARSTEN (HRSG.): Erbe und Umwelt. Zur Natur von Anlage und Selbstbestimmung des Menschen, 2. Aufl., Frankfurt am Main: Suhrkamp 1989, S. 30–54

SCHUSSER, GERHARD: Vererbung, Intelligenz und Schulleistung. Die von A. Jensen ausgelöste Debatte in der amerikanischen Erziehungswissenschaft. In: Zeitschrift für Pädagogik, 16. Jg., H. 2/1970, S. 203–218

SCHÜTZE, BARBARA: Neo-Essentialismus in der Gender-Debatte. Transsexualismus als Schattendiskurs pädagogischer Geschlechterforschung, Bielefeld: Transcript-Verlag 2010

SCHWÄGERL, CHRISTIAN: Ein Dogma fällt. In: GEO, 32. Jg., H. 04/2007, S. 152–153

SCHWARZER, ALICE: Der kleine Unterschied und seine großen Folgen. Frauen über sich. Beginn einer Befreiung, 3. Aufl., Frankfurt am Main: Fischer Taschenbuch Verlag 2007 (Erstveröffentlichung 1975)

SCHWITTMANN, DIETER: Was heißt ›Begabung‹? In: Pädagogik, H. 12/2001, S. 33–36

SCLATER, ANDREW: The extent of Charles Darwin's knowledge of Mendel (Commentary). In: Journal of Biosciences, Vol. 31, No. 2/2006, pp. 191–193 (first published in Georgia Journal of Science, Vol. 61, No. 3/2003, pp. 134–137)

SEGERSTRÅLE, ULLICA: Colleagues in conflict: An ›in vivo‹ analysis of the sociobiology controversy. In: Biology and Philosophy, Vol. 1, No. 1/1986, pp. 53–87

SEGERSTRÅLE, ULLICA: Defenders of the truth. The battle for science in the sociobiology debate and beyond, Oxford: Oxford University Press 2000

SESARDIC, NEVEN: Making sense of heritability, Cambridge: Cambridge University Press 2005

SHAKESPEARE, WILLIAM: Der Sturm. Zauberlustspiel in fünf Aufzügen, Stuttgart: Reclam 1961 (Erstveröffentlichung 1611 (engl.))

SHANKMAN, PAUL: Culture, biology, and evolution. The Mead-Freeman controversy revisited. In: Journal of Youth and Adolescence, Vol. 29, No. 5/2000, pp. 539–556

SHANKMAN, PAUL: Derek Freeman and Margaret Mead: What did he know, and when did he know it? In: Pacific Studies, Vol. 32, No. 2–3/2009a, pp. 202–221

SHANKMAN, PAUL: The trashing of Margaret Mead. Anatomy of an anthropological controversy, Madison, WI: The University of Wisconsin Press 2009b

SHENK, DAVID: The genius in all of us. Why everything you've been told about genetics, talent and intelligence is wrong, London: Icon Books 2010

SHERWOOD, JOHN J./NATAUPSKY, MARK: Predicting the conclusions of negro-white intelligence research from biographical characteristics of the investigator. In: Journal of Personality and Social Psychology, Vol. 8, No. 1/1968, pp. 53–58

SHIELDS, JAMES: Monozygotic twins, brought up apart and brought up together, London; New York: Oxford University Press 1962

SHUEY, AUDREY MARY: The testing of Negro intelligence, 2nd ed., New York: Social Science Press 1966

SHULMAN, LEE S.: Pädagogische Forschung – Versuch einer Neufassung – Teil I. In: Die Deutsche Schule, 66. Jg., H. 12/1974, S. 798–809

SIEGLER, ROBERT/DELOACHE, JUDY/EISENBERG, NANCY: Entwicklungspsychologie im Kindes- und Jugendalter, Heidelberg: Spektrum, Akademischer Verlag 2008

SIEMENS, HERMANN WERNER: Einführung in die allgemeine und spezielle Vererbungspathologie des Menschen, 2. Aufl., Berlin: Spinger 1923

SIEMENS, HERMANN WERNER: Die Zwillingspathologie, ihre Bedeutung, ihre Methodik, ihre bisherigen Ergebnisse, Berlin: J. Springer 1924

SIMMONS, JOHN: Who is who der Wissenschaften. Von Archimedes bis Hawking, von Gauß bis Lorenz. Scientific 100, München u. a.: Bettendorf 1997

SIMPSON, GEORGE GAYLORD: Tempo and mode in evolution, New York: Columbia University Press 1944

SIMPSON, GEORGE GAYLORD: The Baldwin effect. In: Evolution, Vol. 7, No. 2/1953, pp. 110–117

SKINNER, BURRHUS FREDERIC: The behavior of organisms. An experimental analysis, New York: Appleton 1938

SKINNER, BURRHUS FREDERIC: Walden Two, New York: Macmillan and co. 1948

SKINNER, BURRHUS FREDERIC: Walden Two. Die Vision einer besseren Gesellschaftsform. In der deutschen Übersetzung von Harry Theodor Master, München: FiFa-Verlag 2002

SLACK, JONATHAN M. W.: Conrad Hal Waddington: the last Renaissance biologist? In: Nature Reviews Genetics, Vol. 3, No. 11/2002, pp. 889–895

SLATER, LAUREN: Von Menschen und Ratten. Die berühmten Experimente der Psychologie, 3. Aufl., Weinheim; Basel: Beltz 2005

SLOOP, JOHN M.: Disciplining gender. Rhetorics of sex identity in contemporary U.S. culture, Amherst, MA: University of Massachusetts Press 2004

SMALL, ROBIN: A fallacy in constructivist epistemology. In: Journal of Philosophy of Education, Vol. 37, No. 3/2003, pp. 483–502

SMITH, JOHN MAYNARD: The theory of evolution, (Canto Edition, 1993), Cambridge: Cambridge University Press 2000 (first published 1958)

SNYDERMAN, MARK/ROTHMAN, STANLEY: Survey of expert opinion on intelligence and aptitude testing. In: American Psychologist, Vol. 42, No. 2/1987, pp. 137–144

SNYDERMAN, MARK/ROTHMAN, STANLEY: The IQ controversy, the media and public policy, 2nd ed., New Brunswick, NJ; London: Transaction Publishers 1990 (first published 1988)

SOBER, ELLIOTT/WILSON, DAVID SLOAN: Unto others. The evolution and psychology of unselfish behavior, Cambridge, MA; London: Harvard University Press 1998

SOMMER, VOLKER: Wider die Natur? Homosexualität und Evolution, München: Beck 1990

SOMMER, VOLKER: Homosexualität und Evolution. Perspektiven der modernen Verhaltensbiologie. In: FISCHER, ERNST P. (HRSG.): Neue Horizonte 93/94. Ein Forum der Naturwissenschaften, München: Piper 1994, S. 11–69

SOMMER, VOLKER: Von Menschen und anderen Tieren. Essays zur Evolutionsbiologie, Stuttgart; Leipzig: Hirzel 2000

SPANGLER, GOTTFRIED: Die bio-psycho-soziale Perspektive am Beispiel der Entwicklung der emotionalen Verhaltens-organisation. In: Zeitschrift für Sozialisationsforschung und Erziehungssoziologie, 11. Jg., H. 2/1991, S. 127–147

SPARKS, COREY S./JANTZ, RICHARD L.: A reassessment of human cranial plasticity. Boas revisited. In: Proceedings of the National Academy of Sciences of the United States of America (PNAS), Vol. 99, No. 23/2002, pp. 14636–14639

SPARKS, COREY S./JANTZ, RICHARD L.: Changing times, changing faces. Franz Boas's immigrant study in modern perspective. In: American Anthropologist, Vol. 105, No. 2/2003, pp. 333–337

SPEARMAN, CHARLES: »General intelligence«, objectively determined and measured. In: American Journal of Psychology, Vol. 15, 1904, pp. 201–293

SPENCER, HERBERT: The principles of biology. Vol. I, London; Edinburgh: Williams and Norgate 1864

SPENCER, HERBERT: The principles of sociology. In three volumes. Vol. I, New York: D. Appleton and Company 1899 (first published 1874)

SPERRY, ROGER WOLCOTT: The eye and the brain (first published 1956). In: GREENOUGH, WILLIAM T. (ED.): The nature and nurture of behavior. Developmental psychobiology, San Francisco: Freeman 1973, pp. 5–9

SPINATH, FRANK M. U. A.: Multimodale Untersuchung von Persönlichkeiten und kognitiven Fähigkeiten. Ergebnisse der deutschen Zwillingsstudien BiLSAT und GOSAT. In: Zeitschrift für Soziologie der Erziehung und Sozialisation, 25. Jg., H. 2/2005, S. 146–161

SPORK, PETER: Der zweite Code. Epigenetik – oder wie wir unser Erbgut steuern können, Reinbek bei Hamburg: Rowohlt 2009

STABLES, ANDREW: The unnatural nature of nature and nurture: Questioning the romantic heritage. In: Studies in Philosophy and Education, Vol. 28, No. 1/2009, pp. 3–14

STADLER, MICHAEL: Lewontin, Richard C., Rose, Steven & Kamin, Leon J. (1988). Die Gene sind es nicht ... Biologie, Ideologie und menschliche Natur ... (Buchbesprechung Teil II). In: Zeitschrift für Pädagogische Psychologie, 3. Jg., H. 2/1989, S. 144–147

STADLER, MICHAEL/STADLER, SONJA: Wege und Auswege der Anlage-Umwelt-Diskussion. Einleitung zu KAMIN, LEON J.: Der Intelligenz-Quotient in Wissenschaft und Politik (S. 1–17), Darmstadt: Steinkopff 1979

STAMM, ROGER ALFRED: Zeittafel zur Entwicklung der Ethologie. In: STAMM, ROGER A./ZEIER, HANS (HRSG.): Lorenz und die Folgen. Tierpsychologie, Verhaltensforschung, Physiologische Psychologie (Die Psychologie des 20. Jahrhunderts, Bd. 6), Zürich: Kindler 1978, S. 9–19

STEBBINS, GEORGE LEDYARD: Variation and evolution in plants, New York: Columbia University Press 1950

STEELE, EDWARD J.: Somatic selection and adaptive evolution. On the inheritance of acquired characters, Toronto: Williams and Wallace International 1979

STEELE, EDWARD J./LINDLEY, ROBYN A./BLANDEN, ROBERT V.: Lamarck's signature. How retrogenes are changing Darwin's natural selection paradigm, Reading, MA: Perseus Books 1998

STEEN, R. GRANT: DNA and destiny. Nature and nurture in human behavior, New York; London: Plenum 1996a

STEEN, TOMOKO Y.: Always an eccentric? A brief biography of Motoo Kimura. In: Journal of Genetics, Vol. 75, No. 1/1996b, pp. 19–25

STEINS, GISELA (HRSG.): Handbuch Psychologie und Geschlechterforschung, Wiesbaden: VS Verlag für Sozialwissenschaften 2010

STERELNY, KIM/SMITH, KELLY C./DICKISON, MICHAEL: The extended replicator. In: Biology and Philosophy, Vol. 11, No. 3/1996, pp. 377–403

STERN, WILLIAM: Tatsachen und Ursachen der seelischen Entwicklung. In: Zeitschrift für angewandte Psychologie und psychologische Sammelforschung, 1. Jg., 1908, S. 1–43

STERN, WILLIAM: Die menschliche Persönlichkeit, 2. Aufl., (Person und Sache. System der philosophischen Welt-anschauung, Bd. 2), Leipzig: Johann Ambrosius Barth 1919

STERN, WILLIAM: Psychologie der frühen Kindheit bis zum sechsten Lebensjahr, 10. Aufl., Heidelberg: Quelle & Meyer 1971 (Erstveröffentlichung 1914)

STERNBERG, ROBERT JEFFREY: Beyond IQ. A triarchic theory of human intelligence, Cambridge; New York: Cambridge University Press 1985

STERNBERG, ROBERT JEFFREY: Wie intelligent sind Intelligenztests? In: Spektrum der Wissenschaft Spezial: Intelligenz, H. 1/2000, S. 12–17

STOLTENBERG, SCOTT F.: Coming to terms with heritability. In: Genetica, Vol. 99, No. 2–3/1997, pp. 89–96

STONE, L. JOSEPH/CHURCH, JOSEPH: Kindheit und Jugend, (Einführung in die Entwicklungspsychologie, Bd. 1), Stuttgart: Georg Thieme Verlag 1978

STOTZ, KAROLA: Geschichte und Positionen der evolutionären Entwicklungsbiologie. In: KROHS, ULRICH/TOEPFER, GEORG (HRSG.): Philosophie der Biologie. Eine Einführung, Frankfurt am Main: Suhrkamp 2005a, S. 338–356

STOTZ, KAROLA: Organismen als Entwicklungssysteme. In: KROHS, ULRICH/TOEPFER, GEORG (HRSG.): Philosophie der Biologie. Eine Einführung, Frankfurt am Main: Suhrkamp 2005b, S. 125–143

STOTZ, KAROLA/GRIFFITHS, PAUL E./KNIGHT, ROB: How biologists conceptualize genes: an empirical study. In: Studies in History and Philosophy of Biological and Biomedical Sciences, Vol. 35, No. 4/2004, pp. 647–673

STURTEVANT, ALFRED HENRY: The linear arrangement of six sex-linked factors in Drosophila, as shown by their mode of association. In: Journal of Experimental Zoology, Vol. 14, No. 1/1913, pp. 43–59

STURTEVANT, ALFRED HENRY: Thomas Hunt Morgan 1866–1945. In: Biographical Memoirs of the National Academy of Sciences of the United States of America, Vol. 33, 1959, pp. 283–325

SULEK, ANTONI: The experiment of Psammetichus: Fact, fiction, and model to follow. In: Journal of the History of Ideas, Vol. 50, No. 4/1989, pp. 645–651

SUTHERLAND, GILLIAN/SHARP, STEPHEN: »The fust official psychologist in the wurrld«: Aspects of the professionalization of psychology in early twentieth century Britain. In: History of Science, Vol. 18, No. 3/1980, pp. 181–208

SWANTON, JOHN REED: The president elect [Franz Boas]. In: Science, Vol. 73, No. 1884 (Feb. 6)/1931, pp. 146–148

SWITEK, BRIAN: Repost: Did Huxley really mop the floor with Wilberforce? Online verfügbar unter http://scienceblogs. com/laelaps/2008/06/repost_did_huxley_really_mop_t.php, zuletzt aktualisiert am 30.06.2008, zuletzt geprüft am 02.06.2010, 2008

SWITEK, BRIAN: Darwin and the bishop's wife. Online verfügbar unter http://scienceblogs.com/laelaps/2009/08/i_ have_developed_something_of.php, zuletzt aktualisiert am 11.08. 2009, zuletzt geprüft am 31.05.2010, 2009

SYMONS, DONALD: The evolution of human sexuality, New York: Oxford University Press 1979

SYMONS, DONALD: Adaptiveness and adaptation. In: Ethology and Sociobiology, Vol. 11, No. 4–5/1990, pp. 427–444

SYMONS, DONALD: On the use and misuse of Darwinism in the study of human behavior. In: BARKOW, JEROME H./ COSMIDES, LEDA/TOOBY, JOHN (EDS.): The adapted mind. Evolutionary psychology and the generation of culture, New York; Oxford: Oxford University Press 1992, pp. 137–159

TAYLOR, HOWARD FRANCIS: The IQ game. A methodological inquiry into the heredity-environment controversy, New Brunswick, NJ: Rutgers University Press 1980

TEASDALE, THOMAS W. &. OWEN DAVID R.: A long-term rise and recent decline in intelligence test performance: The Flynn Effect in reverse. In: Personality and Individual Differences, Vol. 39, No. 4/2005, pp. 837–843

TEIGEN, KARL HALVOR: A note on the origin of the term »nature and nurture«: Not Shakespeare and Galton, but Mulcaster. In: Journal of the History of the Behavioral Sciences, Vol. 20, No. 4/1984, pp. 363–364

TELLEGEN, AUKE ET AL.: Personality similarity in twins reared apart and together. In: Journal of Personality and Social Psychology, Vol. 54, No. 6/1988, pp. 1031–1039

TENORTH, HEINZ-ELMAR: Diagnose, Legitimation, Innovation. Zu den Beiträgen über Begabungsforschung und pädagogische Diagnostik im 20. Jahrhundert. In: Zeitschrift für Pädagogik, 35. Jg., H. 2/1989, S. 149–152

TERMAN, LEWIS MADISON/ODEN, MELITA H.: The gifted group at mid-life. Thirty-five years' follow-up of the superior child, Stanford: Stanford University Press 1959

TERMAN, LEWIS MADISON: Genetic studies of genius, Stanford: Stanford University Press 1925

THEIS, SOPHIE VAN SENDEN: How foster children turn out, New York: State Charities Aid Association 1924

THOMAS, FREDERICK J.: Piaget and Lamarck. In: Science Education, Vol. 61, No. 3/1977, pp. 279–286

THOMAS, ROBERT MURRAY/FELDMANN, BIRGITT: Die Entwicklung des Kindes. Ein Lehr- und Praxisbuch, Weinheim: Beltz 2002

THOMPSON, WILLIAM ROBERT: The inheritance and development of intelligence. In: HOOKER, DAVENPORT/HARE, CLARENCE C. (EDS.): Genetics and the inheritance of integrated neurological and psychiatric patterns, Baltimore: Williams & Wilkins 1954, pp. 209–231

THORNDIKE, EDWARD LEE: Animal intelligence. An experimental study of the associative processes in animals. In: The Psychological Review, Monograph Supplements, Vol. 2, No. 4 (Whole No. 8)/1898, pp. 1–109

THORNHILL, RANDY/PALMER, CRAIG T.: A natural history of rape. Biological bases of sexual coercion, Cambridge, MA; London: MIT Press 2000

THURSTONE, LOUIS LEON: Primary mental abilities, Chicago: The University of Chicago Press 1938

TIEFER, LEONORE: As Nature Made Him: The Boy Who Was Raised as a Girl. By John Colapinto. HarperCollins, New York, 2000, 279 pp., $35.00. Book review. In: Archives of Sexual Behavior, Vol. 31, No. 3/2002, pp. 303–304

TIERNEY, PATRICK: Darkness in El Dorado. How scientists and journalists devastated the Amazon, New York: Norton 2000

TIERNEY, PATRICK: Verrat am Paradies. Journalisten und Wissenschaftler zerstören das Leben am Amazonas, München; Zürich: Piper 2002

TILLMANN, KLAUS-JÜRGEN: 25 Jahre Gesamtschule. Bilanz und Perspektive. In: TILLMANN, KLAUS-JÜRGEN: Schulentwicklung und Lehrerarbeit. Nicht auf bessere Zeiten warten, Hamburg: Bergmann + Helbig 1995, S. 108–120

TILLMANN, KLAUS-JÜRGEN: Sozialisationstheorien. Eine Einführung in den Zusammenhang von Gesellschaft, Institution und Subjektwerdung, Neuausgabe, Reinbek bei Hamburg: Rowohlt Taschenbuch Verlag 2010 (Erstveröffentlichung 1989)

TILLMANN, KLAUS-JÜRGEN U. A.: Zwischen neuen Erkenntnissen und reiner Analogiebildung? Abschließende Diskussion zur Serie »Biowissenschaft und Pädagogik« (Serie Biowissenschaft und Pädagogik, 7. Folge). In: Pädagogik, 52. Jg., H. 7–8/2000, S. 73–79

TINBERGEN, NIKOLAAS: The study of instinct, Oxford: Clarendon Press 1951

TINBERGEN, NIKOLAAS: On aims and methods in ethology. In: Zeitschrift für Tierpsychologie, Vol. 20, No. 4/1963, pp. 410–433

TINBERGEN, NIKOLAAS/TER PELKWIJK, JAN JOOST: Eine reizbiologische Analyse einiger Verhaltensweisen von Gasterosteus aculeatus. In: Zeitschrift für Tierpsychologie, 1. Jg., H. 3/1937, S. 193–204

TOOBY, JOHN: Jungle fever. Did two U.S. scientists start a genocidal epidemic in the Amazon, or was The New Yorker duped? In: Slate. Online verfügbar unter http://www.slate.com/id/91946/, zuletzt aktualisiert am 25.10.2000, zuletzt geprüft am 07.02.2010, 2000

TOOBY, JOHN/COSMIDES, LEDA: The psychological foundations of culture. In: BARKOW, JEROME H./COSMIDES, LEDA/TOOBY, JOHN (EDS.): The adapted mind. Evolutionary psychology and the generation of culture, New York; Oxford: Oxford University Press 1992, pp. 19–136

TOOBY, JOHN/COSMIDES, LEDA: Conceptual foundations of evolutionary psychology. In: BUSS, DAVID M. (ED.): The handbook of evolutionary psychology, Hoboken, NJ: Wiley 2005, pp. 5–67

TREML, ALFRED KARL: Allgemeine Pädagogik. Grundlagen, Handlungsfelder und Perspektiven der Erziehung, Stuttgart u. a.: Kohlhammer 2000

TREML, ALFRED KARL: Evolutionäre Pädagogik. Eine Einführung, Stuttgart: Kohlhammer 2004

TREML, ALFRED KARL: Pädagogische Ideengeschichte. Ein Überblick, Stuttgart: Kohlhammer 2005

TREML, ALFRED KARL: Muss Erziehung neu erfunden werden? Die Herausforderung der Hirnforschung für die Pädagogik. In: Vierteljahrsschrift für wissenschaftliche Pädagogik, 82. Jg., H. 3/2006, S. 388–404

TRIVERS, ROBERT L.: The evolution of reciprocal altruism. In: The Quarterly Review of Biology, Vol. 46, No. 1/1971, pp. 35–57

TRIVERS, ROBERT L.: Parental investment and sexual selection. In: CAMPBELL, BERNARD GRANT (ED.): Sexual selection and the descent of man, 1871–1971, Chicago: Aldine 1972, pp. 136–179

TRIVERS, ROBERT L.: Parent-offspring conflict. In: American Zoologist, Vol. 14, No. 1/1974, pp. 249–264

TRYON, ROBERT CHOATE: Genetic differences in maze-learning ability in rats. In: Yearbook of the National Society for the Study of Education, Vol. 39, No. 2/1940, pp. 111–119

TÜCKE, MANFRED: Psychologie in der Schule – Psychologie für die Schule. Eine themenzentrierte Einführung in die Pädagogische Psychologie für (zukünftige) Lehrer, 4. Aufl., Münster: Lit 2005

TUCKER, WILLIAM H.: Fact and fiction in the discovery of Sir Cyril Burt's flaws. In: Journal of the History of the Behavioral Sciences, Vol. 30, No. 4/1994, pp. 335–347

TUCKER, WILLIAM H.: Re-considering Burt: Beyond a reasonable doubt. In: Journal of the History of the Behavioral Sciences, Vol. 33, No. 2/1997, pp. 145–162

TUFTS, JAMES HAYDEN: The ethics of the family. In: International Journal of Ethics, Vol. 26, No. 2/1916, pp. 223–240

TURNEY, JON: The sociable gene. Finding a working metaphor to describe the function of genes in an organism might help to ease public fears and expectations of genomic research. In: European Molecular Biology Organization (EMBO) Reports, Vol. 6, No. 9/2005, pp. 808–810

UHER, JOHANNA (HRSG.): Pädagogische Anthropologie und Evolution. Beiträge der Humanwissenschaften zur Analyse pädagogischer Probleme, Erlangen: Universitäts-Bibliothek 1995

VALSINER, JAAN: Gilbert Gottlieb's theory of probabilistic epigenesis: Probabilities and realities in development. In: Developmental Psychobiology, Vol. 49, No. 8/2007, pp. 832–840

VARGAS, ALEXANDER O.: Did Paul Kammerer discover epigenetic inheritance? A modern look at the controversial midwife toad experiments, In: Journal of Experimental Zoology (Part B: Molecular and Developmental Evolution), Vol. 312B, No. 7/2009, pp. 667–678

VILÀ, CARLES ET AL.: Multiple and ancient origins of the domestic dog. In: Science, Vol. 276, No. 5319 (Jun. 13)/1997, pp. 1687–1689

VIRCHOW, RUDOLF: Die Cellularpathologie in ihrer Begründung auf physiologische und pathologische Gewebelehre. Zwanzig Vorlesungen gehalten während der Monate Februar, März und April 1858 im pathologischen Institute zu Berlin, 2. Aufl., Berlin: August Hirschwald 1859

VOGEL, CHRISTIAN: Anthropologische Spuren. Zur Natur des Menschen, Stuttgart: Hirzel 2000a

VOGEL, CHRISTIAN: Evolution und Moral (Erstveröffentlichung 1986). In: VOGEL, CHRISTIAN: Anthropologische Spuren. Zur Natur des Menschen, Stuttgart: Hirzel 2000b, S. 135–177

VOLAND, ECKART: Grundriss der Soziobiologie, 2. Aufl., Heidelberg; Berlin: Spektrum, Akademischer Verlag 2000a

VOLAND, ECKART: Nature or nurture? The debate of the century, a category error, and the illuminating impact of evolutionary psychology. In: European Psychologist, Vol. 5, No. 3/2000b, pp. 196–199

VÖLKLEIN, ULRICH: Josef Mengele. Der Arzt von Auschwitz, Göttingen: Steidl 2000

VOLLMER, GERHARD: Die vierte bis siebte Kränkung des Menschen. Gehirn, Evolution und Menschenbild. In: Aufklärung und Kritik, 1. Jg., H. 1/1994, S. 81–92

VOLLMER, GERHARD: Evolutionäre Erkenntnistheorie. Angeborene Erkenntnisstrukturen im Kontext von Biologie, Psychologie, Linguistik, Philosophie und Wissenschaftstheorie, 7. Aufl., Stuttgart: Hirzel 1998

VOLLMER, GERHARD: Was können wir wissen? Eigenart und Reichweite menschlichen Erkennens (Erstveröffentlichung 1982). In: VOLLMER, GERHARD (HRSG.): Die Natur der Erkenntnis. Beiträge zur evolutionären Erkenntnistheorie, 3. Aufl., (Was können wir wissen?, Bd. 1), Stuttgart: Hirzel 2003, S. 1–43

VOLLMER, GERHARD: Wie wissenschaftlich ist der Evolutionsgedanke? In: GRAF, DITTMAR (HRSG.): Evolutionstheorie. Akzeptanz und Vermittlung im europäischen Vergleich, Berlin; Heidelberg: Springer 2011, S. 45–64

VOM BROCKE, BERNHARD: Bevölkerungswissenschaft – quo vadis? Möglichkeiten und Probleme einer Geschichte der Bevölkerungswissenschaft in Deutschland. Mit einer systematischen Bibliographie, Opladen: Leske + Budrich 1998

VREEKE, GERT J.: Die Bell Curve Debatte. Ein Bericht über ihre Neuauflage in der us-amerikanischen Intelligenzforschung. In: Zeitschrift für Erziehungswissenschaft, 2. Jg., H. 1/1999, S. 45–58

WAAL, FRANS B. M. DE: The end of nature versus nurture. In: Scientific American (End-of-the-Millenium Special Issue), Vol. 281, No. 12/1999, pp. 94–99

WAAL, FRANS B. M. DE: Wer beherrscht den Menschen: Gene oder Umwelt? In: Spektrum der Wissenschaft Spezial: Forschung im 21. Jahrhundert, H. 1/2000, S. 44–49

WAAL, FRANS B. M. DE: Der Affe und der Sushimeister. Das kulturelle Leben der Tiere, München; Wien: Carl Hanser Verlag 2002

WACHS, THEODORE D.: The nature of nurture, Newbury Park; London; New Delhi: Sage Publications 1992

WACKER, ALI: Anlage und Umwelt. In: GRUBITZSCH, SIEGFRIED/REXILIUS, GÜNTHER (HRSG.): Psychologische Grundbegriffe. Mensch und Gesellschaft in der Psychologie. Ein Handbuch, Reinbek bei Hamburg: Rowohlt Taschenbuch Verlag 1987, S. 50–59

WADDINGTON, CONRAD HAL: Organisers and genes, Cambridge: Cambridge University Press 1940

WADDINGTON, CONRAD HAL: Canalization of development and the inheritance of acquired characters. In: Nature, Vol. 150, No. 3811 (Nov. 14)/1942, pp. 563–565

WADDINGTON, CONRAD HAL: The strategy of the genes. A discussion of some aspects of theoretical biology, London: Allen & Unwin 1957

WADDINGTON, CONRAD HAL: The evolution of an evolutionist, Edinburgh: Edinburgh University Press 1975

WADE, NICHOLAS: IQ and heredity: Suspicion of fraud beclouds classic experiment. In: Science, Vol. 194, No. 4268 (Nov. 26)/1976, pp. 916–919

WAGNER, ADOLF: Geschichte des Lamarckismus. Als Einführung in die psycho-biologische Bewegung der Gegenwart, Stuttgart: Franckh 1908

WAGNER, ROBERT P. ET AL.: Introduction to modern genetics, New York: Wiley 1980

WAHL, KLAUS: Aggression und Gewalt. Ein biologischer, psychologischer und sozialwissenschaftlicher Überblick, Heidelberg: Spektrum, Akademischer Verlag 2009

WAITZ, THEODOR: Über die Einheit des Menschengeschlechts und den Naturzustand des Menschen, (Anthropologie der Naturvölker, Bd. 1), Leipzig: Fleischer 1859

WAITZ, THEODOR: Allgemeine Pädagogik (Erstveröffentlichung 1852). In: GEBHARDT, OTTO (HRSG.): Theodor Waitz' Allgemeine Pädagogik und kleinere pädagogische Schriften. Mit einer Einführung über das Verhältnis der Waitz-schen Pädagogik zu seiner Ethik, Psychologie, Anthropologie und Persönlichkeit und einem Bildnis des Verfassers, Langensalza: Hermann Beyer & Söhne 1910, S. 11–344

WALDEYER, WILHELM: Ueber Karyokinese und ihre Beziehungen zu den Befruchtungsvorgängen. In: Archiv für Mikroskopische Anatomie, 32. Jg., H. 1/1888, S. 1–122

WALLER, JOHN C.: Ideas of heredity, reproduction and eugenics in Britain, 1800–1875. In: Studies in History and Philosophy of Biological and Biomedical Sciences, Vol. 32, No. 3/2001, pp. 457–489

WARD, JAMES: Sir Cyril Burt: the continuing saga. A review of ›Cyril Burt: fraud or framed?‹ Edited by N. J. Mackintosh. Oxford: Oxford University Press 1995. In: Educational Psychology, Vol. 18, No. 2/1998, pp. 235–241

WARNKE, GEORGIA: A hermeneutics of gender. In: STOLLER, SILVIA/VASTERLING, VERONICA/FISHER, LINDA (EDS.): Feministische Phänomenologie und Hermeneutik, Würzburg: Königshausen & Neumann 2005, pp. 235–255

WASON, PETER CATHCART: Reasoning about a rule. In: Quarterly Journal of Experimental Psychology, Vol. 20, No. 3/1968, pp. 273–281

WATSON, JAMES DEWEY ET AL.: Molecular biology of the gene, 5th ed., San Francisco: Pearson; Benjamin Cummings 2004

WATSON, JAMES DEWEY/CRICK, FRANCIS HARRY COMPTON: Molecular structure of nucleic acids. A structure for deoxyribose nucleic acid. In: Nature, Vol. 171, No. 4356 (April 25)/1953, pp. 737–738

WATSON, JOHN BROADUS: Practical and theoretical problems in instinct and habits. In: JENNINGS, HERBERT SPENCER ET AL. (EDS.): Suggestions of modern science concerning education, New York: The Macmillan company 1917, pp. 51–99

WATSON, JOHN BROADUS: Psychische Erziehung im frühen Kindesalter, Leipzig: Felix Meiner Verlag 1929

WATSON, JOHN BROADUS: Behaviorismus. Ergänzt durch den Aufsatz ›Psychologie, wie sie der Behaviorist sieht‹, Köln; Berlin: Kiepenheuer & Witsch 1968 (Erstveröffentlichung 1924/25 (engl.))

WATSON, JOHN BROADUS/RAYNER, ROSALIE: Conditioned emotional reactions. In: Journal of Experimental Psychology (General), Vol. 3, No. 1/1920, pp. 1–14

WATTERS, ETHAN: Der Über-Code. In: GEO, 32. Jg., H. 04/2007, S. 154–166

WEBER, THOMAS P.: Darwin und die neuen Biowissenschaften. Eine Einführung, Köln: DuMont 2005

WEINER, JONATHAN: Zeit, Liebe, Erinnerung. Auf der Suche nach den Ursprüngen des Verhaltens, Berlin: Siedler 2000

WEINERT, FRANZ EMANUEL: Vom statischen zum dynamischen zum statischen Begabungsbegriff? Die Kontroverse um den Begabungsbegriff Heinrich Roths im Lichte neuer Forschungsergebnisse. In: Die Deutsche Schule, 76. Jg., H. 5/1984, S. 353–365

WEINERT, FRANZ EMANUEL: Begabung und Lernen. Zur Entwicklung geistiger Leistungsunterschiede. In: Neue Sammlung, 40. Jg., H. 3/2000, S. 353–368

WEINGART, PETER/KROLL, JÜRGEN/BAYERTZ, KURT: Rasse, Blut und Gene. Geschichte der Eugenik und Rassenhygiene in Deutschland, Frankfurt am Main: Suhrkamp 1992

WEINGART, PETER ET AL. (EDS.): Human by nature. Between biology and the social sciences, Mahwah, NJ; London: Lawrence Erlbaum Associates 1997

WEISMANN, AUGUST: Die Continuität des Keimplasmas als Grundlage einer Theorie der Vererbung (Erstveröffentlichung 1885). In: WEISMANN, AUGUST: Aufsätze über Vererbung und verwandte biologische Fragen, Jena: Gustav Fischer 1892a, S. 191–302

WEISMANN, AUGUST: Ueber die Hypothese einer Vererbung von Verletzungen. Vortrag gehalten am 20. Septbr. 1888 auf der Naturforscher-Versammlung zu Köln (Erstveröffentlichung 1889). In: WEISMANN, AUGUST: Aufsätze über Vererbung und verwandte biologische Fragen, Jena: Gustav Fischer 1892b, S. 504–546

WEISMANN, AUGUST: Ueber die Vererbung. Ein Vortrag (Erstveröffentlichung 1883). In: WEISMANN, AUGUST: Aufsätze über Vererbung und verwandte biologische Fragen, Jena: Gustav Fischer 1892c, S. 73–122

WEISMANN, AUGUST: Vorträge über Deszendenztheorie, 2. Aufl., Jena: Gustav Fischer 1904

WEISS, VOLKMAR: Leistungsstufen der Begabung und dreigliedriges Schulsystem. In: Zeitschrift für Pädagogische Psychologie, 7. Jg., H. 4/1993, S. 171–183

WEISS, VOLKMAR: Die IQ-Falle. Intelligenz, Sozialstruktur und Politik, Graz: Stocker 2000

WELLS, WILLIAM CHARLES: Two essays. One upon single vision with two eyes, the other on dew. A letter to the Right Hon. Lloyd, Lord Kenyon, and an account of a female of the white race of mankind, part of whose skin resembles that of a negro. With some observations on the causes of the differences in colour and form between the white and negroraces of men, London: Constable 1818

WENNER, MELINDA: Ungleiche Gaben. Spezial Epigenetik/Genomische Prägung. In: Spektrum der Wissenschaft Gehirn & Geist, H. 11/2009, S. 33–37

WERSKEY, GARY: The visible college, London: Allen Lane 1978

WESS, LUDGER (HRSG.): Die Träume der Genetik. Gentechnische Utopien von sozialem Fortschritt, Nördlingen: Greno 1989

WESSEL, KARL-FRIEDRICH U. A. (HRSG.): Genom und Umwelt, Bielefeld: Kleine 2001

WESSELING, ELISABETH: Judith Rich Harris: The Miss Marple of developmental psychology. In: Science in Context, Vol. 17, No. 3/2004, pp. 293–314

WEST, CANDACE/ZIMMERMAN, DON H.: Doing gender. In: Gender and Society, Vol. 1, No. 2/1987, pp. 125–151

WEST, MEREDITH J./KING, ANDREW P.: Settling nature and nurture into an ontogenetic niche. In: Developmental Psychobiology, Vol. 20, No. 5/1987, pp. 549–562

WEST-EBERHARD, MARY JANE: Phenotypic plasticity and the origins of diversity. In: Annual Review of Ecology, Evolution, and Systematics, Vol. 20, 1989, pp. 249–278

WEST-EBERHARD, MARY JANE: Developmental plasticity and evolution, Oxford; New York: Oxford University Press 2003

WHITTEN, PHILLIP/KAGAN, JEROME S.: Jensen's dangerous half-truth. In: Psychology Today, Vol. 3, No. 3 (August)/ 1969, pp. 8, 66, 68

WIELAND, HEINZ: Biosoziale Faktoren bei der Entstehung von Lernbehinderung am Beispiel der Fehlernährung. In: Zeitschrift für Heilpädagogik, 31. Jg., H. 2/1980, S. 103–115

WILLE, HOLGER: Einfachheit und Wahrheit. Kritische Anmerkungen zum Gebrauch des Extremalprinzips in der Evolutionären Pädagogik. In: GILGENMANN, KLAUS/MERSCH, PETER/TREML, ALFRED KARL (HRSG.): Kulturelle Vererbung. Erziehung und Bildung in evolutionstheoretischer Sicht, 2. Aufl., Norderstedt: Books on Demand 2010, S. 125–139

WILLIAMS, GEORGE C.: Adaptation and natural selection. A critique of some current evolutionary thought, Princeton, NJ: Princeton University Press 1966

WILLIAMSON, DAVID: Heretic. Based on the life of Derek Freeman, Melbourne: Penguin Books 1996

WILLMOTT, PETER: Integrity in social science – the upshot of a scandal. In: International Social Science Journal, Vol. 50, No. 157/1998, pp. 371–374

WILSON, DAVID SLOAN/DIETRICH, ERIC/CLARK, ANNE B.: On the inappropriate use of the naturalistic fallacy in evolutionary psychology. In: Biology and Philosophy, Vol. 18, No. 5/2003, pp. 669–682

WILSON, EDWARD OSBORNE: Sociobiology. The new synthesis, Cambridge, MA: Belknap Press of Harvard University Press 1975

WILSON, EDWARD OSBORNE: Biologie als Schicksal. Die soziobiologischen Grundlagen menschlichen Verhaltens, Frankfurt am Main: Ullstein 1978a

WILSON, EDWARD OSBORNE: On human nature, Cambridge, MA: Harvard University Press 1978b

WILSON, EDWARD OSBORNE: Die Einheit des Wissens, Berlin: Siedler 1998

WINDHOLZ, GEORGE/LAMAL, PETER A.: Pavlov's view of the inheritance of acquired characteristics as it relates to theses concerning scientific change. In: Synthese, Vol. 88, No. 1/1991, pp. 97–111

WINK, MICHAEL (HRSG.): Vererbung und Milieu, Berlin; Heidelberg; New York: Springer 2001

WISSKIRCHEN, HUBERT: Die heimlichen Erzieher. Von der Macht der Gleichaltrigen und dem überschätzten Einfluss der Eltern, München: Kösel 2002

WOLF, CHRISTIAN: Zwischen Erbe und Erfahrung. Spezial Epigenetik/Zwillingsforschung. In: Spektrum der Wissenschaft Gehirn & Geist, H. 11/2009, S. 28–32

WOLF, WILLI: Das Problem von Anlage und Umwelt – Das Wechselwirkungsmodell. In: KLAFKI, WOLFGANG U. A. (HRSG.): Erziehungswissenschaft 3. Eine Einführung (Funk-Kolleg Erziehungswissenschaft. Eine Einführung in drei Bänden, Bd. 3), Frankfurt am Main: Fischer Taschenbuch Verlag 1977, S. 15–28

WOLTERECK, RICHARD: Weitere experimentelle Untersuchungen über Artveränderungen, speziell über das Wesen quantitativer Artunterschiede bei Daphniden. In: KORSCHELT, EUGEN (HRSG.): Verhandlungen der Deutschen Zoologischen Gesellschaft auf der neunzehnten Jahresversammlung, Leipzig: Engelmann 1909, S. 110–173

WRANGHAM, RICHARD/PETERSON, DALE: Demonic males. Apes and the origins of human violence, New York: Houghton Mifflin 1996

WRIGHT, CYNTHIA: They were five: The Dionne Quintuplets revisited. In: Journal of Canadian Studies, Vol. 29, No. 4/ 1994–95, pp. 5–14

WRIGHT, LAWRENCE: Twins. And what they tell us about who we are, New York: J. Wiley 1997

WRIGHT, LAWRENCE: Zwillinge. Gene, Umwelt und das Geheimnis der Identität, Wien; München: Deuticke 1998

WRIGHT, ROBERT: The moral animal. Evolutionary psychology and everyday life, New York: Pantheon Books 1994

WRIGHT, ROBERT: Diesseits von Gut und Böse. Die biologischen Grundlagen unserer Ethik, München: Limes 1996

WUKETITS, FRANZ MANFRED: Evolutionstheorien. Historische Voraussetzungen, Positionen, Kritik, Darmstadt: Wissenschaftliche Buchgesellschaft 1988

WUKETITS, FRANZ MANFRED: Gene, Kultur und Moral. Soziobiologie – Pro und Contra, Darmstadt: Wissenschaftliche Buchgesellschaft 1990

WUKETITS, FRANZ MANFRED: Die Entdeckung des Verhaltens. Eine Geschichte der Verhaltensforschung, Darmstadt: Wissenschaftliche Buchgesellschaft 1995

WUKETITS, FRANZ MANFRED: Soziobiologie. Die Macht der Gene und die Evolution sozialen Verhaltens, Heidelberg; Berlin; Oxford: Spektrum, Akademischer Verlag 1997

WUKETITS, FRANZ MANFRED: Eine kurze Kulturgeschichte der Biologie. Mythen, Darwinismus, Gentechnik, Darmstadt: Primus Verlag 1998

WULF, CHRISTOPH (HRSG.): Vom Menschen. Handbuch historische Anthropologie. Kosmologie, Welt und Dinge, Genealogie und Geschlecht, Körper, Medien und Bildung, Zufall und Geschick, Kultur, Weinheim; Basel: Beltz 1997

WULF, CHRISTOPH/ZIRFAS, JÖRG (HRSG.): Theorien und Konzepte der pädagogischen Anthropologie, Donauwörth: Auer 1994

WYNNE-EDWARDS, VERO COPNER: Animal dispersion in relation to social behaviour, Edinburgh: Oliver and Boyd 1962

WYNNE-EDWARDS, VERO COPNER: Evolution through group selection, Oxford: Blackwell 1986

YEE, ALBERT H.: Evolution of the nature–nurture controversy: Response to J. Philippe Rushton. In: Educational Psychology Review, Vol. 7, No. 4/1995, pp. 381–390

YOUNG, MICHAEL W.: Middle repetitive DNA: A fluid component of the Drosophila genome. In: Proceedings of the National Academy of Sciences of the United States of America (PNAS), Vol. 76, No. 12/1979, pp. 6274–6278

ZACHARIAS, HELMUT: Keyword: Chromosome. In: Chromosome Research, Vol. 9, No. 5/2001, pp. 345–355

ZANKL, HEINRICH: Fälscher, Schwindler, Scharlatane. Betrug in Forschung und Wissenschaft, Weinheim: Wiley-VCH Verlag 2003

ZDARZIL, HERBERT: Kulturanthropologie und Pädagogik. In: Vierteljahrsschrift für wissenschaftliche Pädagogik, 61. Jg., H. 4/1985, S. 459–471

ZEIER, HANS (HRSG.): Pawlow und die Folgen. Von der klassischen Konditionierung bis zur Verhaltenstherapie, (Die Psychologie des 20. Jahrhunderts, Bd. 4), Zürich: Kindler 1977

ZIMMER, DIETER EDUARD: Der Streit um die Intelligenz. IQ: ererbt oder erworben? München; Wien: Hanser 1975

ZIMMER, DIETER EDUARD: Unsere erste Natur. Die biologischen Ursprünge menschlichen Verhaltens, München: Kösel 1979

ZIMMER, DIETER EDUARD: Experimente des Lebens. Wilde Kinder, Zwillinge, Kibbuzniks und andere aufschlussreiche Wesen, Zürich: Haffmans Verlag 1989

ZIMMER, DIETER EDUARD: Der Streit um Gene und Intelligenz ist entschieden. Erster Teil einer ZEIT-Serie. Das Erbe im Kopf. In: Die Zeit, 52. Jg., Ausgabe 17, 16.04.1998

ZIMMER, DIETER EDUARD: Die Erziehungsillusion. In: Die Zeit/Dossier, 53. Jg., Ausgabe 29, 15.07.1999, S. 15–17

ZIMMER, DIETER EDUARD: Ist Intelligenz erblich? Eine Klarstellung. Reinbek bei Hamburg: Rowohlt 2012

ZIRKLE, CONWAY: The inheritance of acquired characters and the provisional hypothesis of pangenesis. In: The American Naturalist, Vol. 69, No. 724/1935, pp. 417–445

ZIRKLE, CONWAY: The early history of the idea of the inheritance of acquired characters and of pangenesis. In: Transactions of the American Philosophical Society, Vol. 35, No. 2/1946, pp. 91–151

ZITTLAU, JÖRG: Warum Robben kein Blau sehen und Elche ins Altersheim gehen. Pleiten und Pannen im Bauplan der Natur, 3. Aufl., Berlin: Econ 2007

ŽIŽEK, FRANZ: Statistik und Rassenbiologie einschliesslich Rassenhygiene. In: Statistische Monatsschrift, 17. Jg., 1912, S. 431–460

ZRZAVÝ, JAN/STORCH, DAVID/MIHULKA, STANISLAV: Evolution. Ein Lese-Lehrbuch, Heidelberg: Spektrum, Akademischer Verlag 2009

Abbildungsverzeichnis

Abb. 1: Konjunktur der Anlage-Umwelt-Thematik in der internationalen Debatte 28

Abb. 2: Konjunktur der Anlage-Umwelt-Thematik in der deutschen erziehungswissenschaftlichen Debatte 33

Abb. 3: Epigenetische Landschaft nach Waddington 164

Abb. 4: Labyrinthlernen von Ratten in Abhängigkeit von Anlage und Umwelt 170

Abb. 5: Lebensdaten und Hauptwerke ausgewählter Vertreterinnen und Vertreter
aktueller Diskurspositionen und deren historische Wegbereiter im Vergleich 191

Abb. 6: Zitationen zentraler Publikationen der Mead-Freeman-Kontroverse
(Mead 1928; Freeman 1983b, 1999b) laut SSCI 212

Abb. 7: Zitationen des Aufsatzes »How much can we boost IQ and scholastic
achievement?« (Harvard Educational Review, 1969c) von Arthur R. Jensen
laut SSCI 231

Abb. 8: Zitationen zentraler Publikationen (Jensen 1969c, Herrnstein 1971, Kamin
1974, Gould 1981, Lewontin/Rose/Kamin 1984, Herrnstein/Murray 1994)
in der Debatte zur Erblichkeit der Intelligenz laut SSCI 232

Abb. 9: Zitationen des Aufsatzes »How much can we boost IQ ...« (Harvard Educational Review, 1969c) von Arthur R. Jensen laut SSCI und im Dossier 242

Abb. 10: Übersicht zum diskursiven Verlauf des Burt-Skandals 248

Abb. 11: Zitationen zentraler Publikationen zur ›Reimer-Debatte‹ (Money/Ehrhardt
1972, Diamond/Sigmundson 1997, Colapinto 2000) laut SSCI 274

Abb. 12: Zitationen zentraler Publikationen der Geschlechterdebatte (Money/Ehr-
hardt 1972, Maccoby/Jacklin 1974, Block 1976, Fausto-Sterling 1985
und Butler 2004) laut SSCI 277

Abb. 13: Übersicht zum Diskursstrang ›Geschlechterdebatte‹ 288

Abb. 14: Übersicht zum Diskursstrang ›Intelligenz und Begabung‹ 289

Abb. 15: Zitationen ausgewählter Publikationen von Judith Rich Harris (Harris
1995, 1998, 2006) laut SSCI sowie deren Rezeption im Dossier 306

Tabellenverzeichnis

Tab. 1: Ebenen der wissenschaftlichen Betrachtung der Anlage-Umwelt-Debatte 17

Tab. 2: Dichotomien im Spannungsfeld der Anlage-Umwelt-Thematik...........................21

Tab. 3: Ausgewählte Publikationen seit 1949 zu thematischen Bereichen der Anlage-Umwelt-Debatte... 29

Tab. 4: Beispiele für die Zuordnung dominanter Sichtweisen in der Anlage-Umwelt-Debatte zu bestimmten Jahrzehnten nach verschiedenen Autoren........................37

Tab. 5: Extrempositionen des Anlage-Umwelt-Diskurses nach Wukstits (1990, 1995) 39

Tab. 6: Klassifikation verschiedener Ansätze des Kritischen Interaktionismus 176

Tab. 7: Rezeption des Jensen-Aufsatzes (1969c) in Kerntexten des Dossiers nach Themenbereichen und Ebenen der Kritik... 244

Tab. 8: Themenbereiche der Zitationsquellen von Money/Ehrhardt 1972 und Diamond/Sigmundson 1997 im Vergleich... 279

Tab. 9: Inhaltliche Rezeption und Kritik in den Buchpublikationen von Judith Rich Harris... 300

Tab. 10: Klassifikation von 24 Protagonisten des Anlage-Umwelt-Diskurses von 1900 bis 1940 nach Diskurspositionen und sozialpolitischen Einstellungen nach Pastore (1949) 384

Tab. 11: Klassifikation von 28 Protagonisten des Anlage-Umwelt-Diskurses von 1950 bis 2000 nach Diskurspositionen und sozialpolitischen Einstellungen 385

Tab. 12: Belegstellen für die Hauptpostulate des Kritischen Interaktionismus 387

Anhänge

Anhang A: Aufsätze des Dossiers (1950–2002)

Dieser Anhang enthält eine Auflistung der 200 erziehungswissenschaftlichen Fachaufsätze, die im Vorfeld und der ersten Phase des DFG-Projektes »Der Anlage-Umwelt-Diskurs in der bundesdeutschen Erziehungswissenschaft seit 1950« vom Autor gesammelt worden sind. Die Verfahrensweise bei der Auswahl der Aufsätze ist Abschnitt 1.2.2 sowie Fußnote 19 auf Seite 32 zu entnehmen. Zur Verbesserung der Übersichtlichkeit wurden die einzelnen bibliografischen Angaben zunächst chronologisch nach Erscheinungsjahr und in der Folge alphabetisch innerhalb gleicher Erscheinungsjahre geordnet. Erziehungswissenschaftliche Fachaufsätze, die einen besonders engen Bezug zur Anlage-Umwelt-Thematik aufweisen, sind mit einem vorangestellten Asterisk (*) markiert. Diese 53 Aufsätze entsprechen dem in Fußnote 20 auf Seite 32 genannten Teilbereich ›Anlage-Umwelt (explizit)‹ des Dossiers.

1950

LEHMENSICK, ERICH: Die begabungsstatistischen Untersuchungen und die erzieherische Verantwortung. In: Die Sammlung, 5. Jg., 1950, S. 688–700

LEHMENSICK, ERICH: Die Meinungsbildung über die Grenzen der Bildsamkeit und die erbpsychologischen Untersuchungen. In: Die Sammlung, 5. Jg., 1950, S. 458–475

MÜLLER, KARL VALENTIN: Zur Frage der Umweltstabilität der Schulbegabung. In: Die Sammlung, 5. Jg., 1950, S. 300–307

1951

BUSEMANN, ADOLF: Über die Steigerung der Intelligenzleistungen durch Unterricht. In: Vierteljahrsschrift für wissenschaftliche Pädagogik, 27. Jg., H. 3/1951, S. 175–193

*GEBHARD, JULIUS: Vererbung und Erziehung. In: Westermanns Pädagogische Beiträge, 3. Jg., 1951, S. 294–299

PRECHT, HERBERT: Die Entwicklung des Verstandes. In: Vierteljahrsschrift für wissenschaftliche Pädagogik, 27. Jg., H. 1/1951, S. 12–26

1952

SCHMEING, KARL: Reifungsstufen der kindlich-jugendlichen Entwicklung. Biologische, psychologische und soziologische Problematik. In: Bildung und Erziehung, 5. Jg., H. 8/1952, S. 568–572

1954

MÜHLE, GÜNTHER W.: Intelligenz und Begabung. In: Zeitschrift für Heilpädagogik, 5. Jg., H. 11/1954, S. 455–463

1955

SCHMIDT, WOLFGANG: Das angeborene Schema. In: Westermanns Pädagogische Beiträge, 7. Jg., H. 6/1955, S. 293–296

1956

BÖHME, GÜNTHER: Über die Grenzen der Bildsamkeit. Ein Beitrag zum Problem der Erwachsenenbildung. In: Bildung und Erziehung, 9. Jg., H. 6/1956, S. 321–333

*RÖCKEL, HERMANN: Pädagogik der Bildsamkeit oder der Erziehungsbedürftigkeit? In: Die Deutsche Schule, 48. Jg., H. 9/1956, S. 400–406

*ROTH, HEINRICH: Auftrag und Problemstand der Pädagogischen Psychologie. In: Die Deutsche Schule, 48. Jg., H. 1/1956, S. 13–26

1957

*WIEGMANN, OTTO: Das Lebensgefühl. Seine Bedeutung und Untersuchung im Aufbau der Person. In: Zeitschrift für Heilpädagogik, 8. Jg., H. 3/1957, S. 98–105

1960

*HEISTERMANN, WALTER: Form, Formbarkeit und formende Aktivität. In: Zeitschrift für Pädagogik, 6. Jg., H. 4/1960, S. 335–349

HOCHHEIMER, WOLFGANG: Über Schwererziehbarkeit in unserer Zeit (Teil I). In: Zeitschrift für Heilpädagogik, 11. Jg., H. 9/1960, S. 437–449

HOCHHEIMER, WOLFGANG: Über Schwererziehbarkeit in unserer Zeit (Teil II). In: Zeitschrift für Heilpädagogik, 11. Jg., H. 10/1960, S. 485–493

TEUMER, ERHARD: Ein ›Kaspar Hauser‹? – ein Ausnahmefall? – ein heilpädagogischer Fall! In: Zeitschrift für Heilpädagogik, 11. Jg., H. 2/1960, S. 124–128

1961

*ASPERGER, HANS: Gegenwartsprobleme des Schwachsinns. In: Zeitschrift für Heilpädagogik, 12. Jg., H. 1/1961, S. 2–9

STRAUSS, ERICH: Beiträge der Biologie zum Selbstverständnis des Menschen. In: Die Deutsche Schule, 53. Jg., H. 11/1961, S. 499–508

1962

*BREZINKA, WOLFGANG: Der erziehungsbedürftige Mensch und die Institutionen. Ein Beitrag zur pädagogischen Anthropologie. In: Die Deutsche Schule, 54. Jg., H. 1/1962, S. 1–20

1963

KRAUSSER, PETER: Instinktives moralanaloges Verhalten bei Tier und Mensch und die Erziehung. In: Die Deutsche Schule, 55. Jg., H. 7–8/1963, S. 374–393

1964

BOLTZ, VERA: KONRAD LORENZ: Das sogenannte Böse. Zur Naturgeschichte der Aggression … (Buchbesprechung). In: Heilpädagogische Forschung, 1. Jg., 1964/68, S. 150–152

1965

HARBAUER, HUBERT: Bemerkungen zu den Reifungsphasen beim Kind aus biologischer Sicht. In: Neue Sammlung, 5. Jg., H. 3/1965, S. 439–445

LORENZ, KONRAD: Zur Naturgeschichte der Aggression. In: Neue Sammlung, 5. Jg., H. 2/1965, S. 296–308

1966

*BUDDE, ALFONS: Über das Wort Natur. Eine historisch-kritische Studie. In: Vierteljahrsschrift für wissenschaftliche Pädagogik, 42. Jg., H. 1/1966, S. 42–67

FLITNER, ANDREAS: Die Bedeutung völkerkundlicher Erkenntnisse für die heutige Erziehungslehre (anläßlich der deutschen Gesamtausgabe von Margaret Meads ›Leben in der Südsee‹). In: Pädagogische Rundschau, 20. Jg., H. 1/1966, S. 99–104

KREUTZ, HERMANN JOSEF: Die Bedeutung der Humanbiologie für die Erziehung. In: Vierteljahrsschrift für wissenschaftliche Pädagogik, 42. Jg., H. 1/1966, S. 26–42

POSERN, HANS-GÜNTHER: Das Interesse der Pädagogischen Anthropologie an den Forschungsergebnissen der modernen Tierverhaltenslehre über das Sozialverhalten und den Aggressionstrieb. In: Die Deutsche Schule, 58. Jg., H. 11/1966, S. 655–671

1967

HAMMEL, WALTER: Begabung im Wandel. In: Die Deutsche Schule, 59. Jg., H. 11/1967, S. 660–676

ROTH, HEINRICH: Begabung als Problem der Forschung. In: Die Deutsche Schule, 59. Jg., H. 4/1967, S. 197–207

1968

*BLEIDICK, ULRICH: Über Beziehungen zwischen Milieuschädigung, Erziehungsschwierigkeit und Lernbehinderung. In: Zeitschrift für Heilpädagogik, 19. Jg., H. 5/1968, S. 225–241

DÖRING, KLAUS W.: Zum neueren Begabungsbegriff und seiner sonderpädagogischen Bedeutung. In: Zeitschrift für Heilpädagogik, 19. Jg., H. 3/1968, S. 113–124

HASSENSTEIN, BERNHARD: Aggression und Information. Anthropologische und hochschul(politische) Aspekte. In: Neue Sammlung, 8. Jg., H. 5/1968, S. 399–421

1969

BLEIDICK, ULRICH: Begabung und Lernen. Sammelreferat über neuere Veröffentlichungen. In: Zeitschrift für Heilpädagogik, 20. Jg., H. 7/1969, S. 403–433

*PREMERSTEIN, RICHARD VON: Jean Itard: Victor, das Wildkind vom Aveyron (Rezension). In: Heilpädagogische Forschung, 2. Jg., 1969/70, S. 115–117

SCHNEIDER, HANS-DIETER: Ansatzpunkte zur Reduktion aggressiven Verhaltens. In: Pädagogische Rundschau, 23. Jg., H. 3/1969, S. 237–253

1970

FATKE, REINHARD: Zur Kontroverse um die Thesen A. Jensens. In: Zeitschrift für Pädagogik, 16. Jg., H. 2/1970, S. 219–226

KUCKARTZ, WILFRIED: Zum Problem der anti-autoritären Erziehung. In: Die Deutsche Schule, 62. Jg., H. 10/1970, S. 634–653

MAURER, FRIEDEMANN/SCHELL, CHRISTA/SCHUSSER, GERHARD: Begabung und Lernen. Der Gutachterband des Deutschen Bildungsrats (Besprechung). In: Zeitschrift für Pädagogik, 16. Jg., H. 2/1970, S. 275–293

*SAUER, WALTER: Der Stand der Zwillingsforschung in pädagogischer Sicht. In: Zeitschrift für Pädagogik, 16. Jg., H. 2/1970, S. 173–202

SCHUSSER, GERHARD: Vererbung, Intelligenz und Schulleistung. Die von A. Jensen ausgelöste Debatte in der amerikanischen Erziehungswissenschaft. In: Zeitschrift für Pädagogik, 16. Jg., H. 2/1970, S. 203–218

1971

FATKE, REINHARD: Ist Intelligenz doch vererbbar? Bericht über die Kontroverse um die Thesen Arthur R. Jensens in den USA. In: betrifft: erziehung, 4. Jg., H. 6/1971, S. 15–22

HENTIG, HARTMUT VON: Erbliche Umwelt – oder Begabung zwischen Wissenschaft und Politik. Überlegungen aus Anlaß des folgenden Beitrages von A. Jensen. In: Neue Sammlung, 11. Jg., H. 1/1971, S. 51–71

HUSÉN, TORSTEN: Kann die Schule ›Intelligenz verbessern‹? Über den Zusammenhang von Intelligenzleistung, Vererbung und sozialer Herkunft. In: Westermanns Pädagogische Beiträge, 23. Jg., H. 10/1971, S. 564–570

JENSEN, ARTHUR: Erblicher IQ – oder Pädagogischer Optimismus vor einem anderen Gericht. In: Neue Sammlung, 11. Jg., H. 1/1971, S. 71–76

PAULS, MARIA: Pädagogische Reflexionen zu Erkenntnissen der Verhaltensforschung. In: Die Deutsche Schule, 63. Jg., H. 1/1971, S. 10–18

RÖSSNER, LUTZ: Kultur und Kultivierung der Geschlechter-Beziehungen. In: Bildung und Erziehung, 24. Jg., H. 1/1971, S. 37–47

1972

EYFERTH, KLAUS: Trägt die Psychologie der Aggression zur Friedensforschung bei? In: Bildung und Erziehung, 25. Jg., H. 5/1972, S. 3–11

FÜRNTRATT, ERNST: Psychologie der Aggression. Ursachen und Formen aggressiven Verhaltens. In: betrifft: erziehung, 5. Jg., H. 5/1972, S. 27–33

LIEDTKE, MAX: Zur Funktion von Erziehung in der Gesellschaft. Problemgeschichte und phylogenetische Aspekte. In: Pädagogische Rundschau, 26. Jg., H. 2/1972, S. 106–126

MEMMERT, WOLFGANG: Das Interesse der Pädagogik an der Ethologie. In: Pädagogische Rundschau, 26. Jg., H. 10/1972, S. 735–750

1973

RÖHM, HARTWIG: Aggressionen – ein Problem sozialer Erziehung. In: Westermanns Pädagogische Beiträge, 25. Jg., H. 1/1973, S. 37–43

SCHMIDT-MUMMENDEY, AMÉLIE: Verhaltenswissenschaftliche Aspekte der Verringerung von Gewalt. In: Zeitschrift für Pädagogik, 19. Jg., H. 2/1973, S. 213–224

1974

OEVERMANN, ULRICH: Die falsche Kritik an der kompensatorischen Erziehung. In: Neue Sammlung, 14. Jg., H. 5/1974, S. 536–568

SCHULTHEIS, JOSEF R.: Entwicklung und Vorkommenshäufigkeit von Leitbegriffen in der Verhaltensgestörtenpädagogik. In: Heilpädagogische Forschung, 5. Jg., 1974/75, S. 69–94

*SHULMAN, LEE S.: Pädagogische Forschung – Versuch einer Neufassung – Teil I. In: Die Deutsche Schule, 66. Jg., H. 12/1974, S. 798–809

1975

ASELMEIER, ULRICH: Hirnfunktion und Erziehung. Überlegungen im Anschluß an eine Position Adolf Portmanns. In: Pädagogische Rundschau, 29. Jg., H. 10/1975, S. 800–816

EGGERS, PHILIPP B.: Pädagogik und vergleichende Verhaltensforschung. In: Pädagogische Rundschau, 29. Jg., H. 12/1975, S. 981–990

*SCHAIE, K. WARNER/GRIBBIN, KATHY: Einflüsse der aktuellen Umwelt auf die Persönlichkeitsentwicklung im Erwachsenenalter. In: Zeitschrift für Entwicklungspsychologie und Pädagogische Psychologie, 7. Jg., H. 4/1975, S. 233–246

SCHERM, ALFRED: Begriff und Phänomen der Prägung im pädagogischen und ethologischen Kontext. In: Pädagogische Rundschau, 29. Jg., H. 5/1975, S. 422–442

1976

FICHTNER, BERND/LIPPITZ, WILFRIED: Biologie und Pädagogik. Biologische Anthropologie als Legitimation für die Erziehungswissenschaft. In: Pädagogische Rundschau, 30. Jg., H. 8/1976, S. 567–596

HOJER, ERNST: Aggression und Normenkonflikt in pädagogischer Sicht. In: Pädagogische Rundschau, 30. Jg., H. 5/1976, S. 328–341

MARUSZEWSKI, MARIUSZ: Neuropsychologie und pädagogischer Optimismus. In: Behindertenpädagogik, 15. Jg., H. 4/1976, S. 203–210

1977

PLEGER, JÜRGEN: Aggression und Erziehung. In: Vierteljahrsschrift für wissenschaftliche Pädagogik, 53. Jg., H. 1/1977, S. 64–74

1979

CAESAR, BEATRICE/WEBER, INGE: Geschlechtstypische Entwicklungs- und Sozialisationsbedingungen bei Neugeborenen: Ein Literaturüberblick. In: Zeitschrift für Entwicklungspsychologie und Pädagogische Psychologie, 11. Jg., H. 4/1979, S. 275–299

*HOHNER, HANS-UWE/DANN, HANNS-DIETRICH: Unmittelbare und langfristige Umwelteffekte auf die Entwicklung konservativer Einstellungen. In: Zeitschrift für Entwicklungspsychologie und Pädagogische Psychologie, 11. Jg., H. 4/1979, S. 322–334

LEZZI, MARKUS: Geistige Behinderung und Zellbiologie. In: Sonderpädagogik, 9. Jg., H. 1/1979, S. 22–28

1980

LEE, PATRICK C./GROPPER, NANCY B.: Geschlechtsrolle und schulische Erziehung – I. In: Die Deutsche Schule, 72. Jg., H. 1/1980, S. 7–22

URBAN, KLAUS K.: Hochbegabte Kinder – eine Herausforderung. In: Bildung und Erziehung, 33. Jg., H. 6/1980, S. 526–535

*WIELAND, HEINZ: Biosoziale Faktoren bei der Entstehung von Lernbehinderung am Beispiel der Fehlernährung. In: Zeitschrift für Heilpädagogik, 31. Jg., H. 2/1980, S. 103–115

1981

*BREZINKA, WOLFGANG: Grenzen der Erziehung. In: Pädagogische Rundschau, 35. Jg., H. 5/1981, S. 275–306

*HOFF, ERNST: Sozialisation als Entwicklung der Beziehungen zwischen Person und Umwelt. In: Zeitschrift für Sozialisationsforschung und Erziehungssoziologie, 1. Jg., H. 1/1981, S. 91–115

KLEIN, PETER: Rousseau und die Verhaltensbiologie – Erziehung zur Kultur durch ›Natürliche Erziehung‹. In: Vierteljahrsschrift für wissenschaftliche Pädagogik, 57. Jg., H. 2/1981, S. 219–237

1982

DEGENHARDT, ANNETTE: Die Interpretation von Geschlechtsunterschieden im Spontanverhalten Neugeborener. In: Zeitschrift für Entwicklungspsychologie und Pädagogische Psychologie, 14. Jg., H. 2/1982, S. 161–172

KERN, PETER/WITTIG, HANS-GEORG: Phylogenetische Normierung der Pädagogik? Anfragen zur pädagogischen Rezeption evolutionswissenschaftlicher Ansätze. In: Pädagogische Rundschau, 36. Jg., H. 4/1982, S. 393–408

KOENIG, OTTO: Kumulationseffekte im Kulturbereich. In: Pädagogische Rundschau, 36. Jg., H. 4/1982, S. 359–366

1984

BELK-SCHMEHLE, ANDREA: ›einer allein kann ja gar nicht so doof sein‹. Zwillinge in der Schule. In: betrifft: erziehung, 17. Jg., H. 1/1984, S. 52–56

EWERT, OTTO M.: Psychische Begleiterscheinungen des puberalen Wachstumsschubs bei männlichen Jugendlichen – eine retrospektive Untersuchung. In: Zeitschrift für Entwicklungspsychologie und Pädagogische Psychologie, 16. Jg., H. 1/1984, S. 1–11

*MÜLLER, RICHARD G. E.: Person und Umwelt – Der Begriff der Anpassung nach Helmut von Bracken. In: Heilpädagogische Forschung, 11. Jg., H. 2/1984, S. 143–149

*SACHER, WERNER: Erziehungsbedürftigkeit – ›moderner Mythos‹ oder ›Zentralkategorie der anthropologisch-pädagogischen Forschung‹. In: Vierteljahrsschrift für wissenschaftliche Pädagogik, 60. Jg., H. 3/1984, S. 281–300

VOGEL, CHRISTIAN: Eine potentielle neue Kontaktperspektive von Anthropologie und Entwicklungspsychologie. In: Zeitschrift für Entwicklungspsychologie und Pädagogische Psychologie, 16. Jg., H. 2/1984, S. 119–133

WEINERT, FRANZ E.: Vom statischen zum dynamischen zum statischen Begabungsbegriff? Die Kontroverse um den Begabungsbegriff Heinrich Roths im Lichte neuer Forschungsergebnisse. In: Die Deutsche Schule, 76. Jg., H. 5/1984, S. 353–365

1985

HEID, HELMUT: Über die Entscheidbarkeit der Annahme erbbedingter Begabungsgrenzen (1). In: Die Deutsche Schule, 77. Jg., H. 2/1985, S. 101–109

SCHLÖMERKEMPER, JÖRG: Begabt werden – und was dann? Heinrich Roth und die Wendungen in der Begabungs-Diskussion. In: Westermanns Pädagogische Beiträge, 37. Jg., H. 2/1985, S. 56–59

WÖLLER, FRIEDRICH: Begaben – wie und wozu? In: Die Deutsche Schule, 77. Jg., H. 1/1985, S. 67–79

ZDARZIL, HERBERT: Kulturanthropologie und Pädagogik. In: Vierteljahrsschrift für wissenschaftliche Pädagogik, 61. Jg., H. 4/1985, S. 459–471

ZDARZIL, HERBERT: Soziobiologie, Verhaltensforschung und Pädagogik. In: Pädagogische Rundschau, 39. Jg., H. 6/1985, S. 559–578

1987

*GEULEN, DIETER: Zur Integration von entwicklungspsychologischer Theorie und empirischer Sozialisationsforschung. In: Zeitschrift für Sozialisationsforschung und Erziehungssoziologie, 7. Jg., H. 1/1987, S. 2–25

JANTZEN, WOLFGANG: Begabung und Intelligenz – 1. Teil. In: Behindertenpädagogik, 26. Jg., H. 4/1987, S. 342–357

1988

BAUR, JÜRGEN: Über die geschlechtstypische Sozialisation des Körpers. In: Zeitschrift für Sozialisationsforschung und Erziehungssoziologie, 8. Jg., H. 2/1988, S. 152–160

*EDER, FERDINAND: Die Auswirkungen von Person-Umwelt-Kongruenz bei Schülern: Eine Überprüfung des Modells von J. L. HOLLAND. In: Zeitschrift für Pädagogische Psychologie, 2. Jg., H. 4/1988, S. 259–270

METZ-GÖCKEL, SIGRID: Geschlechterverhältnisse, Geschlechtersozialisation und Geschlechtsidentität. In: Zeitschrift für Sozialisationsforschung und Erziehungssoziologie, 8. Jg., H. 2/1988, S. 85–97

*Peterander, F.: Familiäre Umwelt und die Entwicklung von Risikokindern. In: Heilpädagogische Forschung, 14. Jg., H. 3/1988, S. 170–179

1989

Drewek, Peter: Die Begabungsuntersuchungen Albert Huths und Karl Valentin Müllers nach 1945. Zur wissenschaftsgeschichtlichen Bedeutung des konservativen Begabungsbegriffs in der Nachkriegszeit. In: Zeitschrift für Pädagogik, 35. Jg., H. 2/1989, S. 197–217

*Merz, Ferdinand: Lewontin, Richard C., Rose, Steven & Kamin, Leon J. (1988). Die Gene sind es nicht ... Biologie, Ideologie und menschliche Natur ... (Buchbesprechung). In: Zeitschrift für Pädagogische Psychologie, 3. Jg., H. 2/1989, S. 139–144

*Stadler, Michael: Lewontin, Richard C., Rose, Steven & Kamin, Leon J. (1988). Die Gene sind es nicht ... Biologie, Ideologie und menschliche Natur ... (Buchbesprechung Teil II). In: Zeitschrift für Pädagogische Psychologie, 3. Jg., H. 2/1989, S. 144–147

Tenorth, Heinz-Elmar: Diagnose, Legitimation, Innovation. Zu den Beiträgen über Begabungsforschung und pädagogische Diagnostik im 20. Jahrhundert. In: Zeitschrift für Pädagogik, 35. Jg., H. 2/1989, S. 149–152

1990

Bleidick, Ulrich: Die Behinderung im Menschenbild und hinderliche Menschenbilder in der Erziehung der Behinderten. In: Zeitschrift für Heilpädagogik, 41. Jg., H. 8/1990, S. 514–534

Geraedts, Regine/Zuper, Claudia: Zur Geschichte und Gegenwart der Humangenetik. In: Behindertenpädagogik, 29. Jg., H. 1/1990, S. 23–39

Lassahn, Rudolf: Zur Unentschiedenheit anthropologischer Voraussetzungen. Intelligenz und Begabung in der Diskussion. In: Pädagogische Rundschau, 44. Jg., H. 5/1990, S. 577–583

Theunissen, Georg: Behindertenfeindlichkeit und Menschenbild. In: Zeitschrift für Heilpädagogik, 41. Jg., H. 8/1990, S. 546–552

1991

*Baur, Jürgen/Miethling, Wolf-Dietrich: Die Körperkarriere im Lebenslauf. Zur Entwicklung des Körperverhältnisses im Jugendalter. In: Zeitschrift für Sozialisationsforschung und Erziehungssoziologie, 11. Jg., H. 2/1991, S. 165–188

Binneberg, Karl: Ist ›Begabung‹ ein unwahres Wort? Sprachkritische Bemerkungen zu einem pädagogischen Problem. In: Pädagogische Rundschau, 45. Jg., H. 6/1991, S. 627–635

Gomille, Carl: Bio-psycho-soziale Entwicklung und Normalität: Ein programmatischer Vorschlag. In: Zeitschrift für Sozialisationsforschung und Erziehungssoziologie, 11. Jg., H. 2/1991, S. 104–126

Helmke, Andreas/Schrader, Friedrich-Wilhelm/Lehneis-Klepper, Gudrun: Zur Rolle des Elternverhaltens für die Schulleistungsentwicklung ihrer Kinder. In: Zeitschrift für Entwicklungspsychologie und Pädagogische Psychologie, 23. Jg., H. 1/1991, S. 1–22

Hettinger, Jochen: Modelle der funktionalen Analyse von selbstverletzendem Verhalten und deren Bedeutung für eine differentielle Diagnostik. In: Sonderpädagogik, 21. Jg., H. 2/1991, S. 84–93

Hurrelmann, Klaus: Bio-psycho-soziale Entwicklung. Versuche, die Sozialisationstheorie wirklich interdisziplinär zu machen. In: Zeitschrift für Sozialisationsforschung und Erziehungssoziologie, 11. Jg., H. 2/1991, S. 98–103

*Jantzen, Wolfgang: ›Praktische Ethik‹ als Verlust der Utopiefähigkeit – Anthropologische und naturphilosophische Argumente gegen Peter Singer. In: Behindertenpädagogik, 30. Jg., H. 1/1991, S. 11–25

*Job, Otmar Kabat vel: Ergebnisse der Leipziger Zwillingsstudie zur Persönlichkeitsentwicklung. In: Zeitschrift für Sozialisationsforschung und Erziehungssoziologie, 11. Jg., H. 2/1991, S. 148–164

Spangler, Gottfried: Die bio-psycho-soziale Perspektive am Beispiel der Entwicklung der emotionalen Verhaltensorganisation. In: Zeitschrift für Sozialisationsforschung und Erziehungssoziologie, 11. Jg., H. 2/1991, S. 127–147

1992

Kaiser, Astrid: Kulturelle Bedingungen von Geschlechterdifferenzen. Gesellschaftsbilder von Jungen und Mädchen in patriarchaler und mutterrechtlicher Kultur. In: Die Deutsche Schule, 84. Jg., H. 4/1992, S. 449–464

Trautner, Hanns Martin: Entwicklung von Konzepten und Einstellungen zur Geschlechterdifferenzierung. In: Bildung und Erziehung, 45. Jg., H. 1/1992, S. 47–62

1993

*Chasiotis, Athanasios/Keller, Heidi: Evolution, kulturvergleichende Entwicklungspsychologie und frühkindlicher Kontext. In: Zeitschrift für Sozialisationsforschung und Erziehungssoziologie, 13. Jg., H. 2/1993, S. 102–115

Czerwenka, Kurt: Unkonzentriert, aggressiv und hyperaktiv. Wer kann helfen? In: Zeitschrift für Pädagogik, 39. Jg., H. 5/1993, S. 721–744

Gloger-Tippelt, Gabriele: Geschlechtertypisierung als Prozeß über die Lebensspanne. In: Zeitschrift für Sozialisationsforschung und Erziehungssoziologie, 13. Jg., H. 3/1993, S. 258–275

Grupe, Gisela: Wie komplexe Phänomene eine scheinbar einfache Erklärung finden. Kommentar zu V. Weiss: Leistungsstufen der Begabung und dreigliedriges Schulsystem. In: Zeitschrift für Pädagogische Psychologie, 7. Jg., H. 4/1993, S. 191–195

LIEDTKE, MAX: Gisela Miller-Kipp: Wie ist Bildung möglich? Die Biologie des Geistes unter pädagogischem Aspekt (Besprechung). In: Zeitschrift für Pädagogik, 39. Jg., H. 3/1993, S. 501–507

LUKESCH, HELMUT: Eine monogenetische Intelligenztheorie als Grundlage für die Gestaltung des Schulsystems? In: Zeitschrift für Pädagogische Psychologie, 7. Jg., H. 4/1993, S. 185–189

WEISS, VOLKMAR: Leistungsstufen der Begabung und dreigliedriges Schulsystem. In: Zeitschrift für Pädagogische Psychologie, 7. Jg., H. 4/1993, S. 171–183

1994

AHRBECK, BERND: Die innere und die äußere Realität – Geschlechtsspezifische Aspekte der Entwicklung, Erziehung und Förderung verhaltensgestörter Kinder und Jugendlicher. In: Sonderpädagogik, 24. Jg., H. 3/1994, S. 128–134

DICHGANS, JOHANNES: Die Plastizität des Nervensystems. Konsequenzen für die Pädagogik. In: Zeitschrift für Pädagogik, 40. Jg., H. 2/1994, S. 229–246

DIETRICH, CORNELIE/SANIDES-KOHLRAUSCH, CLAUDIA: Erziehung und Evolution. Kritische Anmerkungen zur Verwendung bio-evolutionstheoretischer Ansätze in der Erziehungswissenschaft. In: Bildung und Erziehung, 47. Jg., H. 4/1994, S. 397–410

EWERT, OTTO: Menschliche Entwicklung als Wiederholung der Stammesgeschichte? In: Bildung und Erziehung, 47. Jg., H. 4/1994, S. 383–396

EWERT, OTTO/RITTELMEYER, CHRISTIAN: Pädobiologie – eine sinnvolle pädagogische Fragestellung? (Zu diesem Heft). In: Bildung und Erziehung, 47. Jg., H. 4/1994, S. 375–382

*HARTKEMEYER, JOHANNES F.: Menschen – Gemeinsamkeiten und Projektionen zwischen Biologie und Kultur. Ein Gespräch mit R. C. Lewontin. In: PÄDEXTRA, H. 5/1994, S. 30–32

KRACKE, BÄRBEL/SILBEREISEN, RAINER K.: Körperliches Entwicklungstempo und psychosoziale Anpassung im Jugendalter: Ein Überblick zur neueren Forschung. In: Zeitschrift für Entwicklungspsychologie und Pädagogische Psychologie, 26. Jg., H. 4/1994, S. 293–330

NEUMANN, DIETER: Die soziobiologische Hypothese und das pädagogische Menschenbild. In: Neue Sammlung, 34. Jg., H. 1/1994, S. 123–136

NEUMANN, DIETER: Pädagogische Perspektiven der Humanethologie. In: Zeitschrift für Pädagogik, 40. Jg., H. 2/1994, S. 201–227

RÖHR-SENDLMEIER, UNA M.: Die kulturanthropologischen Forschungen Margaret Meads – Kritik und Wirkung aus heutiger Sicht. In: Vierteljahrsschrift für wissenschaftliche Pädagogik, 70. Jg., H. 2/1994, S. 186–198

SCHAD, WOLFGANG: Evolutionsbiologie und Erziehung. In: Bildung und Erziehung, 47. Jg., H. 4/1994, S. 411–432

*WEINERT, FRANZ E. U. A.: Aufgaben, Ergebnisse und Probleme der Zwillingsforschung. Dargestellt am Beispiel der Gottschaldtschen Längsschnittstudie. In: Zeitschrift für Pädagogik, 40. Jg., H. 2/1994, S. 265–288

1995

*KANY, WERNER/WALLER, MANFRED: Desiderate einer entwicklungspsychologischen Theorie des Spracherwerbs: Eine Positionsbestimmung gegenüber der nativistischen Auffassung Chomskys. In: Zeitschrift für Entwicklungspsychologie und Pädagogische Psychologie, 27. Jg., H. 1/1995, S. 2–28

RHYN, HEINZ: Psychometrie und Bildung. Der Intelligenzquotient als Sozialindikator? In: Zeitschrift für Pädagogik, 41. Jg., H. 5/1995, S. 765–779

SCHMITZ, SIGRID: Geschlechtsspezifische Einflüsse der Angst auf Zeit- und Fehlerleistungen in Labyrinthaufgaben zur Raumorientierung im Jugendalter. In: Zeitschrift für Entwicklungspsychologie und Pädagogische Psychologie, 27. Jg., H. 3/1995, S. 251–267

1996

ROOS, JEANETTE/GREVE, WERNER: Eine empirische Überprüfung des Ödipuskomplexes. In: Zeitschrift für Entwicklungspsychologie und Pädagogische Psychologie, 28. Jg., H. 4/1996, S. 295–315

TREML, ALFRED KARL: ›Biologismus‹ – Ein neuer Positivismusstreit in der deutschen Erziehungswissenschaft? In: Erziehungswissenschaft (DGfE), 14. Jg., H. 7/1996, S. 85–98

1997

*BÖHM, WINFRIED: Natur – Kultur – Person. In: Vierteljahrsschrift für wissenschaftliche Pädagogik, 73. Jg., H. 4/1997, S. 428–447

DRERUP, HEINER: Die neuere Koedukationsdebatte zwischen Wissenschaftsanspruch und politisch-praktischem Orientierungsbedürfnis. In: Zeitschrift für Pädagogik, 43. Jg., H. 6/1997, S. 853–875

HOSENFELD, INGMAR/STRAUSS, BERND/KÖLLER, OLAF: Geschlechtsdifferenzen bei Raumvorstellungsaufgaben – eine Frage der Strategie? In: Zeitschrift für Pädagogische Psychologie, 11. Jg., H. 2/1997, S. 85–94

KELLER, HEIDI: Eine evolutionsbiologische Betrachtung der menschlichen Frühentwicklung. In: Zeitschrift für Pädagogik, 43. Jg., H. 1/1997, S. 113–128

LANWER-KOPPELIN, WILLEHAD: Autoaggression bei Menschen mit einer sogenannten ›geistigen Behinderung‹ – Verstehende Zugänge und Möglichkeiten der pädagogischen Intervention. In: Behindertenpädagogik, 36. Jg., H. 3/1997, S. 281–300

MOSER, VERA: Geschlecht: behindert? Geschlechterdifferenz aus sonderpädagogischer Perspektive. In: Behindertenpädagogik, 36. Jg., H. 2/1997, S. 138–149

SCHLANGEN, BIRGIT/STIENSMEIER-PELSTER, JOACHIM: Implizite Theorien über Intelligenz bei Schülerinnen und Schülern. In: Zeitschrift für Entwicklungspsychologie und Pädagogische Psychologie, 29. Jg., H. 4/1997, S. 301–329

*VAN DER KOOIJ, RIMMERT: Untersuchungen zu problematischen Erziehungsstilen: eine Zwischenbilanz. In: Heilpädagogische Forschung, 23. Jg., H. 3/1997, S. 132–139

*VIEK, PETRA: Stabilität und Veränderung von Extraversion, Neurotizismus und Rigidität im Erwachsenenalter über einen Zeitraum von 28 Jahren: Neue Ergebnisse zur Längsschnittstudie von K. Gottschaldt. In: Zeitschrift für Entwicklungspsychologie und Pädagogische Psychologie, 29. Jg., H. 4/1997, S. 350–359

1998

FÖLLING, WERNER/FÖLLING-ALBERS, MARIA: Der Kibbuz als pädagogisches Laboratorium. In: Bildung und Erziehung, 51. Jg., H. 3/1998, S. 255–269

HORSTKEMPER, MARIANNE: Von der ›Bestimmung des Weibes‹ zur ›Dekonstruktion der Geschlechterdifferenz‹. Theoretische Ansätze zu Geschlechterverhältnissen in der Schule. In: Die Deutsche Schule, 90. Jg., H. 1/1998, S. 10–26

*KRIST, HORST U. A.: Kognitive Entwicklung im Säuglingsalter: Vom Neo-Nativismus zu einer entwicklungsorientierten Konzeption. In: Zeitschrift für Entwicklungspsychologie und Pädagogische Psychologie, 30. Jg., H. 4/1998, S. 153–173

*KRIST, HORST U. A.: Vom Neo-Nativismus zu einer entwicklungsorientierten Konzeption kognitiver Entwicklung im Säuglingsalter: Anreicherung oder begrifflicher Wandel? Replik zum Kommentar von Beate Sodian. In: Zeitschrift für Entwicklungspsychologie und Pädagogische Psychologie, 30. Jg., H. 4/1998, S. 179–182

*SODIAN, BEATE: Der Beitrag nativistischer Ansätze zur entwicklungspsychologischen Theoriebildung. Ein Kommentar zu Krist, Natour, Jäger und Knopf: ›Vom Neo-Nativismus zu einer entwicklungsorientierten Konzeption‹. In: Zeitschrift für Entwicklungspsychologie und Pädagogische Psychologie, 30. Jg., H. 4/1998, S. 174–178

ZWICK, ELISABETH: Naturgegeben? Paradigmen der Geschlechteranthropologie aus historischer Sicht. In: Vierteljahrsschrift für wissenschaftliche Pädagogik, 74. Jg., H. 1/1998, S. 51–64

1999

BRUMLIK, MICHA: Humanismus, Biologismus und die Pädagogik. In: Der pädagogische Blick, 7. Jg., H. 4/1999, S. 197–206

FREY, KARL: Biologische Grundlagen von Bildung und Erziehung: Einschätzung einiger Aspekte des heutigen Wissensstandes und künftiger Entwicklungen. In:

Bildung und Erziehung, 52. Jg., H. 3/1999, S. 265–272

*HAFENEGER, BENNO: Anlage oder Umwelt? Ein alter Streit in neuen Gewändern. In: Unsere Jugend, 51. Jg., H. 4/1999, S. 158–162

*HERZOG, WALTER: Verhältnisse von Natur und Kultur. Die Herausforderungen der Pädagogik durch das evolutionsbiologische Denken. In: Neue Sammlung, 39. Jg., H. 1/1999, S. 97–129

SCHEUNPFLUG, ANNETTE: Evolutionäres Denken als Angebot für die Erziehungswissenschaft. In: Zeitschrift für Erziehungswissenschaft, 2. Jg., H. 1/1999, S. 59–71

SCHEUNPFLUG, ANNETTE: Evolutionstheorie (Sammelrezension). In: Zeitschrift für Erziehungswissenschaft, 2. Jg., H. 4/1999, S. 578–585

*SCHMITZ, ULRICH/ROTHERMUND, KLAUS/BRANDTSTÄDTER, JOCHEN: Persönlichkeit und Lebensereignisse: Prädiktive Beziehungen. In: Zeitschrift für Entwicklungspsychologie und Pädagogische Psychologie, 31. Jg., H. 4/1999, S. 147–156

VREEKE, GERT J.: Die Bell Curve Debatte. Ein Bericht über ihre Neuauflage in der us-amerikanischen Intelligenzforschung. In: Zeitschrift für Erziehungswissenschaft, 2. Jg., H. 1/1999, S. 45–58

2000

JULIUS, HENRI: Aggressive Symptome bei sexuell missbrauchten Jungen – Genese und schulische Interventionsmöglichkeiten. In: Heilpädagogische Forschung, 26. Jg., H. 3/2000, S. 143–153

RENDTORFF, BARBARA: Pädagogischer Bezug und Geschlechterverhältnis. In: Pädagogische Rundschau, 54. Jg., H. 6/2000, S. 703–722

*RENNINGER, SUZANN-VIOLA/WAHL, KLAUS: Gene und Sozialisation: Eine neue Runde in einem alten Streit (Literaturbericht). In: Sozialwissenschaftliche Literatur Rundschau, 23. Jg., H. 40/2000, S. 5–16

RITTELMEYER, CHRISTIAN: Wie entstehen Begabungen? Zwischenbilanz einer andauernden Diskussion mit Blick auf Verhaltensgenetik und Mikrobiologie. In: Die Deutsche Schule, 92. Jg., H. 4/2000, S. 449–463

*SCHALLER, KLAUS: Die pädagogische Unzulänglichkeit der Erbe-Umwelt-Formel. In: Vierteljahrsschrift für wissenschaftliche Pädagogik, 76. Jg., H. 4/2000, S. 455–469

SCHEUNPFLUG, ANNETTE: Biowissenschaft und Pädagogik. Erkenntnisse aus der Biologie für Pädagogik fruchtbar machen (Serie). In: Pädagogik, 52. Jg., H. 1/2000, S. 47–48

SCHEUNPFLUG, ANNETTE: Frauen und Männer. Gleich, aber dennoch anders (Serie Biowissenschaft und Pädagogik, 4. Folge). In: Pädagogik, 52. Jg., H. 4/2000, S. 42–46

SCHEUNPFLUG, ANNETTE: Kooperation und Konflikt. Sozialverhalten aus biologischer Perspektive (Serie Biowissenschaft und Pädagogik, 5. Folge). In: Pädagogik, 52. Jg., H. 5/2000, S. 44–48

*SCHEUNPFLUG, ANNETTE: Lernen. ›Suchen‹ Anlagen sich ihre Umwelt? (Serie Biowissenschaft und Pädagogik, 1. Folge). In: Pädagogik, 52. Jg., H. 1/2000, S. 48–52

SCHEUNPFLUG, ANNETTE: Lernen. Was passiert in den Gehirnen von Schülerinnen und Schülern? (Serie Biowissenschaft und Pädagogik, 2. Folge). In: Pädagogik, 52. Jg., H. 2/2000, S. 46–51

SCHEUNPFLUG, ANNETTE: Lernen: Mit der Steinzeitausstattung in das Cyberspace? (Serie Biowissenschaft und Pädagogik, 3. Folge). In: Pädagogik, 52. Jg., H. 3/2000, S. 44–48

SCHEUNPFLUG, ANNETTE: Unterricht als simulierte Evolution. Aspekte einer Unterrichts- und Schultheorie (Serie Biowissenschaft und Pädagogik, 6. Folge). In: Pädagogik, 52. Jg., H. 6/2000, S. 42–46

SCHILDMANN, ULRIKE: Forschungsfeld Normalität. Reflexionen vor dem Hintergrund von Geschlecht und Behinderung. In: Zeitschrift für Heilpädagogik, 51. Jg., H. 3/2000, S. 90–94

TILLMANN, KLAUS-JÜRGEN U. A.: Zwischen neuen Erkenntnissen und reiner Analogiebildung? Abschließende Diskussion zur Serie »Biowissenschaft und Pädagogik« (Serie Biowissenschaft und Pädagogik, 7. Folge). In: Pädagogik, 52. Jg., H. 7–8/2000, S. 73–79

WEINERT, FRANZ EMANUEL: Begabung und Lernen. Zur Entwicklung geistiger Leistungsunterschiede. In: Neue Sammlung, 40. Jg., H. 3/2000, S. 353–368

2001

*BÄTZ, ROLAND: Metatheoretische Skizze – Ein Versuch zur Argumentationszugänglichkeit der Didaktik. In: Vierteljahrsschrift für wissenschaftliche Pädagogik, 77. Jg., H. 4/2001, S. 495–507

HERRLITZ, HANS-GEORG: Heinrich Roth: ›Begabung und Lernen‹. Zur aktuellen Bedeutung eines Gutachtenbandes von 1969. In: Die Deutsche Schule, 93. Jg., H. 1/2001, S. 89–98

*HOYER, TIMO: Persönlichkeitsgenese und Erziehung. Pädagogische Spurensuche beim jungen Nietzsche. In: Pädagogische Rundschau, 55. Jg., H. 1/2001, S. 71–79

KAMPSHOFF, MARITA: Leistung und Geschlecht. Die englische Debatte um das Schulversagen von Jungen. In: Die Deutsche Schule, 93. Jg., H. 4/2001, S. 498–512

*LUDWIG, PETER H.: Pädagogik als Disziplin mit kultur- und naturwissenschaftlichem Charakter. Eine unabhängig vom empirisch-analytischen Paradigma begründbare Klassifizierung. In: Pädagogische Rundschau, 55. Jg., H. 1/2001, S. 81–97

MÜLLER, FRANK/MÜLLER, MARTINA: Pädagogik und ›Biogenetisches Grundgesetz‹. Wissenschaftshistorische Grundlagen des pädagogischen Naturalismus. In: Zeitschrift für Pädagogik, 47. Jg., H. 5/2001, S. 767–785

*SCHWITTMANN, DIETER: Was heißt ›Begabung‹? In: Pädagogik, H. 12/2001, S. 33–36

VALTIN, RENATE: ›Ein gelehrtes Weib ist eine Entartung der Natur‹. Diskurse zum Ausschluss der Frauen aus der Wissenschaft. In: Pädagogische Rundschau, 55. Jg., 2001, S. 411–425

2002

BAUER, ULLRICH: Selbst- und/oder Fremdsozialisation: Zur Theoriedebatte in der Sozialisationsforschung. Eine Entgegnung auf Jürgen Zinneker. In: Zeitschrift für Soziologie der Erziehung und Sozialisation, 22. Jg., H. 2/2002, S. 118–142

BECKER, NICOLE: Perspektiven einer Rezeption neurowissenschaftlicher Erkenntnisse in der Erziehungswissenschaft. In: Zeitschrift für Pädagogik, 48. Jg., H. 5/2002, S. 707–719

EULER, HARALD A.: Verhaltensgenetik und Erziehung: Über ›natürliche‹ und ›künstliche‹ Investitionen in Nachkommen. In: Bildung und Erziehung, 55. Jg., H. 3/2002, S. 271–287

FREISE, GERDA: Zwischen Kritik und Zuversicht. Erinnerungen an den pädagogischen Aufbruch in den 60er Jahren. In: Die Deutsche Schule, 94. Jg., H. 1/2002, S. 108–112

JANTZEN, WOLFGANG: Krankheit als pädagogische Dimension. In: Zeitschrift für Heilpädagogik, 53. Jg., H. 10/2002, S. 412–418

KASSIS, WASSILIS: Gewalt in der Schule und ihre sozialen und personalen Determinanten. In: Zeitschrift für Soziologie der Erziehung und Sozialisation, 22. Jg., H. 2/2002, S. 197–213

*MATTHES, EVA: Möglichkeiten und Grenzen der Pädagogik – einige Überlegungen im Anschluss an Theodor Litt. In: Pädagogische Rundschau, 56. Jg., H. 3/2002, S. 281–295

*MILLER-KIPP, GISELA: Natur und Erziehung – Neue Perspektiven? In: Bildung und Erziehung, 55. Jg., H. 3/2002, S. 251–261

NIPKOW, KARL ERNST: Möglichkeiten und Grenzen eines evolutionären Paradigmas in der Erziehungswissenschaft. In: Zeitschrift für Pädagogik, 48. Jg., H. 5/2002, S. 670–689

*PASCHEN, HARM: Zur pädagogischen Bedeutung von Natur. In: Bildung und Erziehung, 55. Jg., H. 3/2002, S. 301–318

PRANGE, KLAUS: Besprechungen: Jürgen Oelkers: Einführung in die Theorie der Erziehung, Alfred K. Treml: Allgemeine Pädagogik. In: Zeitschrift für Pädagogik, 48. Jg., H. 1/2002, S. 129–138

PROMP, DETLEF W.: Lernen zwischen Biologie und Cyberspace. In: Bildung und Erziehung, 55. Jg., H. 3/2002, S. 289–300

ROYER-POKORA, BRIGITTE: Die Entschlüsselung des menschlichen Genoms und seine Bedeutung für die Zukunft. In: Bildung und Erziehung, 55. Jg., H. 3/2002, S. 263–270

SCHEUNPFLUG, ANNETTE: Evolutionäre Pädagogik. Einführung in den Thementeil. In: Zeitschrift für Pädagogik, 48. Jg., H. 5/2002, S. 649–651

*STENGEL-RUTKOWSKI, SABINE: Vom Defekt zur Vielfalt. Ein Beitrag der Humangenetik zu gesellschaftlichen Wandlungsprozessen. In: Zeitschrift für Heilpädagogik, 53. Jg., H. 2/2002, S. 46–55

TREML, ALFRED KARL: Evolutionäre Pädagogik – Umrisse eines Paradigmenwechsels. In: Zeitschrift für Pädagogik, 48. Jg., H. 5/2002, S. 652–669

*VOGT, VOLKER: ›… nichts menschliches ist mir fern …‹ – Syndromanalyse, dialogische Diagnostik und Pädagogik. In: Behindertenpädagogik, 41. Jg., H. 2/2002, S. 114–133

*VOLAND, ECKART/VOLAND, RENATE: Erziehung in einer biologisch determinierten Welt. Herausforderung für die Theoriebildung einer evolutionären Pädagogik aus biologischer Perspektive. In: Zeitschrift für Pädagogik, 48. Jg., 2002, S. 690–706

Anhang B: Ergänzung des Dossiers (2003–2008)

In diesem ergänzenden Anhang werden 40 bibliografische Angaben von Aufsätzen aus erziehungswissenschaftlichen Fachzeitschriften erfasst, die zwischen den Jahren 2003 und 2008 veröffentlicht worden sind und in thematischem Zusammenhang zum Anlage-Umwelt-Diskurs stehen. Es handelt sich damit um eine Fortführung bzw. Ergänzung des in Anhang A gelisteten Dossiers für die letzten Jahre nach dessen Erstellung. Wenn im Hauptteil dieser Abhandlung vom ›Dossier‹ gesprochen wird, sind diese 40 Aufsätze nicht eingerechnet und bleiben damit bei den Analysen des Hauptteils unberücksichtigt. Zur Erstellung dieser Literaturliste wurden insgesamt 3 300 Fachaufsätze aus den wichtigsten erziehungswissenschaftlichen Fachzeitschriften[321] gesichtet und bibliografisch erfasst, wenn sie einen Bezug zur Anlage-Umwelt-Thematik vermuten ließen. In die Ergänzung des Dossiers wurden alle gefundenen Aufsätze ohne Gewichtung oder Auswahl einbezogen. Wie in Anhang A werden Aufsätze mit besonders engem Bezug zur Anlage-Umwelt-Thematik mit einem vorangestellten Asterisk (*) gekennzeichnet.

2003

BRACHET, INGE: »Ist kulturunabhängiges Testen der Intelligenz möglich?«. Eine Frage insbesondere auch für die sonderpädagogische Diagnostik. In: Sonderpädagogik, 33. Jg., H. 3/2003, S. 150–161

FRIEDRICH, GERHARD/PREISS, GERHARD: Neurodidaktik. Bausteine für eine Brückenbildung zwischen Hirnforschung und Didaktik. In: Pädagogische Rundschau, 57. Jg., H. 2/2003, S. 181–199

HEESCH, BERND: Bioethik und Behinderung. In: Behindertenpädagogik, 42. Jg., H. 1–2/2003, S. 127–137

HOYNINGEN-SÜESS, URSULA/WIDMER, PATRIK: Auswirkungen der Singer-Debatte. Eine Inhaltsanalyse deutschsprachiger Lehrbücher der 90er Jahre. In: Sonderpädagogik, 33. Jg., H. 4/2003, S. 211–222

JANTZEN, WOLFGANG: Natur, Psyche und Gesellschaft im heilpädagogischen Feld. In: Zeitschrift für Heilpädagogik, 54. Jg., H. 2/2003, S. 59–66

KRAYER, REGINA: Anthropologie in der Sonderpädagogik. In: Behindertenpädagogik, 42. Jg., H. 1–2/2003, S. 88–102

MOOSECKER, JÜRGEN: Ethischer Brennpunkt: Entscheidungen zu Beginn des Lebens. In: Zeitschrift für Heilpädagogik, 54. Jg., H. 2/2003, S. 67–72

REYER, JÜRGEN: Designer-Pädagogik im Zeitalter der »liberalen Eugenik«. Blicke in eine halboffene Zukunft. In: Neue Sammlung, 43. Jg., H. 1/2003, S. 3–29

SCHIRP, HEINZ: Neurowissenschaften und Lernen. Was können neurobiologische Forschungsergebnisse zur

---

321 Berücksichtigt wurden die Jahrgänge 2003 bis 2008 der folgenden erziehungswissenschaftlichen Fachzeitschriften: Behindertenpädagogik, Bildung und Erziehung, Der pädagogische Blick, Die Deutsche Schule, Heilpädagogische Forschung, Neue Sammlung (nur Jahrgänge 2003 bis 2005), Pädagogik, Pädagogische Rundschau, Sonderpädagogik, Verhaltenstherapie und psychosoziale Praxis, Vierteljahrsschrift für wissenschaftliche Pädagogik, Zeitschrift für Entwicklungspsychologie und Pädagogische Psychologie, Zeitschrift für Heilpädagogik, Zeitschrift für Pädagogik, Zeitschrift für Pädagogische Psychologie und Zeitschrift für Soziologie der Erziehung und Sozialisation.

Unterrichtsgestaltung beitragen? In: Die Deutsche Schule, 95. Jg., H. 3/2003, S. 304–316

WEBER, BÄRBEL: Denken in naturwissenschaftlichen Strukturen: Ein Bruch mit der pädagogischen Tradition? In: Pädagogische Rundschau, 57. Jg., H. 2/2003, S. 167–179

2004

BRAUN, ANNA KATHARINA/MEIER, MICHAELA: Wie Gehirne laufen lernen oder: »Früh übt sich, wer ein Meister werden will!«. Überlegungen zu einer interdisziplinären Forschungsrichtung »Neuropädagogik«. In: Zeitschrift für Pädagogik, 50. Jg., H. 4/2004, S. 507–520

HERRMANN, ULRICH: Gehirnforschung und die Pädagogik des Lehrens und Lernens: Auf dem Weg zu einer »Neurodidaktik«? In: Zeitschrift für Pädagogik, 50. Jg., H. 4/2004, S. 471–474

HÜTHER, GERALD: Die Bedeutung sozialer Erfahrungen für die Strukturierung des menschlichen Gehirns. Welche sozialen Beziehungen brauchen Schüler und Lehrer? In: Zeitschrift für Pädagogik, 50. Jg., H. 4/2004, S. 487–495

JANTZEN, WOLFGANG: Behinderung, Identität und Entwicklung – Humanwissenschaftliche Grundlagen eines Neuverständnisses von Resilienz und Integration. In: Behindertenpädagogik, 42. Jg., H. 3/2004, S. 280–298

PAUEN, SABINE: Zeitfenster der Gehirn- und Verhaltensentwicklung: Modethema oder Klassiker? In: Zeitschrift für Pädagogik, 50. Jg., H. 4/2004, S. 521–530

*REYER, JÜRGEN: Die »Grenzen der Erziehung«. Ihre Ursprünge im pädagogischen Liberalismus und ihre Kodifizierung im Herbartianismus. In: Neue Sammlung, 44. Jg., H. 3/2004, S. 335–357

ROTH, GERHARD: Warum sind Lehren und Lernen so schwierig? In: Zeitschrift für Pädagogik, 50. Jg., H. 4/2004, S. 496–506

SACHSER, NORBERT: Neugier, Spiel und Lernen: Verhaltensbiologische Anmerkungen zur Kindheit. In: Zeitschrift für Pädagogik, 50. Jg., H. 4/2004, S. 475–486

STERN, ELSBETH: Wie viel Hirn braucht die Schule? Chancen und Grenzen einer neuropsychologischen Lehr-Lern-Forschung. In: Zeitschrift für Pädagogik, 50. Jg., H. 4/2004, S. 531–538

2005

*ASENDORPF, JENS B.: Umwelteinflüsse auf die Entwicklung aus entwicklungsgenetischer Sicht. In: Zeitschrift für Soziologie der Erziehung und Sozialisation, 25. Jg., H. 2/2005, S. 118–132

*CASPI, AVSHALOM U. A.: Role of genotype in the cycle of violence in maltreated children. In: Zeitschrift für Soziologie der Erziehung und Sozialisation, 25. Jg., H. 2/2005, S. 133–145

EBMEIER, JOCHEN: Was weiß die Naturforschung vom freien Willen? Über ein aktuelles Thema der Hirnphysiologie. In: Neue Sammlung, 45. Jg., H. 1/2005, S. 159–167

KREMER, GABRIELE: Ein »richtiger Volksgenosse«. Erb- und Rassenhygiene in der Hilfsschule des Dritten Reiches. In: Sonderpädagogik, 35. Jg., H. 3/2005, S. 127–134

*LANG, FRIEDER R./NEYER, FRANZ J.: Soziale Beziehungen als Anlage und Umwelt. Ein evolutionspsychologisches Rahmenmodell der Beziehungsregulation. In: Zeitschrift für Soziologie der Erziehung und Sozialisation, 25. Jg., H. 2/2005, S. 162–177

*LENZ, MICHAEL: Die Diskussion über Anlage und Umwelt in der bundesdeutschen Erziehungswissenschaft aus diskursanalytischer Perspektive. In: Zeitschrift für Soziologie der Erziehung und Sozialisation, 25. Jg., H. 4/2005, S. 340–361

*NEYER, FRANZ J./ASENDORPF, JENS B.: Zur Einführung in den Themenschwerpunkt (Schwerpunkt: Anlage und Umwelt – neue Perspektiven einer alten Debatte). In: Zeitschrift für Soziologie der Erziehung und Sozialisation, 25. Jg., H. 2/2005, S. 115–117

REICH, EBERHARD: Kultur und Kognition. Impliziert die moderne Hirnforschung eine Neukonstituierung der geisteswissenschaftlichen Pädagogik? In: Pädagogische Rundschau, 59. Jg., H. 5/2005, S. 527–538

SIEBERT, BIRGER: Ansätze für eine kulturhistorische Theorie der Intelligenz und ihre Bedeutung für die Behindertenpädagogik. In: Behindertenpädagogik, 44. Jg., H. 2/2005, S. 159–171

*SPINATH, FRANK M. U. A.: Multimodale Untersuchung von Persönlichkeiten und kognitiven Fähigkeiten. Ergebnisse der deutschen Zwillingsstudien BiLSAT und GOSAT. In: Zeitschrift für Soziologie der Erziehung und Sozialisation, 25. Jg., H. 2/2005, S. 146–161

STERN, ELSBETH: Wie viel Hirn braucht die Schule? Chancen und Grenzen einer neuropsychologischen Lehr-Lern-Forschung. In: Zeitschrift für Heilpädagogik, 56. Jg., H. 7/2005, S. 269–274

2006

BÄTZ, ROLAND: Von der Naturalisierung. Oder: Warum die Neurowissenschaften die Didaktik und Pädagogik nicht begründen können. In: Vierteljahrsschrift für wissenschaftliche Pädagogik, 82. Jg., H. 3/2006, S. 366–387

SPECK, OTTO: Leben ohne Behinderungen? Eugenik und Biotechnologie als Phantasmen oder künftige Realitäten? In: Zeitschrift für Heilpädagogik, 57. Jg., H. 5/2006, S. 186–191

TREML, ALFRED KARL: Muss Erziehung neu erfunden werden? Die Herausforderung der Hirnforschung für die Pädagogik. In: Vierteljahrsschrift für wissenschaftliche Pädagogik, 82. Jg., H. 3/2006, S. 388–404

2007

JANTZEN, WOLFGANG: Autonomie – nichts anderes als eine große Illusion? Zu den Implikationen der aktuellen Diskussionen in den Neurowissenschaften. In: Behindertenpädagogik, 46. Jg., H. 2/2007, S. 119–134

KUHL, JULIUS/HÜTHER, GERALD: Das Selbst, das Gehirn und der freie Wille. Kann man Selbststeuerung auch ohne Willensfreiheit trainieren? In: Pädagogik, 59. Jg., H. 11/2007, S. 36–41

MOOSECKER, JÜRGEN: Die Bio- und Medizinethik in gegenwärtiger Ausprägung und Funktion – Kritische Instanz gegenüber neueren biotechnologischen und medizinischen Entwicklungen? In: Zeitschrift für Heilpädagogik, 58. Jg., H. 3/2007, S. 107–115

SPECK, OTTO: Das Gehirn und sein Ich? Zur neurobiologischen These von der Illusion eines bewussten Willens aus heilpädagogischer Sicht. In: Heilpädagogische Forschung, 33. Jg., H. 1/2007, S. 2–10

TICHY, MATTHIAS: Neurowissenschaften und Pädagogik. Ein Diskurs und seine Probleme für die Praxis. In: Pädagogische Rundschau, 61. Jg., H. 4/2007, S. 395–412

2008

JANTZEN, WOLFGANG: In welcher Weise können und sollen die Neurowissenschaften für die Entwicklung der Pädagogik Bedeutung haben? In: Behindertenpädagogik, 47. Jg., H. 4/2008, S. 341–361

ROST, DETLEF H.: Multiple Intelligenzen, multiple Irritationen. In: Zeitschrift für Pädagogische Psychologie, 22. Jg., H. 2/2008, S. 97–112

Anhang C: Diskurspositionen und sozialpolitische Einstellungen

Nicholas Pastore führte gegen Ende der 40er Jahre einen in dieser Form bisher einzigartigen Versuch einer expliziten Analyse des Zusammenhangs von Diskurspositionen in der Anlage-Umwelt-Debatte und sozialpolitischen Einstellungen aus einer Meta-Perspektive durch (vgl. Pastore 1949). Dazu untersuchte er die Positionen von über 200 namhaften Wissenschaftlerinnen und Wissenschaftlern, die zwischen den Jahren 1900 und 1940 an der Anlage-Umwelt-Debatte beteiligt gewesen waren, und klassifizierte 24 dieser Protagonisten hinsichtlich der ihren Texten zugrunde liegenden Diskurspositionen (als »Hereditarian« bzw. »Environmentalist« (Pastore 1984, S. 14, ohne Hervorhebung)) und ihrer Einstellungen zu sozialen, politischen und wirtschaftlichen Fragen (als »Conservative, liberal, radical« (ebd., S. 15, ohne Hervorhebung)). Pastores Ergebnisse sind in Tabelle 10 auf der folgenden Seite aufgeführt. Im Rahmen der Erstellung dieser Tabelle wurden die biografischen Angaben Pastores zu den Lebensdaten der Wissenschaftlerinnen und Wissenschaftler geprüft, aktualisiert und gegebenenfalls korrigiert. Zudem wurden Letztere nach aufsteigendem Geburtsjahr gelistet. Eine tabellarische Darstellung in dieser Form ist in Pastore (1984) nicht enthalten. In Pastores Schlusskapitel wurden diese 24 Protagonistinnen und Protagonisten jedoch in derartiger Weise im Text aufgezählt, dass der Eindruck einer zugrunde liegenden Vierfelder-Tafel entsteht. Pastore fasste dazu die sozialpolitischen Kategorien ›liberal‹ und ›radical‹ zu einer einzigen Kategorie zusammen (vgl. ebd., S. 176).

Im Ergebnis habe sich laut Pastore ein Zusammenhang zwischen beiden Untersuchungsdimensionen gezeigt, da elf der als konservativ eingestuften Protagonisten eine nativistische Diskursposition nachgewiesen werden könnte, wohingegen elf der als liberal bzw. radikal eingestuften Protagonisten eine environmentalistische Position im Anlage-Umwelt-Diskurs eingenommen hätten (vgl. ebd., S. 16ff, 176). Anne Anastasi wies in einer Buchbesprechung in der Zeitschrift »Science« auf eine Reihe methodischer Unzulänglichkeiten in Pastores Studie hin. So sei beispielsweise Pastores Stichprobe zu klein und unrepräsentativ, zumal sich Pastore nur auf Fälle beschränkt habe, für die sowohl eine positionelle Orientierung im Anlage-Umwelt-Diskurs als auch eine sozialpolitische Einschätzung vorlagen. Des Weiteren kritisierte Anastasi, dass sämtliche Einschätzungen ausschließlich durch Pastore selbst durchgeführt worden seien und die Klassifikationen zur sozialpolitischen Orientierung eher für die Diskursphase zwischen 1900 und 1918 vorgelegen hätten. Zudem sei von Pastore die Hypothese, dass die sozialpolitischen Einstellungen der Wissenschaftlerinnen und Wissenschaftler ihre jeweiligen Diskurspositionen beeinflusst hätten, gegenüber der Alternativerklärung einer Beeinflussung der sozialpolitischen Werke durch die Diskurspositionen in der Anlage-Umwelt-Debatte zu stark bevorzugt worden (vgl. Anastasi 1950, S. 45).

Tab. 10: Klassifikation von 24 Protagonisten des Anlage-Umwelt-Diskurses von 1900 bis 1940 nach Diskurspositionen und sozialpolitischen Einstellungen nach Pastore (1949)

	Nativismus (›Hereditarian‹)	Environmentalismus (›Environmentalist‹)
konservativ	Francis Galton (1822–1911) Karl Pearson (1857–1936) William Bateson (1861–1926) Charles Benedict Davenport (1866–1944) Henry Herbert Goddard (1866–1957) William McDougall (1871–1938) Frederick Adams Woods (1873–1939) Edward Lee Thorndike (1874–1949) Edward Murray East (1879–1938) Leta Stetter Hollingworth (1886–1939) Paul Bowman Popenoe (1888–1979)	John Broadus Watson (1878–1958)
liberal	Lewis Madison Terman (1877–1956)	Lester Frank Ward (1841–1913) Franz Boas (1858–1942) James McKeen Cattell (1860–1944) Charles Horton Cooley (1864–1929) Herbert Spencer Jennings (1868–1947) William Chandler Bagley (1874–1946) Frank Nugent Freeman (1880–1961) George Dinsmore Stoddard (1897–1981)
radikal		Hermann Joseph Muller (1890–1967) John Burdon Sanderson Haldane (1892–1964) Lancelot Thomas Hogben (1895–1975)

Begriffliche Erläuterungen (nach Pastore 1984, S. 14 f; Zusammenfassung und Übersetzung ML):

›Hereditarian‹: Anlage wichtiger als Umwelt; individuelle Unterschiede und Gruppenunterschiede durch angeborene Faktoren verursacht; angeborene Eigenschaften schwer modifizierbar.

›Environmentalist‹: Umwelt wichtiger als Anlage; individuelle Unterschiede und Gruppenunterschiede spiegeln Chancenunterschiede wider; angeborene Eigenschaften leicht modifizierbar; Plastizität der kindlichen Entwicklung.

›conservative‹: Pessimismus bezüglich der Einflussmöglichkeiten des Durchschnittsmenschen; kritische Haltung gegenüber einer Vergrößerung politischer Teilnahmemöglichkeiten der Bürgerschaft; Akzeptanz des Status quo.

›liberal‹: Glaube an die Notwendigkeit von gesellschaftlichem Wandel; wohlwollende Haltung gegenüber den Einflussmöglichkeiten des Durchschnittsmenschen und der demokratischen Idee.

›radical‹: Glaube an die Notwendigkeit tief greifenden Wandels von sozialen, politischen und wirtschaftlichen Institutionen.

Tab. 11: Klassifikation von 28 Protagonisten des Anlage-Umwelt-Diskurses von 1950 bis 2000 nach Diskurspositionen und sozialpolitischen Einstellungen

	Fokus eher auf Anlage	Fokus eher auf Umwelt
konservativ	James Van Gundia Neel (1915–2000) [10] David Thoreson Lykken (1928–2006) [14] Richard Julius Herrnstein (1930–1994) [1, 24] *Napoleon Alphonseau Chagnon* (geb. 1938) [10] John Philippe Rushton (geb. 1943) [12] Dean Hamer (geb. 1951) [15] *David M. Buss* (geb. 1953) [20, 21] *Steven Pinker* (geb. 1954) [20, 21] *Leda Cosmides* (geb. 1957) [19, 20] Matt (Matthew) White Ridley (geb. 1958) [11] Charles Murray (geb. 1943) [23, 24]	Talcott Parsons (1902–1979) [22]
liberal	Cyril Lodowic Burt (1883–1971) [5] *Theodosius Grygorovych Dobzhansky* (1900–1975) [7] *Edward Osborne Wilson* (geb. 1920) [3, 13] Jerome Kagan (geb. 1929) [16] Robert Plomin (geb. 1948) [15]	Margaret Mead (1901–1978) [10] Heinrich Roth (1906–1983) [8] John William Money (1921–2006) [6]
radikal	John Maynard Smith (1920–2004) [2] Noam Chomsky (geb. 1928) [4, 17] Robert Trivers (geb. 1943) [1]	Trofim Denissowitsch Lyssenko (1898–1976) [9] Leon J. Kamin (geb. 1927) [12] Richard Charles Lewontin (geb. 1929) [3, 12, 18] Steven Peter Russell Rose (geb. 1938) [12] Stephen Jay Gould (1941–2002) [3, 18]

Anmerkungen: Die Auswahl der Wissenschaftler/innen basiert auf Nennungen der Protagonisten der Anlage-Umwelt-Debatte in Ridley 2003, Pinker 2003 sowie den eigenen Analysen zum historischen Kontext. Die Einschätzungen als ›konservativ‹, ›liberal‹ und ›radikal‹ wurden in Anlehnung an das Vokabular von Pastore durchgeführt (vgl. Pastore 1984, S. 15). Es wird ausdrücklich darauf verwiesen, dass im Rahmen der vorliegenden Arbeit für diese Tabelle keine vom Umfang her mit Pastore vergleichbare Hintergrundrecherche durchgeführt werden konnte. Zudem ist darauf hinzuweisen, dass die Einordnungen ›Fokus eher auf Anlage‹ und ›Fokus eher auf Umwelt‹ als Grobkategorien ohne jede Ausschließlichkeit zu verstehen sind und viele der genannten Forscher/innen als Interaktionisten klassifiziert werden könnten. Aus Gründen der Vergleichbarkeit und Parallelisierung mit den Ergebnissen von Pastore (1949) wurde jedoch auf eine interaktionistische Kategorie verzichtet. Wissenschaftler/innen, deren Zuordnung aufgrund widersprüchlicher Befunde in der Sekundärliteratur als besonders strittig eingeschätzt werden muss, wurden *kursiv* hervorgehoben.

Quellen: [1] Pinker 2003, S. 418 ff [2] Pinker 2003, S. 396 [3] Gander 2003, S. 66 f [4] Gander 2003, S. 61 f [5] Fletcher 1991, S. 178; Joynson 2003, S. 417 [6] Colapinto 2002, S. 42–44 [7] Paul 1998, S. 84 f (Paul verweist darauf, dass Dobzhansky nach der älteren Klassifikationslogik Pastores als Environmentalist gelten würde.); Simmons 1997, S. 408 [8] Herrlitz 2001, S. 90 f [9] Simmons 1997, S. 551–556 [10] Tierney 2002, S. 28 f; für eine environmentalistische Einordnung Chagnons spräche allerdings Horgan 2000, S. 264 ff. [11] Rose 2001a, S. 125 [12] Sesardic 2005, S. 189 ff [13] Für eine konservative Orientierung spräche allerdings Horgan 1997, S. 232 f. [14] Horgan 2000, S. 206 [15] Horgan 2000, S. 225 ff [16] Horgan 2000, S. 229 f [17] Horgan 2000, S. 251; Chomsky 1976a, S. 318 [18] Horgan 2000, S. 274 [19] Horgan 2000, S. 243 f [20] Garvey 2005, S. 310 f (Verortung der Evolutionspsychologie als nativistisch) [21] Pinker 2003, S. 396 f; entgegen disziplinexterner Einschätzungen der Evolutionspsychologie als konservativ bzw. rechtsliberal (vgl. bspw. Rose/Rose 2001, S. 8) verweist Pinker darauf, dass »viele Evolutionspsychologen links« (Pinker 2003, S. 355) stünden. [22] Pinker 2003, S. 399 [23] Finzsch 1999, S. 85 [24] Herrnstein/Murray 1994, S. 555

In ähnlicher Weise diskutierte Sesardic die Möglichkeit eines kausalen Zusammenhangs (in beide Richtungen) zwischen Diskurspositionen und sozialpolitischen Einstellungen und wies auf die Schwierigkeiten hin, hinreichende Belege für eine eindeutige Einschätzung der politischen Orientierung eines Wissenschaftlers zu finden (vgl. Sesardic 2005, S. 184–193), sowie auf die Gefahr einer »ideological denunciation« (ebd., S. 190) als diskursiver Strategie. Segerstråle distanzierte sich vor diesem Hintergrund von der Auffassung, dass Positionen im Anlage-Umwelt-Streit eng mit sozialpolitischen Orientierungen verknüpft seien:

> "It is, of course, neither logically necessary nor historically true that a 'hereditarian' position is associated with conservatism and an 'environmentalist' one with progressive thought, even though the critics never bring up this fact. Many 'hereditarians' were actually socialist reformers. Examples are among others the left-wing biologists in Britain in the 1930's (see, e.g., Werskey 1978) and early eugenicists in Germany and the Soviet Union (see Graham, 1977) … It should therefore be considered an empirical question whether or not a specific 'hereditarian' stands politically to the right or to the left" (Segerstråle 1986, S. 80, ohne Hervorhebungen)

Angesichts dieser Problematik erscheint zweifelhaft, inwieweit eine Verortung der Protagonistinnen und Protagonisten des Anlage-Umwelt-Diskurses der zweiten Hälfte des 20. Jahrhunderts vor dem Hintergrund von Pastores früheren Versuchen gelingen könnte. Die in der vorliegenden Forschungsarbeit berücksichtigte Sekundärliteratur liefert an einigen wenigen Stellen Einschätzungen zu den sozialpolitischen Einstellungen der am Diskurs beteiligten Akteurinnen und Akteure. In der vorseitigen Tabelle 11 wurden auf der Grundlage dieser vereinzelten Hinweise insgesamt 28 Wissenschaftlerinnen und Wissenschaftler hinsichtlich ihrer Diskurspositionen und sozialpolitischen Einstellungen kategorisiert. Im Ergebnis wird zwar die Feststellung Pastores bestätigt, dass eine konservative Einstellung mit einer Präferenz nativistischer Diskurspositionen gekoppelt zu sein scheint. Eine Dominanz environmentalistischer Sichtweisen bei Wissenschaftlerinnen und Wissenschaftlern mit liberalen oder radikalen Einstellungen kann allerdings – im Gegensatz zu Pastores Ergebnissen – an dieser Stelle nicht nachgewiesen werden. Vielmehr lassen sich Beispiele für Protagonisten finden, die nativistische Diskurspositionen vertreten, denen aber eine liberale oder radikale Grundhaltung bescheinigt wird (wie insbes. im Falle von Burt, Plomin, Chomsky und Trivers). Anzumerken bleibt, dass bei der Interpretation sozialpolitischer Einstellungen Vorsicht angebracht erscheint, da derartige Einschätzungen nicht selten von Opponenten im Diskurs vorgenommen und publiziert worden sind.

Anhang D: Belegstellen für Ansätze des Kritischen Interaktionismus

Im Rahmen der Darstellung der Hauptmerkmale von Ansätzen, die dem Kritischen Interaktionismus zugerechnet werden können, wurden in Abschnitt 5.4 verschiedene Postulate und Klassifikationsmerkmale dieser Theorieansätze genannt. Da eine Auflistung von Belegstellen und deren Vergleich die Lesbarkeit dieses Abschnittes beeinträchtigt hätte, sollen diese Belegstellen hier in Form der umseitigen Tabelle 12 nachgeliefert werden. Aus methodischer Sicht basiert diese Zusammenstellung auf einer Analyse von 24 einzelnen Texten bzw. Publikationen aus dem Bereich des Kritischen Interaktionismus, die in Anlehnung an die typisierende Inhaltsanalyse nach Mayring durchgeführt wurde (vgl. Mayring 2000, S. 90 f). Dabei wurden im Ergebnis 180 Einzelmerkmale als Gemeinsamkeiten und 62 unterschiedliche Merkmale identifiziert. Die gemeinsamen Merkmale wurden sieben inhaltlichen Hauptbereichen zugeordnet (allgemeine

Tab. 12: Belegstellen für die Hauptpostulate des Kritischen Interaktionismus (Auszug)

Merkmal/Postulat (Zellangaben im Format: Quelle: Seitenangaben)	Konstruktivistischer Interaktionismus (DST) (Oyama u.a.)	Dialektischer Interaktionismus (Lewontin, Rose)	Theorie der multiplen Vererbungssysteme (Jablonka, Lamb)	Probabilistische Epigenese (Gottlieb)	Radikaler Strukturalismus (Goodwin)	Radikale Epigenetik (Ho, Steele)
Ablehnung der Anlage-Umwelt-Dichotomie	A: 9, 15	H: 21, 27, 159	K: 362	M: 43		
kontra additives A-U-Verständnis	A: 95f	J: 62	K: 362ff			O: 73, 83, 120
Entwicklung als zentraler Fokus	A: 3f	I: 3 J: 62	L: 100	M: 48	N: 74ff	
aktiver Organismus, der seine Nische (Umwelt) selbst konstruiert	A: 92, 169 B: 4, 6	I: 52f J: 63	K: 176, 285, 374 L: 113		N; 261	O: 90f
Selbstorganisation, Homöostase, Emergenz	A: 93 C: 127, 137	I: 96 H: 33f, 110f, 174			N: 14, 92, 255, 299	O: 40, 83, 311f
Konzept einer erweiterten Vererbung (Nicht-DNA etc.), Epigenese	A: 145f G: 69ff	H: 138–143, 235f	K: passim	M: 47, 51	N: 38ff, 71f	O: 139–158 P: passim
keine Gene ›für‹ Verhaltensweisen	D: 261 E: 149	H: 132f	K: 6	M: 51		O: 120
kontra Selbstreplikation der DNA	A: 77	I: 75 H: 145f, 230, 268	K: 49		N: 28, 69	O: 141
kontra Gene als ›Blueprint‹, Rezept/Plan/Programm	A: 54, 62, 73f	I: 1	K: 33	M: 47	N: 69, 92	O: 83
Kritik am zentralen Dogma der Molekularbiologie		H: 235	K: 30ff, 104f, 153	M: 46–50		O: 74, 77, 139–147 P: 206f
kontra Weismanns Barriere	F: 164f	H: 236ff			N: 71	O: 126 P: XIX, 3, 163, 205
›pro‹ lamarckistische Vererbung	A: 100 F: 279	H: 235ff	K: 104, 152		N: 71f	O: 87, 90f P: passim

Quellen: A: Oyama 2002 | **B:** Oyama/Griffiths/Gray 2001b | **C:** Stotz 2005b | **D:** Ingold 2001 | **E:** Bateson 2001 | **F:** Moore 2002 | **G:** Neumann-Held 2001 | **H:** Rose 2000 | **I:** Lewontin 2002 | **J:** Lewontin 2001 | **K:** Jablonka/Lamb 2006 | **L:** Jablonka 2001 | **M:** Gottlieb 2001a | **N:** Goodwin 1997 | **O:** Ho 1999 | **P:** Steele/Lindley/Blanden 1998

Merkmale, Kritik an der Genetik, erweiterte genetische Sichtweise, Position bezüglich Lamarck, inhaltliche Bezüge zu bestimmten Gegenständen, erweiterte evolutionäre Sicht sowie Position bezüglich anderer Theorieansätze) und entsprechende Belegstellen für jeden Ansatz gesammelt. Die resultierende Ergebnistabelle ist dementsprechend umfangreich und kann hier nur in sehr grober Vereinfachung für einige wenige Hauptmerkmale, auf die in Abschnitt 5.4 Bezug genommen wurde, wiedergegeben werden. Dabei handelt es sich um spezifische Unterkategorien oder Einzelmerkmale innerhalb der sieben Hauptbereiche.

Die Tabelle zeigt, dass sich zwei der zwölf aufgeführten Hauptmerkmale (erweitertes Vererbungskonzept sowie Ablehnung von Metaphern, die Gene als Blaupause o. Ä. umschreiben) in allen sechs Ansätzen des Kritischen Interaktionismus finden lassen. Für fünf weitere Hauptmerkmale lassen sich Belegstellen in jeweils fünf Ansätzen finden; und die übrigen fünf Hauptpostulate werden von jeweils vier Ansätzen geteilt. Vor diesem Hintergrund erweisen sich die aufgeführten Hauptmerkmale als repräsentativ für Ansätze des Kritischen Interaktionismus, obgleich mit Ausnahme der zwei genannten Hauptmerkmale nicht jedes Postulat durchgängig in allen theoretischen Ansätzen als Charakteristikum explizit genannt oder diskutiert wird.

Anhang E: Kurzeinführung in die Grundbegriffe der Genetik

Im Hauptteil dieser Abhandlung wird an verschiedenen Stellen auf Grundbegriffe und Basiskonzepte der Genetik rekurriert, ohne dass diese im Text ausführlich dargestellt werden können. Ridley liefert im Vorwort seines Werkes »Alphabet des Lebens« (vgl. Ridley 2000) eine Kurzzusammenfassung, die m. E. kaum verständlicher und anschaulicher formuliert werden kann. Im Folgenden wird Ridleys Darstellung auszugsweise mittels eines längeren Zitates wiedergegeben, das zugleich als Kurzeinführung in die Grundbegriffe und Konzepte der Genetik dienen kann.

>»Der menschliche Körper besteht aus etwa 100 Billionen (Millionen Millionen) *Zellen*, die meisten davon mit einem Durchmesser von weniger als einen Zehntelmillimeter. In jeder Zelle befindet sich ein dunkler Klumpen, den man *Zellkern* nennt. Der Zellkern enthält zwei vollständige Exemplare des menschlichen *Genoms* (eine Ausnahme sind die Ei- und Samenzellen, die es nur in einfacher Ausführung enthalten, und die roten Blutzellen, die überhaupt kein Genom besitzen). Ein Exemplar des Genoms stammt von der Mutter, das andere vom Vater. Im Prinzip enthält jedes davon die gleichen 60 000 bis 80 000 *Gene* auf den gleichen 23 *Chromosomen*. In der Praxis findet man zwischen der väterlichen und der mütterlichen Version eines Gens häufig kleine, komplizierte Unterschiede, die beispielsweise für blaue oder braune Augen sorgen. Bei der Fortpflanzung geben wir jeweils eine vollständige Genausstattung weiter, aber zuvor werden Teile der väterlichen und mütterlichen Chromosomen ausgetauscht, ein Vorgang, den man *Rekombination* nennt.
>Stellen Sie sich das Genom als Buch vor:
>
>Es enthält 23 Kapitel, die *Chromosomen*.
>Jedes Kapitel enthält mehrere tausend Geschichten, die *Gene*.
>Jede Geschichte besteht aus Absätzen, die man *Exons* nennt,
>und dazwischen liegen Werbeanzeigen, die *Introns*.
>Jeder Absatz besteht aus Wörtern, den *Codons*.
>Jedes Wort setzt sich aus Buchstaben zusammen, den *Basen*.
>
>In dem Buch stehen eine Milliarde Wörter, und damit ist es länger als 5 000 Bände wie dieser [Ridleys Publikation umfasst 424 Seiten, ML] oder so umfangreich wie 800 Bibeln. Würde ich das Genom acht Stunden pro Tag mit einer Geschwindigkeit von einem Wort pro Sekunde laut vorlesen, wäre ich

erst nach einem Jahrhundert fertig. Würde ich es mit einem Buchstaben je Zentimeter aufschreiben, wäre der Text so lang wie die Donau. Es ist ein riesiges Dokument, ein gewaltiges Buch, ein Rezept von unglaublicher Länge, und doch paßt es in den mikroskopisch kleinen Kern einer winzigen Zelle, die ohne weiteres auf einem Stecknadelkopf Platz hätte …

Aber während unsere Bücher in unterschiedlich langen Wörtern aus 26 Buchstaben (plus ein paar Sonderzeichen, je nach Sprache) geschrieben sind, besteht das Genom ausschließlich aus dreibuchstabigen Wörtern, die alle aus nur vier Buchstaben zusammengesetzt sind: A, C, G und T (für Adenin, Cytosin, Guanin und Thymin). Und es steht auch nicht auf glatten Seiten, sondern in langen Ketten aus Zucker und Phosphat, den DNA-Molekülen, an denen seitlich die Basen angeheftet sind. Jedes Chromosom ist ein Paar sehr langer DNA-Moleküle. Hintereinander ausgestreckt, wären die Chromosomen einer einzigen Zelle fast zwei Meter lang. Alle Chromosomen eines menschlichen Körpers würden sich über 160 Milliarden Kilometer oder etwa zwei Lichttage erstrecken (Licht bewegt sich mit 300 000 Kilometern in der Sekunde). Insgesamt gibt es auf der Erde 1 000 Milliarden Milliarden Kilometer an menschlicher DNA, genug, um die Strecke von hier bis zur nächsten Galaxie zu überbrücken.

Das Genom ist ein sehr kluges Buch: Unter den richtigen Bedingungen kann es sich sowohl selbst fotokopieren als auch selbst lesen. Das Kopieren bezeichnet man als *Replikation*, das Lesen nennt man *Translation*. Die Replikation funktioniert, weil die vier Basen eine geniale Eigenschaft haben: A paart sich gern mit T, und G verbindet sich mit C. Deshalb kann sich ein einzelner DNA-Strang kopieren: Er läßt einen ›komplementären‹ Strang entstehen, in dem jedem A ein T, jedem T ein A, jedem G ein C und jedem C ein G gegenübersteht. Normalerweise befindet sich die DNA im Zustand der berühmten *Doppelhelix*, in der zwei solche komplementäre Partner umeinander gewunden sind.

Wenn man eine Kopie des komplementären Stranges herstellt, ist also der ursprüngliche Text wieder vorhanden. Die Sequenz ACGT wird beispielsweise in der Kopie zu TGCA, und daraus wird in der Kopie der Kopie wieder ACGT rekonstruiert. Deshalb kann die DNA sich unendlich verdoppeln und enthält doch immer die gleiche Information.

Die Translation ist ein wenig komplizierter. Der Text eines Gens wird zunächst *transkribiert*: Durch den gleichen Vorgang der Basenpaarung entsteht wiederum eine Kopie, die diesmal aber nicht aus DNA besteht, sondern aus *RNA*, einer geringfügig anderen Verbindung. Die RNA kann ebenfalls einen linearen Code enthalten, der auch aus den gleichen Buchstaben besteht, mit Ausnahme des T der DNA, an dessen Stelle in der RNA der Buchstabe U (Uracil) steht. Diese RNA-Kopie, *Messenger-RNA* genannt, wird anschließend verändert: Die Introns werden herausgeschnitten, und die verbleibenden Exons werden verbunden (siehe oben).

Nun nimmt sich ein mikroskopisch kleiner Apparat der Messenger-RNA an: das *Ribosom*, das selbst teilweise aus RNA besteht. Es bewegt sich an der Messenger-RNA entlang und übersetzt jedes dreibuchstabige Codon in einen Buchstaben eines anderen Alphabets; dieses Alphabet besteht aus 20 verschiedenen *Aminosäuren*, die jeweils von einem anders gebauten Molekül einer Substanz namens *Transfer-RNA* herantransportiert werden. Jede Aminosäure wird an die vorherige angeheftet, so daß sich in der Kette die gleiche Reihenfolge ergibt wie in den Codons. Sobald die ganze Information übersetzt ist, faltet sich die Aminosäurekette zu einer charakteristischen Gestalt, die von ihrer Sequenz abhängt. In dieser Form bezeichnet man sie als *Protein*.

Fast alles im menschlichen Körper, von den Haaren bis zu den Hormonen, besteht entweder aus Proteinen oder wird von ihnen erzeugt. Jedes Protein ist ein translatiertes Gen. Insbesondere die chemischen Reaktionen im Organismus werden von Proteinen katalysiert, die man *Enzyme* nennt. Auch an der Weiterverarbeitung, Verdoppelung, Instandhaltung und Konstruktion der DNA- und RNA-Moleküle selbst – Replikation und Translation – wirken Proteine mit. Ebenso sind Proteine dafür zuständig, Gene ein- oder auszuschalten, indem sie sich an *Promotor*- oder *Enhancer*-Sequenzen heften, die kurz vor dem Anfang des eigentlichen ›Textes‹ in einem Gen liegen. In den einzelnen Körperteilen werden unterschiedliche Gene eingeschaltet.

Bei der Verdoppelung der Gene treten manchmal Fehler auf. Gelegentlich wird ein Buchstabe (das heißt eine Base) ausgelassen, oder es wird ein falscher Buchstabe eingebaut. In manchen Fällen werden auch ganze Abschnitte verdoppelt, weggelassen oder umgedreht. Solche Ereignisse nennt man *Mutationen*. Viele Mutationen sind weder schädlich noch nützlich, weil sie beispielsweise ein Codon in ein anderes verwandeln, das aber die gleiche Aminosäure ›bedeutet‹: Es gibt 64 verschiedene Codons, aber nur 20 Aminosäuren, und deshalb haben viele DNA-›Wörter‹ die gleiche Bedeutung. Bei Menschen treten in jeder Generation etwa hundert Mutationen auf; das hört sich nach wenig an, wenn man bedenkt, daß das menschliche Genom aus über einer Milliarde Codons besteht, aber an der falschen Stelle kann schon eine einzige derartige Veränderung tödlich sein.

Alle Regeln haben Ausnahmen (auch diese). Nicht alle Gene des Menschen liegen in den 23 großen Chromosomen; ein paar befinden sich auch in kleinen Körperchen, die man Mitochondrien nennt; das war wahrscheinlich schon immer so, denn Mitochondrien waren früher selbständige Bakterien. Nicht alle Gene bestehen aus DNA: Manche Viren bedienen sich statt dessen der RNA. Nicht alle Gene sind Rezepte für Proteine: Manche Gene werden in RNA umgeschrieben, aber nicht in Proteine übersetzt; die RNA übernimmt vielmehr selbst eine Aufgabe, beispielsweise als Teil eines Ribosoms oder als Transfer-RNA. Nicht alle Reaktionen werden von Proteinen katalysiert: Bei einigen wirkt statt dessen die RNA als Katalysator. Nicht alle Proteine stammen von einem einzelnen Gen ab: Manche werden auch aus den Produkten mehrerer Rezepte zusammengesetzt. Nicht alle 64 dreibuchstabigen Codons legen eine Aminosäure fest: Drei von ihnen geben statt dessen den Befehl HALT. Und schließlich besteht nicht die ganze DNA aus Genen. Zum größten Teil ist sie ein Durcheinander wiederholter oder zufällig angeordneter Sequenzen, die selten oder nie umgeschrieben werden und die man deshalb als ›DNA-Schrott‹ bezeichnet« (Ridley 2000, S. 12–16, Hervorhebungen im Original; zitiert mit freundlichen Genehmigungen von Matt Ridley (für die englische Originalversion), Sebastian Vogel (für die deutsche Übersetzung) sowie Andrew Nurnberg Associates).

Anzumerken ist, dass das durchschnittliche menschliche Genom nach aktuellen Schätzungen auf der Grundlage der Ergebnisse des Humangenomprojekts aus ca. 20 000 Genen besteht (vgl. z. B. Clamp u. a. 2007; Kegel 2009, S. 52 f).